刑事审判实务丛书

毒品犯罪案件审判实务问答

蔡智玉／编著

DUPIN FANZUI ANJIAN
SHENPAN SHIWU WENDA

法律出版社
LAW PRESS · CHINA
北京

图书在版编目(CIP)数据

毒品犯罪案件审判实务问答 / 蔡智玉编著. -- 北京：法律出版社，2023

(刑事审判实务丛书)

ISBN 978-7-5197-7472-1

Ⅰ. ①毒… Ⅱ. ①蔡… Ⅲ. ①毒品－刑事犯罪－审判－研究－中国 Ⅳ. ①D924.364

中国国家版本馆 CIP 数据核字(2023)第 005099 号

毒品犯罪案件审判实务问答
DUPIN FANZUI ANJIAN SHENPAN SHIWU WENDA

蔡智玉 编著

责任编辑 赵明霞 王 斓
装帧设计 汪奇峰

出版发行 法律出版社
编辑统筹 法商出版分社
责任校对 李慧艳
责任印制 胡晓雅
经 销 新华书店

开本 787 毫米×1092 毫米 1/16
印张 30 **字数** 710 千
版本 2023 年 12 月第 1 版
印次 2023 年 12 月第 1 次印刷
印刷 三河市兴达印务有限公司

地址:北京市丰台区莲花池西里 7 号(100073)
网址:www.lawpress.com.cn
投稿邮箱:info@lawpress.com.cn
举报盗版邮箱:jbwq@lawpress.com.cn

销售电话:010-83938349
客服电话:010-83938350
咨询电话:010-63939796

书号:ISBN 978-7-5197-7472-1

定价:118.00 元

凡购买本社图书,如有印装错误,我社负责退换。电话:010-83938349

裁判的法律依据及方法论

——一本法律实务工作者按照自己需要而编著的书

作为一名从事刑事审判工作二十余年的“法律搬运工”，一直希望有一本够全面、够权威、够实用的法律工具书，能够帮助自己在办理案件过程中针对某一具体法律问题尽快找到裁判规则，或者是法律和司法解释的相关规定，或者是最高司法机关关于该问题的具体指导意见。对于司法文件的相关规定该如何理解和操作，首先当然要看文件起草者的权威解读，以求准确把握文件原意；如果再有典型类案作为参考，裁判者对该规定的理解就更加深刻，就知道如何将这些法律规定或指导意见与自己面临的具体案情相结合并进行实际操作。然而，“刑书所载有限，天下之情无穷”，并不是每一个法律问题都有现成的答案。面对既无条文规定又无指导意见的疑难问题，就需要借鉴最高司法机关或权威载体发布的典型案例，运用法律方法论进行分析，找到一个既符合法学原理又符合刑事政策、法律原则和司法实际的解决思路。当针对一个具体案件中的法律适用问题，既有裁判规则又有类案参考，既有条文规定又有实操方法时，便基本可以实现在事实与规范之间的往返穿梭，彼此照应契合，合法且适当的处理结果也就呼之欲出了。

围绕这一想法，编者在毒品犯罪案件的办理实践中，一直收集问题及相关资料，最终编著了这本书。为了真正打造“办案工具书”的功能，编者总结了138个毒品犯罪案件司法实践中的法律适用常见及疑难问题，对每个问题运用法律原理和具体规定深入分析研究，并吸纳最高人民法院历次会议纪要的精神，结合类案及司法实践，归纳出裁判规则和实务操作方法，基本实现了法律工具书“够全面”的追求。针对司法文件的具体规定，参考文件起草者的文章进行解读，以精准掌握条文原意；通过深入分析了265个最高人民法院、最高人民检察院公布的典型案例或《刑事审判参考》等权威载体刊登的案例，从中提炼出裁判观点和方法，基本实现了法律工具书“够权威”的追求。针对每个具体问题，先以“实务观点”的形式提供了裁判规则和实操方法，再根据情况以“法律及司法文件”的形式分别汇编刑法、刑事诉讼法、司法解释及指导性意见的具体规定，以“权威解读”的形式提供对权威文献的观点解读以精准把握立法原意，最后以“类案参考”的形式提供如何将裁判规则运用于具体案件的方法论，通过这种编写体例，本书实现了法律工具书“够实用”的追求。读者可以根据自己需要解决的具体问题，按图索骥，有的放矢，以最快速度找到答案和操作方法。

针对典型案例，本书没有单纯地只归纳裁判要旨，而是分“基本案情”“裁判结果”“判理分析”三个部分对案例进行介绍。这并不意味着编者水平更高一筹，而是基于两个方面的考虑：一是根据编者个人长期司法实务工作的体会。“世界上没有两片完全相同的树叶”“人不能两次踏入同一条河流”，一个案例如果没有具体案情作为基础，裁判理由的分析就无从谈起，成为无根之木。只有将两者结合起来，才能更好地理解裁判的要旨。二是编者有一些贪心，希望这本书不只是作为一本工具书，还能够作为一本裁判方法习成的“辅导书”，帮助阅读者通过对法条和案例的对照研读，从中体会到裁判者的思考过程和心证历程，从而在裁判方法的习成、司法理念的养成方面也有所收获。毕竟，司法理念和裁判方法才是司法工作者安身立命的根本。

目　　录

第一章　走私、贩卖、运输、制造毒品罪

第四章 毒品犯罪定罪中的疑难问题

第五章 麻黄碱类复方制剂犯罪和麻黄草类犯罪

第六章 毒品犯罪中的总则问题

第七章　毒品犯罪案件的证据审查

附录　毒品犯罪主要法律文件索引

案例索引

第一章　走私、贩卖、运输、制造毒品罪

第一节　定罪问题

1. 如何认定“走私”“贩卖”“运输”“制造”毒品的行为

【实务观点】

“走私”毒品是指明知是毒品而非法携带、运输、寄递毒品进出国(边)境的行为。具体包括:(1)绕关走私毒品的行为,即不通过海关、边卡检查站,非法运输、携带毒品进出国(边)境;(2)隐瞒真相通关走私毒品,即通过海关、边卡检查站进出国(边)境,但用藏匿、伪装、伪报等方法逃避海关的监督、检查,从而运输、携带、寄递毒品进出国(边)境;(3)直接向走私人非法收购走私进口的毒品的行为;(4)在我国的内海、领海非法运输、收购、贩卖毒品的行为。

“贩卖”毒品指以贩卖为目的购买毒品的行为和销售毒品的行为,后者包括批发和零售。

“运输”毒品指采用携带、寄递、托运、利用他人或者直接使用飞机、火车、汽车、轮船等交通工具的方法,将毒品从这一地点运往另一地点的行为。从地域范围上讲,这里的运输仅限于在我国境内除内海、领海以外的其他区域进行的,否则便是走私毒品行为。

“制造”毒品包括三种行为:(1)非法从毒品原植物中提炼毒品的行为;(2)未取得生产许可利用化工原料通过化学分解、合成等方法制成毒品的行为;(3)以改变毒品成分和效用为目的,用混合等物理方法加工、配制毒品的行为。

【法律及司法文件】

《中华人民共和国刑法》

第三百四十七条第一款　走私、贩卖、运输、制造毒品,无论数量多少,都应当追究刑事责任,予以刑事处罚。

最高人民检察院、公安部《关于公安机关管辖的刑事案件立案追诉标准的规定(三)》(公通字〔2012〕26号,2012年5月16日施行)

第一条第二款　本条规定的“走私”是指明知是毒品而非法将其运输、携带、寄递进出国(边)境的行为。直接向走私人非法收购走私进口的毒品,或者在内海、领海、界河、界湖运输、收购、贩卖毒品的,以走私毒品罪立案追诉。

第三款　本条规定的“贩卖”是指明知是毒品而非法销售或者以贩卖为目的而非法收买的行为。

第五款　本条规定的“运输”是指明知是毒品而采用携带、寄递、托运、利用他人或者使用

交通工具等方法非法运送毒品的行为。

第六款 本条规定的"制造"是指非法利用毒品原植物直接提炼或者用化学方法加工、配制毒品,或者以改变毒品成分和效用为目的,用混合等物理方法加工、配制毒品的行为。为了便于隐蔽运输、销售、使用、欺骗购买者,或者为了增重,对毒品掺杂使假,添加或者去除其他非毒品物质,不属于制造毒品的行为。

最高人民法院、最高人民检察院《关于办理走私刑事案件适用法律若干问题的解释》(法释〔2014〕10号,2014年9月10日施行)

第二十条 直接向走私人非法收购走私进口的货物、物品,在内海、领海、界河、界湖运输、收购、贩卖国家禁止进出口的物品,或者没有合法证明,在内海、领海、界河、界湖运输、收购、贩卖国家限制进出口的货物、物品,构成犯罪的,应当按照走私货物、物品的种类,分别依照刑法第一百五十一条、第一百五十二条、第一百五十三条、第三百四十七条(走私毒品罪)、第三百五十条(走私制毒物品罪)的规定定罪处罚。

第二十二条 在走私的货物、物品中藏匿刑法第一百五十一条、第一百五十二条、第三百四十七条、第三百五十条规定的货物、物品,构成犯罪的,以实际走私的货物、物品定罪处罚;构成数罪的,实行数罪并罚。

第二十三条 实施走私犯罪,具有下列情形之一的,应当认定为犯罪既遂:

(一)在海关监管现场被查获的;

(二)以虚假申报方式走私,申报行为实施完毕的;

(三)以保税货物或者特定减税、免税进口的货物、物品为对象走私,在境内销售的,或者申请核销行为实施完毕的。

【类案参考】

案例1-1

李某吾、晏某雄走私、贩卖、运输、制造毒品案①——从境外邮寄毒品入境的构成走私毒品罪

[**基本案情**] 2017年11月中旬,被告人李某吾与被告人晏某雄商定共同购买由李某吾向他人预订、从美国邮寄入境的大麻叶。同年11月16日19时许,二被告人在四川省自贡市四川理工学院收取该邮寄包裹时被民警当场挡获,查获邮寄的大麻叶900.1克,经鉴定均含有四氢大麻酚。

[**裁判结果**] 成都市中级人民法院认为,被告人李某吾、晏某雄违反国家对毒品的管理制度和海关法规,通过他人以邮寄方式从境外购买900.1克大麻入境,其行为已构成走私毒品罪。李某吾、晏某雄系共同犯罪,均行为积极,不宜区分主、从犯。二人归案后能如实供述犯罪事实,认罪态度较好,可酌情从轻处罚。判决:被告人李某吾犯走私毒品罪,判处有期徒刑一年一个月,并处罚金五万元;被告人晏某雄犯走私毒品罪,判处有期徒刑一年一个月,并处罚金五万元。

[**判理分析**] 从境外邮寄毒品入境的,构成走私毒品罪。大麻作为毒品,是我国严禁进

① 参见四川省成都市中级人民法院刑事判决书,(2018)川01刑初221号。

口的物品，本案被告人李某吾、晏某雄通过他人以邮寄方式从境外购买900.1克大麻入境，违反国家对毒品的管理制度和海关进出口管理制度，其行为已构成走私毒品罪。

案例1－2

朴某森走私、贩卖毒品案①——直接向走私人收购走私进口的毒品构成走私毒品罪

［**基本案情**］（1）2008年11月，被告人陈某义经被告人朴某森介绍，在辽宁省边境城市东港市金凯悦宾馆内，用20,000元从一朝鲜女人手中购买从朝鲜通过海运走私到丹东的甲基苯丙胺晶体（俗称冰毒）150克。朴某森从陈某义处获利9000元。随后，陈某义将上述毒品向他人贩卖，其中贩卖给于某合50克，获利10,000元。（2）2008年11月，陈某义再次经朴某森介绍，用20,000元从一朝鲜女人手中购买走私的甲基苯丙胺晶体180克，用17,000元从另一朝鲜男人手中购买走私的甲基苯丙胺晶体140克，后在东港市将上述毒品中的70克分两次贩卖给于某某，共获利16,000元。（3）2008年5月，朴某森贩卖给被告人刘某福甲基苯丙胺晶体120克，获利20,000元。（4）2008年5月，被告人刘某福明知陈某义欲购买甲基苯丙胺晶体贩卖，仍介绍陈某义以14,500元向朴某森购买甲基苯丙胺晶体120克。综上，被告人朴某森走私、贩卖甲基苯丙胺晶体710克；被告人陈某义走私、贩卖甲基苯丙胺晶体590克；被告人刘某福贩卖甲基苯丙胺晶体120克。

［**裁判结果**］辽宁省丹东市中级人民法院认定被告人陈某义、朴某森直接向走私人非法收购走私进口的毒品并非法销售，其行为均已构成走私、贩卖毒品罪；刘某福明知朴某森、陈某义实施毒品犯罪而居间介绍，其行为已构成贩卖毒品罪，均应依法惩处。判决：被告人朴某森犯走私、贩卖毒品罪，判处无期徒刑，剥夺政治权利终身，并处没收个人全部财产；被告人陈某义犯走私、贩卖毒品罪，判处无期徒刑，剥夺政治权利终身，并处没收个人全部财产；被告人刘某福犯贩卖毒品罪，判处有期徒刑九年，并处罚金四万元。辽宁省高级人民法院经审理裁定驳回上诉，维持原判。

［**判理分析**］本案被告人朴某森从其认识的朝鲜货船船长处得知有一朝鲜人携带毒品乘货船到丹东后，即与陈某义联系，介绍陈某义两次向朝鲜走私毒品人员购买毒品，陈某义明知该朝鲜人走私毒品到中国，仍向其购买并贩卖，属于《关于办理走私刑事案件适用法律若干问题的解释》第20条所规定的"直接向走私人非法收购走私进口的物品"，应认定为走私、贩卖毒品罪。被告人朴某森明知陈某义贩卖毒品而向其介绍走私毒品人员，帮助其购买毒品，与陈某义构成走私、贩卖毒品罪的共犯。

2.我国刑法规定的毒品的种类有哪些

【实务观点】

根据刑法规定，毒品大致可以分为传统毒品、新型合成毒品以及国家规定管制的其他能够使人形成瘾癖的麻醉药品和精神药品三种类型。

（1）传统毒品是指鸦片、海洛因、吗啡、大麻、可卡因等通过植物果实、叶片提取的毒品。①鸦片、海洛因、吗啡同属罂粟类毒品。罂粟所结的果实用刀子划破后，有白色的汁液流出，

① 参见辽宁省高级人民法院刑事裁定书，（2014）辽刑三终字第00007号。

即生鸦片;生鸦片经过第一次处理后生产出可吸鸦片;吗啡是鸦片的精制品,是一种极易溶于水的粉末,也是一种抑制呼吸的药物,剂量过大会造成呼吸停止以致死亡;海洛因是通过回流加热吗啡提取出来的半生物碱混合物,是一种既轻又细的粉末,用量过度,会引起昏迷、体温降低、心跳缓慢,并导致呼吸困难而死亡。②大麻又叫印度大麻,常见毒品表现为大麻叶、大麻脂、大麻油、大麻烟等。大麻叶是指大麻植物的叶、茎等,大麻植物的果实、花粉、叶、茎进行提取可以获得大麻脂(固体),从大麻脂中可以提炼出大麻油(液体),大麻烟是指大麻植物做成的香烟。大麻类毒品中对神经系统起作用的主要成分为四氢大麻酚,也包括其降解产物大麻二酚和大麻酚等天然大麻素类物质。③可卡因是从古柯属的小灌木树的叶(古柯叶)中提取出来的,又称为古柯碱,是一种粉末状的白色晶体,具有强烈的麻醉作用。

(2)新型合成毒品是指甲基苯丙胺(俗称冰毒)、氯胺酮(俗称K粉)、甲卡西酮等各种通过化学合成的方式制造的毒品。如甲基苯丙胺,又称去氧麻黄碱、去氧麻黄素,其固体形状为结晶体,酷似冰糖,是一种精神药品,是苯丙胺类即安非他明类兴奋剂中药性非常强的一种兴奋剂,会使吸食、注射者变得兴奋、易激动和焦躁不安,甚至会出现暴力倾向。

(3)“国家规定管制的其他能够使人形成瘾癖的麻醉药品和精神药品”是指由国务院规定管制的麻醉药品和精神药品。麻醉药品、精神药品的种类应根据国务院或者有关主管部门发布的品种目录予以确定。麻醉药品、精神药品分为药用类和非药用类。①药用类麻醉药品、精神药品的种类应根据国务院或者有关主管部门发布的《麻醉药品品种目录》和《精神药品品种目录》予以确定。根据国务院《麻醉药品和精神药品管理条例》,药用类麻醉药品、精神药品必须依照国家规定生产、管理、运输、使用,并只限于医疗、科研、教学。司法实践中需要注意的是,麻醉药品和精神药品既有药品的性质,同时又有毒品的功效,只有非法流通被贩卖毒品人员或者吸食毒品人员作为毒品使用时,才能认定为毒品。②根据公安部、国家卫生计生委、国家食品药品监督管理总局、国家禁毒办公室《非药用类麻醉药品和精神药品列管办法》,对列管的非药用类麻醉药品和精神药品,禁止任何单位和个人生产、买卖、运输、使用、储存和进出口。因此,相关行为均属于毒品犯罪。走私、贩卖、运输、制造或持有此类没有医疗等合法用途的麻醉药品和精神药品的,一般应以走私、贩卖、运输、制造毒品罪或非法持有毒品罪定罪处罚。③新精神活性物质,是不法分子为逃避法律管制,修改被管制毒品的化学结构而得到的毒品类似物,具有与管制毒品相似或更强的兴奋、致幻、麻醉等效果,被联合国毒品与犯罪问题办公室确定为继海洛因、甲基苯丙胺之后的第三代毒品。对于新精神活性物质,应归类于非药用类精神药品。

【法律及司法文件】

《中华人民共和国刑法》

第三百五十七条第一款　本法所称的毒品,是指鸦片、海洛因、甲基苯丙胺(冰毒)、吗啡、大麻、可卡因以及国家规定管制的其他能够使人形成瘾癖的麻醉药品和精神药品。

最高人民法院《关于审理毒品犯罪案件适用法律若干问题的解释》(法释〔2016〕8号,2016年4月11日施行,以下简称2016年《毒品案件解释》)

第一条第一款　走私、贩卖、运输、制造、非法持有下列毒品,应当认定为刑法第三百四十七条第二款第一项、第三百四十八条规定的“其他毒品数量大”:

（一）可卡因五十克以上；

（二）3,4－亚甲二氧基甲基苯丙胺（MDMA）等苯丙胺类毒品（甲基苯丙胺除外）、吗啡一百克以上；

（三）芬太尼一百二十五克以上；

（四）甲卡西酮二百克以上；

（五）二氢埃托啡十毫克以上；

（六）哌替啶（度冷丁）二百五十克以上；

（七）氯胺酮五百克以上；

（八）美沙酮一千克以上；

（九）曲马多、γ－羟丁酸二千克以上；

（十）大麻油五千克、大麻脂十千克、大麻叶及大麻烟一百五十千克以上；

（十一）可待因、丁丙诺啡五千克以上；

（十二）三唑仑、安眠酮五十千克以上；

（十三）阿普唑仑、恰特草一百千克以上；

（十四）咖啡因、罂粟壳二百千克以上；

（十五）巴比妥、苯巴比妥、安钠咖、尼美西泮二百五十千克以上；

（十六）氯氮卓、艾司唑仑、地西泮、溴西泮五百千克以上；

（十七）上述毒品以外的其他毒品数量大的。

食品药品监管总局、公安部、国家卫生计生委《关于公布麻醉药品和精神药品品种目录的通知》（食药监药化监〔2013〕230 号，2013 年 11 月 11 日发布）

根据《麻醉药品和精神药品管理条例》第三条规定，现公布《麻醉药品品种目录（2013 年版）》和《精神药品品种目录（2013 年版）》，自 2014 年 1 月 1 日起施行。

附件：1. 麻醉药品品种目录（2013 年版）　2. 精神药品品种目录（2013 年版）（略）

公安部、国家卫生计生委、国家食品药品监督管理总局、国家禁毒办公室《非药用类麻醉药品和精神药品列管办法》（公通字〔2015〕27 号，2015 年 10 月 1 日施行）

第二条　本办法所称的非药用类麻醉药品和精神药品，是指未作为药品生产和使用，具有成瘾性或者成瘾潜力且易被滥用的物质。

第三条　麻醉药品和精神药品按照药用类和非药用类分类列管。除麻醉药品和精神药品管理品种目录已有列管品种外，新增非药用类麻醉药品和精神药品管制品种由本办法附表列示。非药用类麻醉药品和精神药品管制品种目录的调整由国务院公安部门会同国务院食品药品监督管理部门和国务院卫生计生行政部门负责。

非药用类麻醉药品和精神药品发现医药用途，调整列入药品目录的，不再列入非药用类麻醉药品和精神药品管制品种目录。

第四条　对列管的非药用类麻醉药品和精神药品，禁止任何单位和个人生产、买卖、运输、使用、储存和进出口。因科研、实验需要使用非药用类麻醉药品和精神药品，在药品、医疗机械生产、检测中需要使用非药用类麻醉药品和精神药品标准品、对照品，以及药品生产过程中非药用类麻醉药品和精神药品中间体的管理，按照有关规定执行。

附表：非药用类麻醉药品和精神药品管制品种增补目录（略）

最高人民检察院《关于〈非药用类麻醉药品和精神药品管制品种增补目录〉能否作为认定毒品依据的批复》（高检发释字〔2019〕2号，2019年4月30日施行）

2015年10月1日起施行的公安部、国家食品药品监督管理总局、国家卫生和计划生育委员会、国家禁毒委员会办公室《非药用类麻醉药品和精神药品列管办法》及其附表《非药用类麻醉药品和精神药品管制品种增补目录》，是根据国务院《麻醉药品和精神药品管理条例》第三条第二款授权制定的，《非药用类麻醉药品和精神药品管制品种增补目录》可以作为认定毒品的依据。

最高人民法院研究室《关于贩卖、运输经过取汁的罂粟壳废渣是否构成贩卖、运输毒品罪的答复》（2010年9月27日施行）

（对于被告人贩卖、运输经过取汁的罂粟壳废渣）不宜以贩卖、运输毒品罪论处……如果查明行为人有将罂粟壳废渣作为制售毒品原料予以利用的故意，可建议由公安机关予以治安处罚。

【权威解读】

1. 毒品至少具有三个特征：法定性、危害性（含成瘾性）和被滥用。其中，法定性（即被管制）是认定某一物质是否属于毒品的最重要特征，只有被国家明确管制的麻醉药品和精神药品才能认定为毒品。这是贯彻罪刑法定原则的基本要求。我国对麻精药品的管制方式是由国家相关部门发布文件，列明被管制麻精药品的种类和名称。①

2. 麻精药品被明确管制是认定其属于毒品的必要条件，但不是充分条件，不能认为被管制的麻精药品在任何情况下都属于毒品。被管制的麻精药品中不少品种具有合法医疗用途（或药用价值），当其被用于治疗疾病时属于药品而不是毒品，只有当其被吸毒人员滥用时才能认定为毒品。这就是通常所说的麻精药品的双重属性。但这种双重属性只是针对具有医疗等合法用途的被管制麻精药品而言，麻精药品品种目录中只有一部分具有医疗等合法用途，对于没有合法用途的被管制麻精药品（特别是海洛因、冰毒等“纯毒品”和绝大多数新精神活性物质），则基本不存在双重属性问题。对被管制的麻精药品而言，是出于医疗用途使用还是被吸毒人员滥用直接决定其物质属性：前者为药品，后者为毒品。对于具有医疗用途的被管制麻精药品，只要是正规企业生产并出于医疗目的使用的，即使获取的渠道违规，也应当认定为药品而不是毒品。②

3. 含麻精药品的复方制剂一旦被管制，其法律属性则发生变化，违规销售此类复方制剂导致其流入非法渠道被滥用的，可能构成毒品犯罪。但值得注意的是，对于含麻精药品的复方制剂，除国家相关部门专门发布文件明确对复方制剂本身予以管制的情形外，其他复方制剂都不属于被管制的麻精药品，故不能因其中含有被管制的麻精药品成分而将未被管制的复方制剂本身认定为毒品。也就是说，复方制剂中所含的麻精药品成分被管制，不等于复方制剂本身被管制。对于正规企业生产的复方制剂被违规销售的，如果该复方制剂本身没有被管制，即使其中含有被管制的麻精药品成分，对涉案药品也不能认定为毒品，对违规销售该复方制剂的行为不能按照毒品犯罪处理。如果此类行为也不构成妨害药品管理罪等其他犯罪的，

① 方文军：《关于毒品认定的几个重要问题》，载《人民法院报》2023年6月8日，第6版。

② 方文军：《关于毒品认定的几个重要问题》，载《人民法院报》2023年6月8日，第6版。

则依法给予行政处罚。如果违规销售的复方制剂中所含的麻精药品成分没有被管制,则更不能将涉案的复方制剂认定为毒品,也不能为了对此类案件追究刑事责任而按照毒品犯罪未遂处理。①

4. 最高人民法院研究室《关于贩卖、运输经过取汁的罂粟壳废渣是否构成贩卖、运输毒品罪的答复》认为,经过取汁的罂粟壳废渣不属于毒品。主要理由是:(1)被告人贩卖、运输的是经过取汁的罂粟壳废渣,吗啡含量只有0.01%,含量极低,从技术和成本看,基本不可能用于提取吗啡;(2)国家对经过取汁的罂粟壳并无明文规定予以管制,实践中有关药厂也未按照管制药品对其进行相应处理。

【类案参考】

案例1-3

孙某芳走私、贩卖毒品案②——贩卖国家管制的新精神活性物质

［**基本案情**］ 2016年3月,被告人孙某芳明知4-氯甲卡西酮(4-CMC)被国家有关部门管制,仍以向境外走私、贩卖为目的,通过互联网购买约20千克4-氯甲卡西酮,并安排他人分批次邮寄给境外客户,其中有17批次检出4-氯甲卡西酮成分,共计15,854.43克。

［**裁判结果**］ 江苏省常州市中级人民法院审理认为,被告人孙某芳明知4-氯甲卡西酮已被国家管制,仍从国内购买后向境外贩卖,其行为已构成走私、贩卖毒品罪。孙某芳归案后如实供述犯罪事实,可以从轻处罚。判决:被告人孙某芳犯走私、贩卖毒品罪,判处有期徒刑十五年,剥夺政治权利五年,并处没收个人财产10万元。

［**判理分析**］ 国家管制的新精神活性物质应归类于非药用精神药品。新精神活性物质通常是不法分子为逃避打击而对管制毒品进行化学结构修改所得到的毒品类似物,具有与管制毒品相似或更强的兴奋、致幻、麻醉等效果,是继传统毒品、新型合成毒品后全球流行的第三代毒品。本案所涉毒品4-氯甲卡西酮是一种新精神活性物质。根据《刑法》第357条第1款的规定,毒品包括"国家规定管制的其他能够使人形成瘾癖的麻醉药品和精神药品",新精神活性物质并没有药品的功能,因此针对新精神性物质的制造、走私、贩卖、运输行为均构成毒品犯罪。

3. 走私毒品的目的是否影响走私毒品罪的认定

【实务观点】

就走私毒品罪而言,只要行为人明知是毒品而在主观上具有非法运输、携带、邮寄毒品进出国边境的故意,客观上实施了逃避海关监管,非法运输、携带、邮寄毒品进出国边境的行为,即符合走私毒品罪的构成,至于其将毒品运出(入)国边境是何目的,是帮助别人、个人吸食或是用于贩卖,均不影响本罪的成立。

---

① 方文军:《关于毒品认定的几个重要问题》,载《人民法院报》2023年6月8日,第6版。

② 参见《毒品犯罪及涉毒次生犯罪典型案例》,载《人民法院报》2018年6月27日,第3版。

【类案参考】

案例 1 - 4

郑某昌走私毒品案[①]——走私毒品的目的不影响走私毒品罪的认定

［**基本案情**］　1999 年 8 月 22 日，被告人郑某昌将两块块状海洛因用胶纸绑在腰腹部，将装有稀释海洛因液体的三支注射针筒、一个小塑料瓶放在西装口袋内，持"台湾居民来往大陆通行证"从深圳市罗湖口岸出境时，被海关工作人员当场查获，其中块状海洛因共重 350 克，含量为 23.7%；含海洛因的液体重 15 克。被告人郑某昌辩解其走私毒品的目的是自己吸食并非贩卖。

［**裁判结果**］　深圳市中级人民法院认为，被告人郑某昌逃避海关监管，非法携带毒品海洛因出境，其行为已构成走私毒品罪。2000 年 4 月 3 日判决：被告人郑某昌犯走私毒品罪，判处死刑，剥夺政治权利终身；缴获的毒品海洛因 350 克、液体海洛因 15 克予以没收。广东省高级人民法院经审理认为，被告人郑某昌在出境时随身携带三支针筒，并在针筒内装好液体海洛因，以备随时注射，其是吸食毒品者的事实可以认定。郑某昌携带的海洛因数量大，无法认定其携带的 350 克均是为了吸食，且走私毒品不以目的论，现有证据足以证明其行为属于携带海洛因出境，其吸食毒品的事实对定罪并无影响。裁定驳回上诉，维持原判，报请最高人民法院核准。最高人民法院经复核认为，郑某昌走私毒品数量大，应依法惩处，根据本案的具体情节，对被告人郑某昌判处死刑，可不立即执行。2001 年 7 月 9 日判决撤销原一审、二审判决，对郑某昌改判死刑，缓期二年执行，剥夺政治权利终身。

［**判理分析**］　走私目的不影响走私毒品罪的成立。走私毒品罪，是指逃避海关监管，非法运输、携带、邮寄毒品进出国边境的行为。行为人走私毒品通常是以继续贩卖牟利为目的，但也不排除行为人可以另有其他目的，包括个人吸食或部分吸食等。二审判决查明郑某昌确是吸毒者，从郑某昌随身携带的装有稀释海洛因的针筒，可表明其有将走私的毒品用于个人吸食或部分吸食的可能。辩护人认为郑某昌走私毒品是用于本人吸食，其行为应认定为非法持有毒品罪。对被查获的毒品非法持有者，只有在确实没有证据证明其实施了走私、贩卖、运输、制造毒品等犯罪行为的情况下，才能适用《刑法》第 348 条的规定，以非法持有毒品罪定罪处刑。被告人郑某昌逃避海关监管，非法携带大量海洛因出境的证据确实、充分，足以认定其行为构成走私毒品罪，也就不存在构成非法持有毒品罪的问题。

4. 制造毒品罪的犯罪手段有哪些

【实务观点】

根据最高人民法院相关会议纪要的精神，制造毒品的行为表现有三种：一是非法利用毒品原植物直接提炼毒品的行为；二是用化学方法加工、配制毒品的行为；三是以改变毒品成分

---

① 参见中华人民共和国最高人民法院刑事审判第一庭、第二庭编：《刑事审判参考》（2002 年第 1 辑，总第 24 辑），法律出版社 2002 年版，第 87 ~ 91 页。

和效用为目的，用混合等物理方法加工、配制毒品的行为。[①] 制造毒品的本质是以产生一定的毒品效用为目的而对原材料进行加工，因此为欺骗购毒者目的（如隐瞒毒品性质或者增重），或者为逃避查缉目的（如掩饰毒品性质或者隐蔽毒品存在等），而对毒品掺杂掺假，通过物理方法使毒品溶解、混合、吸附于某种物质的行为，不宜认定为制造毒品。[②]

司法实践中对于以下情形应当认定为制造毒品罪：（1）购买海洛因后制造勾兑液针剂，并销售给下线购买者直接注射使用的；（2）以蒸馏等物理方法，将含有毒品成分的液体提炼成更高纯度的毒品，以改变毒品成分和效用；（3）将几种毒品根据一定的配比度，通过物理加工的方式生产出混合型毒品，以满足特定人群的吸食要求。比如，制造麻古、摇头丸等。

【类案参考】

案例 1－5

刘某等贩卖、制造毒品案[③]——使用海洛因制造勾兑液针剂贩卖给“下线”注射使用的构成制造毒品罪

［**基本案情**］（1）被告人刘某与迁某合谋制造海洛因勾兑液牟利。2006 年 11 月至 2007 年 8 月，由刘某出资，二人共同或由迁某单独数次购买海洛因共 1050 克，用作制造海洛因勾兑液。刘某先在辽宁省沈阳市于洪区伙同被告人侯某制造海洛因勾兑液，后又在沈北新区雇用被告人张某刚将勾兑液装瓶封口，制成针剂。至案发时，刘某等人共制造海洛因勾兑液针剂 53,560 支（1.8 克/支，共 96.408 千克）、600 毫升瓶装勾兑液 13 瓶（约 600 克/瓶，共 7.8 千克）、矿泉水桶装勾兑液 2 桶（共 17.7 千克）、2 升瓶装勾兑液 19 瓶（约 2 千克/瓶，共 38 千克），合计约 160 千克。其中，张某刚参与制造海洛因勾兑液 2 桶（共 17.7 千克）及针剂 47,560 支。2006 年 11 月至 2007 年 9 月，被告人刘某在沈阳市向周某、靳某平分别贩卖海洛因勾兑液针剂 5000 支、17,000 支。2007 年 7 月至 8 月，被告人刘某将买毒“下线”介绍给迁某，迁某在沈阳市向靳某平、周某、王某和被告人关某鑫贩卖海洛因勾兑液针剂 6500 支。（2）2007 年 5 月，被告人刘某与高某璠合谋制造氯胺酮。高某璠从互联网上获悉被告人张某龙发布的出售氯胺酮制造技术的信息后，由刘某出资，高某璠至宁夏回族自治区银川市向张某龙学习制造氯胺酮技术，后高某璠据此制造出氯胺酮 1540 克。

［**裁判结果**］　法院认为，被告人刘某与被告人迁某违反毒品管制规定，结伙制造海洛因勾兑液后进行贩卖，刘某还伙同他人制造氯胺酮，其行为均已构成贩卖、制造毒品罪。被告人侯某、张某刚、高某璠伙同他人非法制造毒品，其行为均已构成制造毒品罪。被告人张某龙向他人传授制造毒品的犯罪方法，其行为已构成传授犯罪方法罪。刘某伙同他人贩卖、制造毒品数量大，在共同犯罪中系主犯，且曾因犯罪被判刑，主观恶性深，人身危险性大，罪行极其严重，应依法惩处。迁某伙同他人贩卖、制造毒品数量大，在共同犯罪中系主犯，且系累犯和毒

---

① 我国加入并已生效的《1971 年精神药物公约》第 1 条对“制造”用语的解释有类似规定，该条第 9 项规定“制造是指所有可能籍以取得精神药物之过程，包括精炼以及将精神药物转变为他种精神药物之过程，亦包括精神药物制剂之配制”；第 6 项规定“制剂是指任何不论其物理状态为何，而含有一种或多种精神药物之混合物或溶剂”。

② 以上观点最早见于 2008 年《全国部分法院审理毒品犯罪案件工作座谈会纪要》（以下简称 2008 年《大连会议纪要》）。

③ 参见罗书臻：《最高人民法院公布四起毒品犯罪典型案件严惩源头性毒品犯罪》，载《人民法院报》2010 年 6 月 25 日，第 4 版。

品再犯,应依法从重处罚。鉴于其在共同犯罪中的作用小于刘某,对其判处死刑,可不立即执行。侯某、张某刚、高某璠伙同他人制造毒品数量大,在共同犯罪中系主犯,均应按照所参与的全部犯罪处罚。据此,对被告人刘某判处死刑,对被告人迂某判处死刑,缓期二年执行,对被告人侯某判处无期徒刑,对张某刚、高某璠均判处有期徒刑十五年,对被告人张某龙判处有期徒刑五年。

[**判理分析**] 制造毒品的方法包括以改变毒品成分和效用为目的,用混合等物理方法加工、配制毒品的行为;但为了便于隐蔽、欺骗购买者或者为了增重而对毒品掺杂使假的不属于制造毒品的行为。本案中,被告人购买海洛因并制作针剂,是为了便于购买者注射使用,而不是为了便于隐蔽或者增重的目的,因此其行为应当构成制造毒品罪。

案例1-6

姚某、陈某立制造毒品案①——以蒸馏方法将含有甲基苯丙胺成分的液体提炼成冰毒晶体是制造毒品罪

[**基本案情**] 2008年2月中旬,姚某、陈某立曾两次在上海市耀华路421弄41号102室内,利用蒸馏等方法将事先购得的含有甲基苯丙胺成分的液体提炼成白色晶体。因提炼出的白色晶体纯度不高,姚某遂指使陈某立前往云南学习提炼技术,并再次购得用于提炼的液体。同年2月23日,两人在同一地点再次用蒸馏等方法提炼出白色晶体,并将部分提炼好的晶体带回姚某住处。次日,侦查人员在上述两地点查获大量白色晶体和透明液体。经鉴定,查获的净重402.25克的白色晶体中检出甲基苯丙胺成分,其中122.07克含量为67.3%,117.97克含量为3.7%,162.21克含量为3.4%;净重830.61克的透明液体中检出甲基苯丙胺成分,含量为0.07%。

[**裁判结果**] 上海市第一中级人民法院经审理认为,被告人姚某、陈某立将含有甲基苯丙胺成分的液体通过蒸馏等物理方法提炼成冰毒晶体的过程,系制造冰毒晶体的必不可少的环节,其行为足以改变毒品的成分和效用,应认定为制造毒品的行为。判决:被告人姚某犯制造毒品罪,判处无期徒刑,剥夺政治权利终身,并处没收个人财产五万元;被告人陈某立犯制造毒品罪,判处有期徒刑十五年,剥夺政治权利四年,并处没收个人财产三万元;查获的毒品甲基苯丙胺等予以没收。

[**判理分析**] 根据2008年《大连会议纪要》的规定,以改变毒品成分和效用为目的,用混合等物理方法加工、配制毒品的行为,应当认定为制造毒品的行为。本案被告人将含有甲基苯丙胺成分的液体以物理方法蒸馏加工,将其提炼成纯度更高的冰毒晶体的行为,改变了毒品的成分和效用,属于制造冰毒晶体的必不可少的环节,应认定为制造毒品的行为。精炼后的冰毒晶体,在成分上与用于制造的液体有明显区别,价格也远远高于其购买的用于提炼该冰毒晶体的液体价格,可以排除系两人为运输而先将冰毒稀释后再将其还原的可能,故可以认定两被告人的精炼行为是为了提高毒品效用,构成制造毒品罪。

① 参见余剑:《以物理方法精炼毒品应定制造毒品罪》,载《人民司法·案例》2009年第12期。

案例1－7

高某亮、李某望等贩卖、制造毒品案[①]——生产麻古应该认定为制造毒品罪

［**基本案情**］　被告人高某亮和李某望多次预谋制造含有甲基苯丙胺的毒品麻古，由高某亮提供资金、原料，李某望负责制造，高某亮负责销售。（1）2005年年底，被告人李某望、杨某岗自行购买制毒原料、设备，并伙同范某伟、王某春（均另案处理）在襄城县双庙乡一养鸡场内开始毒品生产，制造出毒品麻古约1000克。该1000克麻古返工后，掺入第二批重新生产。（2）2006年2月初，被告人李某望接到高某亮提供的资金及冰毒、咖啡因后，即伙同杨某岗、姚某刚、姚某伟、李某阳（均另案处理）在襄城县双庙乡一废弃的面粉厂内进行第二批毒品生产，制造毒品麻古约6500克，其中360克由被告人景某兵运回深圳交给高某亮销售；余下6140克返工后，掺入第三批重新生产。（3）2006年3月初，被告人李某望、高某亮、杨某岗、郝某亮、姚某刚、姚某伟在襄城县双庙乡一废弃的面粉厂内进行第三批毒品生产，制造出含有甲基苯丙胺的毒品麻古9408克。案发后，公安机关将该毒品查获，同时在被告人租住的酒店、出租屋、汽车及身上查获毒品若干。

［**裁判结果**］　许昌市中级人民法院认为，被告人李某望、高某亮、杨某岗、郝某亮、景某兵以获取非法利益为目的，大肆进行毒品贩卖、制造、运输活动，其中被告人李某望贩卖、制造含有甲基苯丙胺的毒品10,566克、巴比妥等其他毒品4359克，其行为已构成贩卖、制造毒品罪；被告人高某亮贩卖、制造含有甲基苯丙胺的毒品10,929.45克、氯胺酮等其他毒品1620.57克，其行为已构成贩卖、制造毒品罪；被告人杨某岗制造含有甲基苯丙胺的毒品9768克，其行为已构成制造毒品罪；被告人郝某亮制造毒品9408克，其行为已构成制造毒品罪；被告人景某兵运输毒品360克，其行为已构成运输毒品罪。在贩卖、制造毒品共同犯罪中，被告人李某望、高某亮、杨某岗系主犯，被告人郝某亮系从犯。判决：（1）被告人李某望犯贩卖、制造毒品罪，判处死刑，剥夺政治权利终身，并处没收个人全部财产；（2）被告人高某亮犯贩卖、制造毒品罪，判处死刑，剥夺政治权利终身，并处没收个人全部财产；（3）被告人杨某岗犯制造毒品罪，判处死刑，缓期二年执行，剥夺政治权利终身，并处没收个人全部财产；（4）被告人郝某亮犯制造毒品罪，判处有期徒刑十五年，剥夺政治权利三年，并处罚金五万元；（5）被告人景某兵犯运输毒品罪，判处无期徒刑，剥夺政治权利终身，并处没收个人全部财产；（6）作案工具丰田佳美轿车、红色五菱之光面包车各1辆，制造毒品的设备，毒资553,301元，6部手机均予以没收，上缴国库。河南省高级人民法院经二审裁定驳回上诉，维持原判。最高人民法院复核认为，被告人高某亮、李某望贩卖、制造毒品数量大，含量高，社会危害性大。且在共同犯罪中，二被告人均起主要作用，系主犯，应依法予以惩处，裁定核准二人的死刑。

［**判理分析**］　麻古系泰语的音译，是以甲基苯丙胺和咖啡因等为主要原料，根据一定的配比度，通过物理加工的方式生产出来的一种混合型毒品。生产麻古是一种物理加工过程，但并非几种毒品的简单混合，而是需要经反复的含量配比试验和质量把关才能制造成功以满足特定人群的吸食要求，变化的也不仅仅是毒品的口味。混合型毒品服用后会使人体产生不同于单一型毒品的药瘾性反应，因此其加工、生产的行为应该认定为制造毒品罪。本案被告

① 参见中华人民共和国最高人民法院刑事审判第一、二、三、四、五庭主办：《刑事审判参考》（2008年第4集，总第63集），法律出版社2008年版，第47～53页。

人李某望专门雇用相关人员进行加工、生产，并请来具有专门制造麻古技术的人员进行技术指导，运用自动压片机等机器设备，利用被告人高某亮提供的甲基苯丙胺和咖啡因为主要原料，根据一定的配方和配比度经过反复试验，并由高某亮对生产出来的麻古进行质量把关，多次返工才制造成功，应当属于制造毒品的行为。

案例 1－8

何某贩卖、制造毒品案①——利用未管制原生植物提炼出毒品并予以贩卖的认定为贩卖、制造毒品罪

［**基本案情**］ 被告人何某，男，1992 年出生，原系某单位医务人员。2018 年 1 月至 2019 年 6 月，被告人何某明知某类树皮含有国家管制的精神药品成分，为谋取非法利益，通过网络购买某类树皮，磨成粉末后按特定方法熬制成水溶液"死藤水"，先后三次贩卖给袁某某、傅某某、汪某吸食，非法获利人民币 1800 元。2019 年 9 月 23 日，何某被公安机关抓获，在其住处查获某类树皮粉末，净重 256.55 克。归案后，被告人何某检举揭发他人犯罪并查证属实。

［**裁判结果**］ 法院作出一审判决，以贩卖、制造毒品罪判处被告人何某有期徒刑一年九个月，并处罚金人民币三千元；依法没收扣押在案的"死藤水"、树皮粉末，追缴违法所得人民币一千八百元。判决已生效。

［**判理分析**］ 本案被告人利用含有国家管制的精神药品成分的树皮熬制成溶液贩卖，应构成贩卖、制造毒品罪，但对从其家中搜出的树皮粉末，不能认定为毒品。理由如下：

首先，行为人从未管制原生植物中提炼出毒品并予以贩卖的，应当认定为贩卖、制造毒品罪。制造毒品是指非法利用毒品原植物直接提炼或者用化学方法加工、配制毒品，或者以改变毒品成分和效用为目的，用混合等物理方法加工、配制毒品的行为。对于以国家未管制但含有国家管制的麻醉药品、精神药品成分的原生植物为原料，通过特定方法，将植物中的国家管制的麻醉药品、精神药品成分提炼并制成相关物质，应当认定为毒品。本案被告人何某明知某类植物虽系未被国家管制的原生植物，但含有国家管制的麻醉药品、精神药品成分，通过特定方法对树皮粉末进行反复熬制，提炼出"死藤水"，目的是将其中的二甲基色胺从树皮粉末中溶解并浓缩至易于人体服用的液体中，该提炼行为将原生植物转变成"毒品"，应认定为制造毒品的行为。

其次，对国家未管制的原生植物和利用原生植物制成的毒品应予区别。我国立法对于毒品和毒品原生植物进行了区分。一般而言，毒品原生植物虽含有毒品成分，本身不是毒品。但国家毒品管理制度明确将某种原生植物作为毒品管制的，该原生植物应被认定为毒品，比如大麻叶、恰特草。对于含有国家管制的麻醉药品、精神药品成分但未被国家管制的原生植物，以及通过研磨等方式简单改变外在形态的植物载体，不能认定为毒品。本案被告人何某将树皮磨成粉末，改变了树皮的物理形状，但未改变其内部成分比例和效用，不属于刑法意义上的"制造毒品"行为，故查获的树皮粉末可认定为用于制造毒品的"原料"，而不应当将其计入毒品数量。

① 参见最高人民检察院《关于印发最高人民检察院第三十七批指导性案例的通知》，载最高人民检察院网 2022 年 6 月 21 日，https://www.spp.gov.cn/spp/jczdal/202206/t20220624_560874.shtml。

案例1-9

凌某春、刘某普贩卖、制造毒品案[1]——通过将毒品混合的形式以掩人耳目进行销售是否构成制造毒品罪

［**基本案情**］ (1)2008年2月至2009年1月,被告人刘某普、凌某春共谋从广东省深圳市购买毒品运到惠州市贩卖牟利,并雇用同案犯邓某良、周某财(已判刑)将从深圳市购买的冰毒、麻古、摇头丸、K粉、Y仔(硝甲西泮)等毒品运到惠州市出售给同案犯张某春、张某江(已判刑)等人。(2)2008年12月,刘某普、凌某春与"阿发"(在逃)共谋加工"咖啡"贩卖牟利,由"阿发"提供配方,刘某普、凌某春提供加工"咖啡"的毒品原料和加工场所。刘某普指使同案犯周某财在华洪大厦16楼B室,按配方将摇头丸、Y仔碾成粉末并与K粉混合后送到东方巴比伦605房间,由"阿发"雇用的同案犯马某航、马某、黄某达(均另案处理,已判刑)加入袋装咖啡内,并用封口机封口,以每包80元的价格贩卖给附近的娱乐场所和吸毒人员。(3)2008年12月30日至2009年1月20日,公安机关先后在上述人员家中及租住处查获刘某谱、凌某春共同贩卖的冰毒459.0238克,麻古866.6369克,摇头丸6306.8713克,K粉2914.9859克,Y仔1390.2204克,亚甲二氧基甲基苯丙胺、氯胺酮、硝甲西泮混合物311.1667克,咖啡因173.8892克,麻黄素0.2472克,含有氯胺酮成分的"咖啡"8909.7646克,含有氯胺酮和咖啡因混合成分的"咖啡"1058.5856克及含有亚甲二氧基甲基苯丙胺、咖啡因、氯胺酮混合成分的"咖啡"40.5098克。

［**裁判结果**］ 江西省南昌铁路运输中级人民法院认为,被告人凌某春、刘某普明知是毒品,而伙同他人贩卖,并制造毒品"咖啡",其行为构成贩卖、制造毒品罪。二审裁定驳回上诉,维持原判,并依法报请最高人民法院核准。最高人民法院经复核认为,刘某普、凌某春等人将摇头丸、Y仔与K粉混合后加入袋装咖啡内贩卖,不属于制造毒品,仍属于贩卖毒品的行为,不应当认定为制造毒品罪。

［**判理分析**］ 以物理方法制造毒品是指以改变毒品成分和效用为目的,用混合等方法配制毒品的行为。本案被告人刘某普、凌某春等人将摇头丸、Y仔碾成粉末后与K粉等混合并加入袋装"雀巢"咖啡内贩卖,既没有严格的比例配置规范要求,也没有专业化的配比工艺程序,还不足以达到改变毒品成分和效用的程度,没有形成新的混合型毒品,这种混合的形式主要是为了达到表面上似乎是贩卖咖啡以掩人耳目的目的,因此不属于制造毒品行为。

5.居间介绍买卖毒品与居中倒卖毒品如何区分

【实务观点】

在毒品交易过程中,除毒品贩卖者和购买者之外,有时会有第三人参与毒品交易,第三人可能是居间介绍买卖毒品,也可能是居中倒卖毒品,二者的危害本质不同。居间倒卖毒品的危害本质在于行为人独立贩卖毒品,而居间介绍者的危害本质在于帮助他人销售或者取得毒品,一般情况下,前者的危害性要大于后者,量刑也应当重于后者。根据最高人民法院相关会

① 参见中华人民共和国最高人民法院刑事审判第一、二、三、四、五庭主办:《刑事审判参考》(总第87集),法律出版社2013年版,第74~79页。

议纪要的精神，居中倒卖者属于毒品交易主体，与前后环节的交易对象是上下家关系，自主决定交易毒品的价格并赚取差价①。居间介绍者在毒品交易中处于中间人地位，发挥介绍联络作用，通常与交易一方构成共同犯罪，但不以牟利为要件②。受购毒者或者贩毒者委托，为其提供交易信息、介绍交易对象、居中协调交易数量、价格，或者提供其他帮助，促成毒品交易的，可以认定为居间介绍买卖毒品。司法实践中可以按照以下方法进行区分：

（1）看居间者是否从中获利。对于居间介绍来说，如果是帮助贩卖者一方向他人销售毒品或者帮助以贩卖为目的的购买者一方向他人购买毒品，客观上对他人的贩卖毒品行为起到了帮助作用；如果是帮助吸食者购买毒品，客观上对吸食者取得并持有一定的毒品起帮助作用。居间介绍者的帮助动机可以是以获得一方的报酬为目的，也可能是纯粹的亲友感情因素，因此其帮助行为构成犯罪并不以牟利为要件；而居中倒卖者的行为目的就是从交易中谋取利益。因此，司法实践中对于居间行为人没有从交易中获利的，只能认定为居间介绍者；如果行为人有从中获利的事实，才可能考虑认定为居中倒卖者。居间者有居中交接钱物的行为，在没有获利的情况下，基于其和毒品销售者、购买者之间相互熟悉的特殊情况，其行为性质更接近于帮助促成交易，不宜认定其属于独立的贩卖者，应认定为其中一方的帮助者，根据被帮助行为的性质定性，才符合主客观相一致原则。

（2）看居间者获利的来源和确定方法。在查明行为人确实有从毒品上下线的交易中获利的事实，判断其是居间介绍交易毒品还是居中倒卖毒品，一般可以从居间者获利的来源和确定方法来判断。居间者基于其帮助行为从一方获取报酬，一般情况下受到帮助的一方与居中者要共同商议帮助行为的对价，双方对于报酬的数额是共同商定并明知的。如果居间者是从一方取得毒品后加价后给另一方，实际上是独立实施贩卖毒品行为，这时下线购买者对于居间者从中获利的具体情况一般并不明知或者没有参与商定的权力。对于居间者从其“上线”贩卖者和“下线”购买者两头均获利的情况，如果是“上线”或者“下线”为感谢其居间介绍而给予报酬，则其与“上线”和“下线”均可能构成共同犯罪，属于“上线”及“下线”的帮助犯的竞合，应当选择其中一个重罪处理。如果其在帮助“上线”“下线”获取报酬之外，还有暗中加价将毒品转给“下线”的行为，仍属于加价贩卖行为。

需要注意的是，强调居间参加毒品交易的行为人必须有从中加价牟利的行为才可能构成贩卖毒品罪，原因在于这里的交易参加者有三方，即“上线”贩卖者、居间人和“下线”购买者，对于居间人的实质地位，必须从其有无获利、获利来源及确定方式综合判断。对于单纯的“上下线”毒品交易而言，并不要求“上线”行为人一定要有从中加价牟利的情节。贩卖毒品行为的危害本质在于妨害以公众健康为保护对象的国家毒品管制制度③，即国家严格禁止以吸食为目的的毒品交易行为。所谓贩卖，本意是有偿转让；所谓有偿是指行为人将毒品交给对方，并从对方获得物质利益。国家毒品管制制度禁止的是毒品的非法交易行为，而不是加价牟利行为，因此贩卖行为的本质是指以物易利，并不以从中加价牟利为必要内容。一般情况下，行为人从上家购买毒品再卖给下家，主观上会有从中加价牟利的目的，因此向下家销售毒品的

① 此观点最早源于《全国法院毒品犯罪审判工作座谈会纪要》（以下简称2015年《武汉会议纪要》）。
② 此观点最早源于2015年《武汉会议纪要》。
③ 参见张明楷：《刑法学》（第4版），法律出版社2011年版，第1005页。

价格当然高于其向上线购买毒品的价格，但也不能排除行为人基于感情因素、急需变现用钱或其他个人主观因素而平价甚至亏本销售给他人，或者行为人购买毒品后由于质量问题而不得已以低价对外销售，在这两种情况下，虽然没有从中牟利，但客观上既符合贩卖的行为要件，也产生了毒品进入非法市场交易进而促进毒品消费的危害后果，应当构成贩卖毒品罪。换句话说，以加价牟利为目的实施毒品交易的当然构成贩卖毒品罪，但在例外情况下行为人没有从中加价牟利的，也不影响贩卖毒品罪的构成。如果认为贩卖毒品必须具有从中加价牟利的主观目的和客观行为表现，则意味着购买毒品后由于市场变化或者质量问题而不得不亏本销售的行为，因为不具有加价牟利的行为和后果，应以未遂认定，而这种情况下实际上已经妨害国家对毒品管制的制度并在事实上产生了促进毒品消费的危害后果，应属于既遂。当然，如果行为人将毒品无偿提供给他人吸食，虽然违法并同样妨害了国家对毒品的管制制度，因为其客观上没有贩卖的行为表现，不能以贩卖毒品罪论处，这是罪刑法定的客观要求。

【类案参考】

案例 1－10

孙某志等贩卖毒品案①——对居中倒卖毒品者的处罚一般要重于居间介绍者

［**基本案情**］　2010 年 3 月底，被告人王某新和女友罗某芳（另案处理）从江苏省徐州市回四川省大竹县探亲时，从罗某芳的表哥黄某彬（另案处理）处得知可以购买到甲基苯丙胺。之后，王某新与被告人马某华、梁某久共同商定到大竹县购买甲基苯丙胺回徐州市贩卖。（1）2010年 7 月 23 日，王某新向黄某彬提出购买 1～2 千克甲基苯丙胺，黄某彬又联系被告人王某林准备毒品。次日，马某华、王某新、梁某久及罗某芳携带 50 万元现金从徐州市出发，于 7 月 25 日到达大竹县。黄某彬伙同王某林两次携带甲基苯丙胺样品与王某新、梁某久、马某华洽谈毒品交易，均因毒品质量不好和数量不够未能成交。（2）同年 7 月 26 日上午，王某林与在达州市的被告人孙某志联系购买毒品，并驾驶租赁的一辆马自达轿车与林某欣（已判刑）前往达州市，又叫来被告人王某杰负责开车。当日下午，孙某志携带甲基苯丙胺样品到王某林三人所在的达州市达川区兰新宾馆 888 房间，与王某林谈妥甲基苯丙胺价格为每千克 21.5 万元。王某林随后通知黄某彬等人到达州市交易毒品，价格为每千克 25 万元。当日 17 时许，马某华、梁某久、王某新和罗某芳在黄某彬的安排下到达达州市，王某林将四人安置在达川区兰郡商务酒店茶房 8210 房间后，指使王某杰把孙某志提供的甲基苯丙胺样品拿来试吸、验货。梁某久、马某华、王某新决定购买 2 千克甲基苯丙胺。当日 22 时许，梁某久携带 13 万元现金和王某林一同乘坐王某杰驾驶的轿车前往达州市通川区孙某志所在的长城饭店进行毒品交易。在途中，王某林让王某杰将车开到大竹县城，在其租用的大竹县新东方名都 6 楼 18 号房内，王某林卖给梁某久甲基苯丙胺 122.91 克。而后，三人驾车返回长城饭店，王某林、梁某久交给孙某志毒品定金 12 万元。孙某志找来被告人段某一同去向赵某（在逃）购买毒品。次日 4 时许，孙某志在长城饭店停车场将 12 万元定金交给赵某，同时收到赵某的毒品。后孙某志与段某返回长城饭店 8420 房间，并通知王某林到该房间进行毒品交易。在等候期间，孙某志将毒

---

① 参见中华人民共和国最高人民法院刑事审判第一、二、三、四、五庭主办：《刑事审判参考》（总第 112 集），法律出版社 2018 年版，第 39～44 页。

品分成两份:一份准备交给王某林,另一份交由许某(已判刑)保管。王某林与梁某久乘坐王某杰驾驶的轿车到长城饭店接上孙某志、段某,前往兰郡商务酒店交易毒品。到达兰郡商务酒店门口后,王某林和梁某久下车将甲基苯丙胺拿到该酒店茶房8210房间,并由王某林取走剩余购毒款37万元。此时,民警将在轿车内等候的孙某志、王某杰、段某和在8210房间的马某华、梁某久、王某新等人抓获,王某林脱逃。民警当场从8210房间查获甲基苯丙胺858.25克,从轿车上查获甲基苯丙胺35.92克、海洛因4.98克、氯胺酮1.76克。(3)王某林脱逃后,打电话指使林某欣前去兰郡商务酒店门前打探情况,后判断孙某志等人已被公安机关抓获,便安排林某欣到长城饭店8420房间通知许某逃跑。林某欣和许某携带毒品刚逃出长城饭店8420房间,即被民警抓获。民警从许某提着的挎包内查获甲基苯丙胺375.03克、麻古62.78克、海洛因34.94克。后公安机关陆续将王某林、黄某彬等人抓获归案。

［**裁判结果**］　达州市中级人民法院认为,被告人孙某志、王某林、王某杰、段某明知是毒品而予以贩卖,被告人梁某久、马某华、王某新以贩卖为目的非法收购毒品,其行为均已构成贩卖毒品罪。孙某志贩卖甲基苯丙胺1233.28克、海洛因34.94克、麻古62.78克;王某林贩卖甲基苯丙胺1104.25克、海洛因323.35克、麻古8.4克、氯胺酮1.76克、烟酰胺205.07克;梁某久、马某华、王某新、王某杰贩卖甲基苯丙胺981.16克。在孙某志与段某,王某林与王某杰,梁某久与马某华、王某新的共同犯罪中,孙某志、王某林、梁某久、马某华分别起主要作用,是主犯,应当按照四人组织、指挥、参与的全部犯罪处罚;王某新、王某杰、段某起次要或辅助作用,是从犯,依法应当从轻或减轻处罚。孙某志是毒品再犯,应当从重处罚。梁某久、马某华、王某新、段某是累犯,依法应当从重处罚。判决:被告人孙某志犯贩卖毒品罪,判处死刑,剥夺政治权利终身,并处没收个人全部财产;被告人王某林犯贩卖毒品罪,判处死刑,缓期二年执行,剥夺政治权利终身,并处没收个人全部财产(其他略)。四川省高级人民法院判决维持原审对被告人孙某志、王某林等人的定罪量刑。最高人民法院经复核裁定不核准。

［**判理分析**］　对居中倒卖毒品者的处罚一般要重于居间介绍者。本案中,被告人王某林明显处于毒品交易链条的中间环节,但其既没有提供毒资,也不是毒品来源,对其认定为居中倒卖者的主要理由是:第一,根据查明的事实,梁某久、马某华、王某新向黄某彬提出要到大竹县购买毒品后,黄某彬即联系王某林准备毒品,王某林、黄某彬先后两次携带甲基苯丙胺样品与梁某久等人洽谈毒品交易,均因质量不好和数量不够未能成交。这说明王某林与梁某久等人之间已有交易毒品的犯意联络和具体行为,只因客观原因未能成功。第二,在交易未成的情况下,王某林紧急联系被告人孙某志,王某林租车前往达州市与孙某志见面,对孙某志提供的毒品样品进行验货,并与孙某志谈好毒品交易价格为21.5万元/千克。这说明王某林与孙某志之间亦有交易毒品的犯意联络。第三,王某林随后通知梁某久等人到达州市交易毒品,并告知毒品价格为25万元/千克。这说明王某林明显有加价倒卖、从中获利的意图。第四,王某林先指使王某杰将毒品样品送给梁某久等人验货,后与梁某久一起将12万元定金交给孙某志。孙某志从上家处购得毒品后电话通知王某林进行交易。王某林驾车将孙某志接到马某华等人所在的酒店,孙某志在酒店外等候,由王某林、梁某久将孙某志提供的毒品拿到马某华等人所在房间,马某华等人收货后将剩余37万元毒资交给王某林。由此,本案交易的毒品、毒资均经过王某林之手,王某林与孙某志、梁某久等人分别构成独立的交易关系。王某林的行为对毒品交易的完成起到关键的决定性作用。第五,王某林在与梁某久一起去给孙某志

交付定金的途中，还单独贩卖给梁某久甲基苯丙胺100余克，更反映出王某林与梁某久等人之间的交易关系。综上，应认定在贩卖毒品犯罪中，孙某志是王某林的上家，梁某久、马某华等人是王某林的下家，王某林是孙某志与梁某久、马某华之间的居中倒卖者。

6. 居间介绍买卖毒品的行为如何定性处理

【实务观点】

对于居间介绍买卖毒品行为的定性，需要从共犯关系和共犯地位两个方面来把握。

（1）关于居间介绍买卖毒品行为人的共犯关系。居间者介绍他人开展毒品交易，其行为在客观上对贩卖毒品者起到了帮助作用，但并不能因此就一律认定居间者为贩卖毒品罪的共犯，而应当按照主客观相一致原则来认定。如果居间者主观上并没有帮助贩卖者一方的目的，而是为了帮助购买者一方取得毒品，则只能与购买者一方构成共同行为关系。根据最高人民法院相关会议纪要的精神，可分为以下几种情形：一是受贩毒者委托，为其居间介绍贩卖毒品的，与贩毒者构成贩卖毒品罪的共同犯罪。二是受购毒者委托，为其居间介绍购买毒品的，需要进一步考察其对购毒者目的的明知情况。如果明知购毒者以贩卖为目的购买毒品，受委托为其介绍联络贩毒者的，与购毒者构成贩卖毒品罪的共同犯罪；如果是受以吸食为目的的购毒者委托，为其提供购毒信息或者介绍认识贩毒者，毒品数量达到《刑法》第348条规定的最低数量标准的，应与购毒者构成非法持有毒品罪的共同犯罪。三是同时与贩毒者、购毒者共谋，联络促成双方交易的，一般应认定居间介绍者与贩毒者构成贩卖毒品罪的共同犯罪。① 但作为例外，如果居间介绍者与以贩卖为目的的购毒者关系更为紧密，且购毒者对促成毒品交易起更大作用的，可以认定其与该购毒者构成共同犯罪。② 这种情况属于贩卖者共同犯罪和购毒者共同犯罪的想象竞合犯，按照我国刑法理论通说，应从一重罪处。

司法实践中，可以从居间者获利的来源来判断居间介绍者的共犯对象，进而确定其罪名。居间者接受贩卖者请求为其介绍购买者，之后在购买者请求介绍毒品贩卖者时，从中牵线搭桥或代为转手款、物的，均为"上线"即贩卖者的共犯；居间者先接受购买者请求帮助寻找毒品来源，再向贩卖毒品者提出购毒介绍或者请求时，为"下线"购买者的共犯。这样判断符合共同犯罪必须在行为之前先有共谋的原理。当然，这里面也可能有犯意的转化，即第一次是受购买者请求，介绍其向他人购买毒品，贩卖毒品者为感谢居间者介绍客户而给予一定报酬，之后居间者开始主动为贩卖毒品者寻找客户的，则之后的行为应构成贩卖毒品者的共犯。这一判断方法，在介绍卖淫犯罪中也可适用，比如一般情况下出租车司机收到乘客请求为其介绍嫖娼场所时，将客户送到卖淫场所的行为，应属于介绍嫖娼，而不是介绍卖淫；但如果出租车司机知道某卖淫场所对于介绍客户有数额较高的提成或其他形式的物质报酬，因而在乘客请求介绍卖淫场所时，将乘客运至相应卖淫场所，并从中获取报酬的，应属于介绍卖淫。

如果现有证据不足以认定居间者明知购买者系用于贩卖，则根据量刑证据存疑有利于被

---

① 此观点最早源于2015年《武汉会议纪要》。

② 高贵君、马岩、方文军、李静然：《〈全国法院毒品犯罪审判工作座谈会纪要〉的理解与适用》，载《人民司法·应用》2015年第13期。

告人的原则,只能认定居间者仅具有帮助他人非法取得毒品的目的,构成非法持有毒品罪的共犯,并按非法持有毒品罪的共犯来确定刑罚。这时购买者与居间者虽有共犯关系,但犯意并不完全统一,居间者仅在自己的主观犯意范围内,即帮助他人非法取得毒品,成立非法持有毒品罪,并不妨碍对购买者根据其实际目的和行为表现,认定为贩卖毒品罪。对居间者也只能按非法持有毒品罪的共犯来确定刑罚。这种共同犯罪中部分实行犯过限的现象在其他犯罪中并不罕见,比如绑架他人后谎称索债又邀约他人帮助看守的,主犯构成绑架罪,帮助者构成非法拘禁罪;以金钱收买的方式指使他人作伪证的,一方构成伪证罪,另一方构成妨害作证罪。这两种情况下二人仍属于共同犯罪。

(2)关于居间介绍买卖毒品行为人的共犯地位。根据最高人民法院相关会议纪要的精神,居间介绍者实施帮助行为,对促成毒品交易起次要、辅助作用,应当认定为从犯。对于以居间介绍者的身份介入毒品交易,但在交易中实际已超出居间介绍者的地位,对交易的发起和达成起重要作用的,可以认定为主犯。①

司法实践中,居间者第一次介绍他人进行毒品交易,之后买卖双方形成固定的客户关系,自行开展多次交易的,居间者仅应对第一次介绍行为负责,对于之后买卖双方的交易行为,既无共同故意,也无实际贡献,无论是与买方还是与卖方均不再成立共犯关系。但如果居间者与卖方形成约定,持续性从卖方之后每次交易中提成的,仍构成共犯关系,因为卖方给予其提成往往是为了让居间者做出维系毒品交易持续进行的保证和贡献。当然,这时居间者对毒品促成的作用相对较小,一般应当认定为从犯。

【类案参考】

案例 1-11

陈某有、庄某思贩卖毒品案②——居间介绍者和居中倒卖者的区别认定

[**基本案情**] 2013 年 7 月 4 日,公安特情人员罗某某经被告人庄某思介绍与被告人陈某有商议购买毒品事宜。双方商定,陈某有以 22 万元的价格贩卖 3000 克甲基苯丙胺给罗某某介绍的买家。次日 2 时许,陈某有、庄某思与罗某某会合,到广州市天河区天河公园附近等候他人送来毒品。7 时许,经陈某有联系,由他人开车前来交给陈某有一袋毒品,随后,罗某某、庄某思、陈某有一同前往广州市黄埔大道西 210 号海涛酒店。到达酒店门口后,庄某思在车上等候;陈某有手持装有毒品的塑料袋和罗某某去到酒店一房间与罗某某介绍的买家进行交易。当陈某有与买家交接毒品、点验货款时,被事先埋伏的公安人员当场抓获。公安人员从陈某有带来的塑料袋中缴获甲基苯丙胺 3 包,共计净重 2479 克。同时,其他事先埋伏的公安人员在酒店门前将庄某思抓获。被告人陈某有辩解并非涉案毒品的所有者,只是交易的中间人。被告人庄某思辩解是为一点酬劳才帮忙介绍陈某有和罗某某认识,仅起到居间介绍作用。

[**裁判结果**] 广州市中级人民法院判决:(1)被告人陈某有犯贩卖毒品罪,判处死刑,缓期二年执行,剥夺政治权利终身,并处没收个人全部财产;(2)被告人庄某思犯贩卖毒品罪,判

---

① 此观点最早源于 2015 年《武汉会议纪要》。

② 参见中华人民共和国最高人民法院刑事审判第一、二、三、四、五庭主办:《刑事审判参考》(总第 108 集),法律出版社 2017 年版,第 100~105 页。

处有期徒刑十三年,并处罚金五万元。广东省高级人民法院经二审审理认为,陈某有经庄某思介绍认识罗某某以后,三人协商毒品的交易数量、价格以及交易方式等,陈某有还联系毒品来源并携带毒品到现场,在共同犯罪中起主要作用,系主犯,应当按照其所参与的全部犯罪处罚。庄某思介绍罗某某与陈某有交易毒品,并参与毒品交易的整个过程,在共同犯罪中起次要作用,系从犯,可以减轻处罚。鉴于本案是在公安机关的监控下实施的毒品交易,社会危害较小,对各被告人可酌情从轻处罚。裁定驳回上诉,维持原判,并核准对陈某有的死缓判决。

[**判理分析**] (1)被告人陈某有、庄某思在毒品交易中地位、作用的认定。本案中,特情人员罗某某以毒品买家代理人的身份出现,其首先联系的是被告人庄某思,还将准备用于交易的现金、银行取款回执的照片发送给庄某思。从形式上看,庄某思似乎是罗某某的直接交易对象,但在庄某思介绍罗某某与陈某有认识后,陈某有、罗某某见面商谈交易细节,确定交易毒品的种类、数量、价格的仍是陈某有、罗某某二人。陈某有、罗某某也均明知交易的对象并非庄某思。公安机关提取的手机短信息显示,庄某思并不从本次交易中赚取差价,而是想通过介绍交易获得5000元的好处费。显然,庄某思并不是本次毒品交易中独立的一方主体,而是陈某有、罗某某之间的居间介绍人。被告人陈某有与罗某某确定交易毒品时,尚未直接控制用于交易的毒品。交易当日凌晨,才由他人将该批毒品送至陈某有处。从表面上看,陈某有似乎仅是交易的中间人,而不是交易的一方主体,但陈某有以自己的名义与罗某某进行交易,且其向罗某某贩卖毒品的价格22万元高于其所供述的购买毒品的金额21万元,故其获利方式是通过在上下家之间转卖获得差价,应认定陈某有是毒品交易链中单独的一环,具有独立主体地位,在本案中属于居中倒卖毒品。

(2)对被告人陈某有、庄某思共同犯罪及主从犯的认定。被告人庄某思、陈某有系同乡朋友关系,此前庄某思就知道陈某有贩卖甲基苯丙胺;而庄某思与罗某某经他人介绍,认识不久。从表面上看,庄某思是在罗某某提出购买毒品的要求后,才介绍陈某有与罗某某联系,似乎是为罗某某介绍贩毒者。但是,庄某思不仅受罗某某所托向其介绍了陈某有,而且直接在罗某某与陈某有之间就交易的核心内容联络沟通,推动双方达成金额22万元的交易;庄某思还陪同陈某有从上家处接收毒品,并与陈某有共同前往交易地点。显然,庄某思与陈某有之间具有密切的犯意联络,形成了贩卖毒品的共同故意,并一起实施了贩卖毒品的共同行为,两人也因此构成贩卖毒品的共同犯罪。这一认定,符合2015年《武汉会议纪要》中"同时与贩毒者、购毒者共谋,联络促成双方交易的,通常认定与贩毒者构成贩卖毒品罪的共同犯罪"的精神。被告人庄某思的作用主要体现在为双方牵线介绍,虽然介入交易具体过程之中,但其作用在根本上仍属于帮助性质,故本案将其认定为从犯,以减轻处罚。被告人陈某有作为一方独立的交易主体,对交易达成起主要作用,应认定为主犯。①

① 即便如被告人陈某有所辩解其不是毒品的所有者,其作为交易主体一方的代表,出面商定毒品交易的数额、价格并直接携带毒品实施交易,对交易完成起主要作用,也应认定为主犯。

案例 1－12

马某坚等贩卖毒品案[①]——贩卖毒品犯罪中的居间介绍行为如何定罪处罚

［**基本案情**］　家在广西的被告人马某坚在云南文山市经营液化气站，认识当地居民被告人罗某排后，常与罗某排谈论贩卖毒品牟利之事。2001 年 4 月中旬，罗某排结识王某富（系公安特情人员），提及此事，王某富表示自己能提供毒品海洛因。罗某排遂将此情况告知马某坚，要其联系毒品买主。马某坚即通知住在广西壮族自治区宾阳县的被告人胡某川帮助寻找买主。后罗某排与王某富到达南宁市后，通知马某坚赶到南宁市。4 月 24 日，胡某川与其联系的毒品买主"亚龙"（在逃）从宾阳县赶到隆安县和已在此等候的马某坚、罗某排、王某富会面。"亚龙"与王某富商定毒品海洛因交易价格为每千克 13 万元，由"亚龙"向王某富先支付 1 万元定金，等"亚龙"回宾阳县筹齐钱后再在南宁市进行"现货"交易。28 日，"亚龙"在宾阳县交给胡某川 5 万元，让其前往南宁市进行毒品交易，并将毒品带回宾阳县由其验货。当日，胡某川与马某坚、罗某排一同从宾阳县赶到南宁市时即被公安人员抓获，并从罗某排身上搜获用于购毒的资金 5 万元。

［**裁判结果**］　南宁市中级人民法院认为，被告人马某坚、罗某排、胡某川明知他人进行毒品海洛因买卖，仍积极从中介绍、联系并协助进行交易，其行为均构成贩卖毒品罪。马某坚、罗某排、胡某川虽然不是毒品交易直接当事人，但主观上均有帮助他人贩卖毒品的故意，客观上也有互相配合、居间介绍、协助他人进行毒品买卖的行为，属于贩卖毒品罪的共犯（帮助犯）。在贩卖毒品共同犯罪中，马某坚、罗某排、胡某川起辅助作用，系从犯。根据本案的犯罪事实、性质、情节和对社会的危害程度以及特情人员对本案发生所产生的影响，对马某坚、罗某排、胡某川可予减轻处罚。判决：被告人马某坚犯贩卖毒品罪，判处有期徒刑十一年，剥夺政治权利一年，并处罚金一万元；被告人罗某排犯贩卖毒品罪，判处有期徒刑十一年，剥夺政治权利一年，并处罚金一万元；被告人胡某川犯贩卖毒品罪，判处有期徒刑十年，剥夺政治权利一年，并处罚金一万元。马某坚上诉提出本案交易的毒品并不存在，王某富虚构自己能提供毒品，是引诱犯罪的圈套，毒品交易行为根本没有发生，作为量刑标准的毒品数量不存在且错误。广西壮族自治区高级人民法院经审理后认为，上诉人马某坚、罗某排、胡某川积极参与并居间介绍毒品交易，携带毒资欲交易毒品，具有协助他人贩卖毒品的主观故意和客观行为，其行为均已构成贩卖毒品罪。本案毒品交易虽没有实际发生，但王某富与"亚龙"已商量确定了交易毒品的数量、价格等，最后由马某坚、罗某排、胡某川具体实施交易行为，现有证据充分证实了他们明知欲交易的毒品的数量情况，"亚龙"在逃和对公安特情人员王某富未提起公诉，并不影响对马某坚、罗某排、胡某川的定罪。在共同犯罪中，马某坚、罗某排、胡某川均起辅助作用，系从犯；马某坚、罗某排、胡某川在携带资金前往进行毒品交易时，由于意志以外的原因而未得逞，是犯罪未遂。根据本案的具体情况，对马某坚、罗某排、胡某川均可予以减轻处罚。裁定：驳回上诉，维持原判。

［**判理分析**］　（1）对居间介绍人行为的定性。首先，被告人马某坚、罗某排在得知王某富可出卖毒品的情况下，仍积极居间介绍为其联系寻找买主；被告人胡某川受马某坚委托之

① 参见中华人民共和国最高人民法院刑事审判第一庭、第二庭编：《刑事审判参考》（2003 年第 3 辑，总第 32 辑），法律出版社 2003 年版，第 60～65 页。

后找到购毒者“亚龙”，在明知“亚龙”为贩卖毒品而准备购买毒品的情况下，仍积极从中帮助其购买毒品，主观上具有居间介绍贩卖毒品的故意。其次，马某坚、罗某排、胡某川共同促成了王某富和“亚龙”的见面，在双方就毒品交易价格、数量、定金支付、交易时间、地点进行确定时亦在场。最后，三被告人还共同携带“亚龙”交付的购毒资金按时前往约定的交易地点协助进行毒品夺易。因此，三被告人虽不是毒品买卖的直接当事人，但他们的行为均已构成贩卖毒品罪的帮助犯。

(2)本案的量刑问题，各被告人同时具备两个法定从宽情节和一个酌定从宽情节，因此，减轻的幅度仍可以大些。其一，本案被告人不是毒品买卖的当事人，仅是撮合他人进行毒品买卖，均系从犯。其二，由于本案的“卖毒者”系公安特情人员，毒品交易自始不存在，也不可能实际发生，是贩卖毒品罪的不能犯的未遂。其三，本案虽不存在典型的特情犯意引诱和数量引诱问题，但被告人是在特情人员表示自己拥有毒品欲寻找买家的情况下，才开始实施寻找下线买家之犯罪行为的。若没有特情人员上述的诱骗表示，本案就可能不会发生。这种情况为“犯罪机会引诱”，在量刑时亦应予以酌情考虑。

案例 1－13

柯某敏等贩卖毒品案①——居间介绍者对于第一次购买后买卖双方直接交易的毒品数量不构成共同犯罪

［**基本案情**］ (1)2017 年以来，被告人柯某敏多次介绍购毒人员向被告人王某文购买毒品。2018 年 2 月 23 日，柯某敏在海口市美兰区一出租屋内以每克 700 元的价格将 7 克冰毒交给王某文让其代为出售，双方约定，王某文将毒品冰毒出售后再将毒资交给柯某敏。王某文陆续将其中 6 克冰毒出售给被告人符某天，购毒人员陈某、周某等人，后将所得毒资 4200 元以微信转账的方式转给柯某敏，余下 1 克毒品冰毒用于个人吸食。(2)2017 年 11 月，被告人符某天联系被告人柯某敏称要购买冰毒，柯某敏将符某天介绍给被告人王某文。2018 年 2 月 13 日、14 日、28 日和 3 月 2 日，王某文以 300 元、200 元、500 元、500 元的价格分别将一小包冰毒出售给符某天。(3)2018 年 2 月 10 日，购毒人员陈某手机联系被告人柯某敏称要购买冰毒，柯某敏将陈某介绍给被告人王某文。当日 17 时许，王某文以 1200 元的价格将一小包冰毒出售给陈某。2 月 23 日、3 月 2 日和 3 日，王某文先后三次让被告人满某涛将一小包冰毒交给购毒人员陈某，陈某以微信转账的方式分别将 600 元、3600 元和 600 元毒资支付给王某文。(4)2018年 2 月 17 日，购毒人员周某联系被告人柯某敏称要购买毒品冰毒，柯某敏将周某介绍给被告人王某文。当日及 2 月 22 日、27 日，王某文以 350 元、400 元、400 元的价格分别将一小包冰毒贩卖给周某。(5)2018 年 3 月 2 日，购毒人员韩某联系被告人符某天称要购买毒品，符某天将韩某介绍给被告人王某文。王某文将价值 500 元的毒品交给符某天让其去与韩某交易，符某天准备以 600 元的价格出售给韩某，被公安民警抓获，并扣押一小包冰毒(净重 0.36 克)。公安民警从被告人柯某敏住处扣押三小包冰毒(净重 0.71 克)；从被告人王某文住处扣押两小包毒品冰毒(净重 0.21 克)及一把以火药为动力的自制手枪。

［**裁判结果**］ 一审法院认为，被告人柯某敏、王某文、满某涛、符某天违反国家对毒品的管理法规，非法贩卖毒品甲基苯丙胺，其中王某文贩卖毒品 13 次、柯某敏贩卖毒品甲基苯丙

① 参见海南省海口市中级人民法院刑事裁定书，(2019)琼01 刑终 63 号。

胺4次、满某涛贩卖毒品4次,均属情节严重;符某天贩卖毒品甲基苯丙胺0.36克。四被告人的行为均已构成贩卖毒品罪,应予惩处。被告人王某文非法持有以火药为动力的枪支一支,其行为已构成非法持有枪支罪,应予数罪并罚。检察机关指控被告人柯某敏贩卖毒品13次不当,被告人柯某敏介绍符某天、陈某、周某向王某文购买毒品仅是第一次,之后各购毒人员均直接与王某文联系交易。因此,柯某敏的贩毒次数应认定为其向王某文出售7克毒品1次,加介绍贩毒3次,共4次。被告人满某涛曾因犯盗窃罪被判处有期徒刑,在刑满释放后五年内再犯应当判处有期徒刑以上刑罚之罪,属累犯,依法应从重处罚。被告人满某涛在与王某文的共同犯罪中起次要作用,属从犯,依法可从轻处罚。被告人符某天当庭自愿认罪,并如实供述自己的罪行,依法可从轻处罚。判决:(1)被告人王某文犯贩卖毒品罪,判处有期徒刑七年,并处罚金二万元,犯非法持有枪支罪,判处有期徒刑一年,决定执行有期徒刑七年二个月,并处罚金二万元;(2)被告人柯某敏犯贩卖毒品罪,判处有期徒刑五年,并处罚金一万元;(3)被告人满某涛犯贩卖毒品罪,判处有期徒刑四年,并处罚金一万元;(4)被告人符某天犯贩卖毒品罪,判处有期徒刑一年六个月,并处罚金三千元;(5)扣押在案的手机四部系作案工具,予以没收;毒品六小包、自制手枪一把、砍刀两把系违禁品,予以销毁,均由扣押机关执行。二审裁定驳回抗诉,维持原判。

［**判理分析**］　在本案审理中,一审、二审检察机关均认为被告人柯某敏和被告人王某文共同贩卖毒品13次,构成贩卖毒品罪的共同犯罪,且柯某敏的行为起主要作用,其应负的刑事责任应比王某文重;一审、二审法院认定被告人柯某敏以每克700元的价格将7克毒品冰毒交给被告人王某文让其代为出售是共同犯罪,柯某敏介绍符某天、陈某、周某向王某文购买毒品仅是第一次,构成共同犯罪,之后各购毒人员均直接与王某文联系交易,王某文在柯某敏第一次介绍之后代为销售毒品的行为是单独贩卖毒品行为。对此问题,分析如下:

(1)柯某敏在2018年2月23日之前向王某文介绍购毒者属于居间介绍毒品交易行为。在柯某敏将其所有的7克毒品交给王某文之前,王某文向柯某敏介绍的3名购毒者贩卖毒品共6次,在案证据不能证实柯某敏是这6次贩卖毒品的提供者,亦不能证实柯某敏从中获利,柯某敏应当认定为居间介绍者。根据2015年《武汉会议纪要》关于共同犯罪认定问题的规定,"居间介绍者在毒品交易中处于中间人地位,发挥介绍联络作用,通常与交易一方构成共同犯罪,但不以牟利为要件"。柯某敏向王某文介绍购毒者,仅对其所介绍的3次承担刑责,购毒者经柯某敏介绍认识王某文购买毒品后,再向王某文购毒时并没有柯某敏的参与,柯某敏对此不应承担刑事责任。

(2)柯某敏于2018年2月23日将7克冰毒交由王某文售卖属于共同贩卖毒品行为。柯某敏将7克冰毒交给王某文出售时只约定王某文按每克700元的价格将毒资交给柯某敏,对王某文贩卖毒品的对象、价格均没有限制,虽然王某文贩卖这7克冰毒的下家多为柯某敏介绍的陈某等人,但考虑陈某等人是向王某文购买毒品的老客,再次向王某文购买毒品符合常理,故不能认定柯某敏指定了王某文的贩卖对象,其对柯某敏的向下贩卖行为不构成共同犯罪。柯某敏将7克冰毒交由王某文售卖的行为应当认定为贩卖毒品,与王某文是毒品交易的上下家关系。

(3)柯某敏向王某文介绍购毒者3次,另外贩卖毒品给王某文1次7克,至于王某文其他10次贩卖毒品,由于柯某敏与王某文不构成共犯,不能计入柯某敏贩卖毒品的次数。如果一方面认定柯某敏贩卖7克毒品给王某文,以该数量作为量刑的依据之一;另一方面又认定柯某敏对王某文将该7克毒品对下贩卖的行为也应承担责任，认定其又多次贩卖毒品，实质上是两次评价了柯某敏将7克毒品交给王某文的行为，属于重复评价，显失公平。

7. 受指使为贩卖毒品者交接毒品的行为如何定罪处理

【实务观点】

对于受雇他人运输毒品，且没有在犯罪过程中实行过限即超出雇佣范围而进行了其他毒品犯罪行为的，宜以运输毒品罪定性；对于受雇为毒品买主或者卖主交换毒品或者毒资，应当认识到其是在帮助完成贩卖毒品过程，即使未参与商定毒品价格，也宜以贩卖毒品罪定性。对于现有证据无法认定其是运输或贩卖的，则宜就低认定为非法持有毒品罪。

对受雇从事毒品犯罪活动的人员，不能一概认定为从犯。对于长期受雇从事毒品犯罪活动，实质上属于毒品犯罪集团的骨干成员，也可以认定为主犯。

【类案参考】

案例1－14

梁某雄、周某杰等贩卖毒品案①——为贩卖毒品者交接毒品的行为构成贩卖毒品罪

［**基本案情**］ 2002年11月7日上午，被告人梁某雄为了牟利，根据香港人“阿鼻”（在逃）的指示，到深圳市远东大酒店对面的麦当劳餐厅，从一毒贩处接到装有7块海洛因的背包，带回其在深圳市的住处向西村西区85号603室。当日14时许，梁某雄接到“阿鼻”关于送两块毒品给接货人的指示后，与接取毒品的被告人周某杰取得联系，约定了交接的时间和地点后，梁某雄将两块海洛因绑在一起装进一个咖啡色的塑料袋内，和其女友被告人曹某凤一起来到春风茶餐厅。周某杰到达该餐厅并从梁某雄手上接过装有海洛因的咖啡色塑料袋，走出门外时被公安人员人赃俱获，梁某雄也在餐厅内被抓获，而曹某凤趁乱逃脱。缴获的两块海洛因经鉴定，净重1100克，含量为100%。随即，公安人员在周某杰的住处深圳市翠盈嘉园东座612号房内，搜出咖啡因4包，净重3500克；海洛因两小包，净重11.6克；甲基苯丙胺两小包，净重16.9克；烟叶状物1包，净重2克，含四氢大麻酚、大麻酚成分；蓝色药片11粒，净重2.4克，含米达唑仑成分；电子秤2台。梁某雄住处的其余5块海洛因后亦被公安机关查获，净重3250克，含量为100%，另外还查获咖啡因6包，净重4900克。

［**裁判结果**］ 深圳市中级人民法院认为，被告人梁某雄、周某杰为牟利为贩毒分子交接毒品，其行为均已构成贩卖毒品罪。判决：被告人梁某雄犯贩卖毒品罪，判处死刑，剥夺政治权利终身，并处没收个人全部财产；被告人周某杰犯贩卖毒品罪，判处死刑，剥夺政治权利终身，并处没收个人全部财产；其他被告人定罪情况略。广东省高级人民法院经审理，裁定驳回上诉，维持原判。最高人民法院经复核认为，被告人梁某雄、周某杰为牟利分别为买卖毒品的双方接取毒品的行为，构成贩卖毒品罪，且二被告人均系独立完成接取毒品的行为，贩卖毒品数量大，应依法惩处。裁定核准梁某雄、周某杰的死刑。

［**判理分析**］ 毒品犯罪正朝着集团化、现代化以及分工细化的方向发展，真正的毒枭并

---

① 参见中华人民共和国最高人民法院刑事审判第一庭、第二庭编：《刑事审判参考》（2005年第6集，总第47集），法律出版社2006年版，第34～46页。

不亲自出面具体从事接运、买卖毒品等活动，而是雇用他人进行具体的毒品犯罪活动，通过现代化的通信手段进行遥控，并且雇用多人分别进行其中的一项活动。毒枭未归案，对其他归案的被告人怎样定罪，应当根据具体案件进行具体分析。对于受雇运输，且没有在犯罪过程中实行过限，即超出原雇用范围而进行了其他毒品犯罪行为的，宜以运输毒品罪定性；对于受雇为毒品买主或者卖主交换毒品或者毒资，即使未参与商定毒品价格，也宜以贩卖毒品罪定性；对于无法认定其是运输还是贩卖的，则宜就低认定为非法持有毒品罪。本案被告人梁某雄自称受香港人“阿鼻”的雇用，为“阿鼻”交接毒品，现无证据证明其有商谈毒品价格等其他买卖毒品的行，他们交接毒品的行为是贩卖毒品罪中的重要一环，没有他们的行为，毒枭的毒品交易就无法完成，因此定贩卖毒品罪是准确的。被告人梁某雄、周某杰分别受不同毒贩的雇用而专门从事交接毒品活动，二人分属于不同的雇主，梁某雄属于卖方人员，周某杰属于买方人员，他们之间不存在共同犯罪问题，而各自分别与其雇主构成贩卖毒品罪的共犯。对受雇从事毒品犯罪活动的人员，不能一概认定为从犯。被告人梁某雄、周某杰虽然是受雇用进行毒品交接犯罪，但他们在毒品交接中均起主要作用，且即使他们是专门受雇进行毒品交接的人，也不仅只交接这一次，因为在他们的住处均查获了大量毒品，所以，一审判决和二审裁定认定他们系主犯是正确的。

8. 二人以上同行运输毒品的能否认定为共同犯罪

【实务观点】

二人以上同行运输毒品并不必然是共同犯罪，而可能是同时犯。共同犯罪是数个行为人基于共同实施某一犯罪的意思联络，而分工实施同一犯罪的不同行为。数个行为人具有共同的犯罪故意是共同犯罪必备的要件之一。同时犯是指数个行为人没有共同实行犯罪的意思联络，同时或在近乎同时的前后，对同一目标实施同一犯罪，或在同一场所实施同一性质的犯罪。同时犯的数个行为人主观上只有自身的故意，相互间没有意思联络，客观上没有相互配合。因此，即使同时犯的行为人相互知道对方也在实施同一性质的犯罪行为，由于没有共同的犯意和行为，只成立单独的犯罪。根据最高人民法院相关会议纪要的精神，对二人以上同行运输毒品的共犯关系，可从以下两个方面来审查：

（1）一般情况下，应当从主观上是否明知他人带有毒品、有无共同运输毒品的意思联络，客观上有无实施配合、掩护他人运输毒品的行为等方面，综合审查认定是否构成共同犯罪。[①] 对于同行运输毒品，但不知道他人带有毒品的；或者虽然知道同行者带有毒品，但就共同运输毒品既没有事先通谋，在运输过程中也没有形成意思联络的，不能成立共同犯罪。对于有无实施配合、掩护他人运输毒品的行为，可以结合下列因素进行综合判断：一是运输毒品的起运地、目的地、路线是否相同；二是交通、生活费用是否共同使用；三是在途中有无配合、掩护他人运输毒品的具体行为；四是是否由其中部分人员统一与交货人或者接货人进行交接；五是

① 此观点最早源于2015年《武汉会议纪要》。

是否共同获取、统一分配报酬。[①]

(2)二人以上受雇同一雇主运输毒品的情况下,又分为两种情形:一是受雇于同一雇主同行运输毒品,但受雇者之间没有共同犯罪故意,或者虽然明知他人受雇运输毒品,但各自的运输行为相对独立,既未实施配合、掩护他人运输毒品的行为,又分别按照各自运输的毒品数量获取报酬的,不认定为共同犯罪,各受雇者对各自运输的毒品数量承担刑事责任。二是受雇于同一雇主分段运输同一宗毒品,但受雇者之间没有共谋的,也不认定为共同犯罪。但雇用他人运输毒品的雇主,以及其他对受雇者起到一定组织、指挥作用的人员,与各受雇者分别构成运输毒品罪的共同犯罪,对运输的全部毒品数量承担刑事责任。[②]

【类案参考】

案例 1-15

吕某军、曾某龙运输毒品案[③]——同行运输毒品的并不必然是共同犯罪

[**基本案情**] 2005 年 6 月 5 日 0 时许,被告人吕某军、曾某龙各自随身携带海洛因,从曲靖火车站乘上昆明开往北京西的 T62 次旅客列车,准备到湖南娄底。当日中午 1 时许,列车运行到贵阳至凯里区间时,二人被该次列车乘警查获,分别从吕某军所穿的皮鞋内和所系的皮带内缴获了海洛因 46.6 克,从曾某龙所穿的皮鞋内缴获了海洛因 41.2 克。二被告人均辩称系分别运输毒品,不是共同犯罪。

[**裁判结果**] 法院认为,公诉机关提供证据只能证实二被告人分别携带毒品乘坐旅客列车进行长途运输,在途中被查获的事实,并不能证实二被告人有共同运输毒品的主观故意和客观行为,因此二被告人系分别运输毒品、不是共同犯罪。

[**判理分析**] 同行二人虽然主观上都有运输毒品的故意,但如果二人并未就运输毒品达成犯罪合意,没有对犯罪手段进行分工,主观上也没有进行沟通和联络,缺乏共同犯罪必要的意思联络,则二人仅仅对自己持有的毒品有运输故意。本案二被告人相互认识,毒品均系被告人吕某军出资购买,但二人约定毒品归各自所有,被告人曾某龙承诺回娄底后即将吕某军为其垫付的购买毒品的钱予以归还。二被告人各自出资购买和运输毒品,彼此间的主观故意和客观行为缺乏内在联系,没有形成统一的犯罪活动整体,对二被告人可作一案处理,但不应认定为共同犯罪。理由分析如下:

(1)二被告人缺乏运输毒品的共同故意。所谓共同犯罪故意,指各行为人通过意思联络,认识其共同犯罪行为会发生危害社会的结果,并决意参与共同犯罪,希望或放任犯罪结果发生的心理态度。共同犯罪故意包括认识因素和意志因素两个层面。认识因素包括以下内容:①各行为人认识到并非其一人单独实施犯罪,而是与其他行为人一起共同实施犯罪;②各行为人认识到共同犯罪行为与共同犯罪结果的因果关系。意志因素指:①行为人认识到以其一个人的行为难以独立完成犯罪,需与其他行为人配合,经过自由意志选择,决意与其他行为人

---

① 高贵君、马岩、方文军、李静然:《〈全国法院毒品犯罪审判工作座谈会纪要〉的理解与适用》,载《人民司法·应用》2015 年第 13 期。

② 此观点最早源于 2015 年《武汉会议纪要》。

③ 参见中华人民共和国最高人民法院刑事审判第一庭、第二庭编:《刑事审判参考》(2005 年第 6 集,总第 47 集),法律出版社 2006 年版,第 47~51 页。

共同实施犯罪;②行为人希望或放任其行为引起的结果及共同犯罪行为发生的犯罪结果。就本案来说,二被告人主观上运输毒品的故意仅是相对于各自运输毒品的行为而言,相互之间并不认为是在与对方一起相互配合共同实施犯罪行为,因此二被告人主观上运输毒品的故意对判断是否构成共同犯罪并无意义。被告人吕某军为被告人曾某龙垫资购买毒品,只是二被告人之间的一种资金借贷行为,并不表明二被告人形成了共同犯罪的故意①。

(2)二被告人不具有共同运输毒品的行为。所谓共同犯罪行为,是指各共同犯罪行为人的行为都指向同一犯罪事实,彼此联系,互相配合,各人行为与犯罪结果之间均存在因果关系。犯罪目标的同一性及在实施犯罪过程中相互配合是共同犯罪的重要行为特征。本案中,首先,二被告人分别对自己持有的毒品拥有所有权和控制权,对他人所持有的毒品没有所有权和控制权。二被告人运输行为所指向的目标为各自所携带的毒品,根据二被告人的供述,毒品运至湖南娄底后二被告人将各自携带毒品回家,犯罪目标不具有同一性。其次,运输途中的车费及路上的其他花费也是二被告人各自负责,没有证据证实二被告人针对运输毒品实施了相互掩护、协作等配合行为。所以,二被告人的行为缺乏内在的联系,没有形成统一的犯罪活动整体,各被告人的犯罪行为对社会造成的危害结果与对方的行为并不存在因果关系。

9. 误以他物为毒品而运输的行为如何定罪处罚

【实务观点】

误以他物为毒品而贩卖、运输、持有的行为,在刑法理论中属于行为人"事实的认识错误",属对象不能犯,因不能实现其犯罪目的,属于相应毒品犯罪的未遂。在具体处理上,应当先对行为的社会危害性与所欲犯之罪的社会危害性进行比较。对于行为的实际危害性相对欲犯之罪较小的,如误把头痛粉当作海洛因予以出售,一般应予以从轻或者减轻处罚;对于行为的客观危害性虽比欲犯之罪较小,但也具有较为严重社会危害性的,可以适当从轻处罚;对于欲犯较轻之罪而实犯较重之罪,一般不能从轻处罚。

【类案参考】

案例 1-16

胡某、张某筠等故意杀人、运输毒品案②——误认尸块为毒品予以运输的行为是运输毒品罪的未遂

[**基本案情**]　1997 年 11 月初,被告人胡某因赌博、购房等欠下债务,遂起图财害命之

---

① 对于被告人吕某军为曾某龙垫付购买毒品资金的行为,本案中曾某龙购买的毒品仅数十克,不能排除是用于个人吸食。如果吕某军主观上明知曾某龙有走私、贩卖毒品的故意,则构成后者的帮助犯;如果曾某龙没有走私、贩卖毒品的故意,对于为他人吸食毒品而提供资金帮助的人来说,因为吸食毒品的行为只属于违法行为,提供资金帮助的行为也不宜评价为犯罪行为。对于曾某龙取得毒品后的非法持有毒品行为,吕某东并没有实际帮助行为,因此不构成共犯。注意这里与不以牟利为目的为他人代购毒品的行为不同,对托购者、代购者应以非法持有毒品罪定罪,是因为代购者因其代购行为而实际上非法持有了毒品,故其行为应评价为犯罪。

② 参见中华人民共和国最高人民法院刑事审判第一庭编:《刑事审判参考》(1999 年第 5 辑,总第 5 辑),法律出版社 1999 年版,第 34 ~ 39 页。

念，将被害人韩某根杀死。后被告人胡某将韩某根的尸体肢解为五块，套上塑料袋后分别装入两个纸箱中，再用编织袋套住并用打包机封住。此后，胡某以内装“毒品”为名，唆使被告人张某筠和张某峰帮其将两只包裹送往南京。被告人张某筠、张某峰按照胡某的指示于1997年11月30日中午从余姚市乘出租车驶抵南京，将两只包裹寄存于南京火车站小件寄存处。后因尸体腐烂，于1998年4月8日案发。

［**裁判结果**］ 被告人胡某为贪图钱财而谋杀被害人韩某根，并肢解尸体，其行为已构成故意杀人罪；被告人张某筠、张某峰明知是“毒品”仍帮助运往异地，均已构成运输毒品罪，但因二人意志以外的原因而犯罪未得逞，系未遂，应依法从轻处罚。1999年1月19日判决如下：被告人胡某犯故意杀人罪，判处死刑，剥夺政治权利终身；被告人张某筠犯运输毒品罪，判处有期徒刑二年，并处罚金二千元；被告人张某峰犯运输毒品罪，判处有期徒刑一年六个月，并处罚金一千元。上海市高级人民法院经审理，裁定维持原判。

［**判理分析**］ （1）误认尸块为毒品予以运输，应以运输毒品罪（未遂）定性。被告人张某筠、张某峰意图运输毒品，实际运输尸块的行为，属刑法理论上行为人对事实认识错误的一种，因此不能实现其犯罪目的，属对象不能犯。对于不能犯应当区分绝对不能犯与相对不能犯两种情形作出处理。绝对不能犯，是指行为人出于极端迷信、愚昧无知而采取没有任何客观根据，在任何情况下都不可能产生实际危害结果的手段、方法，企图实现其犯罪意图的情况，如使用“烧香念咒”“画符烧纸”“香灰投毒”等方法杀人等。相对不能犯，是指行为人在对自己行为的性质及实现行为目的的方法、手段的性质没有发生错误认识的前提下，由于疏忽大意等心理状态造成了对实施犯罪的工具或手段的误认，以致选择了实际上不可能实现其犯罪意图的工具或手段的情况，如误把白糖当砒霜用来毒人等。绝对不能犯与相对不能犯的主要区别在于：前者意欲实施的行为与其实际实施的行为是一致的，但因使用的手段与目的之间的因果关系是建立在反科学、超自然的基础上，故该种手段在任何情况下都不可能引起危害结果发生，不具有实质的社会危害性；后者所认识到的手段与目的之间的因果联系是真实的、有科学根据的，只是因为行为人一时疏忽致使意欲实施的行为与其实际实施的行为形似而质异，才未能造成犯罪结果。否则，其所使用的手段或工具就能合乎规律地引起危害结果发生，实现其犯罪目的。绝对不能犯不构成犯罪，而相对不能犯则构成犯罪未遂。对象不能犯不影响对行为人犯罪故意的认定，只对其犯罪形态产生影响，故对两名被告人误认尸块为毒品予以运输的行为，应以运输毒品罪（未遂）定罪。

（2）因对象不能犯形成的犯罪未遂可以从轻处罚。不能犯未遂并非对社会没有危害，在决定是否从轻处罚时，应当区分不同情况处理：其一，对于行为的客观危害性相对较小的，如误把头痛粉当“白粉”（海洛因）予以出售，因头痛粉对人体健康的危害不大，一般应予以从轻或者减轻处罚；其二，对于行为的客观危害性虽比欲犯之罪较小，但也具有较为严重社会危害性的，如本案被告人转移、藏匿尸体的行为，客观上必然严重妨害刑事侦查活动，同样具有严重的社会危害性，可以适当从轻处罚；其三，对于行为的客观危害性大于欲犯之罪的，如误把海洛因当作麝香进行走私，因走私毒品罪重于欲犯的走私珍贵动物制品罪，即欲犯较轻之罪而实犯较重之罪，虽然认定犯罪未遂，但一般不能从轻处罚。

10. 同时有走私、贩卖、运输、制造等多种涉毒行为的如何确定罪名

【实务观点】

《刑法》第347条规定的走私、贩卖、运输、制造毒品罪是选择性罪名，对于行为人同时具有多种涉毒行为的，根据最高人民法院相关会议纪要的精神，确定罪时"不以行为实施的先后、毒品数量或者危害大小排列，一律按刑法条文规定的顺序表述"，也即无论多个行为针对同宗毒品或者多宗毒品，均只按照行为人具体实施的行为种类，以刑法条文表述的行为类型顺序，确定为一个罪名，而不实行数罪并罚。具体适用中注意以下几点：

(1)行为人针对同一宗毒品分别实施了多种行为的，从刑法理论上来讲多种行为之间形成目的行为与手段行为的牵连关系，因此犯罪数量不能重复计算；在罪名认定时，不按牵连犯的原理从一重处，也不能按照具体犯罪的实际行为顺序表述罪名，而应当按照刑法条文规定的行为类型顺序，并列表述构成的具体罪名。

(2)行为人针对不同宗毒品分别实施了多种行为的，属于同种数罪，按我国刑法理论上的通说和司法惯例，不实行数罪并罚；应当将犯罪数量累计计算，并按照刑法条文规定的行为类型顺序表述构成的具体罪名。

(3)一审程序中认为检察机关指控毒品犯罪的选择性罪名不当的处理。根据最高人民法院《关于适用中华人民共和国〈刑事诉讼法〉的解释》第295条第1款第2项规定，对于第一审公诉案件，经人民法院审理后，认为"起诉指控的事实清楚，证据确实、充分，但指控的罪名不当的，应当依据法律和审理认定的事实作出有罪判决"；根据该条第3款规定，对于以上情形，"人民法院应当在判决前听取控辩双方的意见，保障被告人、辩护人充分行使辩护权。必要时，可以再次开庭，组织控辩双方围绕被告人的行为构成何罪及如何量刑进行辩论"。对于一审法院认为检察机关起诉指控的毒品犯罪选择性罪名不准确或者顺序不当的，如果检察机关已经指控相关犯罪事实并且经审理能够认定，在判决时可以减少、增加、变更选择性罪名中的部分罪名或者改变罪名顺序；但要在庭审中引导控辩双方针对应适用罪名发表意见，或者在庭审后书面征求控辩双方意见，在保障被告人、辩护人充分行使辩护权的基础上，依法作出判决。

(4)二审程序中认为一审判决认定毒品犯罪选择性罪名不当的处理。根据最高人民法院《关于适用中华人民共和国〈刑事诉讼法〉的解释》第401条第2款规定，"原判认定的罪名不当的，可以改变罪名，但不得加重刑罚或者对刑罚执行产生不利影响"。一审判决确定毒品犯罪的选择性罪名不准确或者顺序不当的，本质上属于"原判认定罪名不当"的情形，因此二审法院可以判决改变罪名或者罪名顺序，但仍应当坚持上诉不加刑原则，即在审理单纯的上诉案件时不能因改变罪名而对被告人加重刑罚。

【类案参考】

案例1-17

郝某等贩卖、运输毒品案①——针对同一宗毒品实施两种以上犯罪行为的并列确定罪名

［基本案情］ 2018年3月27日，被告人郝某和杨某威驾驶一辆起亚汽车，被告人刘某敏

① 参见广西壮族自治区高级人民法院刑事裁定书，(2019)桂刑终213号。

和赵某驾驶一辆卡罗拉汽车，从湖南绥宁出发到广西南宁，四人一同入住金钻国际大酒店的1609号房间。次日，郝某、杨某威驾车从南宁到宁明被告人何某妙处联系购买毒品海洛因，在宁明云天城小区附近，郝某将31万元交给何某妙。随后，何某妙告诉郝某、杨某威二人驾车上南友高速公路往南宁方向，行驶到距离宁明高速收费站约1公里处等候。何某妙则绕小路到指定地点，将一个装有4块海洛因毒品的白色塑料袋放到郝某和杨某威驾驶车辆的副驾驶脚垫上后离开。随后，郝某打电话通知在崇左市区等候的刘某敏、赵某往钦州方向返回湖南，如果路上发现警察要及时告知。当郝某和杨某威两人驾车行驶至南友高速公路元井互通罗白方向匝道时，被公安民警抓获。在该车副驾驶室坐垫上查获4块海洛因毒品，净重1409.5克，含量为71.2%～74%。刘某敏、赵某两人驾车到罗白服务区时被抓获。

［**裁判结果**］　广西壮族自治区崇左市中级人民法院判决：（1）被告人郝某犯贩卖、运输毒品罪，判处无期徒刑，剥夺政治权利终身，并处没收个人全部财产；与其因犯贩卖毒品罪、盗窃罪被判处有期徒刑六年，并处罚金一万四千元的剩余刑期合并处罚，决定执行无期徒刑，剥夺政治权利终身，并处没收个人全部财产。（2）被告人何某妙犯贩卖、运输毒品罪，判处无期徒刑，剥夺政治权利终身，并处没收个人全部财产。（3）被告人杨某威犯贩卖、运输毒品罪，判处有期徒刑十五年，剥夺政治权利四年，并处没收个人财产五万元；其他被告人略。杨某威上诉称其未参与策划、组织毒品交易，仅是帮忙开车，公诉机关未指控贩卖毒品罪，一审判决直接追加罪名认定其构成贩卖毒品罪，与事实不符。广西壮族自治区高级人民法院认为，郝某系吸毒人员且有贩毒前科，并有购买大量毒品反常表现，郝某、杨某威与何某妙进行毒资、毒品交付，杨某威参与毒品交易全过程，在交易毒品后运输过程中被抓获，并当场缴获毒品，在案证据足以证实杨某威明知是毒品予以贩卖、运输。裁定：驳回上诉，维持原判。

［**判理分析**］　根据《刑法》第374条的规定，"走私、贩卖、运输、制造毒品罪"是选择性罪名，对于同一宗毒品实施了两种以上犯罪行为并有相应确凿证据的，应当按照其所实施的犯罪行为的性质并列确定罪名，毒品数量不重复计算，不实行数罪并罚。本案中，公诉机关指控运输毒品罪罪名不当，一审法院在审理过程中对查明的事实予以定罪，增加选择性罪名，认定杨某威构成贩卖、运输毒品罪，并无不当。

案例1－18

包某某贩卖、制造毒品案①——实施选择性罪名的多项行为一律以刑法条文规定的顺序表述罪名

［**基本案情**］　2016年12月2日，岷县公安机关民警在工作中掌握到包某某欲贩卖毒品的线索后，于当日15时许在岷县梅川镇大占寺村村口路边将正在向他人贩卖毒品的包某某抓获，当场缴获土黄色粉末状海洛因一包，净重157.35克；在包某某身上查获土黄色粉末状海洛因一小包，净重0.49克。后从包某某家帐篷内的床上查获黑色块状毒品可疑物一包，净重为44.79克，检出吗啡、罂粟碱、可待因、蒂巴因成分；同时在其家中查获火枪一支。

［**裁判结果**］　一审法院认为，被告人包某某目无国法，非法制造、贩卖毒品，其行为构成制造、贩卖毒品罪，其又犯非法持有枪支罪，应数罪并罚。被告人制造、贩卖毒品海洛因50克以上，其归案后如实供述犯罪事实，在开庭审理中自愿认罪，属坦白；因特情人员介入，其制

① 参见甘肃省定西市中级人民法院刑事裁定书，(2017)甘11刑终85号。

造、贩卖的毒品被全部查获,未流入社会,依法可从轻处罚。判决:被告人包某某犯制造、贩卖毒品罪,判处有期徒刑十五年,剥夺政治权利三年,并处没收个人财产五万元;犯非法持有枪支罪,判处有期徒刑八个月。数罪并罚,决定执行有期徒刑十五年六个月,剥夺政治权利三年,并处没收个人财产五万元。二审法院纠正罪名为贩卖、制造毒品罪后,裁定驳回上诉,维持原判。

[**判理分析**]　根据2008年《大连会议纪要》"罪名不以行为实施的先后、毒品数量或者危害大小排列,一律以刑法条文规定的顺序表述"的规定,一审认定罪名排序有误,二审应纠正为上诉人犯贩卖、制造毒品罪。

第二节　量刑问题

11. 混合毒品的毒品种类如何认定

【实务观点】

对于查获的毒品属于多种毒品混合物的,如果其中含有海洛因、甲基苯丙胺的,一般应当以海洛因、甲基苯丙胺确定其毒品种类;如果不含海洛因、甲基苯丙胺,或者海洛因、甲基苯丙胺的含量极低的,可以根据其中定罪量刑数量标准较低且含量较高的毒品成分认定其毒品种类并在量刑时综合考虑其他毒品的成分、含量和全案所涉毒品数量。

【法律及司法文件】

最高人民法院、最高人民检察院、公安部《关于规范毒品名称表述若干问题的意见》(法〔2014〕224号,2014年8月20日施行)

一、规范毒品名称表述的基本原则

……

(二)对于含有二种以上毒品成分的混合型毒品,应当根据其主要毒品成分和具体形态认定毒品种类、确定名称。混合型毒品中含有海洛因、甲基苯丙胺的,一般应当以海洛因、甲基苯丙胺确定其毒品种类;[①]不含海洛因、甲基苯丙胺,或者海洛因、甲基苯丙胺的含量极低的,[②]可以根据其中定罪量刑数量标准较低且所占比例较大的毒品成分确定其毒品种类。混合型毒品成分复杂的,可以用括号注明其中所含的一至二种其他毒品成分……

---

①　这种规定并非我国独有的规定。比如,《美国量刑指南》对"毒品数量表"的注释指出,如果混合物或药品包含不止一种的管制药品,则按照导致较高犯罪等级的管制药品计算全部混合物或该药品的重量。犯罪等级由根据混合物或药品的全部重量,或者PCP的实际数量或者安非太明的实际数量,或者去氧麻黄碱的实际数量所决定的犯罪等级中较高者而定。PCP即五氯苯酚,一种致幻剂。去氧麻黄碱即我国刑法中的毒品甲基苯丙胺。参见吕忠梅主编:《美国量刑指南》,逄锦温等译,法律出版社2006年版,第125～126页。

②　一般指固体2%、液体0.005%以下,即痕量。参见高贵君、马岩、李静然:《最高人民法院、最高人民检察院、公安部〈关于规范毒品名称表述若干问题的意见〉的理解与适用》,载《人民法院报》2014年9月17日,第6版。

【类案参考】

案例 1－19

石某美贩卖毒品“神仙水”案[①]——以毒品中含有的甲基苯丙胺认定毒品种类

［**基本案情**］　2016 年 8 月 4 日 23 时许，被告人石某美向吸毒人员罗某、甘某某出售 5 瓶“神仙水”，价格为 500 元。次日下午公安人员从罗某驾驶的轿车内查获上述“神仙水”，净重共计 49.75 克，经鉴定均未检测出毒品成分。同月 8 日下午，石某美在一宾馆内又向罗某、甘某某出售 20 瓶“神仙水”，被公安人员当场抓获。经鉴定上述 20 瓶“神仙水”净重共计396.52 克，均检出甲基苯丙胺（冰毒）及氯胺酮（俗称 K 粉）成分。

［**裁判结果**］　广西壮族自治区来宾市兴宾区人民法院审理认为，被告人石某美明知是毒品而贩卖，其行为已构成贩卖毒品罪。石某美第一次贩卖给罗某的“神仙水”系假毒品，其行为属贩卖毒品未遂；第二次贩卖给罗某、甘某某含甲基苯丙胺、氯胺酮成分的液体毒品数量大，应依法惩处。石某美归案后如实供述犯罪事实，可以从轻处罚。据此，依法对被告人石某美判处有期徒刑十五年，剥夺政治权利二年，并处没收个人财产五千元。

［**判理分析**］　“神仙水”是近年来出现的一种混合型液体毒品，常含有甲基苯丙胺、氯胺酮等不同毒品成分，服用后会导致暂时性失忆，甚至出现幻觉，严重的会导致死亡。被告人石某美贩卖含甲基苯丙胺、氯胺酮成分的“神仙水”约 400 克，根据《刑法》第 347 条第 2 款第 1 项及 2016 年《毒品案件解释》第 1 条的规定，贩卖甲基苯丙胺 50 克以上的或贩卖氯胺酮 500 克以上的，属于“毒品数量大”，应处十五年有期徒刑、无期徒刑或者死刑，并处没收财产；贩卖氯胺酮 100 克以上不满 500 克的，属于“毒品数量较大”，处七年以上十五年以下有期徒刑，并处罚金。本案毒品中含有甲基苯丙胺的，应以甲基苯丙胺确定其毒品种类，认定贩卖毒品数量大，依法判处相应刑罚。

12. 毒品犯罪数量的认定规则如何把握

【实务观点】

毒品犯罪数量的认定，根据最高人民法院相关会议纪要的精神，实践中应当按照以下规则：

（1）以实际数量为准，而不以纯度折算。《刑法》第 357 条第 2 款规定“毒品的数量以查证属实的走私、贩卖、运输、制造、非法持有毒品的数量计算，不以纯度折算”；[②]除司法解释另有规定或者行为人为了逃避查缉而临时改变毒品常规形态的之外，一般均应将查证属实的毒品数量认定为毒品犯罪的数量，并据此确定适用的法定刑幅度；涉案毒品纯度明显低于同类

① 参见《毒品犯罪及涉毒次生犯罪典型案例》，载《人民法院报》2018 年 6 月 27 日，第 3 版。

② 这种规定并非我国独有的规定。比如，《美国量刑指南》对“毒品数量表”的注释指出：管制药品的重量是指含有可察觉管制药品的任何混合物或药品的全部重量。在 1997 年《刑法》实施之前，我国曾有一段时期，对于含量相对较低的毒品以含量折算来认定数量。1994 年 12 月印发的《最高人民法院关于执行〈全国人大常委会关于禁毒的决定〉的若干问题的解释》第 19 条规定“海洛因的含量在 25% 以上的，可视为《决定》和本解释中所指的海洛因。含量不够 25% 的，应当折合成含量为 25% 的海洛因计算数量”。

毒品的正常纯度的,量刑时可予酌情考虑。① "司法解释另有规定的"是指2016年《毒品案件解释》第1条第2款规定,即"国家定点生产企业按照标准规格生产的麻醉药品或者精神药品被用于毒品犯罪的,根据药品中毒品成分的含量认定涉案毒品数量"。

对于行为人临时改变毒品形态导致数量增加是否属于2015年《武汉会议纪要》所指例外情形,应综合考虑行为人的主观故意和行为的客观危害性作出判断。如果犯罪分子为了隐蔽运输以逃避查缉而临时改变毒品常规形态,比如"为了掩护运输而将毒品临时溶于液体的,可以将溶液蒸馏后得到的纯度较高的毒品数量作为量刑的依据",②也即为了改变形态而增加的成分不应计入毒品数量。如果行为人系通过掺杂掺假以获得更多数量毒品用于贩卖,客观上增加了社会现存及流通的毒品数量,扩大了危害范围,应当根据增加后的数量认定毒品数量。

(2)制造毒品案件中成品和半成品的数量均应当认定为犯罪数量,但废液、废料不应计入制造毒品的数量。废液、废料,一般是指制造毒品过程中,对毒品提纯后剩余的液体或固体,虽然能够检出毒品成分但含量极低,不具备进一步提取(提纯)毒品的条件。关于废液、废料的认定,可以根据其毒品成分的含量、外观形态、存放的容器和位置,结合被告人对制毒过程的供述和辩解等证据进行综合分析判断,必要时可以由鉴定机构提出专业意见。

(3)贩毒人员被抓获后,对于从其住所、车辆等处查获的毒品,一般均应认定为其贩卖的毒品。确有证据证明查获的毒品并非贩毒人员用于贩卖,其行为另外构成非法持有毒品罪、窝藏毒品罪等其他犯罪的,依法定罪处罚。主要包括三种情形:一是行为人因贩卖毒品被人赃俱获,随后又从其住所等处查获毒品的;二是有其他证据证明行为人实施了贩卖毒品犯罪,但没有查获毒品实物,后从其住所等处查获毒品的;三是行为人因吸毒或其他违法犯罪行为被抓获后,查明其有贩毒行为,并从其住所等处查获毒品的。③

【法律及司法文件】

《中华人民共和国刑法》

第三百四十七条第七款　对多次走私、贩卖、运输、制造毒品,未经处理的,毒品数量累计计算。

第三百五十七条第二款　毒品的数量以查证属实的走私、贩卖、运输、制造、非法持有毒品的数量计算,不以纯度折算。

---

① 此观点最早源于2015年《武汉会议纪要》。当时所称的"司法解释另有规定"是指2000年最高人民法院《关于审理毒品案件定罪量刑标准有关问题的解释》(以下简称2000年《毒品案件解释》)关于"对度冷丁(杜冷丁)和盐酸二氢埃托啡针剂及片剂要按照有效药物成分的含量计算毒品数量"的规定。

② 高贵君、马岩、方文军、李静然:《〈全国法院毒品犯罪审判工作座谈会纪要〉的理解与适用》,载《人民司法·应用》2015年第13期。

③ 高贵君、马岩、方文军、李静然:《〈全国法院毒品犯罪审判工作座谈会纪要〉的理解与适用》,载《人民司法·应用》2015年第13期。

【类案参考】

案例 1－20

罗某磊、张某生贩卖、运输毒品案①——将海洛因溶解在矿泉水中隐蔽运输的应以购买数量为犯罪数量

［**基本案情**］　2020 年 11 月 20 日，被告人张某生欲购买毒品，遂驾驶一辆轿车从河南省许昌市出发前往云南省普洱市。26 日晚，被告人罗某磊到张某生入住的普洱市漫杉精品酒店房间内，按照二人事先约定，张某生通过支付宝、微信分别向罗某磊转款 20,000 元、6000 元，又付现金 4000 元。28 日 17 时许，罗某磊将张某生约至云南省普洱市思茅区某小学对面其经营的小卖部，在张某生目睹下，罗某磊把 1000 克毒品冰毒溶解到事先准备的矿泉水中后，又将之灌装到 5 瓶标有“云南山泉”字样的塑料瓶里。张某生给罗某磊提供了邮寄地址、收货人等信息。29 日上午，罗某磊到普洱市思茅区一物流公司收货点，按张某生提供的邮寄信息将含有毒品的 5 瓶液体和 13 瓶酒邮寄至河南省鄢陵县只乐镇崔庄村，张某生驾车返程。12 月 3 日 16 时许，张某生到鄢陵县只乐镇一快递服务站取货时被鄢陵县公安局抓获，当场查获邮寄物品。在张某生的配合下，2020 年 12 月 4 日罗某磊被抓获。被查获的 5 个瓶子的液体中均检出甲基苯丙胺成分，含量分别为 3 号瓶 15.9%（净重 1415.5 克）、6 号瓶 0.29%（净重 1401.8 克）、11 号瓶 13.8%（净重 1416.6 克）、16 号瓶 16.8%（净重 1415.1 克）、18 号瓶 7.8%（净重 1407.7 克），上述含有甲基苯丙胺成分的溶液计重 7056.7 克。

［**裁判结果**］　河南省许昌市中级人民法院认为，被告人罗某磊、张某生贩卖、运输溶解在矿泉水瓶中含有甲基苯丙胺的毒品 1000 克，其行为已构成贩卖、运输毒品罪。公诉机关指控的犯罪数量有误应予纠正。罗某磊系累犯，应当从重处罚。张某生曾因犯贩卖毒品罪被判处有期徒刑十五年，刑罚执行完毕后再犯本罪，属累犯和毒品再犯，应当从重处罚。张某生协助公安机关抓获同案被告人罗某磊，有重大立功表现，可以从轻处罚。判决：（1）被告人罗某磊犯贩卖、运输毒品罪，判处死刑，缓期二年执行，剥夺政治权利终身，并处没收个人全部财产；（2）被告人张某生犯贩卖、运输毒品罪，判处无期徒刑，剥夺政治权利终身，并处没收个人全部财产。

［**判理分析**］　2015 年《武汉会议纪要》提出“办理毒品犯罪案件，无论毒品纯度高低，一般均应将查证属实的毒品数量认定为毒品犯罪的数量，并据此确定适用的法定刑幅度，但司法解释另有规定或者为了隐蔽运输而临时改变毒品常规形态的除外”。本案中，公安机关经前期侦查发现张某生有利用物流快递贩毒嫌疑，2020 年 12 月 3 日，民警在鄢陵县一快递公司只乐镇分部蹲点守候，将提取毒品的张某生当场抓获。张某生归案后供述了其到云南购买毒品并由卖家快递到河南，所供述的将甲基苯丙胺溶解到水中装入矿泉水瓶运输这一情节与公安机关之后的鉴定结论能相互印证，足以认定。根据 2015 年《武汉会议纪要》的精神，应以被告人供述的实际购买毒品数量 1000 克作为其犯罪数量。

① 参见河南省许昌市中级人民法院刑事判决书，（2021）豫 10 刑初 14 号。

案例 1－21

韦某某走私、贩卖、运输、制造毒品案①——行为人临时改变毒品形态导致数量增加是否属于例外情形

［**基本案情**］　2019 年 9 月 6 日 23 时许，举报人陈某杰电话联系被告人韦某某购买毒品“开心水”，约定价格为 900 元一瓶。9 月 7 日 0 时 48 分，韦某某将毒品“开心水”送至深圳市宝安区沙井街道南环路某酒吧门口附近，收取陈某杰 900 元，陈某杰在韦某某指引下取得一瓶可口可乐瓶包装的液体毒品“开心水”，随后韦某某被民警当场抓获。民警从韦某某处缴获毒资 900 元和一部黑色 vivo 手机，从陈某杰处缴获毒品“开心水”一瓶。经称重、鉴定，缴获“开心水”净重 219 克，检出二亚甲基双氧安非他明（MDMA），含量为 1.03mg/ml（1.01mg/g）。

［**裁判结果**］　原审认为，被告人韦某某无视国家法律，明知毒品而予以贩卖，且贩卖的毒品数量大，其行为已构成贩卖毒品罪。本案的毒品数量应当以查获的毒品数量计算，但鉴于韦某某所贩卖的毒品纯度较低，社会危害性相对不大，可酌情从轻处罚。判决：(1)被告人韦某某犯贩卖毒品罪，判处有期徒刑十五年，并处没收个人财产五千元；(2)扣押在案的作案工具手机 1 部、缴获的毒品依法予以没收。二审判决认为：原审将查获的包括可乐在内的液体数量直接认定为涉案毒品的数量，导致罪刑不相适应，应予纠正。综合本案毒品种类、交易的价格，参考 MDMA 片剂（俗称摇头丸）、“开心水”中二亚甲基双氧安非他明的一般含量，查获液体中二亚甲基双氧安非他明的实际含量，以及司法解释关于贩卖二亚甲基双氧安非他明毒品不满 20 克的属于《刑法》第 347 条第 4 款规定的“其他少量毒品”的规定，本案应认定韦某某贩卖少量的毒品二亚甲基双氧安非他明，但韦某某将毒品溶于可乐进行贩卖，使毒品更具有欺骗性，更易流通及被滥用，加大毒品打击的难度，社会危害性更大，应从严惩处。判决：上诉人韦某某犯贩卖毒品罪，判处有期徒刑二年，并处罚金五千元。

［**判理分析**］　对于为了隐蔽、掩饰运输而将毒品融入其他物品中，临时改变毒品常规形态的，不应将其他物品计入毒品的数量。本案中查获的液体形态属于可乐饮料，经鉴定液体中二亚甲基双氧安非他明含量仅为 1.01mg/g，按纯度折算后二亚甲基双氧安非他明数量为 0.221 克，该含量远低于正常 MDMA 片剂、“开心水”中二亚甲基双氧安非他明的一般含量；证人陈某杰的证言证明其购买的毒品是将“开心水”倒入可乐中，韦某某二审亦辩解是将 MDMA 片剂加入可乐中进行售卖。故本案是将“开心水”或 MDMA 片剂加入可乐中进行售卖，客观上改变了毒品的形态、增加了毒品的数量，是该类毒品常见的吸食方式，饮料不会成为毒品交易的对象。同时，毒品形态的改变并未导致交易价格的改变和交易对象的增加。可见韦某某主观上无追求更多毒品数量的目的，客观上加入饮料是该类毒品吸食方式的要求，未扩大危害范围，故本案属于为了便于掩饰携带、贩卖而将毒品二亚甲基双氧安非他明融入可乐中，而可乐液体不应计入涉案毒品的数量。

---

① 参见广东省深圳市中级人民法院刑事判决书，(2020)粤 03 刑终 2279 号。

案例 1－22

林某泉制造毒品案[①]——制造毒品中半成品的数量也应当全部认定为犯罪数量

［**基本案情**］ 被告人林某泉购买了用来制造甲基苯丙胺的液体，并将液体带回位于广东省惠来县东埔管区某村的家中进行熬煮、冷却，制造甲基苯丙胺。2015 年 3 月 9 日 15 时许，公安机关在惠来县东埔管区某村林某泉家将其抓获，现场查获 1 锅净重 3.5 千克的黄褐色液体（甲基苯丙胺含量为 29.55%）、1 锅净重 0.65 千克的黄褐色液体（甲基苯丙胺含量为 37.54%）、1 锅净重 2.425 千克的褐色液体（甲基苯丙胺含量为 14.74%）、1 锅净重 3.55 千克的黄褐色液体（甲基苯丙胺含量为 17.63%）、1 桶净重 8.55 千克的黑色液体（甲基苯丙胺含量为 9.15%）及煤气炉、铁盆、铁筛等制毒工具。

［**裁判结果**］ 揭阳市中级人民法院以制造毒品罪判处被告人林某泉死刑，剥夺政治权利终身，并处没收个人全部财产。广东省高级人民法院经审理认为，公安机关缴获的毒品为液态，经鉴定含有甲基苯丙胺成分，均应计入林某泉制造毒品的数量。林某泉将购买的粗制毒品进行提纯，已经制造出纯度更高的毒品，是犯罪既遂。裁定驳回上诉，维持原判，并依法报请最高人民法院核准。最高人民法院经复核认为，被告人林某泉违反国家对毒品的管制法规，非法制造毒品甲基苯丙胺，其行为已构成制造毒品罪。林某泉制造毒品数量大，罪行极其严重，应依法惩处。鉴于林某泉归案后如实供述主要犯罪事实，对其依法判处死刑，可不立即执行，故裁定不核准。

［**判理分析**］ 本案中，被告人林某泉购买的是含有甲基苯丙胺成分的液体，不属于毒品成品。林某泉对其中的部分液体进行加工后，虽然甲基苯丙胺含量有所提高，但并未结晶，仍不具有可直接被吸食和消费的属性，故其加工产物不是毒品成品，而是半成品。根据 2015 年《武汉会议纪要》的规定，制造毒品案件中，毒品成品、半成品的数量应当全部认定为制造毒品的数量。因此，对于查获的液态半成品毒品，均应计入犯罪数量。有观点认为，可以用液体的重量乘以毒品含量得出一个数值来对液态毒品比照固态毒品进行定量，此做法并不科学。因为液态毒品的转化率受很多因素影响，包括制毒原材料、制毒工艺、使用的反应釜、制毒频率、损耗等。想要定量，需要收集上述制造毒品的原材料、工艺、规律频率甚至发货单、进货单、用电量、用水量等证据并根据有关专业知识进行侦查实验确定。实践中被告人的制作工艺水平、设备状况、制毒环境复杂多样，很难复原实验。而且刑法已明确规定，毒品的犯罪数量以查获的毒品数量为准，不以纯度进行折算。关于如何认定毒品废液，根据国家毒品实验室有关专家给出的意见，对于毒品含量在 0.2% 以下的物质即可以视为废液、废料。

案例 1－23

刘某红贩卖、制造毒品案[②]——无法再加工出成品、半成品的废液、废料不应计入制造毒品的数量

［**基本案情**］ 2014 年 11 月至 12 月，被告人刘某红购买制毒原料、工具，在其位于苏州市

---

① 参见中华人民共和国最高人民法院刑事审判第一、二、三、四、五庭主办：《刑事审判参考》（总第 112 集），法律出版社 2018 年版，第 32～36 页。

② 参见中华人民共和国最高人民法院刑事审判第一、二、三、四、五庭主办：《刑事审判参考》（总第 110 集），法律出版社 2008 年版，第 23～28 页。

吴江区西盛泽镇郎中村的租赁房屋内制造甲基苯丙胺(冰毒),并先后5次向张某山、徐某、谢某贩卖甲基苯丙胺共计3.75克。同年11月17日,公安人员从刘某红的租赁房屋内查获大量白色晶体和不同颜色的液体。经鉴定,净重49.8克的白色晶体中检出甲基苯丙胺成分,其中22.8克含量为74.6%,19.5克含量为73%;净重1326.3克的褐色液体中检出甲基苯丙胺成分,含量为0.003%;净重572.7克的黄色液体中检出甲基苯丙胺成分,含量极低无法鉴定;净重9428.6克的褐色液体中检出麻黄碱成分。其辩护人提出,现有证据无法证明使用查扣的原料和设备并按照被告人刘某红供述的制毒方法可以制造出高纯度的甲基苯丙胺,故认定刘某红犯制造毒品罪的证据不足。

[**裁判结果**] 苏州市吴江区人民法院认为,被告人贩卖、制造甲基苯丙胺共计53.55克,其行为已构成贩卖、制造毒罪,判处有期徒刑十五年,剥夺政治权利五年,并处没收财产五万元。

[**判理分析**] (1)制造毒品行为的认定。如果根据在案查获的制毒原料、工具、技术配方及毒品半成品等情况,结合犯罪嫌疑人、被告人对基本制毒方法、原理的供述,足以认定其实施了制造毒品犯罪行为的话,则不需要通过侦查实验来进行核实验证。本案被告人刘某红曾承认制造甲基苯丙胺,后期则翻供否认实施制造毒品犯罪;公诉机关未提供侦查实验报告等证据证明按照刘某红供述的制毒方法确实能够制造出甲基苯丙胺。认定刘某红的行为构成制造毒品罪的理由是:第一,利用被告人刘某红供述的制毒原料能够制造出甲基苯丙胺(冰毒)。麻黄碱类物质是制造甲基苯丙胺等苯丙胺类合成毒品的主要原料,犯罪分子或者利用易制毒化学品管理上存在的个别漏洞非法获得麻黄碱、伪麻黄碱等物质,或者利用含有麻黄碱类物质的药品加工、提炼麻黄碱、伪麻黄碱,或者利用天然植物麻黄草提炼麻黄碱类物质,或者是利用溴代苯丙酮化学合成麻黄碱类物质,再制造甲基苯丙胺。其中,含有麻黄碱类物质的药品是用于治疗感冒和咳嗽的常用药,可以提取麻黄碱类物质。本案被告人刘某红曾供述其通过从互联网上搜索新康泰克、冰毒查询到制造甲基苯丙胺的方法,将康泰克胶囊(复方盐酸伪麻黄碱缓释胶囊)与其他化学品混合后制造甲基苯丙胺。案发后,公安人员不但从刘某红的房屋内查获了甲基苯丙胺,也查获了大量含有麻黄碱成分的液体,据此,可以认定刘某红供述的利用含麻黄碱类物质的药物制造甲基苯丙胺的情况属实。第二,根据现场查获物证情况,结合刘某红供述,足以认定刘某红实施了制造毒品犯罪行为,不需要通过侦查实验来进行核实验证。公安人员从刘某红的租房内查获了其供述的酒精、氯化铵、含麻黄碱成分的液体等制毒原料,酒精灯、电子秤等制毒工具,以及含甲基苯丙胺成分的白色晶体、液体等毒品成品或含毒品物质;公安人员从刘某红的租赁房屋内搜查到刘某红供称的记载制毒方法的笔记本,上面确实记载了甲基苯丙胺、麻黄草、红磷等字样;刘某红亦曾供认,其将康泰克胶囊与其他化学品混合、加热后制造甲基苯丙胺。结合上述证据,足以认定刘某红实施了制造毒品行为。

(2)关于制造毒品的数量认定。2015年《武汉会议纪要》规定:"制造毒品案件中,毒品成品、半成品的数量应当全部认定为制造毒品的数量,对于无法再加工出成品、半成品的废液、废料则不应计入制造毒品的数量。对于废液、废料的认定,可以根据其毒品成分的含量、外观形态,结合被告人对制毒过程的供述等证据进行分析判断,必要时可以听取鉴定机构的意见。"有关技术专家提出,对于制造毒品现场查获的毒品含量在0.2%以下的物质,犯罪分子因受技术水平所限，通常难以再加工出毒品，且从成本角度考虑，犯罪分子也不太可能再对含量如此之低的物质进行加工、提纯，故0.2%的含量标准可以作为认定废液、废料时的参考。本案中，公安机关从被告人刘某红的租赁房屋内查获大量不同颜色的液体。对于检出甲基苯丙胺成分的1326.3克褐色液体（甲基苯丙胺含量为0.003%）和572.7克黄色液体（甲基苯丙胺含量极低、无法鉴定含量）不应计入被告人刘某红制造毒品的数量。理由如下：第一，上述1326.3克褐色液体的甲基苯丙胺含量极低，仅为0.003%，572.7克黄色液体甚至低至无法鉴定出准确含量。无论是从技术水平角度还是从成本角度，都很难再被用于制造毒品。第二，根据刘某红的供述，其将买来的原料放在铁锅中加工制毒。公安人员从刘某红的租房内查获的褐色液体装在铁锅里，且甲基苯丙胺含量极低，故应系析出甲基苯丙胺后剩余的液体。第三，查获的572.7克黄色液体的主要成分是酒精，里面含有极微量的甲基苯丙胺。根据刘某红的供述，酒精亦是他制毒的原料之一，故不排除是在制毒过程中混入了极少量的甲基苯丙胺成分。

13. 走私、贩卖、运输、制造毒品罪的量刑数量标准如何把握

【实务观点】

《刑法》第347条第2、3、4款规定了鸦片、海洛因、甲基苯丙胺等三种常见毒品的量刑数量标准；2016年《毒品案件解释》在第1条第1款和第2条针对"其他毒品"又规定了28类毒品"数量大"和"数量较大"的标准。对于司法实践中遇到的一些少见毒品或者新型毒品案件，量刑数量标准尚无明确规定的，根据最高人民法院相关会议纪要的精神，可以通过以下方法定罪量刑：

（1）对于国家食品药品监督管理局制定的《非法药物折算表》、国家禁毒委员会办公室制定的《104种非药用类麻醉药品和精神药品管制品种依赖性折算表》《100种麻醉药品和精神药品管制品种依赖性折算表》等标准已有规定的毒品种类，参考已有折算标准，折算为海洛因的数量，并综合考虑其毒害性、滥用情况、受管制程度、纯度及犯罪形势、交易价格等因素，定罪量刑。

（2）对于已有折算标准亦未规定的毒品种类，应当委托有关专业机构确定涉案毒品的致瘾癖性、毒害性、药用价值、纯度等，综合考虑其滥用情况、受管制程度、犯罪形势、交易价格等因素，依法定罪量刑。[①]

【法律及司法文件】

《中华人民共和国刑法》

第三百四十七条 走私、贩卖、运输、制造毒品，无论数量多少，都应当追究刑事责任，予以刑事处罚。

走私、贩卖、运输、制造毒品，有下列情形之一的，处十五年有期徒刑、无期徒刑或者死刑，并处没收财产：

（一）走私、贩卖、运输、制造鸦片一千克以上、海洛因或者甲基苯丙胺五十克以上或者其

① 此观点最早源于2015年《武汉会议纪要》。

他毒品数量大的；

……

走私、贩卖、运输、制造鸦片二百克以上不满一千克、海洛因或者甲基苯丙胺十克以上不满五十克或者其他毒品数量较大的，处七年以上有期徒刑，并处罚金。

走私、贩卖、运输、制造鸦片不满二百克、海洛因或者甲基苯丙胺不满十克或者其他少量毒品的，处三年以下有期徒刑、拘役或者管制，并处罚金；情节严重的，处三年以上七年以下有期徒刑，并处罚金。

2016 年《**毒品案件解释**》

第一条第一款　走私、贩卖、运输、制造、非法持有下列毒品，应当认定为刑法第三百四十七条第二款第一项、第三百四十八条规定的“其他毒品数量大”：

（一）可卡因五十克以上；

（二）3，4－亚甲二氧基甲基苯丙胺（MDMA）等苯丙胺类毒品（甲基苯丙胺除外）、吗啡一百克以上；

（三）芬太尼一百二十五克以上；

（四）甲卡西酮二百克以上；

（五）二氢埃托啡十毫克以上；

（六）哌替啶（度冷丁）二百五十克以上；

（七）氯胺酮五百克以上；

（八）美沙酮一千克以上；

（九）曲马多、γ－羟丁酸二千克以上①；

（十）大麻油五千克、大麻脂十千克、大麻叶及大麻烟一百五十千克以上；

（十一）可待因、丁丙诺啡五千克以上；

（十二）三唑仑、安眠酮五十千克以上；

（十三）阿普唑仑、恰特草一百千克以上；

（十四）咖啡因、罂粟壳二百千克以上；

（十五）巴比妥、苯巴比妥、安钠咖、尼美西泮二百五十千克以上；

（十六）氯氮卓、艾司唑仑、地西泮、溴西泮五百千克以上；

（十七）上述毒品以外的其他毒品数量大的。

第二条　走私、贩卖、运输、制造、非法持有下列毒品，应当认定为刑法第三百四十七条第

---

① 国家《精神药品品种目录》（2013 年版）列管的第一类精神药品和 2016 年《毒品案件解释》中，对英文名称 gamma－Hydroxybutyrate，缩略语 GHB，CAS 号为 591－81－1 精神药品的中文名称表述为 γ－羟丁酸和 γ－羟（基）丁酸。实践中一些地方的鉴定意见中对此类涉案毒品表述为 γ－羟基丁酸，原因是目前鉴定部门对疑似 γ－羟基丁酸毒品的鉴定，依据的是《公共安全行业标准》（GA/T 1074—2013）的生物样品中 γ－羟基丁酸的气相色谱—质谱和液相色谱—串联质谱检验方法，故鉴定意见通常按照该鉴定规范和方法将涉案毒品的名称表述为 γ－羟基丁酸。尽管这种中文表述方式与列管药品目录、司法解释的表述不完全一致，但是二者的 CAS 号（CAS Registry Number，判定某种化学物质的唯一的数字识别号码，俗称化学物质的“身份证号码”）均为 591－81－1，且英文名称、缩略语均一致，故 γ 羟基丁酸和 γ 羟丁酸是同一化学物质，中文名称表述不同系不同规范下的命名方式所致。鉴定意见中表述为 γ－羟基丁酸的化合物即为国家《精神药品品种目录》（2013 年版）列管的第一类精神药品和 2016 年《毒品案件解释》中的 γ－羟丁酸，名称不同但不影响对涉案毒品性质的认定。

三款、第三百四十八条规定的“其他毒品数量较大”：

（一）可卡因十克以上不满五十克；

（二）3,4－亚甲二氧基甲基苯丙胺（MDMA）等苯丙胺类毒品（甲基苯丙胺除外）、吗啡二十克以上不满一百克；

（三）芬太尼二十五克以上不满一百二十五克；

（四）甲卡西酮四十克以上不满二百克；

（五）二氢埃托啡二毫克以上不满十毫克；

（六）哌替啶（度冷丁）五十克以上不满二百五十克；

（七）氯胺酮一百克以上不满五百克；

（八）美沙酮二百克以上不满一千克；

（九）曲马多、γ－羟丁酸四百克以上不满二千克；

（十）大麻油一千克以上不满五千克、大麻脂二千克以上不满十千克、大麻叶及大麻烟三十千克以上不满一百五十千克；

（十一）可待因、丁丙诺啡一千克以上不满五千克；

（十二）三唑仑、安眠酮十千克以上不满五十千克；

（十三）阿普唑仑、恰特草二十千克以上不满一百千克；

（十四）咖啡因、罂粟壳四十千克以上不满二百千克；

（十五）巴比妥、苯巴比妥、安钠咖、尼美西泮五十千克以上不满二百五十千克；

（十六）氯氮卓、艾司唑仑、地西泮、溴西泮一百千克以上不满五百千克；

（十七）上述毒品以外的其他毒品数量较大的。

最高人民法院、最高人民检察院《关于常见犯罪的量刑指导意见（试行）》（法发〔2021〕21号，2021年7月1日施行）

（二十）走私、贩卖、运输、制造毒品罪

1. 构成走私、贩卖、运输、制造毒品罪的，根据下列情形在相应的幅度内确定量刑起点：

（1）走私、贩卖、运输、制造鸦片一千克，海洛因、甲基苯丙胺五十克或者其他毒品数量达到数量大起点的，量刑起点为十五年有期徒刑。依法应当判处无期徒刑以上刑罚的除外。

（2）走私、贩卖、运输、制造鸦片二百克，海洛因、甲基苯丙胺十克或者其他毒品数量达到数量较大起点的，在七年至八年有期徒刑幅度内确定量刑起点。

（3）走私、贩卖、运输、制造鸦片不满二百克，海洛因、甲基苯丙胺不满十克或者其他少量毒品的，可以在三年以下有期徒刑、拘役幅度内确定量刑起点；情节严重的，在三年至四年有期徒刑幅度内确定量刑起点。

2. 在量刑起点的基础上，根据毒品犯罪次数、人次、毒品数量等其他影响犯罪构成的犯罪事实增加刑罚量，确定基准刑。

3. 有下列情节之一的，增加基准刑的10%～30%：

（1）利用、教唆未成年人走私、贩卖、运输、制造毒品的；

（2）向未成年人出售毒品的；

（3）毒品再犯。

4. 有下列情节之一的，可以减少基准刑的30%以下：

(1)受雇运输毒品的;

(2)毒品含量明显偏低的;

(3)存在数量引诱情形的。

5. 构成走私、贩卖、运输、制造毒品罪的,根据走私、贩卖、运输、制造毒品的种类、数量、危害后果等犯罪情节,综合考虑被告人缴纳罚金的能力,决定罚金数额。

6. 构成走私、贩卖、运输、制造毒品罪的,综合考虑走私、贩卖、运输、制造毒品的种类、数量、危害后果等犯罪事实、量刑情节,以及被告人的主观恶性、人身危险性、认罪悔罪表现等因素,从严把握缓刑的适用。

【权威解读】

(1)2016年《毒品案件解释》与2000年《毒品案件解释》相比的变化

2000年《毒品案件解释》和2007年最高人民法院、最高人民检察院、公安部《办理毒品犯罪案件适用法律若干问题的意见》(以下简称2007年《毒品案件意见》)共规定了16类毒品的定罪量刑数量标准。2016年《毒品案件解释》在第1条第1款和第2条中,系统规定了28类毒品的“数量大”和“数量较大”标准。其中,保留了原有司法解释和规范性文件中规定的15类,下调了1类,新增了12类。2016年《毒品案件解释》对氯胺酮的定罪量刑数量标准作了调整,新规定了芬太尼、甲卡西酮、曲马多、γ-羟丁酸、可待因、丁丙诺啡、阿普唑仑、恰特草、巴比妥、苯巴比妥、安钠咖、尼美西泮12类毒品的定罪量刑数量标准。

(2)2016年《毒品案件解释》确定各类毒品定罪量刑数量标准时的考虑因素

一是毒品的药物依赖性(致瘾癖性)和对人体的危害。这是2016年《毒品案件解释》确定各类毒品定罪量刑数量标准的基础。药物依赖性方面主要依据2004年国家食品药品监督管理局制定的《非法药物折算表》,以及相关科研机构提供的十余种新类型毒品的依赖性潜力评估意见。二是毒品的滥用情况。包括毒品的滥用主体与人数、滥用地域范围、滥用场所等。三是毒品的犯罪形势。包括犯罪数量、犯罪发展趋势、犯罪地域分布及犯罪类型等。四是毒品的药用价值。对于医疗上广泛使用的品种,适当提高了定罪量刑数量标准,对于几乎没有药用价值、不存在合法用途的品种,适当降低了定罪量刑数量标准。五是毒品的交易价格。总体而言,毒品的药物依赖性及对人体的危害越大,滥用范围和潜力越大,相关毒品犯罪的数量越多、分布越广、蔓延趋势越突出,且毒品的药用价值越低、价格越高,定罪量刑的数量标准就越低,处刑就越重。

(3)氯胺酮的定罪量刑数量标准的调整

2007年《毒品案件意见》规定,氯胺酮的定罪量刑数量标准与海洛因是20:1的关系。2016年《毒品案件解释》将其调整为10:1,即500克以上为“数量大”。主要基于以下几点考虑:第一,氯胺酮在我国滥用较为严重,近年来滥用人数不断增长,目前已上升至第三位,仅次于甲基苯丙胺和海洛因。第二,滥用氯胺酮造成的现实危害不断加大,因其兼具麻醉和致幻效果,实践中大量的自伤自残、暴力犯罪及“毒驾”案件多由吸食氯胺酮引发。第三,我国的制造、贩卖氯胺酮犯罪近年来呈迅速增长之势,因而有必要加大对涉氯胺酮犯罪的惩治力度。

(4)2016年《毒品案件解释》对毒品名称的调整

毒品名称主要根据2013年版《麻醉药品品种目录》和《精神药品品种目录》确定,个别在听取行业专家意见后进行了规范和调整。例如,将2000年《毒品案件解释》中的“度冷丁”调整为“哌替啶”，将“盐酸二氢埃托啡”调整为“二氢埃托啡”，将2007年《毒品案件意见》中的“二亚甲基双氧安非他明”调整为3，4－亚甲二氧基甲基苯丙胺，并用括号注明其通用简称MDMA。①

【类案参考】

案例1－24

陈某杰等贩卖、运输毒品案②——没有定罪量刑标准的毒品可以按照《非法药物折算表》折算为海洛因

［**基本案情**］　(1)2019年1月8日至2月25日，被告人陈某杰与被告人木河某某江·努拉洪商议，由陈某杰出资，木河某某江·努拉洪从乌鲁木齐市找人购买“娜塔莎”。被告人木河某某江·努拉洪联系被告人阿布某某依木·阿不都热合甫，由其居间介绍从“塔某”处购买“娜塔莎”，后运回克拉玛依市白碱滩区贩卖、吸食，所得毒资由陈某杰占有。被告人陈某杰、木河某某江·努拉洪购买“娜塔莎”共计1650克。其中：①2019年1月8日购买350克“娜塔莎”后，由木河某某江·努拉洪、被告人刘某分别卖给吸毒人员约15.20克；②2019年1月16日购买1000克“娜塔莎”，刘某驾车前往一同起将“娜塔莎”运回，后陈某杰、木河某某江·努拉洪、刘某、被告人聂某辉分别卖给吸毒人员约111.60克；③2019年2月20日购买“娜塔莎”300克，后由陈某杰、木河某某江·努拉洪、聂某辉分别卖给吸毒人员约70.8克。2019年2月27日18时许，被告人聂某辉因涉嫌贩卖毒品，经公安机关电话联系，主动到公安机关投案，到案后如实供述了伙同他人贩卖毒品“娜塔莎”的事实，并配合公安机关抓捕同案犯。当日，被告人陈某杰被抓获归案，办案民警从其上衣口袋内查获2包半“娜塔莎”共计7.08克。经鉴定，该“娜塔莎”检出3，3－二甲基－2－［1－(5－氟戊基)吲唑－3－甲酰氨基］丁酸甲酯(5F－ADB)成分，含量为0.60%。(2)2019年1月至2月，被告人刘某在克拉玛依市区住所内多次容留陈某杰、聂某辉、周某等人吸食毒品“娜塔莎”。

［**裁判结果**］　一审判决认为：(1)被告人陈某杰、木河某某江·努拉洪、刘某先后三次从乌鲁木齐市购买“娜塔莎”运回克拉玛依市白碱滩区贩卖、自吸，前两次购得的“娜塔莎”因贩卖、吸食，公安机关虽未查获，但依据被告人陈某杰等人的供述，其是通过被告人阿布某某依木·阿不都热合甫居间介绍购买“娜塔莎”的，其向上家明确购买毒品的名称是“娜塔莎”，上家是一个叫塔某的人，即毒品的名称及供货渠道是一致的。另外，被告人陈某杰在每次购买前会试吸，据其供述吸食的效果相当。吸毒人员亦能证实与从被告人陈某杰等人处购买的“娜塔莎”吸食后效果基本一致。被告人陈某杰等人三次购买的“娜塔莎”外观形状可能略有不同，但有效成分是一样的，即合成大麻素，应当认定被告人陈某杰等人三次购买的“娜塔莎”为同一物质。(2)根据2019年1月16日国家禁毒委员会发布的《关于印发〈3种合成大麻素依赖性折算表〉的通知》，从有利于被告原则，对已查获的毒品按照每克折算14克海洛因进行折算，未查获的毒品就低按照每克折算2.5克海洛因的标准进行折算，折算后被告人陈某杰、木河某某江·努拉洪、阿布某某依木·阿不都热合甫、刘某的毒品犯罪数量均符合其他毒品

① 参见叶晓颖、马岩等：《〈关于审理毒品犯罪案件适用法律若干问题的解释〉的理解与适用》，载《人民司法·应用》2016年第13期。

② 参见新疆维吾尔自治区克拉玛依中级人民法院刑事判决书，(2021)新02刑终15号。

数量较大的规定。综上,对被告人陈某杰、木河某某江·努拉洪、刘某应当以贩卖、运输毒品罪追究刑事责任;对被告人阿布某某依木·阿不都热合甫、聂某辉应当以贩卖毒品罪追究刑事责任。被告人阿布某某依木·阿不都热合甫受贩毒者委托,为其联络购毒者,应认定为从犯。被告人刘某多次容留他人在其住所吸食毒品"娜塔莎",情节严重,应当以容留他人吸毒罪追究刑事责任。被告人聂某辉系自首。被告人陈某杰协助公安机关抓获其他犯罪嫌疑人,被告人聂某辉协助公安机关抓获同案犯,具有立功情节。判决:(1)被告人陈某杰犯贩卖、运输毒品罪,判处有期徒刑十二年,剥夺政治权利二年,并处罚金十万元;(2)被告人木河某某江·努拉洪犯贩卖、运输毒品罪,判处有期徒刑十一年,剥夺政治权利一年,并处罚金八千元;(3)被告人阿布某某依木·阿不都热合甫犯贩卖毒品罪,判处有期徒刑九年,并处罚金六万元;(4)被告人刘某犯贩卖、运输品毒罪,判处有期徒刑七年,并处罚金五万元;犯容留他人吸毒罪,判处有期徒刑六个月,并处罚金一万元;数罪并罚决定执行有期徒刑七年,并处罚金六万元;(5)被告人聂某辉犯贩卖毒品罪,判处有期徒刑四年,并处罚金一万元;其他略。二审裁定驳回上诉,维持原判。

[**判理分析**]　2018年8月16日公安部、国家卫生健康委员会、国家药品监督管理局发布《关于将4-氯乙卡西酮等32种物质列入非药用类麻醉药品和精神药品管制品种增补目录的公告》,将3,3-二甲基-2-[1-(5-氟戊基)吲唑-3-甲酰氨基]丁酸甲酯(5F-ADB)等三种合成大麻素列入名录。2019年1月16日,国家禁毒委员会发布《关于印发〈3种合成大麻素依赖性折算表〉的通知》,该表载明:1克3,3-二甲基-2-[1-(5-氟戊基)吲唑-3-甲酰氨基]丁酸甲酯(5F-ADB)相当于14克海洛因;1克N-(1-氨甲酰基-2,2-二甲基丙基)-1-(4-氟苄基)吲唑-3-甲酰胺(ADB-FUBINACA)相当于2.5克海洛因;1克3-甲基-2-[1-(4-氟苄基)吲唑-3-甲酰氨基]丁酸甲酯(AMB-FUBINACA)相当于5.5克海洛因。本案中,被告人陈某杰、木河某某江·努拉洪购买"娜塔莎"共计1650克,其中合成大麻素5F-ADB含量为0.6%,约为9.9克,折算为海洛因后,即便按最低标准1∶2.5折算,也有24.75克海洛因,已经达到"毒品数量较大"的标准,应适用七年以上十五年以下有期徒刑的量刑标准。

案例1-25

易某某欣·阿卜杜西默德·阿布多什走私毒品案①——非法携带恰特草入境我国

[**基本案情**]　2013年1月6日,被告人易某某欣·阿卜杜西默德·阿布多什携带5.73千克恰特草入境,被杭州萧山机场入境检验检疫部门查获并没收,并被告知恰特草禁止携带进入我国境内。2014年1月13日19时许,易某某欣·阿卜杜西默德·阿布多什乘坐ET688航班从埃塞俄比亚首都亚的斯亚贝巴飞抵杭州萧山机场,入境时选择无申报通道入关,未向海关申报任何物品。经海关关员查验,从其随身携带的双肩包内查获用锡纸包裹的三捆恰特草植株。经鉴定,净重630克,检出卡西酮成分。被告人辩称其不知道恰特草在中国属于违法物品,其携带入境是用于自己食用。

[**裁判结果**]　杭州市中级人民法院认为,被告人易某某欣·阿卜杜西默德·阿布多什违

① 参见中华人民共和国最高人民法院刑事审判第一、二、三、四、五庭主办:《刑事审判参考》(总第105集),法律出版社2016年版,第103~108页。

反我国法律，逃避海关监管，携带毒品恰特草入境，其行为已构成走私毒品罪。关于被告人所提其不知道恰特草在中国属于违法物品，且被查获的恰特草系其用于自己食用的辩解，经查，其在本案发生前曾因携带恰特草入境而被我国出入境管理部门没收，知道我国禁止恰特草入境，且其长期食用恰特草，也应当知道恰特草具有使人兴奋、易于上瘾等特性，但此次选择无申报通道入关，再次将恰特草带入我国境内，具有走私毒品的主观故意和客观行为，其走私毒品的目的、用途不影响走私毒品罪的成立。被告人此次出于经商目的入境我国，根据其携带恰特草的数量，不能排除自己食用的可能性，相较于走私毒品入境贩卖牟利的犯罪分子，其主观恶性较小，且本案涉案毒品均被查获，未流入社会，故可予从轻处罚。判决：被告人易某某欣·阿卜杜西默德·阿布多什犯走私毒品罪，判处有期徒刑七个月，并处罚金三万元。

［**判理分析**］　恰特草又称东非罂粟，俗称阿拉伯茶、巧茶，形似苋菜，广泛分布于热带非洲、阿拉伯半岛。恰特草中含有兴奋物质卡西酮，对人体中枢神经具有刺激作用，并容易成瘾，世界卫生组织将恰特草归类为Ⅱ类软性毒品。我国2014年1月1日起施行的《精神药品品种目录》（2013年版）将恰特草作为第一类精神药品进行管制，此后对于非法种植、非法持有、贩卖、走私、服食恰特草的行为均按照违法犯罪行为处理。但埃塞俄比亚、也门、英国、荷兰等少数国家未将其列为毒品进行管制。

（1）对非法携带恰特草入境我国的行为，应以走私毒品罪论处。针对发生在我国领域内的犯罪行为，无须考察该行为在行为人的国籍国是否构成犯罪，即使在行为人国籍国不认为是犯罪，在我国仍然应当作为犯罪处理。对于行政犯，有必要审查行为人是否具有违法性认识及其可能性的大小。认定本案被告人知道其走私的恰特草系毒品的具体理由如下：首先，被告人易某某欣曾于2013年1月6日从杭州萧山机场入境我国，当时即被查获并没收5.73千克恰特草，海关人员已经明确告知易某某欣恰特草系违禁品，并予以没收。2014年1月13日易某某欣再度携带630克恰特草入境时，其主观上应明知恰特草是违禁品，携带入境属于违法行为，仍选择无申报通道入关，未向海关申报任何物品。其次，在查验行李的X光机前贴有《禁止进出境物品表》，其中第5条明确规定鸦片、吗啡、海洛因、大麻以及其他能使人成瘾的麻醉品、精神药物禁止进境。易某某欣自己长期食用恰特草，完全知道恰特草具有使人兴奋、易于上瘾等特性。最后，在查验行李的X光机前，还贴有禁止携带恰特草的标识，海关关员也数次提醒、询问易某某欣是否带有恰特草，易某某欣均予以否认。易某某欣被带至查验房后，还趁海关关员不备，欲将恰特草予以隐匿，其逃避惩处的意图明显。

（2）对于没有定罪量刑数量标准的毒品，应综合考虑其致瘾癖性、社会危害性、数量、纯度、非法交易价格等因素依法量刑。在本案审理期间，我国法律及相关司法解释尚未对走私恰特草的定罪量刑数量标准作出规定，只能参考恰特草的社会危害性、数量、非法交易价格等因素，来决定对被告人适用的刑罚。本案中，630克恰特草本身价值不高，在毒品地下交易市场价格为600元左右，而按照被告人供述，其在埃塞俄比亚的购买价格仅为300埃塞俄比亚比尔，折合人民币约90元。因此可认定为“少量毒品”，量刑档次上应选择在三年以下有期徒刑、拘役或者管制幅度内量刑。考虑到本案被告人从埃塞俄比亚入境我国的目的是进货，携带少量恰特草主要是供自己食用，没有证据证明其有贩卖恰特草的目的，主观恶性小于其他走私毒品的犯罪分子；加之恰特草在被告人的国籍国属于合法物品，在我国也是2014年年初刚刚被列入管制范围，且涉案恰特草全部被缴获，没有流入社会，对被告人易某某欣可以从宽处罚。

14. 犯罪涉及多种毒品的犯罪数量认定

【实务观点】

对于一案涉及两种以上毒品的犯罪数量认定，根据最高人民法院相关会议纪要的精神，可分为四种情形分别作出处理：

(1)走私、贩卖、运输、制造、非法持有两种以上刑法、司法解释等明确规定了定罪量刑数量标准的毒品的，可以根据现有定罪量刑数量标准，将不同种类的毒品分别折算为海洛因的数量，以折算后累加的毒品总量作为定罪量刑的根据；但在裁判文书中，应当客观表述涉案毒品的种类和数量，不表述将不同种类毒品进行折算后累加的毒品总量。

(2)对于刑法、司法解释等没有规定定罪量刑数量标准的毒品，参考已有折算标准或者专业机构的意见，综合考虑相关因素后，定罪量刑。

(3)对于未查获毒品实物的案件，可以根据查证属实的毒品交易金额和单价认定毒品数量；无法查证毒品数量的，可以在事实部分客观表述毒品交易的金额、次数等情节，以体现毒品犯罪的社会危害性。在制造毒品犯罪案件中，出品数量受制于原料质量、设备质量、技术水平、客观环境等多种因素，因此不能简单根据制毒原料产生毒品的出品率估算毒品数量，可以客观表述制毒原料的数量，以体现行为的社会危害性。量刑时适当参考专业机构关于涉案制毒原料产生毒品的出品率的意见。

(4)对于未查获实物的甲基苯丙胺片剂(俗称“麻古”等)、MDMA片剂(俗称“摇头丸”)等混合型毒品，可以根据在案证据证明的毒品粒数，参考本案或者本地区查获的同类毒品的平均重量计算毒品数量。在裁判文书中，应当客观表述根据在案证据认定的毒品粒数。①

【类案参考】

案例1-26

郑某贩卖毒品案②——未查获实物的麻古、摇头丸类毒品重量的计算

[基本案情]　2017年10月，被告人郑某在仙桃市城区先后6次卖给赵某某甲基苯丙胺片剂(俗称麻古果)29片(指控重量为2.67克)、甲基苯丙胺(冰毒)4管，获款1450元。公安机关于2017年10月26日凌晨在仙桃市城区水乐园宾馆302室内将郑某抓获归案，当场在郑某住宿的该房间内查获甲基苯丙胺片剂24片，净重2.21克。

[裁判结果]　原审人民法院认定被告人郑某明知是毒品而多次向他人非法销售，情节严重，其行为已构成贩卖毒品罪。公诉机关指控郑某先后6次贩卖给赵某某的29片甲基苯丙胺片剂净重2.67克的事实，因29片甲基苯丙胺片剂均已被赵某某吸食，已无实物称量，故认定净重2.67克无证据证明，不予确认。被告人郑某如实供述其罪行，依法可以从轻处罚。判决：(1)被告人郑某犯贩卖毒品罪，判处有期徒刑四年一个月，并处罚金一万元；(2)对涉案毒品予以没收。抗诉机关提出，起诉书认定原审被告人郑某先后6次共卖给赵某某的29片甲基苯丙胺片剂已被赵某某吸食而未能查获实物，但以抓获郑某时查获的24片甲基苯丙胺片剂的平均重量计算出郑某卖给赵某某的29片甲基苯丙胺片剂的重量为2.67克，有充分的证

① 此观点最早源于2015年《武汉会议纪要》。

② 参见湖北省汉江中级人民法院刑事裁定书，(2018)鄂96刑终126号。

据和法律依据。二审法院对抗诉机关的意见予以采纳,认为原审判决虽然在认定案件事实上存在瑕疵,但在量刑时已对原审被告人郑某向他人多次贩卖29片甲基苯丙胺片剂的情节予以考虑,量刑并无不当。裁定驳回抗诉,维持原判。

[**判理分析**] 被告人郑某先后6次共卖给赵某某的29片甲基苯丙胺片剂,虽然因已被赵某某吸食而未能查获实物,但根据2015年《武汉会议纪要》的规定,对于未查获实物的甲基苯丙胺片剂、MDMA片剂等混合型毒品,可以根据在案证据证明的毒品粒数,参考本案或者本地区查获的同类毒品的平均重量计算出毒品数量。因此,本案应以查获的24片甲基苯丙胺片剂的平均重量,计算出该29片甲基苯丙胺片剂的重量,即净重2.67克。

15. 贩卖麻醉药品或者精神药品构成贩卖毒品罪时的数量如何认定

【实务观点】

对于向走私、贩卖毒品的犯罪分子或者以牟利为目的向吸食、注射毒品的人员提供国家管制的能够使人形成瘾癖的麻醉药品和精神药品的,应以走私、贩卖运输毒品罪定罪。司法实践中,行为人贩卖的对象大多数情况是国家定点生产企业按照标准规格生产的麻醉药品或者精神药品,应根据药品中毒品成分的含量认定涉案毒品数量,即以行为人贩卖药品的数量乘以每瓶(盒、片)药品中毒品成分的含量,作为行为人贩卖毒品的数量。但在依据该数量确定量刑标准时,同时还应当注意以下两点:

(1)以麻醉药品和精神药品作为毒品进行贩卖,因其隐蔽性强、迷惑性强而导致这种行为泛滥的速度更快、范围更广,尤其是在一些青少年群体中形成"风潮",其社会危害性并不因其贩卖对象有药品性质而减少,甚至在一定情况下危害更大。

(2)由于药品中的毒品成分较少,实践中以毒品含量折算后所得的犯罪数量与其实际贩卖药品数量相比往往差距较大,实质上相当于以折算后的100%纯度的毒品数量作为量刑依据。相比而言,贩卖含量较低的其他毒品仍要以查获毒品全部数量作为量刑依据,但贩卖麻精药品行为人的非法牟利数额往往超过贩卖同等数量的同类毒品的行为人,这就会出现量刑不均衡的情况。考虑到行为人的非法牟利数额是其贩卖麻醉药品和精神药品数量的直接反映,而贩卖的数量是社会危害性的重要反映,司法实践中,贩卖麻醉药品或精神药品构成贩卖毒品罪的,量刑时除考虑贩卖药品折算后的毒品数量外,还应当参考行为人的非法牟利情况,对于非法牟利明显超过贩卖同等数量普通毒品犯罪的,应当适当提高量刑,以实现精准量刑、均衡量刑。对于所贩卖药品折算后的毒品数量未达到"数额较大"标准,但牟利数额很大的,可以考虑认定为贩卖少量毒品但情节严重的情形。

【法律及司法文件】

《中华人民共和国刑法》

第三百五十五条第一款第二句　向走私、贩卖毒品的犯罪分子或者以牟利为目的,向吸食、注射毒品的人提供国家规定管制的能够使人形成瘾癖的麻醉药品、精神药品的,依照本法第三百四十七条的规定定罪处罚。

2016年《毒品案件解释》

第一条第二款　国家定点生产企业按照标准规格生产的麻醉药品或者精神药品被用于

毒品犯罪的，根据药品中毒品成分的含量认定涉案毒品数量。

【权威解读】

2016年《毒品案件解释》第1条第2款规定了具有药用价值的麻醉药品或者精神药品被用于毒品犯罪的，根据药品中毒品成分的含量认定涉案毒品数量。主要基于以下几点考虑：第一，药品中水分、淀粉、糖分、色素等成分占有相当大的比重，有效药物成分（毒品成分）的含量较低，如果根据药品的总重量认定涉案毒品数量，势必同毒品成分的实际数量有明显差距，难以体现罚当其罪。第二，对于不同厂家生产或者同一厂家生产的不同规格的同类药品，在总重量相同的情况下，其有效药物成分的含量可能存在较大差异，如果根据药品的总重量认定涉案毒品数量，会影响量刑平衡。第三，从药品生产、使用单位流入非法渠道的麻精药品，其有效药物成分的含量有严格标准，不涉及毒品的含量鉴定问题，不会给司法实践带来操作上的困难，有关实务部门也均同意这种毒品数量认定方法。第四，本款规定仅适用于国家定点企业生产、流入非法渠道的麻醉药品和精神药品，并非国家定点企业生产的麻精药品以及海洛因、甲基苯丙胺等没有临床用途的麻精药品不在此列。另外，对于以制造毒品为目的生产出的纯度不高的毒品以及为了增加毒品数量而掺杂、掺假的情形，均应按照毒品的全部数量认定。第五，本款并非2016年《毒品案件解释》的创设性规定，2000年《毒品案件解释》对度冷丁和盐酸二氢埃托啡均作了类似规定。①

【类案参考】

案例1-27

袁某贩卖毒品案②——贩卖美沙酮口服液的应当以实际含量作为贩卖数量

［**基本案情**］　被告人袁某是社区戒毒人员，2015年至案发前一直在接受美沙酮社区药物维持治疗，曾因毒品犯罪被追究过刑事责任。2018年7月5日14时许，陈某向公安机关举报被告人袁某贩卖毒品的线索并配合公安机关向其约购毒品。当日15时许，袁某在约定地点以200元的价格向陈某贩卖橙色液体一瓶，后被民警当场抓获，该瓶橙色液体净重132.13克。民警另从袁某身上查获橙色液体一瓶，净重108.46克。上述两瓶橙色液体均系袁某从治疗机构违规带出，均检出美沙酮，含量分别为0.68毫克/克、0.71毫克/克，两瓶液体中美沙酮成分共计0.166855克。

［**裁判结果**］　北京市海淀区人民法院认为，被告人袁某违反国家对毒品的管理法规，贩卖毒品美沙酮，其行为已构成贩卖毒品罪，依法应予惩处。被告人系毒品再犯，应当从重处罚。鉴于本案系控制下交付，毒品并未流入社会，对被告人袁某予以从轻处罚。判决：(1)被告人袁某犯贩卖毒品罪，判处有期徒刑七年六个月，剥夺政治权利一年，并处罚金一万五千元；(2)扣押在案的毒品美沙酮二瓶依法由公安机关予以收缴。袁某的辩护人及北京市人民检察院第一分院均认为原判认定袁某贩卖毒品的数量有误，适用法律错误，量刑过重。二审判决认为，公安机关虽未能调取到药物维持治疗门诊部的监控视频，但证人徐某一审庭审的证言及《美沙酮维持治疗个人申请表》《治疗单位美沙酮口服液用药剂量登记表》《保证书》等

---

① 参见叶晓颖、马岩等：《〈关于审理毒品犯罪案件适用法律若干问题的解释〉的理解与适用》，载《人民司法·应用》2016年第13期。

② 北京市第一中级人民法院刑事判决书，(2019)京01刑终325号。

证据可以证明袁某在案发前长期接受美沙酮社区药物维持治疗，上述证据与上诉人袁某供称涉案美沙酮来自药物维持治疗机构的供述内容相互印证；袁某接受治疗的药物维持治疗门诊部所用美沙酮来自北京某制药股份有限公司，涉案美沙酮溶液系国家定点企业按照标准生产的药物，并且属于麻醉药品。故本案应根据药品中美沙酮含量来认定犯罪数量，袁某贩卖毒品美沙酮的数量为0.166855克。袁某在自愿签署保证书的情况下，违反社区戒毒相关规定将治疗药物带离治疗机构并用于毒品犯罪，说明其主观恶性深，社会危害性大，且其曾因贩卖毒品罪被判过刑，现又犯贩卖毒品罪，系毒品再犯，依法应从重处罚。鉴于本案系控制下交付，毒品未流入社会，对其酌予从轻处罚。判决：上诉人（原审被告人）袁某犯贩卖毒品罪，判处有期徒刑一年，罚金二千元。

［**判理分析**］　袁某违反国家毒品管理规定，贩卖国家定点企业按照规格生产的用于维持治疗的美沙酮液体，其行为已构成贩卖毒品罪，依法应予惩处。2016年《毒品案件解释》第1条第2款规定，国家定点生产企业按照标准规格生产的麻醉药品或者精神药品被用于毒品犯罪的，根据药品中毒品成分的含量认定涉案毒品数量，原判认定袁某贩卖毒品的数量以及据此所适用的法律确有错误，应予以纠正。

案例1－28

钟某城贩卖毒品案①——贩卖药品曲马多的应当以药品中的毒品含量认定毒品数量

［**基本案情**］　2017年6月29日，罗某2用手机上网聊天时加入了一个QQ群，发现被告人钟某城在群里、网上卖曲马多，遂加钟某城为好友，向其了解曲马多的价钱。同年7月1日中午，罗某2与被告人钟某城联系，提出向其购买10板曲马多，双方商定以380元成交。之后罗某2将其在深圳市南山区的住址和联系方式发给被告人钟某城，钟某城将10板曲马多打包好，通过惠东县优速快递公司发运给罗某2。7月3日，罗某2收到10板曲马多并将380元通过微信转账支付给被告人钟某城。罗某2发现曲马多属于国家规定的违禁品，遂将包裹拿到派出所举报。民警将包裹里的10板曲马多予以扣押，经称量重42克。后民警在惠东县的优速快递点将被告人钟某城抓获，并在其住处搜出103板曲马多，经称量重432.6克。扣押的疑似曲马多均检出曲马多成分。

［**裁判结果**］　一审判决认为，被告人钟某城贩卖毒品曲马多474.6克，其行为已构成贩卖毒品罪。钟某城到案后如实供述其犯罪行为，当庭自愿认罪，依法可从轻处罚。判决：（1）被告人钟某城犯贩卖毒品罪，判处有期徒刑七年，并处罚金五千元；（2）缴获的曲马多474.6克由扣押机关依法销毁。二审判决认为，通化兴华药业有限责任公司出具的情况说明证实本案查获的复方曲马多片与其公司的复方曲马多片执行的是同一药品标准，虽无法确认就是该公司生产的药品，但根据存疑有利于被告原则，本案毒品的数量应根据毒品成分的含量认定为62.4099克。判决：上诉人（原审被告人）钟某城犯贩卖毒品罪，判处有期徒刑三年，并处罚金三千元。

① 参见广东省深圳市中级人民法院刑事判决书，（2018）粤03刑终3号。

16. 毒品含量较低对量刑的影响如何把握

【实务观点】

毒品含量高的案件，一方面对吸毒人员的危害性越大，另一方面还可能再次掺杂掺假以增加重量后销售，进一步促进毒品的非法流通，因此其社会危害性比毒品含量低的案件的社会危害性要大。司法实践中，对于毒品犯罪的量刑不能按犯罪数量"一刀切"，还要适当考虑毒品的含量，对于走私、贩卖、运输、制造同等数量的毒品，毒品含量高的案件在量刑上应当重于毒品含量低的案件。根据最高人民法院相关会议纪要的精神，对于未根据《办理毒品犯罪案件毒品提取、扣押、称量、取样和送检程序若干问题的规定》第33条规定进行鉴定的，应当要求公安机关委托鉴定机构对查获的相关毒品进行含量鉴定；对于涉案毒品纯度明显低于同类毒品的正常纯度的，量刑时可以酌情考虑从轻。① 在终端消费市场，海洛因的正常纯度为5%～60%，甲基苯丙胺（冰毒）的正常纯度为50%～99%，甲基苯丙胺片剂的正常纯度为5%～30%，氯胺酮的正常纯度为60%～99%"。②

实践中，对于涉案毒品数量较小的犯罪，完全可以在三年以下有期徒刑、拘役或者管制的幅度内，考虑到毒品含量极低的因素，确定合适刑罚；对于涉案毒品数量较大的犯罪，可以考虑其犯罪的实际社会危害性较小，在法定刑以下判处刑罚并报请最高人民法院核准。对于涉案毒品数量大的案件，即便毒品含量很低，也不宜报送最高人民法院核准在法定刑以下判处刑罚，主要原因在于法定刑以下判处刑罚的一般应当适用于被告人本身主观恶性较小的犯罪，而毒品犯罪数量大本身就说明被告人主观恶性大，只是因为上当或其他意志以外的原因而出现毒品含量极低的情况，这些因素都不能影响到被告人的主观恶性，对其在法定刑以下判处刑罚，不能取得社会公众认可。

【法律及司法文件】

最高人民法院、最高人民检察院、公安部《办理毒品犯罪案件毒品提取、扣押、称量、取样和送检程序若干问题的规定》（公禁毒〔2016〕511号，2016年7月1日施行）

第三十三条　具有下列情形之一的，公安机关应当委托鉴定机构对查获的毒品进行含量鉴定：

（一）犯罪嫌疑人、被告人可能被判处死刑的；

（二）查获的毒品系液态、固液混合物或者系毒品半成品的；

（三）查获的毒品可能大量掺假的；

（四）查获的毒品系成分复杂的新类型毒品，且犯罪嫌疑人、被告人可能被判处七年以上有期徒刑的；

（五）人民检察院、人民法院认为含量鉴定对定罪量刑有重大影响而书面要求进行含量鉴定的。

进行含量鉴定的检材应当与进行成分鉴定的检材来源一致，且一一对应。

---

① 此观点最早源于2015年《武汉会议纪要》。

② 参见高贵君、马岩、方文军、李静然：《〈全国法院毒品犯罪审判工作座谈会纪要〉的理解与适用》，载《人民司法·应用》2015年第13期。

【类案参考】

案例 1－29

赵某贵贩卖毒品案①——贩卖含量极低的海洛因针剂可以酌情从轻处罚

［**基本案情**］　2007 年 7 月 18 日 23 时 30 分，商某（另案处理）与被告人赵某贵电话联系，约定以 120 元的价格向赵某贵购买 5 支含有海洛因的针剂。次日 0 时 30 分许，赵某贵驾驶一辆桑塔纳轿车至约定的交易地点上海市大连路周家嘴路路口附近，将 5 支净重 9.35 克的海洛因针剂贩卖给商某。赵某贵驾车离开现场后即被截获，公安人员当场从其车上查获 163 支、净重共 308.65 克的海洛因针剂及 1 支度冷丁针剂。

［**裁判结果**］　上海市第二中级人民法院认为，被告人赵某贵明知是毒品而贩卖，其行为构成贩卖毒品罪。被告人赵某贵到案后即供认其贩卖的是海洛因针剂，与之后作出的毒品鉴定结论相符，对赵某贵关于不明知贩卖的是海洛因针剂的辩解，不予采信。根据《刑法》第 357 条第 2 款的规定，毒品的数量以查证属实的走私、贩卖、运输、制造、非法持有毒品的数量计算，不以纯度折算。考虑到本案的具体情况，对赵某贵可酌情从轻处罚。判决：(1)被告人赵某贵犯贩卖毒品罪，判处有期徒刑十五年，剥夺政治权利四年，并处没收财产三万元；(2)查获的毒品予以没收，违法所得予以追缴。一审宣判后，被告人赵某贵以不知是海洛因针剂、原判量刑过重为由提出上诉。上海市高级人民法院经审理，裁定驳回上诉，维持原判。

［**判理分析**］　本案海洛因针剂含量极低，平均仅为 0.064%，纯海洛因共有 0.205 克，在认定赵某贵贩卖的毒品数量及量刑时，既不能以纯度折算后认定被告人赵某贵贩卖的毒品数量，也不能对其在法定刑以下减轻处罚，但量刑时可考虑毒品含量极低的情节，酌情从轻处罚。具体理由分析如下：(1)《刑法》第 357 条第 2 款明确规定："毒品的数量以查证属实的走私、贩卖、运输、制造、非法持有毒品的数量计算，不以纯度折算。"无论被告人贩卖的毒品纯度多低，只要经鉴定确认是毒品，就应当以查获的或者有证据证实的毒品数量来认定其毒品犯罪的数量，而不能以纯度折算后的毒品来认定其犯罪数量，否则就违反了法律的明文规定，有违罪刑法定原则。(2)鉴于纯度高的毒品可以通过掺杂方法实现数量由少变多，增加了社会上的毒品总量，其危害整体上要大于纯度低的毒品，故对于贩卖纯度极低毒品的案件，司法机关在量刑时不能不考虑纯度因素，这是准确理解和贯彻罪责刑相适应原则，实现刑罚公正的要求。(3)对被告人不能适用《刑法》第 63 条第 2 款在法定刑以下量刑，但可以在法定刑幅度内酌情从轻处罚。毒品犯罪属于法律规定和刑事政策上应予严厉打击的犯罪类型，一般不适用《刑法》第 63 条第 2 款的规定予以减轻处罚。本案的毒品含量虽低，但其危害社会的方式与特点也值得警惕与重视。这种海洛因针剂被人体吸收的效果大于口服，同时这种海洛因针剂价格低廉，适合低收入人群尤其是青少年使用，易造成海洛因的扩散和蔓延。如果对此类案件的被告人减轻处罚，客观上会降低刑罚遏制此类严重犯罪的功效，对于严厉打击毒品犯罪整体不利。

---

①　参见中华人民共和国最高人民法院刑事审判第一、二、三、四、五庭主办：《刑事审判参考》(2008 年第 4 集，总第 63 集)，法律出版社 2008 年版，第 42～46 页。

案例1-30

范某宇贩卖毒品案[①]——对新类型液态毒品犯罪数量的认定

［**基本案情**］ 2019年1月至3月，被告人范某宇通过张某南以每箱300元至380元的价格向陈某兵购买含有γ-羟基丁酸成分的“啪啪水”共计16单821箱（每箱24瓶），通过物流从广东省佛山市寄送至铜陵市。范某宇将购买的“啪啪水”以每箱500元至1000元的价格贩卖给刘某、严某、葛某、叶某（另案处理）等人，其中30箱被范某宇等人服用。经称量，单瓶“啪啪水”的净重最低为265克。范某宇贩卖“啪啪水”791箱，共计18,984瓶，重量为5000余千克。经抽样鉴定，“啪啪水”含有γ-羟基丁酸成分，平均浓度为2.86毫克/毫升。被告人范某宇及其辩护人主要提出：范某宇贩卖含有γ-羟基丁酸成分的“啪啪水”毒品纯度明显偏低，社会危害性小，认定范某宇毒品犯罪数量应当考虑其毒品纯度低的具体情况。

［**裁判结果**］ 安徽省铜陵市中级人民法院认为，被告人范某宇的行为构成贩卖毒品罪。范某宇认罪认罚，依法可以从宽处理，以贩卖毒品罪判处被告人范某宇无期徒刑，剥夺政治权利终身，并处没收个人全部财产。安徽省高级人民法院审理认为，范某宇贩卖含有γ-羟基丁酸成分的“啪啪水”5000余千克，涉案毒品数量巨大，部分已流入社会，社会危害性严重，裁定驳回上诉，维持原判。

［**判理分析**］ γ-羟基丁酸（缩略语GHB）是我国管制的第一类精神药品，属于合成毒品，滥用方式为添加在饮料、酒水中伪装成饮品，混淆滥用行为的辨识度，滥用对象多为聚会派对的青少年。此类毒品溶于液体被服用时的纯度相对偏低，而涉案毒品数量通常又比较大。（1）2015年《武汉会议纪要》规定“办理毒品犯罪案件，无论毒品纯度高低，一般均应将查证属实的毒品数量认定为毒品犯罪的数量，并据此确定适用的法定刑幅度，但司法解释另有规定或者为了隐蔽运输而临时改变毒品常规形态的除外”。据此，对于新类型毒品犯罪，只要不属于2015年《武汉会议纪要》规定的这两种情形，认定毒品数量时就不能进行纯度折算，均应按照查证属实的毒品数量认定为毒品犯罪的数量，毒品纯度高低不影响案件的定性、毒品数量的认定和法定刑幅度的确定。本案范某宇贩卖的毒品“啪啪水”既不属于国家定点生产企业按照标准规格生产的麻醉药品或者精神药品，也不属于被告人为了隐蔽运输而临时故意改变毒品形态，应当按照查证属实的其贩卖“啪啪水”的数量认定，并据此确定法定刑幅度。（2）2015年《武汉会议纪要》同时规定“涉案毒品纯度明显低于同类毒品的正常纯度的，量刑时可以酌情考虑”。不同种类毒品的纯度以及不同滥用方式毒品的纯度不具有可比性，在判断毒品纯度高低的时候，应当在同类毒品中进行比较，不能把不同种类的毒品或者不同滥用方式的毒品机械地进行数值比较，仅从数值悬殊的角度判断毒品纯度明显偏低，并以此作为对被告人从宽处罚的理由。范某宇贩卖的“啪啪水”中γ-羟基丁酸含量平均为2.86毫克/毫升，该含量从数值上看的确远远低于常见的传统毒品含量。但是，“啪啪水”的滥用方式是伪装成饮料进行口服，单次服用数量大，含有γ-羟基丁酸毒品的常见含量必然要远远低于传统的海洛因、甲基苯丙胺等固态毒品的含量，只有低含量的服用，才能既满足滥用对象对吸毒效果的追求，又避免滥用对象因摄入过量毒品而导致中毒死亡。故本案毒品中γ-羟基丁酸的含量是由其滥用方式所决定，不能简单地比较而得出毒品纯度明显偏低的判断，并以此

① 白春子撰写，本案例获评2021年度全国法院系统优秀案例分析评选三等奖。

为由对被告人大幅从宽处罚。

17. 对武装掩护走私、贩卖、运输、制造毒品的认定与处罚

【实务观点】

枪毒合流是毒品犯罪中的一个趋势，反映出犯罪分子较深的主观恶性和较大的人身危险性，也是最高人民法院历次会议纪要中明确提出应依法严惩的重点。对于携带枪支、弹药、爆炸物用于掩护走私、贩卖、运输、制造毒品犯罪的，应当认定为“武装掩护走私、贩卖、运输、制造毒品”的情形，无论毒品犯罪的实际数量有多少，均应当判处十五年有期徒刑、无期徒刑或者死刑，并处没收财产。

【法律及司法文件】

《中华人民共和国刑法》

第三百四十七条第二款　走私、贩卖、运输、制造毒品，有下列情形之一的，处十五年有期徒刑、无期徒刑或者死刑，并处没收财产：

……

（三）武装掩护走私、贩卖、运输、制造毒品的。

2016年《毒品案件解释》

第三条第一款　在实施走私、贩卖、运输、制造毒品犯罪的过程中，携带枪支、弹药或者爆炸物用于掩护的，应当认定为刑法第三百四十七条第二款第三项规定的“武装掩护走私、贩卖、运输、制造毒品”。枪支、弹药、爆炸物种类的认定，依照相关司法解释的规定执行。

【权威解读】

关于“武装掩护”，2016年《毒品案件解释》将其明确界定为携带枪支、弹药或者爆炸物用于掩护毒品犯罪的情形。其中，“武装”限定于枪支、弹药、爆炸物，不包括尖刀、棍棒等普通器械；“携带”既包括随身携带、随包携带、随车携带，也包括在制毒场所存放等。考虑到该行为具有高度的危险性，故既不要求显示、出示、使用，对枪支、弹药或者爆炸物的数量亦无要求。强调“用于掩护”，旨在从用途和目的上加以限制，对于只携带子弹而没有携带枪支，不可能实现掩护目的的，不能认定为“武装掩护”。关于枪支、弹药、爆炸物，参照最高人民法院《关于审理非法制造、买卖、运输枪支、弹药、爆炸物等刑事案件具体应用法律若干问题的解释》进行认定。例如，枪支主要包括军用枪支、以火药为动力发射枪弹的非军用枪支、以压缩气体等为动力的其他非军用枪支等。①

【类案参考】

案例1-31

莫某友贩卖毒品案②——武装掩护贩卖毒品活动

[基本案情]　2015年3月16日凌晨，被告人莫某友在广西壮族自治区东兴市东兴镇凯

---

① 参见叶晓颖、马岩等：《〈关于审理毒品犯罪案件适用法律若干问题的解释〉的理解与适用》，载《人民司法·应用》2016年第13期。

② 参见《最高法院公布毒品及次生犯罪十大案例》，载《人民法院报》2016年6月24日，第2版。

迪阳光假日酒店，将1小包氯胺酮贩卖给吸毒人员王某某。二人交易结束后被公安人员发现，王某某被当场抓获，公安人员从其身上查获2.48克氯胺酮。莫某友在逃跑过程中持随身携带的手枪朝公安人员追来的方向射击，后将携带的5.23克甲基苯丙胺、0.79克氯胺酮丢弃于路边绿化带内。莫某友逃至一交叉路口欲拦车逃跑时被抓获，公安人员当场从其身上查获手枪1支、子弹3发。

［**裁判结果**］ 广西壮族自治区东兴市人民法院一审和广西壮族自治区防城港市中级人民法院二审认为，被告人莫某友贩卖甲基苯丙胺、氯胺酮，其行为已构成贩卖毒品罪。莫某友在实施贩卖毒品犯罪的过程中，随身携带枪支，并向公安人员开枪射击，其行为属于《刑法》第347条第2款第3项规定的武装掩护贩卖毒品，应依法惩处。据此，依法对被告人莫某友判处有期徒刑十五年，并处没收财产二万元。

［**判理分析**］ 武装掩护毒品犯罪，不仅大大增加了执法机关查缉毒品犯罪的风险，也对社会治安和人民群众的生命财产安全构成威胁，并反映出犯罪分子较深的主观恶性和较大的人身危险性，因此依法应予严惩。根据《刑法》第347条第2款第3项的规定，犯罪分子具有“武装掩护走私、贩卖、运输、制造毒品”情节的，无论毒品数量多少，均应判处十五年有期徒刑以上刑罚。本案被告人莫某友贩卖少量毒品，却在实施毒品交易时随身携带枪支、弹药，并向追赶的公安人员开枪射击，虽未造成人员伤亡，仍应认定为武装掩护贩卖毒品，依法对其判处有期徒刑十五年，并处没收部分个人财产，体现了对武装掩护型毒品犯罪的依法严惩。

18. 在毒品犯罪中以暴力抗拒检查、拘留、逮捕致伤他人的如何处罚

【实务观点】

在走私、贩卖、运输、制造毒品过程中，行为人又以暴力抗拒检查、抓捕，造成执法人员死亡、重伤、多人轻伤的，单独看可能构成妨害公务罪、故意伤害罪或者故意杀人罪。对此情况是认定为两罪予以并罚还是将抗拒检查、抓捕作为毒品犯罪的情节加重犯，应当根据刑事政策来确定。我国对毒品犯罪实行依法从严惩处的刑事政策，这项政策在立法过程中设计法律条文时，或者在司法过程中解释法律条文真实含义以正确适用时，均有指导意义。对于暴力抗拒检查、拘留、逮捕并且情节严重的行为，如果单独定罪，再与毒品犯罪并罚，可能导致实际适用的法定刑幅度偏低。比如，在贩卖甲基苯丙胺类毒品10克以下的过程中抗拒检查而造成多名执法人员轻伤，如果以贩卖毒品罪、故意伤害罪数罪并罚，最低刑期可能在五年以下，最高刑期也不超过十年，不足以体现对此类犯罪的严惩；如果认定为情节加重犯，则无论毒品犯罪数量多少，法定最低刑均为十五年有期徒刑，比数罪并罚的实际刑罚效果更重，符合立法机关从重打击此类犯罪的目的。因此，对于行为人在毒品犯罪过程中又以暴力抗拒检查、抓捕行为致伤致死他人的，不能单独构成其他犯罪并实行数罪并罚，而是作为走私、贩卖、运输、制造毒品犯罪的加重处罚情节。刑法中的类似立法方式，还有拐卖妇女犯罪过程中经常伴随的强奸行为，作为拐卖妇女罪的加重处罚情节，处十年以上有期徒刑、无期徒刑乃至死刑，而不再单独定罪。

【法律及司法文件】

《中华人民共和国刑法》

第三百四十七条第二款　走私、贩卖、运输、制造毒品，有下列情形之一的，处十五年有期

徒刑、无期徒刑或者死刑，并处没收财产：

……

(四)以暴力抗拒检查、拘留、逮捕，情节严重的；

……

2016年《毒品案件解释》

第三条第二款 在实施走私、贩卖、运输、制造毒品犯罪的过程中，以暴力抗拒检查、拘留、逮捕，造成执法人员死亡、重伤、多人轻伤或者具有其他严重情节的，应当认定为刑法第三百四十七条第二款第四项规定的“以暴力抗拒检查、拘留、逮捕，情节严重”。

【类案参考】

案例1-32

易某元运输毒品案①——运输毒品过程中暴力抗拒检查、抓捕，造成执法人员重伤

［**基本案情**］ 被告人易某元有抢劫罪和盗窃罪两次前科。2011年3月17日20时许，被告人易某元携带冰毒、麻古驾驶轿车沿渝万高速公路从重庆市梁平县前往重庆市万州区。当晚22时许，易某元驾车在渝万高速公路高梁收费站下道缴费时被万州区公安局禁毒支队民警蒲某等人拦住，蒲某出示警官证并抓住易某元左手，易某元加大油门强行撞横杆冲出收费站，致使蒲某被轿车拖带并摔倒在收费站安全道的水泥台处，造成左面部多处挫裂伤、左侧眼眶外侧壁及外上壁等处骨折，损伤程度为重伤。公安机关在易某元丢弃车辆附近查获冰毒98.04克、麻古2.59克。2011年3月18日，公安机关在梁平县将易某元抓获。

［**裁判结果**］ 重庆市第二中级人民法院认为，被告人易某元运输甲基苯丙胺100.63克，其行为已构成运输毒品罪；易某元在运输毒品过程中，为抗拒检查、抓捕，驾车撞伤对其执行检查和抓捕任务的民警蒲某，造成蒲某重伤。其行为已触犯《刑法》第347条第2款第4项的规定，属于运输毒品的加重情节之一，不能单独构成其他犯罪。对公诉机关指控被告人易某元构成故意伤害罪以及辩护人提出被告人易某元抗拒检查、抓捕的行为构成妨害公务罪的意见均不予采纳。判决：(1)被告人易某元犯运输毒品罪，判处无期徒刑，剥夺政治权利终身，并处没收个人全部财产。(2)查获的毒品和违法所得予以没收。重庆市人民检察院第二分院提出抗诉称，《刑法》第347条第2款第4项规定的“以暴力抗拒检查、拘留、逮捕，情节严重的”属情节加重犯；而造成重伤或者死亡结果是结果加重犯的范畴，故被告人易某元的行为应分别构成运输毒品罪和故意伤害罪，并数罪并罚。重庆市高级人民法院经审理，裁定驳回抗诉、上诉，维持原判。

［**判理分析**］ (1)走私、贩卖、运输、制造毒品过程中，以暴力抗拒检查、拘留、逮捕，情节严重的，《刑法》第347条明确规定不实行数罪并罚，而是作为走私、贩卖、运输、制造毒品犯罪的加重处罚情节，处十五年有期徒刑、无期徒刑或者死刑，以体现从严打击该类犯罪的立法目的。这种情况，无论实施的毒品犯罪数量多少，都应处以十五年有期徒刑、无期徒刑或者死刑，并处没收财产。(2)这里所说的“情节”应是包括了犯罪的事实、犯罪的性质、犯罪的后果

---

① 参见中华人民共和国最高人民法院刑事审判第一、二、三、四、五庭主办：《刑事审判参考》(2012年第6集，总第89集)，法律出版社2013年版，第84~88页。

和狭义的犯罪情节在内的全部影响量刑的因素，可称为广义上的“情节”。走私、贩卖、运输、制造毒品犯罪过程中，经常伴随一些轻微的暴力抵抗行为，如果都作为加重处罚情节，难以体现罪刑均衡原则。因此，《刑法》在规定以暴力抗拒检查、拘留、逮捕作为加重处罚情节时，又附加了“情节严重”的限制。本案中，被告人易某元在运输毒品过程中暴力抗拒检查、抓捕，造成执法人员重伤的行为，理解为运输毒品加重处罚情节，既符合立法精神，也足以体现该行为的社会危害性与罪刑均衡原则。相反，如果实行数罪并罚，则难以体现对毒品犯罪的从严处罚，难以体现罪刑均衡原则。

19. 走私、贩卖、运输、制造少量毒品“情节严重”的认定和处罚

【实务观点】

走私、贩卖、运输、制造少量毒品的，一般应当在三年以下有期徒刑、拘役或者管制的法定刑幅度内判处刑罚，但具有多次行为、向多人贩卖、在戒毒场所和监管场所贩卖、向在校学生贩卖、利用残疾人等特殊人群贩卖、国家工作人员犯罪等几种情形之一的，属于“情节严重”，应当在三年以上七年以下有期徒刑的幅度内判处刑罚。在第二个量刑幅度内判处刑罚时，应当综合考虑行为犯罪的次数、对象人数、犯罪数量等因素。

【法律及司法文件】

《中华人民共和国刑法》

第三百四十七条第四款　走私、贩卖、运输、制造鸦片不满二百克、海洛因或者甲基苯丙胺不满十克或者其他少量毒品的，处三年以下有期徒刑、拘役或者管制，并处罚金；情节严重的，处三年以上七年以下有期徒刑，并处罚金。

2016 年《毒品案件解释》

第四条　走私、贩卖、运输、制造毒品，具有下列情形之一的，应当认定为刑法第三百四十七条第四款规定的“情节严重”：

（一）向多人贩卖毒品或者多次走私、贩卖、运输、制造毒品的；

（二）在戒毒场所、监管场所贩卖毒品的；

（三）向在校学生贩卖毒品的；

（四）组织、利用残疾人、严重疾病患者、怀孕或者正在哺乳自己婴儿的妇女走私、贩卖、运输、制造毒品的；

（五）国家工作人员走私、贩卖、运输、制造毒品的；

（六）其他情节严重的情形。

【权威解读】

对于《刑法》第 347 条第 4 款中走私、贩卖、运输、制造少量毒品“情节严重”的认定，2000 年《毒品案件解释》第 3 条作了规定，2016 年《毒品案件解释》第 4 条对此作了修改、完善和补充。

（1）2016 年《毒品案件解释》第 4 条第 1 项源自 2000 年《毒品案件解释》第 3 条第 4 项规定的“向多人贩毒或者多次贩毒”。此次修改为“向多人贩卖毒品或者多次走私、贩卖、运输、制造毒品”。实践中很多零包贩毒案件，被告人具有向多人贩毒或者多次贩毒的情节，虽然累计贩卖毒品的数量不足 1 克，但是仍具有较大的社会危害性，也体现了犯罪分子较深的主观

恶性,应重点打击、从严惩处,故不再设定最低数量限制。

(2)2016年《毒品案件解释》第4条第2项将2000年《毒品案件解释》第3条第3项中的“戒毒监管场所”修改为“戒毒场所、监管场所”,扩大了条文覆盖面。“戒毒场所”包括强制隔离戒毒所、自愿戒毒所、社区戒毒治疗门诊、戒毒医院等,“监管场所”包括拘留所、看守所、监狱等。

(3)2016年《毒品案件解释》第4条第3项是结合实践新增的内容。“在校学生”包括中小学、中等职业学校学生和普通高等学校中的本、专科学生(不包括研究生)。其中,中等职业学校包括中专、职高、技校,普通高等学校包括全日制大学、学院、职业技术学院、高等专科学校。本项规定与《刑法》第347条第6款“向未成年人出售毒品的,从重处罚”的规定之间不存在矛盾,如果贩卖对象既是未成年人又是在校学生的,适用本项的规定处罚。

(4)2016年《毒品案件解释》第4条第4项也是新增内容。

(5)2016年《毒品案件解释》第4条第5项是2000年《毒品案件解释》的原有内容。毒品犯罪属于严重妨害社会管理秩序、危害人民群众身心健康的犯罪,国家工作人员本应自觉抵制毒品、积极与毒品犯罪作斗争,而具有该特定身份的人员转而实施毒品犯罪,无疑具有更为恶劣的社会影响和更大的社会危害,应当从严惩处,无须额外设定国家工作人员“利用职务或者工作便利”的条件。

(6)2016年《毒品案件解释》删去了2000年《毒品案件解释》第3条第1项根据毒品数量认定“情节严重”的规定。《刑法》规定走私、贩卖、运输、制造少量毒品的,处三年以下有期徒刑、拘役或者管制,2000年《毒品案件解释》第3条第1项将毒品数量仍在这一幅度范围内的情形,即“走私、贩卖、运输、制造鸦片一百四十克以上不满二百克、海洛因或者甲基苯丙胺七克以上不满十克或者其他数量相当毒品的”规定为“情节严重”,判处三年以上七年以下有期徒刑,与《刑法》规定之间存在明显逻辑矛盾。故《刑法》第347条第4款中的“情节严重”应当是指除毒品数量之外的其他情节。①

【类案参考】

案例1-33

林某武贩卖毒品案②——多次零包贩卖毒品,且系累犯和毒品再犯

[**基本案情**] 被告人林某武于2009年1月5日因犯盗窃罪被判处有期徒刑一年二个月,并处罚金八千元;2011年1月28日因犯贩卖毒品罪被判处有期徒刑十一个月,并处罚金一千元;2012年11月7日因犯贩卖毒品罪被判处有期徒刑一年一个月,并处罚金二千元,2013年7月3日刑满释放。被告人林某武在福建省东山县铜陵镇家中7次向吸毒人员洪某、陈某某、何某某贩卖海洛因每次0.1克,共计0.7克。同月27日,公安人员在林某武家中将其抓获,并当场从客厅查获0.7克海洛因。

[**裁判结果**] 福建省东山县人民法院一审和福建省漳州市中级人民法院二审认为,被告人林某武贩卖海洛因,其行为已构成贩卖毒品罪。林某武多次并向多人贩卖毒品,犯罪情节

① 参见叶晓颖、马岩等:《〈关于审理毒品犯罪案件适用法律若干问题的解释〉的理解与适用》,载《人民司法·应用》2016年第13期。

② 参见《最高法院公布毒品及次生犯罪十大案例》,载《人民法院报》2016年6月24日,第2版。

严重，且其曾因犯贩卖毒品罪被判刑，在刑罚执行完毕后五年内又犯贩卖毒品罪，系累犯和毒品再犯，应依法从重处罚。据此，依法对被告人林某武判处有期徒刑四年八个月，并处罚金三千元。

［**判理分析**］　涉案毒品数量在10克以下的零包贩毒案件在贩卖毒品案件乃至全部毒品犯罪案件中均占有较高比例。零包贩毒是毒品犯罪的末端环节，直接导致毒品进入吸食、消费领域，且往往是多次、向多人贩卖毒品，社会危害不容忽视。严厉打击零包贩毒犯罪，是有效遏制毒品问题蔓延和毒品犯罪增长的重要手段。本案中，被告人林某武每次贩卖海洛因仅0.1克，共贩卖海洛因1.4克，虽然数量较少，但其多次并向多名吸毒人员贩卖毒品，属于《刑法》第347条第4款规定的"情节严重"，依法应当判处三年以上七年以下有期徒刑。林某武有三次犯罪前科，且两次因犯贩卖毒品罪被判刑，仍不思悔改，又贩卖毒品，主观恶性较深。对其从重判处刑罚，较好地贯彻了严厉打击末端毒品犯罪的刑事政策。

案例1－34

李某贩卖毒品案[①]——利用网络多次向外籍人员贩卖大麻

［**基本案情**］　被告人李某起意贩卖大麻后，在社交网络上发布大麻图片，吸引他人购买。浙江省苍南县某英语培训机构的一名外籍教员在社交网络上看到李某发布的大麻照片后点赞，李某便询问其是否需要，后二人互加微信，并联系大麻交易事宜。2017年11月至2018年10月，李某先后31次卖给对方共计141克大麻，得款1.7万余元。经鉴定，查获的检材中检出四氢大麻酚、大麻二酚、大麻酚成分。

［**裁判结果**］　浙江省平阳县人民法院审理认为，被告人李某明知大麻是毒品而贩卖，其行为已构成贩卖毒品罪，且多次贩卖，属情节严重，应依法惩处。鉴于李某归案后能如实供述自己的罪行，可从轻处罚。据此，依法对被告人李某判处有期徒刑四年，并处罚金一万六千元。

［**判理分析**］　大麻属于传统毒品，被告人李某明知大麻在中国系禁止贩卖、吸食的毒品，仍在社交网络上发布大麻照片吸引买家，通过网络出售给他人，已构成贩卖毒品罪。依照2016年《毒品案件解释》第2条第10项的规定，贩卖大麻叶30千克以下的，判处三年以下有期徒刑、拘役或者管制，并处罚金；情节严重的，处三年以上七年以下有期徒刑，并处罚金。被告人李某贩卖大麻仅141克，但其多次向他人贩卖毒品，属情节严重，故应在"三年以上七年以下有期徒刑"的法定刑幅度内判处刑罚。

案例1－35

刘某铄贩卖毒品案[②]——国家工作人员实施毒品犯罪

［**基本案情**］　被告人刘某铄，系江苏省灌云县林牧业执法大队职工。2019年八九月的一天晚上，被告人刘某铄在江苏省灌云县伊山镇王圩村卖给王某明甲基苯丙胺（冰毒）约0.5克。同年10月，刘某铄又在该县老供电公司门口卖给周某甲基苯丙胺约0.3克。

---

① 参见《最高人民法院发布2019年十大毒品（涉毒）犯罪典型案例》，载《人民法院报》2019年6月26日，第3、4版。

② 参见《最高人民法院发布2020年十大毒品（涉毒）犯罪典型案例》，载《人民法院报》2020年6月24日，第3版。

［**裁判结果**］ 江苏省灌云县人民法院审理认为，被告人刘某铄明知是毒品而进行贩卖，其行为已构成贩卖毒品罪。刘某铄身为国家工作人员贩卖少量毒品，属情节严重。鉴于其有如实供述、认罪认罚等情节，可从轻处罚。据此，对被告人刘某铄判处有期徒刑三年，并处罚金一万元。

［**判理分析**］ 国家工作人员涉足毒品违法犯罪，损害了国家机关和公务员群体的形象，而且对社会公众的观念和行为有负面的导向效果，为了达到刑罚的一般预防效果，有必要对此类犯罪从重处罚。本案被告人刘某铄贩卖毒品数量仅0.8克，但其系灌云县自然资源和规划局下属事业单位职工，具有国家工作人员身份，属于贩卖少量毒品"情节严重"的情形，虽然贩卖毒品数量较少，对其依法判处三年有期徒刑，体现了对此类犯罪的严惩。

20. 运输毒品罪的量刑应注意区别对待

【实务观点】

毒品数量是确定运输毒品犯罪被告人刑罚的重要法定情节，但不是处刑的唯一标准。在审判实践中，不能只强调毒品数量而忽视案件的其他情节，而应当结合案件的具体情况，根据被告人的主观恶性程度，判处的刑罚应当与犯罪分子所犯罪行相适应。对于运输毒品来说，主观恶性因案各异，应当根据情形不同区别对待：(1)因证明其走私、贩卖毒品的证据未达到确实充分程度而认定为运输毒品罪，应当与单纯的运输毒品行为区别对待；(2)职业运输毒品集团或团伙的首要分子，应当与其纠集的"马仔"及偶尔运输毒品的行为人区别对待；(3)惯常受人雇用为他人运输毒品，应当与偶尔受利益引诱而参与运输毒品的区别对待；(4)为牟取暴利而在具体明知的情况下为他人运输毒品，与偶尔受利益引诱而参与运输来历不明物品并在运输过程中推测出是毒品，应当区别对待。上述所列举不同案件的被告人主观恶性不同，应当作为酌定情节在量刑时予以考虑。

对运输毒品案件被告人的量刑，应当根据《刑法》第61条规定的量刑原则，结合案件的具体情况，如行为人运输毒品的数量、参与运输毒品的原因、对所运输毒品的明知程度、在共同行为中具体分工、所获取报酬的数额及与同案犯的比较等情节，判处适当刑罚。

【类案参考】

案例1－36

周某林运输毒品案①——因认定贩卖毒品的证据不足而认定为运输毒品罪

［**基本案情**］ 被告人周某林于2005年6月28日因犯盗窃罪、非法持有枪支罪被判处有期徒刑十四年，并处罚金十三万元，2012年10月30日被假释，假释考验期至2015年7月3日止。2015年7月12日，被告人周某林与同案被告人刘某生(已判刑)在云南省景洪市某小区租房用于藏匿毒品。同年8月，周某林经与毒品上家联系，伙同刘某生前往缅甸小勐拉"验货"，后二人两次驾驶事先专门购买的两辆汽车前往景洪市嘎洒镇附近接取毒品，运至上述租赁房屋藏匿。同月10日，公安人员在该租赁房屋内查获甲基苯丙胺片剂40,490克，并于次

① 参见《最高人民法院发布2020年十大毒品(涉毒)犯罪典型案例》，载《人民法院报》2020年6月24日，第3版。

日抓获周某林、刘某生二人。

［裁判结果］　云南省保山市中级人民法院审理认为，被告人周某林非法运输甲基苯丙胺片剂，其行为已构成运输毒品罪。周某林纠集同案被告人刘某生共同购买运毒车辆、租赁房屋，共同前往境外查验毒品并接取、藏匿毒品，单独与上家联系，系主犯，且在共同犯罪中罪责更大，应当按照其所参与的全部犯罪处罚。周某林运输毒品数量特别巨大，社会危害极大，罪行极其严重，且其曾因犯罪被判处有期徒刑以上刑罚，在假释考验期满的当月再犯应当判处有期徒刑以上刑罚之罪，系累犯，主观恶性深，人身危险性大，应依法从重处罚。据此，依法对被告人周某林判处死刑，剥夺政治权利终身，并处没收个人全部财产。

［判理分析］　从云南走私毒品入境并往内地省份扩散是毒品犯罪的重要方式，也是历来重点打击的源头性毒品犯罪。本案就是一起境外"验货"、境内运输并藏匿毒品的典型案例。被告人周某林伙同他人专门购车用于运毒、专门租房用于藏毒、出境查验毒品、联系上家接取毒品，涉案毒品数量特别巨大，且其曾因犯罪被判处重刑，假释期满后又迅即实施毒品犯罪，系累犯，主观恶性深，不堪改造。2008年《大连会议纪要》指出"涉嫌为贩卖而自行运输毒品，由于认定贩卖毒品的证据不足，因而认定为运输毒品罪的，不同于单纯的受指使为他人运输毒品行为，其量刑标准应当与单纯的运输毒品行为有所区别"。根据在案证据，周某林涉嫌为贩卖而运输毒品，这种情形不同于单纯受指使、雇佣为他人运输毒品，量刑时应体现从严。

案例1-37

吉火某某扎运输毒品案①——为了赚取少量运费而受雇运输毒品

［基本案情］　2006年6月中下旬，阿某某伍（在逃）和"阿支"（在逃）在西昌找到被告人吉火某某扎和乃古某某阿木（另案处理），许诺给一定的报酬，让其二人从昆明运输毒品回西昌。吉火某某扎遂携带幼子二人，乃古某某阿木带婴儿一人，一起坐火车到昆明。同月25日16时许，吉火某某扎和乃古某某阿木运输海洛因到达金阳县金口大桥处被公安民警查获。检查时，吉火某某扎示意其子将装有海洛因的塑料袋丢弃于公路边坡下。公安民警当场查获被告人运输的海洛因3包，重1002克，经鉴定含量为77.68%。

［裁判结果］　凉山彝族自治州中级人民法院认为，被告人吉火某某扎为谋取非法利益，帮助他人从昆明运输毒品回四川，其行为已构成运输毒品罪。判决：被告人吉火某某扎犯运输毒品罪，判处死刑，剥夺政治权利终身，并处没收个人全部财产。四川省高级人民法院二审裁定驳回上诉，维持原判。最高人民法院经复核认为，被告人吉火某某扎明知是毒品而运输，其行为已构成运输毒品罪。其运输海洛因达1000余克，数量巨大，应依法惩处。被告人吉火某某扎系为赚取少量运费而受雇运输毒品，归案后认罪态度较好，且系初犯，其运输毒品尚不属于罪行极其严重，对其判处死刑不当。故裁定不核准。

［判理分析］　对毒品犯罪量刑时应当全面考虑与量刑有关的一切因素，坚持数量与其他情节并重的原则，不能搞唯数量论。2000年印发的《全国法院审理毒品犯罪案件工作座谈会纪要》（以下简称2000年《南宁会议纪要》，已失效）明确指出："毒品犯罪数量对毒品犯罪的定罪，特别是量刑具有重要作用。但毒品数量只是依法惩处毒品犯罪的一个重要情节而不是

① 参见中华人民共和国最高人民法院刑事审判第一、二、三、四、五庭主办：《刑事审判参考》（2009年第2集，总第67集），法律出版社2009年版，第32~36页。

全部情节。因此，执行量刑的数量标准不能简单化。特别是对被告人可能判处死刑的案件，确定刑罚必须综合考虑被告人的犯罪情节、危害后果、主观恶性等多种因素。”2008 年《大连会议纪要》重申了这一精神，并完善了相关规定。对于运输毒品罪，尤其要强调“数量加情节”的量刑原则。量刑时不能仅以数量标准为依据，而要结合其他量刑情节全面考虑，慎重决定是否适用死刑。本案中，被告人吉火某某扎明知海洛因是毒品而运输海洛因 1000 余克，超过了实际掌握的判处死刑的数量标准，但在量刑时，还要综合考虑具体情节：第一，吉火某某扎的犯罪原因是经济困难，受人利诱，是为了赚取少量运费而受雇运输毒品，其主观恶性不大，在适用刑罚上应与走私、贩卖、制造毒品的犯罪分子及其他具有严重情节的运输毒品犯罪分子有所区别；第二，其归案后始终供认基本犯罪事实，认罪态度较好，且无犯罪前科，系初犯；第三，其所运输的毒品在途中被查获，未继续流入社会造成更大危害；第四，其尚有 3 名 10 岁以下的未成年子女需要抚养，不判处死刑，社会效果相对好些。综合这些情节，最高人民法院依法裁定不核准。

案例 1－38

马某海运输毒品案[①]——被告人在受人雇用运输毒品过程中才意识到运输的是毒品

［**基本案情**］　1998 年 10 月 28 日 14 时许，被告人马某海受马某（在逃）指使，携带装有海洛因的百事可乐纸箱从苏州搭乘出租车赴上海，至 312 国道跨塘治安卡口遇到公安人员检查时，马某海跳车逃跑，后被抓获。公安人员从该车内查获白色块状物 23 块，经检验均为海洛因，净重 7214.1 克。

［**裁判结果**］　苏州市中级人民法院认为，被告人马某海明知是毒品而非法运输，已构成运输毒品罪，数量重达 7214.1 克，判决：被告人马某海犯运输毒品罪，判处死刑，剥夺政治权利终身，并处没收财产一万元。[②] 江苏省高级人民法院认为，本案认定马某海主观上明知是毒品的证据，有马某海在侦查阶段一直供认其已从跟随马某从兰州至上海可得 3000 元钱、马某叮嘱其如遇公安检查就逃跑、看到马某交给自己的布袋里装的是用发亮的塑料包着的一块块长方形东西等，判断纸箱中装的是“白粉”（海洛因）的口供；马某海在遇到公安人员检查时当即离车逃跑；其携带的纸箱中确实装有数量巨大的海洛因等，足以认定。裁定驳回上诉，维持原判。最高人民法院经复核认为，被告人马某海明知是海洛因而为他人运输的行为，已构成运输毒品罪，运输毒品数量大，依法应予严惩。但根据被告人马某海在犯罪过程中的地位、作用等具体情节，对其判处死刑，可不立即执行，判决：被告人马某海犯运输毒品罪，判处死刑，缓期二年执行，剥夺政治权利终身，并处没收财产一万元。

［**判理分析**］　对运输毒品案件被告人的处刑，应当根据《刑法》第 61 条规定的量刑原则，结合案件的具体情况，如行为人运输毒品的数量、对所运输毒品的明知程度以及其他情节，依法判处刑罚。运输毒品的犯罪人多为他人雇佣而实施犯罪，其主观恶性因案各异，应当作为酌定情节在处刑时予以考虑。有的运输之前就知道是毒品、有的在运输中才推测出是毒品、有的意识到自己运输的只是违禁品，这反映出同是运输毒品，而不同案件的被告人主观恶

① 参见中华人民共和国最高人民法院刑事审判第一庭编：《刑事审判参考》（1999 年第 4 辑，总第 4 辑），法律出版社 1999 年版，第 24～28 页。

② 本案判决作出时间为 1999 年 2 月 2 日，当时对毒品犯罪判处死刑的数量标准较低。

性不同。本案中,在量刑时应考虑以下情节:

(1)现有证据证实被告人马某海系受他人雇用而运输毒品。马某海供述其在甘肃省兰州市碰到一自称"马哥"的男子,让其跟随去上海,并答应付款3000元。马某海即与"马哥"乘一卡车从兰州到达苏州。在苏州"马哥"购得一个百事可乐纸箱,让马某海从卡车上拿出一个内装长方形物品的布袋放入纸箱,由马某海一人将该纸箱带到上海,称自己随后就到,并告知途中如有公安检查就逃跑。然后,"马哥"拦下一辆出租车,表示要到上海轻纺城,商定车费300元,并嘱咐马某海到上海后付给司机车费。之后马某海携纸箱上车,"马哥"离去。马某海关于"马某"购买纸箱并为其租车的供述,得到出售百事可乐纸箱的店主及出租车司机的证言证实,能够证明在本案中"马哥"是指挥者,马某海是受他人雇佣而运输毒品。被告人受他人雇佣运输毒品,与雇用他人运输毒品者相比,在共同犯罪中的作用相对较轻。

(2)现有证据可以认定马某海是在运输过程中意识到自己运输的是毒品。马某海一直供述"马哥"事先未告知其是去运输毒品,但在苏州其按照"马哥"吩咐将布袋往纸箱装时,看见里面装有用发亮塑料包着的长方形的东西时,联想到"马哥"答应跟随其去一趟上海付3000元,又花费300元租车去上海,并嘱咐如有人检查就逃跑等非正常情节,意识到纸箱里装的是毒品。虽然没有马某口供证实,但马某海的供述一直比较稳定,其供述的其他细节也能得到证人证言的证实,根据现有证据,尚不能认定马某海在运输前就已明知要运输毒品,而是在运输过程中,通过种种迹象应当知道其运输的是毒品。这与事先就明知运输毒品而为之是有一定区别的,主观恶性相对要小一些,其罪行相对也就轻一些,在处刑上就应当有所区别。

21. 制造毒品罪的既遂与未遂如何判定

【实务观点】

根据最高人民法院相关会议纪要的精神,制造毒品罪以行为人制造出毒品成品或者半成品,作为认定犯罪既遂的标准。① 因原材料质量及制造工艺水平等行为人意志以外的原因未能制造出毒品的,构成犯罪未遂。对于行为人多次制造毒品部分成功、部分没有成功的,应当按照被告人的制毒方法及购买的制毒原材料数量,结合后期工艺成熟后相应数量原材料能够制造出来的毒品数量,确定行为人制造毒品的目标数量,从而确定行为人制造毒品的未遂数额。如果行为人制造毒品多次一直没有成功,则可以参考正常情况下行为人所采用的制毒方法的原材料与产量比例,确定其制造毒品的目标数额。

【法律及司法文件】

最高人民检察院、公安部《关于公安机关管辖的刑事案件立案追诉标准的规定(三)》(公通字〔2012〕26号,2012年5月16日施行,以下简称《立案追诉标准三》)

第一条第七款　为了制造毒品而采用生产、加工、提炼等方法非法制造易制毒化学品的,以制造毒品罪(预备)立案追诉。购进制造毒品的设备和原材料,开始着手制造毒品,尚未制造出毒品或者半成品的,以制造毒品罪(未遂)立案追诉……

① 此观点最早源于2008年《大连会议纪要》。

【类案参考】

案例 1－39

朱某斌等制造、贩卖毒品案[①]——制造毒品罪以实际制造出一定数量的毒品为既遂

［**基本案情**］　(1)2006 年六七月，被告人朱某斌纠集倪某福、石某龙、吴某贵，商议制造氯胺酮(俗称 K 粉)，以牟取暴利。朱某斌花费 10,000 元从武汉“小李”处购得制造 K 粉的原材料氯胺酮碱 500 克，并安排倪某福、石某龙、吴某贵购买制造 K 粉的其他工具和物品。之后 4 人多次制造 K 粉，均以失败告终。2006 年 8 月，朱某斌等 4 人用剩余的部分“碱”制造出 K 粉 150 克。因质量不好，有 50 余克被扔弃，其余大部分供自己或送给他人吸食。(2)2006 年 10 月 25 日，被告人朱某斌花费 8000 元从“小李”处购得“碱”500 克交给倪某福，倪某福在朱某斌的指导下制造出 K 粉 100 余克，除 10 克贩卖他人外，其余部分因质量不好被扔弃。(3)2006年 10 月 26 日晚，被告人朱某斌和倪某福利用剩余的“碱”制造出 K 粉 80 余克，除部分由石某龙、吴某贵贩卖给他人外，其余供自己或送他人吸食。(4)2006 年 11 月，被告人朱某斌通过周某等人从王某平(另案处理)取得“碱”50 克，倪某福用此制造出 K 粉 20 余克，其中六七克被周某带走，其余供自己吸食。(5)2006 年 11 月下旬，被告人朱某斌通过周某以 14,000 元的价格购得“碱”1000 克，倪某福用此先后制造出 K 粉 280 余克，由朱某斌、周某、吴某贵、石某龙等贩卖或吸食。(6)2006 年 12 月初，被告人朱某斌通过周某购得“碱”1000 克，倪某福用此先后制造出 K 粉 300 余克，其中的 112 克 K 粉由朱某斌贩卖，其余部分供自己或他人吸食。(7)2006 年 12 月 20 日左右，被告人朱某斌购得 500 克“碱”，倪某福用此制造出 K 粉 200 余克。(8)2006 年 12 月 28 日凌晨，倪某福被当场抓获，查获 K 粉 236.8 克及制毒器材若干，从石某龙身上查获 K 粉 28.6 克，从周某处查获 K 粉 15.4 克。

［**裁判结果**］　法院认为，被告人朱某斌、倪某福、石某龙、吴某贵以营利为目的，制造、贩卖毒品氯胺酮，共计制造 1130 余克。被告人周某明知朱某斌等人制造毒品，仍为其提供制毒原材料并将制造成功后分得的毒品氯胺酮用于吸食和贩卖，共参与制造毒品 600 余克。五被告人的行为均已构成制造、贩卖毒品罪。关于被告人朱某斌、石某龙、吴某贵提出的“丢弃的 140 克不应计入毒品数量”的辩解，经查，被告人朱某斌等人以制造毒品为目的，实施了制造毒品的行为，已构成制造毒品罪。其制造的 K 粉无论是否成功或是否经过检验，其数量均应计入毒品数量，并据此定罪量刑。但现有证据因未提取到制毒原材料实物和未对制成的 K 粉进行毒品鉴定，不能证明从武汉“小李”处购进的制毒原材料的真假，从有利于被告人的角度，依法对该部分制造毒品事实认定为犯罪未遂。判决：(1)被告人朱某斌犯制造、贩卖毒品罪，判处有期徒刑十三年，并处没收个人财产三万元；(2)被告人倪某福犯制造、贩卖毒品罪，判处有期徒刑十一年六个月，并处没收个人财产二万元；(3)被告人石某龙犯制造、贩卖毒品罪，判处有期徒刑十三年，并处没收个人财产二万元；(4)被告人吴某贵犯制造、贩卖毒品罪，判处有期徒刑十二年六个月，并处没收个人财产二万元；(5)被告人周某犯制造、贩卖毒品罪，判处有期徒刑七年六个月，并处罚金三万元；(6)缴获的毒品予以没收，在案扣押的用于制毒的工具、用于犯罪使用的通信工具、毒资等均予以没收。

---

① 参见中华人民共和国最高人民法院刑事审判第一、二、三、四、五庭主办：《刑事审判参考》(2008 年第 2 集，总第 61 集)，法律出版社 2008 年版，第 51～57 页。

［判理分析］　行为人基于制造毒品的故意制造毒品，因意志以外的原因未能制造出毒品的行为，构成制造毒品罪（未遂）。根据《刑法》第347条第1款的规定，制造毒品，无论数量多少，都应当追究刑事责任。如果制造毒品失败，即行为人已购入制毒原材料并已开始制造但没有制造出成品的，制毒行为没有产生法定的犯罪结果，该行为应认定制造毒品罪的未遂。因缺乏毒品数量要素，对于此种行为应如何量刑，应结合客观情况进行分析：(1)制造毒品失败系由于制毒原材料大量掺假或制毒工艺存在无法弥补的缺陷等原因，客观上制毒不能成功的，属于不能犯的未遂，因缺乏数量量刑依据，故可结合具体的犯罪情节比照既遂犯从轻或减轻处罚；(2)制造毒品失败系由于制毒手法不熟练等原因，而客观上能够制毒成功，属于能犯的未遂，该行为的毒品数量能够推算出来，故可结合犯罪数量比照既遂从轻或减轻处罚。具体的毒品数量应根据行为人使用的制毒方法，按照"就低不就高"的原则来推算。本案中，朱某斌等人已经着手实施了制造毒品的行为，后续制毒成功的结果说明该行为可以制造出毒品，制毒失败的行为同样具有社会危害性，应以制造毒品罪的未遂处罚。

案例1－40

邹某江、漆某、余某波制造毒品案①——用无法再加工出成品、半成品的废液生产毒品的构成未遂

［基本案情］　2013年7月4日，被告人邹某江、漆某、余某波为了制造冰毒，在犍为县下渡乡一原制造毒品地点盗窃制造过冰毒的废水3桶，并将盗得的制造过冰毒的废水存放于邹某江家2桶、余某波家1桶，后主要由漆某在邹某江、余某波家进行冰毒提炼，因技术和原材料问题，制造冰毒未果。同年7月20日经群众举报，民警在犍为县玉津镇将三人抓获，并在邹某江、余某波家中查获了制造的未含甲基苯丙胺成分的晶体。归案后，三被告人均如实供述了制造冰毒的犯罪事实。

［裁判结果］　四川省犍为县人民法院判决，被告人邹某江犯制造毒品罪，判处有期徒刑一年，并处罚金一千元；被告人漆某犯制造毒品罪，判处有期徒刑一年，并处罚金一千元；被告人余某波犯制造毒品罪，判处有期徒刑一年，并处罚金一千元。

［判理分析］　三被告人已经开始制造冰毒，属于已经着手实行犯罪，因其所使用原料系已经制造过冰毒而无法再加工出成品、半成品的废液，属于意志以外的原因而未能制造出冰毒，是犯罪未遂。

22. 贩卖毒品罪既遂和未遂的认定标准

【实务观点】

关于贩卖毒品罪的既遂和未遂，目前存在两种主要分歧的观点：一种观点是"进入实质交易"说，另一种观点是"实际持有毒品"说。"进入实质交易"说认为贩卖毒品罪的既遂与未遂，应以是否进入实质交易环节为准，只要双方进入交易现场，确定交易价格，对毒品进行了查验，就可以认定为贩卖毒品罪的既遂，双方是否实际交付毒资和毒品，并不影响既遂的认

① 参见王海萍、吕瑶：《四川省高级人民法院审判指导》（2015年第4期，总第43期），载宜宾市中级人民法院网2019年8月21日，http://ybzy.chinacourt.gov.cn/article/detail/2019/08/id/t350539.shtml。

定。"实际持有毒品"说则认为应以毒品上家实际向下家交付毒品为既遂标准,只要毒品下家未实际收到毒品,便不成立犯罪既遂。这两种观点,对于持有毒品并实施贩卖行为的上家构成犯罪既遂均没有异议,主要分歧在于对于以贩卖为目的而购买毒品的下家,在下家未实际取得毒品即因意志以外的原因导致犯罪行为终止的,是犯罪的既遂还是未遂?司法实践中两种观点的判例均存在,产生分歧的原因在于对毒品犯罪是危险犯还是结果犯的认识不一致。这实际上是一个司法政策的问题。基于目前我国实行的严惩毒品犯罪的政策,将贩卖毒品罪确定为危险犯,以"进入实质交易"为既遂的标准,使重刑适用的关口靠前,更能实现对毒品犯罪的严惩。

毒品交易的具体方式会随着社会发展进步而演变,对交易现场的判断不能拘泥于传统的买卖双方同时处于同一地点的形式,交易的时空环境可能拉长、增宽,例如上家通过物流、快递渠道向下家交接毒品,下家出资雇用他人代为收取快递,交易的时空环境就被拉长;又如上家将毒品伪装后放置于特定地点或者藏匿于某隐蔽地点,再通知下家去取货,交易的时空环境就被增宽。对于实践中不同交易方式的贩卖毒品犯罪,以贩卖毒品罪是危险犯为前提,其既遂和未遂的判断标准都可以进一步明确:(1)对于传统的贩卖毒品上下线见面交易,或者钱货当场两清;或者上家先将毒品交给下家,下家出货后再将货款交给上家;或者下家先将货款付给上家,上家从其他处取得毒品后再交给下家。无论是上述哪种情况,都应以上家已经取得毒品且双方均已到达约定地点准备交接毒品,作为买方贩卖毒品犯罪的既遂,因为交易已经开始,毒品已经进入流通领域,已经对刑法保护的公众健康法益形成了威胁。(2)对于利用快递物流渠道交付毒品的,即卖方通过物流公司将毒品运输到买方指定的地点,买方本人或者雇佣他人到指定地点接收货物(毒品),这种情况下物流企业实际相当于卖方的犯罪工具,好比卖方将毒品递给买方的"手",而受雇取货的人员好比买方的代理人,其行为都可以视为本人行为。这种情况下物流渠道相当于双方的交易场所,当卖方将毒品交付物流公司,并以买方指定的地点作为收货地点,以买方为收货人发送货物,应当视为双方已经进入实际交易环节,因为物流所发运货物的运输路线、目的地已经确定,买方只需要静等货物到达即可,这时已经产生了毒品进入流通领域的危险,达到了既遂的标准。这种交易方式,不能以买方到收货地点取货作为其进入交易环节的依据。(3)对于"埋雷"(又称"错时交付")交易方式,即卖方将毒品伪装后放置于特定地点或者藏匿于某隐蔽地点,再通知买方去取货,只要卖方将取货地点的信息发给买方,买方即实际上开始了取货,也即进入了实质交易环节,应当视为既遂。这种交易方式,不能以买方实际到达取货地点作为犯罪的既遂标志。

在危险犯的既遂标准下,贩卖毒品罪的犯罪未遂仅存在于对象不能犯的场合,包括:(1)上家实际并无毒品出售,以其他物品冒充毒品进行贩卖,上家属于诈骗行为,而以贩卖为目的购买毒品的下家属于贩卖毒品罪的未遂。(2)在连环贩卖毒品的案件中,居中倒卖者事先并没有下家所欲购买的毒品或仅有少量毒品,从其"下家"取得货款后再另外找其"上家"贩卖者购买毒品,如果居中倒卖者进入交易环节但在未取得毒品之前犯罪即告终止的,双方均构成犯罪既遂;但在居中倒卖者与其下家的毒品交易中,居中倒卖者又属于"上家",在居中倒卖者实际取得毒品之前,其与下家尚未进入实质交易阶段,即便"以贩卖为目的"的下家已经将货款交给居中倒卖者,下家仍构成未遂。(3)公安机关特情作为毒品交易上家或者其代理人实际控制毒品,不可能将毒品实质交给下家,下家也属于不能犯。需要注意的是,对于通过物流渠道交接毒品的犯罪模式，如果在运输过程中毒品被公安机关查获并调包继续运输，虽然毒品已经被公安机关控制，下家已经不可能取得毒品，但在这种交易模式中，物流渠道即为双方交易的时空环境，上家将毒品伪装成货物交给物流公司发运后，即应视为毒品已经进入交易环节，犯罪已经既遂，不存在再回归未遂的空间。这与现场交易因被公安机关突然抓捕而中断，在本质上是一样的，因此，并不影响犯罪既遂的认定。

【类案参考】

案例 1 - 41

唐某新、蔡某兵贩卖毒品案[①]——双方已现场验货并准备取款交付时被抓获的，属于既遂

［**基本案情**］ 2011 年，被告人蔡某兵从天津市来到湖南省郴州市，认识了被告人廖某军。经廖某军介绍，蔡某兵从被告人唐某新处购买毒品，带回天津市用于自己吸食和贩卖。蔡某兵驾驶一辆东南牌小轿车到郴州市购买毒品，并雇用雷某林（另案处理）驾驶一辆骐达牌小轿车在郴州市区内接送。具体犯罪事实如下：（1）2011 年 7 月，被告人蔡某兵从天津市来到郴州市找到廖某军，欲购买毒品。廖某军找到被告人唐某新，唐某新即从“阿英”（在逃）处购进冰毒 100 克，在郴州市第三人民医院家属区廖某军家中卖给蔡某兵。之后，蔡某兵将毒品带回天津市用于自己吸食和贩卖。（2）2011 年 10 月底，被告人蔡某兵联系廖某军，欲购买 2000 多克冰毒。廖某军将该信息告诉被告人唐某新。唐某新遂找到彭某根（同案被告人，已判刑）商议购买毒品卖给蔡某兵。同年 11 月 15 日，蔡某兵携带 60.3 万元毒资，驾驶东南牌小轿车从天津市来到郴州市，住在廖某军的妹妹廖某某家中。同月 16 日，彭某根在广东省陆丰市从“阿高”（在逃）处以每克 220 元的价格购进冰毒 2000 余克，17 日下午，彭某根将冰毒带回郴州市，同日 18 时许，唐某新购买了电子秤并与彭某根接应，将蔡某兵约至郴州市春天公寓进行交易。三人会合后，蔡某兵对毒品验货、称重，并与唐某新、彭某根议定购买该批冰毒的价格为每克 260 元。其间，唐某新另将 300 粒麻古以 1 万元的价格卖给蔡某兵。唐某新与蔡某兵因此次毒品交易系廖某军从中介绍，商定各出 5000 元给廖某军作为好处费，并当场打电话告知廖某军。唐某新、彭某根、蔡某兵将毒品包装好，准备出门前往廖某军住处取毒资时，被公安人员抓获，当场缴获白色晶体 5 包，红色药丸 2 包，经鉴定，白色晶体净重 2227 克，甲基苯丙胺含量为 57.8%；红色药丸净重 30.3389 克，从中检出甲基苯丙胺和咖啡因成分。随后，公安机关从廖某军家卧室衣柜边查获蔡某兵藏匿的毒资 60.3 万元，从蔡某兵驾驶的东南牌小轿车中查获麻古 337 粒，净重 26.2208 克。

［**裁判结果**］ 郴州市中级人民法院认为，蔡某兵应唐某新之约进入毒品交易现场，双方谈妥了毒品交易价格，并对毒品进行了查验和称重，准备赶往另一地点交付购毒款，故该起犯罪已经既遂。二审及最高人民法院复核均同意本案的贩卖毒品犯罪系既遂的认定。

［**判理分析**］ 在毒品犯罪既遂与未遂的认定上，应当充分考虑有利于依法严惩毒品犯罪的原则，以是否进入实质交易环节作为判断犯罪既遂与未遂的标准。本案第二起贩卖毒品行为中，被告人唐某新应被告人蔡某兵的请求而购买毒品，系为卖出而买入毒品，与毒品上家的

---

① 参见中华人民共和国最高人民法院刑事审判第一、二、三、四、五庭主办：《刑事审判参考》（2017 年第 4 辑，总第 117 集），法律出版社 2019 年版，第 49 ~ 56 页。

交易行为已经完成，属于犯罪既遂。但是，对于蔡某兵是否成立犯罪既遂，则有不同意见。一种意见认为，应以毒品上家实际交付毒品作为犯罪既遂标准，只要毒品下家未实际收到毒品，便不成立既遂。蔡某兵因没有支付毒资而未实际控制毒品，在准备取毒资时被公安人员抓获，属于因意志以外的原因无法完成毒品交易，成立犯罪未遂；另一种意见认为，应以毒品是否进入交易环节为准，至于是否实际交付毒品，均不影响犯罪既遂的成立。唐某新与蔡某兵进入毒品交易现场，谈妥了交易价格，对带到现场的毒品进行了查验和称重，虽然还没有交付毒资和毒品，亦可以认定为犯罪既遂。本案裁判采用了第二种意见。主要理由是，这种意见符合司法实践中比较普遍采取的"进入实质交易环节"的既遂认定标准，也符合当前禁毒形势的客观需要，有利于打击与遏制毒品犯罪。由于毒品犯罪具有高度隐蔽性，侦查难度大，一旦毒品交易行为已完成就难以被查缉，故"人赃俱获"成为侦破毒品犯罪案件的重要特征。本案毒品交易完成之前，公安人员即采取收网行动，将各被告人抓获并查获了被告人蔡某兵的毒品，毒品上下家已经进入毒品交易现场并实施了验货、谈价、称重等实际交易行为，仅差支付毒资后交付毒品的环节未完成。如果以毒品是否实际交付给下家为标准来认定犯罪既遂与否，则会使一部分毒品犯罪案件作未遂处理，不利于对毒品犯罪的打击。当然，审判实践中对"进入实质交易环节"的把握也不能太宽，对于买方尚未达到交易地点，或者买到的是假毒品等情形，应认定为犯罪未遂。

23. 运输毒品罪的既未遂如何把握

【实务观点】

运输毒品罪是指明知是毒品而采用携带、寄递、托运、体内藏匿、使用交通工具等方法，将毒品从甲地非法运送至乙地的行为。实践中对于长距离的运输毒品行为，定性一般不会有争议。对于短距离的运送行为，毒品虽然发生了空间位移，但是否构成运输毒品罪，应当结合行为人的主观目的、毒品数量、行为方式、起始地点、空间位移距离等因素综合认定。对于涉及毒品数量较大，客观上属于帮助走私、贩卖者转运毒品以方便向下贩卖的，应当认定为运输毒品罪，主观上对帮助对象的犯罪目的有明知的，构成走私、贩卖毒品罪的共犯。如果仅仅是吸毒者从城市的一个地点带到另一个地点用于吸食、藏匿，则不宜认定为运输毒品罪。

根据最高人民法院相关会议纪要的精神，关于运输毒品罪的既遂应以毒品是否起运为准，而不是以是否到达目的地来判断。凡是毒品已经起运，进入运输途中的，就是犯罪既遂。司法实践中比较难以把握的是通过快递公司运输毒品的既未遂问题。行为人将毒品交给快递公司发运，在快递公司收货过程中被发现，当时报警处理的，因运输行为包括行为人的交寄行为和快递公司的发运行为，交寄视为犯罪已经着手，但后一个阶段的行为尚未开始，认定为未遂比较合适。如果是快递公司在收件后在自身检查中或被公安机关预先掌握并通知检查后发现，或者在到达收货地后被快递公司工作人员检查发现，因行为人已经完成交寄行为，对于社会的危险已经形成，从常理上讲，快递公司也应当开始发运行为，应认定为运输行为已经开始，认定既遂比较合适。即便之后公安机关为防止发生毒品流失的危险而将毒品调包为无害物质并由快递公司继续运输进程，对于寄递毒品的一方来说，仍属于运输毒品罪的既遂。

【类案参考】

案例 1 - 42

刘某香贩卖、运输毒品案①——诱惑侦查措施下仍应以起运作为运输毒品罪既遂的标准

[**基本案情**] 2016 年 1 月 11 日,被告人刘某香为贩卖毒品,携带毒品乘坐由韩某杰(另案处理)所有、由范某飞(另案处理)驾驶的大货车,从安徽省临泉县出发,经大广高速前往北京市。同年 1 月 12 日 21 时许,在北京市大兴区榆垡检查站被北京市公安局丰台分局民警查获,民警当场从刘某香身上起获塑料袋包装的毒品一包,净重 797.80 克,检出甲基苯丙胺含量为78.5%。被告人刘某香对指控的犯罪事实不持异议,但辩称其系犯罪未遂。

[**裁判结果**] 北京市第二中级人民法院经审理认为,被告人刘某香违反国家对毒品的管制规定,为贩卖毒品,将毒品甲基苯丙胺从安徽省临泉县运输至北京市,其行为已构成贩卖、运输毒品罪,且贩卖、运输的毒品数量大,依法应予惩处。鉴于刘某香到案后如实供述自己的主要犯罪事实等情节,可对其从轻处罚。判决:被告人刘某香犯贩卖、运输毒品罪,判处无期徒刑,剥夺政治权利终身,并处没收个人全部财产。

[**判理分析**] 本案系公安机关采用诱惑侦查措施,被告人刘某香运输的毒品在未抵达目的地之前被查获,构成运输毒品罪的既遂还是未遂?首先,诱惑侦查措施的适用并不影响行为人运输毒品罪既未遂的认定。诱惑侦查措施仅仅是侦查机关查明犯罪事实的一种客观手段,其适用产生的后果与其他侦查手段一样,不影响犯罪行为的客观危害性。运输毒品侵犯的是公众的健康权,其本质在于加大了毒品进入社会进而危害他人的流通可能性。一旦毒品进入运输环节,便具有向社会不特定人扩散的危险,客观危害已经形成,虽然处于侦查机关的监控之下,毒品进入社会的可能性有所降低,但仍处于不可控的状态。其次,运输毒品罪应以起运作为既遂的标准:(1)起运标志着行为人的实行行为已经开始具体实施,不仅符合运输毒品罪的主观目的,而且也可以有效地把既遂和既遂以后的持续状态区分开来。(2)行为犯虽然不要求造成一定的结果,但要求必须进行到一定的阶段方可构成既遂,以起运作为标准,正好可以满足其进行到一定阶段的要求。(3)起运可以有效地区分运输毒品罪与非法持有毒品罪。当行为人把运输工具作为储存场所时,其可能构成非法持有毒品罪。但一旦起运,表明其运输毒品的意图已经通过具体的客观行为表现出来,主客观要件已经齐备,可以有效地对两者进行界分。(4)以起运作为既遂的标准,可以有效切断毒品的流通和扩散,对运输毒品的行为进行严厉打击,实现惩治运输毒品犯罪的立法宗旨。

24. 隐匿身份人员介入侦查因素对毒品犯罪量刑的影响如何把握

【实务观点】

由于毒品犯罪的隐蔽性,侦查难度大,经常会运用隐匿身份人员(俗称"特情")实施侦查。司法实践中,经常有被告人、辩护人提出案件存在犯罪引诱,请求判决无罪或者从轻处罚。根据最高人民法院相关会议纪要的精神,对于公安机关运用特情手段侦查的案件,在量刑时应当区分特情介入的时间及特情介入因素与犯罪行为之间的关系,区别对待。

---

① 参见石魏:《诱惑侦查合法性的判定》,载《人民司法·案例》2018 年第 5 期。

(1)对于有证据证明被告人正在准备或者已经着手实施毒品犯罪,隐匿身份人员采取贴靠、接洽手段破获案件,不属于存在犯罪引诱的情形,应当依法处理。原因在于被告人在特情介入之前已经具有犯意,其犯罪行为并不是特情引诱的结果,特情介入是纯粹的侦查手段,应当依法处理。编者认为,对于行为人已经持有一定数量的毒品待售或者在公安机关立案前一定时期内已经实施过多次毒品犯罪,均可以认定为已经准备实施犯罪。

(2)根据《刑事诉讼法》第153条的规定,公安机关使用隐匿身份人员实施侦查时“不得诱使他人犯罪”。如果隐匿身份人员在侦查活动中违反刑事诉讼法等相关规定,诱使本无犯意的人实施毒品犯罪的,即属于“犯意引诱”。由于行为人本没有犯罪的意图,其犯罪行为实际上是由隐匿身份人员违反法律安排甚至制造出来的,甚至可能是教唆他人实施犯罪,相关犯罪证据产生于这个违法的过程,当然是无效的证据。因此,隐匿身份人员向被引诱人所提供的毒品、毒资,或被引诱人从隐匿身份人员提供的渠道购买的毒品,隐匿身份人员证实被引诱人实施毒品犯罪的证言,均不得作为认定被引诱人实施毒品犯罪的证据。

(3)如果现有证据能够证明,毒品犯罪人员原本就意图实施一定犯罪,因隐匿身份人员诱使,而超出其原本意图实施的毒品犯罪数量,实施了更大数量的毒品犯罪,属于“数量引诱”。对于因受“数量引诱”实施毒品犯罪的被告人,一般应当依法从轻处罚。其法律依据,编者认为可以从以下两个方面考虑:一是被告人意图实施的毒品犯罪数量对应的刑罚,轻于其因受引诱而实施的毒品犯罪数量对应的刑罚,说明其主观恶性与有预谋地实施更大数量毒品犯罪相比要较小一些,从主客观相一致的原则出发,应当给予从宽处罚;二是如果同时存在公安机关控制下交付毒品的情况,应当以毒品实质上始终处于公安机关控制之下为依据,认定为犯罪未遂,依法从轻或者减轻处罚。特别是对于因受“数量引诱”而实施了对应更高量刑档次或刑种的毒品犯罪的被告人,在量刑时更应充分考虑。

(4)实践中存在受隐匿身份人员引诱的人又引诱他人实施毒品犯罪的情况。受引诱人员又诱使本无犯意的其他人实施毒品犯罪,或者诱使其他人超出原本意图实施的毒品犯罪数量,实施了更大数量的毒品犯罪的,属于“间接引诱”。① 对于因受“间接引诱”实施毒品犯罪的被告人,也应当分情况认定属于“犯意引诱”或者“数量引诱”,按上述方法处理。

【法律及司法文件】

《中华人民共和国刑事诉讼法》

第一百五十三条 为了查明案情,在必要的时候,经公安机关负责人决定,可以由有关人员隐匿其身份实施侦查。但是,不得诱使他人犯罪,不得采用可能危害公共安全或者发生重大人身危险的方法。

对涉及给付毒品等违禁品或者财物的犯罪活动,公安机关根据侦查犯罪的需要,可以依照规定实施控制下交付。

第一百五十四条 依照本节规定采取侦查措施收集的材料在刑事诉讼中可以作为证据使用。如果使用该证据可能危及有关人员的人身安全,或者可能产生其他严重后果的,应当采取不暴露有关人员身份、技术方法等保护措施,必要的时候,可以由审判人员在庭外对证据

① 此观点最早来源于2008年《大连会议纪要》。

进行核实。

《公安机关办理刑事案件程序规定》(2020年9月1日起施行)

第二百七十一条　为了查明案情,在必要的时候,经县级以上公安机关负责人决定,可以由侦查人员或者公安机关指定的其他人员隐匿身份实施侦查。

隐匿身份实施侦查时,不得使用促使他人产生犯罪意图的方法诱使他人犯罪,不得采用可能危害公共安全或者发生重大人身危险的方法。

第二百七十二条　对涉及给付毒品等违禁品或者财物的犯罪活动,为查明参与该项犯罪的人员和犯罪事实,根据侦查需要,经县级以上公安机关负责人决定,可以实施控制下交付。

【类案参考】

案例1-43

刘某芳贩卖毒品案①——因特情引诱而实施毒品犯罪的应当从宽处罚

[**基本案情**]　(1)上诉人刘某芳与杨某双共同租住在青岛市杭州路199号601号,二人均吸食毒品。2012年9月中旬和10月10日前后,刘某芳应杨某双要求,两次分别以300元和350元的价格从他人处购买0.3克、0.5克甲基苯丙胺给杨某双用于吸食。(2)2012年10月23日9时许,公安人员查获涉嫌吸毒违法嫌疑人潘某波。潘某波供述其曾在一名"大姐"(上诉人刘某芳)处吸过毒。侦查机关认为刘某芳有贩卖毒品嫌疑。潘某波主动要求配合侦查机关抓获刘某芳。同月24日10时许,潘某波与刘某芳约定在青岛市原四方区杭州路76号灯具市场进行毒品交易。二人在约定地点见面后,潘某波以400元的价格从刘某芳手中购买毒品1包,交易后二人被当场抓获。侦查机关扣押刘某芳贩卖给潘某波的甲基苯丙胺0.5克,从刘某芳租住处查获甲基苯丙胺1克。

[**裁判结果**]　青岛市市北区人民法院认为,被告人刘某芳多次贩卖甲基苯丙胺不满10克,其行为构成贩卖毒品罪,且属情节严重,应予惩处。刘某芳到案后如实供述司法机关尚未掌握的同种较重罪行,应当从轻处罚。辩护人所提刘某芳第三次犯罪系特情引诱、刘某芳系初犯及认罪态度好等辩护意见,予以采纳,在量刑时予以从轻处罚考虑。判决:被告人刘某芳犯贩卖毒品罪,判处有期徒刑三年,并处罚金七千元。青岛市中级人民法院认为,刘某芳贩卖毒品给潘某波的行为,因存在犯意引诱,可以酌情从轻处罚。刘某芳为杨某双两次代购用以吸食的毒品的行为,因现无证据证实其从中牟利,故不应认定其构成贩卖。原审判决对该两次代购毒品行为认定为贩卖,进而认定刘某芳贩卖毒品情节严重,系适用法律错误,予以纠正。判决:(1)撤销原判对被告人刘某芳的量刑部分。(2)上诉人刘某芳犯贩卖毒品罪,判处有期徒刑一年,罚金三千元。

[**判理分析**]　对于因犯意引诱而实施毒品犯罪的被告人,应当依法定罪,但在量刑时应当体现从宽处罚。本案中,公诉机关指控被告人刘某芳实施的第三起贩卖毒品犯罪,系刘某芳在没有贩卖毒品故意的情况下,受侦查机关安排的特情引诱而产生犯意,进而实施了贩卖毒品犯罪,属于典型的犯意引诱。在犯意引诱的情况下,取得的证实行为人实施毒品交易的

① 参见中华人民共和国最高人民法院刑事审判第一、二、三、四、五庭主办:《刑事审判参考》(2014年第4集,总第99集),法律出版社2015年版,第89~97页。

证据，只要不属于《刑事诉讼法》第54条规定的非法证据，仍可以作为定案的根据，但在量刑时应当考虑犯意引诱的情节，对被告人依法从轻处罚。2008年《大连会议纪要》对存在犯意引诱的毒品犯罪案件的处理原则是“定罪轻罚”。最高人民法院《关于常见犯罪的量刑指导意见》规定，存在数量引诱情形的可以减少基准刑的30%以下。本案中，二审法院综合考虑被告人刘某芳的犯罪事实与情节，在刑法规定的量刑幅度内对其判处有期徒刑一年，符合法律规定和政策精神。

案例1－44

苏某清贩卖毒品案[①]——为贩卖毒品主动向公安特情人员购买毒品的不属于犯罪引诱

［**基本案情**］　2001年4月29日，为贩卖毒品牟利，被告人苏某清找到公安机关特情人员许某，要求许某代其联系购买毒品甲基苯丙胺（俗称冰毒）。许某向公安机关汇报这一情况后，公安人员以“卖主”身份与苏某清接触。随后许某带上由公安机关提供的少量甲基苯丙胺样品交给苏某清验货。苏某清看过样品后，决定以每千克2.35万元的价格购买甲基苯丙胺35千克，一次性支付“货”款。5月10日晚，苏某清带被告人黄某斌到晋江市帝豪酒店与许某会面，告知许某届时将由黄某斌代表其携款前来与“卖主”进行毒品交易。5月11日12时许，黄某斌携带81.84万元到晋江市帝豪酒店702室与“卖主”交易。其间，苏某清为交易事项与黄某斌多次电话联系，并于15时许赶到交易地点催促尽快交易。随后，公安机关将苏某清、黄某斌当场抓获。

［**裁判结果**］　泉州市中级人民法院审理认为，被告人苏某清、黄某斌为出售毒品牟利，而积极联系购买甲基苯丙胺，其行为均已构成贩卖毒品罪。二被告人为贩卖而积极购买毒品，数量特别巨大，本应从严惩处，但因意志以外的原因未能得逞，系犯罪未遂，可比照既遂犯从轻处罚。其中，被告人苏某清为购买毒品积极联系，为主决定购买毒品种类、数量，在共同购买毒品行为中起主要作用，是主犯；被告人黄某斌在苏某清的指使下参与购买毒品，在共同犯罪中起次要作用，是从犯。判决：（1）被告人苏某清犯贩卖毒品罪，判处无期徒刑，剥夺政治权利终身，并处没收个人全部财产。（2）被告人黄某斌犯贩卖毒品罪，判处有期徒刑十二年，并处罚金七万元。（3）在案扣押的毒资818,400元，依法予以没收，上缴国库。福建省高级人民法院二审裁定驳回上诉，维持原判。

［**判理分析**］　（1）被告人苏某清为转手出卖毒品牟利，主动找到公安机关特情人员许某，要求许某代其联系购买甲基苯丙胺，并提出要向许某等人购买甲基苯丙胺35千克，其主观上具有贩卖毒品的故意。此后，苏某清派人携带足额购毒款前往进行实际“交易”，这表明苏某清及其同伙已开始着手以贩卖为目的而非法购买毒品的行为。因此，对被告人苏某清及其同案被告人均应认定为贩卖毒品罪。（2）尽管本案中苏某清联系的毒品“卖主”实际上是公安人员，但犯意的产生、购毒意向、购毒种类、购毒数量、交易价格、交易时间、交易地点等均是出自苏某清自身。在该起“毒品交易”中，公安特情和公安机关并不存在“犯意引诱”和“数量引诱”的问题。（3）如果毒品交易的卖方不是公安特情和公安机关，而是真正的毒贩，由于交易双方已就毒品交易种类、数量、价格、时间、地点等基本交易事项达成一致，那么，即使交

---

① 参见中华人民共和国最高人民法院刑事审判第一庭、第二庭编：《刑事审判参考》（2002年第5辑，总第28辑），法律出版社2003年版，第70～73页。

易双方被公安机关当场抓获而未能实际完成毒品交易的,对毒品交易的双方都应以“能犯的”既遂处理。本案中,充当毒品“卖方”的实际上是公安特情和公安机关。公安特情和公安机关没有也不可能真正将毒品卖给被告人,被告人事实上从一开始就不可能实现其为贩毒而购毒的犯罪目的,对这种因犯罪分子意志以外的因素而不可能实现其贩毒目的的情形,应当认定为犯罪未遂。

案例 1-45

吴某亲贩卖毒品案①——随时准备大宗毒品交易的不属于犯罪引诱

[**基本案情**] (1)2003 年 2 月初,经事先联系,被告人吴某亲在广东省东莞市虎门镇向同案被告人刘某全、鲁某东贩卖海洛因 400 克,刘某全、鲁某东二人将海洛因带回泉州市贩卖。(2)2003 年 2 月至 3 月,经事先电话联系,被告人吴某亲先后两次在东莞市虎门镇一酒店向鲁某东贩卖海洛因 800 克、500 克,鲁某东运回泉州市。刘某全、鲁某东在泉州市将上述三批海洛因加工后,转手卖给同案被告人代某义等人。(3)2003 年 8 月底,被告人吴某亲在东莞市虎门镇向代某义、鲁某东贩卖海洛因 2000 克及掺杂所用的“底粉”10,000 克。代某义、鲁某东二人将海洛因加工后卖给同案被告人邓某,邓某将购得的海洛因加价卖出。(4)2003 年 10 月 25 日,刘某全在重庆市区被公安机关抓获后,主动要求协助抓获吴某亲,用电话与吴某亲联系并谈妥毒品海洛因交易事宜。同年 11 月 7 日中午,刘某全等来到广东省东莞市虎门镇一酒店 727 房间。吴某亲与其子同案被告人吴某城携带装有海洛因的白色塑料袋进入该酒店 727 房间,在交易时被守候的公安人员抓获,并当场缴获海洛因 3080 克。

[**裁判结果**] 泉州市中级人民法院审理认为,被告人吴某亲明知是毒品海洛因而故意非法买卖,其行为已构成贩卖毒品罪。吴某亲贩卖毒品数量大,在共同犯罪中系主犯,社会危害性特别严重,依法应予严惩。判决:被告人吴某亲犯贩卖毒品罪,判处死刑,剥夺政治权利终身,并处没收个人全部财产。福建省高级人民法院经审理,裁定驳回上诉,维持原判。最高人民法院经复核认为,吴某亲作为毒品犯罪网络的“上线”大毒枭,罪行极其严重,虽有立功但功不足以抵罪,依法裁定核准其死刑。

[**判理分析**] 本案辩护人提出吴某亲于 10 月 25 日交易海洛因 3080 克是在犯罪引诱下进行的,请求从轻处罚的辩护意见。数量引诱一般指行为人本来只有实施数量较小的毒品犯罪的故意,在特情引诱下实施了数量较大甚至达到可判处死刑数量的毒品犯罪。对因数量引诱实施毒品犯罪的被告人,应当依法从轻处罚,即使毒品数量超过实际掌握的死刑数量标准,一般也不判处死刑立即执行。本案被告人吴某亲作为一个曾多次从事巨额毒品交易的“上线”大毒贩,以往贩卖毒品 3700 克,不但数量大,而且含量高。从吴某亲的犯罪情节来看,其随时准备积极从事大宗毒品交易,刘某全、鲁某东等人系从其处购回高纯度毒品后再掺杂加价出售,其被抓获时查获海洛因 3080 克,显然不是本来只有实施数量较小的毒品犯罪的故意,不属于数量引诱。其之前实施的毒品犯罪已经达到判处死刑的数量标准,即便最后一次实施犯罪是为了对其抓捕而由已归案“下线”引诱其前来贩卖毒品,亦不影响死刑的适用。

① 参见中华人民共和国最高人民法院刑事审判第一、二、三、四、五庭主办:《刑事审判参考》(2009 年第 2 集,总第 67 集),法律出版社 2009 年版,第 82 ~ 86 页。

案例 1－46

刘某贵贩卖毒品案[①]——在诱惑侦查前具有毒品犯罪行为的不能认定为犯意引诱

［**基本案情**］ 刘某贵曾因贩卖毒品罪于 2000 年 7 月 8 日被判处有期徒刑七年,2005 年 5 月 11 日刑满释放。2009 年 1 月 14 日 12 时许,李某安电话联系被告人刘某贵求购 20 克海洛因,双方约定在重庆市江北区石马河转盘交易,价格为每克 450 元。当日 13 时许,刘某贵携带两包海洛因在石马河转盘等待时被公安民警抓获,从刘某贵左手戴的手套内查获 20.1 克海洛因。后公安民警在刘某贵的住处又查获海洛因 138.2 克。

［**裁判结果**］ 重庆市第一中级人民法院审理认为,被告人刘某贵贩卖毒品海洛因 158.3 克,其行为已经构成贩卖毒品罪。刘某贵曾因贩卖毒品罪被判刑,且供述案发前多次贩卖海洛因,其贩卖毒品的主观故意并非因他人引诱或者促使行为产生,本案虽有特情介入,但并不存在犯意引诱。故刘某贵的辩护人关于本案系犯意引诱的辩护意见不能成立。刘某贵携带毒品前往交易现场,虽未实际交易,但贩卖毒品罪的犯罪构成要件已全部具备,其犯罪行为已既遂。被告人刘某贵曾因贩卖毒品罪被判刑,系毒品再犯,依法应从重处罚。鉴于毒品尚未流入社会及查获的部分毒品系用于刘某贵自己吸食等因素,可对刘某贵酌情从轻处罚。判决:被告人刘某贵犯贩卖毒品罪,判处无期徒刑,剥夺政治权利终身,并处没收个人全部财产。

［**判理分析**］ 特情介入有多种情况,有的属于毒品贩子已持有毒品待售或已准备实施大宗毒品犯罪,通过特情来贴靠、接洽毒品犯罪分子,特情介入仅提供给被告人毒品犯罪可能成功实现的一个机会,即机会引诱;有的则是属于特情引诱被告人实施犯罪。区分机会引诱与犯意引诱的关键在于特情介入之前被告人的犯罪故意是否已经产生,即在判明该犯罪是否因特情人员的诱惑而实施的前提下,审查被诱惑者在参与犯罪之前有无实施该犯罪的倾向或犯意。如果判明其在被诱惑之前就具有实施犯罪的犯罪心理准备或意图,即可认为其具有犯罪倾向,应追究刑事责任,其犯罪行为不是犯意诱惑的结果,此种情形属于机会引诱。在审理毒品案件时就诱惑侦查是否认定为犯意引诱,应从诱惑者在诱惑前有无毒品犯罪行为、犯意、犯罪迹象等因素进行综合分析。对于行为人有毒品犯罪前科且在诱惑侦查前具有毒品犯罪行为的,诱惑侦查仅为行为人犯罪提供机会,不能认定为犯意引诱。

25. 利用孕妇、未成年人等特定人员参与毒品犯罪的量刑把握

【实务观点】

行为人利用孕妇、哺乳期妇女、急性传染病人、残疾人或者未成年人等特定人员进行毒品犯罪活动,一方面这些特定人群不易引起检查、侦查人员的注意,有利于逃避打击;另一方面这些特定人群实施的犯罪即便被查获了,也容易获得较轻的刑罚,会间接引诱更多的类似人群参加犯罪。根据最高人民法院相关会议纪要的精神,组织、利用残疾人、严重疾病患者、怀孕或者正在哺乳自己婴儿的妇女等特定人员实施毒品犯罪的,要区别对待,准确惩处。

(1)利用特定人群实施毒品犯罪,反映出行为人主观恶性及行为本身的社会危害性都更大,应当予以从重处罚。对利用、教唆特定人员实施毒品犯罪的组织、指挥和教唆者,应当依

① 参见汪礼滔、陈娥:《特情介入对毒品犯罪量刑的影响》,载《人民司法·案例》2010 年第 12 期。

法从严惩处,该判处重刑直至死刑的,坚决依法惩处。

(2)对于被利用、被诱骗参与毒品犯罪的上述特定人员,可以从宽处罚。① 前提是这些人能够如实供述指使者的真实情况,有利于侦查人员对雇主犯罪人进行的打击。如果被利用、被诱骗人员不如实供述雇主的真实情况,不能证实系受利用、诱骗而实施毒品犯罪的,仍应当依法处理。

【法律及司法文件】

《中华人民共和国刑法》

第三百四十七条第六款 利用、教唆未成年人走私、贩卖、运输、制造毒品,或者向未成年人出售毒品的,从重处罚。

2016年《毒品案件解释》

第四条 走私、贩卖、运输、制造毒品,具有下列情形之一的,应当认定为刑法第三百四十七条第四款规定的"情节严重":

……

(四)组织、利用残疾人、严重疾病患者、怀孕或者正在哺乳自己婴儿的妇女走私、贩卖、运输、制造毒品的;

……

【类案参考】

案例1-47

杨某贩卖毒品案②——利用未成年人贩卖毒品的从重处罚

[**基本案情**] 被告人杨某和未成年人蒲某均系吸毒人员。2016年6月中旬以来,蒲某暂住在杨某租住的四川省射洪县太和镇文化路一出租房内。二人同住期间,杨某向许某、罗某、李某及杨某某(未成年人)贩卖甲基苯丙胺(冰毒)共计10次,约4克,其中9次指使未成年人蒲某送货。2016年7月21日,公安人员在杨某租住处将其与蒲某抓获,当场查获甲基苯丙胺6.9克。综上,杨某贩卖甲基苯丙胺共计10.9克。

[**裁判结果**] 四川省射洪县人民法院审理认为,被告人杨某明知甲基苯丙胺是毒品而贩卖,其行为已构成贩卖毒品罪。杨某贩卖毒品数量较大,且多次、向多人贩卖,应依法惩处。杨某利用未成年人贩卖毒品,且贩毒对象部分为未成年人,应依法从重处罚。杨某在归案后如实供述犯罪事实,依法可以从轻处罚。据此,依法对被告人杨某判处有期徒刑九年六个月,并处罚金八千元。

[**判理分析**] 犯罪分子利用未成年人心智不够成熟、分辨是非能力较弱、好奇心强、容易受到毒品诱惑的特点,控制、指使未成年人实施毒品犯罪,或者向未成年人出售毒品,不但直接危害未成年人身心健康,对未成年人的人生发展等也具有间接危害,具有严重的社会危害性,同时体现了被告人的主观恶性较大,依法应当从重处罚。本案被告人杨某通过为未成年人蒲某提供食宿等方式拉拢、控制蒲某,多次指使蒲某为其向购毒人员送毒品,还向未成年人

① 以上观点最早源于2008年《大连会议纪要》。

② 参见《毒品犯罪及涉毒次生犯罪十大典型案例》,载《人民法院报》2017年6月22日,第3、4版。

杨某某出售毒品，兼具多次贩卖毒品、向多人贩卖毒品的情节，其贩卖毒品10.9克，依法应当判处七年以上十五年以下有期徒刑，法院根据上述具体情节对其从重处罚，判处有期徒刑九年六个月。

26. 未成年人贩卖毒品的量刑如何把握

【实务观点】

对毒品犯罪从严惩处的刑事政策，通过在立法上设置较重的法定刑已经体现，在司法实践中对具体案件量刑时，仍应贯彻宽严相济的刑事政策。对于未成年人实施的毒品犯罪，仍要按照《刑法》第17条的规定，依法予以从宽处罚，一般情况下应从轻处罚，对于具有立功情节或者已满十四周岁不满十六周岁的犯罪人，应当予以减轻处罚。

【类案参考】

案例1-48

张某、田某某、赵某、王某某贩卖毒品案[①]——未成年人实施毒品犯罪也应当从宽处罚

［**基本案情**］　2010年7月，被告人张某（17岁）先后两次在其暂住地楼下，向顾某根（另案处理）贩卖甲基苯丙胺共30克；同月21日凌晨，张某携带73.9克甲基苯丙胺欲贩卖给顾某根时，被当场抓获，随后公安人员在其暂住地查获甲基苯丙胺93.3克、咖啡因8.8克。同年7月，被告人田某某（15岁）先后两次在其暂住地向李某林贩卖甲基苯丙胺共10克，其中第二次系其与被告人王某某（16岁）共同贩卖甲基苯丙胺5克；同月19日，公安人员从田某某身上查获甲基苯丙胺2.7克；田某某归案后，协助公安机关抓获其他犯罪嫌疑人。同年7月，被告人赵某（17岁）按照李某林的要求，将0.3克甲基苯丙胺贩卖给徐某，并将收取的300元售毒款交给李某林；同月17日凌晨，赵某跟随李某林乘车欲贩卖7.5克甲基苯丙胺时，被当场抓获，公安人员从赵某身上查获甲基苯丙胺1克，并根据其供述从其所乘轿车内查获甲基苯丙胺6.5克。

［**裁判结果**］　法院认为，被告人张某明知是毒品甲基苯丙胺、咖啡因而予以贩卖，被告人田某某、赵某、王某某均明知是毒品甲基苯丙胺而予以贩卖，4名被告人的行为均已构成贩卖毒品罪。其中，张某贩卖毒品数量大（197.2克），田某某贩卖毒品数量较大（12.7克），赵某、王某某贩卖少量毒品（7.8克、5克），均应依法惩处。鉴于田某某犯罪时已满十四周岁未满十六周岁且有归案后协助公安机关抓获其他犯罪嫌疑人的立功表现，张某、赵某、王某某犯罪时已满十六周岁未满十八周岁，均应当依法从轻或者减轻处罚。四名被告人均于初中辍学后外出务工，因不良交往并吸食毒品而实施毒品犯罪，归案后认罪态度较好，当庭自愿认罪，均可酌情从轻处罚。综合四人犯罪的具体情节，对张某、田某某、赵某减轻处罚，对王某某从轻处罚。据此，以贩卖毒品罪判处被告人张某有期徒刑九年，判处被告人田某某有期徒刑三年三个月，判处被告人赵某有期徒刑二年四个月，判处被告人王某某有期徒刑一年，缓刑一年六个月。

［**判理分析**］　被告人张某贩卖毒品甲基苯丙胺197.2克，超过甲基苯丙胺50克的“数量

---

① 参见《充分发挥刑事审判职能　依法严惩严重毒品犯罪　最高人民法院公布五起涉毒犯罪典型案例》，载《人民法院报》2011年6月22日，第3版。

大"标准,本应在"十五年有期徒刑、无期徒刑或者死刑"的法定刑幅度内判处刑罚,法院考虑到其犯罪时不满十八周岁,依法减轻处罚,判处有期徒刑九年。被告人田某某贩卖毒品甲基苯丙胺12.7克,超过甲基苯丙胺10克的"数量较大"标准,本应在"七年以上有期徒刑"的法定刑幅度内判处刑罚,法院考虑到其犯罪时已满十四周岁不满十六周岁,并有立功表现,依法给以较大幅度的减轻处罚,在"三年以上七年以下有期徒刑"幅度内靠近最低刑,判处有期徒刑三年三个月。被告人王某某贩卖毒品数量仅5克,且犯罪时刚年满十六周岁,法院对其从轻处罚,判处有期徒刑一年,缓刑一年。上述处理,较好地体现了对未成年人犯罪以"教育为主、惩罚为辅"的刑事政策。

27. 毒品犯罪案件的财产刑和没收涉案财物如何适用

【实务观点】

毒品犯罪多数属于牟利性犯罪,根据最高人民法院相关会议纪要的精神,应当更加注重从经济上制裁,依法追缴被告人的违法所得及其收益,充分发挥财产刑的作用,不能因为被告人没有财产,或者其财产难以查清、难以分割或者难以执行,就不依法判处财产刑。① 根据最高人民法院、最高人民检察院、公安部《关于办理毒品犯罪案件收集与审查证据若干问题的意见》第36条规定,"对走私、贩卖、运输、制造毒品等案件,犯罪嫌疑人、被告人可能被并处没收财产的,公安机关应当全面收集有关犯罪嫌疑人财产的证据,及时调查犯罪嫌疑人的存款、汇款、债券、股票、基金份额,房产、机动车辆、金银珠宝、古玩字画,以及投资、经营公司、企业情况等,查明其财产的数额、来源、用途和权属状况,并制作财产清单与收集的相关证据材料一并随案移送。公安机关在财产调查过程中发现涉案财物的,应当及时采取查封、扣押、冻结措施"。因此,在案件办理过程中,对于未依照上述规定全面收集证明被告人财产状况的证据并随案移送财产清单和相关证据材料的,应当要求有关机关收集并移送。

(1)关于没收或追缴毒品犯罪的违法所得。根据最高人民法院《关于适用〈中华人民共和国刑事诉讼法〉的解释》(以下简称《解释》)第443条的规定,被告人将毒品犯罪的违法所得用于投资、置业形成的财产及其收益,或者将违法所得与其他财产共同用于投资、置业,并因此形成的财产中与涉案财产对应的份额及其收益,均应判决予以追缴。根据《刑事诉讼法》第298条及《解释》第609条的规定,重大毒品犯罪案件的犯罪嫌疑人、被告人逃匿的,在通缉一年后不能到案,或者犯罪嫌疑人死亡的,可以适用"犯罪嫌疑人、被告人逃匿、死亡案件违法所得没收程序"进行审理,经审理认为申请没收的财产属于或高度可能属于违法所得及其他涉案财产(主要是指用于犯罪的个人财物或违禁品),应当依据《刑事诉讼法》第300条的规定和《解释》第621条的规定,裁定予以没收。

(2)关于财产刑的判处。根据最高人民法院相关会议纪要的精神,对毒品犯罪分子判处罚金刑时,应当结合毒品犯罪的性质、情节、危害后果及被告人的获利情况、经济状况等因素,合理确定罚金数额。对于决定并处没收财产的毒品犯罪,判处被告人有期徒刑的,应当按照上述确定罚金数额的原则确定没收个人部分财产的数额;判处无期徒刑的,可以并处没收个

① 此观点最早源于2008年《大连会议纪要》。

人全部财产;判处死缓或者死刑的,应当并处没收个人全部财产。①

(3)关于黑社会性质组织、恶势力组织实施的毒品犯罪案件。《反有组织犯罪法》第45条关于追缴、没收的规定也应予以执行,依法应当追缴、没收的涉案财产无法找到、灭失或者与其他合法财产混合且不可分割的,可以追缴、没收其他等值财产或者混合财产中的等值部分;有证据证明被告人在毒品犯罪期间获得的财产高度可能属于黑社会性质组织犯罪的违法所得及其孳息、收益,被告人不能说明财产合法来源的,应当依法予以追缴、没收。

在有些多被告人毒品犯罪案件中,存在各被告人的犯罪数额跨度大但处于同一法定刑幅度,而主刑的调整空间小的情形,或者被告人具有法定或酌定的从重处罚情节但根据案件具体情况主刑的从重处罚空间不大,无法在主刑上体现区别对待时,就可以考虑在财产刑上区别对待,以实现量刑均衡。例如,贩卖毒品海洛因50克以上的,应在"有期徒刑十五年、无期徒刑或者死刑"的幅度内判处刑罚,实践中对于贩卖毒品海洛因数量在50克以上至数百克甚至近千克的,无其他量刑情节时只能判处有期徒刑十五年,如果不在财产刑上区别对待,就会出现罪责刑不相适应的结果。又如,贩卖毒品海洛因50克以上200克以下的,判处十五年徒刑比较适当,如果又有累犯或者毒品再犯情节,如果对主刑从重判处无期徒刑,则被告人的法定最低服刑期由八年上升到十三年,且判决生效以前先行羁押的时间不予折抵刑期,增加幅度达到60%以上,明显过重,在这种情况下,主刑不变而对财产刑予以从重,似乎更公正。这样做的理由有二:(1)犯罪数量越大,一般情况下说明经济实力越强、获利越多,理应判处更重的财产刑;(2)司法实践中被告人往往采用多种手段隐匿财产,案件侦破后查扣在案的财产往往较少或者与其犯罪的违法所得不成比例,通过判处更重的财产刑为被告人的减刑、假释设置前置性条件,可以督促被告人及时履行判决确定的财产性义务。这样一方面,尽可能地剥夺其再犯罪能力,起到减少其再犯罪可能性的作用;另一方面,如果被告人拒不履行财产刑,则减少其减刑的可能性或者延缓其减刑的机会,实际上使其执行比其他判处同样主刑的犯罪人更长的刑期,达到加重惩罚的效果。

【类案参考】

案例1-49

利某明等贩卖、运输毒品案②——毒品犯罪判处无期徒刑并处没收个人全部财产

［**基本案情**］　2018年3月23日13时许,被告人利某明、邓某锋驾车从河源市出发去揭阳市向唐某某购买毒品甲基苯丙胺和海洛因,当日20时许,两被告人携带所购买的989.78克甲基苯丙胺和69.82克海洛因驾车返回河源市,行驶到河源市紫金县古竹高速公路收费站时被公安机关抓获,毒品被当场缴获。2018年3月23日当天,利某明还打电话叫被告人黄某花驾车去东莞市石碣镇找毒品上家"一少"(在逃)购买约90克海洛因,黄某花按利某明的指示购得约90克海洛因后驾车返回河源。次日,黄某花所购买的海洛因被公安机关查获。

［**裁判结果**］　法院经审理认为,被告人利某明、邓某锋违反国家禁毒法律法规,明知是毒品而贩卖、运输,其行为已构成贩卖、运输毒品罪,黄某花违反国家禁毒法律法规,明知是毒品

---

① 此观点最早源于2015年《武汉会议纪要》。

② 参见《广东高院发布"全民禁毒工程"十大典型案例》,载广东法院网2019年6月25日,http://www.gdcourts.gov.cn/index.php?v=show&cid=170&id=53819。

而帮助他人运输,其行为已构成运输毒品罪,均应依法惩处。在共同犯罪中,利某明、邓某锋系主犯,黄某花系从犯,对其依法减轻处罚。利某明、黄某花有坦白情节,依法可以从轻处罚。据此,判处利某明无期徒刑,剥夺政治权利终身,并处没收个人全部财产;判处邓某锋无期徒刑,剥夺政治权利终身,并处没收个人全部财产,判处黄某花有期徒刑十年,并处罚金五万元;扣押的毒品及作案工具依法予以没收。

[**判理分析**]　人民法院贯彻国家严厉打击毒品犯罪的刑事政策,加大对毒品犯罪分子财产刑的处罚力度和执行力度,形成主刑与附加刑双重打击合力。本案扣押、冻结的财物比较多,现金、银行存款和涉案车辆的总财物价值多达近百万元,本案主犯利某明的多个银行账户中存款有几十万元,在判处无期徒刑同时,处以没收个人全部财产的附加财产刑。对从犯黄某花判处有期徒刑的同时并处罚金五万元,以从经济上打击其再犯罪的能力。

28. 毒品犯罪案件中如何具体运用宽严相济刑事政策

【实务观点】

宽严相济的刑事政策适用于所有类型的刑事案件。尽管我国一贯执行对毒品犯罪从严惩处的刑事政策,但并不代表这类案件中没有适用宽严相济刑事政策的空间。最高人民法院在关于毒品犯罪案件审理工作的历次会议纪要中,均强调要认真贯彻宽严相济的刑事政策,在从严惩处的同时,做到宽以济严,宽严有度,罚当其罪。司法实践中,在以下两个方面比较容易忽视宽严相济刑事政策的运用,应当加以注意,以充分实现刑罚预防犯罪和惩罚犯罪并重的功能。

首先,毒品犯罪具有犯罪隐蔽性强、涉及人数多的特点,在证据方面较多需要交易双方中一方或共同犯罪中一部分人对交易另一方、另一部分共同犯罪人的犯罪行为予以证实或揭发,被告人自身供述对于进一步查清犯罪事实也往往具有重要意义。在这一类案件中,对于如实供述较好、证实同案犯行为事实较好、认罪态度较好的犯罪,必须确实给予坦白从宽的政策兑现,避免出现"坦白从宽牢底坐穿"的现象,最高人民法院在相关会议纪要中关于死刑适用方面的意见,都体现了这一点。

其次,基于严厉惩处毒品犯罪的刑事政策,我国立法对于毒品犯罪设置了较低的量刑数量标准,贩卖毒品无论数量多少都构成犯罪,10克以上即要判处七年以上有期徒刑,50克以上即要判处十五年以上有期徒刑,这种情况下,留给更大数量毒品犯罪的量刑裁量空间就很小。对于共同犯罪而言,运用宽严相济的刑事政策,对于从犯予以从轻、减轻,能够为数量大或者数量巨大的共同犯罪人实现区别对待提供渠道,也有利于促进从犯稳定供述犯罪事实,并积极指证主犯犯罪事实。对于个人犯罪而言,充分运用坦白、自首、立功等情节,在量刑上体现政策,也能减少量刑空间较小弊端的影响。如果不加区别一律重判,或从轻处罚效果不明显,会形成犯罪数额越多在量刑上越占"便宜",在共同犯罪中作用大小对量刑意义不大、归案后是否配合侦查机关对量刑影响不大等后果,不利于此类犯罪的一般预防。

【权威解读】

宽严相济刑事政策的核心是区别对待。对于情节较轻、社会危害性较小的犯罪,或者罪行虽重,但具有法定、酌定从宽处罚情节的被告人,应依法或者酌情予以从宽处罚。毒品犯罪的整体危害虽大,但具体犯罪也有轻重之别,不能不加区别地一律予以从严惩处,对其中罪行相对较轻的,或者具有法定、酌定从宽处罚情节的,应在量刑时充分考虑,以发挥刑罚的教育改造作用。最高人民法院《关于贯彻宽严相济刑事政策的意见》第17~19条分别提出,对于具有自首或者立功情节的被告人,一般均应当依法从宽处罚;对于较轻犯罪的初犯、偶犯,应当综合考虑其犯罪的动机、手段、情节、后果和犯罪时的主观状态,酌情予以从宽处罚。毒品案件的审判要充分贯彻这些原则性规定。①

宽严相济刑事政策中"宽"与"严"是辩证统一、相辅相成的关系,二者相互依存,相互补充,共同促进。"相济"不是"宽"和"严"的简单相加,而是一种交融关系,追求的是法律效果与社会效果的有机统一。在毒品案件的审判中实现宽严相济,既要把握好个案之间的量刑平衡,也要把握好多被告人案件特别是共同犯罪案件的量刑平衡。个案之间的量刑平衡意味着重罪重判,轻罪轻判,罚当其罪,这是罪刑均衡原则的基本要求。由于毒品数量是量刑的重要情节,在判断个案的量刑平衡问题上容易陷入"唯数量论"的误区。要特别重视的是,毒品数量并非量刑的唯一情节,对被告人量刑时,应当综合考虑毒品数量、犯罪情节、危害后果、被告人的主观恶性、人身危险性以及当地禁毒形势等各种因素,予以区别对待。对于多被告人犯罪特别是共同犯罪案件,根据宽严相济的具体要求,要注重正确区分主从犯并根据被告人罪责的大小确定刑罚②。

【类案参考】

案例1-50

林某辉运输毒品案③——被告人如实供述较好的予以从轻处罚

［**基本案情**］ 2017年3月13日,被告人林某辉驾驶汽车从广东省韶关市出发,准备将毒品氯胺酮运输到广州市增城区。当天21时许,林某辉驾车行至京港澳高速公路瓦窑岗服务区时被警察抓获,从其车上搜出四包氯胺酮(合计净重447.13克)、吸毒工具纸币两张和作案工具移动电话1部。

［**裁判结果**］ 原审法院认为,本案仅有被告人林某辉的供述,承认其是根据杨某1的授意,将毒品氯胺酮从韶关市运到广州市增城区贩卖给萧某1,但杨某1及萧某1均对此予以否认,且再无其他证据能佐证林某辉贩卖毒品的事实。根据《刑事诉讼法》第55条"对一切案件的判处都要重证据,重调查研究,不轻信口供。只有被告人供述,没有其他证据的,不能认定被告人有罪和处以刑罚"的规定,指控林某辉构成贩卖毒品罪的证据不足,不能认定其犯该罪。林某辉在运输毒品途中被民警查获,从其车上缴获447.13克氯胺酮,毒品数量已达到数量较大,故应以运输毒品罪论处。林某辉能如实供述自己的罪行,可以从轻处罚。判决:被告人林某辉犯运输毒品罪,判处有期徒刑十年六个月,剥夺政治权利三年,并处罚金六千元;扣押的毒品氯胺酮447.13克依法予以没收销毁,扣押的作案工具苹果手机一部依法予以没收,

---

① 参见最高人民法院刑五庭:《在毒品案件审判工作中切实贯彻宽严相济刑事政策》,载《人民法院报》2010年4月28日,第6版。

② 参见最高人民法院刑五庭:《在毒品案件审判工作中切实贯彻宽严相济刑事政策》,载《人民法院报》2010年4月28日,第6版。

③ 参见广东省广州市中级人民法院刑事判决书,(2017)粤01刑终1876号。

由广州市公安局从化区分局执行。林某辉上诉称一审法院对其量刑过重。二审法院认为，原判决未能充分考虑林某辉具有如实供述、认罪态度良好的情节，量刑偏重，且认定林某辉被扣押的移动电话机是作案工具并没收的依据不足，依法应当予以改判。判决：上诉人林某辉犯运输毒品罪，判处有期徒刑八年六个月，并处罚金六千元。

［**判理分析**］ 本案被告人林某辉运输毒品氯胺酮的数量为447.13克，根据2016年《毒品案件解释》的规定，运输毒品氯胺酮100克以上不满500克的，属于“其他毒品数量较大”，应当对其适用“七年以上有期徒刑，并处罚金”的法定刑幅度。林某辉在运输毒品过程中被查获，对于查获的毒品，如果其供述自己非法持有毒品，一般应当在“三年以下有期徒刑、拘役、管制，并处罚金”的幅度内判处刑罚，情节严重的在“三年以上七年以下有期徒刑，并处罚金”的幅度内判处刑罚。据此，林某辉所供述“受他人指使运输、贩卖毒品”属于如实供述，并且其辨认并确定了同案犯，相关同案犯没有被处理，是公安机关侦查效果的问题，不应由此否认林某辉如实供述、认罪态度好的情节，在本案中尤其应当予以充分体现，故二审对林某辉改判是适当的。

案例1－51

谢某耕、林某权制造毒品案①——毒品共同犯罪量刑时应当在区分主从犯或者作用大小的基础上区别对待

［**基本案情**］ 2013年12月开始，被告人林某权提供其租用的位于深圳市宝安区松岗街道一废品站用于制作毒品，由被告人谢某耕在废品站一垃圾房内负责制造氯胺酮，林某权负责采购制毒器材、器具等事项。2014年12月5日22时许，民警查获该制毒窝点，现场抓获被告人谢某耕，现场缴获疑似K粉和冰毒等毒品、真空泵等制毒工具、氢氧化钠等制毒原材料一批。经鉴定，现场缴获的849.52克白色、黄色固体粉末、晶体中检出氯胺酮，2109.2克白色及黑色液体中检出氯胺酮，83.64克白色固体及灰色固体中检出甲基苯丙胺。

［**裁判结果**］ 原判认为，被告人谢某耕、林某权制造毒品氯胺酮，其行为已构成制造毒品罪。公诉机关指控两名被告人制造毒品甲基苯丙胺证据不足，两名被告人非法持有毒品甲基苯丙胺，其行为已构成非法持有毒品罪。被告人谢某耕、林某权共同制造毒品氯胺酮849.52克，应当处以七年以上有期徒刑；被告人谢某耕、林某权非法持有毒品甲基苯丙胺83.64克，应当处七年以上有期徒刑。两名被告人犯数罪，应当实行并罚。结合两名被告人的悔罪态度和犯罪情节，对被告人谢某耕和林某权均以制造毒品罪判处有期徒刑十一年，并处罚金三千元；非法持有毒品罪判处有期徒刑八年，并处罚金三千元；总和刑期均为有期徒刑十九年，决定执行有期徒刑十四年，并处罚金六千元。二审认为：(1)关于上诉人林某权是否构成非法持有毒品罪。经查，上诉人谢某耕供述现场查获的甲基苯丙胺是“阿勇”帮其购买供其本人吸食，相关尿检检测结果亦可印证，且对于上述甲基苯丙胺在现场具体何处查获，搜查笔录及扣押清单未能详加记载，上诉人谢某耕供述该毒品一部分是其带在身上，另一部分专门隐藏在现场箱子中，同时，上诉人林某权尿检无恙。囿于上述证据情况，涉案甲基苯丙胺系谢某耕用于本人吸食的疑点并不能合理排除，依疑点利益归于被告原则，不宜认定林某权应对该毒品甲基苯丙胺承担刑事责任。(2)关于上诉人林某权在共同制造毒品罪中的犯罪地位问题，综

① 参见广东省深圳市中级人民法院刑事判决书，(2016)粤03刑终1566号。

合审查全案证据，证实林某权帮助谢某耕提供制毒地点、购买制毒器材和器具等辅助性行为的证据确实充分，但并无充分证据证实其还直接参与了现场制毒，可以认定林某权在共同犯罪中起辅助作用，系从犯，依法可以从轻处罚。判决：维持一审对原审被告人谢某耕的定罪量刑，对原审被告人林某权以制造毒品罪判处有期徒刑七年。

［**判理分析**］ 本案一审判决对共同犯罪二被告人没有区分主从犯，定罪量刑均完全一致。二审根据查明的事实，明确认定其中被告人林某权在共同制造毒品犯罪中系从犯，并且不应对另一被告人非法持有毒品的事实负责，撤销一项定罪并对另一项定罪予以较大幅度的从轻处罚，较好地贯彻了宽严相济刑事政策。

第三节 死刑适用

29. 对于毒品犯罪案件被告人适用死刑应当考虑哪些情节

【实务观点】

根据最高人民法院相关会议纪要的精神，毒品犯罪案件的死刑适用，应当同时贯彻“依法从严惩处毒品犯罪的方针”“宽严相济刑事政策”。

(1)毒品犯罪的打击重点，应从犯罪性质、犯罪分子特点和犯罪情节三个方面来把握。走私、制造毒品和大宗贩卖毒品等源头性犯罪的社会危害性极大，犯罪集团首要分子、毒枭、职业毒犯、累犯、毒品再犯等被告人的主观恶性深、人身危险性大，武装掩护毒品犯罪、暴力抗拒查缉且情节严重的或者参与有组织的国际贩毒活动等情节则同时体现了犯罪的社会危害性大和被告人的主观恶性深，均应当依法予以严惩。① 对其中罪行极其严重依法应当判处死刑的，必须坚决依法判处死刑。

(2)毒品数量是毒品案件量刑的重要情节，但不是唯一情节。② 在对被告人是否适用死刑时，必须坚持“毒品数量＋其他情节”的标准，不能仅因涉案毒品数量远超过实际掌握的死刑适用数量标准，就不加区分地判处多名被告人死刑，还应充分考虑不同被告人的不同犯罪情节。在毒品犯罪案件中，也要全面、准确贯彻宽严相济刑事政策，体现区别对待，做到罚当其罪，量刑时要综合考虑毒品数量、犯罪性质、情节、危害后果、被告人的主观恶性、人身危险性等因素，严格审慎地决定死刑适用，确保死刑只适用于极少数罪行极其严重的犯罪分子。③ 要避免因涉案毒品数量远超过实际掌握的死刑适用数量标准，就不加区分地按比例、倍数确定判处死刑的人数。

---

① 以上三类打击重点在2008年《大连会议纪要》和2015年《武汉会议纪要》中均有强调。

② 此观点最早源于2008年《大连会议纪要》。

③ 此观点最早源于2015年《武汉会议纪要》。

【类案参考】

案例 1 - 52

唐某珍运输毒品案[①]——毒品犯罪数量大但系初犯且认罪态度好的,可以不适用死刑

[**基本案情**] 1998 年 2 月 6 日 23 时许,被告人唐某珍携带毒品从昆明火车站乘上由昆明开往上海的 80 次旅客列车 7 号车厢 1 号包房 2 号铺位。2 月 8 日下午列车自杭州站开出后,乘警进入列车 7 号车厢 1 号包房,从茶几上查获由唐某珍携带的一只装有水果的红色塑料袋,并从袋内收缴一包白色块状及粉末状物品,遂将唐某珍抓获。经鉴定扣押的白色块状及粉末状物品为海洛因,净重 420 克。

[**裁判结果**] 上海铁路运输中级人民法院认为,被告人唐某珍明知是毒品,仍非法使用交通工具运往异地,其行为已构成运输毒品罪,且运输毒品海洛因数量达 420 克,应依法严惩。1998 年 7 月 15 日判决被告人唐某珍犯运输毒品罪,判处死刑,剥夺政治权利终身,并处没收财产二万元。被告人唐某珍上诉后,上海市高级人民法院经审理,裁定驳回上诉,维持原判。最高人民法院经复核,认为唐某珍运输毒品数量大,应依法严惩。但根据本案具体情节,对其判处死刑不是必须立即执行。判决被告人唐某珍犯运输毒品罪,判处死刑,缓期二年执行,剥夺政治权利终身,并处没收财产二万元。

[**判理分析**] 被告人唐某珍为非法牟利而运输海洛因的行为,已构成运输毒品罪,且数量大,根据当时的量刑标准,应当判处死刑。对其不予核准死刑,是考虑到其有以下酌定从轻处罚的情节:

(1)运输毒品系初犯。犯罪分子的一贯表现,如是初犯、偶犯,还是惯犯、累犯,对于量刑有重要的参考作用。本案中,从昆明开往上海的 80 次旅客列车运行到贵阳至凯里区间时,乘警在 3 号车厢查获两名携带毒品的犯罪嫌疑人,带入软卧车厢进行工作时,注意到软卧车厢 1 号包房的唐某珍形迹可疑,经查看旅客登记本,发现唐某珍与被查获的两名犯罪嫌疑人均为四川省筠连县人,怀疑其与已查获的二嫌疑人有关,遂将其带到餐车谈话,了解情况。唐某珍在言谈中,提到东西是他人拿上车的,在杭州站有人接,公安人员误认为唐某珍是负责押运先前查获的二嫌疑人携带的毒品,在杭州站接唐某珍的和接应已抓获二嫌疑人的是同一伙人。为防暴露,公安人员即将唐某珍带回软卧 1 号包房与旅客坐在一起。在包房内,公安人员无意将手伸到唐某珍携带的水果袋中,摸到一方块状物品,即向队领导报告又发现毒品。过了杭州站后,公安人员随即在包房内对唐某珍讯问,当问到水果袋是谁的,唐某珍予以否认,但同包房旅客证实当天中午唐某珍曾从水果袋中拿梨。公安人员随即从水果袋中查获用红纸包裹的白色块状及粉末状物品,唐某珍见状即如实供述了自己为他人运输毒品的犯罪事实。根据二审走访,公安人员均反映从唐某珍看到同一列车上被抓获二名毒品犯罪嫌疑人后即神情慌张、公安人员与其一接触即说出携带有毒品和毒品放于茶几上的水果袋中等情节看,唐某珍缺乏惯犯所应有的自我保护能力,较符合初犯的特征。

(2)认罪态度较好。犯罪分子认罪态度的好坏,反映出犯罪分子人身危害性的大小及改造的难易程度,是量刑的一个酌定情节。唐某珍在列车上的公安人员与其初次接触了解情况

---

① 参见中华人民共和国最高人民法院刑事审判第一庭编:《刑事审判参考》(1999 年第 2 辑,总第 2 辑),法律出版社 1999 年版,第 26 ~ 31 页。

时，即说出毒品是他人带上车，并在杭州站有人接应等情况。到案后，唐某珍对自己运输毒品的犯罪事实始终供认不讳，直至二审。纵观本案证据情况，唐某珍的坦白供述是本案十分重要的证据。如唐某珍否认对毒品的明知，仅以查获的毒品难以充分认定唐某珍明知毒品而运输。

（3）主观恶性程度小。根据被告人唐某珍的供述，1997 年 5 月，其在浙江省绍兴市柯桥镇做布料生意时结识同乡人杜某军。1998 年 1 月下旬，唐某珍、杜某军坐火车来到浙江省绍兴市，唐某珍先后住宿于绍兴市越州国际酒店、柯桥东芝宾馆。其间，杜某军提出让唐某珍帮其去昆明携带毒品回杭州，回来后给唐某珍 1000 元，唐某珍答应。公安人员从绍兴市越州国际酒店、柯桥东芝宾馆等处查到唐某珍住宿的登记表，唐某珍的供述基本可信。据此，本案不能排除唐某珍为赚取 1000 元而被他人利用、为他人运输毒品的可能性，其与为贩卖牟利而运输毒品的毒犯在主观恶性程度上有着明显不同。

（4）从证据方面考虑，如果唐某珍为杜某军运输海洛因 420 克，二人均已归案，依法显然不应判处唐某珍死刑；如海洛因确系杜某军所有，即使杜某军未归案，也不应判处唐某珍死刑。现有证据不能排除唐某珍供述的真实性，根据本案具体情况，判处唐某珍死刑，显然不是必须立即执行。

30. 哪些情形下，可以判处毒品犯罪被告人死刑

【实务观点】

死刑只适用于罪行极其严重的犯罪分子。根据最高人民法院相关会议纪要的精神，实践中应当做如下把握：

（1）毒品数量接近实际掌握的死刑适用数量标准，且具有“累犯”“毒品再犯”等反映出被告人人身危险性极大的法定从重处罚情节，或者具有“利用、教唆未成年人走私、贩卖、运输、制造毒品”“向未成年人出售毒品”等反映出被告人主观恶性极深的法定从重处罚情节的，可以判处被告人死刑。①

（2）毒品数量刚超过实际掌握的死刑适用数量标准，同时具有多次走私、贩卖、运输、制造毒品，向多人贩卖毒品，在戒毒、监管场所贩卖毒品，向在校学生贩卖毒品，组织、利用残疾人、严重疾病患者、怀孕或者正在哺乳自己婴儿的妇女走私、贩卖、运输、制造毒品，或者国家工作人员利用职务便利实施毒品犯罪等严重情节的，可以判处被告人死刑。② 根据 2016 年《毒品案件解释》第 4 条的规定，这些情节与少量毒品相结合，应当认定为贩卖毒品“情节严重”的情形并上升法定刑幅度，因此可以作为毒品犯罪中的酌定量刑情节。

【类案参考】

案例 1－53

李某愉贩卖、运输毒品案③——贩卖、运输毒品数量巨大且系累犯和毒品再犯

［基本案情］ 被告人李某愉于 1996 年 8 月 26 日因犯盗窃罪被判处有期徒刑五年；2004

① 此观点最早源于 2008 年《大连会议纪要》。

② 此观点最早源于 2008 年《大连会议纪要》。

③ 参见《毒品犯罪及涉毒次生犯罪十大典型案例》，载《人民法院报》2017 年 6 月 22 日，第 3、4 版。

年3月21日因犯贩卖毒品罪被判处有期徒刑十五年，剥夺政治权利五年，并处没收财产五万元，2012年6月20日刑满释放。(1)2014年4月和5月，被告人李某愉电话联系孙某东(已判刑)后，先后2次指使李某才(已判刑)到广东省惠东县，从孙某东处分别购买1000克甲基苯丙胺和1000克氯胺酮后运回湖南省益阳市，由李某愉贩卖。(2)同年5月22日，李某愉电话联系孙某东后，于次日与李某才携带购毒款到达惠东县，经孙某东介绍向他人购得氯胺酮3000克及甲基苯丙胺5000克。5月24日5时许，李某愉与李某才携带毒品乘车回到益阳市，李某愉将部分毒品放在某公司楼上203室。当日6时30分许，李某愉携带毒品到益阳市龙洲路一餐馆与他人见面时被公安人员抓获，当场查获甲基苯丙胺105.9克、氯胺酮1580.4克，后在上述203室内查获甲基苯丙胺4960.8克、氯胺酮2030.2克。综上，李某愉运输、贩卖甲基苯丙胺共计6066.7克、氯胺酮共计4610.6克。

［**裁判结果**］　湖南省益阳市中级人民法院审理认为，被告人李某愉明知甲基苯丙胺、氯胺酮是毒品，而伙同他人贩卖、运输，其行为已构成贩卖、运输毒品罪。在贩卖、运输毒品共同犯罪中，李某愉提供全部购毒款，联系毒品上家或者直接向上家购买毒品，亲自或者指使同案被告人李某才到广东省惠东县接取毒品，并负责保管、销售毒品，起主要作用，系主犯，应当按照其所指挥和参与的全部犯罪处罚。李某愉多次贩卖、运输毒品，数量巨大，社会危害大，罪行极其严重，且其曾因犯贩卖毒品罪被判处有期徒刑，在刑罚执行完毕后五年内又犯贩卖、运输毒品罪，系累犯和毒品再犯，应依法从重处罚。据此，依法对被告人李某愉判处死刑，剥夺政治权利终身，并处没收个人全部财产。

［**判理分析**］　被告人李某愉伙同他人在短期内多次从广东省惠东县购买甲基苯丙胺和氯胺酮运回湖南省益阳市进行贩卖，毒品数量巨大，社会危害大，且李某愉曾因犯贩卖毒品罪被判处重刑，属累犯和毒品再犯，并具有盗窃前科，主观恶性深。对其判处死刑，体现了依法严惩。

案例1－54

刘某贩卖、运输毒品案①——利用信息网络、通过快递方式贩卖、运输毒品数量大且系毒品再犯

［**基本案情**］　被告人刘某曾于2012年11月6日因犯贩卖毒品罪被判处拘役五个月，并处罚金一千元，2013年1月24日刑满释放。(1)2014年6月27日16时许，被告人刘某到广东省广州市某快递公司，化名李某将一个纸盒寄往山东省烟台市。刘某离开后，快递公司工作人员认为该快递件可疑，遂报警，公安人员从上述纸盒中查获甲基苯丙胺(冰毒)约600克。(2)2014年9月初，被告人刘某通过QQ、微信等方式与山东省招远市的孟某霖(已判刑)商定，以每克35元的价格卖给孟某霖甲基苯丙胺2000克。孟某霖向刘某提供的账户汇款6万余元后，刘某从广州市将装有甲基苯丙胺的包裹快递给孟某霖。同月25日，孟某霖到招远市某快递公司收取上述包裹时被抓获，公安人员查获甲基苯丙胺2000余克。(3)2014年10月20日左右，被告人刘某通过QQ、微信等方式与山东省胶州市的陈某宇(已判刑)商定，以1.05万元价格卖给陈某宇甲基苯丙胺100克、甲基苯丙胺片剂100粒。刘某将装有毒品的包裹从广州市快递给陈某宇。同月26日，陈某宇的妻子领取上述包裹后带回家中交给陈某宇。

① 参见《毒品犯罪及涉毒次生犯罪典型案例》，载《人民法院报》2018年6月27日，第3版。

(4)同月27日17时许,公安人员在广州市番禺区刘某租住处楼下将其抓获,并在其租住处查获甲基苯丙胺2100余克、甲基苯丙胺片剂280余克;在番禺区刘某的另一租住处查获含甲基苯丙胺成分的粉末22.5克。

[**裁判结果**] 山东省青岛市中级人民法院审理认为,被告人刘某非法贩卖、运输甲基苯丙胺、甲基苯丙胺片剂,其行为已构成贩卖、运输毒品罪。刘某多次以快递方式跨省贩卖、运输毒品数量大,社会危害大,罪行极其严重;刘某曾因犯贩卖毒品罪被判刑,刑满释放后仅一年多又犯贩卖、运输毒品罪,系毒品再犯,应当从重处罚。据此,依法对被告人刘某判处死刑,剥夺政治权利终身,并处没收个人全部财产。

[**判理分析**] 犯罪分子利用信息网络和物流配送具有易隐瞒真实身份等特点,通过QQ、微信等方式联系商定毒品交易,以快递方式寄送毒品,物流配送的便捷性和覆盖面广的特点又加速了毒品从毒源地向其他省份扩散。此类犯罪的社会危害性更大,侦查难度也大,反映了行为人更大的主观恶性和人身危险性。本案被告人刘某通过网络方式与他人联系商定毒品交易,再将毒品快递给对方,共计贩卖、运输5000余克甲基苯丙胺及片剂,社会危害大,且其属于毒品再犯,主观恶性深。人民法院根据刘某犯罪的事实、性质及其系毒品再犯等情节,对其判处死刑,体现了对此类犯罪的从严惩处。

案例1-55

刘某成等贩卖、运输毒品案①——多次组织艾滋病患者运输毒品并多次利用未成年人贩卖毒品

[**基本案情**] (1)2001年12月至2007年1月,被告人刘某成单独或伙同他人组织多人(其中多数为艾滋病患者)到云南省芒市、瑞丽市,采用人体藏毒等方式向河南省郑州市、广东省广州市等地运输海洛因9次,每次运输海洛因50克到976克不等,共计运输海洛因2666.62克。(2)2005年7月至2008年4月,被告人刘某成在广州市向童某明(已判刑)贩卖海洛因1次92.1克,向王某花(另案处理)贩卖海洛因1次10克,在郑州市向苏某京(已判刑)贩卖海洛因10次共889.7克,共计贩卖海洛因12次991.8克。其中,刘某成直接与购毒人员交易海洛因4次,指使他人与购毒人员交易8次(其中3次系指使同一名未成年人与购毒人员交易)。综上,被告人刘某成单独或伙同他人贩卖、运输海洛因21次共3658.42克。刘某成到案后,揭发他人贩卖、运输海洛因296克的犯罪行为,经查证属实。

[**裁判结果**] 河南省开封市中级人民法院审理认为,被告人刘某成明知是毒品而贩卖、运输,其行为已构成贩卖、运输毒品罪。刘某成贩卖、运输毒品次数多、数量大,社会危害大。刘某成在共同犯罪中起主要作用,系主犯,且具有组织艾滋病患者运输毒品,利用未成年人贩卖毒品等情节,罪行极其严重,应依法从重处罚。刘某成到案后揭发他人重大犯罪行为,经查证属实,具有重大立功表现,但刘某成所犯罪行极其严重,功不足以抵罪,依法不予从轻处罚。据此,依法对被告人刘某成判处死刑。

[**判理分析**] 被告人刘某成贩卖毒品数量大,且具有多次贩卖、组织艾滋病患者运输、利用未成年人贩卖毒品等情节,属于从严惩处的重点,虽然具有重大立功情节,但其罪行极其严重,功不足以抵罪,所以人民法院对其判处死刑是适当的。

---

① 参见《最高人民法院公布六起毒品犯罪典型案例》,载《人民法院报》2012年6月27日,第3版。

案例 1－56

龙某斌贩卖毒品案[①]——毒品犯罪数量接近实际掌握的死刑适用标准又系毒品再犯

［基本案情］ 被告人龙某斌，1999年4月因犯贩卖毒品罪被判处有期徒刑七年，2003年12月15日刑满释放。2006年3月，被告人龙某斌打电话给陈某鸿（已判刑）联系购买海洛因。同月12日，陈某鸿打电话通知龙某斌验货。当晚，龙某斌从贵阳市到织金县城陈某鸿的住处检验毒品后，二人约定以每克550元的价格交易海洛因。次日15时许，陈某鸿携带海洛因同龙某斌来到贵阳市五柳街1号某栋3单元11号龙某斌的租住房屋内进行交易。在交易过程中，王某（已判刑）准备毒资，何某惠（已判刑）提供称量工具。交易完成后，龙某斌等四人被抓获，当场查获海洛因297克、毒资15.5万元。

［裁判结果］ 贵阳市中级人民法院认为，被告人龙某斌贩卖海洛因297克，其行为已构成贩卖毒品罪。龙某斌贩卖海洛因数量大，在共同犯罪中系主犯，且曾因犯贩卖毒品罪被判刑，应依法严惩。判决：被告人龙某斌犯贩卖毒品罪，判处死刑，剥夺政治权利终身，并处没收个人全部财产。

［判理分析］ 毒品数量对毒品犯罪的定罪量刑特别是量刑具有重要作用，是量刑的重要依据，但不是唯一标准。在对被告人量刑时，特别是在考虑是否适用死刑时，要综合考虑毒品数量、犯罪情节、危害后果和被告人的主观恶性、人身危险性等多种因素。对于毒品数量已经达到实际掌握的判处死刑的数量标准，但具有法定、酌定从宽处罚情节的被告人，可不判处死刑；反之，对于毒品数量接近实际掌握的判处死刑的数量标准，又具有法定或酌定从重处罚情节的被告人，如再犯、累犯、惯犯等，也可以判处死刑立即执行。本案中，被告人龙某斌等人以贩卖为目的购买海洛因297克，其贩卖数量接近实际掌握的判处死刑的数量标准。其中，龙某斌为主出资购买毒品，与卖方商谈交易价格，检验毒品质量和称量毒品，指使同案被告人王某准备毒资，指使同案被告人何某惠购买称量毒品的秤并藏匿毒品，在共同犯罪中起主要作用，是主犯。龙某斌曾因犯贩卖毒品罪被判处有期徒刑七年，又犯贩卖毒品罪，系毒品再犯，说明其不思悔改，主观恶性深，人身危险性大，应依法从重处罚。综合考虑被告人龙某斌贩卖毒品的数量、犯罪情节、危害后果及其主观恶性、人身危险性等多种因素，对其应判处死刑立即执行。

案例 1－57

舒某坤贩卖毒品案[②]——因毒品犯罪被判处重刑的假释考验期内又大量贩卖毒品

［基本案情］ 被告人舒某坤2000年4月17日因犯贩卖毒品罪被判处无期徒刑，剥夺政治权利终身，并处没收财产，2011年10月12日被假释，假释考验期至2014年9月4日。2014年2月22日，被告人舒某坤在云南省寻甸回族彝族自治县倘甸镇的租住房屋内，向从贵阳市来向其购买海洛因的杨某、罗某会（均已判刑）贩卖毒品。其中，杨某出资购买600克海洛因，罗某会出资购买400克海洛因，舒某坤还委托二人将200克海洛因运回贵阳市代其贩卖。2月23日，杨某、罗某会携带海洛因返回贵阳市，于当日19时30分许在贵阳市云岩区金关收费站被抓获，公安人员当场从罗某会的提包中查获1194克海洛因。2月28日，公安人员在云南

① 参见中华人民共和国最高人民法院刑事审判第一、二、三、四、五庭主办：《刑事审判参考》（2009年第2集，总第67集），法律出版社2009年版，第95～98页。

② 参见《最高法院公布毒品及次生犯罪十大案例》，载《人民法院报》2016年6月24日，第2版。

省昆明市冯家村将舒某坤抓获，当场从其家中查获1050.4克海洛因。

［**裁判结果**］　贵州省贵阳市中级人民法院审理认为，被告人舒某坤贩卖海洛因，其行为已构成贩卖毒品罪。舒某坤贩卖毒品数量大，社会危害大，罪行极其严重，应依法惩处。舒某坤曾因犯贩卖毒品罪被判处无期徒刑，在假释考验期内又犯贩卖毒品罪，系毒品再犯，应依法从重处罚，并应撤销假释，与前罪没有执行完毕的刑罚并罚。据此，对被告人舒某坤判处死刑，剥夺政治权利终身，并处没收个人全部财产。

［**判理分析**］　犯罪分子在假释或者暂予监外执行期间又实施毒品犯罪，反映出较深的主观恶性和人身危险性，是毒品犯罪的重点惩治对象。本案被告人舒某坤系毒品"上线"，其掌握毒品来源，大量持毒待售，对促成毒品交易起到更大的作用。在抓获舒某坤的同时，另从其住处查获待售的1000余克海洛因，应依法计入其贩卖毒品的数量。舒某坤在假释考验期内犯新罪，前后两罪均系贩卖毒品罪，且前罪被判处重刑，反映其不思悔改，主观恶性深，人身危险性大。人民法院对舒某坤判处死刑，体现了依法严惩。

案例1-58

阮某华贩卖、运输毒品案①——利用、教唆未成年人贩卖毒品，且系累犯，罪行极其严重

［**基本案情**］　被告人阮某华曾于2007年8月7日因犯抢劫罪被判处有期徒刑十三年，剥夺政治权利三年，并处罚金人民币一万元，2016年2月4日刑满释放。(1)2019年2月，被告人阮某华与吴某、唐某凡（均已判刑）约定交易甲基苯丙胺1000克，唐某凡向阮某华微信转账5000元。同月18日，阮某华将藏有约1000克甲基苯丙胺的包裹从云南省瑞丽市邮寄至湖南省平江县虹桥镇一超市，并通知吴某领取。同月21日，吴某伙同他人前往签收包裹并送至唐某凡处，后吴某、唐某凡二人向阮某华支付部分购毒款。(2)2019年3月下旬，被告人阮某华与吴某、唐某凡再次约定交易甲基苯丙胺，唐某凡等人向阮某华支付定金2万元。同年4月22日，阮某华将藏有甲基苯丙胺的包裹从瑞丽市邮寄至江西省修水县一小区侧门商铺，后多次通过微信、电话联系阮某（时年17岁，另案处理）代收上述毒品，并让阮某准备透明塑料袋、电子秤分装毒品。后因阮某未买到上述物品，阮某华安排吴某前去取货。同月26日上午，唐某凡来到修水县城一宾馆房间与吴某会合。阮某华指使阮某到该宾馆，对当日进出人员进行拍照、录像以确认毒品买家情况。当日11时许，吴某与唐某凡到快递点签收包裹时被抓获，公安人员当场从包裹内查获甲基苯丙胺1992.19克。同年8月18日，阮某华被抓获。

［**裁判结果**］　法院认为，阮某华贩卖、运输甲基苯丙胺近3000克，社会危害大，罪行极其严重。阮某华利用、教唆未成年人贩卖毒品，且曾因犯抢劫罪被判处有期徒刑，刑罚执行完毕后五年内又实施本案犯罪，系累犯，应依法从重处罚。据此，依法对被告人阮某华判处并核准死刑，剥夺政治权利终身，并处没收个人全部财产。

［**判理分析**］　利用、教唆未成年人参与毒品犯罪，既反映被告人主观恶性较大，又反映其犯罪活动同时产生危害未成年人健康成长的附随后果，应当予以严惩。本案被告人阮某华指使未成年人阮某代收毒品、准备工具分装毒品未果，后又指使阮某到宾馆拍照、录像确认毒品买家情况，将阮某引上歧途。阮某华曾因严重暴力犯罪被判处重刑，刑满释放之后五年内又

---

① 参见《依法严惩毒品犯罪和涉毒次生犯罪典型案例》，载最高人民法院网2023年6月25日，https://www.court.gov.cn/zixun/xiangqing/404452.html。

实施严重毒品犯罪，系累犯，主观恶性深，人身危险性大。人民法院对阮某华依法从重处罚并适用死刑，突出了对毒品犯罪的打击重点，亦较好地体现了对未成年人的特殊保护。

31. 哪些情形下判处毒品犯罪被告人死刑要慎重

【实务观点】

死刑只适用于罪行极其严重的犯罪分子，毒品数量是反映走私、贩卖、运输、制造毒品犯罪分子罪行严重的重要指标，是司法实践中确定是否适用死刑的重要依据。对于毒品数量达到一定标准的被告人，可以考虑适用死刑。这里的毒品数量一般是指被告人作为作用最大的主犯、基于本人独立形成的犯罪意图、针对含量较高的毒品实施，并且被司法机关自行侦查证实的毒品数量。

根据最高人民法院相关会议纪要的精神，按照毒品犯罪"数量＋情节"的量刑原则，对于毒品数量达到实际掌握的死刑适用数量标准，但具有法定或酌定从宽处罚情节，可以不判处被告人死刑。这些情节主要包括以下几点：

（1）有自首、立功等法定从宽处罚情节的。

（2）已查获的毒品数量未达到实际掌握的死刑适用数量标准，因被告人到案后坦白司法机关尚未掌握的其他毒品犯罪，累计数量达到实际掌握的死刑适用数量标准的。根据最高人民法院《关于处理自首和立功具体应用法律若干问题的解释》第 4 条规定，"如实供述司法机关尚未掌握的罪行，与司法机关已掌握的或者判决确定的罪行属同种罪行的，可以酌情从轻处罚；如实供述的同种罪行较重的，一般应当从轻处罚"。

（3）经鉴定，毒品纯度明显低于同类毒品正常纯度，①掺杂掺假后数量达到实际掌握的死刑适用数量标准，或者虽因客观原因无法鉴定但有证据表明毒品纯度明显偏低的。"因为毒品纯度的不同表明其内含毒性成分多少不同，纯度极低的毒品流入社会后的危害性必然小于纯度高的毒品"。②

（4）原本意图实施的毒品犯罪数量未达到实际掌握的死刑适用数量标准，确定或者不排除因受隐匿身份人员引诱，毒品数量达到实际掌握的死刑适用数量标准的。原因在于，"被告人因受特情的犯意引诱、数量引诱而实施毒品犯罪，其主观罪责相对轻些，况且因特情介入，被告人的犯罪行为一般在公安机关的控制之下，毒品一般不会继续流入社会，其社会危害程度大大减轻，这在量刑时应当考虑"。③

（5）其他不是必须判处死刑的。比如毒品数量刚超过实际掌握的死刑适用数量标准，不能排除属初次犯罪即被查获，未造成严重危害后果的。对于是否属初次犯罪，可以从被告人的日常职业是否稳定、活动轨迹有无异常、经济状况有无异常等方面综合判断。当然，这也要

---

① 关于常见毒品的正常纯度，在终端消费市场，海洛因为5% ~60%左右，甲基苯丙胺为50% ~99%左右，甲基苯丙胺片剂为5% ~30%左右，氯胺酮为60% ~99%左右。参见高贵君、马岩、方文军、李静然：《〈全国法院毒品犯罪审判工作座谈会纪要〉的理解与适用》，载《人民司法·应用》2015 年第 13 期。

② 高贵君、王勇、吴光侠：《〈全国部分法院审理毒品犯罪案件工作座谈会纪要〉的理解与适用》，载《人民司法·应用》2009 年第 3 期。

③ 高贵君、王勇、吴光侠：《〈全国部分法院审理毒品犯罪案件工作座谈会纪要〉的理解与适用》，载《人民司法·应用》2009 年第 3 期。

求公安机关在侦查阶段对相关情况作出调查。

(6)全案未查获毒品的,一般不判处被告人死刑;对于主要犯罪事实中未查获毒品的,判处死刑亦应特别慎重。编者认为,这主要是从证据的角度来考虑。死刑案件必须严格贯彻证据裁判原则,全案未查获毒品,一方面影响对毒品数量的准确认定,另一方面影响对毒品纯度的准确认定,因此判处死刑要慎重。对于虽然未查获毒品实物,但认定犯罪数量的其他证据确实、充分的,不影响对死刑的适用。

【类案参考】

案例 1-59

古丽某某坦·巴吐尔汗贩卖毒品案①——加上被告人主动交代的部分贩毒数量才达到死刑数量标准的应当慎重适用

[**基本案情**] 被告人古丽某某坦·巴吐尔汗,1997 年 3 月 18 日因犯贩卖毒品罪被判处有期徒刑二年,并处罚金一千五百元,1999 年 1 月 12 日刑满释放。2007 年 6 月 8 日下午,被告人古丽某某坦·巴吐尔汗伙同米某某衣·扎曼(已判刑)携带 415 克海洛因,从广东省广州市到达江苏省常州市,在该市谷茂大酒店 315 房间,以每克 210 元的价格将海洛因贩卖给古某某尔·如孜买买提(已判刑)。次日下午,古某某尔·如孜买买提指使哈某旦·买合苏木(已判刑)向他人贩卖海洛因时被抓获。公安人员当场从哈某旦·买合苏木身上查获海洛因 19.6 克,从古某某尔·如孜买买提身上查获海洛因 3.6 克,从谷茂大酒店 315 房间床铺下查获海洛因 235.4 克。

[**裁判结果**] 常州市中级人民法院审理认为,被告人古丽某某坦·巴吐尔汗贩卖毒品数量大,且系毒品再犯,虽然认罪态度较好,但不足以从轻处罚。据此,以被告人古丽某某坦·巴吐尔汗犯贩卖毒品罪,判处死刑,剥夺政治权利终身,并处没收个人全部财产。江苏省高级人民法院经二审认为,关于古丽某某坦·巴吐尔汗及其辩护人所提一审判决认定古丽某某坦·巴吐尔汗贩卖海洛因 415 克的证据不足的上诉理由及辩护意见,经查,古丽某某坦·巴吐尔汗供述,其与古某某尔·如孜买买提在常州市谷茂大酒店 315 房间进行毒品交易时,古某某尔·如孜买买提对海洛因称重为 415 克,该供述与古某某尔·如孜买买提的供述一致;古某某尔·如孜买买提还供述,其购得该宗毒品后即向帕某某提·艾麦尔等人卖出 100 余克,故至案发时公安人员仅查获海洛因 258.6 克;二审当庭播放了公安人员审讯古丽某某坦·巴吐尔汗的录像资料,证实古丽某某坦·巴吐尔汗供述其贩卖海洛因 415 克的事实时没有受到诱供和刑讯逼供。故该项上诉理由及辩护意见不能成立。关于古丽某某坦·巴吐尔汗及其辩护人所提古丽某某坦·巴吐尔汗系受他人雇用贩卖毒品,属从犯的上诉理由及辩护意见,经查,古丽某某坦·巴吐尔汗归案后始终供认自己是在广东省广州市从一个叫吐某逊的新疆男子手中购买毒品,后携带到江苏省常州市进行贩卖,其与吐某逊之间不存在共同贩卖行为,故不属于受雇用帮助他人贩卖毒品的从犯。上诉人古丽某某坦·巴吐尔汗伙同同案被告人米某某衣·扎曼共同贩卖海洛因 415 克,数量大,且曾因毒品犯罪被判刑,系毒品再犯,

① 参见中华人民共和国最高人民法院刑事审判第一、二、三、四、五庭主办:《刑事审判参考》(2011 年第 6 集,总第 83 集),法律出版社 2012 年版,第 56~62 页。

应依法从重处罚。在共同犯罪中,古丽某某坦·巴吐尔汗的作用略大于米某某衣·扎曼。裁定驳回上诉,维持原判,并依法报请最高人民法院核准。最高人民法院经复核认为,被告人古丽某某坦·巴吐尔汗贩卖毒品数量大,且系毒品再犯,应当依法从重处罚。鉴于被告人古丽某某坦·巴吐尔汗归案后能够主动交代尚未被司法机关掌握的毒品犯罪,认罪态度较好,对古丽某某坦·巴吐尔汗判处死刑,可不立即执行。裁定不核准。

［**判理分析**］ (1)司法机关查获部分毒品后,被告人主动交代了实际贩毒数量,才达到当地实际掌握的死刑数量标准的,可以不判处死刑立即执行。这是坦白从宽、宽严相济刑事政策的重要体现,也有利于深挖余罪。反之,如果对这种情形不加以区别对待,会给人以坦白越多刑罚越重的印象,不利于深挖和打击犯罪。本案被告人古丽某某坦·巴吐尔汗被抓获时,公安机关查获的毒品数量为258.6克海洛因,包括从谷茂大酒店315房间查获的同案被告人古某某尔·如孜买买提藏匿的海洛因235.4克、从古某某尔·如孜买买提身上查获的海洛因3.6克以及从帮助古某某尔·如孜买买提贩卖毒品的同案被告人哈某旦·买合苏木身上查获的海洛因19.6克。由于古丽某某坦·巴吐尔汗出售给古某某尔·如孜买买提的全部毒品中已有部分毒品被后者售出,公安机关当时并未掌握古丽某某坦·巴吐尔汗贩卖毒品的实际数量。在侦查讯问过程中,古丽某某坦·巴吐尔汗主动坦白交代,其卖给古某某尔·如孜买买提海洛因的实际数量为415克,古某某尔·如孜买买提在随后的供述中印证了这一数量,直至一审、二审法庭审理中二人仍然供述一致。由此,一审、二审法院认定,古丽某某坦·巴吐尔汗贩卖给古某某尔·如孜买买提的海洛因数量为415克,这已达到当地实际掌握的判处死刑毒品数量标准。因此,在古丽某某坦·巴吐尔汗主动交代其实际贩毒数量之前,公安机关查获的毒品数量并没有达到当地实际掌握的判处死刑数量标准,在其主动交代实际贩毒数量后,司法机关认定的其贩毒数量才达到实际掌握的判处死刑数量标准。

(2)对毒品数量达到实际掌握的死刑数量标准的毒品再犯,并非一律判处死刑立即执行。2008年《大连会议纪要》明确提出,毒品数量达到实际掌握的死刑数量标准,并具有毒品再犯、累犯,利用、教唆未成年人走私、贩卖、运输、制造毒品,或者向未成年人出售毒品等法定从重处罚情节的,可以判处被告人死刑。但是,实践中案件的具体情况十分复杂,即使具有毒品再犯等法定从重处罚情节,这些情节之间在体现被告人的主观恶性和人身危险性上也有区别。前罪越重,所判处刑罚越重,所体现的被告人的主观恶性和人身危险性就越大;反之,就相对较小。本案被告人古丽某某坦·巴吐尔汗属于毒品再犯,但其再犯情节中的前罪系因十年前贩卖海洛因3.2克被判处有期徒刑二年,与那些贩卖毒品数量大、判刑重的毒品再犯相比,其再犯情节体现的主观恶性和人身危险性差别较大。综合考虑其归案的认罪态度较好,对其可以不判处死刑立即执行。

案例1-60

张某梅、刘某堂、李某生贩卖毒品案①——毒品大量掺假的情况在判处死刑时应予考虑

［**基本案情**］ 2003年12月,被告人张某梅打电话与家住临泉县的刘某堂联系,欲从刘某堂处购买海洛因。同年12月30日,张某梅与孙某超从蚌埠市赶到临泉县,张某梅与刘某

---

① 参见中华人民共和国最高人民法院刑事审判第一庭、第二庭编:《刑事审判参考》(2005年第5集,总第46集),法律出版社2006年版,第55~65页。

堂商定次日在阜阳市进行交易，之后，刘某堂打电话与李某生联系，要李某生准备毒品。次日上午，张某按照其姐张某梅的要求租车将16.6万元送到阜阳市交给张某梅。同日上午，刘某堂邀约刘某春一起从临泉县到了阜阳市李某生租住的房间内，刘某春到后去街上闲逛，刘某堂和李某生在房间内加工毒品，将130克海洛因掺入配料后压成三个圆块状，连同没有用完的配料装入一个纸袋中。随后，刘某堂携带两小包毒品样品到阜阳市碧春茶楼一房间内，交给在此等候的张某梅、孙某超验货，张某梅用锡箔纸烤试后同意要货。刘某堂又返回李某生的租住处，将加工好的毒品交给在阜阳市碧春茶楼等候的张某梅、孙某超，张某梅将68,800元交给刘某堂。张某梅携带装有海洛因的红色纸袋来到新世纪广场将海洛因交给其弟张某准备带回蚌埠市时，被公安人员抓获。公安人员当场从张某梅、张某手中缴获海洛因657克及配料103.5克，刘某堂、李某生、孙某超、刘某春亦先后被公安人员抓获。

［**裁判结果**］ 蚌埠市中级人民法院审理认为，被告人张某梅、刘某堂、李某生等人，共同贩卖海洛因657克，其行为均构成贩卖毒品罪。在共同犯罪中，张某梅起意贩毒，主动联系刘某堂，要其胞弟张某用出租车运送巨资购买海洛因，系主犯。被告人刘某堂在贩卖毒品的共同犯罪中，行为积极主动，系主犯。被告人李某生在共同犯罪中提供掺配加工毒品的配料，掺配加工毒品，利用他人拎送毒品，系主犯。判决：被告人张某梅、刘某堂、李某生犯贩卖毒品罪，分别判处死刑，剥夺政治权利终身，并处没收个人全部财产。安徽省高级人民法院裁定驳回上诉，维持原判。最高人民法院经复核认为，被告人张某梅、刘某堂、李某生贩卖海洛因数量大，应依法惩处。鉴于本案的具体情况，对张某梅、刘某堂、李某生判处死刑，可不立即执行，对三人均改判死刑，缓期二年执行，剥夺政治权利终身，并处没收个人全部财产。

［**判理分析**］ 《刑法》第357条第2款明确规定，毒品的数量以查证属实的走私、贩卖、运输、制造、非法持有毒品的数量计算，不以纯度折算。《2000年南宁会议纪要》指出，"对于查获的毒品有证据证明大量掺假，经鉴定查明毒品含量极少，确有大量掺假成分的，在处刑时应酌情考虑。特别是掺假之后毒品的数量才达到判处死刑的标准的，对被告人可不判处死刑立即执行。为掩护运输而将毒品融入其他物品中，不应将其他物品计入毒品的数量"。本案二审期间，三被告人均对海洛因的含量提出异议，要求对海洛因的含量重新鉴定，经上海市毒品检验中心鉴定，649.45克海洛因含量为17.33%，1.04克海洛因含量为16.66%，0.25克海洛因含量为36.31%。三被告人贩卖海洛因数量上多达650余克，但考虑到毒品有大量掺假，海洛因含量只有17.33%，虽然不属于"毒品含量极少"的情形，但毕竟折合成纯海洛因后只有110余克，以此判处三名被告人死刑显属不妥当，从贯彻"少杀、慎杀"的刑事政策出发，结合本案的具体情况，改判被告人张某梅、刘某堂、李某生死缓是正确的。

案例1-61

蔡某雄、林某波贩卖、运输毒品案①——毒品数量达到死刑适用标准但有自首情节的依法从轻处罚

［**基本案情**］ 2017年5月，游某文（已另案判刑）联系被告人林某波购买毒品，林某波联系被告人蔡某雄，约定由蔡某雄向游某文提供甲基苯丙胺20千克。后游某文伙同李某时、徐

① 参见《依法严惩毒品犯罪和涉毒次生犯罪典型案例》，载最高人民法院网2023年6月25日，https://www.court.gov.cn/zixun/xiangqing/404452.html。

某昌(均已另案判刑)来到广东省陆丰市,与林某波、蔡某雄商谈毒品交易事宜。同月27日上午,蔡某雄驾驶装有毒品的车辆与林某波到游某文所住酒店房间,蔡某雄将补齐重量的149.3克甲基苯丙胺交给游某文、李某时。后林某波驾驶上述车辆与李某时、徐某昌在高速公路服务区交接毒品。游某文确认毒品交接完成后,将60万元毒资交付给蔡某雄。当日20时,游某文、李某时、徐某昌在福建省泉州市一酒店房间被抓获,查获甲基苯丙胺共计20.02千克。蔡某雄、林某波案发后潜逃境外,后向陆丰市公安局投案,到案后如实供述犯罪事实。

［**裁判结果**］ 法院认为,蔡某雄、林某波贩卖、运输毒品数量巨大,罪行严重。在共同犯罪中,蔡某雄是毒品卖主,决定毒品交易的价格、方式,收取毒资;林某波在毒品交易、运输过程中行为积极,二人均起主要作用,均系主犯,应按照其所参与的全部犯罪处罚,林某波的作用相对小于蔡某雄。二人从境外自动回国投案,如实供述主要罪行,系自首,可依法从轻处罚,对蔡某雄判处死刑可不立即执行,对林某波的量刑应与蔡某雄有所区别。据此,依法对蔡某雄判处死刑,缓期二年执行,剥夺政治权利终身,并处没收个人全部财产;对林某波判处无期徒刑,剥夺政治权利终身,并处没收个人全部财产。

［**判理分析**］ 在坚持整体从严惩处毒品犯罪、突出打击重点的同时,也要注重全面、准确贯彻宽严相济刑事政策,做到以严为主、宽以济严、罚当其罪。对于罪行较轻,或者具有从犯、自首、立功、初犯等法定、酌定从宽处罚情节的毒品犯罪分子,体现区别对待,依法给予从宽处罚,以达到分化瓦解毒品犯罪分子、预防和减少毒品犯罪的效果。本案二被告人积极响应司法机关发布的敦促投案自首通告,主动自境外回国投案,并如实供述主要犯罪事实,法院对二人予以从宽处罚,对其他在逃人员具有示范感召意义。

案例1-62

郑某昌走私毒品案①——吸毒者实施的毒品犯罪适用死刑应慎重

［**基本案情**］ 1999年8月22日,被告人郑某昌将两块块状海洛因用胶纸绑在腰腹部,将装有稀释海洛因液体的三支注射针筒、一个小塑料瓶放在西装口袋内,持"台湾居民来往大陆通行证"从深圳市罗湖口岸出境时,被海关工作人员当场查获。经鉴定,块状海洛因净重350克,含量为23.7%,含海洛因的液体重15克。

［**裁判结果**］ 深圳市中级人民法院2000年4月3日判决被告人郑某昌犯走私毒品罪,判处死刑,剥夺政治权利终身。一审宣判后,被告人郑某昌以其走私毒品的目的是自己吸食并非贩卖为由提出上诉。广东省高级人民法院裁定驳回上诉,维持原判。最高人民法院经复核认为,郑某昌走私毒品数量大,应依法惩处,但根据本案的具体情节,对被告人郑某昌判处死刑,可不立即执行。2001年7月9日判决:撤销原判,被告人郑某昌犯走私毒品罪,判处死刑,缓期二年执行,剥夺政治权利终身。

［**判理分析**］ 吸毒者实施毒品犯罪,有可能部分用于个人吸食的,在量刑时一般应当予以考虑。毒品犯罪数量对毒品犯罪的定罪,特别是量刑具有重要作用。但毒品数量只是依法惩处毒品犯罪的一个重要情节而不是全部情节。在决定量刑时,对毒品数量标准不能简单化,特别是对被告人可能判处死刑的案件,确定刑罚必须综合考虑被告人的犯罪情节、危害后果、主

① 参见中华人民共和国最高人民法院刑事审判第一庭、第二庭编:《刑事审判参考》(2002年第1辑,总第24辑),法律出版社2002年版,第87~91页。

观恶性等多种因素。根据《南宁会议纪要》的精神，对以贩养吸的被告人在决定量刑时，既要考虑涉案毒品数量，又要考虑被告人吸毒的情节。对于毒品数量虽已达到实际掌握判处死刑的标准，但可能有部分毒品是用于自己吸食而非全部用于出售的，在决定是否判处死刑立即执行时，更要慎重对待。对危害后果不是特别严重，或者被告人的主观恶性不是特别大，或者具有可酌情从轻处罚等情节的，可不判处死刑立即执行。本案被告人郑某昌走私毒品数量大，但存在以下情节在量刑时应予考虑：(1)有证据证明被告人郑某昌为吸毒人员；(2)郑某昌被抓获后，始终供认其购买毒品是为自己吸食，且本案也没有其他证据证明郑某昌携毒品是准备出境贩卖，不能排除其中有部分毒品是用于自己吸食；(3)郑某昌有悔罪表现，其犯罪的主观恶性尚不是很大。基于上述考虑，最高人民法院认为对被告人郑某昌的量刑，应与完全以贩卖牟利为目的的走私毒品犯罪的量刑有所区别，决定对被告人郑某昌以走私毒品罪判处死刑，缓期二年执行。

32. 制造毒品罪的死刑适用如何把握

【实务观点】

制造毒品是源头性犯罪，属于刑事政策中从严惩处的重点。根据最高人民法院相关会议纪要的精神，对于制造毒品案件，应当综合考虑被告人制造毒品的种类、次数、犯罪规模，有无制造出毒品成品，被查获时所处的生产阶段，已经制造出毒品成品的数量、性状、含量，造成的危害后果，在共同犯罪中的地位和作用及其主观恶性、人身危险性等因素，决定是否适用死刑。已经制造出的毒品成品数量达到实际掌握的死刑适用数量标准，且没有法定或酌定从宽处罚情节的，可以判处被告人死刑。[①] 与这一标准相对应，司法实践中对以下两种情形要根据案件查获毒品情况及其他证据情况慎重对待：

(1)已经制造出的毒品成品数量未达到实际掌握的死刑适用数量标准的，判处被告人死刑应当特别慎重。编者认为，虽然已经制造毒品成品数量未达到实际掌握的死刑适用数量标准，但从被告人为制造毒品准备的资金、设备、场地、原材料、人工等综合评估可以确认其犯罪规模巨大，已经制造出的毒品半成品数量特别巨大且含量较高，也足以说明犯罪的社会危害性达到了罪行特别严重的程度，可以考虑判处死刑。

(2)仅查获毒品半成品，并且没有证据证明被告人曾经制造出毒品成品的，不宜判处死刑。这种情况下，未制出毒品成品，严格意义上并未达到犯罪既遂，在公众朴素认识里也属于犯罪未遂，本可以从轻或减轻处罚，但从严惩毒品犯罪的政策出发，将打击的关口提前，作出“制造出毒品半成品以犯罪既遂论处”的拟制性规定，已经体现了严惩，考虑到其社会危害性与已经制造出数量大的毒品成品的犯罪相比，有不小差距，因此不宜判处死刑。

【类案参考】

案例 1－63

何某泽制造毒品案[②]——制造毒品冰毒数量巨大的可判处死刑

［基本案情］　被告人何某泽住四川省金堂县赵镇现代名都小区。2013 年 9 月 11 日，何

---

① 此观点最早源于 2008 年《大连会议纪要》。

② 参见《毒品犯罪及涉毒次生犯罪典型案例》，载《人民法院报》2018 年 6 月 27 日，第 3 版。

某泽指使妻子租赁该镇维罗纳小区某住室，并在该处制造毒品。同年10月31日，公安人员在何某泽家中将其抓获，当场查获甲基苯丙胺（冰毒）3.7万余克。随后，公安人员从上述维罗纳小区某住室查获甲基苯丙胺220余克、含甲基苯丙胺成分的固体5800余克、液体2.5万余克，并查获一批制毒原料和工具。公安人员还从何某泽的制毒场所查获手枪1支、子弹7发，从其住处查获子弹2发。

［**裁判结果**］　法院认为，被告人何某泽制造甲基苯丙胺的行为已构成制造毒品罪；何某泽违反枪支管理规定，非法持有枪支的行为又构成非法持有枪支罪。何某泽制造毒品数量巨大，社会危害大，还非法持有枪支，主观恶性深，罪行极其严重，应依法惩处。对何某泽所犯数罪，应依法并罚。据此，依法对被告人何某泽判处死刑，剥夺政治权利终身，并处没收个人全部财产。

案例1-64

林某泉制造毒品案[①]——查获毒品主要是半成品的适用死刑应当慎重

［**基本案情**］　被告人林某泉购买了用来制造甲基苯丙胺的液体，并将液体带回位于广东省惠来县东埔管区东下村的家中进行熬煮、冷却，制造甲基苯丙胺。2015年3月9日15时许，公安机关在惠来县东埔管区东下村林某泉家抓获林某泉，现场查获1锅净重3.50千克的黄褐色液体（甲基苯丙胺含量为29.55%）、1锅净重0.65千克的黄褐色液体（甲基苯丙胺含量为37.54%）、1锅净重2.425千克的褐色液体（甲基苯丙胺含量为14.74%）、1盒净重3.55千克的黄褐色液体（甲基苯丙胺含量为17.63%）、1桶净重8.55千克的黑色液体（甲基苯丙胺含量为9.15%）及煤气炉、铁盆、铁筛等制毒工具。

［**裁判结果**］　揭阳市中级人民法院以制造毒品罪判处被告人林某泉死刑，剥夺政治权利终身，并处没收个人全部财产。广东省高级人民法院经审理，裁定驳回上诉，维持原判。最高人民法院经复核认为，林某泉制造毒品数量大，罪行极其严重，应依法惩处。鉴于林某泉归案后如实供述主要犯罪事实，对其依法判处死刑，可不立即执行，故裁定不核准。

［**判理分析**］　本案缴获的毒品全是液态，仍属半成品，被告人未能制造出甲基苯丙胺成品，行为危害性相对较小，且归案后认罪态度好，确有悔罪表现，可对被告人判处死刑，缓期二年执行。具体理由如下：

（1）制造毒品案件中缴获的含有甲基苯丙胺成分的液体或固液混合毒品与毒品消费、流通环节能直接吸食的成品毒品，在毒品性质上并不完全一样。毒品成品可以直接用于销售和滥用，因而有直接社会危害性。对于以制造甲基苯丙胺为最终目的的犯罪，制成含有甲基苯丙胺成分的晶体的，才能视为制出成品，制出含甲基苯丙胺成分的液体、固液混合物等的，应视为制出半成品。毒品半成品不能直接被吸食消费，也只有那些需要继续加工的人会购买，否则销售不出去，因此不存在滥用性所体现的直接社会危害性，且其毒品危害的紧迫性与成品差别大。本案中，被告人林某泉购买的是含有甲基苯丙胺成分的液体，不属于毒品成品，其中的部分液体进行加工后，虽然甲基苯丙胺含量有所提高，但并未结晶，仍不具有可直接被吸食和消费的属性，故其加工产物不是毒品成品，而是毒品半成品。

（2）含甲基苯丙胺的液态毒品的社会危害性相对较小，对缴获的甲基苯丙胺均呈液态的

---

①　参见中华人民共和国最高人民法院刑事审判第一、二、三、四、五庭主办：《刑事审判参考》（总第112集），法律出版社2018年版，第63～69页。

制造毒品案件，判处死刑应当特别慎重。2008 年《大连会议纪要》规定，已经制成毒品，达到实际掌握的死刑数量标准的，可以判处死刑；数量特别巨大的，应当判处死刑。在决定能否对被告人判处死刑时，制出成品的数量是更为重要的考虑因素。认定的制造毒品数量虽已达到实际掌握的死刑数量标准，但尚未制造出成品的，或者仅制造出少量成品，绝大多数为粗制毒品或者半成品的，由于其社会危害与已经制成成品待售的情形有明显不同，故一般不宜对被告人适用死刑。本案中，被告人林某泉经加工，制造出 10 余千克甲基苯丙胺含量 14.74% ~ 37.54% 不等的液体，应当全部认定为其制造毒品的数量。林某泉供述查获的另外 8.55 千克含甲基苯丙胺成分的黑色液体是其购买的原料，虽然尚未实施加工行为，也可一并认定为其制造毒品的数量，但在量刑时应酌情考虑。被告人林某泉购入的原料即为毒品半成品，由于加工工艺等问题，林某泉始终未能制出成品；从犯罪手段来看，林某泉制毒采取的加工工艺简单，所用工具均来自普通家庭厨房所用，并非专门用来加工毒品的器皿，说明林某泉不属于制毒惯犯；此外，林某泉归案后能够如实供述主要犯罪事实。综合考虑被告人的犯罪情节、危害后果及主观恶性，最高人民法院裁定依法不核准。

33. 运输毒品罪的死刑适用应当重点打击组织者、雇用者、毒品所有者

【实务观点】

对于运输毒品犯罪，应当准确把握打击重点。根据最高人民法院相关会议纪要的精神，对于运输毒品犯罪集团的首要分子，组织、指使、雇用他人运输毒品的主犯，职业毒犯，毒品再犯，以及具有武装掩护运输毒品、以暴力抗拒查缉情节严重、以运输毒品为业、多次运输毒品等严重情节的被告人，应当依法从严惩处。对其中依法应当判处死刑的，坚决依法判处。①

对于涉嫌为实施走私、贩卖、制造毒品犯罪而运输毒品，由于认定走私、贩卖、制造毒品的证据不充分，而认定为运输毒品罪的，在决定死刑适用时，应当与单纯受指使、雇用为他人运输毒品的情形有所区别。②

基于毒品属于违禁品这一本质，因运输毒品被查获的被告人有义务对其运输毒品的权属、来源及去向作出说明。被告人辩解受他人指使、雇用运输毒品的，应当同时说明雇主的真实情况及接受雇用的过程，且其辩解应当有一定的证据支持。被告人虽然辩解受他人指使、雇用运输毒品，但对雇主及雇用过程不能作出说明并举出具体、实质证据的，或者虽能提供一定的证据但经查证均不属实的，不能认定其系受指使、雇用运输毒品。

【类案参考】

案例 1 - 65

孙某某火等运输毒品案③——纠集他人运输毒品数量巨大

［**基本案情**］ 2011 年 1 月 15 日凌晨，被告人孙某某火邀约比某某惹、刘某荣、初某某聪

① 以上观点，在 2008 年《大连会议纪要》和 2015 年《武汉会议纪要》中均有规定。

② 以上观点，在 2008 年《大连会议纪要》和 2015 年《武汉会议纪要》中均有规定。

③ 参见《最高法院公布五起毒品犯罪及吸毒诱发的严重犯罪典型案例》，载《人民法院报》2013 年 6 月 27 日，第 3 版。

(均系同案被告人),从云南省勐海县西定乡携带毒品分乘两辆摩托车前往云南省景洪市。当日2时25分,孙某某火一行四人行驶至西定乡旧过村委会勐安查缉点时被抓获,公安人员当场查获海洛因6287克、麻古(含甲基苯丙胺成分)91克。

[**裁判结果**] 被告人孙某某火运输毒品的行为已构成运输毒品罪。孙某某火运输毒品数量巨大,社会危害大,罪行极其严重,应依法惩处。孙某某火提起犯意并纠集他人运输毒品,在共同犯罪中起主要作用,系主犯,应当按照其组织、指挥和参与的全部犯罪处罚。据此,依法对被告人孙某某火判处并核准死刑。另对同案被告人比某某惹、刘某荣、初某某聪分别判处死刑缓期二年执行、无期徒刑、有期徒刑十五年。

[**判理分析**] 本案各被告人运输毒品数量巨大,远超过审判当时实际掌握的死刑数量标准,被告人孙某某火属于该运输毒品团伙的组织者,罪行最为严重,依法判处死刑,其他被告人虽然参与运输毒品的数量巨大,但不能一律判处重刑,而应根据各自在运输毒品过程中的作用不同,分别判处不同刑罚,体现了区别对待。

案例1-66

杨某树等运输毒品案①——运输毒品数量大且系累犯和毒品再犯

[**基本案情**] 被告人杨某树1989年3月16日因犯盗窃罪被判处有期徒刑二年;2011年2月11日因犯贩卖毒品罪被判处有期徒刑六个月,并处罚金一千元。2012年3月初,被告人杨某树从其外甥邝某川处得知蒋某在广东省东莞市能联系到毒品卖家,遂将筹集的18万元毒资存入其妻子的工商银行卡。而后,杨某树纠集邝某川等人驾驶邝某川租赁的轿车从北京市来到东莞市常平镇。杨某树经蒋某介绍,与戴某等人商谈毒品交易事宜,并指使邝某川支付毒资。同月7日,杨某树等人携带所购毒品驾车返回,在北京市通州区一高速公路检查站被截获,从车辆内查获甲基苯丙胺(冰毒)778.32克、甲基苯丙胺片剂1.06克。

[**裁判结果**] 北京市第二中级人民法院审理认为,被告人杨某树明知是毒品而运输,其行为已构成运输毒品罪。杨某树出资购买并纠集他人运输毒品,在共同犯罪中系主犯,应当按照其所参与的全部犯罪处罚。杨某树运输毒品数量大,社会危害大,罪行极其严重,且其曾因犯贩卖毒品罪被判处有期徒刑,在刑罚执行完毕后五年内又犯运输毒品罪,系累犯和毒品再犯,主观恶性深,人身危险性大,应依法从重处罚。戴某贩卖毒品数量大,在共同犯罪中亦系主犯,鉴于其到案后揭发他人犯罪,有立功情节,依法可从轻处罚。邝某川受杨某树邀约参与毒品犯罪,在共同犯罪中亦系主犯,鉴于其到案后如实供述罪行,并提供同案犯相关信息,依法可从轻处罚。蒋某居间介绍贩卖毒品,在共同犯罪中系从犯,且到案后如实供述罪行,并有重大立功表现,依法可减轻处罚。据此,依法对被告人杨某树判处并核准死刑,对同案被告人戴某、邝某川、蒋某分别判处死刑缓期二年执行、无期徒刑、有期徒刑十年。

[**判理分析**] 被告人杨某树购买数量大的毒品并在运输过程中被抓获,但没有证据证明其实施贩卖毒品,故以运输毒品罪定罪。杨某树是运输毒品的出资者和组织者,又系毒品再犯和累犯,依法应从重处罚。被告人戴某是贩卖毒品的上家,但有立功情节,依法予以从轻处罚。被告人邝某川、蒋某是杨某树运输毒品的共犯,根据各自的地位和作用及其他量刑情节,分别从轻、减轻处罚,体现了区别对待。

---

① 参见《毒品犯罪及吸毒诱发的严重犯罪典型案例》,载《人民法院报》2014年6月26日,第3版。

案例 1－67

杨某水运输毒品案[①]——为他人运输毒品的职业毒犯应从严惩处

［**基本案情**］ 被告人杨某水于 2004 年 11 月 18 日因犯运输毒品罪被判处有期徒刑十五年，并处没收个人全部财产，2012 年 4 月 30 日被假释，假释考验期至 2014 年 3 月 18 日止。2013 年 11 月，被告人杨某水在缅甸老街经莫某某（在逃）介绍，商定为一毒贩运输一批毒品到云南省昆明市，运费为 43 万元。后杨某水又与马某某（怀孕妇女，另案处理）商定运输另一批毒品到昆明市，运费为 40 万元。杨某水与同案被告人卢某忠（已判刑）商议后，确定驾驶两辆轿车共同运输毒品，所得报酬均分。同月 24 日，杨某水与黄某乔（已判刑）和杨某甲（怀孕妇女，另案处理）驾乘一辆起亚牌轿车，卢某忠与字某某（怀孕妇女，另案处理）等人驾乘一辆轿车在云南省镇康县南伞镇，先后接应受莫某某指使参与运毒的杨某乙（怀孕妇女，另案处理）和马某某，以及二人携带的装有毒品的行李。杨某水、卢某忠将装有毒品的行李放入轿车后备箱内，杨某水、黄某乔等人驾车在前面探路，卢某忠、杨某乙等人驾车在后行驶，前往昆明市。行至云南省龙陵县勐糯镇时，因卢某忠驾驶的轿车出现故障，上述人员分别在该镇两家酒店住宿。次日 10 时许，公安人员在酒店抓获杨某水、卢某忠、黄某乔等人，查获海洛因共计 37,140 克、甲基苯丙胺片剂（俗称麻古）共计 10,467 克。

［**裁判结果**］ 云南省曲靖市中级人民法院审理认为，被告人杨某水明知海洛因、甲基苯丙胺片剂是毒品，而伙同他人运输，其行为已构成运输毒品罪。杨某水运输毒品数量特别巨大，社会危害大，罪行极其严重。在共同犯罪中，杨某水负责洽谈运输毒品，安排行程，并邀约同案被告人卢某忠等人共同运输，起主要作用，系主犯，应当按照其所指挥和参与的全部犯罪处罚。杨某水曾因犯运输毒品罪被判刑，又实施运输毒品犯罪，系毒品再犯，主观恶性深，应依法从重处罚。杨某水在假释考验期内犯新罪，应撤销假释，予以数罪并罚。据此，依法对被告人杨某水判处死刑，剥夺政治权利终身，并处没收个人全部财产。

［**判理分析**］ 为牟取高额报酬而组织他人运输毒品，不同于为挣取少量运费而受人指使、雇用运输毒品的情形，对前者应当依法予以严惩。尤其是组织怀孕妇女、病残人员等特殊群体运输毒品的，明显具有逃避法律制裁的目的，体现了更大的社会危害性和主观恶性，在政策把握上更应当体现严厉性。本案是一起典型的组织多名怀孕妇女运输毒品的犯罪案件，被告人杨某水系运输毒品共同犯罪中的组织者、直接实施者，罪责最为突出。杨某水曾因犯运输毒品罪被判处重刑，被假释后仍不思悔改，且变本加厉，在假释考验期内又犯运输毒品罪，系毒品再犯，主观恶性极深，应依法从重处罚。

案例 1－68

王某运输毒品案[②]——对单纯运输毒品和仅因证据不够充分而就低认定为运输毒品的案件应当区别对待

［**基本案情**］ 2009 年 4 月 29 日，被告人王某将毒品藏匿于一辆桑塔纳轿车内，驾车从云南省江城哈尼族彝族自治县前往元阳县，行至云南省绿春县公安边防大队岩甲检查站时被拦

① 参见《毒品犯罪及涉毒次生犯罪十大典型案例》，载《人民法院报》2017 年 6 月 22 日，第 3、4 版。

② 参见中华人民共和国最高人民法院刑事审判第一、二、三、四、五庭主办：《刑事审判参考》（2012 年第 3 集，总第 86 集），法律出版社 2013 年版，第 65～69 页。

下检查,公安边防人员从轿车变速箱挡板下当场查获甲基苯丙胺2287克。被告人王某辩称不知自己驾驶的汽车内藏有毒品,不是毒品的所有者。

［**裁判结果**］　红河哈尼族彝族自治州中级人民法院认为,被告人王某非法运输毒品甲基苯丙胺2287克,其行为构成运输毒品罪。王某运输毒品数量巨大,罪行极其严重,且拒不供述犯罪事实,主观恶性极深,依法应予严惩。据此,以被告人王某犯运输毒品罪,判处死刑,剥夺政治权利终身,并处没收个人全部财产。云南省高级人民法院经审理认为,王某从省外千里迢迢远赴云南边疆地区,为运输毒品购买车辆,后又独自驾车选择较为隐秘的路线长途运输毒品,全过程均系其独立完成。王某及其辩护人所提王某不明知其所驾车内藏有毒品的上诉理由和辩护意见与审理查明的事实不符,不予采纳。裁定驳回上诉,维持原判,并依法报请最高人民法院核准。最高人民法院经复核裁定核准。

［**判理分析**］　(1)对于毒品犯罪可以根据案件具体情况推定行为人明知其贩卖、运输、制造、走私的对象是毒品。本案被告人王某辩称不知道自己驾驶的轿车内有毒品,又无同案犯供述或者其他证据直接证实其主观上明知,而根据本案的具体情形,足以认定其明知运输的是毒品:第一,王某独自驾驶变速箱挡板内藏匿有毒品甲基苯丙胺的轿车,选择县际公路、避开高速公路和地州城市,从云南省西双版纳州边境向内地行驶;绿春县公安边防检查站缉查盘问时王某神情慌张,边防武警检查车辆查获毒品时王某便意欲逃跑。从这些情形足以推定其主观上明知。第二,车内查获的三包毒品中,在两包最内层透明塑料包装袋上提取到王某的指纹,说明王某直接接触过毒品内包装。第三,目击群众证实,王某被查获后想逃跑,被抓住后不停地大哭,说明其对运输毒品的行为及严重法律后果是有认识的,该表现也有助于推定其主观上明知。

(2)在确定运输毒品犯罪分子的量刑时,应当区分单纯运输毒品的案件和仅因证据不够充分而就低认定为运输毒品的案件。运输毒品且拒不供认毒品来源,不能证明系受人指使、雇佣参与运输毒品的,应予严惩。具体的运输毒品犯罪行为社会危害性差异悬殊,行为人的主观恶性也差异较大,因而对运输毒品犯罪行为不能不加区分一概从严处罚,特别是在判处死刑的问题上要区别对待。一是对有证据证明确属受人指使、雇佣参与运输毒品犯罪,又系初犯、偶犯的,可以从轻处罚。这类单纯的运输毒品行为多系走私、贩卖、制造毒品等严重犯罪的从属行为,具有从属性、辅助性的特点,行为人不是毒品的所有者、买家或卖家,只为赚取少量运费而为他人运输毒品,这些人的社会危害性和人身危险性相对不大,如果对该类行为主体不加区别一律与走私、贩卖、制造毒品的行为主体同样处刑,就违背了罪责刑相适应原则,也与宽严相济刑事政策不符。二是对并非上述单纯的运输毒品的行为,应当体现出从严打击,即对于运输毒品数量超过实际掌握的死刑数量标准,又不能证明系受人指使、雇佣参与运输毒品的,可以判处重刑直至死刑。运输毒品犯罪具有隐蔽性、中转性、跨地域性的特征,如果被告人不如实供述毒品、毒资的来源和归属,则难以查获毒品从源头到市场的整条犯罪产业链,也难以查明被告人在产业链中的地位和作用。一些被告人试图借此避重就轻、逃避打击。本案被告人王某从四川省到云南边境地区长期活动,专门购买车辆并拆开车内挡板,将毒品包装后藏匿于挡板内,选择隐蔽路线,独立长途驾车运输,充分表明其行为独立、积极、主动;其拒不供述毒品、毒资来源和归属,所持银行卡有大额资金流动,说明其并非单纯运输毒品者,不排除王某自行贩卖毒品的可能性;王某运输毒品的数量是实际掌握适用死刑数量标准的数倍以上，且没有法定、酌定从轻处罚情节。对其适用死刑，符合宽严相济刑事政策的精神。

34. 受人指使、雇用运输毒品犯罪能否适用死刑

【实务观点】

对于受人指使、雇用运输毒品的被告人，并非一律不适用死刑，而是应当慎重适用死刑。根据最高人民法院相关会议纪要的精神，对于受人指使、雇用运输毒品的被告人，应当充分考虑其在毒品犯罪中所处的地位和实际发挥的作用，体现区别对待，不能单纯以涉案毒品数量的大小或者所获报酬多少决定死刑适用。要综合考虑被告人运输毒品的数量、次数、距离、犯罪的主动性和独立性、在共同犯罪中的地位和作用、社会危害大小、获利方式及其主观恶性、人身危险性等因素，结合毒品数量等因素，慎重适用死刑。[①] 具体而言：

（1）对于受人雇用运输毒品数量超过实际掌握的死刑适用数量标准的被告人，同时有确实证据证明其具有主观恶性相对较小，或者在共同犯罪中处于从属、辅助地位、被支配的地位，或者如实供述并对案件侦破起重要作用的，又没有其他从重处罚情节的，可以考虑不判处死刑。相关情节如：①不排除系初次运输毒品的；②确因生活急迫困难而运输毒品的；③受雇用者严密指挥或者同行人员监视等，从属性、辅助性明显的：④与雇用者同行运输毒品，处于被支配地位的；等等。如果犯罪嫌疑人归案后如实供述受人指使、雇用运输毒品的事实，且对认定主要犯罪事实或者抓获其他涉案人员价值较大的，应当依照《刑法》第 67 条第 3 款的规定，予以从轻处罚，以体现宽严相济的刑事政策。

（2）一案中有多人受雇同行或者分段运输毒品的，在决定死刑适用时，除考虑被告人运输毒品的数量外，还应综合考虑其具体犯罪情节、参与犯罪程度、与雇用者关系的紧密性及其主观恶性、人身危险性等因素，同时判处二人以上死刑要特别慎重。[②]

（3）毒品犯罪案件的隐蔽性较强，而且犯罪组织者的反侦查能力较强，取证往往比较困难，被抓获的运输毒品犯罪嫌疑人辩解系受人雇用、指使而为，并提供一定的线索。司法实践中，可能查实“确属受人指使、雇用运输毒品”，也可能由于犯罪组织者反侦查手段等原因难以查实，而“不能排除受人指使、雇用运输毒品”，亦“不能排除是为实施走私、贩卖、制造毒品犯罪而运输毒品”，如果在量刑时不予考虑，就可能与其实际应负的刑事责任不相适应。这一问题比较复杂，需要按照刑事政策作出细致判断。首先，根据最高人民法院相关会议纪要的精神，对于由于认定走私、贩卖、制造毒品犯罪的证据不充分而认定为运输毒品犯罪的被告人，在决定适用死刑时，应当与单纯受指使、雇用为他人运输毒品的情形有所区别。[③] 其次，只要犯罪嫌疑人的辩解有一定的依据和合理性，属于“量刑证据存疑”的情形，不能排除合理怀疑，应当作出有利于被告人的认定，又具有前述第 1 项相关情形的，也可以考虑不判处死刑。当然，如果被告人辩解受指使、雇用运输毒品，经调查被证伪的，应当认定为本人运输毒品，并依

---

① 此观点最早源于 2015 年《武汉会议纪要》。

② 此观点最早源于 2015 年《武汉会议纪要》。

③ 此观点最早源于 2008 年《大连会议纪要》。

法定罪量刑。

【类案参考】

案例1-69

熊某平等贩卖、运输毒品案[①]——受雇他人贩卖、运输毒品数量巨大不判处死刑立即执行

［**基本案情**］ (1)2012年2月，被告人熊某平在四川省开江县指使李某平、林某萍到浙江省温州市帮其贩卖、运输毒品，李某平、林某萍二人遂来到温州市暂住。同年3月至5月，熊某平联络好上下家，指使李某平、林某萍到广东省东莞市、汕尾市等地购得甲基苯丙胺3747.50克、海洛因2721.50克，运至温州市卖出。李某平、林某萍将收取的毒资汇入熊某平指定的银行账户。(2)2012年5月7日，被告人熊某平联络好毒品上家，指示李某平、林某萍向其指定的银行账户汇入毒资10万元，并让李某平、林某萍二人携带17万元现金从温州市前往广东省东莞市、陆丰市购买毒品。同月9日上午，李某平、林某萍携所购毒品到达温州市新南汽车站时被抓获，公安人员缴获海洛因973.60克、甲基苯丙胺1001.20克，后从李某平、林某萍二人在温州市的暂住处缴获海洛因6.43克。综上，被告人熊某平共计贩卖、运输甲基苯丙胺4748.70克、海洛因3701.53克。

［**裁判结果**］ 法院认为，被告人熊某平伙同他人贩卖、运输甲基苯丙胺、海洛因，其行为已构成贩卖、运输毒品罪。在共同犯罪中，熊某平提起犯意，联络毒品上下家，指使他人实施毒品犯罪，系罪行最为严重的主犯，应当按照其所参与和指挥的全部犯罪处罚。李某平、林某萍受熊某平指使，积极实施贩卖、运输毒品犯罪，在共同犯罪中的地位、作用相对小于熊某平。熊某平指挥他人两次到广东购买毒品运至温州市贩卖，贩卖、运输毒品数量巨大，社会危害极大，罪行极其严重，应依法惩处。据此，依法对被告人熊某平判处并核准死刑，对被告人李某平、林某萍判处死刑，缓期二年执行。

［**判理分析**］ 本案被告人熊某平是贩卖、运输毒品的组织者和毒品的所有者，是2008年《大连会议纪要》和2015年《武汉会议纪要》所确定的打击重点，且贩卖、运输毒品数量巨大，依法应予严惩。被告人李某平和林某萍属于受熊某平雇用参与毒品犯罪。2015年《武汉会议纪要》指出，对于有证据证明确属受人指使、雇用运输毒品，又系初犯、偶犯的被告人，即使毒品数量超过实际掌握的死刑数量标准，也可以不判处死刑。李某平、林某萍二人虽然实施了犯罪过程中购买、运输、贩卖毒品的全部行为，在共同犯罪中亦系主犯，但二人属受熊某平雇用实施犯罪，虽然贩卖、运输毒品数量超过实际掌握的死刑数量标准，仍然可以不判处死刑。

案例1-70

祝某走私、运输毒品案[②]——受人雇用走私、运输毒品数量大一般不宜判处死刑

［**基本案情**］ 2018年12月，被告人祝某因欠外债使用手机上网求职，在搜索到“送货”可以获得高额报酬的信息后，主动联系对方并同意“送货”。后祝某按照对方安排，从四川省成都市来到云南省孟连傣族拉祜族佤族自治县，乘坐充气皮艇偷渡出境抵达缅甸。2019年1

---

① 参见《毒品犯罪及吸毒诱发的严重犯罪典型案例》，载《人民法院报》2014年6月26日，第3版。

② 参见《最高人民法院发布2020年十大毒品（涉毒）犯罪典型案例》，载《人民法院报》2020年6月24日，第3版。

月下旬，被告人祝某从对方接取一个拉杆箱，在对方的安排下回到国内，经多次换乘交通工具返回昆明市，并乘坐 G286 次列车前往山东省济南市。同月 27 日 18 时许，公安人员在列车上抓获祝某，当场从其携带的拉杆箱底部夹层内查获海洛因 2 包，净重 2063.99 克。

［**裁判结果**］ 济南铁路运输中级法院审理认为，被告人祝某将毒品从缅甸携带至我国境内并进行运输，其行为已构成走私、运输毒品罪。祝某对其接受雇用后偷渡到缅甸等待一月之久、仅携带一个装有衣物的拉杆箱即可获取高额报酬、途中多次更换交通工具、大多选择行走山路等行为不能作出合理解释，毒品又系从其携带的拉杆箱夹层中查获，可以认定其明知是毒品而走私、运输。祝某实施犯罪所涉毒品数量大，鉴于其系接受他人雇用走私、运输毒品，且具有初犯、偶犯等酌定予从宽处罚情节，可从轻处罚。据此，依法对被告人祝某判处无期徒刑，剥夺政治权利终身，并处没收个人全部财产。

［**判理分析**］ 毒品犯罪分子为逃避处罚，以高额回报为诱饵，通过网络招募无案底的年轻人从境外将毒品运回内地，已成为我国毒品犯罪的一个新动向。本案被告人祝某通过网络受雇他人走私、运输毒品，虽然毒品数量大并已达到实际掌握的判处死刑标准，但考虑到其系受人指使、雇用运输毒品，从属性、辅助性较强，又系初犯、偶犯，也不宜判处死刑。

案例 1－71

冯某义、艾某生贩卖、运输毒品案[①]——受毒品所有者指使、雇用而运输毒品处刑应与毒品所有者相区别

［**基本案情**］ 2006 年 4 月 16 日，被告人冯某义在云南省芒市购得净重为 3540 克的 10 块海洛因后，雇用他人运到云南省昆明市。同月 24 日，冯某义将其中 2 块净重为 709 克的海洛因以每克 320 元的价格卖给被告人艾某生。随后冯某义、艾某生相约一同前往湖南省，冯某义准备将余下的 8 块海洛因带到湖南省郴州市贩卖，艾某生准备把从冯某义处购买的 2 块海洛因带到湖南省邵阳市掺假后出售。二人商定由艾某生帮冯某义携带 3 块海洛因，运费按每克 20 元支付或用海洛因折抵。同月 25 日凌晨，冯某义、艾某生各携带 5 块海洛因从昆明市出发，于当晚到达贵州省兴义市，又从兴义市转乘出租车前往广西壮族自治区百色市。当行至 324 国道贵州省安龙县幺塘收费站时被公安人员查获，当场从二人携带的包内各查获海洛因 5 块。

［**裁判结果**］ 黔西南布依族苗族自治州中级人民法院审理认为，被告人冯某义以贩卖为目的购买海洛因，向他人销售并伙同他人携带运输，其行为已构成贩卖、运输毒品罪；被告人艾某生以贩卖为目的购买海洛因并携带运输，其行为亦构成贩卖、运输毒品罪。判决：(1)被告人冯某义犯贩卖、运输毒品罪，判处死刑，剥夺政治权利终身，并处没收个人全部财产；(2)被告人艾某生犯贩卖、运输毒品罪，判处死刑，剥夺政治权利终身，并处没收个人全部财产。贵州省高级人民法院经审理，裁定驳回上诉，维持原判。最高人民法院复核后认为，冯某义贩卖、运输海洛因 3540 克，艾某生贩卖、运输海洛因 1759 克，二被告人贩卖、运输海洛因数量大，应依法惩处。鉴于艾某生运输的 1759 克海洛因中有 1050 克系受雇替冯某义运输，其在本案中的地位、作用次于冯某义，依法可不判处死刑立即执行。判决：核准被告人冯某义死

---

① 参见中华人民共和国最高人民法院刑事审判第一、二、三、四、五庭主办：《刑事审判参考》(2009 年第 2 集，总第 67 集)，法律出版社 2009 年版，第 113～117 页。

刑,对被告人艾某生以贩卖、运输毒品罪改判死刑,缓期二年执行,剥夺政治权利终身,并处没收个人全部财产。

[**判理分析**] (1)仅在客观上相互关联而缺少共同故意的毒品犯罪行为,如买卖毒品的双方,不构成共犯。本案中,被告人冯某义、艾某生贩卖、运输毒品的行为从全案来看不构成共同犯罪,但艾某生受雇替冯某义运输毒品的行为系共同犯罪。具体而言:第一,被告人冯某义贩卖给被告人艾某生海洛因709克,虽然二被告人的犯罪行为指向同一对象,但冯某义的主观故意是销售毒品,而艾某生的主观故意是购买毒品,二人的主观故意不同,仅是买卖毒品的行为客观上相互关联,故不构成共同犯罪;第二,冯某义运输自己所有的海洛因1781克,艾某生运输自己所有的海洛因709克,二被告人这种运输毒品行为是分别独立实施的,没有共同运输同一毒品的主观故意,故二人在此范围内的运输毒品行为不构成共同犯罪;第三,在被告人艾某生受冯某义雇用、指使,替冯某义运输海洛因1050克的行为中,二被告人具有共同故意,行为指向同一对象,应当构成共同犯罪。其中,冯某义作为雇用者,在共同犯罪中所起作用大于艾某生。

(2)毒品数量是毒品犯罪量刑的基本的、重要的情节,但不是唯一标准。在对被告人量刑时,特别是在考虑是否适用死刑时,要综合考虑毒品数量、犯罪情节、被告人的主观恶性、人身危险性以及当地的禁毒形势等各种因素,做到区别对待。原则上,对于毒品数量已经达到当地实际掌握的判处死刑的数量标准,但具有法定或者酌定从轻处罚情节的被告人,可不判处死刑立即执行。2008年《大连会议纪要》也对此作了强调。本案中,被告人冯某义以贩卖为目的购买海洛因3540克后,贩卖给被告人艾某生709克,并雇用艾某生替自己运输海洛因1050克,自己还运输海洛因1781克。冯某义贩卖、运输海洛因数量大,超过当地实际掌握的适用死刑数量标准,罪行极其严重,且无法定从轻处罚情节,原判对其判处死刑立即执行是适当的。被告人艾某生贩卖、运输海洛因1759克,数量大,但其主要犯罪行为是运输毒品,且其运输的毒品有1050克是受毒品所有者、同案被告人冯某义的指使、雇用,是冯某义贩卖毒品行为的辅助行为。同时,艾某生贩卖、运输毒品的数量只有同案被告人冯某义贩卖、运输毒品数量的一半左右。艾某生在本案中的地位、作用明显次于冯某义,根据罪责刑相适应原则,对艾某生的处刑应当与冯某义有所区别。

案例1-72

邱某清等走私、运输毒品案①——有证据表明被告人系受雇走私、运输毒品即使数量大且系累犯也不宜判处死刑

[**基本案情**] 邱某清和吉某某格为牟取暴利,为他人到缅甸走私、运输毒品海洛因。2010年11月初,邱某清、吉某某格在初某某格等三名(均在逃)彝族男子带领下到缅甸红岩接到毒品16块,11月7日五人携带毒品步行进入我国云南省临沧市永德县永甸镇。三名彝族男子在前面探路,邱某清、吉某某格将毒品海洛因捆绑在身上乘坐8日永德发往昌宁的客车。当日14时许,邱某清、吉某某格途经昌宁县卡斯镇梁源温泉的公安机关执勤点时,被当场查获,邱某清身上毒品海洛因8块,净重2825克,平均含量为56.4%;吉某某格身上毒品海

① 参见中华人民共和国最高人民法院刑事审判第一、二、三、四、五庭主办:《刑事审判参考》(2013年第2集,总第91集),法律出版社2014年版,第74~78页。

洛因 8 块,净重 2820 克,平均含量为 55.7%。

[**裁判结果**]　一审法院认为,邱某清为牟取非法利益,伙同他人将毒品海洛因从境外运入我国境内的行为已触犯刑律,构成走私、运输毒品罪。其走私、运输毒品数量巨大,且系累犯,应当从重处罚。据此以邱某清犯走私、运输毒品罪,判处死刑,剥夺政治权利终身,并处没收个人全部财产;以吉某某格犯走私、运输毒品罪,判处无期徒刑,剥夺政治权利终身,并处没收个人全部财产。一审宣判后,邱某清及其辩护人均以邱某清系受人雇用运输毒品,其与吉某某格为各自的货主运输毒品,且系从犯,对其量刑过重为由提出上诉。云南省高级人民法院二审裁定驳回上诉,维持原判。最高人民法院经复核认为,邱某清走私、运输毒品数量大,且系累犯,依法应当从重处罚。鉴于邱某清受雇用走私、运输毒品,在共同犯罪中的地位和作用小于在逃同案犯,归案后认罪态度好,对邱某清判处死刑,可不立即执行。据此,裁定不核准。

[**判理分析**]　邱某清走私、运输毒品海洛因的数量高达 5645 克,且系累犯,在共同犯罪中的地位、作用与吉某某格基本相当,如无特殊情节,依法应当对邱某清判处死刑立即执行。但基于以下几个方面的原因,可对其不判处死刑立即执行:(1)被告人邱某清系受人雇用且非独立实施走私、运输毒品行为。邱某清和同案吉某某格详细稳定的供述相互印证,另有电话通信勘查笔录、车票、吸毒检测报告等佐证,证实在逃的初某某格等三名彝族毒贩,出资 56 万元从缅甸购买毒品,临时雇用赌博欠债的邱某清和找工作未果的吉某某格充当运毒"马仔",从出发地到缅甸再走山路到国内,五人始终在一起,且系由初某某格指挥、出资。只有到了我国境内要下山时,三名彝族毒贩才将毒品分别绑在邱某清和吉某某格身上并先行离开,以电话遥控方式,指挥邱某清和吉某某格应对途中可能发生的缉查。二被告人的地位和作用犹如在危险地带负责"蹚雷"的"工具",有别于一般的走私、运输毒品过程中犯罪分子自行选择路线、自主逃避关卡等情形,本质上是单纯的受雇走私、运输毒品行为。2008 年《大连会议纪要》明确规定,"对于运输毒品犯罪中的这部分人员,在量刑标准的把握上,应当与走私、贩卖、制造毒品和前述具有严重情节的运输毒品犯罪分子有所区别,不应单纯以涉案毒品数量的大小决定刑罚适用的轻重"。(2)邱某清在共同犯罪中的地位、作用明显次于在逃的三名同案犯。2008 年《大连会议纪要》规定:"共同犯罪中能分清主从犯的,不能因为涉案的毒品数量特别巨大,就不分主从犯而一律将被告人认定为主犯或者实际上都按主犯处罚,一律判处重刑甚至死刑。"本案中,如果核准邱某清死刑,即与作用更大的三个在逃同案犯的量刑失衡。(3)邱某清认罪态度好且归案后具有积极协助司法机关的表现。邱某清积极协助公安机关诱捕毒品货主,虽然最终没有抓捕成功,但公安、检察机关均认可其为此所做的努力。(4)在具体案件中应当区别累犯的不同具体情形,对量刑的影响也不同。邱某清的前科并非毒品犯罪,其跟着多人共同抢劫但其在抢劫共同犯罪中所起作用不大,虽系累犯,但并非要从重并严厉到适用死刑立即执行。

案例 1 – 73

李某贩卖毒品案①——无法排除行为人系受雇贩卖毒品合理怀疑的慎用死刑

[**基本案情**]　2010 年 8 月 4 日 13 时许,被告人李某在一饭店房间内分别以 26.4 万元的

① 参见中华人民共和国最高人民法院刑事审判第一、二、三、四、五庭主办:《刑事审判参考》(2012 年第 6 集,总第 89 集),法律出版社 2013 年版,第 77 ~ 83 页。

价格向被告人谢某贩卖3块海洛因,以17.6万元的价格向被告人温某贩卖2块海洛因。次日0时许,谢某、温某携带各自所购的毒品在搭乘长途客车返回途中被抓获。公安人员从谢某的座位下查获海洛因3块,净重1044克;从温某的座位下查获海洛因2块,净重688克。李某在此次贩卖中,共贩卖海洛因1732克,收取毒资44万元。被告人李某辩称不是毒品所有者,其系受越南人"阿阮"雇用贩卖毒品,在共同犯罪中处于从犯地位,请求从轻处罚。

［**裁判结果**］ 一审法院认为,被告人李某贩卖海洛因的行为构成贩卖毒品罪;被告人谢某、温某运输海洛因,其行为均构成运输毒品罪。李某贩卖海洛因数量大,社会危害大,罪行极其严重,依法应当判处其死刑。谢某运输海洛因数量大,罪行极其严重,鉴于其归案后坦白认罪,并协助公安机关抓获李某,有重大立功表现,依法可以减轻处罚。温某运输海洛因的数量较谢某少,归案后认罪态度较好,依法可以从轻处罚。据此,判决:被告人李某犯贩卖毒品罪,判处死刑,剥夺政治权利终身,并处没收个人全部财产;被告人谢某、温某犯运输毒品罪,均判处无期徒刑,剥夺政治权利终身,并处没收个人全部财产。某高级人民法院经二审审理裁定驳回上诉,维持原判,并依法报请最高人民法院核准。最高人民法院经复核裁定不核准。

［**判理分析**］ (1)毒品犯罪案件应当严格贯彻宽严相济刑事政策,突出打击重点,体现区别对待。如果是共同犯罪案件,要根据行为人在共同犯罪中的作用和罪责大小确定刑罚,行为人是否受他人雇用贩卖毒品,涉及是否属于共同犯罪及在共同犯罪中的地位、作用,影响到对全案事实的准确认定以及能否对行为人适用死刑。本案被告人李某归案后始终辩称系受他人雇用贩卖毒品,若李某不是毒品出资者、所有人,而是受雇为他人贩卖毒品赚取报酬,则李某在共同犯罪中的地位、作用要次于雇佣者、出资者,主观恶性和社会危害性也相对较小,如能认定为从犯,则应当依法从宽处罚。

(2)被告人在共同犯罪中的地位和作用属于死刑案件的证明对象,应当达到"证据确实、充分"的证明标准。《关于办理死刑案件审查判断证据若干问题的规定》第5条第3款所列举的必须达到"确实、充分"要求的证明对象中,就包括"是否共同犯罪及被告人在共同犯罪中的地位、作用"。如果认定该项事实的证据不能达到排除合理怀疑的标准,以致影响准确判定被告人罪责的,则不能判处死刑立即执行。本案中,认定李某向谢某、温某贩卖1732克海洛因的事实清楚,但是李某是否受雇贩卖毒品的事实不清,且有关情节存在疑点,无法排除合理怀疑。具体体现在:第一,涉案毒品的来源不清。李某作案时年仅19岁,其本人没有固定职业,家庭经济情况一般,没有购入大量毒品的经济能力。李某无吸毒史,也没有毒品犯罪前科,从其年龄、阅历及社会关系来看,其缺乏从境内外联系大宗毒源的途径和能力。第二,涉案巨额毒资及剩余毒品的去向不明。"下线"谢某及温某供述本次交易的毒资达44万元,李某归案后公安人员仅从其身上查获4万余元现金,并没有查询其银行账户或者对其住处进行搜查,而李某则始终交代涉案毒资已全部交给雇主,缴获的4万余元是其劳务报酬。同时,李某及谢某证实交易后剩余2块毒品,公安人员也未能从李某处查获剩余毒品,李某供称剩余毒品已交给雇主。第三,何人与买家联系交易的事实不清。谢某、温某均供称系受"高佬"雇用向李某购毒,"高佬"已事先与卖家谈妥购毒数量及交易价格,故二人均未再与李某商谈毒品的数量和价格。但李某否认认识"高佬",坚称系其雇主与买家商定毒品数量和价格,且其通话清单中也没有与"高佬"的通话记录。目前,没有证据证实李某与"高佬"事先商定毒品交易事宜,也无法查明系何人与买家联系交易毒品。根据上述情况,不能排除李某受人雇用参与贩卖毒品的可能性。在最高人民法院复核期间，李某称此前因害怕家人遭到报复，没有如实供述毒品货主的真实身份，并称雇用其贩卖毒品的是农某，当天与其共同贩卖毒品的还有许某，并提供了二人的身份、住址、联系方式及相关证据线索。经审查：第一，李某提供的共同犯罪人身份得到证实，且二人均系涉毒人员。李某交代了雇用其贩卖毒品的农某和共同贩卖毒品的许某的身份、住址等情况，李某还对二人的照片进行了混合辨认确认。农某系涉毒人员，曾因吸食海洛因被强制戒毒。当地村干部反映，该村毗邻中越边境，不少村民走私、贩卖毒品，农某行踪诡秘，很少干农活，也很少在家，有一越南妻子，李某案发前常到该村活动。许某亦系涉毒人员，因吸食海洛因目前正在被强制戒毒。第二，李某交代受雇贩卖毒品的情节有一定证据印证。李某在复核阶段交代许某与其共同贩毒，案发当天许某曾在交易前到饭店房间给谢某送毒品样品，交易时许某在房间外等候并与其一起离开。交易的下家谢某证实交易前确有另一名年轻男子到饭店房间送样品，交易后该男子与李某一起离开现场，温某也证实另一名男子在交易前送来样品，虽因时间久远无法辨认，但印证了李某供述的与他人共同贩卖毒品的情节。另外，李某作案时使用的手机号码与其所称的农某的手机号码在交易日前后通话异常频繁，也印证了李某交代的受雇贩毒期间与雇主频繁联系的情节。第三，目前没有证据证实李某有异常收支情况及大额账户资金往来。李某的家庭经济情况一般，没有异常暴富的情况。通过对李某居住地的多家银行进行调查，均未发现李某的开户信息。

综上，本案涉案海洛因的来源及巨额毒资、剩余毒品的去向均不清楚；李某交代雇用其贩卖毒品的农某及与其共同贩卖毒品的许某确有其人，且均系涉毒人员；李某交代的部分受雇贩卖毒品的情节得到在案证据印证。因此，可以确认李某受他人雇用贩卖毒品的可能性很大。全案证据尚未达到死刑案件的证据标准，最高人民法院依法裁定不核准。

案例 1－74

李某都运输毒品案[①]——运输毒品数量大但不排除受人雇用的慎用死刑

［**基本案情**］　2007 年 6 月 22 日晚 23 时许，被告人李某都骑摩托车途经四川省盐边县格萨拉乡平原村平原组新坝沟垭口时，被公安人员拦截，当场从李某都随身携带的挎包内查获可疑物品 3 块，净重 1047.5 克。经鉴定，该三块可疑物品中均检出海洛因成分。被告人李某都提出其系受雇于谢某某而运输毒品，是从犯；到案后积极检举谢某某，有立功表现。

［**裁判结果**］　攀枝花市中级人民法院判决，被告人李某都犯运输毒品罪，判处死刑，剥夺政治权利终身，并处没收财产一千元。四川省高级人民法院二审裁定驳回上诉，维持原判。最高人民法院经复核认为，被告人李某都明知是海洛因而使用交通工具进行运输，其行为已构成运输毒品罪。李某都运输海洛因数量大，应依法惩处。鉴于不能排除李某都系受他人雇佣、指使而运输毒品，对其依法可不判处死刑立即执行。故裁定不核准。

［**判理分析**］　(1)本案不能排除被告人李某都系为赚取少量运费而受谢某某雇佣、指使运输毒品，理由是：第一，公安机关在侦查初期是先将谢某某锁定为毒品犯罪嫌疑人，后在监控谢某某的过程中才怀疑到李某都，并且，谢某某存在经济支出与收入情况不符的表现，但公安机关并未监控到李某都有任何异常经济表现；且二审期间，李某都户籍所在的温泉乡野麻

---

① 参见中华人民共和国最高人民法院刑事审判第一、二、三、四、五庭主办：《刑事审判参考》（2009 年第 2 集，总第 67 集），法律出版社 2009 年版，第 37～42 页。

地村委会出具了两份证明反映李某都是该村特困户。第二,李某都被抓获后一直供述稳定,其为了获得500元报酬,受其大舅子谢某某的邀约而帮谢某某运输毒品,被抓获的当晚,其和谢某某各骑一辆摩托车,一起从温泉乡运输毒品到格萨拉乡洼落村;公安人员实施抓捕时,谢某某骑摩托车在前面探路,其背着装有毒品的包骑摩托车在后;其被抓获时,前面的谢某某骑摩托车逃走;公安机关出具的一份关于抓获经过的证明材料反映在设卡拦截时确实看到两辆摩托车一前一后向查缉点开来,因抓捕骑第二辆摩托车的李某都时动静较大,导致骑第一辆摩托车的人闻声向旁边的小路逃窜,能印证李某都的供述,表明李某都具有与他人共同运输毒品的可能。第三,李某都还称其知道谢某某从一年多前就开始贩卖海洛因。检察员在二审庭审中出示了谢某某的户籍证明,因此进一步证实了谢某某的身份情况,证人谢某华、谢某明亦证实谢某某是李某都的亲戚及听说谢某某是个贩毒人员,印证了李某都的供述。目前,谢某某在逃,故无法完全查明李某都与谢某某在运输毒品共同犯罪中各自的地位、作用,从谢某某与李某都在案发前的一贯表现及家庭经济情况综合分析,李某都系为赚取少量运费而受谢某某雇佣、指使运输毒品的可能性极大。

(2)对受雇运输毒品的犯罪分子判处刑罚时,一般应与走私、贩卖、制造毒品和有严重情节的运输毒品犯罪分子有所区别。本案被告人李某都运输海洛因1047.5克,数量巨大,但李某都不是毒品所有者、买家或者卖家,也不是组织、指使、雇用他人运输毒品者,其在整个毒品犯罪环节中作用相对较小,主观恶性和社会危害性也相对较小,且有多个从宽处罚情节:①李某都系初犯,结合其一贯表现和家庭经济状况,其本次犯罪仅系为了赚取少量运费的可能性极大;②李某都运输的毒品已被全部查获,没有进一步流入社会造成更大实际危害;③所在村委会出具证明材料反映李某都平时表现良好,归案后能够如实供述犯罪,认罪态度较好,反映其主观恶性不深。因此,最高人民法院作出不核准的裁定。

案例1-75

李某均运输毒品案①——被告人关于受雇用运输毒品的辩解应当有一定程度的可信性

[**基本案情**] 2007年12月3日,被告人李某均在四川省成都市川酒宾馆地下停车场将16,161克氯胺酮分别藏于租来的一辆帕萨特轿车的后备箱内和副驾驶座位的工具箱内,将16.9克麻古藏于该车后排座位中间的烟灰盒内,雇用不知情的出租车司机张某强与自己轮流驾车将上述毒品运往广东省广州市。当日15时21分许,李某强驾驶该车行至贵州省桐梓县境内的崇遵高速公路松坎收费站时,遇到民警例行检查,所运毒品被当场查获,李某均亦被同时抓获。

[**裁判结果**] 遵义市中级人民法院经审理认为,被告人李某均运输氯胺酮16,161克、甲基苯丙胺16.9克,其行为已构成运输毒品罪。判决:被告人李某均犯运输毒品罪,判处死刑,剥夺政治权利终身,并处没收个人全部财产。被告人李某均及其辩护人提出系帮他人运输毒品。贵州省高级人民法院经审理,裁定驳回上诉,维持原判。最高人民法院经复核裁定核准。

[**判理分析**] 本案中,被告人李某均运输氯胺酮16,161克、甲基苯丙胺16.9克,法院对其适用死刑,主要有以下几点理由:第一,被告人李某均运输毒品数量大、含量高,社会危害性

① 参见中华人民共和国最高人民法院刑事审判第一、二、三、四、五庭主办:《刑事审判参考》(2009年第2集,总第67集),法律出版社2009年版,第50~54页。

大。第二,被告人李某均虽然辩称系受"阿伟"雇佣而运输毒品,并提供了"阿伟"的手机号码,但不能说明"阿伟"的具体情况,案发前后均未与"阿伟"的手机号码联系过,所供述的接货方式也前后不一,故不能认定其系受人雇佣而运输毒品。第三,被告人李某均无自首、立功等法定从宽处罚情节,也没有毒品纯度极低、犯罪动机值得同情等酌定从宽处罚情节。

35. 毒品共同犯罪在死刑适用中的区别对待

【实务观点】

对毒品共同犯罪中各犯罪人的准确量刑,应当以各犯罪人在共同犯罪中地位、作用的正确认定以及其在共同犯罪中罪责大小的准确判断为前提。毒品共同犯罪案件的死刑适用应当与该案所涉毒品数量、社会危害性及被告人在共同犯罪中的具体罪责相适应。这里的罪责评价要素,既包括被告人在共同犯罪中的具体地位、作用,也包括前科情况、犯罪次数及归案后的认罪态度等反映被告人主观恶性和人身危险性大小的情节。对各被告人在毒品共同犯罪中的地位、作用,要从犯意的提起和出资,犯罪的组织、指挥,具体购买、运输和出售毒品的分工,犯罪获利的分配等多个角度进行分析,准确认定。对被告人的累犯、毒品再犯等情况,从重处罚时也不能"一刀切",而应当根据其前科犯罪的性质、具体危害情况、被判处刑罚情况、再犯罪与前次犯罪判决生效或者刑满的间隔时间、两次犯罪之间的关系等,具体判断其人身危害性大小及对量刑的影响。具体而言如下:

(1)关于共同犯罪案件中的死刑适用。根据最高人民法院相关会议纪要的精神,根据涉案毒品数量不同,区别对待:①涉案毒品数量巨大,二名以上主犯的罪责均很突出,或者罪责稍次的主犯具有法定从重处罚情节,判处二人以上死刑符合罪刑相适应原则,并有利于全案量刑平衡的,可以依法判处。②涉案毒品数量超过实际掌握的死刑适用数量标准,但未达到巨大以上,依法应当判处死刑的,要进一步区分主犯间的罪责大小,一般只对其中罪责最大的一名主犯判处死刑。③涉案毒品数量刚超过实际掌握的死刑适用数量标准,各共同犯罪人地位、作用相当或者责任大小难以区分,且均不具有法定从重处罚情节的,可以不判处被告人死刑。① 司法实践中情况多样,罪责刑相适应原则是基本判断标准。比如,对临时结伙贩卖、运输毒品,数量达到判处死刑标准,但作用相对分散,其中虽起一定组织作用但本人出资的毒品数量较小的,综合考虑不应判处死刑。毒品共同犯罪中作用相对较大的主犯因具有法定从宽情节而未被判处死刑的,对其他罪责相对较小的主犯不应"升格"判处死刑。如果其中某一被告人具有法定从重处罚情节,即便各共同犯罪人责任大小难以区分,也可以判处被告人死刑,以体现对毒品犯罪的从严打击。

(2)对于部分共同犯罪人未到案的毒品案件。根据最高人民法院相关会议纪要的精神,根据在案被告人的罪行严重程度不同,区别对待:①在案被告人罪行最为严重,或者在案被告人与未到案共同犯罪人均属罪行极其严重,即使共同犯罪人到案也不影响对在案被告人适用死刑的,可以依法判处在案被告人死刑。②在案被告人的罪行不足以判处死刑,或者根据已查明事实全案只宜判处未到案的共同犯罪人死刑的,不能因为共同犯罪人未到案而对在案被

① 以上观点最早源于2015年《武汉会议纪要》。

告人适用死刑。③在案被告人与未到案共同犯罪人的罪责大小难以准确认定，进而影响准确适用死刑的，不应对在案被告人判处死刑。①

【类案参考】

案例 1－76

施某民、林某雄制造毒品案②——制造毒品数量特别巨大可判处二组织者死刑

［**基本案情**］　2015 年 6 月，被告人施某民、林某雄密谋合伙制造甲基苯丙胺（冰毒），商定施某民出资 8 万元，负责购买主要制毒原料及设备等，林某雄出资 20 万元，负责租赁场地和管理资金。同年 7 月，施某民纠集郑某江、刘某、柯某（均已判刑）参与制毒。郑某江提出参股，后通过施某民交给林某雄 42 万元。施某民自行或安排郑某江购入部分制毒原料、工具。林某雄租下广东省揭阳市揭东区锡场镇的一处厂房作为制毒工场，纠集林某滨、黄某光（均已判刑）协助制毒，并购入部分制毒配料、工具。同月 20 日晚，施某民以每袋 7.8 万元的价格向吴某木、俞某富（均已判刑）购买 10 袋麻黄素，并通知林某雄到场支付 40 万元现金作为预付款。林某雄将麻黄素运至上述制毒工场后，施某民、林某雄组织、指挥郑某江、刘某、柯某、林某滨、黄某光制造甲基苯丙胺。同月 23 日 23 时许，公安人员抓获正在制毒的施某民、林某雄等七人，当场查获甲基苯丙胺约 149 千克，含甲基苯丙胺成分的固液混合物和液体共计约 621 千克，以及一批制毒原料和工具。

［**裁判结果**］　法院认为，被告人施某民、林某雄结伙制造甲基苯丙胺，其行为均已构成制造毒品罪。施某民、林某雄分别纠集人员共同制造甲基苯丙胺，数量特别巨大，社会危害极大，罪行极其严重，且二人在共同犯罪中均起主要作用，系主犯，均应按照其所组织、指挥和参与的全部犯罪处罚。据此，依法对被告人施某民、林某雄均判处死刑，剥夺政治权利终身，并处没收个人全部财产。

［**判理分析**］　制造毒品犯罪属于刑事政策上应予严惩的重点类型，本案被告人施某民、林某雄分别纠集人员共同制造甲基苯丙胺，专门租赁场地作为制毒场所，大量购置麻黄素等制毒原料及各种制毒设备、工具，公安人员在制毒场所查获成品甲基苯丙胺约 149 千克，另查获含甲基苯丙胺成分的液体和固液混合物约 621 千克，所制造的毒品数量特别巨大。人民法院根据二被告人犯罪的事实、性质和具体情节，依法对二人均判处死刑，体现了对源头性毒品犯罪的严厉惩处，充分发挥了刑罚的威慑作用。

案例 1－77

常某、吴某 1 运输毒品案③——共同运输毒品数量特别巨大且罪责均很突出的可以判处二人死刑

［**基本案情**］　被告人常某组织多人从中缅边境接取毒品并在境内运输，通过电话等方式对整个运输过程进行指挥。2014 年 4 月 19 日夜间，常某安排被告人吴某 1 带领同案被告人

---

① 以上观点最早源于 2015 年《武汉会议纪要》。

② 参见《最高人民法院发布 2019 年十大毒品（涉毒）犯罪典型案例》，载《人民法院报》2019 年 6 月 26 日，第 3、4 版。

③ 参见中华人民共和国最高人民法院刑事审判第一、二、三、四、五庭主办：《刑事审判参考》（总第 120 集），法律出版社 2020 年版，第 69～75 页。

吴某2、王某(均已判刑)到云南省临沧市南伞镇接取毒品。之后,根据常某的安排,同案被告人王某坤(已判刑)指挥同案被告人赵某领、赵某(均已判刑)驾驶一辆大众牌迈腾轿车前往接应,并将毒品放置在该迈腾轿车内。后王某坤驾驶一辆大众牌桑塔纳轿车、吴某2驾驶一辆长城牌哈弗H3越野车依次在前探路,赵某领、赵某、王某驾驶迈腾轿车在后运输毒品,前往云南省昭通市。同月20日上午,行至云南省保山市昌宁县城外时,王某、赵某领将迈腾轿车上的毒品转移至王某坤驾驶的桑塔纳轿车的后备厢内,王某坤将该桑塔纳轿车停放在昌宁县人民医院,后各自住店休息。当日晚,公安人员将上述人员抓获,从桑塔纳轿车车内起获海洛因42.52千克、甲基苯丙胺片剂(俗称"麻古")5.965千克。被告人常某辩称无罪。被告人吴某1当庭否认参与运输毒品犯罪。

[**裁判结果**] 大理白族自治州中级人民法院认为,被告人常某、吴某1伙同他人,为牟取非法利益运输毒品海洛因42.52千克、甲基苯丙胺片剂5.965千克,其行为均已构成运输毒品罪。在共同犯罪中,常某组织、指挥毒品犯罪,起主要作用,系主犯;吴某1将吴某2、王某带至中缅边境接取毒品,亦起主要作用,属主犯,应依法惩处。常某归案后拒不供述犯罪事实,但吴某1、王某、赵某领、赵某均指证常某组织和指挥毒品犯罪,并结合收缴在案的写有毒品犯罪详细计划的笔记本及笔记本中记录的被告人电话号码、被告人绰号、笔迹鉴定、通话清单、手机中的银行卡信息以及银行账户存取款大额资金凭证等证据,可以认定常某组织和指挥毒品犯罪的事实。判决:被告人常某、吴某1犯运输毒品罪,均判处死刑,剥夺政治权利终身,并处没收个人全部财产。被告人吴某1上诉提出,其在本案中受常某指挥,系从犯,原判量刑过重。云南省高级人民法院经审理,裁定驳回上诉,维持原判,并依法报请最高人民法院核准。最高人民法院经复核认为,被告人常某、吴某1运输海洛因42.52千克、甲基苯丙胺片剂5.965千克,数量特别巨大,社会危害严重,应依法惩处。常某在共同犯罪中起组织、指挥作用,系地位最为突出的主犯,且到案后拒不供认犯罪;吴某1在共同犯罪中负责联系境外毒贩、接取毒品后交由他人运输,亦系作用突出的主犯,均应依法惩处。裁定核准。

[**判理分析**] 对毒品共同犯罪中各犯罪人刑事责任的准确评价及以此为基础的量刑,依赖于对参与毒品犯罪各行为人行为性质的正确认定以及其在共同犯罪中罪责大小的准确判断。毒品共同犯罪案件的死刑适用应当与该案所涉毒品数量、社会危害性及被告人的犯罪情节、主观恶性、人身危险性相适应,同一案件中存在多名主犯时,适用死刑的范围应当严格限定。2000年《南宁会议纪要》规定,"共同犯罪中能分清主从犯的,不能因为涉案的毒品数量特别巨大,就一律将被告人认定为主犯并判处重刑甚至死刑"。2008年《大连会议纪要》规定,"对于共同犯罪中有多个主犯或者共同犯罪人的,处罚上应做到区别对待。应当全面考察各主犯或共同犯罪人在共同犯罪中实际发挥作用的差别,主观恶性和人身危险性方面的差异,对罪责或者人身危险性更大的主犯或者共同犯罪人依法判处更重的刑罚"。2015年《武汉会议纪要》对可以适用死刑的主犯范围作出了限定,即"涉案毒品数量刚超过实际掌握的死刑数量标准,依法应当适用死刑的,要尽量区分主犯间的罪责大小,一般只对其中罪责最大的一名主犯判处死刑……二名主犯的罪责均很突出,且均具有法定从重处罚情节的,也要尽可能比较其主观恶性、人身危险性方面的差异,判处二人死刑要特别慎重"。但2015年《武汉会议纪要》同时也规定,"涉案毒品数量达到巨大以上,二名以上主犯的罪责均很突出,或者罪责稍次的主犯具有法定、重大酌定从重处罚情节,判处二人以上死刑符合罪刑相适应原则,并有

利于全案量刑平衡的,可以依法判处”。由此,同一案件存在多名主犯的,在适用死刑时应遵循两个基本原则:一是慎重适用死刑,在符合法律规定和政策精神的情况下,尽量只对其中罪责最大的一名主犯适用死刑;二是判处二人以上死刑符合罪刑相适应原则,并有利于全案量刑平衡的,可以依法判处。在涉案毒品数量达到巨大以上的情况下,判处罪责稍次的主犯死刑仍需具备两个条件:一是判处二人以上死刑符合罪刑相适应原则,并有利于全案量刑平衡;二是具有法定或重大酌定从重处罚情节。关于法定或重大酌定从重处罚情节的范围,通常包括:(1)累犯、毒品再犯、毒枭、职业毒犯等主观恶性深、人身危险性大的犯罪分子;(2)属于走私、制造毒品和大宗贩卖毒品等源头性犯罪的;(3)武装掩护走私、贩卖、运输、制造毒品的,或以暴力抗拒检查、拘捕,情节严重的;(4)利用、教唆未成年人实施毒品犯罪,或者向未成年人出售毒品的;(5)其他反映被告人主观恶性深、人身危险性大的情节。

本案被告人常某在共同犯罪中起组织、指挥作用,系罪责最突出的主犯;被告人吴某1虽亦系主犯,但其在常某指挥下负责具体环节的实施,地位和作用小于常某,系罪责稍次的主犯。最终核准吴某1死刑的理由主要是:(1)涉案毒品数量特别巨大。常某、吴某1伙同他人运输毒品海洛因42.52千克、甲基苯丙胺片剂5.965千克,涉毒数量之大是本案决定死刑适用的重要基础性情节。(2)本案系导致毒品入境的大宗毒品源头性犯罪。常某组织多人从中缅边境接取大宗毒品后在境内运输,吴某1直接负责安排人员接取毒品,系致使毒品入境的源头性犯罪,应从严惩处。(3)对吴某1适用死刑有利于全案量刑平衡。常某在共同运输毒品中固然居于总指挥的地位,但本案有多人参与,被告人吴某1仅是略次于常某,相对于其他同案被告人,吴某1的地位、作用更为突出;同案被告人王某坤等人的地位和作用均次于吴某1,法院依法对王某坤判处死刑,缓期二年执行,对吴某1适用死刑有利于全案量刑平衡。

案例1-78

王某陆、李某等人贩卖、运输毒品案①——共同犯罪中罪责相对较小但系毒品再犯的亦应从严惩处

［**基本案情**］　被告人李某于1998年9月29日因犯贩卖毒品罪被判处有期徒刑十五年,2005年12月29日刑满释放。被告人王某陆、李某和苏某(已判刑)预谋贩毒,并商定由王某陆出资、销售、事后主持分赃,李某联系购买,苏某负责运输。后苏某又邀约了张某奎(已判刑)参与运输。四人约定,毒品卖出后由王某陆分给李某、苏某、张某奎各10万元,其余归王某陆自己所有。2007年3月10日,李某、苏某、张某奎驾驶东风货车到达云南省瑞丽市。次日,苏某将自己的1万元连同王某陆给其的26万元一起交给李某,李某单独到边境附近联系卖家,购得海洛因12块,交给苏某后先行返回昆明。同月12日,苏某、张某奎将海洛因藏匿在东风货车驾驶室内运往昆明。次日16时许,王某陆接苏某电话后,驾驶奇瑞QQ轿车,与李某一起到昆明市凉亭东路接取海洛因。当苏某将海洛因提到王某陆驾驶的轿车上时,四人先后被公安人员抓获,当场查获海洛因4120克。

［**裁判结果**］　玉溪市中级人民法院认为,在共同犯罪中,王某陆为主出资者并实际操控其他三名被告人实施毒品犯罪,是主犯;李某主动寻找毒品卖家并由其独自将毒品购回交付

---

①　参见中华人民共和国最高人民法院刑事审判第一、二、三、四、五庭主办:《刑事审判参考》(2009年第2集,总第67集),法律出版社2009年版,第109～112页。

苏某、张某奎运输，后又与王某陆到昆明接应毒品，亦起主要作用，是主犯。李某因犯贩卖毒品罪被判过刑，又犯贩卖毒品罪，应从重处罚。判决：(1)被告人王某陆犯贩卖毒品罪，判处死刑，剥夺政治权利终身，并处没收个人全部财产；(2)被告人李某犯贩卖毒品罪，判处死刑，剥夺政治权利终身，并处没收个人全部财产。云南省高级人民法院二审维持原判。最高人民法院经复核认为，被告人王某陆、李某伙同他人为销售而购买、运输海洛因，其行为均已构成贩卖、运输毒品罪，且毒品数量巨大。在犯罪过程中，王某陆为主出资者购买海洛因，李某具体实施购买海洛因的行为，在共同犯罪中均起主要作用，系主犯，应当按照各自所参与的全部犯罪处罚。王某陆系本案毒品的出资者，预谋时约定由其事后负责销售海洛因、主持分赃并分得较多赃款，系共同犯罪中罪行最为严重者，应依法惩处。李某曾因犯贩卖毒品罪被判刑，又犯贩卖、运输毒品罪，系毒品再犯，其不思悔改，主观恶性深，社会危害性大，罪行极其严重，应依法从重处罚。裁定核准被告人王某陆、李某的死刑。

［**判理分析**］　对于毒品共同犯罪案件中主犯、从犯的认定，要从犯意提起、行为分工、出资和实际分赃情况及共犯之间关系等方面，比较各被告人在共同犯罪中的地位和作用，进而作出具体认定。本案中，关于犯意的提起者，各被告人供述不一，在侦查阶段均未明确交代，在庭审中相互推诿，据现有证据难以明确认定犯意提起者。但根据案件事实和各被告人的一致供述，被告人李某、王某陆从一开始就参加了预谋，二人都属策划者。从出资看，王某陆为主出资者，提供了几乎全部的购毒款。从分工看，王某陆负责在昆明接收毒品，李某亲自联系卖家购买海洛因，而苏某主要是运输毒品。可见，王某陆、李某在共同犯罪中均起主要作用，均系主犯。王某陆是毒品所有者，负责出售毒品，主持分配毒赃，其可分得的毒赃最多，故王某陆在共同犯罪中的作用和罪责比李某更大。2008 年《大连会议纪要》提出，“对于共同犯罪中有多个主犯或者共同犯罪人的，处罚上也应做到区别对待。应当全面考察各主犯或者共同犯罪人在共同犯罪中实际发挥作用的差别，主观恶性和人身危险性方面的差异，对罪责或者人身危险性更大的主犯或者共同犯罪人依法判处更重的刑罚”。据此，本案中均为主犯的被告人王某陆和李某在量刑上存在区别对待的余地，即单从李某在共同犯罪中的地位、作用看，在对罪责更大的王某陆适用死刑立即执行的情况下，可对其不适用死刑立即执行。但是，李某系毒品再犯，前次因犯贩卖毒品罪已被判处过有期徒刑十五年，在刑满释放不到两年的时间内又犯本罪，足见其主观恶性和人身危险性极大，应依法从重处罚。据此，最高人民法院核准了被告人李某的死刑。

案例 1－79

赵某华贩卖、运输毒品案①——贩卖、运输毒品数量巨大又系共同犯罪中罪责最重的主犯应适用死刑

［**基本案情**］　被告人赵某华于 1981 年 10 月因犯盗窃罪被判处有期徒刑二年；1996 年 5 月因犯贩卖毒品罪被判处有期徒刑一年；2005 年 3 月 7 日因犯贩卖毒品罪被判处有期徒刑十五年，剥夺政治权利五年，并处没收财产二万元，2015 年 11 月 28 日刑满释放。2016 年 11 月 24 日早晨，同案被告人陆某琴（已判刑）雇车与被告人赵某华一起从上海市出发前往广东省。

① 参见《最高人民法院发布 2019 年十大毒品（涉毒）犯罪典型案例》，载《人民法院报》2019 年 6 月 26 日，第 3、4 版。

赵某华与严某某(在逃)联系后,严某某及其子同案被告人严某鸿(已判刑)驾车在广东省粤东高速公路普宁市池尾出口接应赵某华等人。同月25日上午,赵某华、陆某琴分别让他人向陆某琴的银行卡汇款32万元、5万元。陆某琴从银行取款后二人将筹集的现金共计40万元交给严某某父子。后严某鸿搭乘赵某华等人的车,指挥司机驶入返回上海市的高速公路。途中,严某鸿让司机在高速公路某处应急车道停车,事先在该处附近等待的严某某将2个装有毒品的黑色皮包交给赵某华、陆某琴。当日23时30分许,赵某华等人驾车行至福建省武平县闽粤高速检查站入闽卡口处时,例行检查的公安人员从该车后排的2个黑色皮包中查获甲基苯丙胺(冰毒)11袋,净重10,002.6克,赵某华、陆某琴被当场抓获。

[**裁判结果**]　福建省龙岩市中级人民法院审理认为,被告人赵某华以贩卖为目的,伙同他人非法购买并运输甲基苯丙胺,其行为已构成贩卖、运输毒品罪。在共同犯罪中,赵某华联系毒品上家,积极筹集毒资且为主出资者,参与支付购毒款、交接和运输毒品,起主要作用,系罪责最为严重的主犯,应当按照其所参与的全部犯罪处罚。赵某华伙同他人跨省贩卖、运输甲基苯丙胺10余千克,毒品数量巨大,罪行极其严重,且其曾两次因犯贩卖毒品罪被判处有期徒刑以上刑罚,在刑罚执行完毕后不足一年又犯贩卖、运输毒品罪,系累犯和毒品再犯,主观恶性深,人身危险性大,应依法从重处罚。据此,依法对被告人赵某华判处并核准死刑,剥夺政治权利终身,并处没收个人全部财产。

[**判理分析**]　被告人赵某华伙同他人跨省贩卖、运输甲基苯丙胺,数量巨大,社会危害极大,且系共同犯罪中罪责最重的主犯,又系累犯和毒品再犯,主观恶性和人身危险性大。人民法院根据赵某华犯罪的事实、性质和具体情节,依法对其判处死刑,体现了对此类毒品犯罪的严惩。

案例1－80

高某雷等贩卖、运输毒品,介绍卖淫案①——毒品共同犯罪中作用较大的主犯因具有法定从宽情节未判处死刑的,对其他罪责相对较小的主犯不应"升格"判处死刑

[**基本案情**]　2014年11月中旬,被告人高某雷与杨某练、曾某英经商议决定在浙江省温州市鹿城区贩毒,由杨某练负责向毒品上家姜某静(另案处理)购买毒品,高某雷负责销售毒品,曾某英负责提供"冰妹"陪吸毒者吸毒和发生性关系。11月21日,杨某练前往江西省南昌市向姜某静购得甲基苯丙胺(冰毒)970克、甲基苯丙胺片剂(俗称"麻古")200粒,运回温州市后藏匿于浙商证券有限责任公司营业部的保安室内。后高某雷将毒品卖给他人,剩余的84.08克甲基苯丙胺、13克甲基苯丙胺片剂后被公安人员查获。其间,曾某英先后6次介绍付某某(女,未成年)等人陪吸毒者吸毒并发生性关系。后曾某英退出合伙。同年12月2日,杨某练、高某雷一起乘坐曹某某驾驶的汽车前往南昌市向姜某静购买毒品。次日,杨某练和姜某静在南昌市广州路一公厕旁进行毒品交易。交易完成后,杨某练、高某雷返回温州市,在温州西高速公路收费站被公安人员抓获,当场查获3大包毒品疑似物及104粒毒品疑似物。经鉴定,该3大包毒品疑似物重2497.98克,均检出甲基苯丙胺,含量为79.0%～80.5%;104粒毒品疑似物重9.73克,检出甲基苯丙胺及咖啡因成分。

---

①　参见中华人民共和国最高人民法院刑事审判第一、二、三、四、五庭主办:《刑事审判参考》(2017年第2集,总第115集),法律出版社2019年版,第79～85页。

［**裁判结果**］ 温州市中级人民法院经审理认为，被告人高某雷、杨某练、曾某英违反国家毒品管制法规，贩卖、运输毒品，其行为均已构成贩卖、运输毒品罪；高某雷、杨某练、曾某英多次介绍他人卖淫，其中介绍未成年人卖淫4次，情节严重，其行为均已构成介绍卖淫罪。高某雷在公安机关任协警期间与杨某练、曾某英相识，案发时虽已辞职离开公安机关但却未将该情况告知杨某练、曾某英，杨某练、曾某英供述约定分成之时已考虑高某雷协警的身份。此外，高某雷负责销售毒品，大量毒品经其手流入社会，行为积极，故高某雷与杨某练的地位、作用基本相当。虽然高某雷归案后能够如实供述主要犯罪事实，但不足以对其从轻处罚。杨某练系累犯，应依法从重处罚。杨某练归案后协助公安机关抓获毒品上家姜某静，有重大立功表现，且能够如实供述主要犯罪事实，可以从轻处罚。判决：(1)被告人高某雷犯贩卖、运输毒品罪，判处死刑，剥夺政治权利终身，并处没收个人全部财产；犯介绍卖淫罪，判处有期徒刑五年，并处罚金三千元；决定执行死刑，剥夺政治权利终身，并处没收个人全部财产。(2)被告人杨某练犯贩卖、运输毒品罪，判处死刑，缓期二年执行，剥夺政治权利终身，并处没收个人全部财产；犯介绍卖淫罪，判处有期徒刑五年，并处罚金三千元；决定执行死刑，缓期二年执行，剥夺政治权利终身，并处没收个人全部财产。浙江省高级人民法院经二审审理认为，虽然第一次购进的毒品没有含量鉴定，但第二次购得的毒品含量达到80%，且两次购进毒品均源于上家姜某静，出庭检察员基于毒品来源及销售速度，提出第一批毒品质量较好，没有鉴定不影响本案定罪量刑的意见可以成立。裁定驳回上诉，维持原判。最高人民法院经复核认为，被告人高某雷结伙贩卖、运输毒品数量大，罪行严重，还结伙多次介绍未成年人卖淫，情节严重应依法惩处。鉴于高某雷在共同贩卖、运输毒品犯罪中所起作用略小于同案被告人杨某练，归案后始终如实供述犯罪，能够认罪悔罪，且涉案毒品大部分已查获，并未流入社会造成更严重危害，依法可不判处其死刑立即执行。裁定不核准高某雷死刑。

［**判理分析**］ (1)准确区分各被告人在毒品共同犯罪中的地位、作用，要从起意贩毒、纠集人员到筹集毒资、联系毒品上家、商谈交易数量和价格、确定交易地点，再到支付毒资、接取毒品、运送毒品、保管毒品、销售毒品、收取毒赃、掌管账目、利润分成等众多环节，根据各共同犯罪人的参与程度以及所实施的具体行为审慎地分析判断。具体到本案，首先，从犯罪预谋阶段来看，高某雷和杨某练积极与曾某英共谋，商定利润分成及杨某练负责购进毒品、高某雷负责销售毒品等。在此阶段二人的地位、作用基本相当。其次，从犯罪实行阶段来看，在第一次贩卖、运输毒品过程中，杨某练主动联系毒品上家、提供全部购毒款、亲自前往江西省南昌市购得毒品、将毒品运回浙江省温州市并保管毒品、掌控毒赃，高某雷则按照事先分工为主销售毒品。在第二次贩卖、运输毒品过程中，杨某练和高某雷分别提供了部分购毒款，并一同乘坐曹某某驾驶的汽车前往南昌市购毒并运回温州市。其中，杨某练出资最多，还联系毒品上家、雇用曹某某驾车、直接与毒品上家交易毒品，而高某雷介绍他人出资并与曹某某驾车接应前去交易毒品的杨某练。相比较而言，在第一次犯罪中，杨某练所起作用明显大于高某雷；在第二次犯罪中，杨某练所起作用也略大于高某雷。据此，可以认定高某雷在全案中所起作用相对小于杨某练。

(2)在毒品共同犯罪中作用相对较大的主犯因具有法定从宽情节而未判处死刑的，对其他罪责相对较小的主犯不应“升格”判处死刑。2015年《武汉会议纪要》规定，“毒品共同犯罪案件的死刑适用应当与该案的毒品数量、社会危害及被告人的犯罪情节、主观恶性、人身危险性相适应。涉案毒品数量刚超过实际掌握的死刑数量标准,依法应当适用死刑的,要尽量区分主犯间的罪责大小,一般只对其中罪责最大的一名主犯判处死刑”。对于贩卖、运输毒品共同犯罪中有两名以上主犯,涉案毒品数量刚超过实际掌握的死刑数量标准的,应当全面考察各主犯在共同犯罪中实际发挥作用的差别,一般只选择其中罪责最大的一名主犯依法判处死刑;即便两名以上主犯均具有法定从重处罚情节,也要充分比较主观恶性和人身危险性方面的差异,同时判处二人死刑应当特别慎重。换言之,即便均为主犯,也要注意区分彼此之间的罪责大小,更不能在罪责最为严重的主犯没有被判处死刑的情况下,对罪责稍次的主犯“升格”适用死刑。本案中,被告人高某雷与杨某练贩卖、运输毒品近3500克,以目前实际掌握的死刑数量标准,不宜对二人均判处死刑立即执行。被告人杨某练在贩卖、运输毒品共同犯罪中所起作用大于高某雷,系罪行最为严重的主犯,又系累犯,论罪应依法判处死刑。高某雷并非罪行最严重的主犯,也不具有法定或者重大酌定从重处罚情节,而且其从归案到复核提讯,始终如实供认犯罪,有悔罪表现,对公安机关抓获参与出资购买第二宗毒品的共同作案人起到积极作用。因此,在杨某练因具有重大立功表现这一法定从宽处罚情节而未被判处死刑的情况下,不宜对罪责稍次的主犯高某雷“升格”判处死刑立即执行。

案例1-81

宋某军运输毒品案①——因同案犯在逃致被告人在共同犯罪中地位、作用不明的应慎用死刑

[**基本案情**] 被告人宋某军与同案被告人叶某军(已被判处死刑,缓期二年执行)、杨某(在逃)事先预谋运送毒品到福建省。2005年1月20日,三人携带一内藏4包海洛因的深蓝色长方形行李包(由宋某军随身携带),乘坐客车从四川省出发,1月23日22时许,抵达福建省石狮市。宋某军与叶某军、杨某转乘杨某某驾驶的出租车欲将毒品运往福州市,途经泉州市城东出城登记站接受例行检查时,宋某军和叶某军被公安人员抓获,当场查获海洛因998克,杨某逃脱。被告人宋某军辩称在自己不知情的情况下,同案被告人杨某、叶某军将毒品放入包内。其辩护人提出主犯应认定为负案在逃的同案犯杨某,被告人宋某军及叶某军均为从犯。

[**裁判结果**] 泉州市中级人民法院认为,被告人宋某军违反国家法律,非法运输毒品海洛因998克,其行为已构成运输毒品罪,且数量大。被告人宋某军系累犯,应从重处罚。被告人宋某军与同案被告人叶某军在共同犯罪中,没有明显的主次之别,不宜区分主从犯。判决:被告人宋某军犯运输毒品罪,判处死刑,剥夺政治权利终身,并处没收个人全部财产。福建省高级人民法院经审理后认为,宋某军、叶某军在公安机关侦查阶段均供述宋某军行李包内藏有海洛因,公安人员例行检查时宋某军、叶某军及杨某立即弃包逃离,故宋某军诉辩对于行李包内藏有海洛因不明知的理由不能成立。裁定驳回上诉,维持原判,并依法报请最高人民法院核准。最高人民法院经复核后认为,根据现有证据,不能证明被告人宋某军在共同犯罪中的作用大于同案犯叶某军,对被告人宋某军判处死刑,可不立即执行。判决:(1)撤销福建省高级人民法院刑事裁定和福建省泉州市中级人民法院刑事判决中对被告人宋某军的量刑部

① 参见中华人民共和国最高人民法院刑事审判第一、二、三、四、五庭主办:《刑事审判参考》(2006年第4集,总第51集),法律出版社2006年版,第33~37页。

分;(2)被告人宋某军犯运输毒品罪,判处死刑,缓期二年执行,剥夺政治权利终身,并处没收个人全部财产。

[**判理分析**]　因同案犯在逃而致被告人在共同犯罪中地位、作用不明的应慎用死刑。本案中,宋某军、叶某军及杨某在运输毒品行为中的地位、作用如何,是量刑的关键。宋某军虽是携毒者,但不能因为毒品在谁包里就推定谁的地位更重要、作用更大。叶某军供述杨某是毒品的所有人,其与宋某军均受雇于杨某。由于杨某在逃,三人在共同运输毒品中的地位和作用,难以查清。叶某军供述其受杨某指令监视宋某军,从监视与被监视的关系看,杨某的地位有可能高于宋某军。但这方面的证据不足,仅有叶某军一人的供述。在杨某在逃的情况下,宋某军在共同犯罪中的地位与作用,根据现有证据尚不足以认定。宋某军虽系累犯,但因其所犯前罪为犯罪未遂,且不属毒品再犯,根据本案的具体情节,对宋某军判处死刑,可不立即执行。

案例 1 - 82

叶某某初、跑某某尔走私、贩卖、运输毒品案①——共同犯罪中地位、作用更大的嫌疑人在逃的应慎重判处在案被告人死刑

[**基本案情**]　(1)2011 年 1 月初,被告人叶某某初、跑某某尔和阿某某务(未抓获)在阿某某务家商议出资购买毒品海洛因,跑某某尔又邀约被告人阿某某黑出资参与贩运毒品,同时商议由叶某某初在四川省西昌市将购毒款转付给缅甸毒贩。后阿某某务、叶某某初雇用叶某某沙(未抓获)帮助运输毒品,并雇用被告人阿某某吾探路。同年 1 月 12 日,阿某某务、跑某某尔、阿某某黑、阿某某吾、叶某某沙五人从西昌经云南省保山市勐兴出境至缅甸红岩毒贩家准备购买毒品。1 月 14 日,阿某某务通过电话安排叶某某初将毒资汇入其提供的银行账户内,购得毒品海洛因 22 块。次日,阿某某务、跑某某尔、阿某某黑、阿某某吾采取分段探路的方式,由叶某某沙跟随其后将毒品走私入境至龙陵县与镇康县分界处的龙镇大桥附近藏匿。1 月 16 日,为牟取非法利益,被告人迪某某鬼从四川赶到保山与阿某某吾取得联系帮助运输毒品。几人会合后,采取分段探路的方式,由迪某某鬼携带毒品尾随其后。18 日上午,跑某某尔和阿某某黑、阿某某吾分别乘坐客运班车在前探路,迪某某鬼携带毒品乘坐勐糯至龙陵的班车跟随在后。当日 12 时许,迪某某鬼乘坐一辆班车途经龙陵县碧寨乡小平田路段时被凤庆县公安局缉毒民警抓获,当场从该车后备箱内的一深色双肩包内查获迪某某鬼所携带的毒品海洛因 22 块,净重 7630 克。同日,民警在大保高速公路东门收费站抓获乘车途经该站的跑某某尔、阿某某黑;在勐兴至保山的班车上抓获阿某某吾。同日 13 时 30 分许,民警在四川省西昌市凤凰大酒店 8217 房间内抓获叶某某初。

(2)2010 年 8 月,吉某某色(在逃)、叶某某王、阿某某沙(均已判刑)三人从西昌乘车至保山勐兴,从小路出境到缅甸红岩向毒贩购买毒品。其间,被告人叶某某初在吉某某色的安排下将购毒款转入毒贩所提供的银行账户。购得毒品后,三人随即携带毒品从原路返回国内,于 8 月 28 日到达龙陵,吉某某色乘车先行返回西昌。8 月 29 日 14 时许,叶某某王、阿某某沙携带毒品搭乘保山至丽江的班车途经永平县路段时被公安民警抓获,当场从二人携带的帆布

---

①　参见中华人民共和国最高人民法院刑事审判第一、二、三、四、五庭主办:《刑事审判参考》(2014 年第 5 集,总第 100 集),法律出版社 2015 年版,第 83 ~ 90 页。

包内查获毒品海洛因38块,净重13,070克,从叶某某王的内裤内查获毒品海洛因7.85克,本案查获毒品海洛因共计净重13,077.85克。

［**裁判结果**］ 临沧市中级人民法院认为,被告人叶某某初、跑某某尔的行为构成走私、贩卖、运输毒品罪,且毒品数量特别巨大。在共同犯罪中,叶某某初、跑某某尔、阿某某黑起主要作用(三人均是出资人),为主犯,阿某某吾、迪某某鬼起次要作用(二人分别从事了探路和运输),为从犯,依法应当从轻或者减轻处罚。叶某某初主观明知是毒品犯罪,客观上积极参与组织实施,且二次涉案,毒品海洛因数量特别巨大,其主观恶性深、社会危害性大,属于罪行极其严重的犯罪分子,虽供述犯罪事实,但不足以减轻其罪责,依法应当予以严惩。判决:被告人叶某某初、跑某某尔犯走私、贩卖、运输毒品罪,分别判处死刑,剥夺政治权利终身,并处没收个人全部财产。云南省高级人民法院审理认为,上诉人叶某某初不知悔改,在短时间内连续进行毒品犯罪,主观恶性极深。在共同犯罪中,叶某某初、跑某某尔、阿某某黑是主犯,且叶某某初、跑某某尔积极邀约他人参与毒品犯罪,还出资购买毒品,二人的作用大于阿某某黑。裁定驳回上诉,维持原判,并依法报请最高人民法院核准。最高人民法院经复核认为,被告人叶某某初、跑某某尔结伙走私、贩卖、运输海洛因数量大,犯罪情节严重,社会危害大,均系共同犯罪中起主要作用的主犯,依法应当严惩。对被告人叶某某初量刑适当。鉴于跑某某尔在共同犯罪中的地位、作用次于叶某某初,对其判处死刑,可不立即执行。判决:核准被告人叶某某初的死刑,对被告人跑某某尔以走私、贩卖、运输毒品罪改判死刑,缓期二年执行,剥夺政治权利终身,并处没收个人全部财产。

［**判理分析**］ 根据2008年《大连会议纪要》第9条的规定,“对于共同犯罪中有多个主犯或者共同犯罪人的,处罚上也应做到区别对待。应当全面考察各主犯或者共同犯罪人在共同犯罪中实际发挥作用的差别,主观恶性和人身危险性方面的差异,对罪责或者人身危险性更大的主犯或者共同犯罪人依法判处更重的刑罚”。这里的“多个主犯”应当包括未到案的主犯。

(1)本案中对跑某某尔慎重适用死刑,有利于体现司法公正。即便确有证据证明是主犯,在对其按主犯所参与的或者组织、指挥的全部犯罪处罚时,特别是适用死刑时,从“慎刑”的角度出发,也有必要和其他未到案共同犯罪人进行地位、作用的比较,以确认其是否是地位、作用最为突出的主犯,是否需要对全部罪行按照最严厉的刑罚予以惩处,甚至判处死刑。根据现有证据,足以认定以下事实:2011年1月走私、贩卖、运输7630克海洛因这一起犯罪,是以阿某某务为主筹集毒资后亲自出境购毒,其女婿叶某某初根据父亲叶某某王留下的联系方式组织货源并在家支付毒资,翁婿两人是整起犯罪的最初造意者。①阿某某务参与犯罪策划商议,筹集20万元参与出资购毒,纠集跑某某尔、阿某某黑并伙同叶某某初雇用叶某某沙参加运毒,参与到境外购毒并负责进行交易,联系叶某某初付款,入境运输时负责探路,指挥叶某某沙、阿某某吾,将毒品转交迪某某鬼运输后,自己先行返回。②叶某某初坐镇四川,是通盘协调者,他参与商议,联系境外毒贩、组织毒品货源,伙同阿某某务雇用叶某某沙,出资3.3万元购毒、筹资16.5万元、接收阿某某务夫妇筹资的20万元、接收跑某某尔和阿某某黑出资的8万元,通过转账支付以上毒资,在叶某某沙运输途中走丢时进行联系、协调、指挥并汇去路费。③跑某某尔参与犯罪策划商议,纠集阿某某吾参加,自己出资4万元并指使阿某某黑出资4万元,将共计8万元出资交给叶某某初,参与境外购毒并入境运输,负责探路,安排接应迪某某鬼，指挥迪某某鬼、阿某某吾接取毒品并进行运输，继续负责探路，负责路费开支。因此，阿某某务、叶某某初翁婿两人的行为贯穿犯罪全程，是主出资者，毒品所有者和起意、策划、纠集、组织、雇用、指使他人参与犯罪的人，地位、作用均大于跑某某尔。在逃的阿某某务系毒品犯罪提议者，出资和筹资明显多于跑某某尔，直接与境外毒贩当面洽谈毒品交易，安排叶某某初汇款，指挥毒品运输，在共同犯罪中的地位、作用比跑某某尔更为突出，在阿某某务未归案的情况下，对跑某某尔的处理应当留有余地。

(2)对跑某某尔慎重适用死刑，有利于做到区别对待。罪行本身的轻重由犯罪的主客观事实决定；刑事责任的轻重虽然主要由犯罪的主客观事实决定，但同时也要根据具体案件案情反映被告人人身危险性程度的事实和情节进行考量。本案案情具有两个显著特征：一是叶某某初的行为危害性和人身危险性明显大于跑某某尔，叶某某初连续参与了全案两起犯罪，均系主犯，涉毒次数、数量，所起地位、作用都明显大于跑某某尔；二是地位、作用大于跑某某尔的阿某某务在逃。因此，不能将案件简单类比，认为涉案毒品7630克数量大，就必须判处两个被告人死刑，就不分主次而一律将认定为主犯的被告人均判处重刑甚至死刑。要实事求是地根据被告人在共同犯罪中的作用和罪责大小确定刑罚，对跑某某尔，既要看到其实施实行、组织、指挥、协调走私、贩卖、运输毒品的客观行为，也要看到其是在阿某某务翁婿的提议、带领、指挥下实施罪行，和阿某某务、叶某某初相比，地位、作用较次，尚属于可以改造的犯罪分子。

案例1－83

陈某武、李某光贩卖、运输毒品案①——在案证据足以证明被告人地位、作用明显大于在逃同案犯的可判处死刑

［**基本案情**］ 被告人陈某武与陈某（在逃）共谋到云南购买毒品，并分别邀约陈某友、李某兵（均系同案被告人，已判刑）、陈某权（在逃）一同前往。2012年7月24日，陈某、李某兵、陈某权驾驶一辆比亚迪轿车，陈某武和陈某友驾驶一辆丰田凯美瑞轿车先后前往云南。7月25日，陈某、陈某权、李某兵到达云南省勐海县打洛镇后，陈某、陈某权偷渡到缅甸小勐拉。7月26日，陈某武、陈某友到达打洛镇后偷渡到小勐拉与陈某、陈某权会合。陈某武、陈某、陈某权、陈某友在入住的小勐拉凯旋宾馆内多次与货主“小龙”（在逃）等人查验毒品样品、商议购买毒品。其间，被告人李某光、张某勇（另案处理）分别通过银行汇款给陈某武16万元和8.5万元购买毒品。7月31日晚，陈某武、陈某由缅甸返回打洛镇。8月1日凌晨1时许，李某兵按照陈某的安排将比亚迪轿车开到事先指定的地点，送货人将毒品装入该车油箱。陈某武驾驶丰田凯美瑞轿车与陈某、陈某友在前探路，李某兵驾驶比亚迪轿车运输毒品跟随其后。3时35分至50分，云南省勐海县公安边防支队在云南省西双版纳州国道老路3100路标处先后将陈某武、陈某友、陈某和李某兵拦下检查，发现比亚迪轿车后排座位下的油箱电泵处有改动痕迹，后在专业人员的协助下从轿车油箱内查获含量为46.88%的毒品海洛因2760克、含量为14.45%的甲基苯丙胺片剂9015克。被告人陈某武辩称，其没有和陈某商量，也没有邀约陈某友去贩毒，公安机关缴获的毒品与陈某在缅甸购买的毒品不是一批货。

［**裁判结果**］ 贵州省毕节市中级人民法院认为，被告人陈某武违反国家毒品管理法规，

① 参见中华人民共和国最高人民法院刑事审判第一、二、三、四、五庭主办：《刑事审判参考》（总第112集），法律出版社2018年版，第36～39页。

以牟取非法利益为目的贩卖、运输毒品甲基苯丙胺片剂9015克、海洛因2760克,已构成贩卖、运输毒品罪。被告人李某光得知陈某武至境外购买毒品后将毒资汇至陈某武账户,要求陈某武为其代购毒品并支付相应车费,其行为构成贩卖、运输毒品罪。其中,陈某武与陈某共谋购买毒品,与毒品上线联系,参与检验毒品样品试货、商议毒品价格,斥巨资购买毒品,验收毒品数量,驾驶车辆行驶在运毒车辆之前探路,在犯罪中起主要作用,系主犯。李某光出资16万元请陈某武为其购买毒品,应当对其所购毒品负责,其所涉毒品数量巨大,且系毒品再犯、累犯,应从重处罚。判决:以贩卖、运输毒品罪,判处被告人陈某武死刑,剥夺政治权利终身,并处没收个人全部财产;判处被告人李某光死刑,剥夺政治权利终身,并处没收个人全部财产。最高人民法院经复核认为,陈某武伙同陈某共谋贩毒,纠集陈某友参与贩卖、运输毒品,并邀约李某光、张某勇购买毒品,亲自赴境外检验毒品样品、商议毒品价格,且出资巨大,其在共同贩卖、运输毒品犯罪中起主要作用,系罪责最为严重的主犯之一,应当按照其所参与的全部犯罪处罚。陈某武贩卖、运输毒品数量大,应依法惩处。李某光受邀参与贩毒,未参与运输毒品,且归案后能如实供述罪行,对李某光判处死刑,可不立即执行。判决核准陈某武死刑,对李某光以贩卖毒品罪改判死刑缓期二年执行,剥夺政治权利终身,并处没收个人全部财产。

[**判理分析**] (1)在毒品共同犯罪中,一方面需要考虑毒品数量,另一方面需要认真审查各被告人的地位、作用,要注意从犯意的提起、与毒品源头的紧密程度、出资额、分工等方面进行审查,区分罪责大小。在一些毒品犯罪案件中,只抓获部分涉毒人员,甚至有相当一部分案件主犯在逃,仍要根据在案证据比较在案被告人与在逃人员的罪责,若在案证据足以证明被告人地位、作用明显大于在逃同案犯或者地位、作用基本相当时,仍可依法核准在案被告人死刑。2015年《武汉会议纪要》明确指出,"对于部分共同犯罪人未到案的案件,在案被告人与未到案共同犯罪人均属罪行极其严重,即使共同犯罪人到案也不影响对在案被告人适用死刑的,可以依法判处在案被告人死刑"。具体在本案中:第一,在犯罪预谋环节,陈某武伙同陈某共谋贩毒。陈某虽未到案,但是手机通话清单、卷中其他证据材料可以证明陈某武与陈某共谋到云南购买毒品。手机通话清单证实,7月18日至24日陈某武与陈某手机通话联系34次(24次主叫),其中7月24日联系19次且陈某武主叫13次;结合卷中其他证据材料可以证明,陈某武与陈某为购买毒品而多次预谋,陈某主要负责购买包装等物,二人联系出发事宜。陈某武辩解其受陈某邀请到云南帮助陈某找老公,但该辩解既得不到陈某供述的印证,亦与技侦转化资料内容矛盾,又不符合常情常理。第二,在犯罪预备环节,陈某武纠集同案犯陈某友参与贩卖、运输毒品。陈某友供述"被抓前约一个星期,陈某武打电话说最近他们准备去做一批生意(指贩毒)问我要不要去,我说可以",该内容与在案相关证据相印证。同时,车辆行驶信息、住宿登记信息以及陈某友的供述证实,二人驾驶陈某武的轿车,7月24日出发,沿着金关昆明—景洪—打洛镇—缅甸—打洛镇的路线贩卖、运输毒品。第三,在犯罪实施环节,陈某武亲自到境外查验毒品、商议毒品数量和价格。陈某友供述,其与陈某武到达云南勐海县打洛镇后就随同陈某武一起偷渡到了缅甸小勐拉与陈某、陈某权会合,陈某武、陈某权、陈某联系购买毒品并商议价格。因陈某、陈某权在逃,三人的具体分工无法获知,但是陈某友的供述得到了卷中其他证据材料及陈某武供述的印证,且从相关证据来看,陈某武与上线联系更加紧密,尤其是麻古主要靠陈某武联系,交易毒品时也是陈某武在场,陈某只是负责联系李某兵运输毒品。第四,从犯罪地位看,陈某武主动代张某勇、李某光购买毒品,该事实有张某勇、

李某光的供述、手机通话清单、银行转账凭证等证据证明。综上，被告人陈某武伙同陈某共谋贩毒，纠集陈某友参与贩卖、运输毒品，并邀约张某勇、李某光购买毒品，亲自赴境外检验毒品样品、试货、商议毒品价格，且出资额巨大，其在共同贩卖、运输毒品犯罪中起主要作用，系罪责最为严重的主犯之一，应当按照其所参与的全部犯罪处罚。虽然本案另两名主犯陈某和陈某权在逃，但是从现有证据来看，陈某武的作用比陈某、陈某权略大或者至少作用相当。

（2）一般而言，"居间者"或者"代购者"的罪责相对较小，但上述情况不是绝对的，仍要结合具体案情和证据具体分析。2008 年《大连会议纪要》指出，"明知他人实施毒品犯罪而为其居间介绍、代卖的，无论是否牟利，都应以相关毒品犯罪的共犯论处"。本案中，现有证据可以证明此次贩毒系陈某武主动联系李某光，李某光委托陈某武代为购买毒品，汇款 16 万元至陈某武指定账户，李某光与陈某武等人构成贩卖毒品罪的共犯。但是由于各被告人供述以及卷中其他证据材料关于李某光所出毒资及购买毒品数量说法不一，无法确定李某光到底购买了多少毒品。对李某光量刑时，首先需要平衡其与在案的陈某武及在逃的陈某、陈某权的罪责大小。李某光将毒资汇至陈某武指定账户，未亲自到云南或者境外购买毒品，未参与运输毒品；李某光不是幕后指挥操纵贩毒的主犯，而是在陈某武打电话告知的情况下委托陈某武代为购买，属于受邀约参与犯罪，故可以认定李某光的罪责小于陈某武以及在逃的陈某、陈某权。同时，现有证据只能确定李某光出资 16 万元，不能确定李某光购买毒品的种类和数量，在作为量刑最重要标准之一的毒品数量不确定的情况下，也不宜核准李某光死刑。

案例 1－84

阿某某呷等贩卖、运输毒品案①——临时结伙共同贩卖、运输毒品案件中组织者的死刑把握

［**基本案情**］　2010 年 3 月，被告人阿某某呷与女友同案被告人阿某某某牛（判处无期徒刑）商定共同出资 3 万元购买 1 块海洛因。后同案被告人阿某某某尾（判处死刑，缓期二年执行）得知后主动要求出资共同购买海洛因以牟利，愿意以每块 3.6 万元的价格购买 2 块海洛因，并汇给阿某某呷 7.2 万元。阿某某某尾让同案被告人阿某某某外（判处有期徒刑十五年）随阿某某呷、阿某某某牛去某省境内将其购买的毒品运输回来，许诺事成后付给阿某某某外 6000 元报酬。同月 21 日，阿某某呷与阿某某某牛、阿某某某外前往云南境内购买海洛因，阿某某呷以 10.2 万元的价格购买了 3 块海洛因。阿某某呷拿了 2 块海洛因（共 693 克）给阿某某某外藏于身上，另 1 块（共 344 克）交给阿某某某牛藏于身上。三人在搭乘长途汽车返回途中被抓获并查获海洛因。

［**裁判结果**］　某州中级人民法院认为，被告人阿某某呷与同案被告人阿某某某牛、阿某某尾、阿某某某外贩卖、运输海洛因的行为已构成贩卖、运输毒品罪，且构成共同犯罪。阿某某呷在共同犯罪中起组织、策划的主要作用，应当对查获的毒品承担全部责任。据此，以被告人阿某某呷犯贩卖、运输毒品罪，判处死刑，剥夺政治权利终身，并处没收个人全部财产。某省高级人民法院经审理认为，在共同犯罪中，阿某某呷联系、邀约原审被告人阿某某某牛共同出资购买 1 块海洛因共 344 克用于贩卖牟利，虽然原审被告人阿某某某尾系主动出资参与

① 参见中华人民共和国最高人民法院刑事审判第一、二、三、四、五庭主办：《刑事审判参考》（2014 年第 1 集，总第 96 集），法律出版社 2014 年版，第 100～104 页。

贩毒,但上诉人阿某某呷为阿某某某尾提供银行卡转存毒资并帮助其取款,负责联系购买3块海洛因,向毒贩支付毒资和具体交易毒品,安排整个贩卖、运输毒品犯罪的路线和行程,在共同犯罪中起策划、组织、指挥的主要作用,系主犯,应当对查获的全部海洛因1037克承担刑事责任。裁定驳回上诉,维持原判决。最高人民法院经复核认为,鉴于该起毒品犯罪各同案被告人责任相对分散,综合全案情况,对被告人阿某某呷判处死刑,可不立即执行。据此,裁定不核准。

[判理分析] 涉案毒品数量是影响毒品犯罪量刑的主要因素,但不能唯毒品数量量刑。在对毒品共同犯罪主犯量刑时,既要考虑涉案毒品数量,又要考虑各被告人在共同犯罪中的地位、作用,如犯意提起、具体分工、毒资筹集、毒品实际控制等。本案中,被告人阿某某呷积极联系毒贩,向毒贩支付毒资并接收全部毒品,安排贩卖、运输毒品的路线和行程,在共同犯罪中起组织、策划作用,系主犯,应当对查获的全部1037克毒品承担刑事责任。同时,对阿某某呷的量刑又应考虑以下因素:

第一,现有证据不能证实阿某某呷邀约阿某某某尾一起贩卖海洛因。阿某某呷和阿某某某牛供称二人与阿某某某尾聊天时提到去云南境内贩卖海洛因,阿某某某尾主动提出出资参与。数日后,阿某某某尾找到二人,要求帮其购买两块海洛因。对二人上述供述内容,阿某某某尾亦作相同供述。根据三人供述,只能认定阿某某某尾得知阿某某呷和阿某某某牛意图贩卖海洛因而主动参与贩卖,不能认定阿某某呷主动邀约阿某某某尾参与贩卖海洛因。

第二,阿某某呷购买海洛因后就将帮阿某某某尾购买的2块海洛因交给受雇于阿某某某尾的阿某某某外,公安人员是在阿某某某外身上查获该2块海洛因的。2008年《大连会议纪要》明确要求,"要从犯意提起、具体行为分工、出资和实际分得毒赃以及共犯之间相互关系等方面,比较各共同犯罪人在共同犯罪中的地位和作用"。本案中阿某某呷帮阿某某某尾购买693克毒品,阿某某某尾主动出资让阿某某呷帮助购买毒品,并雇第三人直接运输毒品,故针对该693克毒品的共同犯罪,二人均起主要作用,但阿某某某尾的作用要大于阿某某呷。

第三,根据2008年《大连会议纪要》的规定,对于"共同犯罪毒品数量刚达到实际掌握的数量标准,但各共同犯罪人作用相当,或者责任大小难以区分的",可不判处被告人死刑立即执行。本案中,各共同犯罪人之间存在亲属、熟人关系,因有贩卖毒品的故意而临时结伙,三名主犯均系积极主动参与犯罪,且阿某某呷对同案被告人和毒品的控制力较弱,在各共同犯罪人责任相对分散的情况下,[①]考虑到阿某某呷系初犯,且毒品未流入社会造成实际危害,根据宽严相济刑事政策精神,对阿某某呷判处死刑,可不立即执行。

案例1-85

黄某全、韦某全、韦某坚贩卖毒品案[②]——受毒品买主指使同行并代为携带运输毒品数量达到判处死刑标准的,认定为主犯亦不宜判处死刑

[基本案情] (1)2002年12月至2003年2月,被告人韦某全、韦某坚先后3次从福建省

① 在共同贩卖三块海洛因的犯罪中,阿某某呷是犯意提起者和具体实施者,阿某某某尾是主要出资者并纠集他人参与犯罪,其指挥他人的犯罪在其中有一定的独立性,因此二人在共同犯罪中的地位和作用基本相当,相对分散。

② 参见中华人民共和国最高人民法院刑事审判第一庭、第二庭编:《刑事审判参考》(2005年第5集,总第46集),法律出版社2006年版,第51~54页。

石狮市乘车到广东省普宁市，在普宁市一家茶馆、兰花大酒店一客房，经韦某坚检验海洛因质量后，韦某全以每克150元至200元的价格，共向被告人黄某全购买海洛因570克。二被告人携带购买的海洛因返回石狮市后，韦某全单独或通过他人将购买的海洛因贩卖给吸毒人员。(2)2003年3月1日，被告人韦某全、韦某坚再次到广东省普宁市，在普宁市兰花大酒店一客房，采用同样模式向黄某全购买海洛因250克。二被告人携带购买的海洛因返回石狮市途中，韦某坚利用自己保管毒品之机，藏匿其中的海洛因63克。回到石狮市后，韦某全到魏某河的租住处，以每克280元的价格，向魏某河、沈某丰出售海洛因10克。韦某坚将私自藏匿的63克海洛因寄存于魏某河处。同年3月2日，公安机关从韦某全的租住处查获尚未贩卖的海洛因共计430克。3月4日，韦某全协助公安机关到广东省普宁市抓获被告人黄某全。

［**裁判结果**］　泉州市中级人民法院认为，被告人黄某全贩卖海洛因820克，被告人韦某全、韦某坚贩卖、运输海洛因820克，被告人黄某全的行为构成贩卖毒品罪，被告人韦某全、韦某坚的行为构成贩卖、运输毒品罪。被告人韦某全归案后，协助公安机关抓获被告人黄某全，具有重大立功表现。判决：(1)被告人黄某全犯贩卖毒品罪，判处死刑，剥夺政治权利终身，并处没收个人全部财产；(2)被告人韦某坚犯贩卖、运输毒品罪，判处死刑，剥夺政治权利终身，并处没收个人全部财产；(3)被告人韦某全犯贩卖、运输毒品罪，判处死刑，缓期二年执行，剥夺政治权利终身，并处没收个人全部财产。韦某坚不服，以其行为只构成运输毒品罪，在共同犯罪中系从犯为由，提出上诉。福建省高级人民法院经二审裁定驳回上诉，维持原判。最高人民法院经复核认为，被告人韦某坚受毒品货主邀约参与贩毒，在共同犯罪中的地位和作用较小，对其判处死刑，可不立即执行。判决：核准黄某全的死刑，以贩卖、运输毒品罪改判被告人韦某坚死刑，缓期二年执行，剥夺政治权利终身，并处没收个人全部财产。

［**判理分析**］　在本案中，被告人韦某坚辩解其是为了免费吸食毒品和不用归还自己欠韦某全的2000余元债务，应韦某全的邀约为其检验毒品质量，并携带从广东购买的毒品与韦某全一起返回福建；被告人黄某全是毒品的卖主，被告人韦某全是毒品的买主，被告人韦某坚只是为韦某全检验毒品质量，并携带购买的海洛因与韦某全一起返回福建省石狮市；在购买毒品的犯罪过程中起的是次要和辅助作用，应认定为从犯。但是，韦某坚虽然是受韦某全的邀约为其运输毒品，但他明知是毒品而为韦某全检验毒品质量，并参与运输毒品，且韦某全4次购买的毒品都是由韦某坚携带运回福建的。韦某坚在运输毒品的过程中起的作用较大，一审、二审法院不认定其为从犯是正确的。考虑到被告人韦某坚不是毒品货主，只是应购毒人韦某全的邀约为其检验毒品质量，在韦某全的指使下携带从广东购买的毒品与韦某全一起返回福建，归案后认罪态度较好，对其判处死刑，可不立即执行。故以贩卖、运输毒品罪改判被告人韦某坚死刑，缓期二年执行，剥夺政治权利终身，并处没收个人全部财产。

36. 毒品犯罪上下家的死刑适用如何把握

【实务观点】

毒品犯罪上下家的死刑适用与共同犯罪人死刑适用相比，后者对死刑适用的控制要更为严格。这是因为贩卖毒品的上家和下家均是毒品交易中的单独一环，各自独立对全部毒品数量承担刑事责任，而毒品共同犯罪的各犯罪人存在相互协作关系，共同对全部毒品数量承担刑事责任；且上家或者下家是否归案对在案被告人的罪责查清影响不大，因此对死刑适用的影响要小于存在未到案共同犯罪人的案件。

根据最高人民法院相关会议纪要的精神，对于贩卖毒品案件中的上下家，应当结合其贩毒数量、次数及对象范围，犯罪的主动性，对促成交易所发挥的作用，犯罪后果等因素，综合考虑其主观恶性和人身危险性，决定是否适用死刑。可根据涉案毒品数量不同，区别对待：①对于买卖同宗毒品的上下家，涉案毒品数量超过实际掌握的死刑适用数量标准，但未达到巨大以上的，一般不能同时判处死刑；上家持毒待售或者已掌握毒品来源，主动联络销售毒品，积极促成毒品交易的，通常可以判处上家死刑；下家积极筹资，主动向上家约购毒品，对促成毒品交易起更大作用的，可以考虑判处下家死刑。②涉案毒品数量巨大的，也应综合上述因素决定死刑适用。同时判处上下家死刑符合罪刑相适应原则，并有利于全案量刑平衡的，可以依法判处。①

司法实践中，对毒品犯罪上家、下家的罪责大小的判断，可从以下三个方面来具体把握：

(1)“对促成交易的作用大小”，可以从毒品交易过程、销售渠道、获利情况等来判断。①从毒品交易过程看，上家事先购买大量毒品持毒待售，主动联系下家并送货上门的，反映出上家处于积极、主动地位，是犯意的提起者；下家主动向上家约购毒品，犯意、数量由下家提出，上家手中没有毒品，应下家要求从他人处购入毒品再销售给下家的，下家再向他人销售的，则反映出下家处于积极主动地位。②从销售渠道看，如果上家的销售渠道以下家为主，而下家同时向多人购买毒品，在案的上家并非其唯一上家，则说明下家对上家的依赖性并不强，而上家的贩卖行为很大程度上依赖下家，后者对促成交易的作用更大。③从获利情况看，上家往往也有自己的上家，如果居于承上启下的地位，接收下家的毒资后再向其上家购买，可以将其获利情况与毒品销售链条中其他环节的获利相比较，获利少说明其在毒品销售链条中的作用较小，在量刑时亦应予以考虑，这是由毒品犯罪本质上是一种牟利犯罪决定的。

(2)“犯罪行为的危害后果”，可以从贩卖毒品的数量、次数、对象范围、涉及的区域等进行判断。上家或下家如果仅针对对方开展交易，而另一方的交易对象范围更广、次数更多，则后者犯罪的社会危害性更大；跨省贩卖毒品，促进毒品的扩散和消费，具有更大的社会危害性。

(3)“主观恶性和人身危险性”，可以从是否累犯及累犯的具体罪行严重程度，有无毒品犯罪前科及前科的犯罪性质及涉案毒品数量，归案后的认罪态度等方面判断。在毒品犯罪案件中，由于犯罪本身的隐蔽性强，被告人的供述对于案件侦破、查获毒品、查清事实、固定证据往往具有重要意义，应当作为重要的酌定从轻情节予以考虑。

【类案参考】

案例 1－86

张某建等贩卖毒品案②——下家在毒品交易中更为积极主动且所起作用、主观恶性及人身危险性均大于上家的，应当判处下家死刑

［**基本案情**］ 被告人张某建于 1996 年 11 月因犯抢劫罪被判处有期徒刑七年；2003 年 9

---

① 以上观点最早源于 2015 年《武汉会议纪要》。

② 参见中华人民共和国最高人民法院刑事审判第一、二、三、四、五庭主办：《刑事审判参考》（总第 110 集），法律出版社 2018 年版，第 10～17 页。

月因犯寻衅滋事罪被判处有期徒刑四年;2011 年 5 月 23 日因犯贩卖毒品罪被判处有期徒刑十五年,剥夺政治权利三年,并处没收财产四万元。张某建因患重大疾病于 2011 年 8 月 8 日被暂予监外执行。2014 年 11 月 28 日因涉嫌贩卖毒品罪被逮捕。被告人贺某波于 1998 年 5 月 11 日因犯抢劫罪被判处有期徒刑十三年,2005 年 8 月刑满释放。2013 年 11 月 15 日因涉嫌贩卖毒品罪被逮捕。(1)2013 年 5 月至 7 月,被告人张某建在被告人匡某林的参与"验货"下,在浙江省舟山市普陀区华发大酒店、普津大酒店等地,先后 4 次从被告人贺某波处购得甲基苯丙胺(冰毒)共计约 3300 克。(2)2013 年 8 月至 10 月,张某建在舟山市普陀区,将上述部分毒品及从他人处购得的甲基苯丙胺片剂(俗称"麻古")共计 163 粒(约重 14.67 克),多次贩卖给匡某林、被告人周某伟及张某峰、贺某江等人。(3)2013 年 10 月 9 日,张某建在舟山市普陀区东港街道某酒店公寓 1018 室被抓获,公安人员从该室查获甲基苯丙胺 495.35 克(含量为61.3% ~62%)、含甲基苯丙胺成分的粉末 0.15 克及甲基苯丙胺片剂共计 20.836 克。(4)2013年五六月的一天,被告人贺某波在舟山市普陀区某大酒店 610 房间内贩卖给被告人匡某林甲基苯丙胺 10 克、贩卖给被告人洪某甲基苯丙胺 2 克。(5)2013 年 10 月 9 日,贺某波在舟山市普陀区华发大酒店门口被抓获,公安人员从其身上查获甲基苯丙胺片剂 0.182 克。(另 3 名被告人的犯罪事实略)

[**裁判结果**] 浙江省舟山市中级人民法院认为,被告人张某建、贺某波等人明知是毒品,单独或者伙同他人进行贩卖,其行为均已构成贩卖毒品罪。张某建在暂予监外执行期间又犯新罪,应对新犯的罪作出判决,把前罪没有执行的刑罚和后罪所判处的刑罚,依法予以并罚。张某建曾多次因犯罪被判刑,且因犯贩卖毒品罪被判刑后,在暂予监外执行期间又实施贩卖毒品犯罪,系毒品再犯,主观恶性深,应依法从重处罚。张某建贩毒时间长、次数多、数量大、纯度高,犯罪情节极其严重,依法应予严惩。贺某波贩卖毒品数量大,亦应予以严惩,根据其犯罪事实、情节等实际情况,对其判处死刑,可不立即执行。判决:(1)被告人张某建犯贩卖毒品罪,判处死刑,剥夺政治权利终身,并处没收个人全部财产,与前罪尚未执行的有期徒刑十二年二个月六日,剥夺政治权利三年,没收财产四万元并罚,决定执行死刑,剥夺政治权利终身,并处没收个人全部财产;(2)被告人贺某波犯贩卖毒品罪,判处死刑,缓期二年执行,剥夺政治权利终身,并处没收个人全部财产。(另 3 名被告人的判刑情况略)浙江省高级人民法院经二审审理认为,上诉人张某建为实施贩毒犯罪而大肆购入毒品,并已将大量毒品贩卖给多人,原判将其所购买的毒品认定为其贩毒数量并无不当。张某建在前次尚未查出患有肺癌时即已在贩毒,在查出患病后所购买毒品的数量已经远远超过了其所称为治疗肺癌、自吸以缓解病痛的需要,其为牟利大肆购入毒品进行贩卖,毒品已大量流入社会,社会危害大。张某建贩卖毒品数量大,因贩卖毒品被判刑后又犯贩卖毒品罪,系毒品再犯,应依法从重处罚。贺某波贩卖毒品数量大,又有犯罪前科,应依法从严惩处。裁定驳回上诉,维持原判,依法报请最高人民法院核准。最高人民法院复核后,裁定核准张某建死刑。

[**判理分析**] 本案中,被告人贺某波与被告人张某建系买卖毒品的上下家关系,且就二人交易的 3300 克甲基苯丙胺而言,二人属于买卖同宗毒品的上下家,二人贩毒数量基本相当,且均已达到了实际掌握的死刑数量标准,但尚未达到数量巨大的程度,根据 2015 年《武汉会议纪要》相关规定的精神,不宜对两人同时判处死刑。一审、二审及最高人民法院复核均认为,尽管张某建系毒品下家,但其在与上家贺某波的毒品交易中更为积极主动,所起的作用、

主观恶性及人身危险性均大于贺某波，故最终决定判处张某建死刑立即执行。具体理由分析如下：

（1）被告人张某建贩卖毒品的数量、次数多于被告人贺某波，贩卖毒品的对象范围也大于贺某波。首先，从在案证据来看，张某建实际贩卖的毒品应远多于判决书中所认定的数量：一方面，从购买毒品的角度来看，张某建与同案犯匡某林在供述中均曾提到，张某建除向贺某波购买毒品外，还分别从广东毒贩“阿凯”“眼镜”处购买过数千克甲基苯丙胺。公安机关抓获张某建时除查获大量甲基苯丙胺外，还查获大量甲基苯丙胺片剂，而贺某波仅贩卖甲基苯丙胺给张某建，也说明张某建确实从其他人处购买过毒品。另一方面，从贩卖毒品的角度来看，张某建案发前没有任何职业，没有生活来源，银行交易明细显示张某建及其女友刘某兰所有的两个银行账户案发前入账资金合计达 80 万元，上述资金应主要源于其贩毒所得，即使按照张某建所供述的最高销售价每克 200 元计算，其贩卖毒品的数量也已经达到 4000 多克。而且张某建供称毒品交易主要采用现金方式，仅有部分购毒款打入其上述银行账户，故账户上的金额仅为部分贩毒款，张某建贩卖毒品的数量也远不止根据银行账户金额推算出来的数量。其次，从毒品贩卖的次数及对象范围来看，贺某波除贩卖毒品给匡某林（10 克）和洪某（2 克）之外，另外 4 次都是贩卖给被告人张某建，贩卖的次数相对较少，且贩卖对象仅限于上述三人；而张某建除贩卖毒品给同案犯匡某林、周某伟之外，还大量贩卖给另案处理的张某锋、贺某江、“玲玲”“阿二”“乌骨鸡”“阿路”等人；从查获到案的银行卡交易明细来看有多达数十人、数百起的交易记录，表明张某建曾先后向数十人贩卖过数百次的毒品。由上可见，在贩卖毒品的次数及对象范围上，张某建实际上要远远多于或大于贺某波。

（2）在毒品交易中，被告人张某建比被告人贺某波更为积极主动，对促成交易所起的作用更大。首先，从本案中张某建与贺某波之间的毒品交易过程来看，张某建始终处于积极、主动地位，而贺某波则处于相对消极、被动的地位。尽管贺某波系毒品买卖的上家，但其并未事先购入大量毒品持毒待售，也没有积极主动联系下家张某建，向张某建推销毒品。相反，每一次毒品交易都发生在张某建手中的毒品即将贩卖完毕之际，由张某建主动打电话向贺某波约购毒品，并向贺某波提出其所需毒品的种类与数量。贺某波在手中并没有毒品的情况下，应张某建的要求从他人处购入毒品，再由张某建携带事先筹集的购毒款，并带上验毒人员匡某林前来验货，张某建购买毒品后再将毒品带回销售给他人。可见，无论是从发起毒品交易的主动性，还是从对促成交易所发挥的作用来看，张某建明显更为积极主动，对于促成二人之间的毒品交易所发挥的作用也更大。其次，从毒品上下家之间的依赖关系来看，被告人贺某波购入的毒品除少量贩卖给被告人匡某林、洪某之外，绝大部分都贩卖给被告人张某建，张某建系其最主要的毒品下家。而证据显示，张某建除了从贺某波处购买毒品，还分别从广东毒贩“阿凯”“眼镜”处购买过大量毒品，贺某波并非其唯一的毒品上家。这就表明，即使没有贺某波，张某建也能从他人那里购买到大宗毒品，其对上家贺某波的依赖性并不强。相反，贺某波的毒品主要是贩卖给张某建，毒品的种类、数量、价格、交易时间等因素均取决于张某建的需要，如果没有张某建，其因为缺乏销路也很可能不会主动向自己的上家购入大量毒品。可见，贺某波的贩卖行为很大程度上依赖张某建的购买行为，也说明张某建在与贺某波的毒品交易中起着主导作用，对促成毒品交易的作用更大。

（3）从实际危害后果来看，涉案毒品通过被告人张某建进一步流向社会上不特定的吸贩毒人员，张某建贩毒行为的危害后果更为直接。在本案的毒品流转关系中，当贺某波将毒品贩卖给张某建时，毒品尚未被人数众多的吸毒者所持有和吸食，其社会危害性并未完全显现；而张某建购得毒品后再向下游贩卖的行为，使毒品流向分散的零卖者以及最终端的吸毒者，毒品犯罪的危害后果才进一步显现。故张某建贩毒行为的危害性较贺某波更为直接，也更大。

（4）被告人张某建的主观恶性较被告人贺某波更深，其人身危险性也明显要大于贺某波。从被告人张某建的主观恶性及人身危险性来看，其先后有三次犯罪前科，在本次犯罪之前不仅具有暴力犯罪前科，还曾因毒品犯罪被判处重刑，系毒品再犯，应依法从重处罚。张某建在2011年因贩卖毒品被判刑之后，因患有重大疾病被暂予监外执行，在暂予监外执行期间，又利用其所患疾病即使被抓获亦难以羁押的条件，继续实施贩毒犯罪。其肆无忌惮，素行不良，又系职业毒犯、毒品再犯，且在暂予监外执行期间又实施毒品犯罪，主观恶性深、人身危险性大，属于应依法从严惩处的对象。与之相比，被告人贺某波在此前有一次抢劫暴力犯罪前科，前科犯罪次数少于张某建，前次犯罪也并非毒品犯罪，并不具有毒品再犯这一法定从重情节，主观恶性和人身危险性相对而言要小于张某建。

案例1－87

唐某新、蔡某兵贩卖毒品案①——下家提出购买毒品并组织多人实施犯罪、跨省贩卖又系累犯的，其罪责重于上家

［**基本案情**］　2011年，被告人蔡某兵从天津市来到湖南省郴州市，认识了被告人廖某军（同案被告人，已判刑）。经廖某军介绍，蔡某兵从被告人唐某新处购买毒品，带回天津市用于自己吸食和贩卖。蔡某兵驾驶一辆东南牌小轿车到郴州市购买毒品，并雇请雷某林（另案处理）驾驶一辆骐达牌小轿车在郴州市区内接送。具体犯罪事实如下：（1）2011年7月，被告人蔡某兵从天津市来到郴州市找到廖某军，欲购买毒品。廖某军找到被告人唐某新，唐某新即从“阿英”（在逃）处购进冰毒100克，在郴州市第三人民医院家属区廖某军家中卖给蔡某兵。之后，蔡某兵将毒品带回天津市用于自己吸食和贩卖。（2）2011年10月底，被告人蔡某兵联系廖某军，欲购买2000多克冰毒。廖某军告诉唐某新，唐某新遂找到彭某根（已判刑）商议购买毒品卖给蔡某兵。同年11月15日，蔡某兵携带60.3万元毒资，驾驶东南牌小轿车从天津市来到郴州市，住在廖某军的妹妹廖某某家中。同月16日，彭某根在广东省陆丰市从“阿高”（在逃）处以每克220元的价格购进冰毒2000余克，于17日下午带回郴州市，同日18时许，唐某新购买了电子秤并与彭某根接应，将蔡某兵约至郴州市春天公寓进行交易。三人会合后，蔡某兵对毒品验货、称重，并与唐某新、彭某根议定购买该批冰毒的价格为每克260元。其间，唐某新另将300粒“麻古”以1万元的价格卖给蔡某兵。唐某新与蔡某兵因此次毒品交易系廖某军从中介绍，商定各出5000元给廖某军作为好处费，并当场打电话告知廖某军。唐某新、彭某根、蔡某兵将毒品包装好，准备出门前往廖某某住处取毒资时，被公安人员抓获，当场缴获白色晶体5包，红色药丸2包，经鉴定，白色晶体净重2227克，甲基苯丙胺含量为57.8%；红色药丸净重30.3389克，从中检出甲基苯丙胺和咖啡因成分。随后，公安机关从廖

① 参见中华人民共和国最高人民法院刑事审判第一、二、三、四、五庭主办：《刑事审判参考》（2017年第4集，总第117集），法律出版社2019年版，第49～56页。

某某家卧室衣柜边查获蔡某兵藏匿的毒资 60.3 万元，从蔡某兵驾驶的东南牌小轿车中查获“麻古”337 粒，净重 26.2208 克。

［**裁判结果**］ 郴州市中级人民法院认为，蔡某兵一次性向唐某新购买价值 60 多万元的冰毒全部用于自己吸食，不符合常理，况且此前其已有过贩毒行为，蔡某兵、雷某林在侦查阶段的供述亦证实蔡某兵购买毒品除自己吸食外还用于贩卖，故蔡某兵所称购买毒品用于吸食的辩解不能成立。唐某新从廖某军处获悉蔡某兵欲购买大量毒品后，联系彭某根商量贩毒牟利，并指使彭某根寻找、购买毒品，打电话与蔡某兵商谈毒品交易价格和安排交易地点，在彭某根买到毒品后又接应彭某根一同前往由其选定的交易地点与蔡某兵进行交易，故唐某新系该起毒品犯罪的犯意提起、组织策划、具体实施者。蔡某兵应唐某新之约进入毒品交易现场，双方谈妥了毒品交易价格，并对毒品进行了查验和称重，准备赶往另一地点交付购毒款，故蔡某兵该起犯罪已经既遂。被告人唐某新、蔡某兵违反国家对毒品的管制法规，明知冰毒、“麻古”系毒品而予以贩卖，二人的行为均构成贩卖毒品罪。唐某新共贩卖毒品两次，其中冰毒 2327 克，“麻古”30.3389 克；蔡某兵共贩卖毒品两次，其中冰毒 2327 克，“麻古”56.5597 克。判决：被告人唐某新犯贩卖毒品罪，判处死刑，剥夺政治权利终身，并处没收个人全部财产；被告人蔡某兵犯贩卖毒品罪，判处死刑，剥夺政治权利终身，并处没收个人全部财产。湖南省高级人民法院二审裁定驳回上诉，维持原判，对唐某新、蔡某兵的死刑判决依法报请最高人民法院核准。最高人民法院经复核认为，被告人蔡某兵以贩卖为目的，伙同他人非法购买甲基苯丙胺并销售，单独或伙同他人非法购买甲基苯丙胺片剂，其行为已构成贩卖毒品罪。被告人唐某新以贩卖为目的，非法购买甲基苯丙胺和甲基苯丙胺片剂并销售，其行为已构成贩卖毒罪。蔡某兵提出购买毒品犯意，委托廖某军联系购买毒品，雇请雷某林驾车接应，直接交易、销售毒品，在共同贩卖毒品犯罪中起主要作用，系主犯，应当按照其所参与的全部犯罪处罚。蔡某兵曾因犯抢劫罪被判处刑罚，本案中又系犯罪的诱发者，行为更为积极、主动，对促成毒品交易所起作用更大，且跨省贩卖毒品数量大，主观恶性深，人身危险性和社会危害性大，罪行极其严重，应依法惩处。唐某新贩卖毒品数量大，社会危害性大，但在本案中的罪责相对小于蔡某兵，依法对其判处死刑，可不立即执行。核准蔡某兵死刑，改判唐某新死刑，缓期二年执行。

［**判理分析**］ 贩卖毒品案件中的上下家的死刑适用，过去存在对毒品上家判处死刑、对下家判处死缓的思路和做法。因为毒品上家掌握毒品来源，系毒品源头或者更接近毒源，相较于下家，社会危害更大，罪责更重。2015 年《武汉会议纪要》对以往的做法有所调整，提出根据“数量 + 其他情节”的原则，准确把握贩卖毒品案件中的上下家的死刑适用标准。本案中，被告人蔡某兵除向被告人唐某新购买甲基苯丙胺 2327 克、甲基苯丙胺片剂 30.3389 克外，另外向他人购买甲基苯丙胺片剂 26.2208 克。该二人所贩卖毒品中的绝大部分系同宗毒品，二人涉案毒品数量相当，虽然已超过判处死刑的数量标准，但尚不属于数量巨大，只能判处其中一人死刑。因此，需要仔细区分唐某新、蔡某兵对促成毒品交易所起作用大小、社会危害程度、主观恶性及人身危险性等因素，准确决定刑罚。最高人民法院复核后核准蔡某兵死刑、改判唐某新死缓的主要理由如下：

第一，被告人蔡某兵对促成毒品交易所起作用更大。从具体行为看，蔡某兵在毒品犯罪中的主动性大于被告人唐某新。虽然唐某新是蔡某兵的上家，但其并非囤毒待售，而是应蔡某兵的要求向他人购入毒品，然后再加价卖给蔡某兵。蔡某兵向唐某新求购毒品，先后两次驾车携带购毒款从天津到湖南进行毒品交易，且廖某军、彭某根和雷某林均系因蔡某兵而参与到毒品犯罪当中。因此，蔡某兵是本案的诱发者，行为更积极、主动，对促成毒品交易所起作用大于唐某新。

第二，被告人蔡某兵贩毒行为的社会危害性更大。蔡某兵先后两次从天津前往湖南向被告人唐某新购买毒品，系跨省长途贩卖毒品。第一次所购甲基苯丙胺除蔡某兵自己吸食外，还在天津贩卖给他人；第二次购毒，系蔡某兵约购毒品，唐某新请求彭某根联系购买毒品，随后彭某根从广东购来毒品，且该批毒品数量大，已远远超出蔡某兵个人正常吸食量，如果不是被公安机关及时查获，定会被蔡某兵运回天津出售给他人。此外，蔡某兵还从他人处购买了甲基苯丙胺片剂，用于吸食和贩卖牟利。蔡某兵的购毒行为导致毒品从毒源地向外扩散，促进了毒品的进一步流转和消费，具有更大的社会危害性。

第三，被告人蔡某兵的人身危险性更大。蔡某兵曾因犯抢劫罪被判处有期徒刑三年，刑满释放后却不知悔改，本次又实施贩卖毒品犯罪，虽然不构成累犯，但也反映出其主观恶性深，人身危险性大。

案例 1 - 88

张某、王某贵、周某会贩卖、运输毒品案[①]——在既是共同犯罪又是上下家关系的情况下也应区分出罪责最重者

［**基本案情**］　(1)2011 年 11 月至 2012 年 10 月，被告人张某在河北省唐山市丰南区租借多处房屋作为贩卖毒品的窝点，以给付报酬或提供毒品吸食为利诱，先后纠集多人为其交接毒品，以每克 500 元左右的价格分别向吸毒人员孙某伟等十二人出售毒品甲基苯丙胺（冰毒）共计 800 余克。其间，2012 年 8 月，张某还和周某全共同出资 5 万元，由周某全与王某涛到安徽省阜南县购得甲基苯丙胺 150 克，张某给付王某涛 5000 元报酬及甲基苯丙胺 60 克，给付周某全甲基苯丙胺 10 克，将剩余 80 克甲基苯丙胺贩卖。(2)2012 年 6 月，被告人王某贵找到被告人张某，提出以优惠价格提供甲基苯丙胺，双方合作贩毒，张某表示同意，后王某贵陆续批量购进毒品交给张某贩卖。同年 10 月，王某贵、张某商定将前期合作贩毒所得作为共同出资，扩大贩毒规模，获利共分。王某贵随即到广东省佛山市找到被告人周某会，商定以每克 220 元的价格购买甲基苯丙胺 4000 克，并要求周某会分两批寄至河北省唐山市。王某贵向周某会支付现金 80 万元，又与张某通过银行汇款付给周某会 7.97 万元。周某会接收毒资后向他人两次购得甲基苯丙胺，指使同案被告人周某成（已判刑）将甲基苯丙胺伪装在茶具中分两批通过物流公司寄给张某。当月 17 日 10 时许，张某指派马某帅在唐山市一小区门口接收第一批送到的甲基苯丙胺，马某帅接到毒品准备交给张某时被抓获，公安人员当场查获甲基苯丙胺 1980.26 克，随即将张某抓获，并查获甲基苯丙胺 131.21 克、甲基苯丙胺片剂（“麻古”）3.02克。随后，公安人员将王某贵抓获，查获甲基苯丙胺 1601 克，并在王某贵指认下，在丰南区一小区查获甲基苯丙胺 315 克。当月 19 日，公安人员在物流公司查获周某会邮寄的第二批甲基苯丙胺 2149.45 克。当月 30 日，公安人员在佛山市将周某会抓获。

---

① 参见中华人民共和国最高人民法院刑事审判第一、二、三、四、五庭主办：《刑事审判参考》（总第 114 集），法律出版社 2019 年版，第 95 ~ 102 页。

［**裁判结果**］　唐山市中级人民法院认为，被告人张某、王某贵、周某会贩卖毒品，其行为均已构成贩卖毒品罪，以贩卖毒品罪，分别判处三被告人死刑，剥夺政治权利终身，并处没收个人全部财产。河北省高级人民法院裁定驳回上诉，维持原判，并报请最高人民法院核准。最高人民法院经复核认为，被告人张某、王某贵共同出资购买毒品并贩卖给他人，贩卖毒品数量巨大，均系共同犯罪中罪责严重的主犯，犯罪情节严重，社会危害极大，应依法惩处。被告人周某会居中倒卖毒品并通过物流运输，贩卖、运输毒品数量巨大，犯罪情节严重，社会危害大，应依法惩处。鉴于被告人周某会在毒品犯罪中，与王某贵、张某相比，罪责相对较轻，对其判处死刑，可不立即执行。判决核准张某、王某贵死刑，对被告人周某会以贩卖、运输毒品罪改判死刑，缓期二年执行，剥夺政治权利终身，并处没收个人全部财产。

［**判理分析**］　毒品犯罪中，共同犯罪人、上下家均到案，且存在既是共同犯罪又是上下家关系的情况，如何适用死刑？从贩毒数量上看，本案查实三人贩卖毒品甲基苯丙胺的数量均已超过判处死刑的数量标准。从三人的关系来看，周某会与王某贵、张某之间比较单纯，就是上下家关系，而王某贵和张某的关系比较复杂，王某贵最初是张某的上家，其购买毒品后加价交给张某贩卖，各自获利，后王某贵与张某又发展为共同贩毒，也就是说，二人既是共同犯罪，又是上下家。本案对王某贵和张某均判处死刑，对周某会不判处死刑的理由，分析如下：

（1）对于既是共同犯罪又是上下家的被告人，要在分清主次的基础上根据各自的地位和作用依法确定是否适用死刑。从本案的贩毒事实来看，主要涉及两部分：一是张某、王某贵、周某会等人实施的贩卖毒品事实；二是张某、周某全、王某涛合伙购买毒品及张某向多人出售毒品的事实。第一部分事实系涉及三被告人贩毒的主要事实，在被告人张某、王某贵、周某会等人实施的贩卖毒品事实中，尽管王某贵、张某均系周某会的下家，但二人的关系并不是单纯的共同犯罪，而是有一个发展变化的过程。最初王某贵是张某的上家，提供毒品，加价交给张某贩卖，各自获利，后来王某贵与张某逐步发展成为共同贩毒，共同获利，主要表现是：二人以兄妹相称，王某贵持有张某所租部分房屋的钥匙，二人协作完成贩毒事宜，商定共分利润。从具体作用来看，王某贵提供最初的毒品，交给张某贩卖获利，二人使用贩毒回收的本金和利润继续购进毒品、扩大贩毒；张某接收王某贵购进的毒品，自主联系在本地销售并组织多人为其运送，且租用多处房屋用于贩毒，除将少量贩毒利润留作日常支出外，将大部分收入交由王某贵继续购进毒品。从上述变化情况来看，二人的主要关系是共同犯罪。从二人在共同犯罪中的地位和作用来看，王某贵有稳定货源，张某有流通渠道，二人均有各自的优势和较大的独立性，“强强联手”后扩大贩毒规模，二人在共同犯罪中均起主要作用，均系主犯，地位、作用基本相当。其中：①被告人张某结伙贩卖甲基苯丙胺5145克，贩毒数量巨大；在与王某贵的共同犯罪中，如前所述，张某系地位和作用突出的主犯；在与周某全、王某涛共同犯罪中，张某系主要货主，不仅拍板确定赴安徽购毒，而且负责安排毒资、提供路费、给予辛苦费等事宜，购买毒品的数量也是由其决定，其地位和作用在三人中最为突出。此外，本案中，张某系唐山毒品销售网络的重要源头，拥有为数众多的下线买家，买家多、次数多，总量也不小，毒品零包贩卖，也是从严打击的重点。鉴于张某犯罪情节严重，社会危害极大，罪行极其严重，结合其另有大量贩毒行为的实际情况，判处其死刑适当。②被告人王某贵提议与张某共同贩毒，承诺获利后与张某年底分红，积极筹措毒资，主动联系上线周某会约购毒品，并事先交付毒资，亦系地位和作用突出的主犯，共查获其贩卖毒品4591克，犯罪情节严重，社会危害极大，应依法惩处，结合其另有大量贩毒行为的实际情况，判处其死刑适当。

(2)对于单纯的上下家，要综合考虑各自在促成毒品交易中的作用大小，慎重决定适用死刑。2015年《武汉会议纪要》规定，对于买卖同宗毒品的上下家，涉案毒品数量刚超过实际掌握的死刑数量标准的，一般不能同时判处死刑；上家主动联络销售毒品，积极促成毒品交易的，通常可以判处上家死刑；下家积极筹款，主动向上家约购毒品，对促成毒品交易起更大作用的，可以考虑判处下家死刑。涉案毒品数量达到巨大以上的，也要综合上述因素决定死刑适用。本案被告人周某会虽系王某贵的上家，但属于居中倒卖，其接收王某贵的毒资后又联系他人购进毒品加价贩卖，且雇用他人协助完成贩卖、寄运事宜，罪责严重，应依法惩处。但与张某、王某贵相比，周某会的作用相对较小：首先，周某会贩卖毒品的数量少于张某、王某贵贩卖毒品的数量，获利更是少之又少，尚不及王某贵从张某处获取的差价，对此应在量刑时予以适当考虑；其次，虽然周某会是毒品上家，但其并不是持有毒品待价而沽，而是王某贵主动找他联系并先支付毒资，其才去联系毒品，故其在贩卖毒品的合意、联络等方面，均具有一定的被动性，也就是说，在促成毒品交易方面，周某会的作用明显要小于王某贵。

案例1-89

孙某志等贩卖毒品案①——下家在交易中更为主动且对促成交易作用更大的，其罪责更重

［**基本案情**］　被告人孙某志曾因犯贩卖毒品罪于2000年11月14日被判处有期徒刑三年六个月，并处罚金一千元，2004年2月4日刑满释放。被告人梁某久曾因犯盗窃罪被判处死刑，缓期二年执行，剥夺政治权利终身，2006年12月8日被刑满释放。被告人马某华曾因犯盗窃罪被判处有期徒刑十五年，剥夺政治权利五年，并处罚金一万元，2006年8月19日刑满释放。被告人王某新曾因犯盗窃罪被判处有期徒刑二年六个月，2006年12月27日刑满释放。被告人段某曾因犯组织、领导、参加黑社会性质组织罪被判处有期徒刑九年，剥夺政治权利三年，2008年8月26日刑满释放。2010年3月底，被告人王某新和女友罗某芳(另案处理)从江苏省徐州市回四川省大竹县探亲时，从罗某芳的表哥黄某彬(另案处理)处得知可以购买到甲基苯丙胺。之后，王某新与被告人马某华、梁某久共同商定到大竹县购买甲基苯丙胺回徐州市贩卖。2010年7月23日，王某新向黄某彬提出购买1～2千克甲基苯丙胺，黄某彬又联系被告人王某林准备毒品。次日，马某华、王某新、梁某久及罗某芳携带50万元现金从徐州市出发，于7月25日到达大竹县。黄某彬伙同王某林两次携带甲基苯丙胺样品与王某新、梁某久、马某华洽谈毒品交易，均因毒品质量不好和数量不够未能成交。同年7月26日上午，王某林与在达州市的被告人孙某志联系购买毒品，并驾驶租赁的一辆马自达轿车与被告人林某欣(已判刑)前往达州市，又叫来被告人王某杰负责开车。当日下午，孙某志携带甲基苯丙胺样品到王某林三人所在的达州市达川区兰新宾馆888房间，与王某林谈妥甲基苯丙胺价格为每千克21.5万元。王某林随后通知黄某彬等人到达州市交易毒品，价格为每公斤25万元。当日17时许，马某华、梁某久、王某新和罗某芳在黄某彬的安排下到达达州市，王某林将四人安置在达川区兰郡商务酒店茶房8210房间后，指使王某杰把孙某志送来的甲

① 参见中华人民共和国最高人民法院刑事审判第一、二、三、四、五庭主办：《刑事审判参考》(总第112集)，法律出版社2018年版，第39～44页。

基苯丙胺样品交给梁某久、马某华、王某新试吸、验货。梁某久、马某华、王某新决定购买2公斤甲基苯丙胺。当日22时许,梁某久携带13万元现金,和王某林一同乘坐王某杰驾驶的轿车前往达州市通川区孙某志所在的长城饭店进行毒品交易。途中,王某林让王某杰将车开到大竹县城,在其租用的大竹县新东方名都6楼18号房内,王某林卖给梁某久甲基苯丙胺122.91克。而后三人驾车返回长城饭店,王某林、梁某久交给孙某志毒品定金12万元。孙某志找来被告人段某一同向赵某(在逃)购买毒品。次日4时许,孙某志在长城饭店停车场将12万元定金交给赵某,同时收到赵某的毒品。后孙某志与段某返回长城饭店8420房间,并通知王某林到该房间进行毒品交易。在等候期间,孙某志将毒品分成两份,一份准备交给王某林,另一份交由许某(已判刑)收藏保管。王某林与梁某久乘坐王某杰驾驶的轿车到长城饭店接上孙某志、段某前往兰郡商务酒店交易毒品。到达兰郡商务酒店门口后,王某林和梁某久下车将甲基苯丙胺拿到该酒店茶房8210房间,并由王某林取走剩余购毒款37万元。此时,民警将在轿车内等候的孙某志、王某杰、段某和在8210房间里的马某华、梁某久、王某新等人抓获,王某林脱逃。民警当场从8210房间查获甲基苯丙胺858.25克,从轿车上查获甲基苯丙胺35.92克、海洛因4.98克、氯胺酮1.76克。王某林脱逃后,打电话指使林某欣(已判刑)前去兰郡商务酒店门前打探情况,后判断孙某志等人已被公安机关抓获,便安排林某欣到长城饭店8420房间通知许某逃跑。许某携带毒品刚逃出长城饭店8420房间,即被民警抓获。民警从许某提着的挎包内查获甲基苯丙胺375.03克、麻古62.78克、海洛因34.94克。后公安机关陆续将王某林、黄某彬等人抓获归案。

［**裁判结果**］ 达州市中级人民法院认为,被告人孙某志、王某林、王某杰、段某明知是毒品而予以贩卖,被告人梁某久、马某华、王某新以贩卖为目的非法购买毒品,其行为均已构成贩卖毒品罪。孙某志贩卖甲基苯丙胺1233.28克、海洛因34.94克、麻古62.78克;王某林贩卖甲基苯丙胺1104.25克、海洛因323.35克、麻古8.4克、氯胺酮1.76克、烟酰胺205.07克;梁某久贩卖甲基苯丙胺981.16克、海洛因0.32克;马某华贩卖甲基苯丙胺981.16克;王某新贩卖甲基苯丙胺981.16克;王某杰贩卖甲基苯丙胺981.16克;段某贩卖甲基苯丙胺1233.28克。在孙某志与段某,王某林与王某杰,梁某久与马某华、王某新的共同犯罪中,孙某志、王某林、梁某久、马某华分别起主要作用,是主犯,应当按照四人组织、指挥、参与的全部犯罪处罚;王某新、王某杰、段某起次要或辅助作用,是从犯,依法应当从轻或减轻处罚。孙某志是毒品再犯,应当从重处罚。梁某久、马某华、王某新、段某是累犯,依法应当从重处罚。据此,判决:(1)被告人孙某志犯贩卖毒品罪,判处死刑,剥夺政治权利终身,并处没收个人全部财产;(2)被告人王某林、梁某久、马某华犯贩卖毒品罪,判处死刑,缓期二年执行,剥夺政治权利终身,并处没收个人全部财产;(3)被告人王某新犯贩卖毒品罪,判处无期徒刑,剥夺政治权利终身,并处没收个人财产十万元;(4)被告人段某犯贩卖毒品罪,判处有期徒刑十五年,剥夺政治权利五年,并处罚金五万元;(5)被告人王某杰犯贩卖毒品罪,判处有期徒刑十年,剥夺政治权利三年,并处罚金一万元。四川省高级人民法院经审理,判决维持原审对被告人孙某志、王某林等人的定罪量刑;以贩卖毒品罪分别改判上诉人王某新有期徒刑十五年,剥夺政治权利五年;改判上诉人段某有期徒刑十年,剥夺政治权利三年;将孙某志的死刑判决依法报请最高人民法院核准。最高人民法院经复核认为,孙某志贩卖毒品数量大,在共同犯罪中起主要作用,系主犯,属罪行极其严重,并系毒品再犯,应依法从重处罚。但鉴于孙某志归案后认罪态度

好，对其判处死刑，可不立即执行。裁定不核准。

［**判理分析**］　(1)根据 2015 年《武汉会议纪要》的精神，在对贩卖毒品上下家决定死刑适用时，犯罪的主动性和对促成交易所发挥的作用，是应着重考虑的因素；并非一律“杀上家不杀下家”，下家对促成交易起更大作用的，也可以考虑判处下家死刑。本案在孙某志与王某林的上下家关系中，下家王某林行为更加积极、主动，对促成交易所起作用更大，处罚应当更重，在判处王某林死刑缓期二年执行的情况下，对孙某志适用死刑立即执行，显得量刑不够均衡。具体表现为：第一，王某林首先提出犯意，备齐全款向孙某志约购毒品（王某林明知梁某久等人已备齐全款），并且确定购毒数量；第二，在具体交易过程中，王某林从大竹县前往达州市找到孙某志提出购毒，主动将 12 万元定金交到孙某志处，并且将孙某志接到交易地点，王某林的行为更加积极主动；第三，孙某志虽然是王某林的上家，但其本身并没有毒品，毒品来自上家赵某，孙某志仅是居中倒卖赚取差价，相较而言，王某林之前两次带毒品样品去和梁某久交易，说明其本身持有毒品待售；第四，王某林在两次向梁某久等人提供毒品样品均未成交的情况下，又向孙某志约购毒品，并提供租车接送孙某志、安排梁某久等人到达州市住宿等便利，以促成交易，反映王某林贩毒犯意的坚决性和主观恶性之深。

(2)2015 年《武汉会议纪要》规定在对毒品犯罪从严惩处的同时，亦应全面、准确贯彻宽严相济刑事政策，体现区别对待，做到罚当其罪，量刑时综合考虑毒品数量、犯罪性质、情节、危害后果、被告人的主观恶性和人身危险性及当地的禁毒形势等因素，严格审慎地决定死刑适用，确保死刑只适用于极少数罪行极其严重的犯罪分子。本案中，被告人孙某志贩卖毒品数量较大，在与同伙段某的共同犯罪中起主要作用，系主犯，属罪行极其严重，并系毒品再犯，依法应当从重处罚。但孙某志同时具有以下从轻处罚的情节：第一，购毒犯意、数量均由下家王某林提出，王某林对促成交易所起作用更大，王某林贩卖毒品的数量（贩卖冰毒、海洛因共计 1427.6 克及其他毒品 210 余克）、次数（2 次）均多于孙某志；第二，孙某志涉案冰毒、海洛因数量共计 1268 克，且只卖出 858.25 克；涉案毒品均被收缴，没有造成实际社会危害；第三，孙某志虽有毒品犯罪前科，但前罪仅贩卖约 1.5 克海洛因，数量相对较少；第四，孙某志归案后认罪态度较好，如实供述犯罪，依法可以从轻处罚。综合上述量刑情节，最高人民法院经复核审理后裁定不核准对被告人孙某志的死刑判决。

案例 1－90

陈某亮贩卖、运输毒品，于某库贩卖毒品案①——上下家均具有累犯或毒品再犯从重处罚情节均判处死刑

［**基本案情**］　被告人陈某亮曾因犯盗窃罪、抢劫罪被判处无期徒刑，剥夺政治权利终身，2006 年 7 月 29 日刑满释放。被告人于某库于 1996 年因犯贩卖毒品罪被判处有期徒刑九年；2004 年 9 月 8 日因犯贩卖毒品罪被判处有期徒刑二年，并处罚金一千元，2006 年 5 月 5 日刑满释放。(1)2011 年年初，被告人陈某亮从外地购得甲基苯丙胺 700 克，因质量不好未能全部卖出，剩余 683.32 克毒品藏于其鞍山市的住所内。(2)2011 年 9 月 8 日，陈某亮到广州市从被告人于某库处购得甲基苯丙胺 300 克及少量甲基苯丙胺片剂（“麻古”）带回鞍山市，向

① 参见《最高人民法院发布 5 起毒品犯罪及吸毒诱发的严重犯罪典型案例》，载《人民法院报》2015 年 6 月 25 日，第 3 版。

多人进行贩卖，所剩81克甲基苯丙胺在案发后被查获。(3)2011年9月25日，陈某亮再次前往广州市，从于某库处购得甲基苯丙胺2474.5克、甲基苯丙胺片剂57.1克。同月28日陈某亮回到其鞍山市的住所楼下时被公安人员抓获，当场查获本次所购毒品。公安人员还在陈某亮住所内查获前述质量不好的甲基苯丙胺683.32克，以及含甲基苯丙胺成分的红色粉末21.71克、甲基苯丙胺片剂2.05克。陈某亮到案后协助公安人员抓获于某库。综上，被告人陈某亮贩卖、运输甲基苯丙胺和甲基苯丙胺片剂共计3500余克；被告人于某库贩卖甲基苯丙胺和甲基苯丙胺片剂共计2800余克。

[**裁判结果**]　法院认为，被告人陈某亮非法贩卖、运输甲基苯丙胺，其行为已构成贩卖、运输毒品罪；被告人于某库非法贩卖甲基苯丙胺，其行为已构成贩卖毒品罪。陈某亮多次贩卖、运输毒品，数量大，社会危害大，罪行极其严重，且其曾因犯盗窃罪、抢劫罪被判处无期徒刑，刑罚执行完毕后又犯罪，主观恶性深，人身危险性大，应依法惩处。虽然陈某亮具有重大立功表现，但不足以从轻处罚。于某库贩卖毒品数量大，社会危害大，罪行极其严重，且其曾两次因犯贩卖毒品罪被判刑，刑罚执行完毕后又犯贩卖毒品罪，系毒品再犯，主观恶性深，人身危险性大，应依法从重处罚。据此，依法对被告人陈某亮、于某库均判处死刑。

[**判理分析**]　本案中被告人陈某亮贩卖冰毒3500余克，数量大，又系因暴力犯罪被判处无期徒刑的累犯，虽有重大立功表现，不予从轻处罚；上线于某库贩卖冰毒2800余克，虽然数量小于下线陈某亮，但有两次毒品犯罪前科，系毒品再犯；综合考虑二人的犯罪行为的危害后果及主观恶性、人身危险性等因素，对上下线同时判处死刑，符合罪责刑相适应原则。

案例1-91

吴某、常某平、信某明等贩卖毒品案①——贩毒网络中的主要被告人罪责差异的判断

[**基本案情**]　2003年11月至2004年8月，被告人吴某先后四次向云南省孟连县的张某寿（已判刑）购买海洛因共计4650克，由张某寿将海洛因通过火车托运至湖南省怀化市，吴某将海洛因分别贩卖给被告人常某平等人。(1)2003年10月至2004年3月，被告人常某平从吴某处购买海洛因630余克，贩卖给缪某贵（已判刑）510余克，贩卖给信某明110克，贩卖给其他吸毒人员10克。缪某贵将40克海洛因交给被告人信某明带回安江镇贩卖，其余自行贩卖。(2)2004年3月至9月，常某平6次从吴某手中购买海洛因2200克，分别卖给信某明等吸贩毒人员。(3)2004年9月29日，常某平再次向吴某购买海洛因时被抓获，公安人员当场从常某平处查获海洛因799余克。(4)2004年7~8月，常某平先后5次向杨某林（已判刑）贩卖海洛因40克。另外，2003年12月至2004年9月，被告人信某明多次向缪某贵贩卖海洛因共计400克，多次向陈某生（已判刑）贩卖海洛因共计310克，多次向邓某华（已判刑）贩卖海洛因40克，4次向芦某亮（已判刑）贩卖海洛因42克。

[**裁判结果**]　怀化市中级人民法院认为，被告人吴某、常某平、信某明贩卖海洛因的行为均构成贩卖毒品罪。其中，吴某多次贩卖海洛因共计4650克，常某平多次贩卖海洛因共计3629克，信某明单独贩卖海洛因1420克、共同贩卖海洛因450克，共计1870克，且所贩毒品大都流入社会，严重危害社会，后果特别严重。判决：(1)被告人吴某犯贩卖毒品罪，判处死

① 参见中华人民共和国最高人民法院刑事审判第一、二、三、四、五庭主办：《刑事审判参考》(2009年第2集，总第67集)，法律出版社2009年版，第14~19页。

刑,剥夺政治权利终身,并处没收个人全部财产;(2)被告人常某平犯贩卖毒品罪,判处死刑,剥夺政治权利终身,并处没收个人全部财产;(3)被告人信某明犯贩卖毒品罪,判处死刑,剥夺政治权利终身,并处没收个人全部财产。(其他被告人略)湖南省高级人民法院驳回上诉人吴某、常某平、信某明的上诉,维持原判。最高人民法院经复核认为,吴某出资购买海洛因,贩卖毒品数量巨大,又系跨省贩卖,为当地毒品源头之一,社会危害性极大,罪行极其严重;信某明贩卖毒品数量巨大、次数多,既伙同他人贩卖,又单独进行贩卖,毒品通过其直接流入社会,社会危害性极大,罪行极其严重;常某平多次贩卖毒品、数量巨大,涉案毒品通过其向社会扩散,社会危害性极大,罪行极其严重,均应依法惩处。鉴于常某平认罪、悔罪,归案后主动交代犯罪事实,对全案破获起到积极作用,主观恶性相对较小,对其判处死刑,可不立即执行。故核准被告人吴某、信某明的死刑;对被告人常某平以贩卖毒品罪判处死刑,缓期二年执行,剥夺政治权利终身,并处没收个人全部财产。

［**判理分析**］　本案的毒品是被告人吴某从云南购买,主要以批发形式贩卖给常某平等人,常某平再以批发或零售的形式贩卖给信某明、缪某贵等人。信某明、缪某贵共同或者分别将从常某平手中购买的海洛因,主要以零售形式贩卖给其他贩毒或吸毒人员,其他人再进一步加价贩卖。在该贩毒网络中,吴某、常某平、信某明等是主要被告人,区分他们的罪责,要考察各自在贩卖毒品网络中的实际作用大小、主观恶性和人身危险性的差异,并结合各被告人的具体情节,区别量刑,做到罪责刑相适应。首先,从贩毒数量和在贩毒网络中的作用看,吴某多次贩毒共计4600余克,常某平多次贩毒共计3600余克,信某明多次单独或者伙同他人多次贩毒共计1800余克,三被告人均达到适用死刑的法定标准,常某平的罪行仅次于吴某,而大于信某明。在贩毒网络中,吴某系当地的毒品源头之一,涉案毒品绝大多数由其提供;常某平实际上起到"一级批发商"的作用,毒品通过其进一步扩散;信某明等人从常某平处购得毒品后,再将毒品批发或零售给其他贩毒或吸毒人员,兼具"批发商"和"大零售商"的作用,大量的毒品通过其直接流入社会。其次,常某平具有较为突出的酌定从轻处罚情节。在量刑过程中,酌定量刑情节对准确把握犯罪分子的主观恶性和人身危险性具有重要意义,尤其是在没有法定量刑情节的情况下。本案被告人吴某、信某明贩卖毒品数量巨大,分别是当地贩毒网络的源头和毒品直接向社会扩散的关键环节,且二人均无法定或酌定从轻处罚情节,应判处死刑并立即执行。被告人常某平贩卖毒品共计3600余克,虽然贩毒数量明显大于被告人信某明,论罪也应当判处死刑,但常某平具有较为突出的酌定从轻处罚情节,即其归案后主动交代贩毒事实和同案犯,包括公安机关原未掌握的部分重要犯罪线索和事实,对查清全案犯罪事实和固定重要证据起了重要作用。考虑常某平到案后的具体表现,其主观恶性和人身危险性有所降低,在量刑时应对此认罪悔罪态度和行为有所体现;同时,对其判处死刑但不立即执行,符合打击毒品犯罪的实际需要,社会效果相对更好,故最后依法对常某平改判死缓是恰当的。

37. 新类型毒品犯罪的死刑适用标准如何把握

【实务观点】

根据最高人民法院相关会议纪要的精神,对于新类型毒品犯罪的死刑适用,可以分为以下四种情形分别把握：

(1)甲基苯丙胺片剂中的甲基苯丙胺含量相对较低，危害性亦有所不同，死刑适用数量标准一般可以按照甲基苯丙胺(冰毒)的2倍左右掌握。

(2)对于氯胺酮(俗称"K粉")犯罪，综合考虑氯胺酮的致瘾癖性、滥用范围和危害性等因素，其死刑适用数量标准一般可以按照海洛因的10倍掌握。涉案毒品数量超过上述标准，且犯罪情节严重、社会危害性大，或者具有法定从重处罚情节的被告人，可以依法判处死刑。

(3)涉案毒品为刑法、司法解释等明确规定了定罪量刑数量标准的新类型毒品的，实施走私、制造或者大宗贩卖毒品等源头性犯罪，毒品数量远超过实际掌握的死刑适用数量标准，被告人系犯罪集团首要分子或其他罪责更为突出的主犯，或者具有累犯、毒品再犯、利用或教唆未成年人实施毒品犯罪、向未成年人出售毒品等法定从重处罚情节的，可以考虑判处被告人死刑。

(4)涉案毒品为刑法、司法解释等没有规定定罪量刑数量标准的新类型毒品的，一般不判处被告人死刑。[①] 主要原因在于这些毒品类型的滥用范围较小，对其毒害性研究不够，即便毒品数量大，对其社会危害性是否达到罪行极其严重的程度是存疑的，故而应慎重适用死刑。

【类案参考】

案例1－92

邓某等贩卖、制造毒品及非法持有枪支、弹药案[②]——制造、贩卖氯胺酮数量大的判处死刑

［**基本案情**］　2010年7月，被告人邓某出资让被告人黄某在四川省双流区黄某的老家修建房屋用于制造毒品。黄某建好房屋后，纠集被告人黄某荣制造氯胺酮。同年8月中下旬到9月初，黄某共制造出3批氯胺酮，均交给邓某并领取报酬，邓某安排被告人刘某进行贩卖。同年9月2日，邓某租赁了四川省成都市某小区403房用于存放毒品。同月5日，公安人员在成都市另一小区抓获在房内吸毒的邓某等4人，当场查获氯胺酮26.55克，含甲基苯丙胺、氯胺酮成分的白色晶体5.93克，仿"六四"式手枪1支及子弹35发。公安人员另从邓某身上搜出上述403房的钥匙，在该房内查获氯胺酮13,486克，后从黄某家中查获大量制毒原料及制毒工具。

［**裁判结果**］　四川省成都市中级人民法院审理认为，被告人邓某伙同他人非法制造、贩卖氯胺酮，其行为已构成贩卖、制造毒品罪；邓某非法持有具有杀伤力的枪支、子弹，其行为又构成非法持有枪支、弹药罪；邓某容留他人吸食毒品，其行为还构成容留他人吸毒罪。在制造毒品共同犯罪中，邓某提供资金与交通工具，支配制造的毒品，起组织、指挥作用，系罪责最大的主犯，应当按照其所参与和指挥的全部犯罪处罚；被告人黄某、黄某荣在邓某的纠集下参与制造毒品，在共同犯罪中的作用小于邓某。在贩卖毒品共同犯罪中，邓某安排被告人刘某贩卖毒品，亦系主犯；刘某在邓某的纠集下参与贩卖毒品，作用小于邓某。邓某制造、贩卖毒品数量大，其中部分毒品已流入社会，社会危害大，罪行极其严重，应依法惩处。据此，依法对被

---

① 以上观点均最早源于2015年《武汉会议纪要》。

② 参见《最高人民法院发布5起毒品犯罪及吸毒诱发的严重犯罪典型案例》，载《人民法院报》2015年6月25日，第3版。

告人邓某判处并核准死刑，对被告人黄某、刘某、黄某荣分别判处无期徒刑、有期徒刑十五年、有期徒刑七年。

［判理分析］　邓某制造、贩卖毒品氯胺酮13千克，属于数量特别巨大，且其中部分毒品已流入社会，社会危害大；其属于源头性犯罪且在制造、贩卖毒品过程中均系组织者，是罪行最为严重的主犯；故对其判处死刑是合适的。

案例1－93

杨某昌贩卖、运输毒品，赵某增贩卖毒品案[①]——贩卖、运输新精神活性物质的慎重判处死刑

［**基本案情**］　被告人杨某昌、赵某增长期从事化学品研制、生产、销售及化学品出口贸易工作。2015年4月，杨某昌租用江苏省宜兴市中宇药化技术有限公司的设备、场地进行化学品的研制、生产及销售。其间，杨某昌雇用他人生产包括N－（1－甲氧基羰基－2－甲基丙基）－1－（5－氟戊基）吲唑－3－甲酰胺（以下简称5F－AMB）在内的大量化工产品并进行销售。同年10月1日，5F－AMB被国家相关部门列入《非药用类麻醉药品和精神药品管制品种增补目录》，禁止任何单位和个人生产、买卖、运输、使用、储存和进出口。2016年1月，赵某增与杨某昌在明知5F－AMB已被国家相关部门列管的情况下，仍商定杨某昌以每千克2200元左右的价格向赵某增贩卖150千克5F－AMB。同月22日，杨某昌根据赵某增的要求，安排他人将约150千克5F－AMB从宜兴市运送至浙江省义乌市，后赵某增将钱款汇给杨某昌。2016年3月28日，被告人杨某昌用约1千克5F－AMB冒充MMBC（甲氧基苯甲酰氯）贩卖给李某某（另案处理），后在李某某安排他人寄出的邮包中查获477.79克5F－AMB。2016年8月和9月，被告人杨某昌、赵某增先后被抓获。公安人员从杨某昌租用的中宇药化技术有限公司冷库内查获33.92千克5F－AMB。

［**裁判结果**］　江苏省南京市中级人民法院审理认为，被告人杨某昌明知5F－AMB被国家列入毒品管制仍予以贩卖、运输，其行为已构成贩卖、运输毒品罪。被告人赵某增明知5F－AMB被国家列入毒品管制仍大量购买，其行为已构成贩卖毒品罪。杨某昌贩卖、运输5F－AMB约184千克，赵某增贩卖5F－AMB约150千克，均属贩卖毒品数量大，应依法惩处。据此，依法对被告人杨某昌、赵某增均判处死刑，缓期二年执行，剥夺政治权利终身，并处没收个人全部财产。

［**判理分析**］　（1）本案所涉毒品5F－AMB属于合成大麻素类新精神活性物质，于2015年10月1日被国家相关部门列入《非药用类麻醉药品和精神药品管制品种增补目录》[②]。本案被告人在生产5F－AMB时，该产品并未被列入《非药用类麻醉药品和精神药品管制品种增补目录》，故其制造行为不具有违法性；但被告人在明知该产品已被禁止生产、买卖、运输、储存、使用的情况下，仍继续将已经生产的产品运输并贩卖给他人，其运输、贩卖行为构成犯罪。对于新类型毒品，判处死刑应尽可能慎重。（2）按照2008年《大连会议纪要》的精神，从

① 参见《最高人民法院发布2019年十大毒品（涉毒）犯罪典型案例》，载《人民法院报》2019年6月26日，第3、4版。

② 公安部、国家卫生健康委员会和国家药品监督管理局联合发布的《关于将合成大麻素类物质和氟胺酮等18种物质列入〈非药用类麻醉药品和精神药品管制品种增补目录〉的公告》，自2021年7月1日起施行，该公告决定正式整类列管合成大麻素类精神活性物质。

贩毒人员住处查获的毒品也应计入贩卖毒品数量，是因为其通过购买或者制造取得毒品的目的均是为了贩卖，取得毒品本身即贩卖毒品行为的一部分。本案中的特别之处在于涉及的新精神活性物质是被告人自己生产的，且生产时该行为并不违法，在国家列管该类精神物质之后，持有行为变为非法，在被告人针对该部分物质产生贩卖毒品故意并着手联系买家之前，只能认定为非法持有毒品罪，而不能将所有在国家列管之后继续持有毒品的行为，均认定为贩卖毒品罪。

案例 1－94

刘某等贩卖、制造毒品案①——制造、贩卖新类型毒品超过实际掌握的死刑适用标准一般也不适用死刑

［**基本案情**］　(1)2017 年 5 月，被告人刘某、蒋某华共谋由刘某制造芬太尼等毒品，由蒋某华联系客户贩卖，后蒋某华为刘某提供部分资金。同年 10 月，蒋某华向被告人王某玺销售刘某制造的芬太尼 285.08 克。同年 12 月 5 日，公安人员抓获刘某，后从刘某在江苏省常州市租用的实验室查获芬太尼 5017.8 克、去甲西泮 3383.16 克、地西泮 41.9 克、阿普唑仑 5012.96 克等毒品及制毒设备、原料，从刘某位于上海市的租住处查获芬太尼 6554.6 克及其他化学品、原料。(2)2016 年 11 月以来，被告人王某玺、夏某玺成立公司并招聘被告人杨某萃、张某红、梁某丁、于某等人为业务员，通过互联网发布信息贩卖毒品。王某玺先后从被告人蒋某华处购买前述 285.08 克芬太尼，从被告人杨某处购买阿普唑仑 991.2 克，并从其他地方购买呋喃芬太尼等毒品。案发后，公安机关从王某玺、杨某萃处查获上述芬太尼 285.08 克、阿普唑仑 991.2 克及呋喃芬太尼 39.53 克等毒品，从杨某住处查获阿普唑仑 6717.4 克。

［**裁判结果**］　河北省邢台市中级人民法院审理认为，被告人刘某、蒋某华共谋制造芬太尼等毒品并贩卖，其行为均已构成贩卖、制造毒品罪。被告人王某玺、夏某玺、杨某、杨某萃、张某红、梁某丁、于某明知是毒品而贩卖或帮助贩卖，其行为均已构成贩卖毒品罪。刘某、蒋某华制造、贩卖芬太尼等毒品数量大，且在共同犯罪中均系主犯。刘某所犯罪行极其严重，根据其犯罪的事实、性质和具体情节，对其判处死刑，缓期二年执行，剥夺政治权利终身，并处没收个人全部财产；蒋某华作用相对小于刘某，对其判处无期徒刑，剥夺政治权利终身，并处没收个人全部财产。王某玺、夏某玺共同贩卖芬太尼等毒品数量大，王某玺系主犯，但具有如实供述、立功情节，对其判处无期徒刑，剥夺政治权利终身，并处没收个人全部财产；夏某玺系从犯，对其判处有期徒刑十年，并处罚金十万元。杨某贩卖少量毒品，对其判处有期徒刑二年，并处罚金六万元。杨某萃、张某红、梁某丁、于某参与少量毒品犯罪，且均系从犯，对四人分别判处有期徒刑一年八个月、一年六个月、一年四个月、六个月，并处罚金。

［**判理分析**］　本案系国内第一起有影响的芬太尼类物质犯罪案件，涉及芬太尼、呋喃芬太尼、阿普唑仑、去甲西泮、4－氯甲卡西酮、3，4－亚甲二氧基乙卡西酮等多种新型毒品，部分属于新精神活性物质②。根据 2016 年《毒品案件解释》的规定，制造、贩卖芬太尼 125 克以上

① 参见《最高人民法院发布 2020 年十大毒品(涉毒)犯罪典型案例》，载《人民法院报》2020 年 6 月 24 日，第 3 版。

② 国家相关部门在以往明确管控 25 种芬太尼类物质的基础上，于 2019 年 5 月 1 日将芬太尼类物质列入《非药用类麻醉药品和精神药品管制品种增补目录》进行整类列管。

的，属于“其他毒品数量大”，应当判处十五年有期徒刑、无期徒刑或者死刑。被告人刘某、蒋某华制造、贩卖芬太尼11,000余克，折算为海洛因的话达4400余克，也达到了实际掌握的死刑适用标准，但考虑到是新型毒品，按照2008年《大连会议纪要》的精神，不宜判处死刑立即执行。本案判决根据涉案毒品的种类、数量、危害和被告人刘某、蒋某华、王某玺、夏某玺犯罪的具体情节，对刘某判处死刑缓期执行，充分体现了对此类犯罪的有力惩处，也体现了对共同犯罪的区别对待。

38. 特情介入对死刑适用的影响如何把握

【实务观点】

特情介入是毒品犯罪案件的常见侦查手段，尤其是在涉案毒品数量极大的案件中。被告人也经常会提出特情引诱犯罪的辩解。在决定是否适用死刑时，可以根据特情介入的不同类型，区别对待。

（1）“犯意引诱”，即被告人辩解本来没有实施毒品犯罪的意图，经过特情引诱才决意实施毒品犯罪。实践中有“与特情人员相关的证据资格排除”和“量刑减让”两种处置观点①。实践中由于情况复杂，不是所有案件都具备证据资格排除的条件。编者认为，死刑仅适用于罪行极其严重的犯罪分子，这里的“罪行极其严重”是对被告人所实施犯罪的社会危害性及其本人主观恶性、人身危险性的综合评价。对于虽不能确定但亦不能排除存在“犯意引诱”的案件，被告人实施严重毒品犯罪的意图是否完全自主产生，实际上是存疑的，也即其主观恶性是否达到判处死刑的标准，作为一项量刑事实是存疑的。类似于故意杀人案件中不能确定被告人主观上是否追求被害人死亡结果的发生时，认定为间接故意甚或伤害故意。按照最高人民法院《关于全面推进以审判为中心的刑事诉讼制度改革的实施意见》第30条第2款之规定，“定罪证据确实、充分，量刑证据存疑的，应当作出有利于被告人的认定”。因此，2008年《大连会议纪要》所提出的“量刑减让”模式在可能判处死刑的毒品犯罪案件中仍可适用。对于能够采取证据资格排除方法的案件，可以在排除相关证据后，根据剩余证据对案件事实作出认定并依法判决。对于具体案件中无法采取证据资格排除方法的，要根据涉案毒品数量不同区别对待，对于涉案毒品超过判处死刑数量标准但未达到数额巨大，被告人关于受特情人员引诱实施犯罪的辩解具有一定合理性，无法得到排除的，不宜判处死刑。对于涉案毒品数量巨大的案件，被告人提出受特情人员引诱实施犯罪的辩解，应当要求公安机关作出明确说明并提供相关证据，只有在能够确定排除“犯意引诱”的情况下，才可以判处死刑。

（2）“数量引诱”，即犯罪人原本只有实施数量较小的毒品犯罪的故意，因特情引诱而加大了犯罪数量。根据最高人民法院相关会议纪要的精神，即使毒品数量超过实际掌握的死刑数量标准，一般也不判处死刑立即执行。尤其是被告人原本意图实施的犯罪未达到实际掌握的死刑适用数量标准，受隐匿身份人员引诱毒品数量才达到实际掌握的死刑适用数量标准的，更不宜判处死刑。

---

① 2008年《大连会议纪要》指出：“对因‘犯意引诱’实施毒品犯罪的被告人，根据罪刑相适应原则，应当依法从轻处罚，无论涉案毒品数量多大，都不应判处死刑立即执行。”

(3)“引诱抓捕”,即公安机关经过前期侦查已经确认嫌疑人持有大量毒品待售或者有证据证明其已准备实施大宗毒品犯罪,运用特情接洽的方式抓获被告人并缴获大量毒品或者毒赃,这种情况下不存在犯罪引诱,应当依法处理。但对于以下两种情形,仍要慎重适用死刑:一是对于为贩卖而实施购买行为的被告人,特情介入作为“上线”或其代理人出现,使整个毒品交易完全处于公安机关控制之下,被告人行为的社会危害性被限制在特定范围之内,甚至可能构成不能犯未遂,在量刑上应予以适当从宽处罚,以与其实际责任相适应。二是侦查人员利用犯罪分子、吸毒人员作为特情人员,采用漫天撒网式的引诱,毒品犯罪分子为了自己的立功需要而刻意加大了需求的毒品犯罪数量,要结合关联案件考虑量刑平衡和刑法伦理问题,避免出现为了减轻一个罪犯的罪责而制造一个死刑犯罪的情形。

【类案参考】

案例 1 - 95

申某雄、汪某智贩卖毒品案①——对已持有毒品待售或者有证据证明已准备实施大宗毒品犯罪者不存在犯罪引诱

［**基本案情**］ 2007 年 2 月底,被告人申某雄在云南省昆明市向陈某某(另案处理)贩卖 5.5 克海洛因后,告诉陈某某还有 3500 克海洛因待售,委托陈某某联系买主。同年 3 月初,陈某某介绍“董哥”向申某雄购买海洛因。3 月 30 日中午,申某雄与“董哥”约定交易价格为每克 430 元,并于当日下午到“董哥”住处查验购毒款。次日上午,申某雄告诉“董哥”共有 6000 克左右海洛因可供交易。当日 15 时 40 分许,申某雄携带海洛因到昆明市金龙旅馆 201 房间与“董哥”交易,被公安人员抓获,当场缴获海洛因 6030.5 克。受申某雄指使在旅馆外望风的汪某智亦被抓获。经鉴定,海洛因纯度达 55% 以上。

［**裁判结果**］ 六盘水市中级人民法院认为,被告人申某雄明知海洛因是毒品而予以贩卖,其行为已构成贩卖毒品罪。被告人申某雄在共同犯罪中是毒品所有人,首起犯意,商定价格并进行毒品交易,起主要作用,系主犯,应按其参与的犯罪处罚。被告人汪某智在共同犯罪中起辅助作用,是从犯,应当从轻处罚。判决:(1)被告人申某雄犯贩卖毒品罪,判处死刑,剥夺政治权利终身,并处没收个人全部财产;(2)被告人汪某智犯贩卖毒品罪,判处死刑,缓期二年执行,剥夺政治权利终身,并处没收个人全部财产。贵州省高级人民法院经审理后认为上诉人申某雄在与货主进行毒品交易时,其手里不仅有 3500 克海洛因,且有更大数量的毒品待售,故其所提存在数量引诱的上诉理由不能成立,不予采纳。上诉人汪某智参与贩卖海洛因数量巨大,但其在犯罪中起辅助作用,系从犯。判决:(1)维持贵州省六盘水市中级人民法院(2007)黔六中刑一初字第 90 号刑事判决主文第一项;(2)上诉人汪某智犯贩卖毒品罪,判处无期徒刑,剥夺政治权利终身,并处没收个人全部财产。最高人民法院裁定核准。

［**判理分析**］ 本案虽然存在特情介入因素,但不属于数量引诱。具体分析如下:首先,被告人申某雄并非“本来只有实施数量较小的毒品犯罪的故意”。这里的“数量较小”形式上是相对于特情人员提出的毒品数量而言的,但实质上主要是指被告人可能受到的惩罚的严厉

① 参见中华人民共和国最高人民法院刑事审判第一、二、三、四、五庭主办:《刑事审判参考》(2009 年第 2 集,总第 67 集),法律出版社 2009 年版,第 65 ~ 70 页。

性，也就是其打算实施的毒品犯罪数量所应适用的刑罚幅度或刑种轻于特情人员提出的数量所应适用的刑罚。如果被告人打算实施的毒品犯罪数量原本就会导致对其判处死刑，即便特情人员提出的毒品数量相对大一点，也不能认为被告人"本来只有实施数量较小的毒品犯罪的故意"。反之，如果被告人本没有实施可判处重刑甚至死刑的毒品犯罪的犯意，因受特情引诱而增加毒品数量，导致达到被判处重刑特别是死刑的标准，则被告人的主观恶性、人身危险性和行为的社会危害性相对于没有"数量引诱"的情形而言要小，故而应对其从轻处罚，才符合罪责刑相适应原则。本案中，被告人申某雄在侦查机关介入前委托陈某某联系贩卖的海洛因达3500克，已超过刑法规定的和当地实际掌握的判处死刑的毒品数量标准，故不能认为其属于2008年《大连会议纪要》规定的"本来只有实施数量较小的毒品犯罪的故意"。

其次，被告人申某雄实际贩卖的6000余克海洛因不是特情引诱的结果。行为人实施数量较大的毒品犯罪与特情人员的引诱之间应当具有因果关系，才符合"数量引诱"的条件。本案中，被告人申某雄本来打算贩卖3500克海洛因，让陈某某联系买家，陈某某提出了想购买5000克海洛因，数量相对较大，但后来被告人申某雄称自己实有6000余克海洛因，让陈某某问买主"董哥"是否全要。显然，被告人实际拥有和欲贩卖的毒品数量超过了特情人员提出的数量，不是特情引诱造成的。即使陈某某不提出要购买5000克海洛因，被告人申某雄也要出售自己手中的6000余克海洛因。因此，实际贩卖的6000余克海洛因不是特情引诱的结果。据此，被告人申某雄贩卖海洛因数量巨大，且系主犯，罪行极其严重，应当对其适用死刑立即执行。

案例1－96

陈某有、庄某思贩卖毒品案①——特情介入作为"上线"角色出现使交易过程完全处于公安机关控制之下的不宜判处死刑

［**基本案情**］　2013年7月4日，公安特情人员罗某某经被告人庄某思介绍与被告人陈某有商议购买毒品事宜。双方商定，陈某有以22万元的价格贩卖3000克甲基苯丙胺给罗某某介绍的买家。次日2时许，陈某有、庄某思与罗某某会合，到广州市天河区天河公园附近等候他人送来毒品。7时许，经陈某有联系，由他人开车前来交给陈某有一袋毒品，随后，罗某某、庄某思、陈某有一同前往广州市黄埔大道西210号海涛酒店。到达酒店门口后，庄某思在车上等候；陈某有手持装有毒品的塑料袋和罗某某上到酒店一房间与罗某某介绍的买家进行交易。当陈某有与买家交接毒品、点验货款时，被事先埋伏的公安人员当场抓获。公安人员从陈某有带来的塑料袋中缴获甲基苯丙胺3包，共计净重2479克。同时，其他事先埋伏的公安人员在酒店门前将庄某思抓获。

［**裁判结果**］　广州市中级人民法院判决：(1)被告人陈某有犯贩卖毒品罪，判处死刑，缓期二年执行，剥夺政治权利终身，并处没收个人全部财产；(2)被告人庄某思犯贩卖毒品罪，判处有期徒刑十三年，并处罚金五万元。广东省高级人民法院经二审审理认为，鉴于本案是在公安机关的监控下实施的毒品交易，社会危害较小，对各被告人可酌情从轻处罚。裁定驳回上诉，维持原判。

---

①　参见中华人民共和国最高人民法院刑事审判第一、二、三、四、五庭主办：《刑事审判参考》（总第108集），法律出版社2017年版，第100～105页。

［**判理分析**］　特情介入贩卖毒品行为，使整个毒品交易处于公安机关密切监控之下，其行为的社会危害性被限制在特定范围之内，在量刑上应予以适当从宽处罚。本案中，被告人庄某思供认此前就知道被告人陈某有贩卖甲基苯丙胺，虽然陈某有对此不予供认，但陈某有在短时间内即能联络到毒品货源，并提供大量甲基苯丙胺用于交易，甲基苯丙胺含量达到76.6%，表明陈某有并非临时四处寻购毒品，也并非靠掺杂使假的方法增加毒品数量，而是具有大量贩卖毒品的能力和意愿，有稳定可靠的甲基苯丙胺来源。因此，对于陈某有这种随时具有实施大宗毒品犯罪的能力，且有一定证据显示其曾经是贩卖毒品的犯罪分子，公安机关实际是运用了特情接洽的方式抓获贩毒分子，并缴获大量毒品，故不属于犯意引诱。但考虑到陈某有、庄某思的贩卖毒品行为处于特情人员及其他公安人员密切监控之下，其行为的社会危害性被限制在特定范围之内，故在量刑上对两人均予以从宽处罚，未对实施大量贩卖毒品行为的陈某有判处死刑立即执行，是适当的。

案例1－97

王某友、刘某敏贩卖毒品案①——加上特情提出的购买数量才达到判处死刑的毒品数量标准的应慎重适用死刑

［**基本案情**］　2005年3月8日下午，周某鲜和吴某学（均已判刑）到云南省昆明市官渡区前卫镇小街村被告人王某友、刘某敏租住房屋内购买毒品，王某友以每克150元的价格卖给周某鲜、吴某学二人海洛因180克。随后，周某鲜、吴某学二人将海洛因掺假加工成395克，于3月10日在某旅馆内进行交易时被公安人员抓获。3月下旬，周某鲜为争取立功，在公安人员的监控下用电话与王某友联系购买毒品，并委托其女友吕某某配合公安人员前往王某友租住房屋与王某友进行毒品交易。4月1日16时许，吕某某带公安人员到王某友、刘某敏的租住房屋内进行交易时，公安人员将王某友、刘某敏抓获，并从其租住房屋内搜出海洛因408克。

［**裁判结果**］　凉山彝族自治州中级人民法院认为，被告人王某友、刘某敏明知海洛因是毒品而予以贩卖，其行为已构成贩卖毒品罪。二被告人系共同犯罪，王某友起主要作用，系主犯；刘某敏系从犯，应当从轻、减轻处罚。判决：（1）被告人王某友犯贩卖毒品罪，判处死刑，剥夺政治权利终身，并处没收财产二万元；（2）被告人刘某敏犯贩卖毒品罪，判处有期徒刑十年，剥夺政治权利二年，并处罚金五千元。四川省高级人民法院经审理，裁定驳回上诉，维持原判。最高人民法院经复核认为，被告人王某友贩卖海洛因数量大，且系主犯，应依法惩处。鉴于王某友第二起贩卖的408克海洛因，因特情介入，犯罪行为处在公安机关的控制之下，毒品也被查获，没有继续流入社会；被告人归案后认罪态度较好，对其可不判处死刑立即执行。裁定不核准。

［**判理分析**］　（1）本案虽有特情介入，但不属于特情引诱。2008年《大连会议纪要》指出，对特情介入侦破，不能排除"犯意引诱"和"数量引诱"的案件，在考虑是否对被告人判处死刑立即执行时，要留有余地。本案中，被告人王某友先后实施了两起贩卖毒品行为，第一起没有特情介入因素，第二起贩卖408克海洛因有特情介入因素，即周某鲜在公安人员的监控

---

①　参见中华人民共和国最高人民法院刑事审判第一、二、三、四、五庭主办：《刑事审判参考》（2009年第2集，总第67集），法律出版社2009年版，第60～64页。

下用电话与王某友联系购买毒品，并委托其女友吕某某配合公安人员前往王某友租住房屋与王某友进行毒品交易，但该特情介入因素尚不能认定为特情引诱。首先，王某友、刘某敏二人曾贩过毒，主观上本有贩毒的故意，即使不卖给周某鲜，也会卖给其他人。通话监控记录也证实，王某友称"货随时都有"，证明其有贩卖毒品的概括性故意，故本案不属于犯意引诱。其次，现有证据不能认定王某友本来只有实施数量较小的毒品犯罪的故意，而受特情引诱实施了数量较大的贩卖毒品行为，故本案也不能认定为数量引诱。

(2)对被告人王某友量刑时应当考虑特情介入这一因素。本案中，被告人王某友第一起贩卖180克海洛因达不到实际掌握的判处死刑立即执行的标准，加上第二起有特情介入因素的贩卖408克海洛因才达到毒品案件实际掌握的判处死刑的数量标准。王某友贩卖408克海洛因是周某鲜为了争取立功而主动同其联系，并由公安人员冒充买主去和王某友进行毒品交易，数量也是冒充买主的公安人员提出来的，且系王某友犯罪的主要犯罪事实，故应作为量刑情节予以考虑。同时，王某友被当场抓获并起获全部毒品，毒品没有继续流入社会造成进一步危害，亦应作为量刑情节予以考虑。

案例1-98

包某龙贩卖毒品案①——对不能排除"数量引诱"的案件判处死刑时要留有余地

[**基本案情**]　被告人包某龙1999年3月17日因犯贩卖毒品罪被判处有期徒刑九年，2005年11月19日刑满释放。2007年11月9日10时30分许，翟某军(已判刑)打电话商定由被告人包某龙送300克毒品到甘肃省兰州市城关区嘉峪关东路641号403翟某军的住处交易。当日12时许，包某龙携带毒品赶至该641号单元楼下，侦查人员将包某龙当场抓获，从包某龙所骑摩托车脚踏板上查获毒品海洛因300.7克(含量为92.77%)。

[**裁判结果**]　兰州市中级人民法院认为，被告人包某龙的行为构成贩卖毒品罪，且毒品数量大，罪行极其严重，应依法惩处；包某龙系毒品再犯，又系累犯，依法应从重处罚。判决：被告人包某龙犯贩卖毒品罪，判处死刑，剥夺政治权利终身，并处没收个人全部财产。甘肃省高级人民法院认为，翟某军被抓获后，打电话向包某龙要毒品，包某龙随即将毒品送至翟某军家楼下被抓获，同时在包某龙租住处查获用于贩毒的戥子等物品，包某龙贩卖毒品的主观故意明显，属持毒待售，不存在犯意引诱和数量引诱的情节；包某龙贩卖毒品数量大，系毒品再犯，又系累犯，且查获的毒品海洛因含量达92.77%，应从重处罚；裁定驳回上诉，维持原判，并依法报请最高人民法院核准。最高人民法院经复核认为，被告人包某龙贩卖毒品数量大，应依法惩处。包某龙系毒品再犯，且系累犯，依法应从重处罚。但鉴于包某龙认罪态度较好，其贩卖毒品行为系在侦查人员控制下实施，毒品尚未流入社会，社会危害性相对较小，对包某龙可不判处死刑立即执行。故裁定不核准。

[**判理分析**]　(1)购毒者在侦查人员控制下，以非真实交易意思，明显超出其往常交易数额向贩毒者示意购买毒品，属于数量引诱。特情介入有三种情况：机会引诱、犯意引诱和数量引诱。区分"机会引诱"与"犯意引诱""数量引诱"的关键在于特情介入之前行为人是否已经具有实施毒品犯罪的主观意图。"机会引诱"仅为毒品犯罪行为人提供一个实施毒品犯罪

① 参见中华人民共和国最高人民法院刑事审判第一、二、三、四、五庭主办：《刑事审判参考》(总第75集)，法律出版社2011年版，第65~71页。

的机会，不存在实质性犯罪引诱，原则上不属于特情引诱，而“犯意引诱”和“数量引诱”均存在实质性引诱，属于特情引诱的两种情形。对于没有直接证据表明行为人具有毒品犯罪故意的，要综合行为人与具体案情予以分析，判断行为人在实施毒品犯罪前是否具有毒品犯罪的故意。①行为人在特情介入而实施犯罪前是否有毒品犯罪行为，据以初步判断其是否有实施毒品犯罪的意图和倾向；②侦查机关在特情介入前，是否有足够的线索或合理的理由确信行为人有正在实施或即将、可能实施毒品犯罪的迹象，从而对其采用特情介入手段；③行为人实施毒品犯罪的犯意系出自其本意、自发地产生，还是侦查机关刻意地诱惑、促成的。

本案中同案被告人翟某军因贩卖毒品被侦查人员抓获后，供述了毒品的来源，并配合侦查机关抓获被告人包某龙，在侦查机关控制下给包某龙打电话，称要大量毒品，越多越好。在接到翟某军电话约一个半小时后，包某龙携带大量毒品至约定地点，被侦查人员抓获，且在包某龙家中搜出 0.7 克小包海洛因、戥子以及 64 万元现金等物。本案不属于“机会引诱”，也不存在“犯意引诱”，但不能排除“数量引诱”的可能性，主要理由是：第一，被告人包某龙此前因犯贩卖毒品罪于 1999 年 3 月 17 日被判处有期徒刑九年，具有毒品犯罪前科，系毒品再犯，具有毒品交易的倾向性。第二，翟某军供述之前曾从包某龙处多次购买毒品，且供述非常稳定，由此证明包某龙之前曾有贩卖毒品的行为。第三，包某龙在接到翟某军电话约一个半小时后，携带大量毒品至约定地点进行交易，包某龙被抓获后，侦查人员在包某龙家中搜出 0.7 克小包海洛因、戥子以及 64 万元现金等物。在这么短的时间内提供大量毒品进行交易，说明包某龙有毒品待售或者有毒品来源渠道。第四，翟某军供称其之前多次从包某龙处购买毒品，每次数量为 10～50 克，但这次跟包某龙说要多一些毒品，越多越好。包某龙供称翟某军在电话中明确要购买 300 克毒品。翟某军这次购买毒品的数量远远超过其所供之前经常从包某龙处购买的数量，不能排除翟某军为了立功而要求购买大量毒品的可能性，包某龙是在翟某军的要求下才贩卖了数量如此之大的毒品，故本案不能排除存在“数量引诱”。

（2）对不能排除“数量引诱”的案件，在考虑是否对被告人判处死刑立即执行时，要留有余地。对毒品犯罪被告人量刑时，特别是在考虑是否适用死刑时，应当综合考虑毒品数量、犯罪情节、危害后果、被告人的主观恶性和人身危险性以及当地禁毒形势等各种因素，做到区别对待。对于特情介入侦破的案件，不能排除“数量引诱”的，在考虑是否对被告人判处死刑立即执行时，要留有余地。本案被告人包某龙所贩卖毒品数量 300.7 克，已达到当时判处死刑的数量标准，且包某龙系毒品再犯，又系累犯，依法应从重处罚，论罪可判处死刑立即执行。但由于特情介入，存在“数量引诱”的因素，且毒品交易系在侦查机关的控制下进行，毒品尚未流入社会，社会危害性相对较低，故对被告人包某龙判处死刑，可不立即执行。

案例 1－99

刘某等贩卖、运输毒品，非法买卖枪支、弹药案①——根据特情提出的数量而向上家购买毒品后又自主贩卖的不是特情引诱

［基本案情］ 被告人刘某、林某华、刘某宝均因犯抢劫罪被判处重刑并同监服刑，于 1998 年相继刑满释放。1999 年 4 月，刘某宝在北京主动找到公安特情（对其特情身份不知

① 参见中华人民共和国最高人民法院刑事审判第一、二、三、四、五庭主办：《刑事审判参考》（总第 24 集），法律出版社 2002 年版，第 92～97 页。

情），称自己可以搞到海洛因并问特情能否找到买主。特情向公安机关报告情况后，公安机关决定通过特情告知刘某宝有买主欲购2000克海洛因。之后刘某宝即与在广东的被告人刘某联系，要其"搞来"海洛因并共同贩卖。1999年5月上旬，刘某伙同林某华携带海洛因1000克，从广州到达天津与刘某宝等人汇合。刘某、林某华、刘某宝等人在未与特情联系的情况下，在天津自行向他人售出海洛因310克，又在北京自行向他人售出海洛因75克。在自行出售海洛因受阻的情况下，刘某宝等人才与特情联系，欲向特情提供的"买主"出售剩余的海洛因。1999年5月18日，公安人员在北京市远望楼宾馆4406房间将刘某、刘某宝抓获，当场缴获海洛因360.6克。次日又将已返回广州的林某华抓获。另外，刘某、林某华、刘某宝在天津期间还向他人购得小口径手枪2支、子弹80余发。

［**裁判结果**］　北京市第二中级人民法院审理认为，被告人刘某、林某华、刘某宝为牟取暴利，共同运输、贩卖海洛因的行为，均构成运输、贩卖毒品罪，且运输、贩卖毒品数量大，依法应予严惩。刘某、林某华、刘某宝共同购买枪支弹药的行为，又均构成非法买卖枪支、弹药罪。三被告人均系刑满释放后五年内又重新犯罪的累犯，依法应从重处罚。判决：被告人刘某犯贩卖、运输毒品罪，判处死刑，剥夺政治权利终身，并处没收个人全部财产；犯非法买卖枪支、弹药罪，判处有期徒刑八年，剥夺政治权利一年；决定执行死刑，剥夺政治权利终身，并处没收个人全部财产（其他被告人判决情况略）。北京市高级人民法院经审理，裁定驳回上诉，维持原判。最高人民法院经复核于2001年6月8日裁定核准。

［**判理分析**］　特情介入并不等于特情引诱，对具体案件是否认定存在特情引诱、存在何种类型的特情引诱，应当严格审查；同时，对特情介入的案件量刑时，也要看案件中的毒品在行为人自己的意志支配下，是否已脱离公安机关的控制，并流向社会、危害社会。本案中，刘某宝主动问公安特情能否找到毒品买主并自称自己可以"搞到"毒品，公安机关通过特情答复刘某宝有买主欲购2000克海洛因。之后刘某宝即与刘某联系，刘某与林某华在广州共同购买1000克海洛因后，携带该宗毒品北上。三人汇合后，并未直接与特情联系贩卖，而是共同在天津和北京进行贩卖。据此，可以得出如下结论：（1）贩运毒品的犯意提起者是被告人刘某宝，不存在犯意引诱问题。所谓犯意引诱，是指行为人本没有实施毒品犯罪的主观意图，而是在特情诱惑和促成下形成犯意，进而实施毒品犯罪。本案贩卖毒品的犯意是被告人自行找到特情主动提出的，这表明被告人有实施毒品犯罪的主观意图在前，特情介入在后。（2）本案不存在数量引诱问题。所谓数量引诱，是指行为人本来只有实施数量较小的毒品犯罪故意，在特情引诱下实施了数量较大甚至达到可判处死刑数量的毒品犯罪。本案中，特情虽提出了购买2000克海洛因的数量，但是被告人刘某、林某华、刘某宝购买海洛因1000克后，并没有直接将海洛因贩卖给特情介绍的"买主"，而是甩掉特情，先自行直接向他人贩卖，且售出的数量很大。这说明被告人贩卖毒品的行为完全是一种独立的行为，并不受外界的引诱与控制。（3）被告人的自行贩卖行为，已然脱离公安机关的控制，贩出的毒品部分已流向社会，属于犯罪既遂。2000年《南宁会议纪要》规定，"因特情介入，其犯罪行为一般都在公安机关的控制之下，毒品一般也不易流入社会，其社会危害程度大大减轻，这在量刑时应当加以考虑"。这是指"控制下交付"的情况。本案已经售出的部分毒品并非在公安机关的"控制下交付"，已脱离公安机关的控制。

案例 1 - 100

陈某萍等贩卖毒品案[1]——毒贩等临时特情为个人目的检举从而启动诱惑侦查的判处死刑要留有余地

[**基本案情**] 2014 年 3 月 17 日,在押人员黎某光向公安机关检举揭发陈某平(已判刑)涉嫌贩卖毒品犯罪。同日 22 时许,在押人员黎某光在公安人员的控制下打电话给陈某平提出购买毒品,双方商定由陈某平以每千克 3.5 万元的价格向黎某光贩卖 6 千克甲基苯丙胺(冰毒),并于次日送到黎某光住处。陈某平随即联系被告人陈某萍,商定由陈某萍以每千克 3.2 万元的价格向陈某平贩卖 6 千克甲基苯丙胺并于次日送给陈某平。次日中午,陈某萍从其住处带上装有毒品的纸箱并乘坐出租车至陈某平住处楼下,陈某平继续乘坐载有毒品的该辆出租车前往黎某光住处交易,陈某萍则到陈某平住处等候陈某平与黎某光交易成功后收回贩毒款。随后,陈某平在黎某光住处附近被公安人员抓获,从陈某平携带的纸箱中缴获甲基苯丙胺 5830 克。陈某萍在陈某平住处被抓获。

[**裁判结果**] 广州中级人民法院一审认为,本案虽是在押毒犯检举揭发,在公安机关控制下交易,但被告人陈某萍是毒品上家,黎某光是向陈某平提出购买毒品,陈某平再向陈某萍提出,陈某萍立即提供毒品,故对陈某萍而言,本案不存在犯意或数量引诱的问题。故以贩卖毒品罪判处陈某萍死刑、陈某平无期徒刑。广东省高级人民法院二审认为,被告人陈某萍原本持有大量毒品待售,被约购的毒品数量在陈某萍已持有毒品数量的范围内,不存在数量引诱、犯意引诱的情形,陈某萍是涉案毒品的贩卖者、持有者,贩卖甲基苯丙胺 5830 克,含量 74.11%,且无法定从轻或减轻情节,其在本宗贩卖毒品犯罪中的主观恶性、社会危害性均已达到罪行极其严重的程度,依法应对其判处死刑。故裁定驳回上诉,维持原判。最高人民法院复核认为,本案系特情人员在公安控制下发起交易,并进而引发连锁反应。虽然陈某萍属于持有大量毒品待售状态,不存在数量引诱和犯意引诱的问题,但是公安机关让毒贩黎某光引诱多名上家,在公安控制下发起交易,对全案而言,属于源头环节的引诱犯罪,对诱发陈某萍贩卖 5830 克甲基苯丙胺的行为有关联关系。此外,陈某萍如实供述犯罪事实,认罪态度好。故裁定不核准。

[**判理分析**] 最高人民法院不予核准被告人陈某萍死刑,不仅从主观标准上肯定了本案不存在数量引诱或犯意引诱情形,更结合客观标准对本案侦查诱惑进行了源头性审查,认定本案仍属于源头环节的引诱犯罪,应慎用死刑立即执行,对类案的审理具有较大的示范意义。具体分析如下:

(1)诱惑侦查的司法规制应兼采主客观标准,并对关联案件予以全局性审查。

首先,对诱惑侦查的审查应采用主客观混同的标准。主观方面要审查被引诱人的犯罪嫌疑、犯罪倾向和范围,客观方面应当审查引诱人实施引诱的方式和强度。本案中,一审、二审法院针对被告人陈某萍的主观方面进行考察,认定其原本持有大量毒品待售,被约购的毒品数量在陈某萍已持有毒品数量的范围内,排除了数量引诱、犯意引诱的情形,但是没有注意到本案诱惑侦查的启动,并非源自侦查机关已经知悉陈某平、陈某萍等人有贩卖毒品的犯罪嫌疑或者犯罪倾向,而是源自毒贩黎某光出于立功减刑目的向不特定对象广泛撒网式的举报,

---

① 参见傅惟惟:《量刑减让原则在诱惑侦查毒品案件中的适用》,载《人民司法·案例》2020 年第 17 期。

诱惑侦查的范围广，行为对象、行为强度及连锁反应均具有相当的不确定性。

其次，如果侦查机关在启动诱惑侦查时不限定诱惑对象或重复引诱、间接引诱，允许引诱触角向不确定对象、不确定环节延伸，则会由此产生多环节间接引诱下的毒品犯罪。事后的司法审查则不能局限于其中一环的犯罪，应当从源头上对关联案件予以全局性审视，关注诱惑行为在整个毒品犯罪链条中所起的作用，包括诱惑侦查是否因临时特情为谋取个人利益而启动，是否有针对性地选择具有犯罪嫌疑的引诱对象，有无游说、动员引诱对象，有无积极地推进犯罪进程，有无重复引诱等。本案中，侦查机关让急于立功的毒贩黎某光引诱了不特定的多名毒品上家，在引诱过程中，6000 克的毒品交易数量由黎某光提出，一名被黎某光引诱的毒品卖家陈某平向其上家陈某萍提出并进行了 6000 克毒品的交易。因此，尽管与陈某萍直接交易的陈某平并非引诱人员，但是最终交易数量是由特情黎某光提出，全案由侦查机关主导，并在控制下交付，仍属于诱惑侦查引发的案件。

（2）诱惑侦查毒品案件的量刑结果要适用减让原则。具体来说，一是要考虑被告人实施具体犯罪行为的犯罪动机，主要是受到外界诱惑而引起的；二是要考察被告人实施具体犯罪行为的进程中，引诱人是否有越界干涉嫌疑及强度、范围；三是要考虑诱惑侦查启动的方式，侦查机关利用毒品犯罪分子、吸毒人员的私利需求而启动的诱惑侦查，要结合关联案件考虑量刑平衡和刑法伦理的问题。2008 年《大连会议纪要》及后续最高人民法院刑五庭发布的《在毒品案件审判工作中切实贯彻宽严相济刑事政策》中关于毒品案件死刑适用的规定，也都内蕴着对诱惑侦查毒品案件宜保持刑法的谦抑精神，即在实体裁判结果中通过量刑减让的方式予以不同程度的规制。本案虽然已经排除了数量引诱、犯意引诱，但从源头性审查其仍属于机会提供型诱惑侦查，且全案在公安机关控制下进行，在死刑立即执行的适用上应当考虑量刑减让，而不是机械地按照毒品案件的死刑数量标准予以量刑。且本案系贩毒人员黎某光为立功进行检举而引发，黎某光论罪本应判处死刑，但因其检举多人构成重大立功而被予以从轻判处死缓，如果在黎某光间接引诱之下而犯罪的被告人陈某萍反而被判处死刑立即执行，有违反刑法背后的伦理基础之虞。①

39. 毒品、毒资等证据已不存在情况下的死刑适用

【实务观点】

毒品犯罪是一种隐蔽性很强的犯罪，公安机关仅能对其中一小部分案件做到“人赃并获”或实际查获大量毒品，实践中大量没有查获毒品、毒资的案件主要靠被告人及其共同犯罪人或者“上下家”等同案人的供述来定案。最高人民法院在历次会议纪要中，均强调毒品犯罪案

---

① 本案的特别之处在于侦查机关让急于立功的毒贩黎某光引诱了不特定的多名毒品上家，并且 6000 克的毒品交易数量由黎某光提出，这与公安机关已经得知被告人持有大量毒品待售的情况下运用特情贴近购买侦查方法有本质区别。一方面，后一种情况中被告人已经持有大量毒品待售，其行为的社会危害性已经产生，上家并不一定将毒品卖给特情人员，特情贴近毒贩购买毒品是为了侦查取得罪证；而本案是由特情先提出购买毒品的需要，然后联系多名毒品上家，在这个过程中，不能排除有人系在引诱下而寻找大量毒品与之交易（比如本案的陈某平），其主观恶性要小于已经持有大量毒品主动寻找买家的毒贩。另一方面，本案交易毒品的数量是黎某光为了满足自己获得重大立功从而免予判处死刑的需要而确定的，相当于为了立功而制造了一项犯罪，如果对被引诱的人判处死刑，客观上相当于为了免除一个人的死刑而必须判处另一个人死刑，这也违反了一般的伦理规则。

件也要贯彻证据裁判原则，确保死刑案件质量。[①] 司法实践中，对于决定犯罪数量的主要犯罪事实中未查获毒品实物的，判处被告人死刑应当特别慎重；对于全案所有事实均没有查获毒品实物的，一般不应判处被告人死刑。之所以要对未查获毒品实物的案件慎重判处死刑，主要是从证据标准的角度考虑：一方面是考虑到被告人的认罪态度较好的因素，如果被告人不供述，仅有同案人的供述，证据体系就十分薄弱，难以定案，正是有了被告人供述，才形成了基本证据体系，因此可以评价为"如实供述自己罪行"，依照《刑法》第67条第3款的规定从轻处罚；另一方面是为了防止今后有可能出现言词证据以外的其他更有说服力的证据，导致案件事实发生重大变化。对于除被告人及同案人的供述之外，又有双方的联络记录、资金来往记录、交通记录、从被告人及其关系人处查获的大量资金或财产等客观书证、物证相互印证，且这些记录能够排除是其他用途和来源的，虽然没有查获毒品，也能够形成完整的证据锁链，可以判处被告人死刑。

40. 毒品含量鉴定对死刑适用的影响

【实务观点】

毒品从制造环节到消费终端，往往需要经过多层次的销售环节，每个环节为了追求利益最大化，都可能对毒品添加所谓的辅料，也就是掺杂掺假，导致实践中查获毒品的含量往往差别很大。对于查获大量毒品可能判处死刑的案件，如果不对毒品含量进行鉴定，就可能出现罪刑极不相当的结果。根据最高人民法院相关会议纪要的精神，经鉴定毒品纯度明显低于同类毒品正常纯度，掺杂掺假后数量达到实际掌握的死刑适用数量标准，或者有证据表明毒品含量明显偏低但因客观原因无法鉴定的，可以不判处被告人死刑。[②] 司法实践中，对于毒品数量大的案件，应当按照最高人民法院、最高人民检察院、公安部《办理毒品犯罪案件毒品提取、扣押、称量、取样和送检程序若干问题的规定》第33条的规定，进行含量鉴定。经鉴定毒品含量明显低于正常纯度的，不能判处死刑。实践中比较难办的是已经销售出去没有查获的毒品，无法进行含量鉴定，可以结合双方交易习惯、毒品外形包装、价格有无变化及毒品销售链条中更下一层的反映等其他证据，结合查获在案的毒品含量鉴定，作出判断。

【法律及司法文件】

最高人民法院、最高人民检察院、公安部《办理毒品犯罪案件毒品提取、扣押、称量、取样和送检程序若干问题的规定》（公禁毒〔2016〕511号，2016年7月1日施行）

第三十三条　具有下列情形之一的，公安机关应当委托鉴定机构对查获的毒品进行含量鉴定：

（一）犯罪嫌疑人、被告人可能被判处死刑的；

（二）查获的毒品系液态、固液混合物或者系毒品半成品的；

（三）查获的毒品可能大量掺假的；

---

① 2008年《大连会议纪要》强调"仅有被告人口供与同案被告人供述作为定案证据的，对被告人判处死刑立即执行要特别慎重"；2015年《武汉会议纪要》提出"要严格贯彻证据裁判原则，引导取证、举证工作围绕审判工作的要求展开""对于拟判处被告人死刑的毒品犯罪案件，在证据质量上要始终坚持最高的标准和最严的要求"；等等。

② 此观点最早源于2008年《大连会议纪要》。

……

最高人民法院、最高人民检察院、公安部《办理毒品犯罪案件适用法律若干问题的意见》（公通字〔2007〕84 号，2007 年 12 月 18 日施行）

四、关于死刑案件的毒品含量鉴定问题

可能判处死刑的毒品犯罪案件，毒品鉴定结论中应有含量鉴定的结论。

【类案参考】

案例 1－101

王某贩卖毒品案①——以非常规形式存在的毒品的定性和量刑

［**基本案情**］　2002 年和 2003 年春节期间，被告人王某先后两次卖给张某（已判刑）度冷丁针剂共计 3000 支，重 300 克。2003 年 11 月末，被告人王某应张某要求，欲再购买 2000 支度冷丁针剂。同年 12 月 5 日，王某到某市购买了海洛因针剂 8150 支，摇头丸 2777 粒。次日 15 时许，王某在途经省高速公路某收费站时，被公安人员查获。经鉴定，王某共携带海洛因针剂 8150 支，重 815 克，摇头丸 2777 粒，重 833.1 克。

［**裁判结果**］　一审法院认为，被告人王某贩卖海洛因针剂 8150 支，计 815 克，摇头丸 2777 粒，计 833.1 克，贩卖度冷丁针剂 3000 支，计 300 克，属贩卖毒品数量大，应予严惩。于 2004 年 9 月 28 日作出如下判决：被告人王某犯贩卖毒品罪，判处死刑，剥夺政治权利终身，并处没收个人全部财产。二审法院认为，王某贩卖毒品数量大，经鉴定，每支海洛因针剂（100 毫克）中海洛因含量为 9.19 毫克，2777 粒摇头丸中替苯丙胺（MDA）含量为 33.79%，对其依法应予惩罚。裁定：驳回上诉，维持原判。最高人民法院复核认为，被告人王某贩卖海洛因、度冷丁、摇头丸的行为构成贩卖毒品罪。其贩卖毒品数量大，应依法惩处。鉴于王某检举他人重大犯罪已查证属实依法应予从轻处罚。故改判被告人王某犯贩卖毒品罪，判处无期徒刑，剥夺政治权利终身，并处没收个人全部财产。

［**判理分析**］　对于可能判处死刑的案件，有证据表明毒品可能大量掺假，或者是多种成分的混合型毒品的案件，应该做毒品的成分和含量鉴定，以确保定案证据的确实、充分和死刑适用的准确。对于经鉴定毒品含量极少，或者因某种原因不能鉴定，存疑无法排除的，对被告人不应适用死刑立即执行。

（1）关于以非常规形式出现的毒品的认定。本案中，公安机关查获的毒品是海洛因针剂，海洛因不溶于水又未发生化学变化，没有生成新的毒品，所以本案中的海洛因针剂既不是混合型毒品，也不是新型毒品，只是以非常规形式（液态针剂）出现的海洛因。一审按照针剂的重量来计算海洛因的数量，并以此作为量刑的依据，二审的补充鉴定检出每支海洛因针剂（100 毫克）中海洛因含量为 9.19 毫克，即 9.19%，含量很低，这一点在量刑时应予以适当考虑。

（2）关于摇头丸的认定。摇头丸本身并不是一种毒品名称，是犯罪分子非法加工的含有二亚甲基双氧安非他明（MDMA）、替苯丙胺（MDA）或其他毒品成分的药丸（其中前两类为苯丙胺类毒品），是一种混合型毒品。摇头丸所含的成分不同，其成瘾性和对人体危害性的程

① 参见中华人民共和国最高人民法院刑事审判第一、二、三、四、五庭主办：《刑事审判参考》（2007 年第 1 集，第 54 集），法律出版社 2007 年版，第 60～65 页。

度是不同的。因此,在审理摇头丸案件时,重点是对其成分进行鉴定,确定主要成分是何种毒品后,再根据此种毒品的量刑标准考虑量刑。本案摇头丸重量 833.1 克,经鉴定替苯丙胺(MDA)含量为 33.79%,属于苯丙胺类毒品,且含量较高,应根据苯丙胺类毒品的量刑标准量刑。

41. 两名以上家庭成员参与毒品共同犯罪时判处死刑的把握

【实务观点】

从宽严相济的刑事政策和人道主义出发,对于两名以上家庭成员共同实施犯罪的,全部判处死刑要慎重。最高人民法院早在 2008 年《大连会议纪要》中就提出,家庭成员共同实施毒品犯罪,毒品数量达到实际掌握的死刑数量标准,其中起主要作用的被告人已被判处死刑立即执行,其他被告人罪行相对较轻的,可以不判处被告人死刑立即执行。① 对于二名以上家庭成员共同实施毒品犯罪,涉案毒品数量远超过实际掌握的死刑数量标准的情况如何处理,编者认为,可以参考毒品共同犯罪一般情况下的死刑适用政策,即对于二名主犯的罪责均很突出,或者罪责稍次的主犯具有法定、重大酌定从重处罚情节,判处二人死刑符合罪刑相适应原则,并有利于全案量刑平衡的,可以依法判处,以体现对毒品犯罪的从严惩处方针。

【类案参考】

案例 1-102

练某伟等贩卖毒品案②——家庭成员参与共同犯罪且依法均可判处死刑的一般不宜全部适用死刑立即执行

[**基本案情**] 2004 年 3 月至 10 月,被告人练某明先后纠集了被告人吴某、练某伟、刘某伟、苏某文和杨某明、鲜某、涂某及陈某福(在逃)等人,组成了集购买、运输、储藏、贩卖于一体的贩毒网络。练某明在重庆市负责联系购买毒品海洛因,并安排人员运送至上海市、无锡市进行出售;练某伟受练某明的指使在重庆市取回练某明购买的海洛因,并交给练某明安排的人员逐批运送,同时购买并提供从重庆市至上海市的火车票;刘某伟和杨某明、涂某、陈某福相继在练某明的安排下负责运输海洛因;吴某在练某明的安排下,在上海市、无锡市负责接收和出售海洛因,并将回笼的赃款通过异地存储或委托运送毒品人员返程时带回等方式交给练某明;苏某文受吴某的指使在无锡市负责接收和出售海洛因;鲜某在练某明、吴某的安排下,在无锡市的租住处储藏、中转海洛因。其中被告人练某明纠集他人共同贩卖、运输海洛因 10 次共计 20,284.01 克,此外还单独或伙同他人贩卖海洛因 9 次计 1402 克;被告人吴某直接运输或者安排人员接收海洛因 8 次计 16,317 克,并亲自贩卖或指使苏某文、杨某明贩卖,还单独贩卖海洛因 1 次 100 克;被告人练某伟在练某明指使下参与运输及贩卖海洛因 11 次计 20,784.01克;被告人刘某伟参与运输海洛因 5 次计 10,825 克;被告人苏某文受吴某的指使,4 次在无锡市接收海洛因计 8817 克,并贩卖海洛因 1436 克。案发后,公安机关共缴获海洛因

---

① 另见最高人民法院刑五庭:《在毒品案件审判工作中切实贯彻宽严相济刑事政策》,载《人民法院报》2010 年 4 月 28 日,第 6 版。

② 参见中华人民共和国最高人民法院刑事审判第一、二、三、四、五庭主办:《刑事审判参考》(2006 年第 5 集,总第 52 集),法律出版社 2007 年版,第 29 ~41 页。

6381.01 克，其余毒品均已流入社会。

［**裁判结果**］　无锡市中级人民法院认为，被告人练某明纠集被告人吴某、练某伟、刘某伟、苏某文、鲜某、杨某明、涂某等人，组成贩卖海洛因的犯罪集团，有组织地贩卖、运输大宗海洛因。在犯罪集团中，被告人练某明系起组织、指挥作用的首要分子，应对集团所犯的全部罪行承担刑事责任；被告人吴某、练某伟、刘某伟、苏某文、鲜某、杨某明均系积极实施的主犯，均应对各自实施的全部犯罪承担刑事责任；被告人涂某起次要作用，系从犯。被告人练某明、刘某伟、苏某文、杨某明系毒品犯罪的再犯，均应当从重处罚；被告人吴某、涂某系累犯，均应当从重处罚。于 2005 年 7 月 8 日作出判决，对被告人练某明、吴某、练某伟、杨某明均以贩卖、运输毒品罪，判处死刑，剥夺政治权利终身，并处没收全部财产；对被告人刘某伟以运输毒品罪，判处死刑，剥夺政治权利终身，并处没收全部财产；对被告人苏某文、鲜某以贩卖毒品罪，判处死刑，剥夺政治权利终身，并处没收全部财产；对被告人涂某以运输毒品罪，判处死刑，缓期二年执行，剥夺政治权利终身，并处没收财产八万元，与前罪尚未执行完毕的刑罚合并执行。江苏省高级人民法院认为，原审判决认定被告人为犯罪集团不当，对杨某明、鲜某、涂某量刑不当，应予改判。于 2006 年 2 月 17 日判决，维持对被告人练某明、吴某、练某伟、刘某伟、苏某文的死刑判决，对被告人杨某明改判死刑，缓期二年执行，剥夺政治权利终身，并处没收全部财产；对被告人鲜某、涂某改判无期徒刑，剥夺政治权利终身，并处财产刑。最高人民法院复核认为，被告人练某明、吴某、刘某伟、苏某文均系主犯，应当按照其所参与的全部犯罪处罚；练某明、刘某伟、苏某文系毒品再犯，吴某系累犯，均应依法从重处罚。该四位被告人犯罪主观恶性深，罪行极其严重，一审、二审判决对其量刑适当。练某伟在练某明的指使和安排下，取回和送出练某明购得的海洛因，参与运输、贩卖，其犯罪行为带有一定的被动性。根据其在共同犯罪中实际所起的作用，以及主观恶性程度，对其判处死刑，可不立即执行。

［**判理分析**］　家庭成员参与共同犯罪，依法均可判处死刑的，一般不宜对所有参与犯罪的家庭成员适用死刑立即执行。本案被告人练某明与练某伟系同胞兄弟。练某伟参与运输及贩卖海洛因 11 次共计 20,784.01 克，在共同犯罪中行为积极，作用也较大，一审、二审均认定练某伟为主犯，并对练某伟判处死刑。最高人民法院复核后改判练某伟死刑，缓期二年执行，主要是基于两个原因：一是练某伟在练某明指使、安排下积极参与运输、贩卖海洛因，取回和送出练某明购得的海洛因，虽然也属于共同犯罪的主犯，但从地位、作用上，与练某明还是有区别的，其犯罪行为带有一定的被动性，应当说其在共同犯罪中的作用小于练某明。二是从法律效果和社会效果的有机统一出发，判处死刑不能不考虑我国社会的传统人情伦理观念，基于人道主义，在司法实践中，对于家庭成员共同犯罪的，可以根据各成员的地位、作用及对社会的危害程度，尽量有所区别，一般情况下不宜全部适用死刑立即执行。

案例 1－103

侯某齐、李某书、侯某山等人走私、贩卖毒品案①——对家族式毒品共同犯罪中作用相对较小的主犯可酌情从轻判处刑罚

［**基本案情**］　(1)2003 年年底，被告人侯某齐与儿子侯某山、妹妹侯某珍(另案处理)越

---

①　参见中华人民共和国最高人民法院刑事审判第一、二、三、四、五庭主办：《刑事审判参考》(2009 年第 2 集，总第 67 集)，法律出版社 2009 年版，第 20～27 页。

境到老挝,通过他人购买毒品12千克,其中500克属侯某齐出资购买。三人携带该毒品入境后,由侯某珍的司机李某(另案处理)驾车到贵州省贵阳市,四人乘王某龙(另案处理)安排的轿车到安徽省阜阳市。侯某齐与侯某珍将该毒品卖给王某龙。(2)2004年6月,侯某齐与侯某山从被告人李某书处购得毒品1千克,李某书又委托侯某齐代卖毒品1千克。由侯某山驾车将侯某齐和杨某芬、侯某姬送到云南省曲靖市火车站。侯某齐与杨某芬、侯某姬携带毒品2千克乘火车到阜阳市后,将毒品卖给王某龙。(3)2004年7月24日,侯某齐与王某龙联系毒品交易后,伙同李某书、侯某山、侯某姬、杨某芬驾驶两辆汽车,携带毒品8.5千克从云南前往阜阳与王某龙进行毒品交易。7月28日夜到阜阳后,次日6时许,侯某姬同王某龙电话约定交易地点后携带装有毒品的红色旅行箱到阜阳商厦门前将该箱交给王某龙。王某龙后将该箱交给同去的妻子王某梅。王某梅按照王某龙的安排,从所购毒品中称量出6.583千克交给前来购毒的被告人王某州和张某英,王某州、张某英离开王某梅家时,被公安人员抓获,当场缴获二人携带的毒品6.583千克,又从王某梅家中查获毒品2.006千克。

[**裁判结果**] 阜阳市中级人民法院认为,被告人侯某齐、李某书、侯某山无视国法,从境外购买并携带毒品入境贩卖,三人的行为已构成走私、贩卖毒品罪;被告人侯某姬、杨某芬、王某梅、王某州、张某英为牟取非法利益贩卖毒品,五人的行为已构成贩卖毒品罪。被告人侯某齐、侯某山、李某书从境外购买毒品并和被告人侯某姬、杨某芬驾车携带毒品到阜阳贩卖,侯某姬又携带毒品和王某龙进行交易;被告人王某梅不但接收毒品,且重新称量和分包;被告人王某州、张某英为销售而从王某梅处购买毒品,各被告人在本案中的行为主动、积极,均起主要作用。本案的毒品虽未流入社会造成危害,但涉案毒品数量大,对各被告人依法应予严惩。判决:对被告人侯某齐、李某书、侯某山、王某州、侯某姬、王某梅均判处死刑,剥夺政治权利终身,并处没收个人全部财产;对被告人杨某芬、张某英判处死刑,缓期二年执行,剥夺政治权利终身,并处没收个人全部财产。安徽省高级人民法院经二审认为,根据上诉人侯某姬、王某梅在贩卖毒品过程中的地位、作用及本案的具体情节,对其二人判处死刑,可不立即执行,改判死刑,缓期二年执行。最高人民法院复核认为,侯某山在走私、贩卖毒品共同犯罪中的地位和作用次于侯某齐,王某州参与毒品数量明显低于侯某山,且毒品均未流入社会,对侯某山、王某州判处死刑,可不立即执行。裁定核准被告人侯某齐、李某书的死刑,对被告人侯某山、王某州以走私、贩卖毒品罪,判处死刑,缓期二年执行,剥夺政治权利终身,并处没收个人全部财产。

[**判理分析**] 毒品数量是毒品犯罪量刑的重要标准,但不是唯一标准,还要综合考量被告人在共同犯罪中的地位、作用,犯意的提出、毒资的筹集、毒源的寻找、毒品的出售、毒品是否流入社会造成实际危害等情节;同时,也要审查被告人是否具备法定的或其他酌定的从重、从轻、减轻处罚的情节。对于家族式毒品共同犯罪的主犯,量刑时不应只看涉案的毒品数量,也要看在共同犯罪中的地位、作用,一案有多个主犯的,量刑上也不能搞"一刀切",而应具体分析各主犯所起作用大小、所居地位高低,做到区别对待。对于同属毒品共同犯罪的主犯,论罪当判死刑,但在对地位更高、作用更大的主犯判处死刑立即执行的情况下,对在共同犯罪中所起作用较小、所居地位较低的,尤其是本案这种家族式毒品共同犯罪中,从人道的角度出发,可以酌情从轻判处刑罚。本案中:(1)被告人侯某山参与了三起贩毒犯罪,从境外携带毒品入境并驾车运输至安徽阜阳进行贩卖,涉及毒品数量巨大,在其家族共同犯罪中起主要作

用,系主犯。但是,侯某山不是毒品共同犯罪的组织、领导者,而是在其父亲侯某齐的带领下参与犯罪的,其对参与的毒品犯罪并未出资,其主要任务是驾车运输毒品。单纯从涉案毒品来看,侯某山涉案的毒品数量巨大,论罪当判死刑,但是与其父亲侯某齐相比,其所起作用相对较小、地位相对较低、主观恶性也相对较小,故对其可酌情从轻判处,在对作用更大、地位更高的其父侯某齐判处死刑立即执行的情况下,可对其判处死缓。(2)被告人王某州参与了第三起毒品犯罪,涉案毒品数量也很大,论罪应当判处死刑,但是,其携带的毒品尚未流入社会造成实际危害,况且其涉案的毒品数量比被告人侯某山还要少些,如果对侯某山适用死缓而对王某州判处死刑立即执行,量刑上就不平衡,故对王某州亦可酌情从轻判处死缓。

42. 审判时怀孕的妇女如何判断

【实务观点】

《刑法》规定"审判的时候怀孕的妇女,不适用死刑"。应从以下三个方面理解:

(1)所谓"审判时怀孕的妇女"。"审判时"不仅包括审判时正在怀孕的妇女,而且也包括因犯罪被羁押时已怀孕的妇女,以及在执行死刑前发现怀孕的妇女,即适用于刑事诉讼从侦查到起诉、审判、执行的整个过程。只要刑事诉讼程序已经启动而尚未结束,在此期间怀孕的妇女,均不适用死刑。"怀孕的妇女"不仅包括正处于怀孕期的妇女,也包括在刑事诉讼期间自然流产或人工流产的妇女。被抓获时已怀孕的妇女在羁押期间做人工流产时脱逃,或脱逃后流产、分娩的,追诉活动仍然处于进行过程中,之后又被抓获并交付审判的,仍应当视为审判时怀孕的妇女。

(2)所谓的"被羁押时怀孕的妇女",应当理解为因犯罪被司法机关抓获时怀孕的妇女。司法机关抓获犯罪嫌疑人后,可能对其采取拘留、逮捕等羁押性强制措施,也可能采取取保候审、监视居住等非羁押性强制措施,在此期间发现怀孕的妇女,均属于审判时怀孕的妇女。如果将"被羁押时怀孕的妇女"仅限于被司法机关采取羁押性强制措施的怀孕妇女,对于被采取非羁押性强制措施的怀孕妇女不视为"被羁押时怀孕的妇女",就会出现因侦查机关采取强制措施不同而受到生死悬殊的刑罚待遇,明显违反公平原则。因此因怀孕被采取监视居住期间的妇女在此期间逃逸,流产或者分娩之后又被抓获并交付审判的,亦应当视为"审判时怀孕的妇女"。

(3)怀孕与可能判处死刑的犯罪事实的追诉活动处于同一时期,才能影响死刑的适用。怀孕妇女流产后,只有因同一犯罪事实被起诉,交付审判的,才依法不适用死刑。分娩或者流产后又实施新的犯罪,不属于"审判的时候怀孕的妇女"。

【法律及司法文件】

《中华人民共和国刑法》

第四十九条第一款 犯罪的时候不满十八周岁的人和审判的时候怀孕的妇女,不适用死刑。

《中华人民共和国刑事诉讼法》

第二百六十二条 下级人民法院接到最高人民法院执行死刑的命令后,应当在七日以内交付执行。但是发现有下列情形之一的,应当停止执行,并且立即报告最高人民法院,由最高人民法院作出裁定：

(一)在执行前发现判决可能有错误的；

(二)在执行前罪犯揭发重大犯罪事实或者有其他重大立功表现，可能需要改判的；

(三)罪犯正在怀孕。

前款第一项、第二项停止执行的原因消失后，必须报请最高人民法院院长再签发执行死刑的命令才能执行；由于前款第三项原因停止执行的，应当报请最高人民法院依法改判。

最高人民法院研究室《关于如何理解"审判的时候怀孕的妇女不适用死刑"问题的电话答复》(1991年3月18日)

……

在羁押期间已是孕妇的被告人，无论其怀孕是否属于违反国家计划生育政策，也不论其是否自然流产或者经人工流产以及流产后移送起诉或审判期间的长短，仍应执行我院(83)法研字第18号《关于人民法院审判严重刑事犯罪案件中具体应用法律的若干问题的答复》中对第三个问题的答复："对于这类案件，应当按照刑法第四十四条①和刑事诉讼法第一百五十四条②的规定办理，即：人民法院对'审判的时候怀孕的妇女，不适用死刑'。如果人民法院在审判时发现，在羁押受审时已是孕妇的，仍应依照上述法律规定，不适用死刑。"

最高人民法院《关于对怀孕妇女在羁押期间自然流产审判时是否可以适用死刑问题的批复》(法释〔1998〕18号，1998年8月13日施行)

……

怀孕妇女因涉嫌犯罪在羁押期间自然流产后，又因同一事实被起诉、交付审判的，应当视为"审判的时候怀孕的妇女"，依法不适用死刑。

最高人民法院《关于人民法院审判严重刑事犯罪案件中具体应用法律的若干问题的答复》(〔1983〕法研字第18号，1983年9月20日)(本文件已失效，供参考)

三、问：刑法第四十四条规定："审判的时候怀孕的妇女，不适用死刑。"刑事诉讼法第一百五十四条规定：执行死刑前，发现罪犯正在怀孕，应当停止执行，并报请核准死刑的上级人民法院依法改判。现在遇到两种情况，应该怎样执行上述规定？第一种情况是，案件起诉到人民法院前，被告人在关押期间，被人工流产的，可否认为已不是怀孕的妇女了。第二种情况是，法院受理案件时，被告人是怀孕的妇女，准备给做人工流产后，判处死刑。我们认为，根据上述法律规定，无论是在关押期间，或者是在法院审判的时候，对怀孕的妇女，都不应当为了要判处死刑，而给进行人工流产；已经人工流产的，仍应视同怀孕的妇女，不适用死刑。

答：同意你们的意见。对于这类案件，应当按照刑法第四十四条和刑事诉讼法第一百五十四条的规定办理，即：人民法院对"审判的时候怀孕的妇女，不适用死刑"。如果人民法院在审判时发现，在羁押受审时已是孕妇的，仍应依照上述法律规定，不适用死刑。

---

① 此处指1979年《刑法》，现行《刑法》为第49条。

② 此处指现行《刑事诉讼法》第262条。

【类案参考】

案例1－104

韩某利贩卖毒品、韩某平窝藏毒品案①——被羁押期间人工流产后脱逃，后又被抓获审判的不能适用死刑

［**基本案情**］　被告人韩某利于1993年10月，先后购得大量海洛因藏匿于同案韩某平家中，并贩卖给张某某、曹某某、朱某某等吸毒人员。1993年12月16日，韩某利在贩卖毒品时被抓获。韩某平得知后便将藏匿在其家中的毒品转移到杨某家中，1994年1月6日公安机关从杨某家查获海洛因717克。韩某利于1993年12月16日因贩卖毒品被抓获后，于当日脱逃，1994年1月被抓获，同月14日第二次脱逃。1994年4月再次被抓获，同年5月做人工流产手术后再次脱逃。后被长期通缉，直至2001年4月17日被抓获。

［**裁判结果**］　西安市中级人民法院审理后认为，被告人韩某利贩卖毒品，其行为已构成贩卖毒品罪。韩某利最后一次被抓获时，原本具有的法定的"不适用死刑"的条件早已灭失。依照《刑法》第12条、1979年《刑法》第53条第1款及全国人民代表大会常务委员会《关于禁毒的决定》之规定，于2002年4月28日判决：被告人韩某利犯贩卖毒品罪，判处死刑，剥夺政治权利终身，并处没收个人全部财产。陕西省高级人民法院认为，上诉人韩某利贩卖毒品数量大，抓捕后多次脱逃，罪行极为严重，依法应予严惩。韩某利因涉嫌贩卖毒品被抓获，在人工流产后脱逃至2001年4月被再次抓获并交付审判，其贩卖毒品的犯罪均系脱逃前的犯罪事实，故对韩某利仍应适用最高人民法院〔1983〕法研字第18号《关于人民法院审判严重刑事犯罪案件中具体应用法律的若干问题的答复》中，关于对涉嫌犯罪的在押妇女在人工流产后，仍应视为审判时怀孕的妇女，不适用死刑的规定。2002年12月5日判决：上诉人韩某利犯贩卖毒品罪，判处无期徒刑，剥夺政治权利终身，并处没收个人全部财产。

［**判理分析**］　（1）"审判时怀孕的妇女"，包括从涉嫌犯罪被羁押到移送起诉，直至交付审判的整个诉讼过程中因怀孕而自然流产、人工流产的妇女。《刑法》第49条规定，审判时怀孕的妇女，不适用死刑。这里所谓的"审判时"及"怀孕的妇女"，应该作广义的理解。根据最高人民法院1983年9月20日《关于人民法院审判严重刑事犯罪案件中具体应用法律的若干问题的答复》和1998年8月13日《关于对怀孕妇女在羁押期间自然流产审判时是否可以适用死刑问题的批复》的相关规定，所谓"审判时怀孕的妇女"，不仅包括审判时正在怀孕的妇女，也应包括因犯罪被羁押时已怀孕，但在审判前因某种原因自然或人工流产的妇女，即适用于刑事诉讼的整个过程。只要刑事诉讼程序已经启动，尚未结束，对此期间怀孕的妇女，无论基于何种原因，均不适用死刑。本案上诉人韩某利因涉嫌贩卖毒品犯罪被羁押期间已经怀孕这一事实，不因其随后人工流产以及脱逃8年而改变。（2）怀孕妇女羁押期间做人工流产时脱逃，之后又交付审判的，仍应当视为审判时怀孕的妇女。脱逃行为导致的是原诉讼程序的中止，并非结束，在其被抓捕归案后，原诉讼程序继续进行，而不是开始一个新的诉讼。该行为并没有改变脱逃前已形成的事实，如果被告人在脱逃前羁押时已是怀孕妇女，那么无论自然流产、人工流产，其仍应被视为审判的时候怀孕的妇女，不适用死刑。（3）怀孕妇女羁押期

① 参见中华人民共和国最高人民法院刑事审判第一庭、第二庭编：《刑事审判参考》（2003年第3辑，总第32辑），法律出版社2003年版，第74～78页。

间流产后，只有因同一犯罪事实被起诉，交付审判的，才依法不适用死刑。如果起诉及审判的是流产之后的犯罪，则不属于同一事实的范围，不受上述规定的限制。本案被告人韩某利于1994年1月被抓获和2001年4月再次被抓获并交付审判，涉及的是脱逃前贩卖毒品的同一事实，因此，其应当被视为审判时怀孕的妇女，依法不适用死刑。

案例1-105

穆某贩卖毒品案[①]——怀孕妇女在监视居住期间逃逸后再次被抓获交付审判的不适用死刑

［**基本案情**］　2011年8月29日，被告人穆某携带毒品乘坐客车。当日14时30分许，当客车途经河尾路段时被公安局民警抓获，从其腰部查获藏匿的毒品海洛因3块，净重1040克。被告人穆某被抓获时已怀孕，在监视居住期间逃逸，四年后再次被抓获。

［**裁判结果**］　保山市中级人民法院审理后认为，被告人穆某明知毒品而运输，其行为构成运输毒品罪。被告人穆某运输毒品海洛因1040克，毒品数量大，且到案后监视居住期间逃逸，应依法严惩。鉴于被告人穆某运输毒品途中被抓获时已怀孕，在监视居住期间逃逸，四年后再次被抓获，又因同一事实被起诉、交付审判，应当视为审判的时候怀孕的妇女，依法不适用死刑。判决：被告人穆某犯运输毒品罪，判处无期徒刑，剥夺政治权利终身，并处没收个人全部财产。

［**判理分析**］　被告人在运输毒品途中被抓获时已怀孕，在监视居住期间逃逸，四年后再次被抓获，又因同一事实被起诉、交付审判，应视为审判的时候怀孕的妇女，依法不适用死刑。对怀孕的妇女不适用死刑，主要是出于人道主义考虑，未出生的胎儿是无罪的，不能因为其母亲犯罪而剥夺其出生的权利。羁押是一种依附于拘留、逮捕的剥夺公民人身自由的当然状态，不是一种独立的强制措施，目的是保障刑事诉讼的正常进行。取保候审和监视居住是对不宜羁押或者不能羁押的犯罪嫌疑人、被告人依法采取的一种非羁押性强制措施，其目的亦是保障刑事诉讼的顺利进行。被告人穆某被抓获时因为怀孕，侦查机关依法对其采取监视居住措施，也是为了保障诉讼活动的顺利进行，实质上可以理解为羁押的代替性措施。对于诉讼进程来说，未被羁押和被羁押实际上没有什么本质区别，只是因为考虑到被告人已经怀孕的因素而没有羁押，仍应当认定被告人为审判的时候怀孕的妇女。

案例1-106

王某某贩卖毒品案[②]——因怀孕被监视居住期间分娩后又实施新的贩卖毒品犯罪的不是怀孕妇女

［**基本案情**］　2012年2月，被告人王某某伙同他人购得冰毒532.95克（含量为38.4%），以每克400元的价格贩卖50克，随后被公安机关抓获。王某某因怀孕而被监视居住，同年7月分娩。同年8月，王某某再次与他人共同贩卖冰毒934.41克（含量为80.79%），进行交易时被当场抓获。公诉机关对王某某并案提起公诉。

［**判理分析**］　王某某在第一起贩卖毒品犯罪时属于“审判的时候怀孕的妇女”，但其在监视居住期间分娩后实施新的贩卖毒品犯罪，已不是怀孕的妇女，依法可适用死刑。理由如下：（1）监视居住期间怀孕、分娩的妇女属于“审判的时候怀孕的妇女”。“审判的时候”系包

① 参见段耀春：《审判的时候怀孕的妇女的认定》，载《人民司法·案例》2016年第11期。

② 参见钱岩：《非羁押期间怀孕、分娩的妇女能否适用死刑》，载《人民法院报》2016年8月17日，第6版。

括侦查、起诉、法庭审理等重要节点的整体诉讼程序。就怀孕事实而言，羁押与非羁押下的状态后果完全一致，并无区别，因此对羁押与非羁押期间怀孕的妇女应一视同仁，均不适用死刑。(2)分娩后实施新罪的妇女不是"审判的时候怀孕的妇女"。本案中，第一、二起犯罪之间既无构成要件的交叉、对合，亦无事实要素的关联、重合，二者不属于密切关联的同种罪行，更无法满足同一事实的严格要求。因此，不适用最高人民法院《关于对怀孕妇女在羁押期间自然流产审判时是否可以适用死刑问题的批复》中"怀孕妇女因涉嫌犯罪在羁押期间自然流产后，又因同一事实被起诉、交付审判的，应当视为'审判的时候怀孕的妇女'，依法不适用死刑"的规定。

43. 具有累犯情节的毒品犯罪适用死缓限制减刑如何把握

【实务观点】

限制减刑规定了较长的刑罚执行期限，实际上已成为介于死刑立即执行与单纯死刑缓期二年执行之间的过渡刑罚手段，比单纯的死刑缓期执行具有更强的严厉性。其适用对象是那些罪行极其严重，论罪本应判处死刑立即执行，因具有法定或者酌定从宽处罚情节，判处死刑立即执行偏重，但判处普通死刑缓期二年执行又偏轻的被告人。对具有累犯情节的毒品犯罪在判处死刑缓期二年执行时不能一律适用限制减刑，而应当综合考虑所实施毒品犯罪行为的社会危害性、被告人的人身危险性和主观恶性，以罪责刑相适应为标准来确定是否限制减刑。对于所实施毒品犯罪本身已经具备判处死刑的条件，因具有立功、坦白等情节而不判处死刑，但同时又具有累犯情节的，可以考虑对被告人适用限制减刑。对于因具有累犯情节从重处罚判处死刑缓期二年执行的，不能再以累犯为理由对其适用限制减刑。

【法律及司法文件】

《中华人民共和国刑法》

第五十条第二款　对被判处死刑缓期执行的累犯以及因故意杀人、强奸、抢劫、绑架、放火、爆炸、投放危险物质或者有组织的暴力性犯罪被判处死刑缓期执行的犯罪分子，人民法院根据犯罪情节等情况可以同时决定对其限制减刑。

【类案参考】

案例 1－107

陈某等贩卖毒品案①——对毒品犯罪的累犯判处死缓限制减刑的把握

［**基本案情**］　(1)2019 年 3 月 26 日，被告人陈某向江西省修水县查某华(已判刑)贩卖 30 克甲基苯丙胺。查某华得知同县刘某钊(已判刑)在武汉市和陈某一起，遂让刘某钊将 30 克甲基苯丙胺带回修水县，陈某交给刘某钊 3.8 克毒品作为报酬。(2)2019 年 6 月 1 日，刘某钊帮"飞哥"联系从陈某处购买 10 克甲基苯丙胺，陈某将甲基苯丙胺藏到指定地点并用微信作图告知刘某钊，刘某钊转发给"飞哥"，因毒品质量不行，"飞哥"又将甲基苯丙胺放在指定地点退还给陈某。(3)2019 年 7 月，被告人陈某利帮被告人李某联系从陈某处购买毒品，李

① 白春子撰写，本案例获 2021 年度全国法院系统优秀案例分析评选二等奖。

某备好毒资与陈某利包车前往武汉市,陈某利将李某的毒资转交给陈某,购得50克甲基苯丙胺交给李某。陈某利从中获取好处费。李某将毒品带回本市用于贩卖(以下同)。(4)2019年9月,李某让陈某利帮其联系陈某购买毒品,二人包车前往武汉市。陈某利扣除自己的好处费后将毒资转交给陈某,购得100克甲基苯丙胺交给李某。(5)2019年10月,李某让陈某利帮其联系陈某购买毒品。陈某事先到九江市将毒品藏好,陈某利、李某按照陈某指示找到180克甲基苯丙胺。李某将毒资交给陈某利,陈某利扣除差价后转账给陈某。(6)2019年11月8日,李某与陈某利包车前往湖北省武汉市陈某处购买毒品,陈某安排被告人刘某星将李、陈二人接往武汉市江岸区佰昌公馆一号楼2402租房处,陈某将590克甲基苯丙胺、50克海洛因和甲基苯丙胺片剂50粒交于李某,李某当场支付现金181,000元。交易结束后,陈某安排刘某星送李某先下楼,从毒资中拿出28,000元给陈某利作为回扣,后陈某、陈某利下楼时被公安机关抓获,李某、刘某星见状逃离现场,后被抓获归案。

［**裁判结果**］ 安徽省淮南市中级人民法院认为:被告人陈某、李某、陈某利、刘某星的行为均构成贩卖毒品罪。其中,陈某贩卖甲基苯丙胺963.8克、海洛因50克、甲基苯丙胺片剂50粒;李某、陈某利贩卖甲基苯丙胺920克、海洛因50克、甲基苯丙胺片剂50粒;刘某星贩卖甲基苯丙胺590克、海洛因50克、甲基苯丙胺片剂50粒。陈某、李某在各自共同犯罪中系主犯;陈某利、刘某星在各自共同犯罪中系从犯,依法减轻处罚。陈某、李某系累犯,依法从重处罚;陈某、李某、陈某利系毒品再犯,依法从重处罚。陈某如实供认第六起犯罪事实,依法对该起事实从轻处罚;李某具有坦白情节,且当庭认罪认罚,依法从轻处罚;陈某利、刘某星具有坦白情节,且认罪认罚,依法从轻处罚。判决:(1)被告人陈某犯贩卖毒品罪,判处死刑,缓期二年执行,剥夺政治权利终身,并处没收个人全部财产;对被告人陈某限制减刑;(2)被告人李某犯贩卖毒品罪,判处无期徒刑,剥夺政治权利终身,并处没收个人全部财产;(3)被告人陈某利犯贩卖毒品罪,判处有期徒刑十二年,并处罚金五万元;(4)被告人刘某星犯贩卖毒品罪,判处有期徒刑七年,并处罚金二万元;等等。安徽省高级人民法院审理后认为,陈某贩卖甲基苯丙胺963.8克、海洛因50克、甲基苯丙胺片剂50粒,且系累犯、毒品再犯,依法应予从重处罚。综合分析陈某的毒品犯罪数量和犯罪情节、人身危险性等情况,根据毒品犯罪的死刑适用政策,对陈某判处死刑缓期执行已可以做到罪责刑相适应,原判对陈某判处死刑缓期执行并限制减刑不当,应当改判。故判决对陈某撤销限制减刑。

［**判理分析**］ 限制减刑主要适用于因暴力性犯罪被判处死刑缓期执行的犯罪分子,而毒品犯罪一般是不危及他人生命安全的非暴力犯罪,原则上可以不适用限制减刑。司法实践中应当将“被判处死刑缓期执行的累犯”与“因累犯被判处死刑缓期执行”区分开来,若被告人毒品犯罪数量与实际掌握的判处死刑的标准相差还有一定距离,累犯等情节主要是用作对被告人从重处罚判处死刑缓期执行的依据时,原则上不适用限制减刑,以免对累犯从重情节进行重复评价。限制减刑的均衡适用,包括罪刑均衡和全案平衡两个方面。就被告人罪刑均衡而言,应当坚持罪刑相适应原则,综合考虑毒品数量、犯罪情节、危害后果、被告人的主观恶性、人身危险性以及当地禁毒形势等各种因素,全面分析量刑情节,依法均衡适用;就同案共同犯罪、毒品上下家被告人的量刑平衡而言,被限制减刑的被告人的量刑,向上与被判处死刑立即执行的被告人,向下与被判处死刑缓期执行、无期徒刑的被告人相比,量刑结果应当整体协调,确保量刑均衡。

本案中，(1)从基础犯罪事实、情节的角度分析，陈某共实施6起毒品犯罪，贩卖毒品数量为甲基苯丙胺963.8克、海洛因50克和甲基苯丙胺片剂50粒，犯罪数量距离判处死刑的数量标准还有一定差距，一审基于陈某具有毒品再犯、累犯等情节对其判处死刑缓期执行，符合法律规定和对毒品犯罪的政策把握，是适当的。从累犯情节看，陈某曾两次因故意犯罪被判处刑罚，第一起是2009年因受人邀约参与故意伤害犯罪，作为从犯被判处有期徒刑八年，第二起是2017年因贩卖少量毒品被判处有期徒刑九个月，综合该两次前罪的事实、情节和量刑情况，尚不属于情节十分恶劣。综上，根据陈某的毒品犯罪数量，其所具有的毒品再犯、累犯情节是作为对其判处死刑缓期执行的量刑依据；但是，若再以毒品累犯情节同时对陈某限制减刑，则违反了量刑中的“重复评价原则”。(2)从全案平衡的角度分析，同案被告人中，陈某与李某系毒品上下家关系，定罪事实和量刑情节基本相当，量刑具有可比性。具体而言，一是在犯罪事实方面，陈某除向李某贩卖毒品4次外，还有2起贩卖毒品事实，贩卖毒品数量仅比李某多了43.8克；二是在上下家犯罪的作用方面，陈某作为上家除向李某贩卖毒品外还有其他贩卖毒品事实，李某作为下家积极筹集毒资，通过他人向陈某购买毒品用于贩卖，二人均属积极促成毒品交易；三是在从重处罚情节方面，陈某、李某均有两次犯罪前科，均系累犯、毒品再犯；四是在从轻处罚情节方面，李某在一审庭审时当庭认罪认罚，陈某在二审庭审时才认罪认罚，李某的认罪悔罪态度好于陈某。综合上述情况，陈某除贩卖毒品数量略多于李某外，主要是在部分犯罪事实的认罪悔罪态度上与李某有所区别，原判以贩卖毒品罪判处被告人陈某死刑缓期执行同时决定限制减刑，以贩卖毒品罪判处李某无期徒刑，量刑明显失衡。

第二章　非法持有毒品罪

44. 非法持有毒品的客观行为表现如何把握

【实务观点】

非法持有毒品中的"持有"是指对毒品实际占有、携带、藏有或者以其他方式持有毒品的行为。这种"持有"是一种事实上的支配，即行为人与毒品之间存在一种事实上的支配与被支配的关系，行为人认识到它的存在并能够对之进行管理或者支配。"持有"并不要求物理上的握有，不要求行为人时时刻刻将毒品握在手中、放在身上或装在口袋里。司法实践中，在行为人的家里、车上或者委托代为保管的他人处查获毒品，又不能证明行为人是走私、贩卖、运输、制造毒品的，均可以认定为非法持有毒品罪。

【法律及司法文件】

《中华人民共和国刑法》

第三百四十八条　[非法持有毒品罪]非法持有鸦片一千克以上、海洛因或者甲基苯丙胺五十克以上或者其他毒品数量大的，处七年以上有期徒刑或者无期徒刑，并处罚金；非法持有鸦片二百克以上不满一千克、海洛因或者甲基苯丙胺十克以上不满五十克或者其他毒品数量较大的，处三年以下有期徒刑、拘役或者管制，并处罚金；情节严重的，处三年以上七年以下有期徒刑，并处罚金。

《立案追诉标准三》

第二条第三款　本条规定的"非法持有"，是指违反国家法律和国家主管部门的规定，占有、携带、藏有或者以其他方式持有毒品。

第四款　非法持有毒品主观故意中的"明知"，依照本规定第一条第八款的有关规定予以认定。

【类案参考】

案例 2－1

赛某华、王某龙贩卖毒品，赛某华非法持有毒品案①——毒品不在身上亦能认定非法持有

[**基本案情**]　2017 年 9 月 6 日 15 时 30 分许，被告人王某龙在上海市宝山区某路边处，用一瓶 413.69 克含有美沙酮成分的液体及 200 元与被告人赛某华交易两袋共计 1.93 克的甲基苯丙胺（冰毒），被民警当场查获，从王某龙处查获上述甲基苯丙胺，后从赛某华处查获毒资

---

① 参见中华人民共和国最高人民法院刑事审判第一、二、三、四、五庭主办：《刑事审判参考》（总第 122 集），法律出版社 2020 年版，第 100～106 页。

200 元及上述含有美沙酮成分的液体。被告人赛某华及其辩护人认为赛某华主动交代持有美沙酮，在非法持有毒品犯罪中有自首情节。

［**裁判结果**］　上海市宝山区人民法院认为，被告人王某龙贩卖毒品美沙酮 413.69 克，被告人赛某华贩卖甲基苯丙胺 1.93 克，其行为均已构成贩卖毒品罪；被告人赛某华又非法持有美沙酮 413.69 克，其行为已构成非法持有毒品罪，对两名被告人均应予惩处。赛某华犯两罪，应予以数罪并罚。赛某华在被羁押后如实供述其持有毒品美沙酮的犯罪事实，与公安机关已掌握的其贩卖甲基苯丙胺的犯罪事实在法律和事实上具有密切关联，不应认定其非法持有毒品犯罪具有自首情节。王某龙、赛某华系毒品再犯，依法应当从重处罚。王某龙、赛某华到案后如实供述自己的罪行，可依法从轻处罚。判决：(1)被告人王某龙犯贩卖毒品罪，判处有期徒刑八年，并处罚金八千元。(2)被告人赛某华犯贩卖毒品罪，判处有期徒刑十个月，并处罚金二千元；犯非法持有毒品罪，判处有期徒刑一年四个月，并处罚金二千元；决定执行有期徒刑二年，并处罚金四千元。上海市第二中级人民法院经审理，裁定驳回上诉，维持原判。

［**判理分析**］　本案被告人赛某华向被告人王某龙贩卖甲基苯丙胺后，获得 200 元现金及一瓶美沙酮液体，其将装有美沙酮液体的瓶子放在电力助动车的储物箱内后即被民警抓获。赛某华将装有美沙酮液体的瓶子放进电力助动车的储物箱时即已经具备了持有毒品的状态，此后无论赛某华与这些毒品是否处于空间上分离的状态，都不影响其构成非法持有毒品罪。具体理由如下：(1)“持有”是指对毒品实际占有、携有、藏有或者以其他方式持有毒品的行为。“持有”是一种事实上的支配，即行为人与毒品之间存在一种事实上的支配与被支配的关系。“持有”不要求物理上的握有，不要求行为人时刻将毒品握在手中、放在身上或装在口袋里，只要行为人认识到它的存在，能够对之进行管理或者支配，就是“持有”。本案中赛某华将装有美沙酮液体的瓶子放在电力助动车的储物箱内，而没有随身携带，并不影响赛某华对该毒品的支配状态，赛某华当时能够实际占有、控制该毒品。(2)2015 年《武汉会议纪要》虽规定贩毒人员被抓获后，从其相关处查获的毒品一般均认定为其贩卖的毒品，推定查获的毒品为贩卖的数量，但同时强调了确有证据证明查获的毒品并非贩毒人员用于贩卖的，应依法定罪。本案中，王某龙和赛某华的口供一致，证实赛某华求购美沙酮缓解毒瘾，属自用，卷中没有任何证据证明赛某华贩卖美沙酮。故美沙酮的数量不应计入赛某华贩卖毒品的数量，赛某华另构成非法持有毒品罪。

45. 非法持有毒品罪的量刑如何把握

【实务观点】

非法持有毒品罪按“毒品数量较大”“毒品数量较大并且情节严重”“毒品数量大”三种情形，分别对应三年有期徒刑以下、三年以上七年以下有期徒刑、七年以上有期徒刑或者无期徒刑三个法定刑幅度。毒品种类和数量是非法持有毒品罪的主要量刑依据；但在量刑时还应考虑被告人非法持有毒品的目的不同，这是被告人主观恶性的重要反映。对于因认定被告人走私、贩卖、运输、制造毒品的证据不足而认定为非法持有毒品罪，或者在不知情对方目的的情况下帮助保管毒品，或者为个人吸食而持有毒品等不同情形，反映出被告人的主观恶性不同，在量刑时应当区别对待。

【法律及司法文件】

《中华人民共和国刑法》

第三百四十八条 [非法持有毒品罪]非法持有鸦片一千克以上、海洛因或者甲基苯丙胺五十克以上或者其他毒品数量大的,处七年以上有期徒刑或者无期徒刑,并处罚金;非法持有鸦片二百克以上不满一千克、海洛因或者甲基苯丙胺十克以上不满五十克或者其他毒品数量较大的,处三年以下有期徒刑、拘役或者管制,并处罚金;情节严重的,处三年以上七年以下有期徒刑,并处罚金。

2016年**《毒品案件解释》**

第一条 走私、贩卖、运输、制造、非法持有下列毒品,应当认定为刑法第三百四十七条第二款第一项、第三百四十八条规定的“其他毒品数量大”(处七年以上有期徒刑或者无期徒刑,并处罚金):

(一)可卡因五十克以上;

(二)3,4-亚甲二氧基甲基苯丙胺(MDMA)等苯丙胺类毒品(甲基苯丙胺除外)、吗啡一百克以上;

(三)芬太尼一百二十五克以上;

(四)甲卡西酮二百克以上;

(五)二氢埃托啡十毫克以上;

(六)哌替啶(度冷丁)二百五十克以上;

(七)氯胺酮五百克以上;

(八)美沙酮一千克以上;

(九)曲马多、γ-羟丁酸二千克以上;

(十)大麻油五千克、大麻脂十千克、大麻叶及大麻烟一百五十千克以上;

(十一)可待因、丁丙诺啡五千克以上;

(十二)三唑仑、安眠酮五十千克以上;

(十三)阿普唑仑、恰特草一百千克以上;

(十四)咖啡因、罂粟壳二百千克以上;

(十五)巴比妥、苯巴比妥、安钠咖、尼美西泮二百五十千克以上;

(十六)氯氮卓、艾司唑仑、地西泮、溴西泮五百千克以上;

(十七)上述毒品以外的其他毒品数量大的。

国家定点生产企业按照标准规格生产的麻醉药品或者精神药品被用于毒品犯罪的,根据药品中毒品成分的含量认定涉案毒品数量。

第二条 走私、贩卖、运输、制造、非法持有下列毒品,应当认定为刑法第三百四十七条第三款、第三百四十八条规定的“其他毒品数量较大”(处三年以下有期徒刑、拘役或者管制,并处罚金):

(一)可卡因十克以上不满五十克;

(二)3,4-亚甲二氧基甲基苯丙胺(MDMA)等苯丙胺类毒品(甲基苯丙胺除外)、吗啡二十克以上不满一百克；

（三）芬太尼二十五克以上不满一百二十五克；

（四）甲卡西酮四十克以上不满二百克；

（五）二氢埃托啡二毫克以上不满十毫克；

（六）哌替啶（度冷丁）五十克以上不满二百五十克；

（七）氯胺酮一百克以上不满五百克；

（八）美沙酮二百克以上不满一千克；

（九）曲马多、γ－羟丁酸四百克以上不满二千克；

（十）大麻油一千克以上不满五千克、大麻脂二千克以上不满十千克、大麻叶及大麻烟三十千克以上不满一百五十千克；

（十一）可待因、丁丙诺啡一千克以上不满五千克；

（十二）三唑仑、安眠酮十千克以上不满五十千克；

（十三）阿普唑仑、恰特草二十千克以上不满一百千克；

（十四）咖啡因、罂粟壳四十千克以上不满二百千克；

（十五）巴比妥、苯巴比妥、安钠咖、尼美西泮五十千克以上不满二百五十千克；

（十六）氯氮卓、艾司唑仑、地西泮、溴西泮一百千克以上不满五百千克；

（十七）上述毒品以外的其他毒品数量较大的。

……

第五条　非法持有毒品达到刑法第三百四十八条或者本解释第二条规定的“数量较大”标准，且具有下列情形之一的，应当认定为刑法第三百四十八条规定的“情节严重”（处三年以上七年以下有期徒刑，并处罚金）：

（一）在戒毒场所、监管场所非法持有毒品的；

（二）利用、教唆未成年人非法持有毒品的；

（三）国家工作人员非法持有毒品的；

（四）其他情节严重的情形。

《立案追诉标准三》

第二条第二款　非法持有两种以上毒品，每种毒品均没有达到本条第一款规定的数量标准，但按前款规定的立案追诉数量比例折算成海洛因后累计相加达到十克以上的，应予立案追诉。

最高人民法院、最高人民检察院《关于常见犯罪的量刑指导意见（试行）》（2021 年 7 月 1 日施行）

（二十一）非法持有毒品罪

1. 构成非法持有毒品罪的，根据下列情形在相应的幅度内确定量刑起点：

（1）非法持有鸦片一千克以上、海洛因或者甲基苯丙胺五十克以上或者其他毒品数量大的，在七年至九年有期徒刑幅度内确定量刑起点。依法应当判处无期徒刑的除外。

（2）非法持有毒品情节严重的，在三年至四年有期徒刑幅度内确定量刑起点。

（3）非法持有鸦片二百克、海洛因或者甲基苯丙胺十克或者其他毒品数量较大的，在一年以下有期徒刑、拘役幅度内确定量刑起点。

2. 在量刑起点的基础上，根据毒品数量等其他影响犯罪构成的犯罪事实增加刑罚量，确定基准刑。

3. 构成非法持有毒品罪的，根据非法持有毒品的种类、数量等犯罪情节，综合考虑被告人缴纳罚金的能力，决定罚金数额。

4. 构成非法持有毒品罪的，综合考虑非法持有毒品的种类、数量等犯罪事实、量刑情节，以及被告人主观恶性、人身危险性、认罪悔罪表现等因素，从严把握缓刑的适用。

【类案参考】

案例 2－2

刘某非法持有毒品案①——行为人明知系甲基苯丙胺而非法藏匿且数量巨大

［**基本案情**］ 2014 年 7 月 31 日晚，侦查人员在刘某所在的南昌市象湖新城小区某栋 2 单元 302 室缴获刘某藏匿的甲基苯丙胺 2527.14 克。经鉴定，在上述地点缴获的结晶状物中均检出甲基苯丙胺成分，含量为 60.55%～65.68%。

［**裁判结果**］ 一审法院认为，被告人刘某违反国家毒品管理规定，非法持有甲基苯丙胺 2527.14 克，其行为已构成非法持有毒品罪。判决：被告人刘某犯非法持有毒品罪，判处无期徒刑，剥夺政治权利终身，并处没收个人全部财产；已扣押的甲基苯丙胺 2527.14 克，由扣押机关依照国家有关规定处理。二审法院认为，关于上诉人刘某提出涉案甲基苯丙胺不是其从高某处购买的，而是她偷来的，其行为不符合非法持有毒品罪的主、客观构成要件的上诉理由，非法持有毒品罪是指明知是毒品而非法持有且数量较大的行为，只要事实上在一定时间内形成了对毒品的占有、藏有或支配，就构成非法持有毒品罪；只要行为人不合法持有毒品，不管毒品的来源究系购买、捡拾还是非法获取，均不影响该罪的成立。刘某在罪行尚未被司法机关发觉，仅因形迹可疑被侦查人员盘问后，主动交代藏匿毒品地点及事实，并配合侦查人员缴获毒品，构成自首，依法可以从轻处罚；刘某系初犯，可酌情予以从轻处罚。原审判决认定刘某具有坦白情节、未认定有自首情节不当；非法持有毒品罪的法定附加刑为罚金，不包括没收财产，原审判决判处没收刘某个人全部财产不当，依法应予改判。判决：上诉人刘某犯非法持有毒品罪，判处有期徒刑十五年，并处罚金十万元。

［**判理分析**］ 我国《刑法》第 348 条规定非法持有甲基苯丙胺 50 克以上或者其他毒品数量大的，处七年以上有期徒刑或者无期徒刑，并处罚金。本案被告人刘某非法持有毒品 2500 余克，一般情况下持有数量如此之大的毒品不会是用于个人吸食，极有可能是被告人本人或者帮助他人走私、贩卖毒品，如果能够证明行为人有走私、贩卖毒品的目的，可能被判处死缓及以上刑罚。因现有证据不能证明被告人系走私、贩卖、运输或者制造毒品，只能以非法持有毒品罪定罪，在量刑上既应当与行为人走私、贩卖、运输或者制造同等数量的毒品相区别，以体现证据存疑时有利于被告人的原则；同时，又没有确实证据证明行为人是为了个人吸食而持有毒品，不能以用于个人吸食为由对其酌情从轻处罚；综合考虑其自首情节，对其判处有期徒刑十五年，是适当的。

---

① 参见江西省高级人民法院刑事判决书，(2017)赣刑终 240 号。

46. 查获毒品数量大但不能证明系为了贩卖或运输毒品的如何准确定性

【实务观点】

对于查获被告人持有数量大的毒品的,被告人可能构成走私、贩卖、运输、制造毒品罪这一重罪(判处十五年有期徒刑、无期徒刑或者死刑),也可能构成非法持有毒品罪(判处七年以上有期徒刑或者无期徒刑),也可能构成窝藏、转移毒品罪这一更轻的罪名(判处三年以上十年以下有期徒刑)。按照证据裁判规则,在已经证明被告人非法持有毒品这一基本事实的基础上,如果没有证据证明被告人系自己或帮助他人实施的贩卖、运输、走私毒品等行为的,只能就其基本行为事实,认定为非法持有毒品罪。

运用推定规则认定被告人有贩卖毒品目的时,如果认定被告人曾经贩卖毒品或者正在贩卖毒品的基础事实存在诸多疑点,证据没有达到确实、充分的程度,且现有证据不能排除被告人提出的被查获的毒品是准备用于自己吸食的辩解的真实性和合理性的,就不能推定被告人对其被查获的毒品存在贩卖的故意。

现有证据已经足以证明行为人非法持有毒品数量大的事实,行为人辩解系帮助他人窝藏、转移的,属于辩解其系轻罪。按照刑事诉讼的证明原理,被告人辩解无罪或者罪轻的,应当提供相关证据或者证据线索供查证;被告人不能提供证据或证据线索,或者所提供证据经查证不属实的,对其辩解不予支持。

【权威解读】

从立法原意看,非法持有毒品罪属于兜底性罪名。兜底性罪名在法益保护和人权保障两方面进行权衡之后偏重法益保护:只有在没有证据证明行为人是为了实施其他毒品犯罪而非法持有毒品的情况下,才可以以非法持有毒品罪定罪。全国人民代表大会常务委员会1990年出台的《关于禁毒的决定》第3条规定"禁止任何人非法持有毒品",并对非法持有毒品的行为规定了相应的刑事责任,从立法层面上正式确定了非法持有毒品罪。最高人民法院1994年发布的《关于执行〈全国人民代表大会常务委员会关于禁毒的决定〉的若干问题的解释》明确规定,"根据《决定》第三条规定,非法持有毒品罪,是指明知是鸦片、海洛因或者其他毒品,而非法持有且数量较大的行为……根据已查获的证据,不能认定非法持有较大数量毒品是为了进行走私、贩卖、运输或者窝藏毒品犯罪的,才构成本罪。如果有证据能够证明非法持有毒品是为了进行走私、贩卖、运输、窝藏毒品犯罪的,则应当定走私、贩卖、运输或者窝藏毒品罪"。1997年《刑法》修订后将非法持有毒品罪正式规定在刑法中,并且在非法持有毒品罪的罪状规定上吸纳了这一基本精神。非法持有毒品罪罪名的设立是为了从严从重打击毒品犯罪,防止因为证据不足出现犯罪分子逃避法律追究的情况。因此,在有证据证明行为人实施了走私、贩卖、运输、制造毒品犯罪的情况下,就不应定性为非法持有毒品罪。①

① 参见《从吸毒人员处查获毒品后的罪名认定》,载《最高人民法院第二巡回法庭法官会议纪要(第一辑)》,人民法院出版社2019年版。

【类案参考】

案例 2-3

黄某东非法持有毒品案①——辩解替他人窝藏、保管大量毒品但不能提供任何证据或任何证据线索供查实的不予支持

［**基本案情**］ 2002 年 6 月 4 日，重庆市公安局禁毒总队接群众举报，渝中区李子坝某村 70 号有一名叫张某伟（在逃）的人有重大贩毒嫌疑，遂对该处所实施监控。当晚 7 时许，被告人黄某东进入张某伟家，不久提一纸袋出来。公安人员即对黄某东进行盘查，当场从其所提纸袋内查获海洛因 3000 克。公安人员随后又在黄某东租住地渝中区某小区 45 号楼 7—2 号室内搜查并起获海洛因 7006 克、咖啡因 8200 克。黄某东被抓获后始终供称“2002 年 4 月左右，张某伟让我帮助他和‘小胖’保管毒品，每月给 3000～4000 元。经张某伟介绍我认识了小胖。同年 5 月 25 日下午，小胖将一蓝白色旅行包装的海洛因和一纸袋的咖啡因交给我，我带回我住的 7—2 号租赁房的卧室床下藏好。6 月 4 日晚 7 时许，张某伟打手机叫我到渝中区李子坝某村 70 号张某伟家将毒品带回保管。我去了后，张某伟给了我一个‘西格玛百货’塑料袋，在回家的路上被抓获并搜出了 3000 克海洛因”。辩护人认为黄某东的行为属于窝藏、转移毒品，不构成非法持有毒品罪。

［**裁判结果**］ 重庆市第一中级人民法院判决：被告人黄某东犯非法持有毒品罪，判处无期徒刑，剥夺政治权利终身。

［**判理分析**］ 明知是毒品而无合法理由持有，即为非法持有毒品。非法持有毒品罪的立法目的在于，对那些被查获的行为人，因非法持有数量较大的毒品，但又没有足够证据证明其犯有其他毒品犯罪而设的罪名。如果确有足够证据证明被查获的毒品持有人具有其他毒品犯罪的目的，则应认定构成其他相关毒品罪。例如：（1）如果行为人非法持有毒品是为了本人或帮助他人走私、贩卖、制造、运输毒品，应认定为构成走私、贩卖、制造、运输毒品罪（包括共犯），而不是非法持有毒品罪；（2）如果行为人非法持有毒品是为他人转移、藏匿毒品，应认定为构成转移、窝藏毒品罪，而不是非法持有毒品罪；（3）如果行为人非法持有毒品是供自己吸食，一般可不定罪处罚。但查获毒品数量较大的，应当以非法持有毒品罪论处；如果行为人是以贩养吸，则应以贩卖毒品罪论处。就本案而言：

（1）没有足够证据证明被告人黄某东具有自己或帮助他人贩卖或运输毒品的主观目的。①有观点认为，可以推定黄某东是贩卖毒品罪。理由：一是黄某东非法持有毒品数量巨大，其本人并不吸毒，即使吸毒也不可能一次持有如此巨量的毒品，该宗毒品用途的唯一合理解释是用作贩卖，不是自己贩卖，就是协助别人贩卖；二是贩毒分子通常都是将咖啡因兑入高纯度海洛因后贩卖，以增加获利，公安人员在黄某东住处既查获了巨量的海洛因，同时又查获了大量的咖啡因，说明此处极有可能就是兑制、贩卖海洛因的窝点。上述推理有其合理性，但法院对任何一项罪的裁判都应当以足以证明符合该罪构成要件的证据为基础，必须遵循证据裁判原则。本案没有证据证明黄某东本人具有贩卖毒品的主观目的，同样没有证据证明黄某东有协助他人贩卖毒品的主观目的。因此，不能认定黄某东犯有贩卖毒品罪。②运输毒品一般而

① 参见中华人民共和国最高人民法院刑事审判第一庭、第二庭编：《刑事审判参考》（2004 年第 1 集，总第 36 集），法律出版社 2004 年版，第 58～63 页。

言是作为贩卖、走私、制造毒品的一个环节而存在的。运输毒品的方式包括携带毒品，但不能说凡携带毒品都构成运输毒品罪。如果贩毒分子基于窝藏、隐匿毒品所需转移毒品，则属于为改变毒品藏匿场所而采取的方式，不构成一个独立的运输毒品事实。本案现有证据不能证明黄某东携带毒品3000克属于贩卖毒品中一个独立的环节，不属于运输毒品罪。

（2）本案没有足够证据证明被告人黄某东系帮助其他毒品犯罪分子窝藏、转移毒品。证明黄某东是为他人窝藏、转移毒品，必须首先能够证明：涉案毒品来自他人，该他人系毒品犯罪分子或犯罪嫌疑人。虽然公安机关是根据群众关于张某伟有贩毒嫌疑的举报实施监控，进而发现黄某东从张某伟家出来后持有大量毒品并破获此案的，但张某伟、"小胖"均在逃，黄某东没有提供任何证据证实其毒品来自张某伟、"小胖"而自己只是为张某伟保管，也未能提供其他任何证据线索供公诉机关进一步查证、核实其辩解是否属实。除被告人黄某东的供述外，没有任何证据与之印证。此外，黄某东持毒品从张某伟家出来的事实也不能证实其所持毒品（包括其当时携带的和在其住处搜获的）就是来自张某伟，不能排除毒品是黄某东预先存放在张某伟家再取回等可能性。故黄某东的辩解即为张某伟窝藏、转移毒品无法获得证据支持。

针对被告人辩称所持毒品系他人所有，自己仅是代他人保存的情形，应当把握如下两个基本原则：一是看侦查机关是否已经穷尽其取证职责；二是看公诉机关对其所指控的犯罪事实是否已达到证据确实、充分。如果侦查机关确已穷尽侦查取证之责，且查证的事实确有确实、充分的证据证明其构成指控的犯罪时，审判机关即可根据已查明的事实和证据依法追究被告人的刑事责任；在这种情况下，要求侦查机关、公诉机关再就其他可能性继续深化侦查、举证责任既无必要，也不现实。本案也不属于疑罪从轻的情形。所谓疑罪从轻，是指指控的重罪证据不足，但就轻罪而言，证据确实、充分。本案是指控非法持有毒品罪证据确实、充分，但认定窝藏、转移毒品罪无确实、充分的证据支持，仅依被告人的辩解认定被告人黄某东犯窝藏、转移毒品罪，从而变更公诉机关指控的罪名是不够的。

47. 单纯接收物流寄递毒品的行为构成运输毒品罪还是非法持有毒品罪

【实务观点】

司法实践中，购毒者通过物流寄递方法获取毒品或者指使他人代为接受物流寄递的毒品的现象越来越普遍，如果没有证据证明购毒者是为了实施贩卖毒品等犯罪，对于购毒者、代收者单纯接收物流寄递毒品的行为如何定性？

（1）关于购毒者接收贩毒者通过物流寄递方式交付毒品的定性。根据最高人民法院相关会议纪要的精神，如果没有证据证明购毒者有实施贩卖毒品等其他犯罪的故意，毒品数量达到《刑法》第348条规定的最低数量标准的，一般以非法持有毒品罪定罪处罚，对其"接收物流寄递毒品"的行为，不能认定购毒者与其"上线"贩卖者形成运输毒品的共同犯罪。代收者明知物流寄递的是毒品而代购毒者接收，没有证据证明其与购毒者有实施贩卖毒品等其他犯罪的共同故意，毒品数量达到《刑法》第348条规定的最低数量标准的，对代收者以非法持有毒品罪定罪处罚。①

① 此观点最早源于2015年《武汉会议纪要》。

一般情况下,购买毒品者与"上线"贩卖毒品者不构成运输毒品的共同犯罪,主要理由有二:"第一,贩毒者通过物流寄递方式向购毒者交付毒品的行为属于其贩卖毒品行为的组成部分,该运输毒品行为通常由贩毒者主导实施,购毒者原则上不应对毒品交付前由贩毒者实施的运输毒品行为承担刑事责任;第二,在当面交付的贩卖毒品犯罪中,购毒者通常不对贩毒者为送货而实施的运输毒品行为承担刑事责任,不将购毒者、贩毒者认定为运输毒品罪的共犯;同理,在贩毒者通过物流寄递方式交付毒品的情况下,一般也不应将购毒者、贩毒者认定为运输毒品罪的共犯,否则所有接收毒品的购毒者(包括因吸食而少量购买毒品者)都将构成运输毒品罪,会造成打击面过大"。①

"在个别情况下,购毒者对贩毒者交付运输毒品的行为起支配作用或者与贩毒者共同交付运输毒品,购毒者、贩毒者符合以运输毒品罪共犯论处的条件的,可以依法认定。"②例如,购毒者收受他人毒资并扣除差价后直接转给其"上线"贩卖者,并安排"上线"将毒品通过物流寄递的方式发送给他人;又如,吸毒者与贩毒者商议在毒品价值之外,承担相关物流费用并安排贩毒者通过物流寄递的方式将毒品发送给自己,实际上是通过让对方物流寄递毒品而减少自己上门拿取毒品的风险。此种情况下,可以认定购毒者与其"上线"贩毒者对通过物流寄递毒品具有共同故意,应当承担运输毒品罪的刑事责任。

(2)关于代收者接收物流寄递毒品行为的定性。如果没有证据证明购毒者是为了实施贩卖、运输毒品等其他犯罪,因购毒者通过代收者的代收行为实现了对毒品的间接持有,故购毒者与代收者构成非法持有毒品罪的共同犯罪。③ 代收者明知物流寄递的是毒品而代购毒者接收,是购毒者非法持有毒品行为的帮助犯。如果购毒者有实施贩卖、运输毒品等犯罪的故意,而代收者在不明知的情况下帮助接收毒品,应与购毒者构成不同的罪名,即购毒者构成贩卖、运输毒品罪,而代收者构成非法持有毒品罪。这种情况下,在非法持有毒品的层面,代收者与购毒者仍然属于共同犯罪,代收者并不因其直接实施了接收毒品的行为就构成主犯,对于认定为从犯的代收者,仍应当比照构成非法持有毒品罪主犯时的量刑情况,依法进一步从轻、减轻或免除处罚,而不是与构成贩卖毒品罪的主犯的量刑情况相比来确定从犯的刑罚。

【类案参考】

案例 2-4

张某英非法持有毒品案④——仅接受藏匿有毒品的邮包的行为不属于运输毒品

[**基本案情**] 2005 年 1 月初,被告人张某英与成都市一名绰号"尕蛋"的男子电话联系购买 400 克毒品海洛因,并约定采用邮寄的方式由"尕蛋"从成都市邮寄给张某英。张某英向"尕蛋"提供了收件人的地址、姓名为"新疆维吾尔自治区乌鲁木齐市北京南路××号第九中

① 高贵君、马岩、方文军、李静然:《〈全国法院毒品犯罪审判工作座谈会纪要〉的理解与适用》,载《人民司法·应用》2015 年第 13 期。

② 高贵君、马岩、方文军、李静然:《〈全国法院毒品犯罪审判工作座谈会纪要〉的理解与适用》,载《人民司法·应用》2015 年第 13 期。

③ 高贵君、马岩、方文军、李静然:《〈全国法院毒品犯罪审判工作座谈会纪要〉的理解与适用》,载《人民司法·应用》2015 年第 13 期。

④ 参见中华人民共和国最高人民法院刑事审判第一庭、第二庭编:《刑事审判参考》(2005 年第 6 集,总第 47 集),法律出版社 2006 年版,第 52~60 页。

学黄某新”。2005 年 1 月 20 日张某英接到“尕蛋”的通知后，到乌鲁木齐市第九中学收发室领取邮包，离开收发室时被公安人员抓获，当场从邮包中搜出一块用黄色胶带包裹的白色粉末物，检出海洛因成分，净重 336 克。被告人张某英提出其买毒品只为吸食不是运输。其辩护人提出对张某英应定非法持有毒品罪。

［**裁判结果**］ 一审法院审理后认为，被告人张某英为将毒品海洛因从成都市运输到乌鲁木齐市，与他人预谋采用邮寄的方式进行运输，其提供了邮寄人的姓名、地址和联系方式，在毒品到达乌鲁木齐市后其又亲自领取，最终完成运输毒品的全部犯罪过程，该行为应认定为运输毒品的行为。判决：被告人张某英犯运输毒品罪，判处死刑，剥夺政治权利终身，并处没收个人全部财产。二审法院经审理，裁定驳回上诉，维持原判，并报送最高人民法院核准。最高人民法院复核后认为，被告人张某英的行为构成非法持有毒品罪，且非法持有毒品的数量大，应依法惩处。故判决：被告人张某英犯非法持有毒品罪，判处无期徒刑，剥夺政治权利终身，并处罚金一万元。

［**判理分析**］ 认定非法持有毒品罪的前提是无法认定非法持有毒品的行为是走私、贩卖、运输或窝藏毒品犯罪的一部分。也就是说，如何认定行为人持有毒品的行为，关键要看行为人的主观目的。如果行为人非法持有毒品的目的在于走私、贩卖、运输，行为人的行为就相应构成走私毒品罪、贩卖毒品罪、运输毒品罪等。当没有证据证明行为人具有上述走私、贩卖、运输等目的时，行为就构成非法持有毒品罪。非法持有毒品达到《刑法》第 348 条规定的构成犯罪的数量标准，没有证据证明实施了走私、贩卖、运输、制造毒品等犯罪行为的，应以非法持有毒品罪定罪。认定本案被告人张某英的行为构成非法持有毒品罪的理由如下：

（1）被告人张某英不具有运输毒品的主观目的，不构成运输毒品罪。运输毒品罪，是指明知是毒品而采用携带、邮寄、利用他人或者使用交通工具等方法非法运输毒品，或明知是毒品而受雇为他人运输的行为。运输毒品的行为人在运输毒品的同时也持有毒品，但二者是有区别的，运输毒品的行为一般是作为走私、贩卖、制造毒品的一个环节。本案被告人张某英的行为是否构成运输毒品罪的关键，并不在于张某英是否为“尕蛋”提供了邮寄地址，而是在于张某英是否具有运输毒品的目的。从张某英的供述及相关证据可以看出，被告人张某英和“尕蛋”联系的目的在于购买并接收通过邮包邮寄来的毒品，而非将毒品由甲地运到乙地的某个过程。本案所查获毒品确实系从成都市邮寄而来，但该毒品的运输过程并不是张某英所关心的。相反，张某英追求的是对“邮包”的接受。这与运输毒品罪行为人的主观目的是运输过程不同。

（2）无充分证据证明被告人张某英具有贩卖毒品的目的，其行为不构成贩卖毒品罪。如果所查获的毒品尚未交易，且数量较大，如何认定行为人的行为？关键看有无证据证明行为人有贩卖目的及贩卖经历。如果有证据表明行为人有贩卖毒品经历，虽然所查获的部分毒品尚未交易，在排除被告人用于吸食的情况下，亦可以贩卖毒品定罪，也即可以推定行为人有贩卖毒品的故意。仅凭非法持有毒品的事实，难以认定为贩卖毒品罪。本案证明张某英有贩卖毒品经历与贩卖目的的证据并不充分，对张某英就不能以贩卖毒品罪定罪。

（3）张某英持有 300 多克的海洛因，数量较大，所持有毒品超出个人吸食所需数量，其持有的毒品有可能不是完全为了吸食之用。本案被告人张某英始终供述自己是吸毒人员，自 1996 年就开始吸食海洛因，1998 年曾因吸毒被劳动教养一年，此次购买毒品是用于自己和马某某吸食，但从数量上看不可能全部用于个人吸食。由于本案没有证据证实被告人张某英有贩卖、运输毒品的目的，且其持有毒品数量较大，其行为应当构成非法持有毒品罪。

案例2－5

程某忠非法持有毒品案①——接收物流寄递毒品又没有证据证明是为了贩卖、运输毒品的应认定为非法持有毒品

［**基本案情**］ 2016年3月8日，被告人程某忠向湖北省汉口一齐姓男子以每只1500元的价格出售6只德国牧羊犬幼崽。3月10日，二人协议齐姓男子以鸽子和毒品抵顶其应当支付的买狗钱，并通过铁路进行托运。3月15日，齐姓男子通过铁路托运一个鸽笼给程某忠，收货人“程三”。3月16日，程某忠委托在沈阳北站工作的王某洁代为提取鸽笼，王某洁取出鸽笼放在轿车内后，被公安民警抓获，在鸽笼内搜出三袋白色晶体（净重136.10克）和一袋红色片剂（七粒，净重0.68克），均检出甲基苯丙胺成分。21时许，被告人程某忠按约定到沈阳市苏家屯区蕙兰六街××号楼楼下取该鸽笼时被公安民警抓获。

［**裁判结果**］ 一审法院认为，被告人程某忠违反国家对毒品的管理制度，明知是毒品而予以运输，已构成运输毒品罪。判决：被告人程某忠犯运输毒品罪，判处有期徒刑十五年，剥夺政治权利五年，没收财产十万元。二审法院认为，上诉人程某忠供述的毒品上家“齐姓男子”现未查实，故无法认定毒品下线程某忠直接参与涉案毒品的运输过程，机打的包裹单上发件人名为“程三”，亦无法推定程某忠系发件人，且出行记录显示程某忠在案发前未到武汉市，无法证实是其邮寄包裹；现场检测报告书证实程某忠系吸毒人员，程某忠供述其购买毒品用于自吸，原公诉机关亦未指控或证实程某忠购买毒品系用于贩卖等其他犯罪的目的。综上，上诉人程某忠作为购毒者，明知是贩毒者通过物流方式寄递的毒品而予以接收，且没有证据证实其为了实施贩卖毒品等其他犯罪，毒品数量达到非法持有毒品的最低数量标准，其行为不应评价为毒品上家运输毒品的共犯或帮助犯。判决：程某忠犯非法持有毒品罪，判处有期徒刑九年，并处罚金五万元。

［**判理分析**］ 贩毒者通过物流寄递方式运输毒品的行为应视为毒品交付行为的组成部分，对购毒者不应再认定为运输毒品罪；购毒者接收毒品数量达到较大以上的，应认定为非法持有毒品罪。理由如下：

第一，构成运输毒品共同犯罪，要求各犯罪人之间必须具备实施运输毒品犯罪的共同故意，各犯罪人之间存在运输毒品犯罪的意思联络。本案要认定程某忠构成运输毒品罪需具备两个基本条件：其一，程某忠具有运输毒品的目的；其二，程某忠实施了运输毒品的行为。判断的关键并不在于程某忠是否为“齐姓男子”提供了邮寄地址。从现有证据看，被告人程某忠没有与毒品上家“齐姓男子”托运毒品的共谋，亦未实施托运毒品的行为，仅在收取包裹环节被公安机关查获，属于接收毒品的人。本案所查获毒品确实系从武汉邮寄而来，但该毒品的运输过程并不是程某忠所关心的，也不是他所能控制的，程某忠追求的是对“邮包”的接收，这与运输毒品罪行为人的主观目的是不同的。如果将购毒者接收贩毒者通过物流寄递方式交付的毒品简单定性为运输毒品罪，势必会将所有购毒者认定为运输毒品罪，打击面过大，亦与

① 参见魏冬梅：《购毒者接收物流寄递毒品行为的性质认定——程某忠运输毒品案》，载国家法官学院案例研究中心编：《中国法院2019年度案例（刑事案例一）》，中国法制出版社2019年版。

宽严相济的刑事审判政策相悖。

第二,行为人持有毒品行为经常是贩卖、运输毒品等行为的前提或后续环节,将购毒者接收贩毒者通过物流寄递方式交付的毒品的行为定性为非法持有毒品罪,是以没有证据证明购毒者、接收者是为了实施贩卖、运输毒品等其他犯罪为前提的。实践中应注重审查物流寄递毒品的来源,确定购毒者是否为发货人以及是否参与运输毒品的过程;审查购毒者是否具有贩卖毒品等其他目的,如果没有证据证实程某忠购买毒品系用于贩卖等其他犯罪的目的应认定为非法持有毒品。

48. 吸毒者大量购买、持有毒品的行为性质如何判断

【实务观点】

吸毒者与贩毒者都可能购买数量较大的毒品,对购买大量毒品行为予以正确定性的关键在于行为人主观故意的判断。如果行为人购买毒品的目的是用于贩卖,构成贩卖毒品罪;如果行为人是为了满足其长期吸毒需要,或者不以营利为目的为他人代买仅用于吸食的毒品,则构成非法持有毒品罪。现有证据能够证明行为人购买了数量较大的毒品,但不足以证实其非法持有毒品是出于走私、贩卖、运输、窝藏毒品目的的,只能以非法持有毒品罪定性。

【权威解读】

一般认为,非法持有毒品罪是在没有证据证实行为人有实施其他毒品犯罪故意的情况下,发挥兜底作用的一个罪名:如果没有证据证明行为人持有大量毒品系用于贩卖,就应当认定构成非法持有毒品罪,而不能仅因为行为人持有毒品数量大就认定其有贩卖毒品的故意,否则非法持有毒品罪也失去了设立意义。

但对于下列情形,可以认定为贩卖毒品罪:(1)对于吸毒人员因贩卖毒品被查获,又从其住所等处查获大量毒品的,原则上可以将查获的毒品全部认定为其贩卖毒品的数量,但被告人确有证据证明查获的毒品并非用于贩卖的除外。(2)对于曾经贩卖少量毒品(当时未被查获),相隔一段时间后(如数月后)被查获持有大量毒品的,即使被告人辩称被查获的毒品均用于吸食,也可以全部认定为其贩卖毒品的数量。(3)对于因实施贩卖毒品罪被判刑,释放后不久(如一年内)又购进大量毒品的,一般可以考虑认定为贩卖毒品罪。主要理由是,被告人曾因贩卖毒品被判刑,说明其已具有贩卖毒品的故意,而其释放后不久又大量购进毒品,说明其实施毒品犯罪的来源稳定、资金充足,根据生活经验通常系用于贩卖,故可以推定其构成贩卖毒品罪。当然,如果确有证据证明其大量购进毒品并非用于贩卖,如帮助吸毒人员代为购买且不知他人用于贩卖的,则不应认定其行为构成贩卖毒品罪。(4)被告人在短时间内(如数月内)连续购入大量毒品,特别是所购毒品种类不同的,即使被告人辩称均用于吸食的,也可以认定为贩卖毒品罪。①

---

① 参见方文军:《吸毒者实施毒品犯罪的司法认定》,载《刑事审判参考》(总第105集),法律出版社2016年版,第232~244页。

【类案参考】

案例2－6

宋某华贩卖毒品案①——吸毒者购买数量巨大的毒品但不能证明行为人有贩卖目的的认定为非法持有毒品罪

［**基本案情**］　被告人宋某华于1998年3月20日因犯贩卖毒品罪被判处有期徒刑十个月，同年10月5日刑满释放。2003年8月中旬，被告人宋某华与江某在重庆市约定，宋某华向江某购买海洛因900克，并支付毒资款10万元。同年9月中旬，江某指挥徐某莉、陈某芽采取人体藏毒的方式携带海洛因900克，从云南省保山市出发抵达重庆市，入住长城宾馆407房间。宋某华接江某电话通知后到长城宾馆407房间从徐某莉处取走海洛因586克，藏匿于南岸区南坪东路其家中。14时许，宋某华又接江某电话通知后驾车至长城宾馆附近公路边，徐某莉将海洛因314克交给宋某华，二人被公安人员当场抓获。宋某华归案后主动交代其家中藏匿有海洛因，公安机关从其住处查获海洛因586克，并从其借用的重庆市南岸区金山路52号一房间内搜查出千斤顶、天平秤、搅拌器、铁器具等物品。

［**裁判结果**］　重庆市第一中级人民法院认为，被告人宋某华曾因贩毒被判刑，本案案发后从宋某华的借住处查获加工毒品的工具以及本案所查获的毒品数量大、纯度高，足以认定宋某华是为了贩毒而购买毒品，应以贩卖毒品罪追究其刑事责任。宋某华贩卖900克高纯度海洛因，毒品数量大且系毒品再犯，应从重处罚。宋某华归案后主动交代其家中藏匿的586克海洛因并提供上家的线索以及认罪态度好等属实，但不足以对其从轻处罚。2004年4月1日判决：被告人宋某华犯贩卖毒品罪，判处死刑，剥夺政治权利终身，并处没收财产十万元。重庆市高级人民法院经审理，裁定驳回上诉，维持原判，报请最高人民法院核准。最高人民法院经复核认为，鉴于被告人宋某华及其子均系吸毒成瘾者，且查获的其藏匿铁器具已锈蚀严重，现有证据尚不足以证明其购买毒品是为了贩卖。宋某华购买大量海洛因并非法持有的行为，应构成非法持有毒品罪，判处无期徒刑，剥夺政治权利终身，并处没收财产十万元。

［**判理分析**］　以贩卖为目的向他人购买数量较大的毒品与购买数量较大的毒品以满足自身或者他人吸毒需要的非法持有毒品，客观行为表现有相似之处，即形式上都是向他人购买而取得毒品。对购买大量毒品行为予以正确定性的关键在于行为人的主观故意。如果行为人购买毒品的目的是出于贩卖，或者有证据证明行为人是为了贩卖而去购买毒品，构成贩卖毒品罪；如果行为人是因为沾染吸毒恶习后，为满足其吸毒需要，非法购买较大标准数量毒品，或者有证据证明行为人不是以营利为目的，为他人代买仅用于吸食的毒品，数量达到较大标准以上的，则构成非法持有毒品罪。本案被告人宋某华对于购买海洛因的用途，始终辩称只是用于自己和儿子宋某吸食。尿检证明宋某华确实吸毒。宋某华之子宋某曾于2003年4月、8月和2004年3月3次住院进行戒毒治疗，2004年4月5日还伙同他人抢夺财物并将部分赃款用于购买毒品吸食。关于购买量大的问题，宋某华辩解：一是他们父子长期吸毒，二人每天约要吸食海洛因4～5克，吸食毒品的数量比较大；二是因为江某称由于缅方加大禁种罂粟的力度，海洛因将要涨价故才大量购买的。关于从宋某华处查获的一审、二审法院认为可

① 参见中华人民共和国最高人民法院刑事审判第一庭、第二庭编：《刑事审判参考》（2005年第5集，总第46集），法律出版社2006年版，第45～50页。

能用于加工毒品的器具和烟酰胺，宋某华辩称器具是于1999年左右帮一个叫钱某的朋友保管的，烟酰胺是其原来的同事刘某华委托其购买的，据说是用于制作冰糕的添加剂，但与二人已失去联系。公安机关出具的材料表明没有找到该二人，所查获的器具锈蚀严重，无法进行检验。

一审、二审推断宋某华存在将购买的毒品加工后出售的可能性虽然有一定的依据，但认定其具有贩卖毒品故意的证据尚不充分，而且不能排除合理怀疑。理由是：第一，宋某华属毒品再犯（曾因贩卖2克海洛因被判处十个月有期徒刑），但公安机关在其刑满释放后至案发长达5年的时间里，并没有掌握其有过贩毒的情况，因而不能得出此次购买海洛因的目的必然是进行贩卖的结论。第二，从宋某华处查获的铁器具锈蚀严重，公安机关证明已失去了检验条件，表明这些器具已长期闲置，这与宋某华的辩解相一致，故无法得出宋某华使用上述器具加工毒品进行贩卖的结论。而烟酰胺是一种维生素类营养剂（维生素PP），既可作为食品添加剂，亦可掺杂在毒品中使用。由于刘某华不在案，无法印证宋某华关于烟酰胺是帮他人购买的辩解是否真实可信，但在没有相反的证据能够驳斥宋某华的辩解的情况下，只能从有利于被告人的原则出发，采信其辩解。第三，宋某华及其儿子宋某确实吸毒成瘾，即便购买的毒品数量大也不能排除购买海洛因是用于吸食的可能性。因此，在没有充分的证据足以证明宋某华购买毒品是为了以贩养吸的情况下，认定宋某华构成贩卖毒品罪的证据不足，应认定构成非法持有毒品罪。

49. 贩卖毒品者住处查获的毒品是认定非法持有还是计入贩卖毒品数量

【实务观点】

根据最高人民法院相关会议纪要的精神，贩毒人员被抓获后，对于从其住所、车辆等处查获的毒品，一般应认定为其贩卖的毒品。确有证据证明查获的毒品并非贩毒人员用于贩卖，其行为另构成非法持有毒品罪、窝藏毒品罪等其他犯罪的，依法定罪处罚。[①] 具体而言，“主要包含以下三种情形：一是行为人因贩卖毒品被人赃俱获，随后又从其住所等处查获毒品的；二是有其他证据证明行为人实施了贩卖毒品犯罪，但没有查获毒品实物，后从其住所等处查获毒品的；三是行为人因吸毒或其他违法犯罪行为被抓获后，查明其有贩毒行为，并从其住所等处查获毒品的”。[②] 这种事实认定方法属于推定，即根据行为人贩卖毒品及从其住所等处查获毒品的事实，推定查获的毒品是用于贩卖。根据推定规则，应当允许当事人提出反证。“确有证据证明查获的毒品并非贩毒人员用于贩卖，比如为他人保管用于吸食的毒品、为犯罪分子窝藏毒品或者持有祖传、捡拾、用于治病的毒品等，贩毒人员对查获的毒品实施的行为另外构成非法持有毒品罪、窝藏毒品罪等其他犯罪的，应依法予以认定；贩毒人员的行为构成数罪的，应依法数罪并罚。”[③]

---

① 此观点最早源于2015年《武汉会议纪要》。

② 高贵君、马岩、方文军、李静然：《〈全国法院毒品犯罪审判工作座谈会纪要〉的理解与适用》，载《人民司法·应用》2015年第13期。

③ 高贵君、马岩、方文军、李静然：《〈全国法院毒品犯罪审判工作座谈会纪要〉的理解与适用》，载《人民司法·应用》2015年第13期。

具体案件中，对于在贩卖毒品者住处查获的毒品，应结合查获毒品的数量、种类、贩卖毒品者的吸毒情况、毒品的实际用途等因素，综合考虑作出判断：(1)一般而言，如果在贩卖毒品者住处查获的毒品与其实际的贩卖毒品的种类相同，应当计入贩卖毒品的数量。如果被告人同时吸食毒品，依照最高人民法院相关会议纪要的精神，在具体量刑时对部分毒品可能用于吸食的情节予以酌情考虑。(2)如果查获毒品的种类与其贩卖的种类不同，而且有证据证明属于贩卖者个人吸食毒品的种类，则不应计入贩卖毒品的数量，查获数量达到“数额较大”标准的，另外构成非法持有毒品罪。(3)如果查获毒品种类与其贩卖毒品的种类不同，又不属于个人吸食的毒品，考虑到被告人既有贩卖毒品的事实，可以推定查获毒品仍然是用于非法交易，折算后计入贩卖毒品的数量。这种情况下，被告人可以提出反证，证明查获的毒品实际上是用于非法持有、代人窝藏、转移等其他用途，根据对其举证的查证情况，确定查获毒品的性质。

【类案参考】

案例2－7

张某贩卖毒品案①——贩卖毒品人员住处储存的大量毒品应计入犯罪数量

［**基本案情**］　(1)1999年10月25日至26日，被告人张某在常州市清潭新村附近陈某燕的暂住处，先后三次贩卖给其海洛因50克。(2)1999年10月26日，张某在常州市清潭新村菜场附近贩卖给向某海洛因5克。(3)1999年10月28日上午，张某携带海洛因13.5克欲外出贩卖时，在常州市马公桥附近被公安人员抓获。随后，公安人员在张某暂住地常州市花园西村3幢某室搜缴海洛因62包，重310.5克。综上，被告人张某贩卖毒品共计379克。

［**裁判结果**］　常州市中级人民法院于2000年3月16日判决如下：被告人张某犯贩卖毒品罪，判处死刑，剥夺政治权利终身，并处没收财产五万元。

［**判理分析**］　非法持有毒品罪在客观方面表现为非法藏匿、储存毒品的行为。走私、贩卖毒品罪等犯罪行为有时也包括藏匿、储存的环节。正确认定藏匿、储存毒品行为的性质，关键要看行为人的主观故意。如果有证据证明行为人以走私、贩卖毒品为目的，那么，行为人藏匿或储存毒品的行为就是走私、贩卖毒品行为的组成部分，构成走私、贩卖毒品罪；如果行为人不具有走私、贩卖毒品的目的，或者未掌握这方面的证据，那么，行为人的行为则构成非法持有毒品罪。如果行为人主观上有贩卖毒品的故意，客观上有贩卖毒品的经历，并且行为人本人不吸毒，或者行为人虽然吸毒，但藏匿或储存的毒品数量明显超过个人吸食所需数量，行为人非法持有毒品的行为应视为为贩卖毒品做准备，是贩卖毒品行为的组成部分，应以贩卖毒品罪定罪。本案中，被告人张某向陈某燕、向某分别贩卖海洛因50克、5克的事实清楚，证据充分，足以认定。其藏匿于家中的310.5克海洛因，查获时呈现被分装成62小包的状态，张某如自己吸食没必要做如此精细的分装，检验报告又证实张某本人不吸毒，显然是为贩卖做准备，因此，张某携带和藏匿毒品的行为构成贩卖毒品罪，而不是非法持有毒品罪。

---

①　参见中华人民共和国最高人民法院刑事审判第一庭、第二庭编：《刑事审判参考》(2001年第5辑，总第16辑)，法律出版社2001年版，第37～41页。

50. 行为人持有数量较大或者数量大的毒品从一地到另一地的行为如何定性

【实务观点】

非法持有是一种事实上的支配状态，可以表现为空间上的静态持有，如在家中藏毒，也可以表现为空间上的动态持有，如随身或通过交通工具携带。行为人持有数量较大的毒品从一地到另一地，在途中被查获，本人既可能承认是为了贩卖或为他人运输，也可能辩解是为吸食而购买毒品并从购买地长途运输至居住地，对其认定为贩卖毒品罪、运输毒品罪还是非法持有毒品罪？可以根据持有不同数量毒品分别构成贩卖、运输毒品罪和非法持有毒品罪的罪刑比较，并运用证据裁判原则来判断。

(1)为个人吸食需要而持有数量较大标准以下的毒品，是一种自害行为，不构成非法持有毒品罪；因此对于持有数量较大标准以下的毒品从一地到另一地的，排除是用于个人吸食，并且没有证据证明是为走私、贩卖而运输的，可认定为运输毒品罪，判处三年有期徒刑以下的刑罚。

(2)对于非法持有数量较大的毒品从一地到另一地的，应当要求行为人对其持有毒品的来源和用途作出解释：如果行为人携带毒品的数量远超过其合理的收入水平，而本人又不能够作出合理解释的，可推定其至少是为他人运输，应当认定为运输毒品罪；如果携带毒品数量未超过其合理的收入水平，并且不能排除行为人所做用于个人吸食的解释，应认定为非法持有毒品罪。司法实践中可以从行为人购买毒品资金的来源来作出判断：如果购买毒品的资金来源明确(如银行账户取款)，而行为人又能对账户资金的来源作出合理解释，并得到印证，另有证据证明行为人属于吸毒人员，可以认定其持有毒品主要用于个人吸食，以较轻的非法持有毒品罪定罪；如果行为人对其购买毒品的资金来源不能作出合理解释，或者其说法得不到印证，推定其资金来源于帮助贩卖毒品等非法途径，以较重的运输毒品罪定罪。

(3)对于持有数量大的毒品，贩卖、运输毒品罪的法定刑是十五年有期徒刑、无期徒刑或者死刑，非法持有毒品罪的法定刑是七年以上有期徒刑或者无期徒刑。从法定刑上也可以看出，对于持有数量大的毒品，具有实施贩卖、运输、走私毒品活动的危险，因此认定为非法持有毒品罪，适用比贩卖、运输、走私数量大的毒品相对较轻的法定刑幅度。认定行为人持有毒品从一地到另一地的事实清楚，有行为人可能用于贩卖或者为他人运输的证据，并且行为人无法作出合理解释，或者行为人本人辩解毒品用于个人吸食但被证伪的，可认定构成运输毒品罪。如果行为人辩解是用于本人吸食并确有证据予以证明，又没有证明毒品可能用于走私、贩卖的证据，应认定为非法持有毒品罪。

【类案参考】

案例2-8

张某昭、王某义非法持有毒品案①——旅行时携带数量大的毒品但能证明仅用于本人吸食的应当认定为非法持有毒品罪

[**基本案情**] 2010年1月21日，被告人张某昭、王某义经预谋后，共同出资在广东省东

① 参见陈金生：《运输毒品罪与非法持有毒品罪的认定标准》，载北京法院网2010年6月22日，http://bjgy.chinacourt.gov.cn/index.shtml。

莞市常平镇，从他人手中购买冰毒51.31克、K粉97.92克。2010年1月23日，被告人张某昭、王某义携带所购买的毒品乘坐深圳开往沈阳北的T186次列车；当日16时许，二被告人被乘警查获。

［**裁判结果**］ 天津铁路运输法院认为，被告人张某昭、王某义明知是毒品而予以携带持有，且数量大，其行为侵犯了国家对毒品的管理制度，已构成非法持有毒品罪。判决：被告人张某昭、王某义均犯非法持有毒品罪，各判处有期徒刑七年一个月，并处罚金二万元。

［**判理分析**］ 对于吸食毒品人员携带毒品运输，认定为非法持有毒品罪还是运输毒品罪，可从以下几个方面着手分析：(1)被告人携带的毒品仅用于本人吸食，而不会向社会扩散的，应当认定为非法持有毒品罪；如果有证据证明查获的毒品并不仅供其本人吸食，而会向社会扩散，应当定运输毒品罪。(2)被告人吸毒的种类与运输过程中查获的毒品种类不一致的，应当推定查获的毒品并不仅供被告人个人消费。被告人在运输过程中被查获数量较大的毒品，应根据被告人供述的吸毒种类和被查获的毒品种类，对被告人进行人体毒品成分检测：如被告人呈阳性反应或者成瘾反应的毒品种类与被查获的毒品种类不一致，实际上排除了被告人所运输的毒品仅供其本人吸食，而属于有证据证明其所运输的毒品将用于其他毒品犯罪，其所携带的毒品将向社会扩散，其行为应当认定为运输毒品罪。(3)吸毒者在运输毒品过程中被当场查获的毒品数量大，必须具备"明显超出其个人正常吸食量"，方可以定运输毒品罪。判断查获的毒品是否明显超出吸毒者正常吸食量，需要结合个案的具体情况，如被告人所从事的职业、经济状况、日常吸食量、既往吸毒史、以往购买毒品的情况等，另外还要考虑当地毒品犯罪的实际情况，综合分析判断行为人所携带的毒品是否仅用于自己吸食，是否会向社会扩散，尽量做到罚当其罪。

51. 案发时毒品已经不存在的能否认定为非法持有毒品的数量

【实务观点】

行为人存在未被处理的非法持有毒品行为，即案发时毒品已不复存在，但有确凿的证据证明行为人曾购买并非法持有过毒品，能否认定为非法持有毒品的数量？一种意见认为，如同"对多次走私、贩卖、运输、制造毒品，未经处理的，毒品数量累计计算"一样，将行为人多次购买的毒品数量相加，对达到一定标准的按照非法持有毒品罪论处。另一种意见认为，"非法持有毒品的数量只能是被查获的现有毒品的数量，已经被吸食、注射或者以其他方式'消耗'或者'消费'的毒品不应再计入"。笔者认为，对于被告人持有的毒品，如果有证据证明有全部或部分已经予以贩卖或者准备予以贩卖，则应当认定为贩卖毒品罪。如果没有证据证明被告人主观上有贩卖的目的或者客观上有贩卖的行为，则只能对其持有毒品这种状态予以处罚，这既是在实体法上对持有毒品的行为予以不法评价，同时是在程序法上从证据裁判原则出发，仅对现有证据能够证明的行为予以处理。非法持有毒品罪是一种危险犯，并且是抽象危险犯，即行为人因其持有较大数量的毒品而具有毒品进入流通领域危害到其他人身体健康的危险性，如果毒品已经因吸食而灭失，则这种危险自然也消除，也就失去了惩罚基础。如果予以定罪，相当于推定行为人将毒品进入流通领域，却因没有证据予以证明，因而认定了一个相比贩卖毒品罪而言较轻的罪名，这实际上是一种"罪疑从轻"，本质上违反了"罪疑从无"的无罪推定要求。

司法实践中对于有证据证明行为人购买了毒品但毒品未被查获的，应当区别对待：

(1)对于被告人没有吸食毒品情节的，其应当对所购买毒品的去向作出合理解释。如果不能作出合理解释，从常理上看，或者是用于个人贩卖，或者是帮助他人购买。从证据裁判原则的角度来看，因没有证据证明其有贩卖行为，可以就轻认定为非法持有毒品罪；如果被告人辩解系帮助他人购买，现有证据能够证明被告人明知他人实施毒品犯罪而帮助购买，则与对方构成共同犯罪；现有证据不能认定被告人明知帮助的他人系为实施毒品犯罪的，其代为购买毒品行为可以认定为非法持有毒品罪。

(2)对于被告人有吸食毒品情节的，如果查获时间距离购买毒品时间很接近，毒品没有查获，而被告人又不能作出合理解释的，或者购买毒品时间距离抓获时间虽然较久，但被告人是在较短时间内多次购买，总数量明显超出正常吸食需要的，应当认定为非法持有毒品罪。因为被告人虽然有吸食毒品的行为，但其购买毒品的数量与被抓获前的合理吸食量不成比例，其又不能作出合理解释，有理由推定其毒品可能已经被贩卖或者藏匿于其他地方而被告人不愿意上交，根据证据法则至少可以认定被告人购买了毒品而又藏匿于其他地方，因而未被查获，其主观上具有非法持有毒品的故意，客观上由于毒品数量较大具有进入流通领域进而危害其他人身体健康的危险性，因此应当认定为非法持有毒品罪。

(3)对于被告人有吸食毒品情节，且购买毒品时间距离抓获时间较久，不能排除毒品已经被被告人全部吸食的可能性，这种情况下，不应当将这部分毒品计入被告人非法持有毒品的数量。否则，就是对被告人吸食毒品的行为予以定罪处罚，而这是违反罪刑法定原则的，即对被告人吸食(使用)毒品的行为不作为犯罪处理，却将被告人持有毒品的行为作为犯罪处理，而前者是以后者为前提的。这就好比允许射击运动场开展射击业务，却不允许其购买并持有枪支一样，明显是自欺欺人。

【类案参考】

案例2-9

许某甲非法持有毒品、容留他人吸毒案①——不能排除毒品已由被告人自己或他人全部吸食可能的不能认定为非法持有毒品罪

[**基本案情**] (1)(检察机关指控的非法持有毒品罪)2015年2月至4月，被告人许某甲联系许某乙(另案处理)购买了三次毒品，许某乙将毒品送至仙游县某宾馆附近当面交易，共计152克，花费12,400元。许某甲供述所购毒品部分用于自己吸食，部分是其帮“九妹”购买的。(2)(容留他人吸毒罪)2015年4月13日，被告人许某甲在仙游县某宾馆402房间，容留吸毒人员陈某某在该房间内一起吸食甲基苯丙胺。同月18日，被告人许某甲再次容留陈某某在该房间内一同吸食甲基苯丙胺，被公安机关当场查获。

[**裁判结果**] 法院认为，被告人许某甲违反国家毒品管制法规，为他人吸食毒品提供场所，其行为已构成容留他人吸毒罪。公诉机关指控被告人许某甲三次购买共152克甲基苯丙胺的事实，有被告人许某甲在公安机关所作的稳定供述、同案人许某乙的供述、辨认笔录及照

① 参见福建省莆田市秀屿区人民法院刑事判决书，(2015)秀刑初字第463号。

片等证据相互印证，足以认定；但未从被告人许某甲处查获到相关毒品实物，故公诉机关指控被告人许某甲犯非法持有毒品罪的罪名不能成立。判决：被告人许某甲犯容留他人吸毒罪，判处有期徒刑十个月，并处罚金五千元。

［**判理分析**］ 非法持有毒品罪惩罚的对象是行为人持有数量较大毒品对社会的现实危险性，必须有证据证明这种危险性的存在，本案中被告人许某甲是吸食毒品人员，其购买毒品152克的事实存在，但购买毒品距离其被抓获时间两个多月，毒品已不复存在，不能排除被告人供述的毒品已由自己或他人全部吸食的可能性，因此无法认定其持有毒品对社会有现实危险性，也就没有惩罚的基础。

第三章　其他毒品犯罪

第一节　包庇毒品犯罪分子罪和窝藏、转移、隐瞒毒品、毒赃罪

52. 包庇毒品犯罪分子罪的客观行为表现如何把握

【实务观点】

包庇毒品犯罪分子罪的客观行为表现应从两个方面理解：

(1)包庇毒品犯罪分子罪与《刑法》第310条规定的窝藏、包庇罪是特别法与一般法的关系，因此包庇毒品犯罪分子罪的客观行为表现既包括字面意义上的通过作假证、破坏证据等方式包庇走私、贩卖、运输、制造毒品犯罪分子的行为，也包括隐含意义上的通过提供隐藏处所等各种窝藏手段帮助上述毒品犯罪分子逃避法律追究的行为。

(2)包庇毒品犯罪分子罪的行为方式应当是作为，即向司法机关作虚假证明、帮助毒品犯罪分子破坏证据、帮助毒品犯罪分子取得虚假身份、提供隐藏的处所或者交通工具及财物等各种以作为方式帮助毒品犯罪分子逃避法律追究的行为。不作为，比如共同生活的亲属容忍毒品犯罪分子继续在家中居住，或者明知他人有毒品犯罪行为而不向司法机关报告的(即知情不举)，不构成包庇毒品犯罪分子罪。我国《刑法》仅在第311条将拒绝提供间谍犯罪、恐怖主义犯罪、极端主义犯罪证据的行为规定为犯罪。

【法律及司法文件】

《中华人民共和国刑法》

第三百四十九条　[包庇毒品犯罪分子罪][窝藏、转移、隐瞒毒品、毒赃罪]包庇走私、贩卖、运输、制造毒品的犯罪分子的，为犯罪分子窝藏、转移、隐瞒毒品或者犯罪所得的财物的，处三年以下有期徒刑、拘役或者管制；情节严重的，处三年以上十年以下有期徒刑。

缉毒人员或者其他国家机关工作人员掩护、包庇走私、贩卖、运输、制造毒品的犯罪分子的，依照前款的规定从重处罚。

犯前两款罪，事先通谋的，以走私、贩卖、运输、制造毒品罪的共犯论处。

《立案追诉标准三》

第三条　包庇走私、贩卖、运输、制造毒品的犯罪分子，涉嫌下列情形之一的，应予立案追诉：

(一)作虚假证明，帮助掩盖罪行的；

（二）帮助隐藏、转移或者毁灭证据的；

（三）帮助取得虚假身份或者身份证件的；

（四）以其他方式包庇犯罪分子的。

实施前款规定的行为，事先通谋的，以走私、贩卖、运输、制造毒品罪的共犯立案追诉。

【类案参考】

案例 3－1

孔某刚包庇毒品犯罪分子案①——企业保卫人员查获贩毒人员所持毒品后不举报

［**基本案情**］　寿阳县潞阳长榆河煤业有限公司职工刘某璞，2018 年两次向同事贩卖毒品。被告人孔某刚作为公司保卫部部长，在查获刘某璞所持毒品后，未向公安机关举报，而是在收受了刘某璞 5000 元好处后将毒品销毁，并删除所拍摄的毒品照片，嘱咐参与人员不得将此事外传。

［**裁判结果**］　寿阳县人民法院以贩卖毒品罪判处被告人刘某璞有期徒刑一年三个月，并处罚金 2000 元；以包庇毒品犯罪分子罪判处被告人孔某刚有期徒刑八个月。

［**判理分析**］　毒品属于违禁品。《禁毒法》第 3 条规定，“禁毒是全社会的共同责任。国家机关、社会团体、企业事业单位以及其他组织和公民，应当依照本法和有关法律的规定，履行禁毒职责或者义务”。本案被告人在履行保卫工作职责中查获贩卖毒品犯罪分子的毒品，明知毒品属于违禁品，应当上报、上交公安机关，但却为包庇对方而将毒品销毁，并删除所拍摄的毒品照片，主观上明显具有包庇毒品犯罪分子不使其受到追诉的目的，应构成包庇毒品犯罪分子罪。

案例 3－2

方某包庇毒品犯罪分子案②——辩护律师帮助毒品犯罪嫌疑人传递隐匿毒品信息的构成犯罪

［**基本案情**］　被告人方某系某律师事务所律师。2014 年 10 月 22 日，叶某 1（已判刑）因贩卖、运输毒品被侦查人员当场抓获，阜阳市公安局颍州分局对该案立案侦查，叶某 1 被羁押于阜阳市看守所。叶某 1 的小姨蒋某 1（已判刑）聘请其所经营公司的法律顾问即北京盈科（合肥）律师事务所律师被告人方某为叶某 1 辩护。被告人方某在阜阳市看守所会见叶某 1 时，叶某 1 告知方某其在老家西边邻居的老屋中藏匿有毒品。被告人方某又将该信息告诉了蒋某 1，蒋某 1 继而又转告叶某 1 的母亲蒋某 2（已判刑），让其将毒品予以销毁。蒋某 2 根据蒋某 1 提供的信息找到叶某 1 藏匿的毒品后，未予以销毁，而是交给叶某 1 的女朋友陈某（已判刑）贩卖。2015 年 5 月 22 日，陈某在与他人进行毒品交易时，被侦查人员抓获，并当场查获疑似毒品一包，净重 501.21 克；同年 5 月 25 日，侦查机关又收缴陈某所贩卖的疑似毒品 69.88 克。两包疑似毒品中均检出甲基苯丙胺成分，经公安部国家毒品实验室鉴定，该两包毒品检材间的关联性极强。叶某 1 因犯贩卖、运输毒品罪被判处死刑，缓期二年执行；蒋某 2 因犯贩卖毒品罪被判处无期徒刑；陈某因犯贩卖、运输毒品罪被判处无期徒刑；蒋某 1 因犯包庇

① 参见《山西省检察机关发布毒品犯罪十大典型案例》，载人民网山西频道 2020 年 6 月 24 日，http://sx.people.com.cn/n2/2020/0624/c189132－34111421－2.html。

② 参见安徽省阜阳市中级人民法院刑事裁定书，（2018）皖 12 刑终 68 号。

毒品犯罪分子罪被判处有期徒刑二年。

［**裁判结果**］　阜阳市颍东区人民法院认为，被告人方某明知叶某1系重大毒品犯罪分子，而伙同他人帮助叶某1转移毒品，其行为已构成包庇毒品犯罪分子罪，且情节严重，判处有期徒刑三年。阜阳市人民法院经审理，裁定驳回上诉，维持原判。

［**判理分析**］　辩护人认为方某向委托人蒋某1传递叶某1生活需求"钱"的信息是在履行执业律师的基本义务，并不明知传递的信息含有"毒品"信息；方某没有犯罪动机和犯罪故意，被叶某1欺骗传递生活需求的信息，属于过失行为，建议宣告其无罪。本案认定被告人方某的行为构成包庇毒品犯罪分子罪，主要理由是：

（1）方某主观上明知其传递信息的行为可能会造成危害社会的结果，并放任了该结果的发生，客观上实施了帮助叶某1传递了隐匿毒品信息的行为，符合包庇毒品犯罪分子罪的构成要件。方某辩称其是将叶某1所称的"钱"的放置地点告知蒋某1，而非"毒品"，但其辩称叶某1口中说的"东西"就是"钱"的辩解，得不到叶某1、蒋某1及蒋某2的证言印证；反而叶某1证言能够证实其通过方某向外界传递出其西边屋内藏匿有"东西"，蒋某1证实其将方某传递的话转述给蒋某2，蒋某2证实"蒋某1给其打电话说，律师会见叶某1时，叶某1告诉律师他家西边房屋地板下和锅银子里（废旧的灶台）还有些'东西'叫其找找，后其找到毒品"。在毒品犯罪中卖方和购方为逃避侦查经常称毒品为"东西"，方某知悉叶某1涉嫌犯贩卖毒品罪的具体案情，其明知叶某1口中所称"东西"中涉及毒品、毒资信息，还将该信息内容转述给蒋某1，从而造成涉案毒品流入社会的后果。

（2）方某的行为并非在履行执业律师的基本义务。律师虽在执业活动中可向委托人传递有关信息，但是应仅局限于家事安排和与案件无关的信息，而不得为在押人传递信件、钱物或者妨碍刑事诉讼活动的任何信息。方某作为职业法律人，应当意识到其传递的信息内容中可能具有危害公共安全或者妨碍刑事诉讼活动的信息，还向委托人传递，并造成一定的社会危害性，其行为明显违背了律师的职业权限，应追究刑事责任。

53. 包庇毒品犯罪分子罪的定罪量刑标准如何把握

【实务观点】

对于本罪"判处三年以上十年以下有期徒刑"所要求的"情节严重"，2016年《毒品案件解释》第6条第1款从包庇对象所实施犯罪的严重程度、包庇人数、包庇行为次数、包庇行为所造成后果等方面进行了一般规定。但对于本罪"判处三年以下有期徒刑、拘役、管制"的入罪标准和入罪以后的量刑标准，相关司法文件并没有作出具体规定，在司法实践中可以从以下两个方面掌握：

（1）包庇毒品犯罪分子罪和包庇对象所实施的毒品犯罪，属于下游犯罪和上游犯罪的关系。在量刑时应当注意，包庇毒品分子罪的量刑不应当超过其包庇对象所实施的毒品犯罪的量刑。2016年《毒品案件解释》第6条第1款规定被包庇的走私、贩卖、运输、制造毒品的犯罪分子依法应当判处十五年有期徒刑以上刑罚的，属于包庇毒品犯罪分子罪的"情节严重"，可以判处三年以上十年以下有期徒刑。以此类推，被包庇的走私、贩卖、运输、制造毒品的犯罪分子依法应当判处七年以上有期徒刑，没有2016年《毒品案件解释》第6条第1款规定的"情节严重”的其他几种情形,只能判处三年有期徒刑以下的刑罚;被包庇的走私、贩卖、运输、制造毒品的犯罪分子依法应当判处三年以上七年以下有期徒刑,没有2016年《毒品案件解释》第6条第1款规定的其他情形,可以在“三年以下有期徒刑、拘役或者管制”幅度的下半幅选择适当刑罚。

(2)并不是任何包庇毒品犯罪分子的行为均应认定为犯罪。一方面,根据《禁毒法》第60条第1项规定,包庇走私、贩卖、运输、制造毒品的犯罪分子,“构成犯罪的,依法追究刑事责任;尚不构成犯罪的,依法给予治安管理处罚”,说明有一部分包庇毒品犯罪分子的行为,不需要作为犯罪处理。实践中需要为治安管理处罚的运用保留一定的空间。另一方面,我国对走私、贩卖、运输、制造毒品犯罪并没有设置入罪的最低数量门槛,一些犯罪数量较小的情形也作为犯罪处理,法定刑幅度是三年以下有期徒刑、拘役或者管制,在没有其他情节的情况下,包庇者的犯罪情节应属于情节比较轻微的情形,可以免予刑事处罚;如果包庇对象所实施的毒品犯罪被判处较轻刑罚,对于包庇者,在没有其他情节的情况下,可以认定为《刑法》第13条所规定的“情节显著轻微危害不大”的情形,不认为是犯罪。

【法律及司法文件】

《中华人民共和国刑法》

第三百四十九条第一款 [包庇毒品犯罪分子罪][窝藏、转移、隐瞒毒品、毒赃罪]包庇走私、贩卖、运输、制造毒品的犯罪分子的,为犯罪分子窝藏、转移、隐瞒毒品或者犯罪所得的财物的,处三年以下有期徒刑、拘役或者管制;情节严重的,处三年以上十年以下有期徒刑。

2016年《毒品案件解释》

第六条第一款 包庇走私、贩卖、运输、制造毒品的犯罪分子,具有下列情形之一的,应当认定为刑法第三百四十九条第一款规定的“情节严重”(处三年以上十年以下有期徒刑):

(一)被包庇的犯罪分子依法应当判处十五年有期徒刑以上刑罚的;

(二)包庇多名或者多次包庇走私、贩卖、运输、制造毒品的犯罪分子的;

(三)严重妨害司法机关对被包庇的犯罪分子实施的毒品犯罪进行追究的;

(四)其他情节严重的情形。

第三款 包庇走私、贩卖、运输、制造毒品的近亲属,或者为其窝藏、转移、隐瞒毒品或者毒品犯罪所得的财物,不具有本条前两款规定的“情节严重”情形,归案后认罪、悔罪、积极退赃,且系初犯、偶犯,犯罪情节轻微不需要判处刑罚的,可以免予刑事处罚。

【权威解读】

关于包庇毒品犯罪分子罪“情节严重”的认定,以往司法解释和规范性文件均未作规定,2016年《毒品案件解释》第6条第1款分别从包庇的对象、情节、后果等不同角度对此作出规定。“严重妨害”是指包庇者毁灭重要证据导致司法机关难以认定犯罪,作伪证严重影响司法机关准确认定犯罪事实,以及帮助犯罪分子藏匿、潜逃严重妨害其及时到案等情形。①

① 参见叶晓颖、马岩等:《〈关于审理毒品犯罪案件适用法律若干问题的解释〉的理解与适用》,载《人民司法·应用》2016年第13期。

【类案参考】

案例3-3

龙某森包庇毒品犯罪分子案[①]——明知是公安机关正在追捕的毒品犯罪嫌疑人而为其提供资助和交通工具构成包庇毒品犯罪分子罪

［**基本案情**］ 2018年6月13日16时许，被告人龙某森接到杨某3（在逃）电话后，驾驶一辆宝马车从凯里市城区赶到凯里学院门口，毒品犯罪嫌疑人杨某3、杨某1上了龙某森驾驶的车后，杨某3在车上告诉龙某森“二人与吴某1开车从云南运输了几十斤毒品过来，在福泉市附近高速公路上被警察拦截，几人驾车冲过拦截卡口后驾车逃逸过程中沿路将毒品丢弃，三人弃车后，吴某1逃散”，二人要求龙某森将其送回锦屏县。龙某森帮助杨某3、杨某1二人联系“微帮车”司机杨某2并支付400元车费，由杨某2将杨某3、杨某1送到锦屏县。2018年6月14日16时许，另一毒品犯罪嫌疑人吴某1电话联系找到龙某森，要求龙某森将其送回锦屏县老家，龙某森驾驶其妻李某的宝马车载吴某1从凯里市到黎平县的中潮镇，并拿了600元送给吴某1。2018年9月4日14时许，公安民警传唤龙某森接受讯问，被告人龙某森如实交代其上述行为。另查明：涉及本案的犯罪嫌疑人吴某1于2018年6月15日投案自首，杨某1于2018年6月23日被抓获，杨某3仍在逃，民警将杨某3、杨某1、吴某1运输毒品的白色现代车查获，从现代车后备厢及该车逃跑公路边搜查缴获毒品甲基苯丙胺片剂（俗称“麻古”）共计50包，净重31.574公斤。

［**裁判结果**］ 原审法院认为，被告人龙某森明知杨某3、杨某1、吴某1是公安机关正在追捕的毒品犯罪嫌疑人，而仍然两次向三人提供资助和交通工具，帮助三毒品犯罪嫌疑人逃匿，且其中一个毒品犯罪嫌疑人杨某3在逃，其行为已构成包庇毒品犯罪分子罪，且属情节严重，应当在三年以上十年以下有期徒刑对其量刑处罚。鉴于被告人龙某森归案后能如实供述自己的罪行，有坦白情节，庭审中被告人自愿认罪，认罪悔罪态度较好，可以从轻处罚。关于被告人龙某森现有三个小孩需要抚养，老人也需要赡养，家庭负担重，要求酌情从轻从宽处罚的辩护意见，综合被告人龙某森的认罪悔罪态度，本院可酌情考虑；关于本案所涉宝马车，该车系被告人龙某森妻子李某于2017年6月16日按揭购买，每月尚需归还按揭贷款一万多元，该车仍处在抵押贷款状态，加之被告人龙某森犯罪时使用该车时间不长，将该车认定为犯罪工具欠妥。判决：（1）被告人龙某森犯包庇毒品犯罪分子罪，判处有期徒刑三年。（2）凯里市公安局扣押的随案移送的供被告人龙某森犯罪时使用的华为黑色直板手机一部予以没收，上缴国库；凯里市公安局扣押的未随案移送的车牌号为贵H×××××号宝马车1辆，由办案机关发还给李某。二审裁定驳回上诉，维持原判。

［**判理分析**］ 根据2016年《毒品案件解释》第6条第1款第1~2项的规定，被包庇的毒品犯罪分子依法应当判处十五年以上有期徒刑，以及包庇多名或者多次包庇走私、贩卖、运输、制造毒品的犯罪分子的，均应当认定为包庇毒品犯罪分子罪的“情节严重”。本案龙某森所包庇的杨某3、杨某1、吴某1运输31余公斤毒品甲基苯丙胺片剂，属于依法应当判处十五年以上有期徒刑的毒品犯罪分子；且其帮助三名毒品犯罪嫌疑人逃匿；其行为构成了包庇毒品犯罪分子罪的“情节严重”，应当判处三年以上十年以下有期徒刑。

---

① 参见贵州省黔东南苗族侗族自治州中级人民法院刑事裁定书，（2019）黔26刑终114号。

54. 窝藏、转移、隐瞒毒品、毒赃罪的定罪量刑如何把握

【实务观点】

窝藏、转移、隐瞒毒品、毒赃罪，是指为走私、贩卖、运输、制造毒品的犯罪分子窝藏、转移、隐瞒毒品、毒赃的行为。所谓窝藏，是指将毒品或毒赃藏匿起来，不让司法机关发现；所谓转移，是指将毒品或毒赃从一个地方移至另外一个地方，以避免司法机关发现；所谓隐瞒，是指在司法机关调查询问有关毒品犯罪的情况时，明知毒品或毒赃藏匿何处，为了帮助毒品犯罪分子逃避惩罚，而有意掩盖事实真相。

本罪的定罪量刑标准和包庇毒品犯罪分子罪的情况相同，即2016年《毒品案件解释》只对本罪的“情节严重”标准作出解释，对于本罪的入罪标准和入罪以后的量刑标准并没有作出具体规定，在司法实践中可以从以下两个方面掌握：一是窝藏、转移、隐瞒毒品、毒赃罪和相关的毒品犯罪，属于下游犯罪和上游犯罪的关系。在量刑时应当注意，窝藏、转移、隐瞒毒品、毒赃罪的量刑一般不应当超过相关毒品犯罪的量刑。二是并不是任何窝藏、转移、隐瞒毒品、毒赃罪的行为均应认定为犯罪。根据2016年《毒品案件解释》第6条第2款的规定，为犯罪分子窝藏、转移、隐瞒毒品达到《刑法》第347条第2款第1项规定的“数量大”标准的，属于本罪的“情节严重”，依法应当判处三年以上十年以下有期徒刑；为犯罪分子窝藏、转移、隐瞒毒品的数量在《刑法》第347条第2款第1项规定的“数量大”标准以下的情形，没有2016年《毒品案件解释》第6条第2款规定的其他情形时，最高只能判处三年有期徒刑的刑罚，这就要求实践中为治安管理处罚的运用保留一定的空间。

【法律及司法文件】

《中华人民共和国刑法》

第三百四十九条　［包庇毒品犯罪分子罪］［窝藏、转移、隐瞒毒品、毒赃罪］包庇走私、贩卖、运输、制造毒品的犯罪分子的，为犯罪分子窝藏、转移、隐瞒毒品或者犯罪所得的财物的，处三年以下有期徒刑、拘役或者管制；情节严重的，处三年以上十年以下有期徒刑。

缉毒人员或者其他国家机关工作人员掩护、包庇走私、贩卖、运输、制造毒品的犯罪分子的，依照前款的规定从重处罚。

犯前两款罪，事先通谋的，以走私、贩卖、运输、制造毒品罪的共犯论处。

《立案追诉标准三》

第四条　［窝藏、转移、隐瞒毒品、毒赃罪（刑法第三百四十九条）］为走私、贩卖、运输、制造毒品的犯罪分子窝藏、转移、隐瞒毒品或者犯罪所得的财物的，应予立案追诉。

实施前款规定的行为，事先通谋的，以走私、贩卖、运输、制造毒品罪的共犯立案追诉。

2016年《毒品案件解释》

第六条第二款　为走私、贩卖、运输、制造毒品的犯罪分子窝藏、转移、隐瞒毒品或者毒品犯罪所得的财物，具有下列情形之一的，应当认定为刑法第三百四十九条第一款规定的“情节严重”（处三年以上十年以下有期徒刑）：

（一）为犯罪分子窝藏、转移、隐瞒毒品达到刑法第三百四十七条第二款第一项或者本解释第一条第一款规定的“数量大”标准的；

（二）为犯罪分子窝藏、转移、隐瞒毒品犯罪所得的财物价值达到五万元以上的；

（三）为多人或者多次为他人窝藏、转移、隐瞒毒品或者毒品犯罪所得的财物的；

（四）严重妨害司法机关对该犯罪分子实施的毒品犯罪进行追究的；

（五）其他情节严重的情形。

【权威解读】

2016年《毒品案件解释》第6条第2款从不同角度规定了窝藏、转移、隐瞒毒品、毒赃罪"情节严重"的认定问题。第1项是从窝藏、转移、隐瞒毒品数量的角度加以规定。考虑到本项中的犯罪对象是毒品，危害性大于一般的窝藏赃物行为，故设定的毒品数量标准不宜过高。同时，从不同罪名法定刑衔接的角度考虑，将窝藏、转移、隐瞒毒品"数量大"规定为"情节严重"，判处三年以上十年以下有期徒刑，较好体现了该罪与走私、贩卖、运输、制造毒品罪（判处十五年有期徒刑以上刑罚）、非法持有毒品罪（七年以上有期徒刑或者无期徒刑）在犯罪性质上的差异。并且，这也与第1款第1项包庇依法应当判处十五年有期徒刑以上刑罚的毒品犯罪分子属于"情节严重"的规定相对应。第2项是从窝藏、转移、隐瞒毒赃数额的角度加以规定。窝藏、转移、隐瞒毒赃行为的危害性要小于窝藏、转移、隐瞒毒品行为，但大于一般的掩饰、隐瞒犯罪所得行为。最高人民法院制定的《关于审理掩饰、隐瞒犯罪所得、犯罪所得收益刑事案件适用法律若干问题的解释》第3条规定，一般情况下，掩饰、隐瞒犯罪所得及其产生的收益价值总额达到十万元以上的属于"情节严重"，但掩饰、隐瞒救灾、扶贫等特定款物价值达五万元以上的即为"情节严重"。最高人民法院和最高人民检察院2011年制定的《关于办理危害计算机信息系统安全刑事案件应用法律若干问题的解释》第7条也规定，涉及计算机信息系统安全犯罪而掩饰、隐瞒违法所得五万元以上的属于"情节严重"。考虑到毒品犯罪的特殊性，为体现依法严惩，将窝藏、转移、隐瞒毒赃"情节严重"的标准规定为五万元以上。第3项是从犯罪情节的角度加以规定，第4项是从行为后果角度作出规定，具体理由不再赘述。①

【类案参考】

案例3－4

梁某雄、周某杰等贩卖毒品案②——明知而帮助他人将毒品从藏匿地点取出的行为构成转移毒品罪

［**基本案情**］　2002年11月7日上午，被告人梁某雄为了牟利，根据香港人"阿鼻"（未归案）的指示，到深圳市远东大酒店对面的麦当劳餐厅，从一毒贩处接到装有7块海洛因的背包，带回其在深圳市的住处向西村西区85号603室。当日下午2时许，梁某雄接"阿鼻"指示后，拿出其中两块海洛因，和其女友被告人曹某凤一起来到深圳市春风路春风茶餐厅，与接取毒品的被告人周某杰接头，周、梁二人被公安人员人赃俱获，曹某凤趁乱逃脱。被告人曹某凤逃脱后，立即联系梁某雄的好友被告人刘某明，密谋由刘某明寻找买家，将梁某雄放在住处的其余5块海洛因出卖，刘某明通过他人与黄某柱（在逃）商定以每块8万港元的价格成交。黄

---

① 参见叶晓颖、马岩等：《〈关于审理毒品犯罪案件适用法律若干问题的解释〉的理解与适用》，载《人民司法·应用》2016年第13期。

② 参见中华人民共和国最高人民法院刑事审判第一庭、第二庭编：《刑事审判参考》（2005年第6集，总第47集），法律出版社2006年版，第34～56页。

某柱因担心梁某雄的住处被监视，而叫来被告人赵某祥，让赵某祥为其到梁某雄的住处去取一只黑色背包，并答应事成后给赵某祥1.2万元。刘某明、赵某祥及黄某柱一同来到深圳市向西村西区85号楼下，刘某明将曹某凤交给他的钥匙给了赵某祥，并交代赵某祥黑色背包放在卧室的衣柜内，如房子被查封就不要入内。赵某祥用钥匙开门后进入603室，在卧室的衣柜内寻找黑色背包未果，后在梳妆台旁找到一只黑色背包，打开看见内有几包白色粉末，其中一包写有一个"喱"字，遂将这只装有6包咖啡因(净重4900克)的背包拿下来交给刘某明和黄某柱后即离去。刘某明、黄某柱将该背包带回刘某明的住处与曹某凤查看时，发现拿到的只是咖啡因，三人又回到向西村西区85号楼603室，拿到装有5块海洛因的背包后立即逃离。同年11月8日晚，公安人员将曹某凤抓获归案，曹某凤又协助公安人员将刘某明抓获，刘某明又带领公安人员将赵某祥抓获。

［**裁判结果**］ 深圳市中级人民法院认为，被告人梁某雄、周某杰为牟利为贩毒分子交接毒品，被告人刘某明、曹某凤直接将毒品卖给其他贩毒分子，其行为均已构成贩卖毒品罪(均判处相应刑罚)。被告人赵某祥为牟利，明知是毒品而帮助转移，其行为构成转移毒品罪，判处有期徒刑八个月。

［**判理分析**］ 赵某祥受黄某柱雇用，从梁某雄和曹某凤的住处取出毒品的行为构成转移毒品罪。理由有二：(1)从现有证据可以推断被告人赵某祥明知是毒品而帮助转移，因为赵某祥是正常的成年人，且以为歌舞厅拉客为常业，经常在娱乐场所厮混，对毒品应当有一定程度的认知。当黄某柱出1.2万元的高价要其将一只背包从楼上取下来，且交代他如房子被封了就不要进去，他上楼后，在楼上打开背包时已看到内有白色粉末，为此打电话问黄某柱是不是这包东西。从上述情况分析，赵某祥应当意识到黄某柱要其取的是毒品。(2)因现有证据无法证实赵某祥知道刘某明和黄某柱有交易毒品的情况，也无法证实或推断出赵某祥明知黄某柱取得毒品后的目的是走私、贩卖或运输，故不宜认定赵某祥和黄某柱是共犯。赵某祥应当明知是毒品而为黄某柱将毒品从原藏放的地点取出拿走，其主观故意和客观行为都符合《刑法》第349条规定的为犯罪分子转移毒品罪的特征，应定转移毒品罪。

案例3-5

吴某涛转移毒品案①——事先无通谋而帮助转移毒品的构成转移毒品罪

［**基本案情**］ 2012年10月16日晚9时许，戴某受李某指使，至某市某路口，领取上家派人从广东送来的毒品时，被公安机关当场人赃并获。当晚10时许，李某因无法与戴某取得联系，担心戴某已被公安机关抓获，遂打电话叫被告人吴某涛到其暂住地，指使吴某涛将1000余克毒品转移至楼下范某的车上。后吴某涛先行离开现场，在路口被公安人员抓获。当李某乘坐装有毒品的范某的轿车到达范某暂住处后，被公安人员抓获，并当场查获所转移的毒品。李某、吴某涛均交代，吴某涛曾受李某指使送冰毒给下家或收取毒资，李某有时会提供少量毒品给吴某涛，由其贩卖或吸食。案发前，吴某涛与李某已有一个多月未曾联系沟通，吴某涛并不知晓李某如今的住处。

［**裁判结果**］ 一审法院经审理认为，被告人吴某涛明知是毒品，仍帮助他人转移甲基苯丙胺1000余克等毒品，其行为已构成转移毒品罪，且情节严重，判处有期徒刑九年，剥夺政治

---

① 参见黄伯青：《转移毒品罪与贩卖毒品罪之区分》，载《人民法院报》2015年1月22日，第7版。

权利二年。二审法院经审理,裁定驳回上诉,维持原判。

[**判理分析**]　贩卖毒品罪与转移毒品罪是原生(上游)犯罪与派生(下游)犯罪的关系,而行为人是否与原生犯罪的行为人存在事先、事中的通谋是区别转移毒品罪与贩卖毒品罪的关键。本案被告人吴某涛主观上是否与李某存在贩卖毒品的通谋以及实施转移毒品行为的主观目的是其行为定性的基础。吴某涛案发前与李某有过交往,明知李某的毒贩身份,且曾为李某贩毒提供帮助,案发当晚,李某因怀疑其帮手戴某去领取上家毒品时被公安机关抓获,遂电话联系吴某涛至其暂住处;吴某涛受李某指使,明知而帮助李某转移1000余克毒品,但是目前没有足够的证据证实吴某涛与李某有共谋贩卖的故意,故吴某涛的行为应以转移毒品罪定罪处罚。具体分析如下:(1)吴某涛与李某的犯罪关系较为松散,系临时纠集,也无长期合作的心理、物质准备,不存在彼此之间心照不宣的行为惯例,不能因为李某系毒贩,就认定吴某涛系李某的贩毒共犯。(2)吴某涛与李某事先、事中均无贩卖毒品的共谋。李某未指证其让吴某涛去帮忙贩卖毒品,吴某涛也供认系李某打电话让其至暂住处并帮忙将毒品转移,而非去送毒品给下家,现有证据无法证实就该查获毒品吴某涛与李某事先、事中有贩卖通谋。相反,现有证据反映,吴某涛已有一个多月时间未与李某有过电话联系,吴某涛甚至也不知晓李某目前暂住处的地址,认定二人无通谋也符合常理。(3)吴某涛转移毒品时主观上并不具有流通毒品的目的,不能以运输毒品罪论处。犯罪目的具有定罪功能:同样的客观行为,如果具有不同的犯罪目的,则可能构成不同的犯罪。运输毒品本质在于其刑法含义之下的流通性,而并非其字面意义上的空间转移。运输毒品罪在主观上应当具有流通毒品的犯罪目的,即行为人客观运输行为的目的是将毒品在不同地域、不同人之间流通,这才是该罪的本质所在,从而具有了和贩卖毒品同等的社会危害性,主观上不具有使毒品流通的行为不属于该罪。实践中,应当结合案件的具体事实,分析行为人主观上是否有将毒品进行空间与对象流通的目的。若转移是为帮助他人藏匿毒品,就考虑以窝藏毒品认定。(4)从主客观相统一的原则看,吴某涛主观上系为帮助李某逃避司法惩罚而转移毒品。转移毒品系下游犯罪,行为人移动毒品的主观目的是抗拒司法机关对毒品或者犯罪所得财物的追缴,帮助毒品犯罪分子逃避法律制裁,或虽无特定目的,但对于自身转移行为客观上阻碍司法机关追究走私、贩卖、运输、制造毒品罪的犯罪人的危害后果具有认识的可能性;如果行为人本身就是为了进行其他犯罪或者有帮助他人进行犯罪的故意,那将有可能构成其他犯罪的共犯。本案吴某涛是出于帮助李某逃避司法机关惩罚的目的将李某处毒品转移后离开,其主观上不具有使毒品进入流通的目的。

案例3-6

李某福窝藏毒品案①——帮助贩卖毒品犯罪人员藏匿毒品以躲避检查构成窝藏毒品罪

[**基本案情**]　2018年5月18日,于某通过被告人李某福的介绍,用其驾驶的北汽牌轿车作抵押在张某处借款8500元,随后在中江县"锐捷"汽车租赁公司以3000元租赁一辆斯柯达牌轿车,邀约李某福一道驾车前往成都市。于某从"林哥"手中购买了3000元毒品及辅料,"林哥"另送给于某两颗麻古,于某、李某福驾车返回中江县李某福的出租屋内,二人吸食了购买的毒品及麻古后,于某将其购买的毒品和辅料进行混合,分装在三个塑料袋内。当日23时

① 参见四川省剑阁县人民法院刑事判决书,(2020)川0823刑初26号。

许，于某在未告知李某福随车携带毒品的情况下，邀约李某福一起到西安市，于某驾驶轿车从德阳市上 G5 京昆高速往陕西省西安市方向行驶。途中，于某为逃避检查，叫李某福将毒品藏匿，李某福将毒品藏匿在汽车天窗缝隙中，在途经广元市朝天区“七盘关”检查站时被民警查获，民警在于某驾驶的轿车天窗缝隙中查获三包毒品疑似物，共计 59.88 克，经鉴定均检出甲基苯丙胺，其中 32.29 克毒品的含量为 44.14%，27.2 克毒品的含量为 0.35%。于某被剑阁县人民法院以运输毒品罪判处有期徒刑十五年，并处没收财产二万元。

［**裁判结果**］　一审法院认为，被告人李某福明知他人运输的物品系毒品的情况下，仍然为其藏匿，其行为已构成窝藏毒品罪，且属于情节严重。被告人李某福在侦查期间虽如实供述了自己的犯罪事实，但在庭审中没有如实供述自己的主要犯罪事实，属翻供。鉴于本案所窝藏的毒品全部被缴获，未流入社会造成实际危害，可以酌情从轻处罚。被告人李某福在假释期届满后五年内再犯应当判处有期徒刑以上刑罚之罪，属累犯，依法应当从重处罚。判决：被告人李某福犯窝藏毒品罪，判处有期徒刑三年六个月。

［**判理分析**］　被告人李某福在于某购买毒品时与其同行，并共同吸食毒品，之后于某又邀约其一起到西安市，途中于某为逃避检查让其帮助藏匿毒品时，其应当明知所帮助藏匿的对象是毒品，构成窝藏毒品罪。李某福帮助窝藏毒品 59 克，达到毒品“数量大”的标准，根据 2016 年《毒品案件解释》第 6 条第 2 款之规定，属于窝藏毒品罪的情节严重情形，依法应当判处三年以上十年以下有期徒刑。李某福系累犯，依法应从重处罚。一审法院对其判处有期徒刑三年六个月是适当的。

55. 近亲属间实施的涉毒品包庇、窝藏犯罪如何处理

【实务观点】

司法实践中，近亲属之间往往对毒品犯罪分子的涉毒行为有一定的知晓。近亲属之间的相互经济帮助或者其他生活内容的帮助，既是近亲属之间相互扶助的表现，同时具有包庇或者窝藏的客观效果，因此对其主观上是否出于犯罪故意，很难作出一个界线分明的判断。近亲属之间出于亲情的包庇、窝藏行为，往往能够得到周围群众和社会公众的同情和理解；对于这类犯罪予以从轻处理，符合人民群众的朴素观念。虽然我国法律规定“近亲属”的范围一般是指直系血亲或者三代以内的旁系血亲，即配偶、父母、子女、兄弟姐妹、祖父母、外祖父母，司法实践中对于具有舅甥、姨甥、姑侄等民间习俗上较近的亲属关系，也应当在量刑上酌情予以考虑。

需要注意的另一点是，对于近亲属所实施窝藏、转移、隐瞒毒品、毒赃的行为和包庇毒品犯罪分子的行为应当区别对待：如果其窝藏、转移、隐瞒毒品、毒赃的行为同时具有从中牟利等其他个人目的，也可以不予从轻处罚。

【法律及司法文件】

2016 年《毒品案件解释》

第六条第三款　包庇走私、贩卖、运输、制造毒品的近亲属，或者为其窝藏、转移、隐瞒毒品或者毒品犯罪所得的财物，不具有本条前两款规定的“情节严重”情形，归案后认罪、悔罪、积极退赃，且系初犯、偶犯，犯罪情节轻微不需要判处刑罚的，可以免予刑事处罚。

【权威解读】

为全面贯彻宽严相济刑事政策，2016年《毒品案件解释》在第6条第3款规定了实施《刑法》第349条规定的犯罪，可以免予刑事处罚的特定情形。近几年公布的有关掩饰、隐瞒犯罪所得犯罪、盗窃犯罪和诈骗犯罪等的司法解释，对于近亲属间实施犯罪的，均规定了不作为犯罪处理或者可以免予刑事处罚的特别条款。2016年《毒品案件解释》从“亲亲相隐”的诉讼理念出发，参考上述司法解释的规定，对于针对近亲属实施《刑法》第349条规定的犯罪行为的，也设置了可以免予刑事处罚的条款。但考虑到严惩毒品犯罪的政策要求，对适用条件作了严格限制，即需要同时具备以下几个条件：一是不具有前两款规定的“情节严重”情形，即被告人犯罪情节较轻，论罪应当判处三年以下有期徒刑、拘役或者管制。二是归案后认罪、悔罪并积极退赃。设置该条件是为了鼓励被告人如实交代犯罪事实，积极退缴毒品、毒赃，以便依法追究走私、贩卖、运输、制造毒品犯罪分子的刑事责任，突出毒品犯罪的打击重点。三是属初犯、偶犯。可以免予刑事处罚者仅限于初犯、偶犯情形，对于再次犯罪者则应依法惩处。四是综合评价其行为属于《刑法》第37条规定的“犯罪情节轻微不需要判处刑罚的”情形。①

【类案参考】

案例3-7

倪某等窝藏、包庇毒品犯罪分子案②——明知亲属系贩卖毒品犯罪分子而向其提供潜逃费用或容留吃住的从轻处罚

［**基本案情**］　(1)2014年5月初，被告人倪某明知其朋友邹某是网上追逃人员，仍向邹某提供邮政储蓄银行卡及手机供其使用，并先后两次向该银行卡汇款共计600元，供邹某潜逃使用。2014年7月22日，倪某又用自己的身份证在通化县嘉丰时尚宾馆开房，为邹某藏匿提供住所，逃避公安机关抓捕。(2)2014年2月25日、5月26日，被告人宫某某明知其儿子邹某涉嫌贩卖毒品正被公安机关追捕，而先后两次向邹某提供的邮政储蓄银行卡账号汇款共计2000元，供邹某潜逃使用。(3)2014年7月4日，被告人姜某某明知其表哥邹某涉嫌贩卖毒品正被公安机关追捕，而向邹某提供的邮政储蓄银行卡账号汇款320元，供邹某潜逃使用。(4)2014年4月，被告人郝某某明知其朋友邹某涉嫌贩卖毒品正被公安机关追捕，而向邹某提供的邮政储蓄银行卡账号汇款300元，为邹某潜逃使用。(5)2014年2月1日，被告人宫某甲明知其外甥邹某因涉嫌贩卖毒品正被公安机关追捕，却容留邹某在其家中吃住，逃避警察抓捕。2014年10月17日，被告人郝某某主动到公安机关投案。

［**裁判结果**］　一审法院认为，被告人倪某明知邹某是犯罪的人而为其提供财物和隐藏处所，帮助其逃匿，其行为已构成窝藏罪；被告人宫某某、姜某某、郝某某、宫某甲明知邹某是毒品犯罪分子而为其提供财物和隐藏处所，帮助其逃匿，其行为均已构成包庇毒品犯罪分子罪。案发后，郝某某主动到公安机关投案，如实供述犯罪事实，构成自首，且无前科劣迹，犯罪较轻，可免除处罚；倪某、宫某某、姜某某到案后，始终如实供述犯罪事实，认罪态度较好，有悔罪表现，且无前科劣迹，均可从轻处罚；宫某甲到案后，始终如实供述犯罪事实，认罪态度较好，

---

①　参见叶晓颖、马岩等：《〈关于审理毒品犯罪案件适用法律若干问题的解释〉的理解与适用》，载《人民司法·应用》2016年第13期。

②　参见吉林省集安市人民法院刑事判决书，(2015)集刑初字第16号。

有悔罪表现，且无前科劣迹，犯罪情节轻微，可免予刑事处罚。判决：(1)被告人倪某犯窝藏罪，判处拘役六个月缓刑一年；(2)被告人宫某某犯包庇毒品犯罪分子罪，判处拘役六个月，缓刑一年；(3)被告人姜某某犯包庇毒品犯罪分子罪，判处拘役二个月，缓刑四个月；(4)被告人郝某某犯包庇毒品犯罪分子罪，免予刑事处罚；(5)被告人宫某甲犯包庇毒品犯罪分子罪，免予刑事处罚。

［**判理分析**］　本案中被告人宫某某与其包庇的对象是母子关系，姜某某与其包庇的对象是表兄弟关系，宫某甲与其包庇的对象是舅甥关系，均属于宽严相济刑事政策允许酌情从轻处罚的对象。宫某甲为外甥邹某提供食宿的行为，出于人之常情，如果予以刑事处罚，违背群众的一般观念。郝某某与其包庇的对象是朋友关系，仅提供少量钱款，犯罪情节轻微，免予刑事处罚，都是适当的。

案例3－8

许某学非法持有毒品、许某某窝藏毒品案①——帮助父亲藏匿毒品的免予刑事处罚

［**基本案情**］　(1)被告人许某学与被告人许某某系父女关系，租住被告人张某华的房屋。2013年7月的一天，张某华按照许某学的安排将许某学购买的一包冰毒拿到自己家中保管，其间二人多次吸食包中毒品。同年8月27日晚，张某华因被许某学殴打，遂将该包冰毒送至许某学租房内交给许某某，让许某某转交给许某学。许某某明知袋内装有毒品，仍将袋子挂在张某华的厨房门把手后，并用锁将厨房门锁上，后又将屋内的电子秤转移到他人处存放。次日，张某华向公安机关揭发许某学贩卖毒品并将一包毒品交给其保管的事实，并指引侦查人员撬开厨房门锁，在门后把手处一绿色布袋内查获冰毒净重176.7克；又带领侦查人员抓获许某学。(2)2013年3月至8月，被告人张某华从被告人许某学交给其保管的毒品中取出6克先后6次贩卖给荣某某。

［**裁判结果**］　一审法院认为，被告人许某学违反国家对毒品的管制，指使被告人张某华非法持有毒品甲基苯丙胺176.7克，二人行为均已构成非法持有毒品罪，且系共同犯罪，依法应予惩处。被告人张某华违反国家对毒品的管制，为谋取利益，将其持有的毒品非法贩卖六次，共计6克，其行为已构成贩卖毒品罪，且情节严重，依法应予惩处。被告人许某某明知是毒品而予以藏匿，其行为已构成窝藏毒品罪，依法应予惩处。张某华在非法持有毒品共同犯罪中系从犯，依法应从轻处罚；张某华主动投案并如实供述自己的罪行，系自首，依法可减轻处罚。张某华投案后带领侦查人员抓获许某学，具有一般立功表现。许某某非主动参与犯罪或者积极追求犯罪结果的发生，而系被动参与犯罪，主观恶性较小，归案后能够如实供述自己的罪行，系坦白，同时其系初犯、偶犯，犯罪情节轻微，可对其免予刑事处罚。判决：(1)被告人许某学犯非法持有毒品罪，判处有期徒刑十二年，并处罚金五万元。(2)被告人张某华犯非法持有毒品罪，判处有期徒刑五年，并处罚金二万元；犯贩卖毒品罪，判处有期徒刑一年六个月，并处罚金一万元；决定执行有期徒刑六年，并处罚金三万元。(3)被告人许某某犯窝藏毒品罪，免予刑事处罚。

［**判理分析**］　本案中毒品所有人许某学与帮助其窝藏毒品的被告人许某某系父女关系，且二人共同居住生活，许某某收到他人转交给其父亲的毒品，存放在共同生活的场所，从父女关系的角度，也是不得已的行为，是被动参与犯罪；另外即便许某某不接受毒品，同案犯张某华作为房屋出

① 参见安徽省阜阳市中级人民法院刑事判决书，(2014)阜刑初字第00117号。

租人也可以自己将毒品放在屋内。因此许某某的行为情节很轻微，免予刑事处罚是适当的。

案例 3－9

李某仁等贩卖毒品案、李某窝藏毒品案①——为近亲属窝藏毒品甲基苯丙胺 9.8 克免予刑事处罚

［**基本案情**］　2016 年 3 月 17 日晚 10 时许，被告人李某仁与应某某电话约定将一小包毒品冰毒以 200 元的价格贩卖给应某某，由项某英在其家楼下与应某某完成交易，被公安机关当场抓获。在家中三楼的李某仁得知项某英被抓后，将房间内的毒品和相关工具交给李某，让其放好。李某遂将毒品、毒品分装工具等藏匿到自己卧室的床铺下。后公安机关上楼抓获李某仁、李某，并在李某仁的卧室内查获毒品疑似物二包，在李某的卧室内查获毒品疑似物三包、用碗状物包装的毒品疑似物一包、毒品分装工具等物品。经鉴定，交易现场查获的毒品一小包计 0.71 克，李某仁卧室查获的毒品二包共计 2.59 克，李某卧室内查获的毒品四包共计 9.8 克，均检出甲基苯丙胺成分。

［**裁判结果**］　一审法院认为，被告人李某仁、项某英明知是毒品甲基苯丙胺而予以贩卖，其行为均已构成贩卖毒品罪。被告人李某明知是毒品而为犯罪分子窝藏，其行为已构成窝藏毒品罪。被告人李某仁系毒品再犯，应依法从重处罚。被告人李某仁在判决宣告以后，刑罚执行完毕以前发现有漏罪，应予数罪并罚。被告人项某英在贩卖毒品共同犯罪中系从犯，应依法减轻处罚。被告人项某英有吸毒劣迹，酌情从重处罚。被告人李某为近亲属窝藏毒品甲基苯丙胺 9.8 克，归案后认罪、悔罪，且系初犯、偶犯，犯罪情节轻微不需要判处刑罚，可以免予刑事处罚。判决：(1)被告人李某仁犯贩卖毒品罪，判处有期徒刑八年六个月，并处罚金一万五千元；与原犯贩卖毒品罪被判处的有期徒刑九年并处罚金二万元并罚，决定执行有期徒刑十二年六个月，并处罚金三万五千元。(2)被告人项某英犯贩卖毒品罪，判处有期徒刑三年，缓刑三年，并处罚金五千元。(3)被告人李某犯窝藏毒品罪，免予刑事处罚。

［**判理分析**］　按照 2016 年《毒品案件解释》第 6 条第 2 款之规定，为犯罪分子窝藏毒品数量达到走私、贩卖、运输、制造毒品罪"数量大"标准的，比如窝藏毒品甲基苯丙胺 50 克以上的，属于窝藏毒品罪"情节严重"的情形，依照《刑法》第 349 条第 1 款之规定，可判处三年以上十年以下有期徒刑。本案被告人李某帮助贩卖毒品犯罪分子窝藏甲基苯丙胺 9.8 克，数量在走私、贩卖、运输、制造毒品罪"数量大"标准以下，甚至还未达到"数量较大"的标准(甲基苯丙胺 10 克以上 50 克以下)，依法只能认定为窝藏毒品罪的一般情形，依照《刑法》第 349 条第 1 款之规定，在"三年以下有期徒刑、拘役或者管制"的幅度内判处较轻的刑罚，再考虑到其与帮助的对象李某仁系近亲属关系，客观后果上亦没有给公安机关的侦查行为造成妨害，对其免予刑事处罚是适当的。

56. 针对毒品犯罪所得及其收益的自洗钱行为如何处理

【实务观点】

司法实践中，尤其需要注意将毒品犯罪中涉及毒资支付转移的行为与毒赃的转移行为区

① 参见浙江省温州市龙湾区人民法院刑事判决书，(2016)浙 0303 刑初 991 号。

别开来。洗钱罪的犯罪对象是毒品等七类犯罪的所得及其产生的收益。《刑法修正案(十一)》对《刑法》第191条进行修改,删除了洗钱罪客观行为表现的限定词“协助”,将“自洗钱”行为规定为犯罪行为。这就意味着犯罪分子针对自己实施毒品犯罪等七类犯罪的所得及其收益实施掩饰、隐瞒其来源和性质的洗钱行为,亦构成洗钱罪。无论是帮助犯罪人“洗钱”,还是犯罪人“自洗钱”,都应当有一个前提,即上游犯罪已经取得了一定的违法所得。没有违法所得,就没有洗钱罪发生的空间。

走私、贩卖、运输、制造毒品的行为人都会因为其毒品犯罪行为而收到交易对方给付的货款或者犯罪组织者、雇主支付的报酬、分红等;如果有使用他人账户收款的行为,虽然有掩饰相关款项来源及性质的客观效果,但并不能单独认定为洗钱罪。理由有二:一是贩卖毒品罪中接收交易对方支付的货款本身就是贩卖行为的组成部分,没有这一行为,就不可能认定为贩卖毒品罪;参与毒品共同犯罪的犯罪人接收分红、报酬的行为,是认定其参与毒品犯罪行为的重要依据,也是判断其在共同犯罪中地位作用的重要依据,是其所实施毒品犯罪的事后不可罚行为,这些行为不能再另外作出评价。二是洗钱罪的规制对象,是以金融、投资等非物理手段掩饰、隐瞒毒品犯罪等特定犯罪所得及其收益的行为,本质上仍是一种掩饰、隐瞒犯罪所得及其收益的犯罪。洗钱罪作为下游犯罪,应当是在上游犯罪已经成立的前提下,才能实施,其行为不可能是上游犯罪行为的一部分。1997年《刑法》将帮助他人洗钱的行为规定为洗钱罪,《刑法修正案(十一)》将犯罪人自洗钱的行为规定为洗钱罪,都没有改变这一罪名的基本定罪原理。因此,毒品犯罪分子针对自己犯罪所得的洗钱行为,必须是针对其已经掌握的毒赃所实施的掩饰犯罪所得及其收益的来源及性质的行为,这是“一行为一罪,数行为数罪”这一定罪原理的必然要求。如果认为行为人在实施上游犯罪过程中掩饰犯罪所得来源及去向的行为均属于洗钱,则贪污罪行为人将单位公款通过其他人账户支出的行为就另外构成一个洗钱罪,非法吸收公众存款或者集资诈骗罪行为人使用他人账户接收储户款项并进一步转移的行为也另外构成一个洗钱罪,黑社会性质组织成立公司收取他人报酬而为他人实施一定犯罪的行为也另外构成一个洗钱罪,而这些行为本身就是上游犯罪的客观行为组成部分,作为数罪处理,明显是不合适的。当然,对于在上游犯罪过程中帮助犯罪主体接收、接受犯罪所得的人员,可以成立上游犯罪的共犯。

【法律及司法文件】

《中华人民共和国刑法》

第一百九十一条 [洗钱罪][①]为掩饰、隐瞒毒品犯罪、黑社会性质的组织犯罪、恐怖活动犯罪、走私犯罪、贪污贿赂犯罪、破坏金融管理秩序犯罪、金融诈骗犯罪的所得及其产生的收

① 本条经过《刑法修正案(十一)》修改,原条文规定:“明知是毒品犯罪、黑社会性质的组织犯罪、恐怖活动犯罪、走私犯罪、贪污贿赂犯罪、破坏金融管理秩序犯罪、金融诈骗犯罪的所得及其产生的收益,为掩饰、隐瞒其来源和性质,有下列行为之一的,没收实施以上犯罪的所得及其产生的收益,处五年以下有期徒刑或者拘役,并处或者单处洗钱数额百分之五以上百分之二十以下罚金;情节严重的,处五年以上十年以下有期徒刑,并处洗钱数额百分之五以上百分之二十以下罚金:(一)提供资金账户的;(二)协助将财产转换为现金、金融票据、有价证券的;(三)通过转账或者其他结算方式协助资金转移的;(四)协助将资金汇往境外的;(五)以其他方法掩饰、隐瞒犯罪所得及其收益的来源和性质的。单位犯前款罪的,对单位判处罚金,并对其直接负责的主管人员和其他直接责任人员,处五年以下有期徒刑或者拘役;情节严重的,处五年以上十年以下有期徒刑。”修改后条文自2021年3月1日起实施。

益的来源和性质,有下列行为之一的,没收实施以上犯罪的所得及其产生的收益,处五年以下有期徒刑或者拘役,并处或者单处罚金;情节严重的,处五年以上十年以下有期徒刑,并处罚金:

(一)提供资金账户的;

(二)将财产转换为现金、金融票据、有价证券的;

(三)通过转账或者其他支付结算方式转移资金的;

(四)跨境转移资产的;

(五)以其他方法掩饰、隐瞒犯罪所得及其收益的来源和性质的。

单位犯前款罪的,对单位判处罚金,并对其直接负责的主管人员和其他直接责任人员,依照前款的规定处罚。

最高人民法院《关于审理洗钱等刑事案件具体应用法律若干问题的解释》(法释〔2009〕15号,2009年11月11日施行)

第四条　刑法第一百九十一条、第三百一十二条、第三百四十九条规定的犯罪,应当以上游犯罪事实成立为认定前提。上游犯罪尚未依法裁判,但查证属实的,不影响刑法第一百九十一条、第三百一十二条、第三百四十九条规定的犯罪的审判。

上游犯罪事实可以确认,因行为人死亡等原因依法不予追究刑事责任的,不影响刑法第一百九十一条、第三百一十二条、第三百四十九条规定的犯罪的认定。

上游犯罪事实可以确认,依法以其他罪名定罪处罚的,不影响刑法第一百九十一条、第三百一十二条、第三百四十九条规定的犯罪的认定。

本条所称"上游犯罪",是指产生刑法第一百九十一条、第三百一十二条、第三百四十九条规定的犯罪所得及其收益的各种犯罪行为。

【类案参考】

案例3-10

冯某才等人贩卖毒品、洗钱案①——毒品犯罪分子收取毒赃后又通过微信转账转给他人保管的构成洗钱罪

[**基本案情**]　冯某才,男,2006年因运输毒品罪被判处有期徒刑十二年。2021年3月至4月,经缠某超介绍,冯某才两次将海洛因放置在指定地点出售给他人。4月7日晚,冯某才再次实施毒品交易时被公安民警当场抓获。冯某才三次贩卖海洛因共计15.36克,收取缠某超毒赃共计12,350元。冯某才每次收取缠某超等人的毒赃后,通过微信转账将大部分或者全部毒赃转给其姐姐冯某,三次转账金额合计8850元。

[**裁判结果**]　2021年10月13日,新疆维吾尔自治区伊宁县人民法院以贩卖毒品罪判处冯某才有期徒刑九年,并处罚金五千元;以洗钱罪判处冯某才有期徒刑六个月,并处罚金一千元;数罪并罚,决定执行有期徒刑九年,并处罚金六千元。

[**判理分析**]　认定洗钱罪要坚持主观因素与客观因素相统一的刑事责任评价原则,主观上具有掩饰、隐瞒犯罪所得及其产生的收益来源和性质的故意,客观上实施了掩饰、隐瞒犯罪

① 《检察机关惩治洗钱犯罪典型案例》,载最高人民检察院网2022年11月3日,https://www.spp.gov.cn/xwfbh/wsfbt/202211/t20221103_591486.shtml#2。

所得及其产生的收益的来源和性质的行为,才构成洗钱罪,并与上游犯罪数罪并罚。认定上游犯罪和自洗钱犯罪,都应当符合各自独立的犯罪构成,上游犯罪行为人完成上游犯罪并取得或控制犯罪所得后,进一步实施的掩饰、隐瞒犯罪所得及其产生的收益的来源和性质的行为,属于自洗钱行为。上游犯罪实施过程中的接收、接受资金行为,属于上游犯罪的完成行为,是上游犯罪既遂的必要条件,不宜重复认定为洗钱行为,帮助接收、接受犯罪所得的人员可以成立上游犯罪的共犯。对于连续、持续进行的上游犯罪和洗钱犯罪,应当逐一分别评价,准确认定。

案例 3-11

费某贩卖毒品、洗钱案①——毒品犯罪分子将获利转给他人又以“小额多笔”的方式转回构成洗钱罪

［**基本案情**］ 2021 年 4 月初,被告人费某与杨某某、王某某(均另案处理)合谋贩卖甲基苯丙胺。4 月 12 日至 5 月 24 日,经费某联系,该团伙共向 2 名吸毒人员贩卖甲基苯丙胺 11 次,总计重约 6 克。费某在伙同王某某、杨某某贩卖毒品过程中,均是通过微信收取毒资。费某为掩饰资金来源及性质,要求被告人程某某帮其代为保管毒资,并采取“小额多笔”的方式转回。自 2021 年 5 月 8 日开始,费某先后 4 次在收取毒资后,随即通过微信转给程某某,共计 6800 元,并删除相关收款、转账记录。程某某在明知费某所转的资金系贩毒所得的情况下,仍然予以接收和代为保管,并按费某的要求,在短时间内又分成多笔转回给费某。

［**裁判结果**］ 安徽省合肥市蜀山区人民法院判决认为,被告人费某的行为已构成贩卖毒品罪、洗钱罪,且费某系累犯;被告人程某某帮助被告人费某转移贩毒获取的利益,构成洗钱罪。判决:被告人费某犯贩卖毒品罪,判处有期徒刑五年三个月;犯洗钱罪,判处有期徒刑六个月;决定执行有期徒刑五年六个月,并处罚金 2 万元;被告人程某某犯洗钱罪,判处拘役五个月,缓刑八个月,并处罚金 3000 元。

［**判理分析**］ 毒品犯罪行为人通过实施贩毒活动获利后,让他人保管毒资并采取“小额多笔”的方式转回,本质上是自行“清洗”毒品犯罪所得的性质,使之合法化。这种行为在《刑法修正案(十一)》实施前,一般是认为属于犯罪人本人掩饰、隐瞒犯罪所得及其收益的行为,类似于盗窃后的销赃行为,并不单独作为犯罪处理;在《刑法修正案(十一)》实施后,毒品犯罪人将自己犯罪所得“洗白”的行为,同样构成洗钱罪,并应当与其所实施的上游犯罪数罪并罚。

57. 窝藏、转移、隐瞒毒赃罪与洗钱罪及掩饰、隐瞒犯罪所得、犯罪所得收益罪的区分

【实务观点】

《刑法》第 312 条所规定掩饰、隐瞒犯罪所得、犯罪所得收益罪是洗钱犯罪的一般性条款,与《刑法》第 191 条所规定的洗钱罪和《刑法》第 349 条所规定的窝藏、转移、隐瞒毒赃罪均系一般法和特别法的关系。掩饰、隐瞒犯罪所得、犯罪所得收益罪,从犯罪对象上讲对所有上游犯罪类型均可适用;从犯罪手段上讲既包括通过窝藏、转移、销售等手段从而给司法机关的责

① 参见《合肥蜀山法院宣判一起涉毒案》,载《人民法院报》2021 年 7 月 16 日,第 3 版。

任追究形成妨碍,也包括采用金融、投资等转换的手段使得相关资金的犯罪所得属性在形式上被掩饰。窝藏、转移、隐瞒毒品、毒赃罪作为特别法,其犯罪对象仅限于走私、贩卖、运输制造毒品犯罪涉及的毒品或者犯罪所得的赃物,不包括制毒物品犯罪等其他涉毒犯罪的对象及犯罪所得的赃款、赃物。洗钱罪作为特别法,其犯罪对象仅限于毒品犯罪等七类犯罪的所得及其收益,犯罪手段仅限于具有掩饰、隐瞒其来源及性质的方法行为。

就毒品犯罪所得而言,《刑法》第 191 条所规定的洗钱罪和《刑法》第 349 条所规定的窝藏、转移、隐瞒毒赃罪不存在竞合关系,而是基于犯罪手段不同的择一关系。洗钱罪的本质在于掩饰、隐瞒相关资金属于犯罪所得的来源和性质,强调用金融、投资等转换的手段使得相关资金在形式上不再具有毒品犯罪所得的属性,在表面上"合法化";而窝藏、转移、隐瞒毒赃罪的本质在于通过物理手段使毒赃隐匿起来,从而逃避司法机关的追查,不具有掩饰、隐瞒其来源和性质并使之表面上"合法化"的效果。比如,行为人明知是毒品犯罪所得的资金而将之藏匿起来,在接受侦查人员调查询问时不如实交代该资金藏匿何处,构成窝藏、隐瞒毒赃罪;而行为人明知是毒品犯罪所得的资金而提供账户予以存款,使侦查机关更难找到毒品犯罪所得,则构成洗钱罪。二者相比,洗钱罪的客观行为表现因更具有技术性、高智商性,毒品犯罪所得在表面上被合法化,而更难被司法机关查获并没收,行为的社会危害性更大,因此法律赋予更重的刑罚。

【法律及司法文件】

《中华人民共和国刑法》

第一百九十一条　[洗钱罪]为掩饰、隐瞒毒品犯罪、黑社会性质的组织犯罪、恐怖活动犯罪、走私犯罪、贪污贿赂犯罪、破坏金融管理秩序犯罪、金融诈骗犯罪的所得及其产生的收益的来源和性质,有下列行为之一的,没收实施以上犯罪的所得及其产生的收益,处五年以下有期徒刑或者拘役,并处或者单处罚金;情节严重的,处五年以上十年以下有期徒刑,并处罚金:

(一)提供资金账户的;

(二)将财产转换为现金、金融票据、有价证券的;

(三)通过转账或者其他支付结算方式转移资金的;

(四)跨境转移资产的;

(五)以其他方法掩饰、隐瞒犯罪所得及其收益的来源和性质的。

单位犯前款罪的,对单位判处罚金,并对其直接负责的主管人员和其他直接责任人员,依照前款的规定处罚。

第三百一十二条　[掩饰、隐瞒犯罪所得、犯罪所得收益罪]明知是犯罪所得及其产生的收益而予以窝藏、转移、收购、代为销售或者以其他方法掩饰、隐瞒的,处三年以下有期徒刑、拘役或者管制,并处或者单处罚金;情节严重的,处三年以上七年以下有期徒刑,并处罚金。

单位犯前款罪的,对单位判处罚金,并对其直接负责的主管人员和其他直接责任人员,依照前款的规定处罚。

第三百四十九条　[包庇毒品犯罪分子罪][窝藏、转移、隐瞒毒品、毒赃罪]包庇走私、贩卖、运输、制造毒品的犯罪分子的,为犯罪分子窝藏、转移、隐瞒毒品或者犯罪所得的财物的,处三年以下有期徒刑、拘役或者管制;情节严重的,处三年以上十年以下有期徒刑。

缉毒人员或者其他国家机关工作人员掩护、包庇走私、贩卖、运输、制造毒品的犯罪分子的,依照前款的规定从重处罚。

犯前两款罪,事先通谋的,以走私、贩卖、运输、制造毒品罪的共犯论处。

最高人民法院《关于审理洗钱等刑事案件具体应用法律若干问题的解释》(**法释**〔2009〕15号,2009年11月11日**施行**)

第二条 具有下列情形之一的,可以认定为刑法第一百九十一条第一款第(五)项规定的"以其他方法掩饰、隐瞒犯罪所得及其收益的来源和性质":

(一)通过典当、租赁、买卖、投资等方式,协助转移、转换犯罪所得及其收益的;

(二)通过与商场、饭店、娱乐场所等现金密集型场所的经营收入相混合的方式,协助转移、转换犯罪所得及其收益的;

(三)通过虚构交易、虚设债权债务、虚假担保、虚报收入等方式,协助将犯罪所得及其收益转换为"合法"财物的;

(四)通过买卖彩票、奖券等方式,协助转换犯罪所得及其收益的;

(五)通过赌博方式,协助将犯罪所得及其收益转换为赌博收益的;

(六)协助将犯罪所得及其收益携带、运输或者邮寄出入境的;

(七)通过前述规定以外的方式协助转移、转换犯罪所得及其收益的。

第三条 明知是犯罪所得及其产生的收益而予以掩饰、隐瞒,构成刑法第三百一十二条规定的犯罪,同时又构成刑法第一百九十一条或者第三百四十九条规定的犯罪的,依照处罚较重的规定定罪处罚。

【权威解读】

(1)非通过银行类金融机构特别是通过金融机构以外的其他途径实施的转换、转移、掩饰、隐瞒犯罪所得及其收益的行为,应当以《刑法》第191条还是第312条的规定追究刑事责任?基于掩饰、隐瞒财产非法来源或者帮助上游犯罪人逃避刑事追究之目的而转换或者转移犯罪所得的行为,以及掩饰、隐瞒上游犯罪所得的真实性质、来源等的行为,均属于洗钱行为,具体行为方式上的差异不影响行为性质的认定;在这一问题的处理上,重行为性质轻行为方式,是一个普遍趋势。为避免《刑法》第191条、第312条两个条文规定出现遗漏或者重叠问题,确保两者之间关系清晰、逻辑周延、法网严密,方便实践把握和操作,《关于审理洗钱等刑事案件具体应用法律若干问题的解释》根据立法本意将《刑法》第191条和第312条的关系定位为特别法与一般法的关系,强调两者区分的关键在于上游犯罪的不同,而非具体的行为方式,因此针对《刑法》第191条项下上游犯罪的所有洗钱行为,均应依照《刑法》第191条的规定定罪处罚。

(2)不具有掩饰、隐瞒性质和来源的目的,明知是犯罪所得及其产生的收益而获取、占有或者使用的行为,可以依照《刑法》第312条的规定定罪处罚。第一,《刑法修正案(六)》对《刑法》第312条作出修订,主要有两个方面考虑:一是第191条上游犯罪的局限性;二是原第312条行为方式的局限性。所以,修订《刑法》第312条的立法意图非常清楚,即将第312条改造成洗钱犯罪的一般性条款,以此确保对所有的洗钱行为均可依法追究刑事责任。第二,尽管《刑法》第312条规定为掩饰、隐瞒行为,但这里的掩饰、隐瞒是针对司法机关的责任追究,即是否对司法机关的调查、取证等工作构成了妨碍而言的,这也是刑法将之作为妨害司法罪来规定的基本理由所在，故不应据此认为构成本罪需以掩饰、隐瞒犯罪所得及其收益的性质和来源为目的要件。

(3)《刑法》第191条、第312条这两个法条的区分界限应落脚在是否特定上游犯罪上，而非具体的行为方式。在实践中存在的所有洗钱行为，包括通过商业银行等银行类金融机构，证券公司、保险公司等非银行类金融机构，商品交易、企业收购、投资等非金融途径以及地下钱庄、赌博、购彩、走私等非法途径实施的洗钱犯罪，只要其对象属于《刑法》第191条规定的上游犯罪的犯罪所得及收益，即应以《刑法》第191条规定的洗钱罪定罪处罚。①通过典当、租赁、买卖、投资等方式，协助转移、转换犯罪所得及其收益。规定本情形主要解决两个问题：一是拾遗。即便从金融机构角度来看，《刑法》第191条第1款第2项关于"将财产转换为现金、金融票据、有价证券"的规定也不全，比如期货、保险、黄金领域未作规定。二是补缺。第191条第1款第2项仅规定"将财产转换为现金、金融票据、有价证券"行为，未对反向行为作出规定。同时，鉴于典当、租赁、投资领域也经常为洗钱犯罪所利用，故在此一并规定。实践中通过商品买卖进行洗钱主要表现为以犯罪所得购买贵重金属、古玩字画、房产等大宗贵重物品以及利用进出口贸易进行跨境洗钱活动等；通过投资进行洗钱主要表现为收购企业、购买股票等有价证券以及保险等。②通过与商场、饭店、娱乐场所等现金密集型场所的经营收入相混合的方式，协助转移、转换犯罪所得及其收益。零售、服务等行业现金流量大，难以监管，不时地掺入犯罪财产，与合法收入一同申报纳税难以被发现，故易为洗钱犯罪所用。③通过虚构交易、虚设债权债务、虚假担保、虚报收入等方式，协助将犯罪所得及其收益转换为"合法"财物。虚构交易与前述真实交易有所不同，前者侧重掩饰隐瞒；后者侧重转移、转换。虚构交易主要体现为：通过空壳公司等在无真实交易的情况下虚买虚卖、自买自卖或者以高价购买低价物品，将赃钱"合法"转移给同伙。虚设债权、虚假担保与虚构交易道理相通。虚假担保在实践中主要表现为：以犯罪所得作抵押、质押取得银行合法贷款，贷款到期不还贷，抵押物、质押物交由银行变卖受偿。④通过买卖彩票、奖券等方式，协助转换犯罪所得及其收益。在实践中通过购买彩票、奖券等方式的洗钱，主要有三种表现：一是协助购买他人已经中彩、中奖的票券；二是协助以犯罪所得去购买彩票、奖券，并事实上中奖、中彩；三是协助用犯罪所得去购买彩票、奖券，但未能中奖、中彩。该三种情形均属对犯罪所得及其收益的转移、转换行为，故均应以洗钱犯罪论处。⑤通过赌博方式，协助将犯罪所得及其收益转换为赌博收益。主要有三个方面的考虑：一是赌场是一个较为典型的洗钱场所，性质上非法并不意味着实践中不存在；二是当前国内存在不少通过境外赌场、网上赌场洗钱的情形；三是洗钱并不意味着非得把黑钱洗白(合法化)，公约文件强调对洗钱的三个不同阶段(放置、分层、混同)均需打击。⑥协助将犯罪所得及其收益携带、运输或者邮寄出入境。为逃避金融监测、监管，通过人体、所携行李或者交通工具偷运犯罪所得出入境，或者利用国际邮件夹带现金将赃款邮寄出入境，正日益成为重要的洗钱手段。为满足实践中的打击需要，《关于审理洗钱等刑事案件具体应用法律若干问题的解释》对此予以明确。此外，利用地下钱庄等替代性兑换、汇款机制进行洗钱的行为，也应依法追究刑事责任。

(4)关于《刑法》第191条、第312条、第349条三个洗钱犯罪条文之间的关系和处罚原则。《关于审理洗钱等刑事案件具体应用法律若干问题的解释》第3条规定主要解决三个洗钱犯罪条款的竞合处理问题，同时也与该解释第2条规定相呼应，借助一般法与特别法的适用原则间接说明:《刑法》第312条是洗钱犯罪的一般条款,三个法条的主要区别在于犯罪对象,以此淡化三者在行为方式和行为性质上的差异。《关于〈中华人民共和国刑法修正案(六)(草案)〉的说明》和全国人大宪法和法律委员会《关于〈中华人民共和国刑法修正案(六)(草案)〉修改情况的汇报》先后提到,"刑法第一百九十一条规定的洗钱犯罪……针对一些通常可能有巨大犯罪所得的严重犯罪而为其洗钱的行为所作的特别规定;除此之外,按照刑法第三百一十二条的规定……都可按犯罪追究刑事责任,只是具体罪名不称为洗钱罪";"除这一条[①]规定的对几种严重犯罪的所得进行洗钱的犯罪外,按照我国刑法第三百一十二条的规定……都是犯罪,应当追究刑事责任,只是没有使用洗钱罪的具体罪名"。可见,区分《刑法》第191条和第312条规定犯罪的关键在于上游犯罪,而非具体的行为方式。[②]

【类案参考】

案例3-12

杨某洗钱案[③]——利用他人账户将毒品犯罪所得多次转账、取现后再置业、购买理财产品等构成洗钱罪

[**基本案情**] 被告人杨某(女)与唐某(已判刑)系男女朋友同居关系,杨某无工作和经济收入。唐某纠集陈某等人在四川省某地制造甲基苯丙胺60余公斤用于贩卖。其间,唐某将毒品犯罪所得640万元交给杨某,杨某通过利用他人账户多次转账、取现等方式隐匿钱款的来源、性质,其中用140万元购买住房一套、用80万元购买轿车一辆、用420万元购买理财产品。

[**裁判结果**] 一审法院认为,杨某对唐某的工作及收入了解,应当明知仅凭唐某的合法收入,拿不出高额现金来买房买车,故杨某知道或应当知道唐某的钱来源不合法,认定杨某构成掩饰、隐瞒犯罪所得罪,判处有期徒刑四年六个月,并处罚金五万元。四川省犍为县人民检察院认为一审判决定性错误,提出抗诉,并进一步获取了唐某同案犯陈某等人的证言,证实杨某曾参与讨论制造毒品用塑料桶和铁桶哪个容易损坏等问题,证明杨某明知唐某从事毒品犯罪;进一步调取了银行转账记录,证实买理财产品及买车买房的资金均来源于唐某。乐山市中级人民法院经审理,认定杨某犯洗钱罪,判处有期徒刑五年,并处罚金六十万元。

[**判理分析**] 本案被告人的行为是利用他人账户多次转账、取现,再置业、购买理财产品等,本质上是为了转换钱款的来源和性质,即"洗钱"。本案被告人的行为不构成窝藏、转移毒赃罪的原因在于,窝藏、转移毒赃罪的行为本质是将毒赃进行物理意义上的窝藏、转移,以逃避司法机关的查获、追赃;不构成掩饰、隐瞒犯罪所得罪的原因在于,掩饰、隐瞒犯罪所得罪与洗钱罪是一般法与特别法的关系,对于掩饰、隐瞒毒品犯罪所得的行为,应一律以洗钱罪论处。

---

① 此处指的是《刑法》第191条。

② 参见刘为波:《〈关于审理洗钱等刑事案件具体应用法律若干问题的解释〉的理解与适用》,载《人民司法》2009年第23期。

③ 参见《检察机关依法惩治和预防毒品犯罪典型案例》,载最高人民检察院网2019年6月25日,https://www.spp.gov.cn/xwfbh/wsfbt/201906/t20190625_422741.shtml。

案例 3－13

林某娜、林某吟等人洗钱案①——既有使用账户帮助他人将毒品犯罪所得转账的行为又有帮助他人保管毒品犯罪所得的构成数罪

［**基本案情**］　被告人林某娜，系深圳市菲某酒业有限公司（以下简称菲某公司）及广州市永某资产管理有限公司（以下简称永某公司）法定代表人。被告人林某吟，系深圳市雅某酒业有限公司（以下简称雅某公司）法定代表人。被告人黄某平，系深圳市通某二手车经纪有限公司（以下简称通某公司）法定代表人。被告人陈某真，无业。（1）上游犯罪。2011 年，林某永贩卖 1875 千克麻黄素给蔡某璇等多人，供其制造毒品甲基苯丙胺，共计 180 千克。2009 年至 2011 年，蔡某璇多次伙同他人共同贩卖、制造毒品甲基苯丙胺共计 20 余千克。（2）洗钱犯罪。①2010 年至 2014 年，林某娜明知是毒品犯罪所得及其收益，仍帮助哥哥林某永将相关资金用于购房、投资，并提供账户帮助转移资金，共计 1743 万余元。其中，2010 年至 2011 年，林某娜多次接收林某永交予的现金共 165 万元，用于购买广东省陆丰市房产一套；2011 年，林某娜购买深圳市瑞某花园房产一套，实际由林某永一次性现金支付 239 万余元购房款。以上房产均由林某娜为林某永代持。2011 年至 2013 年，林某娜提供本人及丈夫的银行账户多次接收林某永转入资金共 289 万余元，之后以提现、转账等方式交给林某永、黄某平。2011 年至 2014 年，林某娜使用林某永提供的 1050 万元，注册成立菲某公司和永某公司，并担任法定代表人，将上述注册资金用于公司经营。另外，2011 年至 2014 年，林某娜三次为林某永窝藏毒赃，其中两次在其住处为林某永保管现金，一次从林某永的住处将现金转移至其住处并保管，保管、转移毒赃共约 2460 万元。②2011 年至 2014 年，林某吟明知是毒品犯罪所得及其收益，仍帮助哥哥林某永将相关资金用于投资，并提供账户帮助转移资金，共计 1150 万元。其中，2013 年至 2014 年，林某吟使用林某永提供的 350 万元，注册成立雅某公司，并担任法定代表人，将上述注册资金用于公司经营。2011 年至 2014 年，林某吟提供本人银行账户多次接收林某永转入资金共 800 万元，之后按林某永指示转账给他人 700 万元，购买理财产品、发放雅某公司员工工资共计 100 万元。③2011 年至 2013 年，黄某平明知是毒品犯罪所得及其收益，仍帮助男友林某永将上述资金用于购房、投资，并提供账户帮助转移资金，共计 1719 万余元。其中，2011 年至 2012 年，黄某平使用林某永提供的 200 万元，注册成立通某公司，并担任法定代表人，将上述注册资金用于公司经营。2011 年至 2013 年，黄某平提供本人及通某公司银行账户接收林某永转账或将林某永交予的现金存入上述账户，共计 1519 万余元，之后转账至双方亲友账户、用于消费支出、购买理财产品，以及支付以黄某平名义购买的深圳市荔某花园一套房产的首付款。④2010 年至 2011 年，陈某真明知是毒品犯罪所得及其收益，仍帮助丈夫蔡某璇用于购买房地产，共计 730 余万元。其中，2010 年 9 月，陈某真使用蔡某璇交予的现金 60 余万元，以其子蔡某胜的名义购买陆丰市房产一套；2011 年 5 月，陈某真使用蔡某璇交予的现金 670 万元，与林某永合伙，以蔡某璇弟弟蔡某墙的名义，购买陆丰市某建材经营部名下 4680 平方米土地使用权。

［**裁判结果**］　林某娜、林某吟、黄某平、陈某真明知林某永、蔡某璇提供的资金是毒品犯

① 参见《最高检、央行惩治洗钱犯罪典型案例》，载最高人民检察院网 2021 年 3 月 19 日，http://www.spp.gov.cn/spp/index.mobile.shtml。

罪所得及其收益，仍使用上述资金购买房产、土地使用权，投资经营酒行、车行，提供本人和他人银行账户转移资金，构成洗钱罪。林某娜帮助林某永保管、转移毒品犯罪所得的行为，构成窝藏、转移毒赃罪。佛山市中级人民法院于2016年10月27日判决：林某娜犯洗钱罪和窝藏、转移毒赃罪，数罪并罚决定执行有期徒刑五年，并处罚金100万元，没收违法所得；林某吟、黄某平、陈某真犯洗钱罪，分别判处有期徒刑三年六个月至四年，并处罚金40万元至100万元，没收违法所得。广东省高级人民法院经审理，裁定驳回上诉，维持原判。

［**判理分析**］ 广义的洗钱犯罪包括掩饰、隐瞒犯罪所得、犯罪所得收益罪，洗钱罪，窝藏、转移、隐瞒毒赃罪，应当准确区分适用。掩饰、隐瞒犯罪所得、犯罪所得收益罪是一般规定，洗钱罪和窝藏、转移、隐瞒毒赃罪是特别规定，一般规定和特别规定的主要区别在于犯罪所得及其收益是否来自特定的上游犯罪，两个特别规定的主要区别在于是否改变资金、财物的性质。洗钱罪是将毒品犯罪所得及其收益用于公司注册、公司运营、投资房地产等使资金直接"合法化"，是上游毒品犯罪分子试图漂白资金的惯用手法。而窝藏、转移赃物罪主要适用于单纯物理隐藏、转移毒资、毒赃的犯罪，不改变资金的来源及性质。适用具体罪名时要能够全面准确地概括评价洗钱行为，一个行为同时构成数罪的，依照处罚较重的规定定罪处罚；数个行为分别构成数罪的，数罪并罚。

案例3－14

贾某、万某仁掩饰、隐瞒犯罪所得案①——运输、转移制毒物品销售赃款的行为不构成窝藏、转移、隐瞒毒品、毒赃罪

［**基本案情**］ 2012年12月至2013年5月，潘某霞伙同多人单独或交叉结伙在湖南省怀化市、湖南省吉首市、河北省石家庄市等地非法买卖羟亚胺8起。2013年4月被告人万某仁在明知潘某霞的钱系通过不正当的途径获得的情况下，仍然先后两次驱车分别前往湖南省常德市、湖南省韶山市帮助潘某霞拿取买卖羟亚胺所得的赃款462万元，共从中获利3万元。2013年5月中旬，被告人贾某在明知潘某霞进行国家不允许的化工产品交易的情况下，仍然驱车前往湖南省韶山市帮助潘某霞拿取买卖羟亚胺所得的赃款292万元，从中获利2万元。归案后，被告人贾某、万某仁能够如实供述自己的犯罪事实，违法所得均被公安机关扣押。

［**裁判结果**］ 法院经审理认为：被告人贾某、万某仁明知钱款是犯罪所得而予以转移，其行为均构成掩饰、隐瞒犯罪所得罪。被告人贾某、万某仁在侦查机关多次供述帮潘某霞去拿来路不明巨款的事实，其对收取货款的时间、地点、交接方式、通讯工具异于正常交易形式的情形明知，仍驱车帮潘某霞收取巨额货款，其掩饰、隐瞒犯罪所得的主观故意明显，且客观上也实施了转移赃款的行为，被告人对本案是否系毒品犯罪所得的认识，并不影响对被告人贾某、万某仁掩饰、隐瞒犯罪所得犯罪的定罪。归案后贾某、万某仁均如实供述自己的罪行，系坦白，依法可以从轻处罚，被告人贾某、万某仁退出违法所得，有悔罪表现，可酌情从轻处罚。判决：(1)贾某犯掩饰、隐瞒犯罪所得罪，判处有期徒刑一年，缓刑一年六个月，罚金四万元；(2)万某仁犯掩饰、隐瞒犯罪所得罪，判处有期徒刑一年六个月，缓刑二年，罚金六万元；(3)扣押在公安机关的贾某违法所得二万元、万某仁违法所得三万元，依法予以没收，上缴

① 参见国家法官学院、中国人民大学法学院编：《中国审判案例要览（2015年刑事审判案例卷）》，中国人民大学出版社2018年版，第27页。

国库。

［**判理分析**］（1）如何区分窝藏、转移、隐瞒毒品、毒赃罪与掩饰、隐瞒犯罪所得罪、洗钱罪？根据《刑法》第349条的规定，窝藏、转移、隐瞒毒品、毒赃罪的犯罪对象是“走私、贩卖、运输、制造毒品罪”犯罪分子的毒品或者犯罪所得财物，制毒物品不是毒品，非法买卖制毒物品犯罪的赃款不属于“毒赃”。本案上游犯罪是非法买卖制毒物品羟亚胺的犯罪，贾某、万某仁为潘某霞运输的是非法买卖制毒物品的犯罪所得，故两行为人的转移行为应构成掩饰、隐瞒犯罪所得罪，而不构成窝藏、转移、隐瞒毒赃罪。根据《刑法》第191条的规定，明知是毒品犯罪等七类犯罪的所得及其产生的收益，而通过提供资金账户等方法来掩饰、隐瞒犯罪所得及其收益的来源和性质的，构成洗钱罪。洗钱罪的客观行为手段不但有掩饰、隐瞒犯罪所得及其收益的来源和性质的效果，而且也是对金融管理秩序的破坏。如果没有采用《刑法》第191条规定的几种手段，不能认定为洗钱罪，可构成掩饰隐瞒犯罪所得、犯罪所得收益罪。（2）掩饰、隐瞒犯罪所得罪中的“明知”只要达到“明知可能是犯罪所得及其产生的收益”的程度即可以认定。司法实践中，不能仅凭行为人的口供，而应当综合考察行为的时间、地点、方式、获取财物的方式、价值以及职业性质等是否有违生活经验常理，不能作出合理解释的，可认定行为人知道或者应当知道所掩饰、隐瞒的是犯罪所得或犯罪所得产生的收益。本案中，贾某因女儿与潘某霞儿子系同学而熟悉，知道潘某霞老公曾因生产国家不允许的化工原料受过处罚，且潘某霞明确告诉贾某自己做化工原料生意是国家不允许的，让他深夜开车而不坐火车或者乘飞机是因为怕被查获，并为贾某购买了新手机和手机卡，要求贾某换外地车牌并用私家车跨省长途运输“货款”而不是通过银行转账的方式。另一名行为人万某仁在知道潘某霞老公因为制造制毒化工产品坐过牢，潘某霞又没有正规工作，让其深夜开远路去拿巨款而不直接通过银行转账，正常运费最多3000多元的情况下，给其去湖南省的运费1万元，其能肯定钱来路不正。综上，两名被告人不能对深夜开车取巨款、配置临时联系工具、高额运费、与潘某霞职业及财产状况明显不符的巨款来源等不正常行为作出合理解释，应认定其明知可能是犯罪所得。

第二节 制毒物品类相关犯罪

58. 非法生产、买卖、运输制毒物品罪和走私制毒物品罪在2015年《刑法修正案（九）》前后的变化

【实务观点】

《刑法》第350条关于制毒物品犯罪的规定，经过2015年11月1日实施的《刑法修正案（九）》予以修改。原条文设置的罪名分别是走私制毒物品罪和非法买卖制毒物品罪，《刑法修正案（九）》增加了非法生产制毒物品罪和非法运输制毒物品罪，并将该罪的法定刑从两档调整为“情节较重”“情节严重”“情节特别严重”三档，并将该罪的法定最高刑从十年有期徒刑提高为十五年有期徒刑，财产刑方面增加了没收财产。这意味着：（1）对于《刑法修正案（九）》实施前，在境内实施的非法生产、运输制毒物品的行为，只能作为非法买卖制毒物品行

为的预备犯和帮助犯处理，不能作为实行犯处理。(2)对于《刑法修正案(九)》之前实施的走私制毒物品罪和非法买卖制毒物品罪，由于旧法规定的法定最高刑为十年有期徒刑，轻于新法规定的法定最高刑十五年有期徒刑，且2016年《毒品案件解释》和2000年《毒品定罪量刑解释》,2009年最高人民法院、最高人民检察院、公安部《关于办理制毒物品犯罪案件适用法律若干问题的意见》相比，针对制毒物品犯罪规定的量刑数量标准整体上有较大幅度的下调，即同样数量的制毒物品，旧法量刑轻于新法，因此应当适用旧法及司法解释相关规定定罪量刑。

【法律及司法文件】

《中华人民共和国刑法》

第三百五十条 [非法生产、买卖、运输制毒物品、走私制毒物品罪]①违反国家规定，非法生产、买卖、运输醋酸酐、乙醚、三氯甲烷或者其他用于制造毒品的原料、配剂，或者携带上述物品进出境，情节较重的，处三年以下有期徒刑、拘役或者管制，并处罚金；情节严重的，处三年以上七年以下有期徒刑，并处罚金；情节特别严重的，处七年以上有期徒刑，并处罚金或者没收财产。

明知他人制造毒品而为其生产、买卖、运输前款规定的物品的，以制造毒品罪的共犯论处。

单位犯前两款罪的，对单位判处罚金，并对其直接负责的主管人员和其他直接责任人员，依照前两款的规定处罚。

最高人民法院、最高人民检察院、公安部《关于办理制毒物品犯罪案件适用法律若干问题的意见》(公通字〔2009〕33号,2009年6月26日施行)

一、关于制毒物品犯罪的认定

(四)为了制造毒品或者走私、非法买卖制毒物品犯罪而采用生产、加工、提炼等方法非法制造易制毒化学品的，根据刑法第二十二条的规定，按照其制造易制毒化学品的不同目的，分别以制造毒品、走私制毒物品、非法买卖制毒物品的预备行为论处。②

(五)明知他人实施走私或者非法买卖制毒物品犯罪，而为其运输、储存、代理进出口或者以其他方式提供便利的，以走私或者非法买卖制毒物品罪的共犯论处。

……

三、关于制毒物品犯罪定罪量刑的数量标准③

(一)违反国家规定，非法运输、携带制毒物品进出境或者在境内非法买卖制毒物品达到下列数量标准的，依照刑法第三百五十条第一款的规定，处三年以下有期徒刑、拘役或者管

① 本条文经过2015年11月1日实施的《刑法修正案(九)》予以修改。原条文规定:"违反国家规定，非法运输、携带醋酸酐、乙醚、三氯甲烷或者其他用于制造毒品的原料或者配剂进出境的，或者违反国家规定，在境内非法买卖上述物品的，处三年以下有期徒刑、拘役或者管制，并处罚金；数量大的，处三年以上十年以下有期徒刑，并处罚金。明知他人制造毒品而为其提供前款规定的物品的，以制造毒品罪的共犯论处。单位犯前两款罪的，对单位判处罚金，并对其直接负责的主管人员和其他直接责任人员，依照前两款的规定处罚。"

② 本款是根据《刑法修正案(九)》实施前的《刑法》第350条规定作出的解释，《刑法修正案(九)》增加非法生产制毒物品罪的规定后，本条自然无效。

③ 本条相关内容自2016年《毒品案件解释》针对制毒物品犯罪的定罪量刑规定新的数量标准后自然无效。

制，并处罚金：

1.1－苯基－2－丙酮五千克以上不满五十千克；

2.3，4－亚甲基二氧苯基－2－丙酮、去甲麻黄素（去甲麻黄碱）、甲基麻黄素（甲基麻黄碱）、羟亚胺及其盐类十千克以上不满一百千克；

3.胡椒醛、黄樟素、黄樟油、异黄樟素、麦角酸、麦角胺、麦角新碱、苯乙酸二十千克以上不满二百千克；

4.N－乙酰邻氨基苯酸、邻氨基苯甲酸、哌啶一百五十千克以上不满一千五百千克；

5.甲苯、丙酮、甲基乙基酮、高锰酸钾、硫酸、盐酸四百千克以上不满四千千克；

6.其他用于制造毒品的原料或者配剂相当数量的。

（二）违反国家规定，非法买卖或者走私制毒物品，达到或者超过前款所列最高数量标准的，认定为刑法第三百五十条第一款规定的“数量大的”，处三年以上十年以下有期徒刑，并处罚金。

最高人民法院《关于审理毒品案件定罪量刑标准有关问题的解释》（法释〔2000〕13号，2000年6月10日施行，现已失效）

第四条 违反国家规定，非法运输、携带进出境或在境内非法买卖醋酸酐、乙醚、三氯甲烷或者其他用于制造毒品的原料或者配剂达到下列数量标准的，依照刑法第三百五十条第一款的规定定罪处罚：

（一）麻黄碱、伪麻黄碱及其盐类和单方制剂五千克以上不满五十千克；麻黄浸膏、麻黄浸膏粉一百千克以上不满一千千克；

（二）醋酸酐、三氯甲烷二百千克以上不满二千千克；

（三）乙醚四百千克以上不满三千千克；

（四）上述原料或者配剂以外其他相当数量的用于制造毒品的原料或者配剂。

违反国家规定，非法运输、携带进出境或者在境内非法买卖用于制造毒品的原料或者配剂，超过前款所列数量标准的，应当认定为刑法第三百五十条第一款规定的“数量大”。

【类案参考】

案例3－15

蔡某华非法买卖制毒物品案[①]——在《刑法修正案（九）》生效之前实施的非法生产制毒物品行为应以非法买卖制毒物品罪的预备犯处理

［**基本案情**］ 2014年10月，被告人蔡某华与王某建等人出资到光泽县加工、提炼麻黄碱。蔡某华负责提供资金、组织、指挥日常工作，王某建负责生产、生活用具的采购、租赁仓库以及提供存放麻黄碱的地点等，蔡齐旺负责租下原中铁十六局的旧厂房场地和协调当地事宜，曹某宝负责租车、租住房、接送工人及接收原材料等。加工、提炼出来的麻黄碱运到建瓯市王某建的舅舅李某家藏匿。同年11月16日，因人手不足，蔡某华叫钟某平找来了罗某洪、钟某亮、罗某平、曹某、吴某材到光泽县继续加工、提炼麻黄碱。18日和19日晚上，罗某洪、钟某亮、罗某平、曹某、吴某材等人到原中铁十六局废旧的厂房内加工、提炼麻黄碱，钟某平负责

① 参见福建省光泽县人民法院刑事判决书，（2016）闽0723刑初109号。

望风和接送工人。20日凌晨加工、提炼完成后，蔡某华下令除曹某宝继续留下待命外，其余人员暂时撤离光泽县。此后蔡某华驾驶轿车载"牛哥"、"杨火"及部分工人，同时将加工、提炼出来的麻黄碱再次运至李某家，之后与王某建换车驶离现场。2014年11月20日，公安机关在李某家缴获白色含麻黄碱粉末79袋，共计1682千克，折合纯麻黄碱975.3千克；扣押了加工、提炼麻黄碱的设备以及车主为周某、罗某和刘某的轿车，以及当日由张某从广东省东莞市押运至光泽县的一车二氯甲烷等化工原材料。

［**裁判结果**］ 一审法院认为，被告人蔡某华违反国家规定，伙同他人非法生产、买卖、运输制毒物品达975.3千克，犯罪情节特别严重，其行为已构成非法生产、买卖、运输制毒物品罪。被告人蔡某华在本案中起了主要作用，系主犯，应当按照其所参与或组织、指挥的全部犯罪处罚。蔡某华的犯罪行为发生在《刑法修正案（九）》之前，故依法应当认定为犯罪预备，且其自愿认罪，生产出的制毒物品尚未流入社会，辩护人提出本案应当适用《刑法修正案（九）》之前的刑法和相关司法解释认定其为犯罪预备，对其予以从轻处罚的量刑意见符合法律规定。根据2012年6月8日最高人民法院、最高人民检察院、公安部《关于办理走私、非法买卖麻黄碱类复方制剂等刑事案件适用法律若干问题的意见》第6条"实施本意见规定的行为，以走私制毒物品罪、非法买卖制毒物品罪定罪处罚的，应当以涉案麻黄碱类复方制剂中麻黄碱类物质的含量作为涉案制毒物品的数量"的规定，本案应当以查获白色粉末中的麻黄碱含量（纯麻黄碱）认定，为975.3千克。判决：被告人蔡某华犯非法生产、买卖、运输制毒物品罪，判处有期徒刑六年，并处罚金六万元。①

［**判理分析**］ 本案属于非法生产、买卖制毒物品的行为，发生在《刑法修正案（九）》于2015年11月1日实施之前，当时有效的《刑法》第350条没有规定非法生产制毒物品罪，因此生产制毒物品的行为只能作为非法买卖制毒物品罪的预备犯，比照非法买卖制毒物品罪的实行犯从轻或者减轻处罚。当时有效的司法解释对非法买卖麻黄碱行为规定的定罪量刑数量标准较高，按照行为当时法律，应当认定为非法买卖制毒物品"数量大"，判处三年以上十年以下有期徒刑；按照审判时法律，则应当认定为非法买卖制毒物品"情节特别严重"，判处七年以上有期徒刑。本案判决根据"从旧兼从轻"的法律适用原则，适用当时法律，对被告人非法生产制毒物品的行为认定为数量大的情形，并认定犯罪预备从轻处罚，是适当的。

59. 制毒物品及主观明知的认定

【实务观点】

判断某种物品是否为制毒物品，应当严格遵循国家相关法律、行政法规的规定。国家相关法律、行政法规未规定为制毒物品的，即使该物品可以用于制造毒品，亦不能将其认定为制毒物品。行为人明知某制毒物品为国家限制流通物，明知买卖该物品应查验购买许可证并到相关部门备案的，而故意采取一定欺瞒手段隐瞒真相，规避国家对该物品的经营监管的，应认

① 本案发生在《刑法修正案（九）》实施之前，当时有效的《刑法》第350条没有规定非法生产制毒物品罪，对于生产行为只能作为非法买卖制毒物品罪的预备犯，因此对蔡某华的行为认定构成非法买卖、运输制毒物品罪更为适当。

定行为人对非法买卖制毒物品主观上是明知的。如果行为人确实不知道所走私的物品是制毒物品，或者其走私目的系用于正当生产经营活动，则即使该物品可以用于制毒，亦不能认定行为人具有走私制毒物品的犯罪故意。

【法律及司法文件】

《立案追诉标准三》

第十三条第二款　本规定中的“制毒物品”是指刑法第三百五十条第一款规定的醋酸酐、乙醚、三氯甲烷或者其他用于制造毒品的原料或者配剂，具体品种范围按照国家关于易制毒化学品管理的规定确定。

第十五条　本规定中的立案追诉标准，除法律、司法解释另有规定的以外，适用于相关的单位犯罪。

最高人民法院、最高人民检察院、公安部《关于办理制毒物品犯罪案件适用法律若干问题的意见》（公通字〔2009〕33号，2009年6月26日施行）

一、关于制毒物品犯罪的认定

（一）本意见中的“制毒物品”，是指刑法第三百五十条第一款规定的醋酸酐、乙醚、三氯甲烷或者其他用于制造毒品的原料或者配剂，具体品种范围按照国家关于易制毒化学品管理的规定确定。

……

二、关于制毒物品犯罪嫌疑人、被告人主观明知的认定

对于走私或者非法买卖制毒物品行为，有下列情形之一，且查获了易制毒化学品，结合犯罪嫌疑人、被告人的供述和其他证据，经综合审查判断，可以认定其“明知”是制毒物品而走私或者非法买卖，但有证据证明确属被蒙骗的除外：

1. 改变产品形状、包装或者使用虚假标签、商标等产品标志的；
2. 以藏匿、夹带或者其他隐蔽方式运输、携带易制毒化学品逃避检查的；
3. 抗拒检查或者在检查时丢弃货物逃跑的；
4. 以伪报、藏匿、伪装等蒙蔽手段逃避海关、边防等检查的；
5. 选择不设海关或者边防检查站的路段绕行出入境的；
6. 以虚假身份、地址办理托运、邮寄手续的；
7. 以其他方法隐瞒真相，逃避对易制毒化学品依法监管的。

【类案参考】

案例 3-16

海南省洋浦经济开发区初级检察院诉谢某威、梁某玲走私制毒物品案[①]——确定某种物品是否属于制毒物品应当依据相关国家规定

［基本案情］　2001年11月底，被告人谢某威在越南开办越南海皇责任有限公司（以下简称海皇公司），从事加工生产虾壳糠、虾壳素。因生产需用大量盐酸，谢某威便与黄某源商议购船从国内运送盐酸、烧碱到越南，再从越南运送虾壳糠回国内销售，黄某源当即表示同意

① 参见《中华人民共和国最高人民法院公报》2007年第9期。

投资。2002 年 1 月 8 日,被告人谢某威租赁了一艘名为“粤湛江 0002 号”的机动船。2002 年 3 月,谢某威取得了越南同意进口 22,000 吨盐酸的批文。(1)2002 年 5 月 5 日,被告人谢某威经林某兴介绍从南宁化工股份有限公司购得盐酸 55.76 吨(货款为 8101.88 元),林某兴安排油罐车将该批盐酸运到广西北海市铁山港。谢某威在该批盐酸未办理任何合法出口手续的情况下,组织、指挥将该批盐酸装上“粤湛江 0002 号”船。谢某威将“华鑫 03 号”船牌及船舶证书交给船长陈某英,并指使陈某英在国内使用“粤湛江 0002 号”船牌,在越南使用“华鑫 03 号”船牌。同年 5 月 12 日,陈某英指挥陈某等人驾驶“粤湛江 0002 号”船运载该批盐酸前往越南芽庄港,途中因避风于 5 月 14 日停泊在海南省八所港。谢某威指示侯某、黄某明前往八所港为该船补给油费和生活费 6800 元。5 月 18 日该船到达越南芽庄港,谢某威组织人员将该批盐酸卸载上岸。(2)2002 年 6 月 28 日,被告人谢某威又通过林某兴购得盐酸 52.12 吨(货款为 7572.99 元),运到广西北海市铁山港,由被告人梁某玲组织将该批盐酸装上“粤湛江 0002 号”船。在未办理任何合法出口手续的情况下,谢某威、梁某玲又指使陈某英、陈某等人于次日将该批盐酸运往越南岘港。6 月 30 日因避风及船舶机器故障等缘故,暂泊海南省洋浦港。7 月 1 日被洋浦边防派出所干警查获。(3)2002 年 7 月 13 日,被告人谢某威指使被告人梁某玲通过林某兴介绍购得盐酸 52.3 吨(货款为 7599.15 元)运到广西北海市铁山港,将该批盐酸装上“合机运 386 号”船准备运往越南,因无合法出口手续,被该船船长及船员拒运。后被公安机关查获。

[**裁判结果**] 海南省洋浦经济开发区检察院指控被告人谢某威、梁某玲犯走私制毒物品罪。洋浦经济开发区人民法院于 2004 年 8 月 13 日判决:被告人谢某威、梁某玲无罪。检察机关提出抗诉。洋浦经济开发区中级人民法院于 2005 年 2 月 17 日裁定驳回抗诉,维持原判。

[**判理分析**] 走私制毒物品罪主观方面必须具有走私制毒物品的犯罪故意,即行为人明知是国家管制的、可用于制毒的特殊化学品而实施走私行为。本案的争议焦点是盐酸是否为易制毒物品及被告人谢某威、梁某玲的行为是否构成走私制毒物品罪。

(1)确定某种物品是否属于制毒物品,应当依据相关国家规定。根据当时有效的法律、法规,不能认定盐酸属于易制毒物品。根据《刑法》第 350 条的规定,走私制毒物品罪是指违反国家规定,非法运输、携带、邮寄醋酸酐、乙醚、三氯甲烷或者其他用于制造毒品的原料或者配剂进出国(边)境的行为。《刑法》第 96 条规定,“本法所称违反国家规定,是指违反全国人民代表大会及其常务委员会制定的法律和决定,国务院制定的行政法规、规定的行政措施、发布的决定和命令”。行为当时有效的对外经济贸易合作部《易制毒化学品进出口管理规定》于 1999 年以第 4 号令颁布的附录所列的 22 种易制毒化学品名称中包括盐酸,但该规定属于部门规章,不能作为刑事审判的依据。在该规定之后,国家经济贸易委员会、公安部、国家工商行政管理局于 2000 年 11 月 21 日联合下发了《关于加强易制毒化学品生产经营管理的通知》,对外经济贸易合作部和公安部又于 2002 年联合发布了《易制毒化学品进出口国际核查管理规定》(外经贸贸发〔2002〕147 号,已失效),均没有将盐酸列为易制毒化学品。依据新规定优于旧规定的原则,应以新规定为准,即依照最新部门规章,亦不能认定盐酸属于制毒物品。综上,根据案发时法律法规,不能认定盐酸属制毒物品。

(2)即使盐酸属于制毒物品,被告人谢某威、梁某玲走私盐酸的行为也并不当然具有走私制毒物品的犯罪故意。谢某威在越南开办海皇公司,从事虾壳素、虾壳糠的生产,需要使用盐酸、烧碱等化学原料。因越南当地的盐酸价格高于中国,为降低生产成本,提高经营利润,谢某威、梁某玲实施了从国内购买盐酸,然后走私运到越南用于生产的行为,其行为具有走私的故意,也具有非法牟利的目的。但是,谢某威、梁某玲并不了解盐酸是否属于制毒物品,且所走私的盐酸系浓度在30%以下的副产盐酸。谢某威、梁某玲走私盐酸是为了海皇公司加工生产虾壳素、虾壳糠,并非运到越南进行非法交易,更不是为了制造毒品。为此,海皇公司经过申报,在越南取得了进口22,000吨盐酸的批文。构成走私制毒物品罪必须在主观上具有明知是制毒物品而走私的犯罪故意,谢某威、梁某玲显然不具有这样的犯罪故意。

(3)虽然谢某威、梁某玲实施了走私盐酸的行为,但其走私货值15,000元左右,偷逃税款不足5万元,依法也不构成走私普通货物、物品罪。

案例3-17

房某安、许某财非法买卖制毒物品案①——明知制毒物品为国家限制流通物而采取欺瞒手段逃避监管的应认定主观上有明知

［**基本案情**］　被告人房某安系宁夏回族自治区灵武市灵州工贸公司的法人代表,2000年以公司名义承包了灵武制药厂的麻黄素车间。2002年8月,因资金短缺,经宁夏回族自治区食品药品监督管理局批准,房某安以公司名义用3吨麻黄素为抵押,向宁夏粮油医保公司借款80万元。后宁夏粮油医保公司多次催还,房某安无力偿还,遂萌生了将抵押的3吨麻黄素卖掉以归还借款之念。但由于正规化学品市场上麻黄素的价格很低,2006年6月,房某安找到被告人许某财联系非法渠道的买主,并与许某财约定六四分成。许某财同意并联系了买主。2006年7月至8月,房某安经许某财介绍,分两次将3吨(3000千克)盐酸伪麻黄碱(右旋麻黄素)运往深圳市,分别出售给香港人黄某兴和台湾人叶某,非法获利1060万元。房某安分得640万元,许某财分得420万元。

［**裁判结果**］　一审法院认为,被告人房某安、许某财违反国家规定,在境内非法买卖可制造毒品的原料,数量大,其行为均已构成非法买卖制毒物品罪。判决:(1)被告人房某安犯非法买卖制毒物品罪,判处有期徒刑九年,并处罚金五十万元;(2)被告人许某财犯非法买卖制毒物品罪,判处有期徒刑九年,并处罚金四十万元。二审法院审理认为,房某安明知麻黄素是制毒原料,非经批准不得擅自买卖,但仍为获取暴利伙同许某财将3吨麻黄素非法卖出。许某财在房某安提出让其联系贩卖麻黄素事宜后,明知麻黄素是制毒原料,非经批准不得擅自买卖,但仍为获取暴利积极寻找买主,联系买卖双方,将麻黄素卖给他人。两被告人在共同犯罪中均起积极作用,均系主犯。一审判决已充分考虑了房某安归案后能如实供述所犯罪行,具有悔罪表现等情节,对其量刑并无不当。裁定驳回上诉,维持原判。

［**判理分析**］　(1)对于行为人是否明知买卖对象属于制毒物品,应当结合具体案情、综合审查各方面证据后予以认定。司法实践中对于直接以制造毒品为目的的犯罪,包括自己制造毒品而购买制毒物品,以及明知他人制造毒品而为其提供制毒物品两种情况,行为人主观上明知是制毒物品比较好认定。对于不以制造毒品为目的,而是纯粹以获取利益为目的,违反国家规定非法买卖制毒物品的行为,在证明这类犯罪行为人主观明知非法买卖的对象是制

① 参见中华人民共和国最高人民法院刑事审判第一、二、三、四、五庭主办:《刑事审判参考》(2010年第1集,总第72集),法律出版社2010年版,第67~73页。

毒物品上具有一定复杂性。2009年6月23日,最高人民法院、最高人民检察院、公安部联合颁布的《关于办理制毒物品犯罪案件适用法律若干问题的意见》第2条规定了七种明显不正常、意图掩盖其行为或逃避监管的情形,对具有该七种情形之一,且查获了易制毒化学品的,再结合被告人供述和其他证据,一般可认定"明知"是制毒物品而走私或者非法买卖,但有证据证明确属被蒙骗的除外。这七种情形均有一个共同特征,就是在买卖过程中故意采取一定欺瞒手段隐瞒真相,逃避对易制毒物品的监管。本案中,从身份上看,房某安作为从事麻黄素生产的专业人员,对麻黄素属于国家限制流通物,经营麻黄素应当查验购买许可证并到相关部门备案应当是知晓的,但其却为牟取暴利、非法出售数量巨大的麻黄素。从房某安两次运输麻黄素的手段看,卖给香港人黄某兴的1吨麻黄素是以化工原料的名义运输的,卖给台湾人叶某的2吨麻黄素是掺杂到事先准备好的8吨玉米蛋白精和淀粉中、以饲料的名义托运的。以上事实足以证明房某安对非法买卖制毒物品主观上是明知的。被告人许某财两次为房某安介绍来历不明的非法的麻黄素买家,且房某安也未供述两笔交易中谈及准购证事宜与之印证,其从中获得巨额报酬的事实也可以认定许某财对其居间介绍的非法的麻黄素交易是明知的。由于房某安、许某财均不承认知晓黄某兴与叶某购买制毒物品的目的,亦无其他证据能够证实二被告人"明知他人制造毒品",加之黄某兴与叶某均未归案,其购买制毒物品的具体目的现已无法查清。在无法认定房某安、许某财明知他人购买毒品的确切目的的情况下,应以非法买卖制毒物品罪追究其刑事责任。

(2)非法买卖制毒物品交易中起居间作用的,应当认定为非法买卖制毒物品罪的共犯。最高人民法院《关于办理制毒物品犯罪案件适用法律若干问题的意见》针对为走私或者非法买卖易制毒化学品犯罪提供便利的行为作了专门规定,即明知他人实施走私或者非法买卖易制毒化学品犯罪,而为其运输、储存、代理进出口或者以其他方式提供便利的,以走私或者非法买卖制毒物品罪的共犯论处。因为居间介绍人所实施的中介犯罪行为在整个犯罪中起着重要作用,积极促成毒品交易的完成,处于"承上启下"的地位,并起着不可替代的重要作用,是毒品犯罪中不可缺少的环节,因此居间人在毒品犯罪中一般应认定为主犯。本案从客观表现上看,许某财两次为房某安联系非法出售麻黄素,积极安排房某安与非法买主黄某兴、叶某会面。无论是房某安与黄某兴、叶某商谈非法交易、房某安送麻黄素样品给叶某,还是黄某兴、叶某给付货款给房某安,许某财均在场,甚至连黄某兴的预付款都是通过许某财交给房某安的。许某财在整个制毒物品交易中积极参与,并起着不可或缺的作用。从房某安与许某财六四分成赃款,也可见许某财在本案的非法制毒物品交易中的地位之突出、作用之大,应认定为主犯。

60. 走私制毒物品罪的客观行为表现有哪些

【实务观点】

根据《易制毒化学品管理条例》第26条的规定,申请进口或者出口易制毒化学品,应当经国务院商务主管部门或者其委托的省、自治区、直辖市人民政府商务主管部门审批,取得进口或者出口许可证后,方可从事进口、出口活动。走私制毒物品罪的客观行为表现有:(1)将制毒物品虚假申报为其他物品或者将制毒物品藏匿在其他物品中以获得海关放行,从而进出境的行为;(2)逃避海关监管运输制毒物品非法偷越边境的行为;(3)违反规定,携带超过自用合理范围的药品类易制毒化学品或者携带其他用于制造毒品的原料、配剂进出境的行为;(4)直接向走私人非法收购走私进口的制毒物品的行为;(5)没有合法证明,在内海、领海、界河、界湖运输、收购、贩卖制毒物品的行为。

【法律及司法文件】

《中华人民共和国刑法》

第三百五十条 [非法生产、买卖、运输制毒物品、走私制毒物品罪]违反国家规定,非法生产、买卖、运输醋酸酐、乙醚、三氯甲烷或者其他用于制造毒品的原料、配剂,或者携带上述物品进出境,情节较重的,处三年以下有期徒刑、拘役或者管制,并处罚金;情节严重的,处三年以上七年以下有期徒刑,并处罚金;情节特别严重的,处七年以上有期徒刑,并处罚金或者没收财产。

明知他人制造毒品而为其生产、买卖、运输前款规定的物品的,以制造毒品罪的共犯论处。

单位犯前两款罪的,对单位判处罚金,并对其直接负责的主管人员和其他直接责任人员,依照前两款的规定处罚。

国务院《易制毒化学品管理条例》

第二十六条 申请进口或者出口易制毒化学品,应当提交下列材料,经国务院商务主管部门或者其委托的省、自治区、直辖市人民政府商务主管部门审批,取得进口或者出口许可证后,方可从事进口、出口活动……

申请易制毒化学品出口许可的,还应当提交进口方政府主管部门出具的合法使用易制毒化学品的证明或者进口方合法使用的保证文件。

第三十一条 进出境人员随身携带第一类中的药品类易制毒化学品药品制剂和高锰酸钾,应当以自用且数量合理为限,并接受海关监管。

进出境人员不得随身携带前款规定以外的易制毒化学品。

第三十九条 违反本条例规定,走私易制毒化学品的,由海关没收走私的易制毒化学品;有违法所得的,没收违法所得,并依照海关法律、行政法规给予行政处罚;构成犯罪的,依法追究刑事责任。

最高人民法院、最高人民检察院《关于办理走私刑事案件适用法律若干问题的解释》(法释〔2014〕10号,2014年9月10日施行)

第二十条 直接向走私人非法收购走私进口的货物、物品,在内海、领海、界河、界湖运输、收购、贩卖国家禁止进出口的物品,或者没有合法证明,在内海、领海、界河、界湖运输、收购、贩卖国家限制进出口的货物、物品,构成犯罪的,应当按照走私货物、物品的种类,分别依照刑法第一百五十一条、第一百五十二条、第一百五十三条、第三百四十七条、第三百五十条(走私制毒物品罪)的规定定罪处罚。

第二十二条 在走私的货物、物品中藏匿刑法第一百五十一条、第一百五十二条、第三百四十七条、第三百五十条规定的货物、物品,构成犯罪的,以实际走私的货物、物品定罪处罚;构成数罪的,实行数罪并罚。

第二十三条　实施走私犯罪，具有下列情形之一的，应当认定为犯罪既遂：

（一）在海关监管现场被查获的；

（二）以虚假申报方式走私，申报行为实施完毕的；

（三）以保税货物或者特定减税、免税进口的货物、物品为对象走私，在境内销售的，或者申请核销行为实施完毕的。

【类案参考】

案例 3－18

何某凤、黄某夫走私制毒物品案[①]——将制毒物品藏匿于正常货物内邮寄出境属于走私制毒物品罪

［**基本案情**］　2018 年年初，同案人林某找到被告人黄某夫，二人商定采用在音箱电池内藏匿的方法将麻黄碱邮寄出境到新西兰等国牟利。黄某夫负责在网上购买音箱和联系物流公司，林某同时联系被告人何某凤找人为其“包装”麻黄碱，即在音箱电池中藏匿，以顺利运往国外牟利。何某凤遂找到被告人郑某平，许诺每“包装”一公斤麻黄碱给付 3000 元的报酬，之后郑某平找到被告人刘某飞，按照何某凤的指示在福建省福清市某小区租了一栋别墅的五楼作为包装窝点。林某安排他人分别给窝点配置了包装麻黄碱的工具及设备及向刘某飞传授“包装”麻黄碱的具体操作方法，刘某飞又将“包装”的具体操作方法传授给郑某平。郑某平将麻黄碱取回后，由刘某飞等负责包装。何某凤通过微信转账的方式向郑某平垫付了相关费用。2018 年 4 月中旬，郑某平、刘某飞将包装窝点转移至福清市“悦某苑”4 楼，二人共同包装了麻黄碱七箱。2018 年 5 月 25 日，郑某平、刘某飞根据黄某夫的安排，联系车辆将藏匿有麻黄碱的三箱音箱送到福州市大某嘉电子城圆通快递点，然后由黄某夫分别与大某嘉电子城圆通快递、深圳市某航国际货运代理有限公司联系并办理了投寄到新西兰相关手续，三箱音箱在运输到深圳后被公安机关查获。经鉴定，从上述三箱音箱的电池壳内查获的 448 小包疑似麻黄碱晶体状物共重 4696.17 克，均检出麻黄碱成分。之后，公安机关对“悦某苑”4 楼进行了搜查，查获包装工具一批、麻黄碱两包以及藏匿于四箱音箱电池内的麻黄碱 600 小包，共重 23,409.24 克。

［**裁判结果**］　深圳市中级人民法院判决认为，被告人何某凤、黄某夫非法运输制毒物品出境，且情节特别严重，其行为均已构成走私制毒物品罪；被告人郑某平、刘某飞违反国家规定，非法运输制毒物品，且情节特别严重，其行为均已构成非法运输制毒物品罪。被告人何某凤、黄某夫的走私行为和被告人郑某平、刘某飞的运输行为均已既遂，在涉案“悦某苑”4 楼查获的 23,409.24 克麻黄碱依法应一并计入四被告人对应的麻黄碱犯罪行为数量。被告人何某凤、黄某夫、郑某平、刘某飞虽分别受他人指使实施犯罪，但均系直接实行犯，在共同犯罪中均系主犯应按照其参与的全部犯罪处罚，并根据四被告人具体实施的犯罪行为和参与程度，在量刑上予以区分。四被告人归案后能够如实供述自己的罪行，且自愿认罪，依法可从轻处罚。判决：(1)被告人何某凤犯走私制毒物品罪，判处有期徒刑九年，并处罚金三万元；(2)被告人黄某夫犯走私制毒物品罪，判处有期徒刑九年，并处罚金三万元；(3)被告人郑某平犯非

① 参见广东省高级人民法院刑事裁定书，(2019)粤刑终 1364 号。

法运输制毒物品罪,判处有期徒刑八年,并处罚金二万元;(4)被告人刘某飞犯非法运输制毒物品罪,判处有期徒刑七年,并处罚金一万元;(5)缴获的麻黄碱28,105.41克,由公安机关予以销毁;缴获的音箱、电池壳、包装工具、手机十部等予以没收,上缴国库。广东省高级人民法院经审理,裁定驳回上诉,维持原判。

［**判理分析**］ (1)关于本案的既遂未遂问题,被告人何某凤、黄某大明知涉案麻黄碱以国外为运输目的地,查获的4696.17克麻黄碱已由郑某平、刘某飞雇人运送到圆通快递点后,又运输至深圳交付给负责外运出境的物流公司,何某凤、黄某夫的走私行为均已构成既遂。(2)关于定罪问题。郑某平、刘某飞受何某凤纠集对涉案制毒物品麻黄碱进行掩藏式包装,是为了在运输过程中不被发现,故其应当明知属于非法从事制毒物品相关行为,但其对何某凤针对涉案制毒物品的目的是走私并不知情,其受黄某夫安排联系车辆将包装好的制毒物品从福清市运输至福州市,属于非法运输制毒物品的行为,其包装麻黄碱可视为方便运输而进行的手段行为。

案例3-19

廖某成走私制毒物品案①——运用相关书证认定被告人的明知及犯罪数量

［**基本案情**］ 被告人廖某成从事国际货运代理业务。2014年左右,廖某成在网络上认识了Ehsan(身份不明)。2017年上半年,Ehsan在网络中与廖某成约定:Ehsan在国内采购纸尿布、洗洁精、醋酸酐(aceticoxide),运至深圳市廖某成联系的仓库,由廖某成将桶装醋酸酐用纸箱包装,伪装成洗洁精,以洗洁精的品名报关出口至伊朗等地。2017年7月17日,廖某成通过报关行伪报出口醋酸酐10桶,合计200千克;11月10日,廖某成通过报关行伪报出口醋酸酐250桶,合计4700千克。2019年4月16日,侦查机关抓获廖某成,在廖某成租用的深圳市盐田区某仓库查获疑似醋酸酐液体214桶,合计4066千克。经鉴定,均检出醋酸酐成分,含量为79.3%~95.9%。

［**裁判结果**］ 原判认为,被告人廖某成违反海关法规,逃避海关监管,走私醋酸酐出境,情节特别严重,其行为已经构成走私制毒物品罪。现场查获的醋酸酐4066千克尚未进入走私环节,可认定为未遂,查证属实的已经出口的醋酸酐数量达4900千克。廖某成直接实施将制毒物品走私出境的行为,系主犯。其虽表示认罪,但却避重就轻一直称自己不知道走私的物品是醋酸酐;其有揭发行为,但直至目前其提供的线索未能查证属实,故不构成立功。判决:(1)被告人廖某成犯走私制毒物品罪,判处有期徒刑九年,并处罚金十万元。(2)扣押在案的廖某成的苹果手机一部和三星牌手提电脑一台予以没收,上缴国库;扣押在案的全部醋酸酐由扣押机关依法处理。二审裁定驳回上诉,维持原判。

［**判理分析**］ (1)被告人对走私货物属于制毒物品是否有明知,可以从其专业知识背景、与同案人员的沟通内容、是否有改变产品包装、隐瞒产品性质及规避海关抽检等来判断。现有证据可以认定廖某成作为专业从事国际货运代理的人员,主观上明知是醋酸酐而走私出境。首先,查扣的廖某成手机、电脑中提取的数据及相关鉴定证实,廖某成自2017年上半年与Ehsan联系时就使用醋酸酐的英文单词(aceticoxide)进行沟通,廖某成整理的货物明细表从2017年开始即明确使用该英文单词记载收货情况,廖某成具有大学学历,长期使用英文与

① 参见广东省高级人民法院刑事裁定书,(2020)粤刑终626号。

客户联系，且作为专业货代，其辩称对所使用英文尤其是自己所需运输物品的英文单词含义不明，与常情常理不符。其次，Ehsan 自沟通之初即明确告知廖某成需要隐瞒报关运输醋酸酐出境，廖某成作为专业人员，明知出口规定及相关物品所受管制和查验风险，而事前与货主共谋，改变产品包装，隐瞒产品性质，规避海关抽检，将涉案物品走私出境。最后，廖某成的电脑中提取到多份其拍摄的鉴别视频，对此其无法做出合理解释，相关辩解与查证情况不符。(2)对于已经无法查扣的制毒物品，犯罪数量可以根据出库入库登记、被告人自己制作的账目、报送材料等间接证据予以认定。本案针对 2017 年 7 月、11 月两次出口，有廖某成自己整理的货物明细表、入仓出仓登记、报关材料等证据，在时间和货品信息上均能基本印证，其整理的货物明细中明确记载了相应时间段所收到的醋酸酐重量，且廖某成供认其每次收货及数量均与 Ehsan 核对确认再予结算，原判结合相应报关时间，依据廖某成本人整理的货物明细就低认定出口的醋酸酐重量共计 4900 千克。

案例 3－20

杨某等走私制毒物品案[①]——隐藏有制毒物品的货物未启运即被查获的属于未遂

［**基本案情**］ (1)2016 年 8 月 30 日，被告人林某兴在福建省福清市将装有 2 件熨衣器的包裹和装有 10 件灯具的包裹交予被告人杨某分别邮寄至爱尔兰和澳大利亚。该两包裹由杨某通过申通快递转运，于 2016 年 9 月 2 日在深圳市宝安区某街道首时运物流公司被查获，从熨衣器中缴获 39 包白色晶体，共重 5102.94 克；从灯具中缴获 10 包白色晶体，共重 7008.60 克。(2)2016 年 9 月 1 日，被告人林某风在福建省福清市将装有 124 件餐具的包裹交予杨某邮寄至新西兰，杨某又将他人装有 252 件手电筒的包裹邮寄至英国。该两包裹由杨某通过申通快递转运，9 月 4 日在深圳市宝安区某街道彝图物流公司被查获，从餐具中缴获 124 包白色晶体，共重 3845.74 克；从手电筒中缴获 252 包白色晶体，共重 5960.22 克。(3)2016 年 9 月 5 日，林某兴在福建省福清市将装有 11 件马桶的包裹交予杨某准备邮寄至新西兰时被抓获，从马桶中缴获 11 包白色晶体，共重 5926.20 克。同日，林某风在福建省福清市巷头镇白目街被抓获。(4)2016 年 9 月 6 日，被告人施某敏在福建省福清市将装有 2 件热水器的包裹交予杨某准备邮寄至英国时被抓获，从热水器中缴获 10 包白色晶体，共重 11,265.50 克。经鉴定，以上缴获的白色晶体均检出麻黄碱成分。

［**裁判结果**］ 一审判决认为，被告人杨某、林某风、林某兴、施某敏非法走私制毒物品，其行为均已构成走私制毒物品罪。其中，杨某、林某兴、施某敏非法走私制毒物品属于情节严重，林某风非法走私制毒物品属于情节较重，均应依法惩处。杨某于 2016 年 9 月 5 日因协助公安机关抓捕同案犯林某兴、施某敏而查获的制毒物品数量不宜计入其犯罪数量。林某风曾因犯非法买卖制毒物品罪被判处有期徒刑，在刑罚执行完毕五年内再犯走私制毒物品罪，且应当判处有期徒刑以上刑罚，构成累犯，依法应当从重处罚。四名被告人归案后均对主要犯罪事实能够如实供述，庭审中均表示认罪，依法均可从轻处罚。杨某协助公安机关抓获同案犯，属有立功表现，依法可以从轻处罚。鉴于杨某不止一次实施走私制毒物品的犯罪行为，在量刑时应予考量。被告人林某兴、施某敏走私涉案制毒物品在交予杨某准备邮寄时即被抓获，系犯罪未遂，依法可以比照既遂犯减轻处罚。判决：(1)被告人杨某犯走私制毒物品罪，判

① 参见广东省高级人民法院刑事裁定书，(2017)粤刑终 1799 号。

处有期徒刑四年,并处罚金四万元;(2)被告人林某兴犯走私制毒物品罪,判处有期徒刑四年,并处罚金四万元;(3)被告人林某风犯走私制毒物品罪,判处有期徒刑二年六个月,并处罚金二万元;(4)被告人施某敏犯走私制毒物品罪,判处有期徒刑二年,并处罚金一万元;(5)查获并扣押在案的全部制毒物品,由相关扣押机关依法予以销毁。查获并扣押在案的厨房用品、蒸汽挂烫机器、手电筒、微型马桶、手机等物品,依法予以没收,由扣押机关上缴国库。二审裁定驳回上诉,维持原判。

[**判理分析**] 本案被告人采用将麻黄碱藏匿在熨衣器、灯具、马桶等物品中伪报正常货物的方式逃避海关检查,主观上明显具有将制毒物品非法出境的目的,其中部分制毒物品在交给杨某后,尚未来得及交给物流公司,即被查获,制毒物品未能实质进行出入境检查的环节,应视为犯罪未遂。

61. 非法生产、买卖制毒物品犯罪的认定

【实务观点】

根据《易制毒化学品管理条例》的相关规定,国家对易制毒化学品的生产、经营、购买、运输和进口、出口实行分类管理和许可制度。易制毒化学品分为三类,第一类是可以用于制毒的主要原料,又分为药品类易制毒化学品和非药品类易制毒化学品;第二类、第三类是可以用于制毒的化学配剂。针对这三类易制毒化学品,国家的管理措施不同,也决定了非法生产、买卖、运输制毒物品罪的客观表现不同。

(1)关于第一类易制毒化学品。申请生产、经营、购买均应当经省级人民政府药品或安全生产监督管理部门审批并发给生产、经营或者购买许可证件,方可进行。经营单位应当建立销售台账,在销售时应当查验购买许可证和经办人身份证明,并在销售之日起5日内报当地公安机关备案。申请运输则需要经运出地的设区的市级公安机关审批并发给许可证件。也就是说,个人或者企业没有取得许可证而实施生产、经营、购买、运输第一类易制毒化学品的,均属于非法生产、买卖、运输制毒物品的行为。

(2)关于第二类、第三类易制毒化学品。生产和经营第二类易制毒化学品的行为不需要经过许可,但应当自生产、经营之日起30日内向设区的市级人民政府安全生产监督管理部门备案;经营第三类易制毒化学品,需要经县级人民政府安全生产监督管理部门备案;购买第二类、第三类易制毒化学品应当在购买前向县级人民政府公安机关备案,经营单位应当在销售之日起30日内报当地公安机关备案。也就是说,针对第二类、第三类易制毒化学品,国家对购买人要求事先进行备案,对生产、经营单位或个人则要求于行为发生后30日内向相关监管部门备案来进行事后的管理。如果行为人对第二类、第三类易制毒化学品的经营、销售行为不设台账,不要求购买者提供备案证明,并逃避备案,意味着行为人主观上具有规避国家监管的充分意图,对其所销售易制毒化学品可能被用于不法用途持一种放任的态度,其行为在客观上即产生了使该易制毒化学品被用于不法用途的危险性,属于非法生产、买卖制毒物品的行为。运输第二类易制毒化学品需要经运出地的县级公安机关审批并取得许可证;运输第三类易制毒化学品需要在运输前向县级人民政府公安机关备案。未取得许可或者未进行备案而实施运输行为的,属于非法运输制毒物品行为。

但易制毒化学品生产、经营、使用、运输单位或者个人未办理许可证明或者备案证明而生产、经营或者购买易制毒化学品行为所产生的危险是一种推定的危险，如果有证据证明涉案物品确实用于合法生产、生活需要，依法能够办理只是未及时办理许可证明或者备案证明，且未造成严重社会危害的，可不以非法生产、买卖、运输制毒物品罪处理。

【法律及司法文件】

《中华人民共和国刑法》

第三百五十条　［非法生产、买卖、运输制毒物品、走私制毒物品罪］违反国家规定，非法生产、买卖、运输醋酸酐、乙醚、三氯甲烷或者其他用于制造毒品的原料、配剂，或者携带上述物品进出境，情节较重的，处三年以下有期徒刑、拘役或者管制，并处罚金；情节严重的，处三年以上七年以下有期徒刑，并处罚金；情节特别严重的，处七年以上有期徒刑，并处罚金或者没收财产。

明知他人制造毒品而为其生产、买卖、运输前款规定的物品的，以制造毒品罪的共犯论处。

单位犯前两款罪的，对单位判处罚金，并对其直接负责的主管人员和其他直接责任人员，依照前两款的规定处罚。

国务院《易制毒化学品管理条例》

第二条第一款　国家对易制毒化学品的生产、经营、购买、运输和进口、出口实行分类管理和许可制度。

第二款　易制毒化学品分为三类。第一类是可以用于制毒的主要原料，第二类、第三类是可以用于制毒的化学配剂。易制毒化学品的具体分类和品种，由本条例附表列示。

第七条第一款　申请生产第一类易制毒化学品，应当具备下列条件，并经本条例第八条规定的行政主管部门审批，取得生产许可证后，方可进行生产……

第八条第一款　申请生产第一类中的药品类易制毒化学品的，由省、自治区、直辖市人民政府药品监督管理部门审批；申请生产第一类中的非药品类易制毒化学品的，由省、自治区、直辖市人民政府安全生产监督管理部门审批。

第九条　申请经营第一类易制毒化学品，应当具备下列条件，并经本条例第十条规定的行政主管部门审批，取得经营许可证后，方可进行经营……

第十条第一款　申请经营第一类中的药品类易制毒化学品的，由省、自治区、直辖市人民政府药品监督管理部门审批；申请经营第一类中的非药品类易制毒化学品的，由省、自治区、直辖市人民政府安全生产监督管理部门审批。

第十一条　取得第一类易制毒化学品生产许可或者依照本条例第十三条第一款规定已经履行第二类、第三类易制毒化学品备案手续的生产企业，可以经销自产的易制毒化学品。但是，在厂外设立销售网点经销第一类易制毒化学品的，应当依照本条例的规定取得经营许可。

第一类中的药品类易制毒化学品药品单方制剂，由麻醉药品定点经营企业经销，且不得零售。

第十三条　生产第二类、第三类易制毒化学品的，应当自生产之日起30日内，将生产的品种、数量等情况，向所在地的设区的市级人民政府安全生产监督管理部门备案。

经营第二类易制毒化学品的，应当自经营之日起30日内，将经营的品种、数量、主要流向等情况，向所在地的设区的市级人民政府安全生产监督管理部门备案；经营第三类易制毒化学品的，应当自经营之日起30日内，将经营的品种、数量、主要流向等情况，向所在地的县级人民政府安全生产监督管理部门备案。

前两款规定的行政主管部门应当于收到备案材料的当日发给备案证明。

第十四条　申请购买第一类易制毒化学品，应当提交下列证件，经本条例第十五条规定的行政主管部门审批，取得购买许可证……

第十五条第一款　申请购买第一类中的药品类易制毒化学品的，由所在地的省、自治区、直辖市人民政府药品监督管理部门审批；申请购买第一类中的非药品类易制毒化学品的，由所在地的省、自治区、直辖市人民政府公安机关审批。

第十六条　持有麻醉药品、第一类精神药品购买印鉴卡的医疗机构购买第一类中的药品类易制毒化学品的，无须申请第一类易制毒化学品购买许可证。

个人不得购买第一类、第二类易制毒化学品。

第十七条　购买第二类、第三类易制毒化学品的，应当在购买前将所需购买的品种、数量，向所在地的县级人民政府公安机关备案。个人自用购买少量高锰酸钾的，无须备案。

第十八条　经营单位销售第一类易制毒化学品时，应当查验购买许可证和经办人的身份证明。对委托代购的，还应当查验购买人持有的委托文书。

经营单位在查验无误、留存上述证明材料的复印件后，方可出售第一类易制毒化学品；发现可疑情况的，应当立即向当地公安机关报告。

第十九条　经营单位应当建立易制毒化学品销售台账，如实记录销售的品种、数量、日期、购买方等情况。销售台账和证明材料复印件应当保存2年备查。

第一类易制毒化学品的销售情况，应当自销售之日起5日内报当地公安机关备案；第一类易制毒化学品的使用单位，应当建立使用台账，并保存2年备查。

第二类、第三类易制毒化学品的销售情况，应当自销售之日起30日内报当地公安机关备案。

第二十条　跨设区的市级行政区域（直辖市为跨市界）或者在国务院公安部门确定的禁毒形势严峻的重点地区跨县级行政区域运输第一类易制毒化学品的，由运出地的设区的市级人民政府公安机关审批；运输第二类易制毒化学品的，由运出地的县级人民政府公安机关审批。经审批取得易制毒化学品运输许可证后，方可运输。

运输第三类易制毒化学品的，应当在运输前向运出地的县级人民政府公安机关备案。公安机关应当于收到备案材料的当日发给备案证明。

第二十四条第一款　接受货主委托运输的，承运人应当查验货主提供的运输许可证或者备案证明，并查验所运货物与运输许可证或者备案证明载明的易制毒化学品品种等情况是否相符；不相符的，不得承运。

第二十五条　因治疗疾病需要，患者、患者近亲属或者患者委托的人凭医疗机构出具的医疗诊断书和本人的身份证明，可以随身携带第一类中的药品类易制毒化学品药品制剂，但是不得超过医用单张处方的最大剂量。

第三十八条　违反本条例规定，未经许可或者备案擅自生产、经营、购买、运输易制毒化学品，伪造申请材料骗取易制毒化学品生产、经营、购买或者运输许可证，使用他人的或者伪造、变造、失效的许可证生产、经营、购买、运输易制毒化学品的，由公安机关没收非法生产、经营、购买或者运输的易制毒化学品、用于非法生产易制毒化学品的原料以及非法生产、经营、购买或者运输易制毒化学品的设备、工具，处非法生产、经营、购买或者运输的易制毒化学品货值10倍以上20倍以下的罚款，货值的20倍不足1万元的，按1万元罚款；有违法所得的，没收违法所得；有营业执照的，由市场监督管理部门吊销营业执照；构成犯罪的，依法追究刑事责任。

《立案追诉标准三》

第六条第三款　违反国家规定，实施下列行为之一的，认定为本条规定的非法买卖制毒物品行为：

（一）未经许可或者备案，擅自购买、销售易制毒化学品的；

（二）超出许可证明或者备案证明的品种、数量范围购买、销售易制毒化学品的；

（三）使用他人的或者伪造、变造、失效的许可证明或者备案证明购买、销售易制毒化学品的；

（四）经营单位违反规定，向无购买许可证明、备案证明的单位、个人销售易制毒化学品的，或者明知购买者使用他人的或者伪造、变造、失效的许可证明或者备案证明，向其销售易制毒化学品的；

（五）以其他方式非法买卖易制毒化学品的。易制毒化学品生产、经营、使用单位或者个人未办理许可证明或者备案证明，购买、销售易制毒化学品，如果有证据证明确实用于合法生产、生活需要，依法能够办理只是未及时办理许可证明或者备案证明，且未造成严重社会危害的，可不以非法买卖制毒物品罪立案追诉。

最高人民法院、最高人民检察院、公安部《关于办理制毒物品犯罪案件适用法律若干问题的意见》（公通字〔2009〕33号，2009年6月26日施行）

一、关于制毒物品犯罪的认定

……

（二）违反国家规定，实施下列行为之一的，认定为刑法第三百五十条规定的非法买卖制毒物品行为：（内容同上）。

（三）易制毒化学品生产、经营、使用单位或者个人未办理许可证明或者备案证明，购买、销售易制毒化学品，如果有证据证明确实用于合法生产、生活需要，依法能够办理只是未及时办理许可证明或者备案证明，且未造成严重社会危害的，可不以非法买卖制毒物品罪论处。

（四）为了制造毒品或者走私、非法买卖制毒物品而采用生产、加工、提炼等方法非法制造易制毒化学品的，根据刑法第二十二条的规定，按照其制造易制毒化学品的不同目的，分别以制造毒品、走私制毒物品、非法买卖制毒物品罪的预备行为论处①。

---

①《刑法修正案（九）》颁布实施后，对于非法生产制毒物品的行为规定为犯罪，本项规定中涉及“以走私制毒物品、非法买卖制毒物品罪的预备行为论处”的内容已无意义。

【类案参考】

案例 3－21

宫某萍非法买卖制毒物品案①——未经公安机关备案而向无购买备案证明的他人销售易制毒化学品的认定为非法买卖制毒物品罪

［**基本案情**］　2018 年 9 月，被告人宫某萍经营的烟台金宇化工原料有限公司曾因销售易制毒化学品被公安机关行政罚款一万元，在受处罚后其仍不思悔改。2019 年 1 月至 2 月，宫某萍在烟台市芝罘区化工路烟台金宇化工原料有限公司院内，在未经公安机关备案的情况下，擅自向无购买备案证明的×××非法销售易制毒化学品盐酸 250 千克、硫酸 600 千克，获利 600 元。该易制毒化学品后被孙某福、宋某波等人（均另案处理）用于制造甲基苯丙胺。

［**裁判结果**］　法院依法以非法买卖制毒物品罪判处被告人宫某萍有期徒刑三年六个月，并处罚金一万元；违法所得 600 元予以没收，上缴国库。

［**判理分析**］　为防止易制毒化学品被用于制造毒品，国家建立分类管理和许可制度，根据易制毒化学品的不同种类，对生产、经营、购买、运输及进出口行为都规定了严格的条件和审批程序。被告人宫某萍经营的化工原料公司，具有经营硫酸、盐酸等化学品的资质，但根据《易制毒化学品管理条例》的规定，其只能向提供购买许可证的公司或者个人销售有关的化学品。宫某萍曾因违规销售易制毒化学品被公安机关行政处罚过，仍不思悔改，为谋取利益，继续向没有备案证明的他人非法销售化学品，依法构成非法买卖制毒物品罪。

62. 非法生产、买卖、运输制毒物品罪和走私制毒物品罪“情节较重”的认定

【实务观点】

非法生产、买卖、运输制毒物品罪和走私制毒物品罪的入罪标准是“情节较重”，2016 年《毒品案件解释》第 7 条为本罪的“情节较重”规定了“数量”和“数量＋情节”两种认定标准。“数量”情节是单纯地考量行为人的犯罪数量，只要达到一定的数量标准，即认为构成犯罪。“数量＋情节”的认定标准是同时考虑犯罪数量和被告人的主观恶性、人身危险性及犯罪的间接后果等情节，对于犯罪数量达到“情节较重”数量标准一半以上，又具有制毒物品犯罪前科、两年内因类似行为受过行政处罚或者组织多人、多次、多个地点实施等体现人身危险性大的情节，利用、教唆未成年人实施或者国家工作人员知法犯法等体现主观恶性大的情节，严重影响群众生产、生活等造成间接危害后果的情节，也认为达到了本罪的“情节严重”的定罪标准。对于 2016 年《毒品案件解释》第 7 条第 2 款所规定的“其他情节严重”的情形，应当从被告人的主观恶性、人身危险性及犯罪的间接后果等方面从严掌握，比如制毒物品被下一手行为人直接用于制造毒品且数量大的，可以考虑认定为“情节严重”。

【法律及司法文件】

2016 年《**毒品案件解释**》

第七条第一款　违反国家规定，非法生产、买卖、运输制毒物品、走私制毒物品，达到下列

---

①　参见《销售易制毒化学品获利 600 元，烟台一女子换来三年半刑期罚金 1 万》，载齐鲁网 2020 年 6 月 24 日，http://m.iqilu.com/pcarticle/4574115。

数量标准的，应当认定为刑法第三百五十条第一款规定的“情节较重”（处三年以下有期徒刑、拘役或者管制，并处罚金）：

（一）麻黄碱（麻黄素）、伪麻黄碱（伪麻黄素）、消旋麻黄碱（消旋麻黄素）一千克以上不满五千克；

（二）1－苯基－2－丙酮、1－苯基－2－溴－1－丙酮、3，4－亚甲基二氧苯基－2－丙酮、羟亚胺二千克以上不满十千克；

（三）3－氧－2－苯基丁腈、邻氯苯基环戊酮、去甲麻黄碱（去甲麻黄素）、甲基麻黄碱（甲基麻黄素）四千克以上不满二十千克；

（四）醋酸酐十千克以上不满五十千克；

（五）麻黄浸膏、麻黄浸膏粉、胡椒醛、黄樟素、黄樟油、异黄樟素、麦角酸、麦角胺、麦角新碱、苯乙酸二十千克以上不满一百千克；

（六）N－乙酰邻氨基苯酸、邻氨基苯甲酸、三氯甲烷、乙醚、哌啶五十千克以上不满二百五十千克；

（七）甲苯、丙酮、甲基乙基酮、高锰酸钾、硫酸、盐酸一百千克以上不满五百千克；

（八）其他制毒物品数量相当的。

第二款　违反国家规定，非法生产、买卖、运输制毒物品、走私制毒物品，达到前款规定的数量标准最低值的百分之五十，且具有下列情形之一的，应当认定为刑法第三百五十条第一款规定的“情节较重”：

（一）曾因非法生产、买卖、运输制毒物品、走私制毒物品受过刑事处罚的；

（二）二年内曾因非法生产、买卖、运输制毒物品、走私制毒物品受过行政处罚的；

（三）一次组织五人以上或者多次非法生产、买卖、运输制毒物品、走私制毒物品，或者在多个地点非法生产制毒物品的；

（四）利用、教唆未成年人非法生产、买卖、运输制毒物品、走私制毒物品的；

（五）国家工作人员非法生产、买卖、运输制毒物品、走私制毒物品的；

（六）严重影响群众正常生产、生活秩序的；

（七）其他情节较重的情形。

《立案追诉标准三》

第五条第二款　非法运输、携带两种以上制毒物品进出国（边）境，每种制毒物品均没有达到本条第一款规定的数量标准，但按前款规定的立案追诉数量比例折算成一种制毒物品后累计相加达到上述数量标准的，应予立案追诉。

为了走私制毒物品而采用生产、加工、提炼等方法非法制造易制毒化学品的，以走私制毒物品罪（预备）立案追诉。

【权威解读】

2016年《毒品案件解释》在2000年《毒品定罪量刑解释》和2009年最高人民法院、最高人民检察院、公安部《关于办理制毒物品犯罪案件适用法律若干问题的意见》等规定的基础上，整体下调了全部33种列管制毒物品的定罪量刑数量标准，以进一步加大对制毒物品犯罪的惩治力度，从源头上遏制毒品犯罪，这也符合《刑法修正案（九）》修订本罪的精神。关于非法生产、买卖、运输制毒物品、走私制毒物品罪“情节较重”（定罪标准），规定了“数量”和“数量+情节”两种认定标准。

(1)数量标准。2016年《毒品案件解释》第7条第1款规定了全部33种已列管制毒物品的定罪数量标准。2016年《毒品案件解释》在确定制毒物品定罪数量标准时的考虑因素包括:一是在制造毒品过程中发挥的作用,包括该类制毒物品属于主要原料还是配剂,是否具有不可替代性,制造毒品的用量、比例等;二是当前的犯罪形势,包括该类制毒物品流入制毒渠道的数量、走向,在制造毒品犯罪中出现的频率等;三是制成毒品的种类、危害,例如甲基苯丙胺与氯胺酮的定罪量刑数量标准差距较大,制造甲基苯丙胺的主要原料麻黄碱与制造氯胺酮的主要原料羟亚胺的定罪量刑标准也要体现一定差别;四是合法用途和管制级别,包括该类制毒物品是否存在合法用途,在工农业生产和日常生活中是否广泛使用,行政管制级别的高低等。为加大对制毒物品犯罪的惩治力度,2016年《毒品案件解释》下调了麻黄碱、羟亚胺等25种制毒物品的定罪数量起点。同时,为防止刑法设定的较高幅度法定刑出现虚置,2016年《毒品案件解释》将适用三年有期徒刑以下刑罚(情节较重)的制毒物品数量标准上限,从以往定罪数量起点的10倍一律下调至5倍。

(2)“数量+情节”标准。2016年《毒品案件解释》第7条第2款还从“数量+其他情节”的角度规定了该罪的定罪标准,即制毒物品数量达到该条第1款规定的定罪数量起点的50%,且具有第2款所列几种情形之一的,应当以非法生产、买卖、运输制毒物品、走私制毒物品罪定罪处罚。这几种情形分别从违法犯罪经历、犯罪情节、犯罪主体、危害后果等方面作出规定。其中,第3项将一次组织五人以上实施犯罪和在多个地点非法生产规定为“情节较重”,是考虑到该罪涉案人员、加工窝点众多的具体情况。第6项主要是指生产制毒物品过程中污染水源或者土壤,导致养殖的鱼类、牲畜或者种植的农作物大量死亡等严重影响群众生产、生活秩序的情形。①

63. 非法生产、买卖、运输制毒物品罪和走私制毒物品罪“情节严重”和“情节特别严重”的认定

【实务观点】

2016年《毒品案件解释》第8条为本罪的“情节严重”和“情节特别严重”均规定了“数量”和“数量+情节”两种认定标准。其中“情节严重”的单纯数量标准是“情节较重”的最高数量标准之上、五倍以下;“情节特别严重”的单纯数量标准是“情节较重”的最高数量标准的五倍以上。关于本罪“情节严重”和“情节特别严重”的“数量+情节”认定标准,需要注意两点:一是在“数量”上只要求达到上一个量刑幅度的基本数量标准,而不是本法定刑幅度“数量标准”起点的一半,这与“情节较重”的“数量+情节”认定标准不同,后者要求犯罪数量达到“情节较重”数量标准的一半以上;二是在“情节”上只包含2016年《毒品案件解释》第7条第2款规定的第3项至第6项共四种情形,不包括有制毒物品犯罪前科、两年内因类似行为受过行政处罚这两种情形,也就意味着,对于具有这两种情形的行为人,在“情节严重”和“情

① 参见叶晓颖、马岩等:《〈关于审理毒品犯罪案件适用法律若干问题的解释〉的理解与适用》,载《人民司法·应用》2016年第13期。

节特别严重”的认定上，只依据其犯罪数量作出判断。

【法律及司法文件】

2016 年《毒品案件解释》

第八条　违反国家规定，非法生产、买卖、运输制毒物品、走私制毒物品，具有下列情形之一的，应当认定为刑法第三百五十条第一款规定的“情节严重”（处三年以上七年以下有期徒刑，并处罚金）：

（一）制毒物品数量在本解释第七条第一款规定的最高数量标准以上，不满最高数量标准五倍的；

（二）达到本解释第七条第一款规定的数量标准（“情节较重”的单纯数量标准），且具有本解释第七条第二款第三项至第六项规定的情形之一的；

（三）其他情节严重的情形。

违反国家规定，非法生产、买卖、运输制毒物品、走私制毒物品，具有下列情形之一的，应当认定为刑法第三百五十条第一款规定的“情节特别严重”（处七年以上有期徒刑，并处罚金）：

（一）制毒物品数量在本解释第七条第一款规定的最高数量标准五倍以上的；

（二）达到前款第一项规定的数量标准（即“情节严重”的单纯数量标准），且具有本解释第七条第二款第三项至第六项规定的情形之一的；

（三）其他情节特别严重的情形。

【权威解读】

2016 年《毒品案件解释》第 8 条第 1 款第 1 项规定了该罪“情节严重”的数量标准，起点为定罪数量标准的上限（定罪数量起点的 5 倍），该数量标准的上限为起点的 5 倍（定罪数量起点的 25 倍）。第 2 项规定了认定“情节严重”的“数量 + 其他情节”标准，即达到“情节较重”数量标准，同时具有第 7 条第 2 款第 3 项至第 6 项情形之一的，应当认定为“情节严重”。2016 年《毒品案件解释》第 8 条第 2 款第 1 项规定了认定该罪“情节特别严重”的数量标准，即达到“情节严重”一档的最高数量标准（定罪数量起点的 25 倍）以上的，就属于“情节特别严重”。第 2 项规定了认定“情节特别严重”的“数量 + 其他情节”标准，即达到“情节严重”的数量标准，同时具有第 7 条第 2 款第 3 项至第 6 项情形之一的，应当认定为“情节特别严重”。[①]

【类案参考】

案例 3 - 22

鲁某平非法生产制毒物品案[②]——非法生产邻酮情节特别严重

［**基本案情**］　被告人鲁某平于 2005 年 11 月 15 日因犯虚开增值税专用发票、用于骗取出口退税、抵扣税款发票罪被判处有期徒刑七年，并处罚金二十万元；2014 年 1 月 23 日因犯非法买卖制毒物品罪被判处有期徒刑一年九个月，并处罚金一万五千元，2015 年 1 月 24 日刑

---

① 参见叶晓颖、马岩等：《〈关于审理毒品犯罪案件适用法律若干问题的解释〉的理解与适用》，载《人民司法·应用》2016 年第 13 期。

② 参见《毒品犯罪及涉毒次生犯罪十大典型案例》，载《人民法院报》2017 年 6 月 22 日，第 3、4 版。

满释放。2016 年 5 月,被告人鲁某平与周某(另案处理)共谋生产邻氯苯基环戊酮(以下简称邻酮),商定由周某提供资金,鲁某平负责联系工厂、组织人员。同年 6 月,鲁某平选定河南省平顶山市一生化公司车间作为生产邻酮的地点,并安排王某某(另案处理)做技术员。周某向王某某支付 10 万元定金,并安排蔡某某、陈某某参与生产邻酮。至同年 7 月 25 日被查获时,鲁某平等人利用该公司设备、人员生产邻酮 4 批次,共计 231.5 千克。

[**裁判结果**] 江苏省建湖县人民法院审理认为,被告人鲁某平违反国家规定,非法生产国家管制的易制毒化学品邻酮,情节特别严重,其行为已构成非法生产制毒物品罪,应依法惩处。在共同犯罪中,鲁某平参与共谋非法生产制毒物品,选定生产场所,纠集、指挥他人进行生产,起主要作用,系主犯,应当按照其所指挥和参与的全部犯罪处罚。鲁某平系累犯,应依法从重处罚。据此,依法对被告人鲁某平判处有期徒刑八年六个月,并处罚金五万元。

[**判理分析**] 邻酮是生产羟亚胺的原料,而羟亚胺又可用于制造毒品氯胺酮。2016 年《毒品案件解释》下调了制毒物品犯罪的定罪量刑标准,非法生产、买卖、运输邻酮"情节较重"的标准为 4 千克以上不满 20 千克,"情节严重"的标准是 20 千克以上不满 100 千克,"情节特别严重"的标准是 100 千克以上。本案被告人鲁某平明知邻酮属于被管制的易制毒化学品,为牟取暴利伙同他人非法进行生产,至案发时产量达 230 余千克,属于情节特别严重,应当判处七年以上有期徒刑。

案例 3 -23

曾某华等非法生产制毒物品案[①]——非法生产麻黄碱情节特别严重

[**基本案情**] 2015 年 10 月至 2016 年 1 月,被告人曾某华、曾某胜、吴某宝、刘某余等人先后在山东省兰陵县大仲村镇车庄村、临沂高新技术产业开发区马厂湖镇武德村租用厂房,并从临沂市化工市场及湖北省武汉市等地购买溴代苯丙酮、二甲苯、盐酸等原材料,在上述厂房内分别生产麻黄碱共计 2000 余千克,其中在临沂高新技术产业开发区生产的 976 余千克麻黄碱被查获。

[**裁判结果**] 山东省临沂市高新技术产业开发区人民法院审理认为,被告人曾某华、曾某胜、吴某宝、刘某余违反国家规定,非法生产用于制造毒品的原料,情节特别严重,其行为均构成非法生产制毒物品罪。在共同犯罪中,曾某华组织、策划全部犯罪行为,系主犯,应当按照其所组织和参与的全部犯罪处罚;曾某胜、吴某宝、刘某余均起次要作用,系从犯,应当从轻处罚。吴某宝、刘某余如实供述自己及同案犯的罪行,可以从轻处罚。据此,依法对被告人曾某华、曾某胜、吴某宝、刘某余分别判处有期徒刑十二年、九年六个月、八年、八年,分别并处罚金二十万元、十五万元、十四万元、十万元。

[**判理分析**] 麻黄碱是制造甲基苯丙胺的主要原料。被告人曾某华等人明知麻黄碱属于制毒物品,为牟取暴利而非法生产,数量达 2000 余千克,属于情节特别严重,应当判处七年以上有期徒刑。

---

① 参见《毒品犯罪及涉毒次生犯罪典型案例》,载《人民法院报》2018 年 6 月 27 日,第 3 版。

案例3－24

吕某春等非法生产、买卖制毒物品案①——非法买卖溴代苯丙酮、生产麻黄素情节特别严重

［**基本案情**］ 被告人吕某春于2008年1月10日因犯贩卖毒品罪被判处有期徒刑十五年，并处罚金十万元，2015年7月6日刑满释放。被告人高某成于2014年6月30日因犯运输、制造毒品罪被判处有期徒刑一年六个月，并处罚金一万元，同年11月23日刑满释放。被告人郑某于2003年11月11日因犯抢劫罪被判处有期徒刑六年，并处罚金二千元。2017年3月，被告人吕某春为生产麻黄素，通过网络联系被告人郑某购买1－苯基－2－溴－1－丙酮（俗称溴代苯丙酮）200千克。后吕某春雇用被告人高某成参与生产，并购买制毒工具和其他原材料。2018年1月20日，公安人员在山东省青岛市市北区永乐路93号将吕某春、高某成抓获，并在该处查获麻黄素5.65千克、含有麻黄素的液体104.65千克及其他化学制剂。后郑某被抓获归案。

［**裁判结果**］ 山东省青岛市市北区人民法院审理认为，被告人吕某春非法购买、生产用于制造毒品的原料，情节特别严重，其行为已构成非法生产、买卖制毒物品罪；被告人高某成非法生产用于制造毒品的原料，情节特别严重，其行为已构成非法生产制毒物品罪；被告人郑某非法出售用于制造毒品的原料，情节特别严重，其行为已构成非法买卖制毒物品罪。吕某春、高某成在共同犯罪中均系主犯，且均系累犯、毒品再犯，应依法从重处罚。三人均如实供述主要犯罪事实，酌予从轻处罚。据此，依法对被告人吕某春判处有期徒刑十年六个月，并处罚金三万元；对被告人高某成判处有期徒刑九年六个月，并处罚金二万元；对被告人郑某判处有期徒刑八年六个月，并处罚金二万元。

［**判理分析**］ 溴代苯丙酮是合成麻黄素的重要原料，而麻黄素可用于制造毒品甲基苯丙胺，二者都是国家严格管控的易制毒化学品。根据2016年《毒品案件解释》第8条的规定，非法买卖1－苯基－2－溴－1－丙酮"情节特别严重"的标准是五十千克以上。被告人吕某春、高某成、郑某三人实施制毒物品犯罪均属情节特别严重。

64. 非法生产、买卖、运输制毒物品不以制毒物品犯罪论处的情形

【实务观点】

制毒物品是毒品的原料，同时多数制毒物品在工农业生产上又有较为广泛的合法用途。对制毒物品予以管理，是为了避免在生产、生活中发生制毒物品被他人取得并用于制造毒品，从而危害公众健康，以实现对法益的预防性保护。因此非法生产、买卖制毒物品罪是一种抽象危险犯，这种危险是法律拟制的危险。司法实践中，不加辨别而普遍地将抽象危险直接适用于每个个案从而成为刑罚的根据，与罪责原则背道而驰。如果确有证据证明这种危险实际不存在，就没有再予以刑罚的必要。因此，现有证据证明涉案制毒物品确实用于合法生产、生活需要，依法能够办理只是未及时办理许可证明或者备案证明，且未造成严重社会危害的，可不以非法

---

① 参见《最高人民法院发布2020年十大毒品（涉毒）犯罪典型案例》，载《人民法院报》2020年6月24日，第3版。

买卖制毒物品罪处理。当然这种行为违反了行政管理的相关规定,仍要予以行政处罚。

【法律及司法文件】

2016 年《**毒品案件解释**》

第七条第三款　易制毒化学品生产、经营、购买、运输单位或者个人未办理许可证明或者备案证明,生产、销售、购买、运输易制毒化学品,确实用于合法生产、生活需要的,不以制毒物品犯罪论处。

【权威解读】

2016 年《毒品案件解释》第 7 条第 3 款规定了非法生产、买卖、运输制毒物品,不以制毒物品犯罪论处的例外情形。该款吸收了 2009 年《关于办理制毒物品犯罪案件适用法律若干问题的意见》的相关规定,并对原有规定作了文字调整。绝大部分制毒物品(行政管理领域称为易制毒化学品)具有双重性,既可能被用于制造毒品,又在工农业生产和人们的日常生活中发挥重要作用。因此,对制毒物品违法犯罪活动的打击,不能影响到正常的生产、生活需要。根据《禁毒法》和《易制毒化学品管理条例》的规定,我国对易制毒化学品的生产、经营、购买、运输和进出口实行严格的分类管理和许可、备案制度。但实践中确实存在未办理许可证明或者备案证明而生产、销售、购买、运输易制毒化学品,且实际用于合法生产、生活需要的情形。对于此类行为,不应以制毒物品犯罪论处。①

【类案参考】

案例 3－25

滕某红非法买卖制毒物品案②——购买丙酮转卖他人用于合法生产经营活动的不作为犯罪处理

［**基本案情**］　滕某红系民营企业法定代表人,其公司经营范围为相关化学品的销售,取得了非药品类易制毒化学品经营备案证明、危险化学品经营许可证。滕某红在未经备案的情况下,多次向刘某某等 4 人各自经营的企业出售简单加工后的丙酮合计 13 吨,销售额 6.7 万元,刘某某等 4 人将购买的上述丙酮均用于各自经营企业的乙炔瓶装生产。

［**裁判结果**］　江苏省扬州市江都区人民检察院认为,丙酮是我国列管的第三类易制毒化学品,滕某红未到有关部门备案即出售丙酮,其行为违反了《易制毒化学品管理条例》的有关规定,但其购进丙酮废液转卖或者提纯后转卖的行为,均系将丙酮用于合法的生产经营活动,依据刑法及相关司法解释的规定,滕某红的行为不构成非法买卖制毒物品罪,决定对滕某红不起诉。对滕某红违反《易制毒化学品管理条例》的行为,向扬州市公安局发出检察建议,建议依法给予行政处罚。后扬州市公安局对滕某红的违法行为给予 100 余万元的行政处罚,没收其违法所得 6.7 万元。

---

①　参见叶晓颖、马岩等:《〈关于审理毒品犯罪案件适用法律若干问题的解释〉的理解与适用》,载《人民司法·应用》2016 年第 13 期。

②　参见《检察机关依法惩治和预防毒品犯罪典型案例》,载正义网 2019 年 6 月 26 日,http://hews.jcrb.com/jx-sw/20190626_2017059.html。

65. 非法生产、买卖、运输制毒物品犯罪,走私制毒物品犯罪与制造毒品罪的区分

【实务观点】

对于非法生产、买卖制毒物品的行为,不能仅以行为人明知其生产、出售的制毒物品可以并可能被用于制造毒品就认定其为制造毒品罪的共犯。理由有二:

首先,从共同犯罪的构成来说,要求行为人之间就共同犯罪形成共识,即犯意联络。具体表现为一方传递出欲实施某种犯罪并需要他人配合的意思表示,而另一方接收到这种意思表示,并与前一方就共同完成某种犯罪达成共识。对于非法生产、买卖制毒物品罪而言,处罚的对象就是逃避国家监管制度而非法生产、买卖制毒物品的行为。行为人从专业常识上对生产、买卖的麻黄素等制毒物品可以用于制造毒品一般是明知的,对其逃避国家监管而向他人销售的麻黄素等可能被购买者或者其下一手购买者用于制造毒品也是明知的,如果这种情况下即以制造毒品罪的共犯论处,则《刑法》设立非法买卖制毒物品罪的罪名就失去了意义。

其次,从刑事政策来说,司法政策的功能主要是在法律不明确的情形下提供法律适用的方向性指导,对于法律有明确规定的情形,不能再以政策代替法律作为评价的标准。制毒物品的本质是化学产品,和毒品在本质上有明显区别,即除用于制造毒品外,主要是用于合法的工业生产,不像毒品那样本身即具有社会危险性。因为这一类化学产品兼具制毒物品的特征,国家对其生产、买卖活动实施管制,违反这种管制的行为首先是一种行政违法行为,本质上并不具有对普通公民生命、健康或财产权益的危害性。由于存在非法生产、买卖的制毒物品可能被用于制造毒品这种潜在的危险性,国家将这种行为犯罪化,作为犯罪处理,已经体现了为预防毒品犯罪而从严惩处的刑事政策。在司法实践中,不能再以从严惩处毒品犯罪为由,对这种行为拔高评价,认定为制造毒品犯罪的共犯。

【法律及司法文件】

《中华人民共和国刑法》

第三百五十条第二款　明知他人制造毒品而为其生产、买卖、运输前款规定的物品的,以制造毒品罪的共犯论处。

最高人民法院、最高人民检察院、公安部《关于办理制毒物品犯罪案件适用法律若干问题的意见》(2009年6月26日颁布施行)

一、关于制毒物品犯罪的认定

……

(四)为了制造毒品或者走私、非法买卖制毒物品犯罪而采用生产、加工、提炼等方法非法制造易制毒化学品的,根据刑法第二十二条的规定,按照其制造易制毒化学品的不同目的,分别以制造毒品、走私制毒物品、非法买卖制毒物品的预备行为论处。

(五)明知他人实施走私或者非法买卖制毒物品犯罪,而为其运输、储存、代理进出口或者以其他方式提供便利的,以走私或者非法买卖制毒物品罪的共犯论处。

(六)走私、非法买卖制毒物品行为同时构成其他犯罪的,依照处罚较重的规定定罪处罚。

【类案参考】

案例3－26

王某情等非法买卖制毒物品案[①]——没有证据证实行为人明知他人用于制造毒品的不应认定为制造毒品罪的共犯

［**基本案情**］　2009年4月，被告人杨某先为贩卖麻黄碱牟利，租用一废弃厂房，雇用被告人曾某宝、刘某全、刘某辉等人利用其非法购得的"复方茶碱麻黄碱片"提炼麻黄碱。2010年3月9日，杨某先指使曾某宝将提炼出的200千克麻黄碱贩卖给被告人王某情。同月12日，公安人员在上述加工厂内查获一批生产设备和配剂，从厂内水池中查获含有麻黄碱成分的液体，另从杨某先的办公室查获28.38余千克的麻黄碱。2010年1月至3月，被告人王某情多次从被告人杨某先等人处购买麻黄碱后，先后4次组织或者伙同被告人王某祥、张某、王某林等人驾车将共计475余千克的麻黄碱从四川省运输至广东省贩卖给他人。

［**裁判结果**］　四川省成都市中级人民法院认为，被告人王某情、王某祥、张某、王某林非法买卖国家管制的制毒物品麻黄碱，被告人杨某先、曾某宝非法制造麻黄碱并贩卖牟利，被告人刘某全、刘某辉明知他人贩卖麻黄碱而为其生产制造，其行为均已构成非法买卖制毒物品罪。王某情非法购买麻黄碱后多次组织他人并亲自参与贩卖，数量大，在共同犯罪中起组织、指挥作用，系主犯，应按照其组织、指挥和参与的全部犯罪处罚。王某祥、张某、王某林非法买卖麻黄碱数量大，均系受指使参与犯罪，系从犯，应依法从轻处罚。杨某先雇佣他人制造并贩卖麻黄碱，数量大，在共同犯罪中起组织、指挥作用，系主犯，应按照其组织、指挥的全部犯罪处罚。曾某宝、刘某全、刘某辉受雇参与制造或者贩卖麻黄碱，数量大，系从犯，应依法从轻处罚。据此，依法对被告人王某情判处有期徒刑十年，对被告人杨某先判处有期徒刑八年六个月，对被告人王某祥判处有期徒刑七年，对被告人王某林判处有期徒刑六年，对被告人张某、曾某宝均判处有期徒刑五年，对被告人刘某全判处有期徒刑三年六个月，对被告人刘某辉判处有期徒刑三年。

［**判理分析**］　（1）如果本案发生在2015年《刑法修正案（九）》实施之后，则应当认定为非法生产、买卖制毒物品罪。在此之前，以非法贩卖为目的，利用麻黄碱类复方制剂加工、提炼制毒物品的，应当认定为非法买卖制毒物品罪。（2）向他人贩卖制毒物品，没有证据证实行为人明知他人用于制造毒品的，不应认定为制造毒品罪的共犯。本案中，杨某先制造出麻黄碱后贩卖给王某情，王某情又倒卖给他人。对于杨某先、王某情等人的行为，公诉机关指控构成制造毒品罪的主要理由是，麻黄碱系制毒物品已为公众知悉，杨某先、王某情等人非法贩卖麻黄碱，销售价格高于市场合法交易价格数十倍，购买者不可能再用于制药，各被告人对其生产、贩卖的麻黄碱必将被他人用于制造毒品应当明知，属于明知他人制造毒品而为其提供制毒物品，依法应当按照制造毒品罪的共犯论处；但在犯罪形态上，由于未实际查获毒品，可认定为犯罪预备。生效判决以非法买卖制毒物品罪定罪处罚。主要理由是：共同的犯罪故意要求各共同犯罪人之间有"意思联络"，即共同犯罪人在犯意上相互沟通。主观要件方面，行为

①　参见中华人民共和国最高人民法院刑事审判第一、二、三、四、五庭主办：《刑事审判参考》（2012年第4集，总第87集），法律出版社2013年版，第87～93页。另参见《最高人民法院公布六起毒品犯罪典型案例》，载《人民法院报》2012年6月27日，第3版。

人应当明知他人实施制造毒品犯罪。这里的“明知”是指“确切地知道”,“他人”是指“相对确定的某人”,即要求行为人具有与相对确定的他人共同实施制造毒品犯罪的意思联络。客观要件方面,行为人应当有为制毒人员实施制造毒品犯罪提供制毒原料的帮助行为。例如,向制毒人员贩卖制毒物品,向制毒人员提供制毒物品交换毒品或者抵账,以提供制毒物品作为出资形式参与制造毒品共同犯罪等。本案中,没有证据证实王某情、杨某先等人具有与相对确定的他人制造毒品的共同犯罪故意,也没有证据证实王某情、杨某先等人实施了向制毒人员贩卖制毒物品的行为。直接或者间接从王某情等人处购买制毒物品的人员均系非法买卖制毒物品的犯罪分子,并非制毒人员,也即并不能认定杨某先、王某情与销售最终环节的制造毒品人员存在犯意联络。

案例 3-27

李某沣、范某鑫、洪某伟非法买卖制毒物品罪①——仅明知所销售麻黄素可用于制造毒品不能构成制造毒品罪的共犯

［**基本案情**］ (1)2013 年 10 月的一天,被告人范某鑫以 7.2 万元向李某树(另案处理)购买一包麻黄素(重量 25 公斤)再卖给余某通(另案处理),从中获利 2000 元。李某树指派被告人李某沣与唐某海(另案处理)驾驶汽车将麻黄素从福建省载到广东省陆丰市甲西镇一条断桥附近交给范某鑫,范某鑫用摩托车将其载到甲西镇博社村附近交给余某通,余某通又指使被告人洪某伟用摩托车将麻黄素载到仙石公路坟场,卖给一名叫“老余”的人,得款 8.5 万元,洪某伟从中获利 5000 元。(2)2013 年 10 月的一天,以上述相同方式,范某鑫以 14.4 万元向李某树购买两包麻黄素(重量 50 公斤),又以 14.8 万元卖给余某通,从中获利 4000 元。2013 年 11 月中旬的一天,范某鑫向李某树购买一包麻黄素(重量 25 公斤)卖给余某通,得款 7.4 万元后,将 7.2 万元货款还给了李某树,从中赚取 2000 元。(3)2013 年 12 月 28 日,范某鑫欲以 14.4 万元向李某树购买两包麻黄素(重量共 50 公斤)。李某树指使李某沣独自驾车将两包麻黄素交给范某鑫,范某鑫又以 14.8 万元卖给余某通。当晚,余某通到范某鑫家中先支付部分货款 99,300 元。次日凌晨,李某沣、范某鑫、洪某伟分别被公安机关抓获归案。

［**裁判结果**］ 广东省汕尾市中级人民法院经审理认为,被告人李某沣、范某鑫、洪某伟违反了国家对毒品的管制,明知他人制造毒品而为其提供制毒原料麻黄素,其行为均已构成制造毒品罪,依法应予惩处。判决:被告人李某沣、范某鑫犯制造毒品罪,判处无期徒刑,剥夺政治权利终身,并处没收个人全部财产;被告人洪某伟犯制造毒品罪,判处有期徒刑十五年,并处没收个人财产十五万元。广东省高级人民法院经审理认为,上诉人李某洋、范某鑫、洪某伟违反国家对毒品的管制,非法买卖制毒物品麻黄素,数量大,其行为均已构成非法买卖制毒物品罪,依法应予惩处。李某沣、洪某伟系从犯,应当减轻处罚。判决:范某鑫犯非法买卖制毒物品罪,判处有期徒刑九年,并处罚金五万元;李某沣犯非法买卖制毒物品罪,判处有期徒刑七年,并处罚金五万元;洪某伟犯非法买卖制毒物品罪,判处有期徒刑五年,并处罚金三万元。

［**判理分析**］ 本案认定被告人买卖麻黄素的行为构成非法买卖制毒物品罪而不是制造毒品罪共犯的理由如下:(1)《刑法》第 350 条第 2 款规定,明知他人制造毒品而为其提供前款

---

① 参见王在魁、周彦:《明知不特定他人制毒而买卖麻黄素构成非法买卖制毒物品罪》,载《人民司法·案例》2016 年第 11 期。

规定的物品的,以制造毒品罪的共犯论处。这里的“他人”是特定的他人,而不是泛指的任何人。这里的“明知”应该是具体的,即行为人必须明知某个特定的人要制造毒品而为其提供制毒物品的,方可构成制毒共犯,而不是概括的明知,即知道其所提供的物品可能会被用于制造毒品。(2)本案现有证据无法证明下家余某通购买麻黄素用于制造毒品,买卖链条上涉及的6人均没有参与制毒行为,也没有查到制毒的实物、工具、场地等,三被告人买卖麻黄素的行为主要是为了倒卖牟利。虽然三被告人在侦查阶段承认知道麻黄素可以制毒,但没有证据证明被告人知道向其直接买麻黄素的人用于制造毒品,更无证据证明买者制造毒品,不能认定他们与制毒者有犯意上的联络。

66. 非法生产制毒物品过程中又构成污染环境罪的是数罪并罚还是从一重处

【实务观点】

非法生产制毒物品过程中又构成污染环境罪的,究竟应数罪并罚还是按牵连犯从一重处?编者认为应当数罪并罚。理由如下:一是从犯罪行为的数量看,本案存在两个行为,一个是生产制毒物品的行为,另一个是向自然环境排放生产废水的行为,二者的本质是不同的。二是从两个犯罪行为的关系看,二者之间既不存在目的行为与手段行为的关系,也不存在原因行为与结果行为的关系。牵连犯的两个行为之间必须存在惯常的手段与目的的关系或者原因与结果的关系。手段行为是指为实施目的行为而必须先实施的手段行为,比如私刻印章实施诈骗行为,而污染环境行为是生产制毒物品的后果,不是生产制毒物品的惯常手段行为;结果行为是指原因行为的犯罪结果又触犯另一个犯罪构成,比如生产违禁品之后的持有行为,而污染环境也不是生产制毒物品犯罪的惯常结果行为,生产制毒物品的惯常结果行为是买卖或者走私制毒物品,不是污染环境。三是从犯罪行为侵害的法益看,被告人生产制毒物品和排放生产废水的行为分别侵害了不同的法益,一个是国家的毒品管制制度,另一个是国家的环境保护制度。

【类案参考】

案例 3-28

易某发等非法生产制毒物品、污染环境案①——非法生产制毒物品过程中又构成污染环境罪的应数罪并罚

［**基本案情**］　2014年4月,被告人易某发等人在贵州省贵阳市租赁民房、废弃厂房等,利用非法购买的盐酸、甲苯、溴代苯丙酮等加工生产麻黄碱。2015年5月至2016年1月,被告人易某发等人在非法生产麻黄碱过程中,为排放生产废水,在厂房外修建排污池、铺设排污管道,将生产废水通过排污管引至距厂房约70米外的溶洞排放。2016年1月,公安机关在涉案加工点查获麻黄碱6.188千克、甲苯11,700千克、盐酸3080千克、溴代苯丙酮13,000千克。经鉴定,易某发等人生产麻黄碱所产生、排放的废水属危险废弃物。

［**裁判结果**］　贵州省清镇市人民法院一审认为,被告人易某发等人的行为均已构成非法

---

① 参见《人民法院环境资源审判保障长江经济带高质量发展典型案例》,载《人民法院报》2018年11月29日,第4版。

生产制毒物品罪;将属于危险物质的生产制毒物品废水利用溶洞向外排放,严重污染环境,其行为同时构成污染环境罪,应予数罪并罚。判处易某发等人八年至十年有期徒刑,并处罚金11万元至13万元。

[**判理分析**] 本案系非法生产制毒物品过程中引发的环境污染案件。被告人易某发等人在非法生产麻黄碱的过程中,违反国家规定修建排污池,铺设排污管道,将含有危险废物的生产废水通过排污管引至溶洞排放,严重污染环境。本案以非法生产制毒物品罪和污染环境罪数罪并罚,既体现出人民法院始终坚持依法从严惩处毒品犯罪、加大对生产制毒物品犯罪的惩处力度,也体现出人民法院以零容忍态度依法维护人民群众生命健康和环境公共利益的决心。

67. 非法买卖易制毒化学品的行为同时又构成非法经营罪的应如何处理

【实务观点】

非法买卖易制毒化学品的行为构成非法买卖制毒物品罪,同时由于易制毒化学品属于国家规定的限制买卖物品,非法买卖此类物品同时构成非法经营罪,属于想象竞合犯,应从一重罪处理。

【类案参考】

案例3-29

陈某弟非法经营案[①]——非法买卖的易制毒化学品同时又属于危险化学品的应当从一重处

[**基本案情**] 瑞安市革新机电有限公司与瑞安市迦拿五金厂有购买硫酸、盐酸资格但没有存储条件,陈某弟没有购买资格但有存储条件。(1)2007年8月至2008年4月,被告人陈某弟没有办理硫酸、盐酸的危险化学品销售许可证,但28次借用瑞安市革新机电有限公司与瑞安市迦拿五金厂的网上申购硫酸、盐酸审批系统进行申购,然后以这两家企业的名义在公安机关办理硫酸、盐酸易制毒化学品购买备案证明共计28份(第二、三类易制毒化学品购买备案证明),再凭借这些备案证明数次向温州市天鹏化工公司购买硫酸、盐酸各140吨,在未进行出售备案的情况下将上述物品销售给无购买备案证明的他人,经营额达到252,000元。(2)2008年6月至8月,陈某弟既没有借用他人名义办理备案证明,也没有自己办理备案证明,又擅自向温州市天鹏化工公司支付8400元购买盐酸28余吨,也在未备案情况下出售给他人。2008年8月8日,陈某弟的非法经营场所被公安机关查获,被扣缴盐酸7吨、硫酸1吨。同日陈某弟到公安机关投案。

[**裁判结果**] 一审法院认为,被告人陈某弟违反国家规定,未经许可经营限制买卖的物品,扰乱市场秩序,情节严重,其行为已触犯刑法,构成非法经营罪。公诉机关指控非法买卖制毒物品罪的罪名不当,予以变更。被告人陈某弟能投案自首,依法可以从轻处罚。判决:以非法经营罪判处被告人陈某弟有期徒刑二年六个月,并处罚金30,000元。二审法院经审理,裁定驳回上诉,维持原判。

---

① 参见彭丁云、吴婉如:《非法买卖易制毒化学品的法律适用》,载《人民司法·案例》2009年第16期。

[**判理分析**] (1)依据国务院颁发的《危险化学品安全管理条例》之规定,国家对危险化学品经营销售实行许可制度,硫酸、盐酸属于《危险货物品名表》所列的限制买卖的危险化学品。依据2005年国务院颁发的《易制毒化学品管理条例》(已被修改)及“附表”,硫酸、盐酸属于第三类易制毒化学品。《易制毒化学品管理条例》第9条规定,经营第一类易制毒化学品需要经营许可证,购买第一类易制毒化学品实行购买许可证制度;第13条第2~3款规定,经营第二、三类易制毒化学品实行备案制度,应当自经营之日起30日内,将经营的品种、数量、主要流向等情况,向所在地的县级人民政府安全生产监督管理部门备案;交易过程中,销售单位有义务要求购买者出具备案证明并加以审核。依据《易制毒化学品管理条例》第38条的规定,未经许可或者备案擅自生产、经营、购买、运输易制毒化学品,构成犯罪的,依法追究刑事责任。该条例对第二、三类易制毒化学品的经营、购买实行备案制度,明显具有限制交易的目的。(2)非法买卖硫酸、盐酸,既构成非法买卖制毒物品罪,同时又触犯了国家对危险化学品经营的销售实行许可证制度,构成非法经营罪。这种同一罪行触犯数个罪名的法条形态属于法条竞合,属于简单法条(非法经营罪)和复杂法条(非法买卖制毒物品罪)之关系,应该以复杂法条优于简单法条为一般原则,以重法条优于轻法条为补充原则。本案审理当时的司法解释只对几种常见制毒物品规定了定罪量刑标准,对于没有规定的硫酸、盐酸在参照常见制毒物品数量标准时要适度放宽。所以本案非法买卖制毒物品不宜认定为数量大,考虑到有自首情节,依据相关量刑规则,以非法买卖制毒物品罪论处,可判处两年以下有期徒刑,并处罚金。但其非法经营额达到25万元之多,属于情节严重,考虑到自首情节,依据量刑规则,以非法经营罪论处,可判处两年六个月以上有期徒刑,并处罚金。故最后以非法经营罪论处。

第三节 非法种植毒品原植物罪和非法买卖、运输、携带、持有毒品原植物种子、幼苗罪

68. 非法种植毒品原植物罪的定罪量刑如何把握

【实务观点】

将非法种植毒品原植物的行为作为犯罪,主要是针对以制造毒品或者为制造毒品提供原材料为目的而种植毒品原植物的行为,将打击犯罪的关口向前端延伸,以最大限度地预防毒品犯罪。在我国一些农村、山区,有少量种植罂粟成熟取果后作家庭药用或调料品使用,或者将幼苗作青菜食用的习惯。司法实践中对于非法种植罂粟、大麻等毒品原植物的,除以种植数量为主要量刑依据外,还应考虑到种植的目的、发现时植物所处的生长期、行为人的年龄、文化程度及认罪悔罪态度等反映行为人主观恶性和行为社会危害性的因素,确保精准打击,罪刑相当。

根据最高人民法院相关会议纪要的精神,对于不以提炼毒品或者非法买卖为目的种植毒品原植物的,可以酌情从宽处罚;根据案件具体情况,综合判断属于《刑法》第37条规定的“犯罪情节轻微不需要判处刑罚的”情形,可以免予刑事处罚。实践中应当注意行刑衔接,建议公安机关给予行政处罚。

【法律及司法文件】

《中华人民共和国刑法》

第三百五十一条 非法种植罂粟、大麻等毒品原植物的，一律强制铲除。有下列情形之一的，处五年以下有期徒刑、拘役或者管制，并处罚金：

（一）种植罂粟五百株以上不满三千株或者其他毒品原植物数量较大的；

（二）经公安机关处理后又种植的；

（三）抗拒铲除的。

非法种植罂粟三千株以上或者其他毒品原植物数量大的，处五年以上有期徒刑，并处罚金或者没收财产。

非法种植罂粟或者其他毒品原植物，在收获前自动铲除的，可以免除处罚。

2016年**《毒品案件解释》**

第九条 非法种植毒品原植物，具有下列情形之一的，应当认定为刑法第三百五十一条第一款第一项规定的“数量较大”：

（一）非法种植大麻五千株以上不满三万株的；

（二）非法种植罂粟二百平方米以上不满一千二百平方米、大麻二千平方米以上不满一万二千平方米，尚未出苗的；

（三）非法种植其他毒品原植物数量较大的。

非法种植毒品原植物，达到前款规定的最高数量标准的，应当认定为刑法第三百五十一条第二款规定的“数量大”。

《立案追诉标准三》

第七条第二款 本条所规定的“种植”，是指播种、育苗、移栽、插苗、施肥、灌溉、割取津液或者收取种子等行为。非法种植毒品原植物的株数一般应以实际查获的数量为准。因种植面积较大，难以逐株清点数目的，可以抽样测算每平方米平均株数后按实际种植面积测算出种植总株数。

【类案参考】

案例3－30

徐某妙非法种植毒品原植物案①——非法种植罂粟数量较大且系累犯

［**基本案情**］ 被告人徐某妙2003年6月3日因犯合同诈骗罪被判处有期徒刑十二年，并处罚金十万元，2009年7月3日因病被暂予监外执行，2015年8月26日刑罚执行完毕。2016年年底，被告人徐某妙在浙江省永嘉县桥下镇徐山村一处田地种植罂粟2243株。2017年4月8日，公安人员在上述地点查获该批罂粟。在附近务农的徐某妙在接受公安人员排查性询问时主动交代罂粟系其种植。

［**裁判结果**］ 浙江省永嘉县人民法院审理认为，被告人徐某妙非法种植毒品原植物罂粟，数量较大，其行为已构成非法种植毒品原植物罪。徐某妙系累犯，应当从重处罚。徐某妙具有自首情节，可以从轻处罚。据此，依法对被告人徐某妙判处有期徒刑二年，并处罚金八千元。

---

① 参见《毒品犯罪及涉毒次生犯罪典型案例》，载《人民法院报》2018年6月27日，第3版。

［判理分析］《刑法》第351条规定，非法种植罂粟500株以上的，即构成非法种植毒品原植物罪，应当判处五年以下有期徒刑、拘役或者管制，并处罚金。本案被告人徐某妙非法种植罂粟达2243株，具有累犯、自首等情节，依法判处有期徒刑二年，具有重要警示作用。

案例3－31

金某花非法种植毒品原植物案①——法定刑以下判处刑罚

［基本案情］2019年年初，被告人金某花在自家菜地附近种植罂粟3565株，当年3月26日被公安机关发现，并对该植物进行铲除。经植保植检站技术人员辨认，该批植物符合罂粟幼苗期生物学特征。

［裁判结果］一审法院认为被告人金某花非法种植罂粟苗数量较大，其行为已构成非法种植毒品原植物罪。被告人金某花非法种植罂粟苗3000株以上，应判处五年以上有期徒刑，并处罚金。根据被告人生活经历、文化程度等因素，可认定被告人金某花从主观方面知道其种植的所谓"菜苗"是罂粟的种属，但其没有积极地追求将其制造成毒品的目的，其主观恶性较小，该批罂粟植株在案发时系幼苗状态，未成熟结果，已经被民警铲除，社会危害性小。故对被告人金某花可在法定刑以下判处刑罚。判决：被告人金某花犯非法种植毒品原植物罪，判处有期徒刑六个月，并处罚金五千元。二审法院经审理，裁定驳回上诉，维持原判。最高人民法院复核后予以核准。

［判理分析］本案案发时罂粟植株系幼苗状态，且有优势证据证明被告人种植罂粟的目的是做青菜食用，不是追求将其制造成毒品，足以说明被告人主观恶性及社会危害性较小；同时考虑到被告人年纪较大、文化程度低，又能主动缴纳罚金，且系初犯、偶犯等情节，对被告人在法定刑以下判处刑罚。

69. 非法买卖、运输、携带、持有毒品原植物种子、幼苗罪的定罪量刑如何把握

【实务观点】

未经灭活的罂粟等毒品原植物种子或者幼苗，具有继续繁殖、培育、种植为罂粟植株从而收获毒品的可能性，因此非法买卖、运输、携带、持有达到一定的数量，即具有构成犯罪所必需的社会危险性。

【法律及司法文件】

《中华人民共和国刑法》

第三百五十二条 ［非法买卖、运输、携带、持有毒品原植物种子、幼苗罪］非法买卖、运输、携带、持有未经灭活的罂粟等毒品原植物种子或者幼苗，数量较大的，处三年以下有期徒刑、拘役或者管制，并处或者单处罚金。

2016年《毒品案件解释》

第十条 非法买卖、运输、携带、持有未经灭活的毒品原植物种子或者幼苗，具有下列情形之一的，应当认定为刑法第三百五十二条规定的"数量较大"：

① 参见河南省漯河市中级人民法院刑事裁定书，(2020)豫11刑终45号。

（一）罂粟种子五十克以上、罂粟幼苗五千株以上的；

（二）大麻种子五十千克以上、大麻幼苗五万株以上的；

（三）其他毒品原植物种子或者幼苗数量较大的。

【类案参考】

案例 3 - 32

强某元运输毒品、非法运输毒品原植物种子案[①]——同时运输毒品和毒品原植物种子的应数罪并罚

［**基本案情**］　被告人强某元为非法牟利，从陕西省勉县购买罂粟壳 14,500 克、罂粟籽 6810 克，于 1997 年 11 月 27 日非法携带上述物品乘坐汉中至北京的 568 次旅客列车到达北京西站，在北二出站口被民警查获，所携带的罂粟壳、罂粟籽被当场抓获。案发后，强某元能如实交代犯罪事实，认罪态度较好。经检验，强某元携带的罂粟籽样品有活力，发芽率为 45%，发芽率的田间成活率为 20% ~30%。

［**裁判结果**］　一审法院认为，被告人强某元明知罂粟壳是毒品，仍采用携带的方法运输，同时还采用同样的方法非法运输数量较大的未经灭活的罂粟种子，其行为已分别构成运输毒品罪和非法运输毒品原植物种子罪，应予并罚。强某元归案后能如实交代犯罪事实，认罪态度较好，可对其酌情从轻处罚。判决：被告人强某元犯运输毒品罪，判处有期徒刑三年，并处罚金一千元；犯非法运输毒品原植物种子罪，判处有期徒刑二年零六个月，并处罚金一千元；决定执行有期徒刑四年，并处罚金二千元。二审法院经审理认为，上诉人提出应按鉴定的成活率 45% 的比例来认定罂粟籽的数量无法律依据，裁定驳回上诉，维持原判。

［**判理分析**］　被告人在一次运输过程中分别有运输毒品和非法运输毒品原植物种子两个行为，符合两个罪的构成要件，应实行数罪并罚。关于非法运输毒品原植物种子的数量，应以非法运输罂粟籽的数量乘以有关比例，折算出合多少株罂粟，再比照《刑法》第 351 条关于非法种植罂粟的数量较大的起刑标准来判断。强某元虽供述为贩卖而到陕西省购买罂粟壳和罂粟籽，但经查证，其所联系的买方均否认要买毒品，卖方又没有找到，难以认定其行为是贩卖毒品和非法买卖毒品原植物种子。鉴于本案有强某元去陕西省和返京的车票、补票收据以及其在北京西客站被抓获等证据，应视为其在运输毒品途中被抓获，不是一般的持有和携带。因此，对其行为应认定为运输毒品罪和非法运输毒品原植物种子罪。

第四节　引诱、教唆、欺骗他人吸毒罪和强迫他人吸毒罪

70. 引诱、教唆、欺骗他人吸毒罪的定罪和量刑把握

【实务观点】

吸毒成瘾会严重损害身体及精神健康，因此引诱、教唆、欺骗他人吸毒的行为具有极大的

---

① 参见祝铭山主编：《典型案例与法律适用：走私、贩卖、运输、制造毒品罪》，中国法制出版社 2004 年版，第 34 页。

社会危害性，我国刑法对引诱、教唆、欺骗他人吸毒罪没有设置数量、情节等入罪条件，故实施此类行为的一般均应追究刑事责任。对于有证据证明行为人为实施强奸、抢劫、强制猥亵等犯罪而欺骗他人吸食毒品的，应当按照处罚较重的罪名追究刑事责任。

行为人明知系国家管制的麻醉药品、精神药品而向他人的饮料、食物中投放，欺骗他人吸食的，应当以欺骗他人吸毒罪追究刑事责任。麻醉药品、精神药品具有镇静、安眠等药用功效，往往成为行为人抗辩其毒品属性的借口，对于有证据证明行为人明知系国家管制的麻醉药品、精神药品，仍利用其毒品属性和用途的，应当依法认定相关物品为毒品。行为人主观上是否明知涉案物品系毒品，应当根据其年龄、职业、生活阅历、有无吸贩毒史以及物品的取得、交付、使用方式等，运用经验法则和逻辑规则综合分析判断。

根据最高人民法院相关会议纪要的精神，对实施引诱、教唆、欺骗、强迫他人吸毒犯罪的被告人，应当严格控制缓刑适用。[①]

【法律及司法文件】

《中华人民共和国刑法》

第三百五十三条　[引诱、教唆、欺骗他人吸毒罪]引诱、教唆、欺骗他人吸食、注射毒品的，处三年以下有期徒刑、拘役或者管制，并处罚金；情节严重的，处三年以上七年以下有期徒刑，并处罚金。

[强迫他人吸毒罪]强迫他人吸食、注射毒品的，处三年以上十年以下有期徒刑，并处罚金。

引诱、教唆、欺骗或者强迫未成年人吸食、注射毒品的，从重处罚。

2016 年《毒品案件解释》

第十一条　引诱、教唆、欺骗他人吸食、注射毒品，具有下列情形之一的，应当认定为刑法第三百五十三条第一款规定的“情节严重”：

（一）引诱、教唆、欺骗多人或者多次引诱、教唆、欺骗他人吸食、注射毒品的；

（二）对他人身体健康造成严重危害的；

（三）导致他人实施故意杀人、故意伤害、交通肇事等犯罪行为的；

（四）国家工作人员引诱、教唆、欺骗他人吸食、注射毒品的；

（五）其他情节严重的情形。

【类案参考】

案例 3－33

邹某生引诱他人吸毒、盗窃案[②]——引诱他人吸毒并唆使他人共同盗窃

[**基本案情**]　被告人邹某生系广东省化州市某村村民，意图引诱同村村民邹某某（另案处理）一起吸毒。2018 年 9 月的一天，邹某生向邹某某借款购买海洛因后，当晚来到邹某某家，称吸食海洛因可消除邹某某腿部术后疼痛。邹某某表示其不会吸毒，邹某生便将海洛因

---

① 此观点最早源于 2015 年《武汉会议纪要》。

② 参见《最高人民法院发布 2020 年十大毒品（涉毒）犯罪典型案例》，载《人民法院报》2020 年 6 月 24 日，第 3 版。

放在锡纸上加热，让邹某某吸食烤出的烟雾。此后，邹某某遇腿部疼痛时便让邹某生购买海洛因一起吸食。同年11月的一天晚上，被告人邹某生和邹某某毒瘾发作，但无钱购买毒品。经邹某生提议，二人潜入同村一村民家窃得一台液晶电视机。次日，邹某生将电视机销赃得款400元，用其中100元购买海洛因，与邹某某一起吸食。

［**裁判结果**］ 广东省化州市人民法院审理认为，被告人邹某生引诱他人吸食毒品，其行为已构成引诱他人吸毒罪；邹某生以非法占有为目的，伙同他人入户盗窃财物，其行为又构成盗窃罪。鉴于邹某生如实供述自己的罪行，并当庭认罪悔罪，可从轻处罚。据此，对邹某生以引诱他人吸毒罪判处有期徒刑一年二个月，并处罚金二千元；以盗窃罪判处有期徒刑七个月，并处罚金一千元，决定执行有期徒刑一年六个月，并处罚金三千元。

［**判理分析**］ 被告人邹某生以吸毒可以消除病痛为由引诱他人吸食海洛因，虽然仅引诱一人吸毒，但仍构成引诱他人吸毒罪；为购买毒品又唆使其引诱吸毒的人共同入户盗窃财物，体现了其引诱他人吸毒的次生危害后果，对其引诱他人吸毒罪应酌情从重处罚。

案例3-34

张某国教唆他人吸毒案①——吸毒人员教唆他人吸毒

［**基本案情**］ 被告人张某国2014年3月4日因犯诈骗罪被判处有期徒刑十个月，并处罚金五千元，因患病未能交付执行。2014年12月8日晚，张某国从邱某程（已判刑）处购得毒品，并让其同学林某阳驾车去邱某程处接取。林某阳将毒品送至浙江省温州市某小区张某国家，张某国向林某阳介绍吸食冰毒后的体验，邀其共同吸食，并当场演示如何吸毒，后林某阳仿效张某国的方法吸食冰毒。同月11日下午，林某阳在张某国家中再次吸食张某国提供的冰毒时，二人被公安人员抓获。张某国到案后协助公安人员抓获了邱某程。

［**裁判结果**］ 浙江省温州市龙湾区人民法院审理认为，被告人张某国向他人介绍毒品种类，宣扬吸毒体验，示范吸毒方法，邀约他人共同吸毒，其行为已构成教唆他人吸毒罪。张某国曾因犯诈骗罪被判刑，在刑罚执行完毕以前又犯教唆他人吸毒罪，对其所犯数罪，应依法并罚。张某国具有立功情节，且归案后如实供述罪行，依法可从轻处罚。据此，依法对被告人张某国以教唆他人吸毒罪判处有期徒刑八个月，与原犯诈骗罪尚未执行完毕的刑罚并罚，决定执行有期徒刑一年零三个月。

［**判理分析**］ 依照刑法规定，教唆他人吸毒的，处三年以下有期徒刑、拘役或者管制，并处罚金。本案被告人张某国教唆一人吸毒，是构成犯罪的最基本的情形，法院考虑到其有立功情节，对其判处有期徒刑八个月。

案例3-35

郭某某欺骗他人吸毒案②——向他人的饮料、食物中投放麻醉药品、精神药品的行为如何定性

［**基本案情**］ 2015年，被告人郭某某为寻求刺激，产生给其女友张某甲下“迷药”的想

---

① 参见《最高人民法院发布5起毒品犯罪及吸毒诱发的严重犯罪典型案例》，载《人民法院报》2015年6月25日，第3版。

② 参见最高人民检察院《关于印发最高人民检察院第三十七批指导性案例的通知》，载最高人民检察院网2022年6月21日，https://www.spp.gov.cn/spp/jczdal/202206/t20220624_560874.shtml。

法。此后，郭某某通过网络了解药物属性后多次购买三唑仑、γ-羟丁酸。2015年至2020年，郭某某趁张某甲不知情，多次将购买的"迷药"放入张某甲的酒水饮料中，致其出现头晕、恶心、呕吐、昏睡等症状。其中，2017年1月，郭某某将三唑仑片偷偷放入张某甲酒中让其饮下，致其昏迷两天。

2020年10月5日，郭某某邀请某养生馆工作人员张某乙及其同事王某某（均为女性）到火锅店吃饭。郭某某趁两人离开座位之际，将含有γ-羟丁酸成分的药水倒入两人啤酒杯中。后张某乙将啤酒喝下，王某某察觉味道不对将啤酒吐出。不久，张某乙出现头晕、呕吐、昏迷等症状，被送医救治。张某乙的同事怀疑郭某某下药，遂向公安机关报案。

［**裁判结果**］　一审法院认定郭某某明知三唑仑、γ-羟丁酸为国家管制的精神药品，仍在酒水饮料中掺入含上述成分的药物，欺骗多人吸食，其行为构成欺骗他人吸毒罪。郭某某作为国企工作人员，欺骗多人吸食毒品，应当认定为《刑法》第353条第1款规定的"情节严重"的情形。故以欺骗他人吸毒罪判处郭某某有期徒刑三年六个月，并处罚金人民币三千元。二审法院裁定驳回上诉，维持原判。

［**判理分析**］　本案被告人郭某某辩解其对张某乙和王某某使用的"迷药"是在外地酒吧陌生人处购买的"拼酒药"，不知道该药成分，认为可能是高度酒精；辩护人的主要意见是郭某某缺乏对其所下"迷药"属于毒品的认知，且未造成被害人成瘾，也未出现严重后果，属于情节显著轻微，可不作为犯罪处理。法院判决认定郭某某的行为构成欺骗他人吸毒罪。主要理由是：

首先，涉案"迷药"为国家管制精神药品三唑仑和γ-羟丁酸。郭某某的网络交易记录、浏览历史记录和聊天记录等客观性证据足以证明其所使用精神药品的药名、药效、购买方式等事实，特别是购买记录与作案时间的先后顺序和时间间隔对应，结合被害人张某甲、张某乙、王某某的陈述内容、就医症状和鉴定意见等，足以认定涉案"迷药"为国家管制的精神药品三唑仑和γ-羟丁酸。

其次，郭某某主观上对"迷药"的性质和毒品性状具有明知。从郭某某与网络卖家的聊天记录、郭某某浏览相关药品信息以及其通过网上邮寄、假名收货的方式进行交易等情节，足以推定其明知此类药物的性质属于毒品。

最后，欺骗他人吸毒罪不需要具备特定的动机或目的，亦不要求造成实害结果，郭某某"为寻求感官刺激"而下药，未让被害人染上毒瘾等抗辩理由不能否定其构成欺骗他人吸毒罪。

案例3-36

钟某、李某1、梁某欺骗他人吸毒案①——多次欺骗多名未成年人吸毒的从重处罚

［**基本案情**］　自2018年2月以来，被告人钟某得知向公安机关提供吸毒人员线索查处后可获得奖励，遂与被告人李某1、梁某及马某凤（已判刑）共同预谋欺骗他人吸毒获利，由被告人钟某提供毒品，李某1、梁某、马某凤寻找吸毒人员，先后欺骗12名被害人吸食甲基苯丙胺，再向公安机关举报，被害人被公安机关行政处罚后，钟某先后从公安机关获得26,000元。（1）2018年2月5日晚，被告人钟某、马某凤、李某1在银川市兴庆区玲珑宾馆323房间内，谎

① 参见宁夏回族自治区中卫市中级人民法院刑事裁定书，（2019）宁05刑终123号。

称是“水烟”欺骗未成年人殷某1、杨某2以“甩壶壶”的方式吸食甲基苯丙胺。次日，三被告人将被害人殷某1、杨某2骗至中卫市沙坡头区后向公安机关举报抓获。(2)2018年2月6日晚上，被告人钟某、马某凤、李某1先后在中卫市沙坡头区创业城伯爵KTV内、中山街凯天宾馆313房间内，采用将毒品掺入香烟的方式，欺骗被害人冯某、郑某吸食甲基苯丙胺。次日早晨，钟某向公安机关举报后冯某和郑某在凯天宾馆313房间内被抓获。(3)2018年4月24日，被告人钟某、梁某与马某凤采用上述同样方式，欺骗被害人田某2、陈某2和未成年人李某2、魏某吸食甲基苯丙胺，后四被害人到银川市兴庆区银古路派出所报案。(4)2018年5月10日，被告人钟某、梁某、李某1采用上述同样方式，欺骗未成年人伍某、沙某某、殷某1和成年人于某吸食甲基苯丙胺，后向公安机关举报。

［**裁判结果**］　一审判决认为，被告人钟某、李某1、梁某明知是甲基苯丙胺而欺骗多名未成年人吸食毒品，情节严重，其行为均构成欺骗他人吸毒罪，从重处罚。被告人钟某、李某1归案后如实供述自己的罪行，可以从轻处罚。被告人梁某系累犯，应当从重处罚。判决：(1)被告人钟某犯欺骗他人吸毒罪，判处有期徒刑六年，并处罚金二万元，于判决生效后十日内缴纳；(2)被告人李某1犯欺骗他人吸毒罪，判处有期徒刑五年八个月，并处罚金一万五千元；(3)被告人梁某犯欺骗他人吸毒罪，判处有期徒刑五年十个月，并处罚金一万五千元；(4)被告人钟某的违法所得26,000元，依法追缴，上缴国库；等等。二审裁定驳回上诉，维持原判。

［**判理分析**］　本案被告人四次欺骗他人吸毒，被欺骗对象共12人，其犯罪次数多和欺骗对象多，均属于应认定为“情节严重”的情形，应当在三年以上七年以下有期徒刑的幅度内判处刑罚；被害人中又有7人系未成年人，依法应当从重处罚。被告人为从公安机关获取举报的奖励而欺骗他人吸毒，犯罪动机卑劣；其行为不仅致使被害人可能染上毒瘾，身体健康及精神健康受损，而且使被害人背上吸毒人员身份及被行政处罚的经历，同时损害了公安机关公正执法的形象，后果严重；对上述两情节，均应当酌情从重处罚。对于欺骗他人吸毒再举报到公安机关所获得的物质报酬，从表面上看是公安机关给予的奖励，似乎不具有违法性，但其举报的前提是先设陷阱欺骗他人吸毒，是犯罪行为，实质上是从自己的违法犯罪行为中获利，基于任何人均不得从其违法行为中获利的基本原则，应认定为违法所得，予以没收。

71. 强迫他人吸毒罪的定罪量刑如何把握

【实务观点】

强迫他人吸毒罪，是指违背他人意志，使用暴力、胁迫或者其他方法，迫使他人吸食、注射毒品的行为。在适用法律时，应当注意把握以下问题：(1)强迫他人吸毒是一种严重犯罪，强迫一人吸毒，即构成犯罪；(2)不论吸毒人员是否产生毒瘾，均构成本罪的既遂；(3)引诱、教唆、欺骗不能辨认和控制自己行为的精神病患者等吸食、注射毒品的，应认定为强迫他人吸毒罪；(4)引诱、教唆、欺骗或者强迫未成年人吸食、注射毒品的，从重处罚；(5)根据最高人民法院相关会议纪要的精神，实施引诱、教唆、欺骗、强迫他人吸毒犯罪的被告人，应当严格控制缓刑适用。[①]

【法律及司法文件】

《中华人民共和国刑法》

第三百五十三条第二款 [强迫他人吸毒罪]强迫他人吸食、注射毒品的,处三年以上十年以下有期徒刑,并处罚金。

第三款 引诱、教唆、欺骗或者强迫未成年人吸食、注射毒品的,从重处罚。

【类案参考】

案例3-37

田某恩强迫他人吸毒、盗窃案[②]——采用暴力手段强迫妻子吸毒的构成犯罪

[**基本案情**] 2015年10月至12月,被告人田某恩因在家中吸食毒品被其妻被害人李某芳指责。为此,田某恩采取暴力殴打李某芳及其儿子刘某帅等方式,多次强迫李某芳吸食毒品。2015年11月8日,被告人田某恩还实施盗窃,窃得物品价值共计人民币2022元。

[**裁判结果**] 法院审理认为,被告人田某恩违背他人意志,使用暴力、胁迫强制手段迫使他人吸食毒品,其行为已构成强迫他人吸毒罪;其行为还构成盗窃罪,应当数罪并罚。其系累犯,对其应从重处罚。其具有自首情节,对其可从轻予以处罚。据此,以强迫他人吸毒罪,判处田某恩有期徒刑四年九个月,并处罚金一万元;以盗窃罪判处其有期徒刑六个月,并处罚金三千元;数罪并罚,决定执行有期徒刑五年,并处罚金一万三千元。

[**判理分析**] 本案被告人田某恩为了防止其妻子继续指责其吸毒,通过殴打其妻子,或殴打其儿子以威胁其妻子的手段,多次强迫其妻子吸毒,其行为构成强迫他人吸毒罪。

第五节 容留他人吸毒罪

72. 容留他人吸毒罪的定罪标准如何把握

【实务观点】

容留他人吸毒罪与容留他人卖淫罪一样,都是行为人为他人实施的一定违法行为提供场所。这就要求容留者在行为时应当对场所拥有控制权或者支配权,而被容留对象经容留者允许才能进入并使用该场所。对于容留他人吸毒的行为,应当根据犯罪主体、目的不同而区别对待。

对于交通运输工具、旅店及娱乐场所等公共场所的经营者、管理者,根据《禁毒法》第15条的规定,本身即负有预防毒品违法犯罪行为在本场所内发生的义务,如果发现场所内有吸毒行为而不予制止并报告,即属于以放任方式容留他人吸毒的行为;如果为了直接从中收费牟利或者借此带动场所其他消费活动或者扩大客源,则属于积极邀请吸毒人员到其场所吸

① 此观点最早源于2015年《武汉会议纪要》。

② 参见《河南法院发布毒品犯罪典型案例》,载河南省高级人民法院网2017年6月26日,http://www.hncourt.gov.cn/public/detail.php? id=170626。

毒,其主观恶性要大于被动容留他人吸毒的行为,应当酌情从重处罚。为赚取利润而开设专门场所容留他人吸毒的,对抗法律的主观恶性和社会危害性更大,应当予以较大程度的从重处罚。

对于一般公民,不能给予过高的义务要求。只有在行为人主动邀请或者容留他人在其支配的场所吸食、注射毒品的,才属于刑法的打击重点。被动地接受他人在其场所吸食、注射毒品,应当酌情从轻处罚,情节轻微的,可以免除处罚。

对于具有2016年《毒品案件解释》第12条第1款所规定的定罪情节两个以上的,比如容留多名未成年人吸毒的,应当酌情从重处罚。

【法律及司法文件】

《中华人民共和国刑法》

第三百五十四条 [容留他人吸毒罪]容留他人吸食、注射毒品的,处三年以下有期徒刑、拘役或者管制,并处罚金。

2016年《毒品案件解释》

第十二条第一款 容留他人吸食、注射毒品,具有下列情形之一的,应当依照刑法第三百五十四条的规定,以容留他人吸毒罪定罪处罚:

(一)一次容留多人吸食、注射毒品的;

(二)二年内多次容留他人吸食、注射毒品的;

(三)二年内曾因容留他人吸食、注射毒品受过行政处罚的;

(四)容留未成年人吸食、注射毒品的;

(五)以牟利为目的容留他人吸食、注射毒品的;

(六)容留他人吸食、注射毒品造成严重后果的;

(七)其他应当追究刑事责任的情形。

最高人民法院、最高人民检察院《关于常见犯罪的量刑指导意见(试行)》(法发〔2021〕21号,2021年7月1日施行)

(二十二)容留他人吸毒罪

1. 构成容留他人吸毒罪的,在一年以下有期徒刑、拘役幅度内确定量刑起点。

2. 在量刑起点的基础上,根据容留他人吸毒的人数、次数等其他影响犯罪构成的犯罪事实增加刑罚量,确定基准刑。

3. 构成容留他人吸毒罪的,根据容留他人吸毒的人数、次数、违法所得数额、危害后果等犯罪情节,综合考虑被告人缴纳罚金的能力,决定罚金数额。

4. 构成容留他人吸毒罪的,综合考虑容留他人吸毒的人数、次数、危害后果等犯罪事实、量刑情节,以及被告人主观恶性、人身危险性、认罪悔罪表现等因素,决定缓刑的适用。

【权威解读】

《刑法》第354条并没有为容留他人吸毒罪设定入罪条件。但《禁毒法》第61条规定,容留他人吸食、注射毒品,尚不构成犯罪的,可以由公安机关给予拘留、罚款等行政处罚。《立案追诉标准三》第11条为容留他人吸毒罪设定了立案追诉标准。实践情况表明,《立案追诉标准三》为容留他人吸毒罪设定的部分入罪条件偏低,加之一些地方机械执行这一标准,导致一些不完全符合该罪犯罪构成要件的行为,以及一些原本可以通过行政处罚手段处理的容留他人吸毒行为，也被按照刑事犯罪处理。2016 年《毒品案件解释》第 12 条结合司法实践情况，完善了容留他人吸毒罪的定罪标准。

2016 年《毒品案件解释》第 12 条第 1 款第 1 项保留了《立案追诉标准三》中"一次容留三人以上吸食、注射毒品"的规定，在表述上将"三人以上"调整为"多人"。第 2 项对《立案追诉标准三》中"容留他人吸食、注射毒品两次以上"的规定作了修改，增加了"二年内"的时间限制，并要求是多次容留他人吸食、注射毒品的才入罪，即二年内三次容留他人吸食、注射毒品的才作为犯罪处理。第 3 项在《立案追诉标准三》原有规定的基础上增加了"二年内"的时间限制。第 4 项、第 5 项、第 6 项保留了《立案追诉标准三》的原有规定，因这 3 项均属于社会危害大、应予追究刑事责任的情形，故未在时间、人数、次数上设定条件。需要说明的是，第 5 项中的"以牟利为目的"主要是指为赚取场所使用费或者为了招揽生意而容留他人吸食、注射毒品的情形，如专门开设地下烟馆容留他人吸食、注射毒品并收取场地使用费，或者娱乐场所经营者、管理者为招揽生意而容许顾客在场所内吸食、注射毒品的。需要特别说明的是，在司法工作中，可以将行为人"曾因容留他人吸食、注射毒品受过刑事处罚的"认定为第 1 款第 7 项中"其他应当追究刑事责任的情形"。如果行为人不构成累犯，依法定罪处罚；行为人构成累犯的，可以认定累犯但不予从重处罚，以免违反"禁止重复评价"原则。①

【类案参考】

案例 3－38

高某容留他人吸毒案②——娱乐场所管理者允许多人在包间内吸食毒品的构成犯罪

［**基本案情**］　2014 年 10 月 16 日，被告人高某应聘到珠海市香洲区南湾南路 4017 号东方星会所任经理，负责会所的经营、订房等全面工作。同年 12 月 1 日 0 时许，高某在明知有客人要在该会所内吸毒的情况下，仍然将两个房间提供给客人娱乐消费。当日 3 时许，公安人员在该两个房间内查获 55 名吸毒人员。当日 16 时许，高某被抓获归案。

［**裁判结果**］　广东省珠海市香洲区人民法院审理认为，被告人高某容留他人吸食毒品，其行为已构成容留他人吸毒罪。高某归案后如实供述自己的罪行，认罪态度较好，依法可以从轻处罚。依法对被告人高某判处有期徒刑二年，并处罚金五万元。

［**判理分析**］　娱乐场所的经营者、管理者，应当严格落实禁毒防范措施，预防毒品违法犯罪在本场所内发生，发现娱乐场所内有毒品违法犯罪活动的，应立即向公安机关报告，绝不能为了招揽生意或者碍于情面而容留他人吸毒。本案被告人高某作为涉案娱乐场所的管理者，明知有顾客要在其会所包房内吸食毒品，为了增加营业收入，仍为他人提供吸食毒品的场所，且一次性容留 55 人吸毒，犯罪情节恶劣，根据其犯罪性质、情节、后果，依法对其从严惩处。

案例 3－39

利某青等容留他人吸毒案③——租赁娱乐场所容留多人吸毒的酌情从重处罚

［**基本案情**］　2016 年 1 月，被告人利某青、蔡某堂等人出资租赁广东省东莞市长安镇一

---

① 参见叶晓颖、马岩等：《〈关于审理毒品犯罪案件适用法律若干问题的解释〉的理解与适用》，载《人民司法·应用》2016 年第 13 期。

② 参见《毒品犯罪及吸毒诱发次生犯罪十大典型案例》，载《人民法院报》2016 年 6 月 24 日，第 3 版。

③ 参见《毒品犯罪及涉毒次生犯罪十大典型案例》，载《人民法院报》2017 年 6 月 22 日，第 3、4 版。

KTV的2间包房用于容留他人吸毒,被告人邬某泉等人负责包房的收费、记账等工作。同年2月29日18时许,陈某等数人来到上述包房吸食氯胺酮,次日19时许公安人员到场抓获10余人,缴获氯胺酮0.58克。经现场检测,利某青、蔡某堂、陈某等15人均吸食了毒品。至案发时,上述2间包房营业约15天,收入约8万元。

[**裁判结果**]　广东省东莞市第二人民法院审理认为,被告人利某青、蔡某堂、邬某泉结伙容留他人吸毒,其行为均已构成容留他人吸毒罪。利某青、蔡某堂伙同他人出资租赁包房,负责经营管理,在共同犯罪中起主要作用,均系主犯,应当按照其二人参与的全部犯罪处罚。邬某泉在共同犯罪中起次要作用,系从犯,依法应当从轻处罚。三被告人为牟取非法利益,利用娱乐场所容留他人吸毒,人数众多,可酌情从重处罚。蔡某堂、邬某泉归案后如实供述自己的罪行,认罪态度较好,依法可以从轻处罚;利某青当庭如实供述自己的罪行,可以酌情从轻处罚。据此,依法对被告人利某青、蔡某堂和邬某泉分别判处有期徒刑一年十个月、一年八个月和一年,并处罚金一万元、一万元和三千元。

[**判理分析**]　聚众吸毒是当前毒品滥用方面较为突出的一种现象。为牟取利益而将娱乐场所专门用于容留他人吸毒甚至聚众吸毒,犯罪性质较一般的容留吸毒行为更为严重。本案被告人利某青等人为容留他人吸毒赚取利润而租赁KTV的2间包房,安排人员为吸毒者提供服务,主观恶性较大;其容留行为持续时间长,案发时一次性容留10余人吸毒,犯罪情节恶劣,故应酌情从重处罚。

案例3-40

陈某胜容留他人吸毒案①——容留多名未成年人吸毒的从重处罚

[**基本案情**]　被告人陈某胜系在校学生。2018年5月12日晚,被告人陈某胜为给女朋友黄某某(未成年人)庆祝生日,在湖北省荆州市荆州区一音乐会所的房间内容留张某某、林某某及14名未成年人吸食氯胺酮(俗称“K粉”)。当日22时许,公安人员在该房间将上述人员查获。经尿检,陈某胜及16名吸毒人员的检测结果均为氯胺酮阳性。陈某胜还受他人邀约参加聚众斗殴。

[**裁判结果**]　湖北省荆州市荆州区人民法院审理认为,被告人陈某胜容留多名未成年人吸食毒品,其行为已构成容留他人吸毒罪,并应从重处罚;陈某胜积极参加聚众斗殴,其行为又构成聚众斗殴罪。据此,依法对被告人陈某胜以容留他人吸毒罪判处有期徒刑三年,并处罚金一万元;以聚众斗殴罪判处有期徒刑三年,决定执行有期徒刑五年六个月,并处罚金一万元。

[**判理分析**]　未成年人心智尚未成熟,更易遭受毒品侵害。被告人陈某胜系在校学生,为女朋友庆祝生日时容留前来聚会的多名未成年人一同吸毒,已从单纯的毒品滥用者转变为毒品犯罪实施者,依法应从重判处刑罚。

案例3-41

聂某凯容留他人吸毒案②——旅馆经营者放任他人在其客房内吸毒的构成犯罪

[**基本案情**]　2013年2月至8月,吸毒人员宋某、张某、池某、江某(未成年人)、易某先

---

① 参见《最高人民法院发布2020年十大毒品(涉毒)犯罪典型案例》,载《人民法院报》2020年6月24日,第3版。

② 参见中华人民共和国最高人民法院刑事审判第一、二、三、四、五庭主办:《刑事审判参考》(2014年第5集,总第100集),法律出版社2015年版,第78~82页。

后入住被告人聂某凯在广东省肇庆市大旺区信宜村经营的“平安旅馆”吸食毒品。聂某凯在送毛巾等物品到上述人员入住的房间时，看见他们吸食毒品未予制止。

［**裁判结果**］ 四会市人民法院认为，被告人聂某凯无视国家法律，容留他人吸食毒品，其行为构成容留他人吸毒罪。聂某凯到案后能如实供述自己罪行，可以从轻处罚。据此，以被告人聂某凯犯容留他人吸毒罪，判处拘役五个月，并处罚金一千元。

［**判理分析**］ 旅馆经营者，对于入住客人的吸毒行为有义务制止或者报告公安机关，其多次发现入住客人在房间内吸食毒品而不予制止，也未向公安机关报告，放任他人吸毒，应以容留他人吸毒罪论处。具体理由分析如下：

(1)容留他人吸毒罪的主观方面包括间接故意。容留他人吸毒罪的立法原意旨在打击为他人吸食、注射毒品提供场所的行为，实质是处罚吸毒违法行为的“帮助犯”，以最大限度地遏制吸毒行为的发生。因此，对于此处的容留，应当理解为允许他人在自己管理的场所吸食、注射毒品或者为他人吸食、注射毒品提供场所的行为，并未排斥间接故意构成本罪的情形。但并非对于所有放任型的容留他人吸毒行为都要追究刑事责任。在个案处理上，要根据案件的具体情况区别对待，容留他人吸毒罪的惩处对象主要是一些情节比较严重的行为，比如经常容留他人吸毒或者容留较多的人吸毒或者具有容留未成年人吸毒、从中牟利或者造成严重后果等。对于出租房屋的房主，偶然发现他人在房屋内吸食、注射毒品未予制止或者报案的，一般不成立本罪；行为人放任共同生活的家庭成员在自家住所吸食、注射毒品的，一般也不成立本罪。

(2)旅馆经营者对于入住客人的吸毒行为有义务制止或者向公安机关报告。根据《禁毒法》第15条的规定，飞机场、火车站、长途汽车站、码头以及旅店、娱乐场所等公共场所的经营者、管理者，负责本场所的禁毒宣传教育，落实禁毒防范措施，预防毒品违法犯罪行为在本场所内发生。公安部发布的《旅馆业治安管理办法》第12条规定，旅馆内严禁卖淫、嫖宿、赌博、吸毒、传播淫秽物品等违法犯罪活动；第9条规定，旅馆工作人员发现违法犯罪分子，形迹可疑的人员和被公安机关通缉的罪犯，应当立即向当地公安机关报告，不得知情不报或隐瞒包庇。依照相关法律法规的规定，旅馆营者对于入住客人在房间内的吸毒行为，有义务予以制止或者向公安机关报告。本案中，被告人聂某凯作为案发旅馆的实际经营者，其对于旅馆房间拥有场所上的管理权和支配权。5名吸毒人员(含1名未成年人)先后入住聂某凯经营的旅馆，并在房间内吸食毒品，其在到房间送毛巾等物品时，发现这5名客人吸食毒品的行为后，既未制止，也未向公安机关报告，放任吸毒行为的继续发生，客观上为他人吸食毒品提供了场所，符合容留他人吸毒罪的构成要件。考虑此种情形毕竟不同于事先明知他人吸食毒品而提供场所的行为，旅馆经营者也没有从吸毒人员处收取除应收房费外的其他费用，故量刑时可以酌情从轻处罚。这也是贯彻执行宽严相济刑事政策的必然要求。

73. 向同一个人贩卖毒品并容留其吸食毒品的如何定性

【实务观点】

行为人向同一个人贩卖毒品又容留其吸食毒品，表面上看来行为连贯完成，但实际上行为人既有以获利为目的向吸食者出售毒品的行为，又有为吸食者提供吸毒场所的行为，二者本质不同，理应数罪并罚。对于行为人让他人“试吸”毒品进而开展贩卖毒品交易的，“试吸”

毒品是贩卖毒品的惯常手段行为，可不单独作为犯罪处理。

【法律及司法文件】

2016年《毒品案件解释》

第十二条第二款　向他人贩卖毒品后又容留其吸食、注射毒品，或者容留他人吸食、注射毒品并向其贩卖毒品，符合前款规定的容留他人吸毒罪的定罪条件的，以贩卖毒品罪和容留他人吸毒罪数罪并罚。

【权威解读】

通常情况下，贩卖毒品行为与容留他人吸毒行为并不具有刑法上的牵连关系，故原则上应单独评价，在容留他人吸毒行为达到定罪标准的情况下，与贩卖毒品罪数罪并罚。对于实践中常见的多次让他人在相关场所“试吸”毒品后又向其贩卖毒品的，因让他人“试吸”毒品的行为属于贩卖毒品的手段行为，故不宜认定为容留他人吸毒罪并数罪并罚。①

【类案参考】

案例3－42

冯某新、顾某奇、张某贩卖毒品、容留他人吸毒案②——零包贩卖又容留购买人吸毒的构成数罪

［**基本案情**］　2016年6月至7月，被告人冯某新在无锡市锡山区住处三次向被告人顾某奇分别贩卖毒品甲基苯丙胺25克、25克和123.9克，合计约173.9克，其中7月20日二人进行第三笔毒品交易时被公安人员当场抓获。顾某奇在此期间六次分别向梁某某、蒋某某及被告人张某等人贩卖毒品甲基苯丙胺共计约47克，张某又三次向王某某贩卖毒品甲基苯丙胺共计约33克。张某于2015年12月至2016年7月，容留王某某、顾某奇、许某吸毒各二次。

［**裁判结果**］　江苏省无锡市惠山区人民法院认定被告人冯某新、顾某奇犯贩卖毒品罪，判处有期徒刑十五年，剥夺政治权利五年，并处没收个人财产五万元；被告人张某犯贩卖毒品罪，判处有期徒刑十二年，剥夺政治权利三年，并处罚金三万元，犯容留他人吸毒罪，判处有期徒刑一年，并处罚金二千元，数罪并罚，决定执行有期徒刑十二年六个月，剥夺政治权利三年，并处罚金三万二千元。

［**判理分析**］　被告人张某帮助吸毒者从上家处购买毒品，从中赚取差价或收取部分毒品作为好处，而且还容留购毒者吸毒，是典型的“零包贩卖＋容留吸毒”的末段毒品犯罪，应数罪并罚，以体现依法从严惩处。

案例3－43

许某斯等人贩卖毒品、容留他人吸毒案③——为赚取利润开设专门场所容留他人吸毒并提供毒品的构成数罪

［**基本案情**］　2017年7月，被告人许某斯、罗某球、李某胜三人商定由李某胜出资投建、

---

① 参见叶晓颖、马岩等：《〈关于审理毒品犯罪案件适用法律若干问题的解释〉的理解与适用》，载《人民司法·应用》2016年第13期。

② 参见《江苏法院毒品犯罪十大典型案例》，发布时间2017年6月26日。

③ 参见《广东高院发布“全民禁毒工程”十大典型案例》，载广东法院网2019年6月25日，http//www.gdcourts.gov.cn/index.php? v=show&cid=170&id=53819。

罗某球提供场地、许某斯购买音响等设备，在英德市长岭村军田组建设一个专供吸毒人员吸食毒品的音乐场所。2017 年 8 月至 2018 年 1 月 20 日，许某斯、罗某球、李某胜等人在该吸毒场所内先后开设十余个场次，容留多人吸食毒品并收取场地费牟利。2017 年 12 月中旬到 2018 年 1 月，许某斯、罗某球多次贩卖毒品 MDMA(3,4 - 亚甲二氧基甲基苯丙胺)、氯胺酮给吸毒人员吸食。

［**裁判结果**］ 法院经审理认为，被告人许某斯、罗某球、李某胜等人专门建造场所容留他人吸毒，时间长，参与吸毒人员众多，具有极大的社会危害性，其行为构成容留他人吸毒罪。在共同犯罪中，许某斯、罗某球、李某胜是主犯，应当按照其所参与、指挥的全部犯罪处罚。在容留他人吸毒过程中，许某斯、罗某球多次贩卖毒品给吸毒人员吸食，其中许某斯伙同他人贩卖毒品 MDMA 不足 100 克、氯胺酮 100 克，数量较大；罗某球向多人多次贩卖氯胺酮不足 100 克，属情节严重。据此，以贩卖毒品罪和容留他人吸毒罪对被告人许某斯数罪并罚判处有期徒刑十五年六个月，并处罚金三万元，对罗某球数罪并罚判处有期徒刑六年，并处罚金二万五千元；以容留他人吸毒罪判处李某胜有期徒刑二年六个月，并处罚金一万元，扣押的毒品及作案工具依法予以没收。

［**判理分析**］ 本案被告人许某斯、罗某球等人自身是吸毒人员，专门开设场所，以牟利为目的，容留多人吸毒，其间为使利润更大化，从满足吸毒人员的需求出发，提供各种毒品，互相组合贩卖毒品，依法应数罪并罚。

74. 容留近亲属吸食毒品的认定与处理

【实务观点】

在容留近亲属吸食毒品案件中应当注意审查行为人、吸毒人员与场所的关系。对于近亲属之间共同居住、共同租住的房间，吸毒人员同样拥有居住权，不能因为房子在其中一人名下或者由其中一人出面承租而认定其容留另外一个人吸毒。对于以行为人名义在宾馆登记的房间，如果实际上是由吸毒人员使用行为人名义登记而自己承担住宿费用，房间的实际控制权应当是吸毒人员，不能因为名义登记人亦在该房间居住，而认定其容留他人吸毒。

【法律及司法文件】

2016 年《**毒品案件解释**》

第十二条第三款　容留近亲属吸食、注射毒品，情节显著轻微危害不大的，不作为犯罪处理；需要追究刑事责任的，可以酌情从宽处罚。

【权威解读】

2016 年《毒品案件解释》第 12 条第 3 款规定容留近亲属吸食、注射毒品行为具有可宽宥性。主要考虑，吸毒是违法行为而不是犯罪行为，容留近亲属吸食、注射毒品的多系不得已而为之，吸毒者的近亲属在某种程度上也是受害人，对此类情形从宽处罚，既能够彰显司法的人性化，也符合宽严相济刑事政策。因此，对于情节显著轻微危害不大的，不作为犯罪处理，如父母二年内多次在自己家中容留已单独居住的成年子女吸食毒品的，或者同胞姐姐在自己家中容留未成年弟弟吸食毒品的，一般可认定为“情节显著轻微危害不大”，不作为犯罪处理。

确实需要追究刑事责任的，除极少数情节恶劣的情形外，一般也应酌情从宽处罚。①

需要注意的是，构成容留他人吸毒罪仅限于容留者拥有对场所的支配、控制权，而被容留者未经容留者允许不享有场所使用权的情形。此外，对场所享有共同居住、使用权的一方放任另一方在共同的住所内容留他人吸食、注射毒品的，因放任者不符合认定为犯罪的条件，对其亦不应以容留他人吸毒罪定罪处罚。②

【类案参考】

案例3-44

高某1容留他人吸毒案③——长期容留近亲属吸食毒品的可酌情从轻处罚

［**基本案情**］　2018年8月至10月，被告人高某1在位于鄂尔多斯市东胜区水利小区1号楼2单元502室内容留高某2多次吸食毒品，2018年10月10日15时，伊金霍洛旗公安局矿区分局侦查人员在高某1家中将高某1和高某2二人抓获。经对高某1、高某2二人尿检现场检测，结果均呈吗啡阳性。另查明，被告人高某1与吸毒人员高某2系孪生兄弟。

［**裁判结果**］　法院认为，被告人高某1在自己家中多次容留他人吸食毒品，其行为已构成容留他人吸毒罪。被告人高某1归案后自愿认罪，并如实供述自己的罪行，系坦白，依法可从轻处罚。被告人高某1与吸毒人员高某2系孪生兄弟，依法可酌情从轻处罚。根据被告人高某1犯罪事实、犯罪情节、犯罪性质，认罪态度及对社会的危害程度等，判决：被告人高某1犯容留他人吸毒品罪，判处有期徒刑七个月，并处罚金二千元。

［**判理分析**］　被告人自身属于吸毒人员，又在自己家中容留其兄弟高某2吸食毒品，如果属于偶尔为之，可以认定为“情节显著轻微危害不大”的情形，不作为犯罪处理。本案中高某1长期多次容留他人吸毒，需要追究刑事责任，但可以酌情从宽处罚。

第六节　麻醉药品、精神药品犯罪

75. 非法提供麻醉药品、精神药品罪的客观行为表现如何把握

【实务观点】

我国现行法律对麻醉药品和精神药品的生产、运输、使用、经营各个环节都作了详细、严格的规定，依法从事相关业务的工作人员，违反国家规定向他人提供麻醉药品或者精神药品，构成犯罪。对于《刑法》第350条第1款规定的非法提供麻醉药品、精神药品罪，应当通过与贩卖毒品罪相区别来理解。从主体上讲，仅限于依法从事生产、运输、管理、使用国家管制的麻醉药品、精神药品的单位及其工作人员；从客观行为表现上看，仅限于无偿向吸食、注射毒品人员提供麻醉药品或者精神药品的行为。对于明知对方是走私、贩卖毒品的人员而向其提

---

① 参见叶晓颖、马岩等：《〈关于审理毒品犯罪案件适用法律若干问题的解释〉的理解与适用》，载《人民司法·应用》2016年第13期。

② 参见叶晓颖、马岩等：《〈关于审理毒品犯罪案件适用法律若干问题的解释〉的理解与适用》，载《人民司法·应用》2016年第13期。

③ 参见内蒙古自治区伊金霍洛旗人民法院刑事判决书，(2018)内0627刑初513号。

供麻醉药品或者精神药品，属于走私、贩卖毒品罪的帮助犯；其中以牟利为目的的，属于独立的走私、贩卖毒品罪。对于以牟利为目的向吸食、注射毒品的人提供麻醉药品和精神药品，也属于独立的贩卖毒品罪。

非法提供麻醉药品、精神药品罪系向吸食、注射毒品的人无偿提供麻精药品，因此行为人的主观恶性相对小于贩卖毒品罪。2016 年《毒品案件解释》第 13 条第 1 款规定犯罪数量达到《刑法》第 347 条第 3 款规定的“数量较大”标准最低值的 50% 以上的，才作为犯罪处理，处以三年以下有期徒刑、拘役或者管制，这与走私、贩卖毒品罪无论数量多少均应处罚，有明显区别；第 2 款规定本罪犯罪数量达到《刑法》第 347 条第 3 款规定的“数量较大”标准的，才属于本罪的情节严重，处以三年以上七年以下有期徒刑，与同等数量的走私、贩卖毒品罪要处以七年以上有期徒刑，也有区别。

【法律及司法文件】

《中华人民共和国刑法》

第三百五十五条第一款 ［非法提供麻醉药品、精神药品罪］依法从事生产、运输、管理、使用国家管制的麻醉药品、精神药品的人员，违反国家规定，向吸食、注射毒品的人提供国家规定管制的能够使人形成瘾癖的麻醉药品、精神药品的，处三年以下有期徒刑或者拘役，并处罚金；情节严重的，处三年以上七年以下有期徒刑，并处罚金。向走私、贩卖毒品的犯罪分子或者以牟利为目的，向吸食、注射毒品的人提供国家规定管制的能够使人形成瘾癖的麻醉药品、精神药品的，依照本法第三百四十七条（走私、贩卖毒品罪）的规定定罪处罚。

单位犯前款罪的，对单位判处罚金，并对其直接负责的主管人员和其他直接责任人员，依照前款的规定处罚。

2016 年《毒品案件解释》

第十三条 依法从事生产、运输、管理、使用国家管制的麻醉药品、精神药品的人员，违反国家规定，向吸食、注射毒品的人提供国家规定管制的能够使人形成瘾癖的麻醉药品、精神药品，具有下列情形之一的，应当依照刑法第三百五十五条第一款的规定，以非法提供麻醉药品、精神药品罪定罪处罚：

（一）非法提供麻醉药品、精神药品达到刑法第三百四十七条第三款或者本解释第二条规定的“数量较大”标准最低值的百分之五十，不满“数量较大”标准的；

（二）二年内曾因非法提供麻醉药品、精神药品受过行政处罚的；

（三）向多人或者多次非法提供麻醉药品、精神药品的；

（四）向吸食、注射毒品的未成年人非法提供麻醉药品、精神药品的；

（五）非法提供麻醉药品、精神药品造成严重后果的；

（六）其他应当追究刑事责任的情形。

具有下列情形之一的，应当认定为刑法第三百五十五条第一款规定的“情节严重”：

（一）非法提供麻醉药品、精神药品达到刑法第三百四十七条第三款或者本解释第二条规定的“数量较大”标准的；

（二）非法提供麻醉药品、精神药品达到前款第一项规定的数量标准，且具有前款第三项至第五项规定的情形之一的；

（三）其他情节严重的情形。

《立案追诉标准三》

第十二条　［非法提供麻醉药品、精神药品罪（刑法第三百五十五条）］依法从事生产、运输、管理、使用国家管制的麻醉药品、精神药品的个人或者单位，违反国家规定，向吸食、注射毒品的人员提供国家规定管制的能够使人形成瘾癖的麻醉药品、精神药品，涉嫌下列情形之一的，应予立案追诉：

（一）非法提供鸦片二十克以上、吗啡二克以上、度冷丁（度冷丁）五克以上（针剂100mg/支规格的五十支以上，50mg/支规格的一百支以上；片剂25mg/片规格的二百片以上，50mg/片规格的一百片以上）、盐酸二氢埃托啡零点二毫克以上（针剂或者片剂20mg/支、片规格的十支、片以上）、氯胺酮、美沙酮二十克以上、三唑仑、安眠酮一千克以上、咖啡因五千克以上、氯氮卓、艾司唑仑、地西泮、溴西泮十千克以上，以及其他麻醉药品和精神药品数量较大的；

（二）虽未达到上述数量标准，但非法提供麻醉药品、精神药品两次以上，数量累计达到前项规定的数量标准百分之八十以上的；

（三）因非法提供麻醉药品、精神药品被行政处罚，又非法提供麻醉药品、精神药品的；

（四）向吸食、注射毒品的未成年人提供麻醉药品、精神药品的；

（五）造成严重后果或者其他情节严重的。

依法从事生产、运输、管理、使用国家管制的麻醉药品、精神药品的人员或者单位，违反国家规定，向走私、贩卖毒品的犯罪分子提供国家规定管制的能够使人形成瘾癖的麻醉药品、精神药品的，或者以牟利为目的，向吸食、注射毒品的人提供国家规定管制的能够使人形成瘾癖的麻醉药品、精神药品的，以走私、贩卖毒品罪立案追诉。

第十三条第一款　本规定中的毒品是指鸦片、海洛因、甲基苯丙胺（冰毒）、吗啡、大麻、可卡因以及国家规定管制的其他能够使人形成瘾癖的麻醉药品和精神药品。具体品种以国家食品药品监督管理局、公安部、卫生部发布的《麻醉药品品种目录》《精神药品品种目录》为依据。

……

第十五条　本规定中的立案追诉标准，除法律、司法解释另有规定的以外，适用于相关的单位犯罪。

【权威解读】

（1）关于非法提供麻醉药品、精神药品罪的定罪标准。《立案追诉标准三》作了相关规定，2016年《毒品案件解释》第13条第1款加以完善。第1项规定了非法提供麻醉药品、精神药品罪的定罪数量标准。因该罪系向吸食、注射毒品的人无偿提供麻醉药品、精神药品，被告人的主观恶性相对小于贩卖毒品罪，故在设定其定罪量刑数量标准时，需要注意与贩卖毒品罪的协调、衔接问题。《立案追诉标准三》将非法提供麻醉药品、精神药品的立案追诉标准设定为《刑法》第347条中"数量较大"标准最低值的10%，在毒品（或者说是麻醉药品、精神药品）数量相同的情况下，非法提供麻醉药品、精神药品罪的量刑就与走私、贩卖、运输、制造毒品罪基本相当，这便与两类犯罪的罪行严重程度不相适应。基于上述考虑，2016年《毒品案件解释》将该罪的定罪数量起点上调至"数量较大"标准最低值的50%。第2项至第5项规定的是非法提供麻醉药品、精神药品罪的定罪情节标准，即虽未达到定罪数量标准，但具有这几项所列情形之一的，也应当定罪处罚。

（2）非法提供麻醉药品、精神药品罪“情节严重”的认定标准。2016年《毒品案件解释》第13条第2款第1项规定了认定“情节严重”的数量标准，同样是考虑到该罪与贩卖毒品罪的量刑标准衔接问题，2016年《毒品案件解释》将该罪的“情节严重”数量标准设定为《刑法》第347条第3款等规定的“数量较大”标准。这样规定，非法提供麻醉药品、精神药品达到“数量较大”标准的，处三年以上七年以下有期徒刑；走私、贩卖、运输、制造毒品达到“数量较大”标准的，处七年以上有期徒刑，两个罪名的法定刑之间实现了较好的衔接。第2项规定了认定非法提供麻醉药品、精神药品罪“情节严重”的“数量＋其他情节”标准。达到第1款规定的定罪数量标准，且同时具有第1款第3项至第5项规定的情形之一的，即可认定为“情节严重”。①

【类案参考】

案例3－45

刘某非法提供麻醉药品案②——医务人员向他人提供麻醉药品仅收受少量感谢费的不属于贩卖毒品

［**基本案情**］　2002年6月10日上午10时左右，吸毒人员曲某携带了其从同村张某某处借来的病历和麻醉药品使用卡来到被告人刘某任职的乡卫生院，在向被告人刘某单独诉说自己吸毒的情况后，被告人刘某同意批准其购买18支度冷丁，为表示感谢，曲某在离开刘某办公室前顺手塞给被告人刘某50元。当曲某在卫生院药房前取好度冷丁准备离开时，被公安人员当场抓获。

［**裁判结果**］　某县人民法院经审理认为，被告人刘某利用自己担任某乡卫生院院长的职务便利，在明知对方是吸毒人员的情况下，为其提供度冷丁18支，被告人刘某收受曲某50元的行为是碍于情面，不是出于牟利的目的，其行为已经构成非法提供麻醉药品罪。判决：被告人刘某犯非法提供麻醉药品罪，判处有期徒刑二年，并处罚金二千元；收缴的18支度冷丁予以没收。

［**判理分析**］　非法提供麻醉药品、精神药品罪与走私、贩卖毒品罪的区别在于：首先，行为人必须是向吸食、注射毒品的人员提供麻醉药品或者精神药品；其次，这里的“提供”行为必须不具有牟利的目的。如果以牟利为目的向吸食、注射毒品的人提供麻醉药品和精神药品，构成贩卖毒品罪。在具体案件中行为人收受的财物是否构成麻醉药品或者精神药品的对价还要具体分析。如果行为人以收受财物作为提供麻醉药品的要挟条件，那么收受的财物就具有了对价的性质；如果行为人确实只是出于情面才提供给吸食毒品的人麻醉药品、精神药品，事后收取吸食、注射毒品者的少量“感谢费”，按照通常的市价不可能形成交易关系，不能认定被告人主观上具有牟利的目的。本案中，被告人刘某在提供度冷丁给曲某时只是出于人情和熟人的面子，其收受曲某的50元无论从数额上来看还是从性质上看都只是曲某表示感谢的

---

①　参见叶晓颖、马岩等：《〈关于审理毒品犯罪案件适用法律若干问题的解释〉的理解与适用》，载《人民司法·应用》2016年第13期。

②　参见陈忠林主编、马家福编写：《刑事案例诉辩审评——贩卖制造毒品罪》，中国检察出版社2005年版，第166页。

方式而已，主观上不具有牟利的目的，所以构成非法提供麻醉药品罪。

76. 向贩卖毒品人员或者以牟利为目的向吸食毒品人员提供麻醉药品、精神药品的行为如何定性

【实务观点】

《刑法》第357条第1款规定"国家规定管制的其他能够使人形成瘾癖的麻醉药品和精神药品"属于毒品，但并非所有走私、贩卖、运输、制造麻醉药品和精神药品的人员均属于毒品犯罪，而应具体情况具体分析。(1)国务院《麻醉药品和精神药品管理条例》第3条规定，"本条例所称麻醉药品和精神药品，是指列入麻醉药品目录、精神药品目录的药品和其他物质"；"目录由国务院药品监督管理部门会同国务院公安部门、国务院卫生主管部门制定、调整并公布"，即国家食品药品监管总局、公安部、国家卫生计生委于2023年11月公布的《麻醉药品品种目录》和《精神药品品种目录》。该目录上的药品又称为药用类麻醉药品和精神药品，具有医疗药品和毒品的双重属性。只有当麻醉药品和精神药品被当作毒品流通或者使用时，才能视为毒品，具体行为才可能构成毒品犯罪。对于麻醉药品和精神药品按其药品本身的属性被流通和使用时，无论是通过合法销售渠道还是非法销售渠道，都不能视为毒品，自然也不构成毒品犯罪。(2)公安部、国家卫生计生委、食品药品监管总局等部门于2015年10月又公布了《非药用类麻醉药品和精神药品管制品种增补目录》，该目录上的所谓"麻醉药品和精神药品"，本身没有作为正规药品生产和使用，应当一律视为毒品，其生产、买卖、运输、进出口和持有行为均属非法，应以走私、贩卖、运输、制造毒品罪和非法持有毒品罪定罪。

根据最高人民法院相关会议纪要的精神，对于非法贩卖国家规定管制的能够使人形成瘾癖的麻醉药品或者精神药品的行为，按以下情形分别处理：(1)行为人明知购买者是走私、贩卖毒品的犯罪分子或者吸食注射毒品的人员，而向其贩卖国家管制的、具有医疗等合法用途的麻醉药品和精神药品，应以贩卖毒品罪处罚。[①] (2)行为人出于治疗疾病等合法目的，违反国家有关药品管理的国家规定，未经许可经营具有医疗等合法用途的麻醉药品、精神药品的，一般不以犯罪论处。按照2015年《武汉会议纪要》等相关规定，其中"扰乱市场秩序，情节严重的，以非法经营罪定罪处罚"。此种处理是否妥当，实践中仍有很大争议。编者认为，对于实践中多发的特殊疾病的患者及其亲友为自救或者互助而实施的相互销售药品行为，即使累计数额较大，因其没有社会危害性，也不宜以犯罪论处。对于行为人完全出于牟利目的，加价明显较多，并已经形成一定经营规模的，可以按非法经营罪处理。如此处理，也符合宽严相济的刑事政策。

具体案件中，对行为人的主观目的是贩卖毒品还是非法经营，除本人供述外，还可根据其客观行为表现来判断。经营国家管制的能够使人形成瘾癖的麻醉药品和精神药品，就负有遵守国家管制制度的义务，即对购买者身份进行审查、确认购买目的并登记的义务，以确保该种药品不被滥用于非医疗目的。行为人有意通过规避国家监管的方式开展销售活动，不履行这种义务，实质上对于其贩卖的药品被吸毒人员非法滥用具有放任的故意。行为人在交易中虽

---

① 此观点最早源于2015年《武汉会议纪要》。

然规避监管，但对于购买者的身份和用途进行了一定的审查，从一般人的角度看，能够得出购买者系用于医疗目的的结论，则只能考虑是否构成非法经营罪。在具体案件的审查中，可以从销售的对象、渠道（专业还是随意）、价格（有无高额牟利）等方面进行审查。

【法律及司法文件】

《中华人民共和国刑法》

第三百五十五条　［非法提供麻醉药品、精神药品罪］依法从事生产、运输、管理、使用国家管制的麻醉药品、精神药品的人员，违反国家规定，向吸食、注射毒品的人提供国家规定管制的能够使人形成瘾癖的麻醉药品、精神药品的，处三年以下有期徒刑或者拘役，并处罚金；情节严重的，处三年以上七年以下有期徒刑，并处罚金。向走私、贩卖毒品的犯罪分子或者以牟利为目的，向吸食、注射毒品的人提供国家规定管制的能够使人形成瘾癖的麻醉药品、精神药品的，依照本法第三百四十七条（走私、贩卖毒品罪）的规定定罪处罚。

单位犯前款罪的，对单位判处罚金，并对其直接负责的主管人员和其他直接责任人员，依照前款的规定处罚。

最高人民检察院法律政策研究室《关于安定注射液是否属于刑法第三百五十五条规定的精神药品问题的答复》

……

鉴于安定注射液属于《精神药品管理办法》规定的第二类精神药品，医疗实践中使用较多，应当慎重掌握罪与非罪的界限。对于明知他人是吸毒人员而多次向其出售安定注射液，或者贩卖安定注射液数量较大的，可以依法追究行为人的刑事责任。

公安部《关于在成品药中非法添加阿普唑仑和曲马多进行销售能否认定为制造贩卖毒品有关问题的批复》（公复字〔2009〕1号）

只有违反国家规定，明知是走私、贩卖毒品的人而向其提供阿普唑仑和曲马多，或者明知是吸毒人员而向其贩卖或超出规定的次数、数量向其提供阿普唑仑和曲马多的，才可以认定为犯罪。

【类案参考】

案例3－46

夏某欢贩卖毒品案①——医务人员多次向吸、贩毒人员贩卖精神药品牟利

［**基本案情**］　被告人夏某欢系重庆市某营利性戒毒医院医生，具有开具国家管制的第一类精神药品盐酸丁丙诺啡舌下片处方资格。2020年7月至2021年5月，夏某欢冒用他人名义开具虚假处方，以每盒170元的价格从医院骗购盐酸丁丙诺啡舌下片，明知购买者系吸贩毒人员，仍多次以每盒350元至450元不等的价格向多人贩卖，且均未开具相应处方，共计出售422盒（10片/盒）。

［**裁判结果**］　法院认为，被告人夏某欢身为依法从事管理、使用国家管制的精神药品的人员，向贩卖毒品的犯罪分子或者以牟利为目的向吸食、注射毒品的人提供国家规定管制的

① 参见《依法严惩毒品犯罪和涉毒次生犯罪典型案例》，载最高人民法院网2023年6月25日，https://www.court.gov.cn/zixun/xiangqing/404452.html。

能够使人形成瘾癖的精神药品，其行为已构成贩卖毒品罪。夏某欢为谋取非法利益，多次向多名吸贩毒人员贩卖盐酸丁丙诺啡舌下片，情节严重。据此，依法对被告人夏某欢判处有期徒刑六年，并处罚金人民币十二万元。

［**判理分析**］ 盐酸丁丙诺啡舌下片属于国家管制的第一类精神药品，具有医疗用途，兼具药品与毒品双重属性。被告人夏某欢身为戒毒医院执业医师，利用职业便利，冒用患者名义虚开处方套取盐酸丁丙诺啡舌下片，多次加价贩卖给多名吸贩毒人员牟利，犯罪情节严重，社会危害大。对夏某欢以贩卖毒品罪定罪处刑，并处以高额罚金，彰显了严惩此类犯罪的立场。

案例 3-47

黄某辉等贩卖毒品案①——非医疗目的走私、贩卖莫达非尼的行为应当以走私、贩卖毒品罪论处

［**基本案情**］ 2019 年四五月，被告人黄某辉通过网络结识了境外自称 Sandy 的印度人。在明知莫达非尼系国家管制精神药品的情况下，出于贩卖目的，5 月 6 日与 Sandy 商定以 2480 元的价格购买阿莫达非尼（主要成分为莫达非尼，英文名称 Modafinil）及其他药品，通过支付宝扫描收款二维码向对方支付 2480 元货款，并约定将上述药品从印度邮寄入境。5 月 23 日 16 时许，公安人员在扬州大学农学院附近将收取入境包裹的黄某辉抓获，并从包裹内查获阿莫达非尼片剂 500 粒，后在扬州大学文汇路校区黄某辉的宿舍内又查获阿莫达非尼片剂 55 粒，经鉴定每粒的平均质量为 270 毫克，莫达非尼成分平均含量为 55.6%。

2019 年 2 月至 6 月，被告人黄某辉、陈某城、谢某辉、陈某昌、万某明知莫达非尼系国家管制的精神药品，以牟利为目的，通过网络发布出售阿莫达非尼、莫达非尼的信息，利用微信、支付宝、淘宝网与购毒人员联系，约定交易数量和价格，收取货款，并通过快递将药物发送至购毒人员指定的地址，或联系上家购买货源，由上家直接发货至购毒人员指定的地址。通过上述方式，被告人黄某辉贩卖 97 起计阿莫达非尼 2970 粒，收取 11,688 元；被告人陈某城贩卖 14 起计阿莫达非尼 3700 粒、莫达非尼 900 粒，收取 14,138 元；被告人谢某辉贩卖 87 起计阿莫达非尼 2480 粒，收取 14,830 元；被告人陈某昌贩卖 28 起计阿莫达非尼 1400 粒，收取 9993 元；被告人万某贩卖 18 起计阿莫达非尼 950 粒，收取 3728 元。案发后，公安机关从购毒人员处查获了被告人陈某城贩卖的 70 粒莫达非尼片剂，经鉴定每片平均质量为 640 毫克，莫达非尼成分平均含量为 62.23%。

［**裁判结果**］ 扬州市中级人民法院审理认为，被告人黄某辉的行为构成走私、贩卖毒品罪，被告人陈某城、谢某辉、陈某昌、万某的行为构成贩卖毒品罪。五被告人归案后能够如实供述自己的罪行，可以从轻处罚；自愿认罪认罚，可以依法从宽处理。判决：被告人黄某辉犯走私、贩卖毒品罪，判处有期徒刑三年六个月，并处罚金一万五千元；被告人陈某城犯贩卖毒品罪，判处有期徒刑三年九个月，并处罚金二万元；被告人谢某辉犯贩卖毒品罪，判处有期徒刑三年三个月，并处罚金一万元；被告人陈某昌犯贩卖毒品罪，判处有期徒刑三年一个月，并处罚金八千元；被告人万某犯贩卖毒品罪，判处有期徒刑三年，并处罚金五千元。

［**判理分析**］ （1）行为人明知莫达非尼是能够使人形成瘾癖的国家管制精神药品，但为

① 参见尹晓涛、许亮：《非医疗目的走私、贩卖精神药品的司法认定》，载《人民司法·案例》2020 年第 26 期。

牟取非法利益,无视国家对毒品管理的法律规定,直接或者间接从境外获取货源,并出于非医疗目的,通过网络进行大量贩卖,造成药物脱离国家监管,严重危害公共健康,符合走私、贩卖毒品罪的构成要件。首先,本案中作为"聪明药"的阿莫达非尼和莫达非尼(以下统称为莫达非尼),其主要成分就是国家第一类管制精神药品莫达非尼,属于能够使人形成瘾癖的精神药品。其次,国家创设麻醉药品、精神药品管制制度的目的是保障麻醉药品、精神药品的正当使用,避免其被非法滥用。在通过网络贩卖毒品的情况下,网络的私密性和物流的便捷性使药品更难于监管,更容易被滥用。本案虽没有直接证据证明被告人系向走私、贩卖毒品的犯罪分子或者吸食、注射毒品的人员贩卖该药品,但在通过网络贩卖过程中被告人并未对买家进行必要的审核,主观上对于药物会被贩毒、吸毒人员使用具有放任的故意,且在明知大多数购买者出于非医疗目的购买该药自行服用的情况下,仍予以贩卖,客观上也产生了该管制类精神药品脱离监管、被滥用的风险,产生了社会危害性。

(2)对新型精神药品,在毒品数量的认定上应考虑含量因素,在量刑时不仅要考虑贩卖次数和数量问题,还要基于所具有的毒品和药品的双重属性,对具体药物依赖性、滥用情况、犯罪形势、药用价值、交易价格等因素进行综合考虑。一是对毒害性相对较低、医用价值相对较大的涉麻精药品犯罪与刑法直接规定的鸦片、海洛因、甲基苯丙胺等犯罪应当区别对待。二是考虑麻精类药品中有效药物成分(毒品成分)的含量较低,水分、淀粉、糖分、色素等成分占有相当大的比重,要按照药品中该类毒品成分的含量认定涉案毒品数量,如果根据药品的总重量认定涉案毒品数量,势必同毒品成分的实际数量有明显差距,难以体现罚当其罪。本案涉及的莫达非尼既是受国家规定管制的能够使人形成瘾癖的精神药品,同时是一种非苯丙胺类的高效、低毒的用于治疗自发性嗜睡症和发作性睡眠的药物,属于毒害性相对较低、医用价值相对较大的涉麻醉、精神类毒品,在量刑时应予以考虑。

(3)本案应适用走私、贩卖其他少量毒品但情节严重的量刑幅度。根据《非法药物折算表》的规定,按照 1 克莫达非尼相当于 0.01 克海洛因的折算比例进行折算后,各被告人贩卖毒品的数量均不满 10 克,属于贩卖其他少量毒品的范畴。但被告人通过网络直接贩卖或者转手贩卖莫达非尼药物,属于多次贩卖、向多人贩卖情形,且通过网络贩卖,毒品销售的区域和范围也较广,亦有证据证明系向在校学生贩卖,应认定为走私、贩卖其他少量毒品但情节严重。

案例 3－48

武汉同济药业有限公司等四单位及孙某民等人贩卖、运输、制造、转移毒品案①——违规大量出售咖啡因但可以排除其主观有贩卖毒品故意的应认定为非法经营罪

[**基本案情**]　(1)1992 年年底至 2002 年 5 月,被告人孙某民独自或先后伙同他人在没有任何购用手续的情况下,通过同案被告人董某军的帮助,或持他人单位的咖啡因购用证明复印件,或伙同原齐齐哈尔市第四制药厂供销员刘某华(已死亡)持该厂的咖啡因购用证明,先后 22 次分别从齐齐哈尔化学制药厂、原齐齐哈尔进出口公司第二分公司等单位购买咖啡因共计 26,025 千克,后自行或指使被告人赵某倩发运至河南省、内蒙古自治区等地贩卖给被

① 参见中华人民共和国最高人民法院刑事审判第一、二、三、四、五庭主办:《刑事审判参考》(2009 年第 2 集,总第 67 集),法律出版社 2009 年版,第 1～13 页。

告人樊某生等人再转卖给他人。

(2)2001年3月至2002年5月,被告人李某荷以武汉同济药业有限公司的名义,与时任乐山中西制药有限责任公司销售部经理的被告人任某华联系购买咖啡因,经被告人王某春或时任乐山制药副总经理的吕某明批准,先后18次购买咖啡因共计38,350千克。2001年6月,李某荷伙同他人以武汉同济药业有限公司的名义不按咖啡因购用证明指定的供应单位,违反规定先后2次在天津市河北制药厂第一分厂购买咖啡因5500千克。李某荷将上述所购咖啡因中的39,350千克转卖给被告人史某中等人,史某中又先后转卖给被告人樊某生等人再贩卖给他人。

(3)1992年12月下旬至2000年1月,被告人史某中独自或伙同他人,先后4次向原齐齐哈尔市进出口公司第二分公司购买咖啡因共计14,000千克,或通过时任齐齐哈尔化学制药厂销售科科长的杜某(同案被告人)先后6次在该厂购买咖啡因共计14,000千克,或持假咖啡因购用证明通过他人帮助在吉林省舒兰合成制药厂购买咖啡因6000千克后,贩卖给他人。

[**裁判结果**]　一审法院认为,被告人李某荷、王某春、任某华、孙某民、史某中、樊某生等人贩卖毒品,其行为已构成贩卖毒品罪。被告人赵某倩运输毒品,其行为已构成运输毒品罪。被告单位武汉同济药业有限公司、乐山中西制药有限责任公司等4家单位违反国家规定贩卖毒品,其行为已构成贩卖毒品罪。被告人李某荷、王某春、任某华作为单位的主管人员和直接责任人员,贩卖毒品数量大、次数多,论罪应予严惩,但鉴于上述被告人主要是为单位谋利,个人无非法所得或所得较少,与其他被告人以个人营利为目的,贩卖毒品的行为在主观恶性方面有程度上的不同,故可酌定从轻处罚。被告人孙某民、史某中、赵某倩归案后,积极协助公安机关抓获同案犯,具有重大立功表现。被告人孙某民、史某中、赵某倩犯罪时间长、次数多、数量巨大,主观恶性深,社会危害严重,论罪应判处死刑立即执行,但鉴于上述被告人均具有立功表现,应依法从轻处罚;被告人樊某生贩卖毒品次数多,数量巨大,无法定从轻情节,论罪应判处死刑立即执行,但鉴于其归案后能够如实坦白和交代贩毒下线人员以及同案其他被告人帮助其转移毒品的犯罪事实,为公安机关抓捕同案犯在客观上起到一定的辅助作用,所得赃款全部缴回,故可酌定从轻处罚。判决:(1)被告人孙某民、史某中、樊某生犯贩卖毒品罪,分别判处死刑,缓期二年执行,剥夺政治权利终身,并处没收个人全部财产;(2)被告人赵某倩犯运输毒品罪,判处死刑,缓期二年执行,剥夺政治权利终身,并处没收个人全部财产;(3)被告人李某荷、王某春犯贩卖毒品罪,分别判处无期徒刑,剥夺政治权利终身,并处没收个人全部财产;(4)被告人任某华犯贩卖毒品罪,判处有期徒刑十五年,剥夺政治权利四年,并处没收个人财产五万元;(5)被告单位武汉同济药业有限公司、齐齐哈尔嘉旭经济贸易有限公司犯贩卖毒品罪,均判处罚金四百万元;(6)被告单位乐山中西制药有限责任公司犯贩卖毒品罪,判处罚金三百万元;(7)被告单位齐齐哈尔化学制药厂犯贩卖毒品罪,判处罚金二百万元。

二审法院经审理认为:上诉单位武汉同济药业有限公司(以下简称同济药业)有权经营咖啡因,但需经国家药监部门签批购买咖啡因的许可证方可购买。该单位在没有取得购买咖啡因许可证的情况下,从乐山中西制药有限责任公司骗购大量的咖啡因运回武汉后,改变包装,直接出售给贩毒人员,使咖啡因流入社会,后果严重,故该单位的行为构成贩卖毒品罪,原判罚金适当。上诉人李某荷是同济药业的直接责任人员,受领导指派,明知咖啡因是毒品而直接与贩毒人员交易,虽本人未从中获利,亦构成贩卖毒品罪。上诉单位乐山中西制药有限责任公司(以下简称乐山制药)系有权经营咖啡因的企业,没有证据证实其主管人员王某春、直接责任人员任某华,事先或者在经销时明知武汉同济药业将购买的咖啡因贩卖给贩毒人员,具有贩卖毒品的主观故意,原判认定乐山制药及王某春、任某华贩卖毒品犯罪的证据不充分,但其违反了国家精神药品及咖啡因生产经营管理的有关规定,向同济药业非法出售大量咖啡因,上诉单位及上诉人王某春、任某华的行为构成非法经营罪,属情节特别严重,应依法惩处。原判对孙某民、史某中、赵某倩、樊某生量刑不当。同意原判对其他被告人及被告单位的定罪量刑意见。判决:(1)上诉单位乐山制药犯非法经营罪,判处罚金三百万元;(2)上诉人任某华犯非法经营罪,判处有期徒刑七年,并处罚金一万元;(3)上诉人王某春犯非法经营罪,判处有期徒刑五年,并处罚金五千元;(4)原审被告人史某中、孙某民、樊某生犯贩卖毒品罪,均判处无期徒刑,剥夺政治权利终身,并处没收个人全部财产;(5)原审被告人赵某倩犯运输毒品罪,判处无期徒刑,剥夺政治权利终身,并处没收个人全部财产。一审其他判项予以维持。

［**判理分析**］

(1)乐山制药在不明知他人购买咖啡因是用于贩卖给吸毒人员的情况下,违反国家对精神药品及咖啡因生产经营的管理规定,非法大量出售咖啡因的行为不构成贩卖毒品罪,而应认定其构成非法经营罪。

我国现行《精神药品品种目录》将咖啡因列为第二类精神药品,国务院《麻醉药品和精神药品管理条例》,以及行为当时有效的国务院《精神药品管理方法》、国家药品监督管理局《咖啡因管理规定》对其生产、购销、运输、出口等均作了严格的规定与限制,如《咖啡因管理规定》(已失效)第 14 条规定"购销咖啡因实行购用证明和核查制度"、第 18 条规定"咖啡因生产和经营企业销售咖啡因时,必须核查购买者的身份和有关证明,禁止超过咖啡因购用证明批准数量供应咖啡因"等。本案中,乐山制药系经原卫生部、原国家药品监督管理局批准生产咖啡因的企业,与同济药业均是有权经营咖啡因的企业。2001 年 3 月同济药业初次去乐山制药采购咖啡因时出示了有效期为 2001 年 6 月 11 日至 9 月 11 日,批准购用量为 4000 千克的咖啡因购用证明复印件及单位营业执照,乐山制药主管领导王某春及销售负责人任某华对其经营咖啡因有关证件审查后,从 2001 年 3 月 14 日至 2002 年 5 月 10 日这 15 个月的时间内连续超量、超期限审批进行销售,共计向同济药业非法销售咖啡因 38,350 千克,非法营业额达 190 余万元。同济药业从乐山制药购回大量的咖啡因,并非用于制药的正常生产经营,而是改变包装后直接出售给贩毒人员,使咖啡因流入社会,后果严重,其行为触犯了我国《刑法》第 347 条的规定,构成贩卖毒品罪。二审法院认定乐山制药构成非法经营罪,主要理由是乐山制药违反国家规定非法出售大量咖啡因的行为与同济药业的行为在主客观方面是完全不同的:

第一,主观故意不同。乐山制药在销售咖啡因期间,曾两次派任某华去武汉市考察同济药业的生产能力及所销售的咖啡因的去向,得到的答复是具有实际生产能力及正常的生产去向。乐山制药据此认为同济药业是有经营权的企业,购买咖啡因只是用于制药的正常生产经营,而对同济药业向贩毒人员出售并不知情。应当说,乐山制药尽到了一定的审查义务,其销售、运输等事项均正常、公开办理,但乐山制药明知咖啡因作为国家规定的专营、专卖药品,购销咖啡因应有健全的手续,故意违反我国法规对购销咖啡因必须使用购用证明原件,且禁止超过证明批准数量供应咖啡因,不得使用现金交易等有关规定,具有违法经营的故意。而同济药业则是明知咖啡因流散到社会将成为毒品,仍将其违规购得的大量咖啡因向贩毒分子出售,其主观上具有贩毒的故意。

第二,客观行为不同。乐山制药对经营对象有一定的审查行为,仅向具有经营权的特定企业销售,其销售、运输等行为均正常、公开办理,且其违法销售咖啡因的行为仅局限在合法的生产企业之间;而同济药业无视国家的规定,将违规购得的咖啡因暗中向社会上的贩毒分子任意贩卖,导致咖啡因这类属国家严格管制的药品非法流入社会,严重地危害了人民的身体健康。

综上,根据主客观相一致的定罪原则,乐山制药违反国家对精神药品及咖啡因生产经营的管理规定,非法大量出售咖啡因,主观上没有贩卖毒品的故意,但其非法经营行为严重扰乱了市场秩序,应认定其构成非法经营罪。

(2)被告人贩卖、运输咖啡因的数量虽然达到《刑法》第347条第2款第1项的标准,但是否适用死刑,还应当考虑案件的具体情节予以确定。

本案被告人史某中贩卖毒品21次,数量46,525千克;被告人孙某民贩卖毒品22次,数量26,025千克;被告人樊某生贩卖毒品11次,数量17,375千克;被告人赵某倩运输毒品14次,数量20,425千克。2000年最高人民法院《关于审理毒品案件定罪量刑标准有关问题的解释》(已失效)第1条规定,咖啡因200千克以上为"其他毒品数量大",上述四名被告人贩卖或运输咖啡因的数量已经远远超过了该解释规定的数量标准。2008年《大连会议纪要》指出"毒品数量是毒品犯罪案件量刑的重要情节,但不是唯一情节。对被告人量刑时,特别是在考虑是否适用死刑时,应当综合考虑毒品数量、犯罪情节、危害后果、被告人的主观恶性、人身危险性以及当地禁毒形势等各种因素,做到区别对待……量刑既不能只片面考虑毒品数量,不考虑犯罪的其他情节,也不能只片面考虑其他情节,而忽视毒品数量"。根据上述纪要精神,在选择刑种时,尤其是适用死刑时,绝不能仅考虑毒品数量问题,应当根据主客观相一致、罪刑相适应的原则,综合考虑案件的各种具体情节。首先,要考虑的是涉案毒品的种类。咖啡因是第二类精神药品,成瘾性较弱,戒断症状也不十分严重,其作为毒品的危害性较之苯丙胺类、吗啡等毒品都要小得多,对被告人量刑时相对于涉案物为海洛因、苯丙胺类的适用的刑罚相应也要轻一些。其次,还要综合考虑案件中的其他情节来确定适当的刑罚。2008年《大连会议纪要》强调"对虽然已达到实际掌握的判处死刑的毒品数量标准,但是具有法定、酌定从宽处罚情节的被告人,可以不判处死刑"。本案被告人孙某民、史某中、赵某倩有重大立功表现,具有法定减轻处罚的情节。被告人樊某生具有酌定从轻处罚情节,亦不应适用死刑。

77. 未取得批准证明文件而生产、进口麻醉药品、精神药品或者明知是上述药品而销售的行为如何处理

【实务观点】

我国2001年修订的《药品管理法》第48条将"国务院药品监督管理部门规定禁止使用的

药品”和“依照本法必须批准而未经批准生产、进口，或者依照本法必须检验而未经检验即销售的药品”，规定为“按假药论处”。之后的司法实践中针对这两种药品的生产、销售、进口并销售的行为，均以生产、销售假药罪论处。2019 年修订的《药品管理法》第 98 条对假药作了限缩性的规定，主要从药品本身的品质、功能方面进行确定，删除了将上述两种情形的药品“按假药论处”的规定。由此生产、销售这两种情形的药品的行为，不再符合生产、销售假药罪的构成要件，不构成该罪。2021 年的《刑法修正案(十一)》将销售上述两种药品的行为单独设立为妨害药品管理罪。司法实践中，对于违规生产、进口、销售麻醉药品和精神药品的行为，可分为以下四种情形处理：

(1)对于经批准开展生产麻醉药品、精神药品或者销售活动的单位，如果所生产、销售的麻醉药品和精神药品属于2019 年《药品管理法》所规定的假药，构成生产、销售假药罪；同时根据 2022 年最高人民法院、最高人民检察院《关于办理危害药品安全刑事案件适用法律若干问题的解释》(以下简称《危害药品解释》)第 1 条规定，应当酌情从重处罚。

(2)现有证据能够证明行为人出于治疗疾病等相关目的，违反药品管理法规，未取得药品相关批准证明文件，生产国家规定管制的、具有医疗等合法用途的麻醉药品、精神药品，或者明知是未经批准生产的上述药品而销售的，根据《危害药品解释》第 7 条的规定，应当认定为《刑法》第 142 条之一规定的“足以严重危害人体健康”的情形，以妨害药品管理罪论处。如果所生产、销售的麻醉药品和精神药品同时属于 2019 年《药品管理法》所规定的假药，又构成生产、销售假药罪，根据《刑法》第 142 条之一第 2 款的规定，依照处罚较重的规定定罪处罚。行为人不能举证或提供可靠证据线索证明其有治疗疾病等合理目的的，按贩卖、制造毒品罪定罪处罚。

(3)现有证据能够证明行为人出于治疗疾病等相关目的，违反药品管理法规，未取得药品相关批准证明文件，进口麻醉药品、精神药品或者明知是上述药品而销售，如果有关药品系在境外合法上市的药品，只是未取得我国的进口许可，不宜认为具有严重危害人体健康的危险性并以妨害药品管理罪论处。如果有关药品在境外也未合法上市的，根据《危害药品解释》第 7 条的规定，应认定为“足以严重危害人体健康”的情形，以妨害药品管理罪论处；如果涉及的麻醉药品和精神药品同时属于 2019 年《药品管理法》所规定的假药，又构成生产、销售假药罪，根据《刑法》第 142 条之一第 2 款的规定，依照处罚较重的规定定罪处罚。行为人不能举证或提供可靠证据线索证明其有治疗疾病等合理目的的，按走私、贩卖毒品罪定罪处罚。

(4)对于行为人未取得批准证明文件而实施生产、进口或者销售麻醉药品、精神药品的行为，如果是不以营利为目的实施的带有自救、互助性质的行为，根据《危害药品解释》第 18 条的规定，不应当认定为犯罪。

司法实践中，还应当注意两个区分：

(1)将针对麻醉药品、精神药品实施的妨害药品管理罪与走私、贩卖毒品罪进行区分。根据《刑法》第 355 条的规定，向走私、贩卖毒品的犯罪分子或者以牟利为目的向吸食、注射毒品的人员提供麻醉药品、精神药品的，构成贩卖毒品罪。二者区分的关键在于行为人的主观故意，即将麻醉药品、精神药品作为药品使用还是作为毒品使用，重点从行为人对销售对象有无甄别、对销售药品的具体流向是否清楚、销售获利与正常药品销售盈利的比较等进行判断。

行为人对销售对象进行一定程度的甄别，仅对具有医疗目的的对象提供、销售麻醉药品、精神药品，不宜认定其主观上具有贩卖毒品的目的。如果行为人对销售对象不加甄别，明知购买者将药品销售给贩卖毒品者或吸食毒品人员，或者销售获利超过其购买价格数倍，明显是以获取巨额利润为目的而放任任何人向其购买麻醉药品、精神药品，则其主观上属于放任的故意。根据刑法原理，对于放任的故意应当以实际后果确定其行为性质，需要进一步查证其销售对象的实际用途，如果经查证其主要销售对象属于走私、贩卖毒品的犯罪分子或者吸食、注射毒品的人员，则认定为走私、贩卖毒品罪。

(2)将针对麻醉药品、精神药品实施的妨害药品管理罪与非法经营罪进行区分。妨害药品管理罪的客观行为表现中，“生产、销售国务院药品监督管理部门禁止使用的药品”和“未取得药品相关批准证明文件生产、进口药品或者明知是上述药品而销售”，同样也是一种非法经营行为。即便没有妨害药品管理罪的规定，也同样可以作为犯罪处理。非法经营罪的主要保护客体是国家的市场准入制度，目的是维护市场生产、经营秩序。《刑法修正案(十一)》之所以明确将上述两种行为规定为妨害药品管理罪，只能理解为立法机关针对药品生产、进口和销售领域与其他商品领域相比，从与市场生产、经营秩序相比，保护群众生命健康的价值优先这一角度出发，采取了不同的刑事政策，即对于此类行为，单独以妨害药品管理罪规制，并以“足以严重危害人体健康”作为其入罪条件。因此，如果不具备“足以严重危害人体健康”这一条件，既不能认定为本罪，也不能因其经营数额达到了非法经营罪的定罪标准，就认定为非法经营罪。理由有二：一是从刑法对这两个罪名设置的刑罚看，妨害药品管理罪的法定最高刑只有7年有期徒刑，非法经营罪的法定最高刑是15年有期徒刑，对同一行为，不符合较轻之罪的构成要件却以较重之罪论处，这明显违反罪刑均衡原则。二是《刑法》针对这两个罪名的竞合设置了与其他罪名竞合不同的处置规则。第143条之一第2款规定，有前款行为(第1款规定的妨害药品管理犯罪行为)，同时又构成生产、销售、提供假药罪、生产、销售、提供劣药罪或者其他犯罪的，依照处罚较重的规定定罪处罚，也就是说，《刑法》在这里规定了“以复杂法条优先为原则，以适用较重法条为补充”的规则，首先应当就是否构成妨害药品管理罪进行评价，只有当行为同时符合妨害药品管理罪和其他犯罪时，才择一重罪论处，言外之意，对于依照复杂法条不构成妨害药品管理罪的行为，不能再选择适用另一个罪名予以认定。与之相比较，《刑法》第149条针对生产、销售伪劣商品行为的法条竞合，规定“生产、销售本节第一百四十一条至第一百四十八条所列产品，不构成各该条规定的犯罪，但是销售金额在五万元以上的，依照本节第一百四十条(即生产、销售伪劣产品罪)的规定定罪处罚。生产、销售本节第一百四十一条至第一百四十八条所列产品，构成各该条规定的犯罪，同时又构成本节第一百四十条规定之罪的，依照处罚较重的规定定罪处罚”。也即针对生产、销售伪劣产品的行为，刑法规定的竞合处理原则是“重法条优于轻法条”，其反映出来的政策导向就是伪劣产品直接威胁到群众的生命、健康及财产安全，因而必须严织法网，避免出现刑法打击的漏洞。而对于非法经营药品的行为而言，妨害药品管理罪以“足以严重危害人体健康”作为其入罪条件，同样是为了保护群众生命和健康，对于不构成此罪的非法经营行为，虽然妨害了国家的药品经营管理秩序，但却无碍甚至有利于群众健康，当然不能以犯罪处理，否则就会出现公平与秩序的价值冲突。

【法律及司法文件】

《**中华人民共和国刑法**》

第一百四十一条　［生产、销售、提供假药罪］[①]生产、销售假药的，处三年以下有期徒刑或者拘役，并处罚金；对人体健康造成严重危害或者有其他严重情节的，处三年以上十年以下有期徒刑，并处罚金；致人死亡或者有其他特别严重情节的，处十年以上有期徒刑、无期徒刑或者死刑，并处罚金或者没收财产。

药品使用单位的人员明知是假药而提供给他人使用的，依照前款的规定处罚。

第一百四十二条之一　［妨害药品管理罪］[②]违反药品管理法规，有下列情形之一，足以严重危害人体健康的，处三年以下有期徒刑或者拘役，并处或者单处罚金；对人体健康造成严重危害或者有其他严重情节的，处三年以上七年以下有期徒刑，并处罚金：

（一）生产、销售国务院药品监督管理部门禁止使用的药品的；

（二）未取得药品相关批准证明文件生产、进口药品或者明知是上述药品而销售的；

（三）药品申请注册中提供虚假的证明、数据、资料、样品或者采取其他欺骗手段的；

（四）编造生产、检验记录的。

有前款行为，同时又构成本法第一百四十一条、第一百四十二条规定之罪或者其他犯罪的，依照处罚较重的规定定罪处罚。

《**中华人民共和国药品管理法**》

第九十八条　禁止生产（包括配制，下同）、销售、使用假药、劣药。

有下列情形之一的，为假药：[③]

（一）药品所含成分与国家药品标准规定的成分不符；

（二）以非药品冒充药品或者以他种药品冒充此种药品；

（三）变质的药品；

（四）药品所标明的适应症或者功能主治超出规定范围。

有下列情形之一的，为劣药：

（一）药品成分的含量不符合国家药品标准；

（二）被污染的药品；

（三）未标明或者更改有效期的药品；

---

① 本条根据《刑法修正案（十一）》进行了修改，删除了原来的第2款“本条所称假药，是指依照《中华人民共和国药品管理法》属于假药和按照假药处理的药品、非药品”，增加了现在的第2款规定。

② 本条是根据《刑法修正案（十一）》新增加的条款和罪名，2021年3月1日施行。

③ 1984年《药品管理法》第33条规定的“按假药论处”的情形共四种。2001年修订的《药品管理法》第48条扩大为六种：（1）国务院药品监督管理部门规定禁止使用的；（2）依照本法必须批准而未经批准生产、进口，或者依照本法必须检验而未经检验即销售的；（3）变质的；（4）被污染的；（5）使用依照本法必须取得批准文号而未取得批准文号的原料药生产的；（6）所标明的适应症或者功能主治超出规定范围的。2015年修订的《药品管理法》维持了上述规定。2019年修订的《药品管理法》第98条对假药作了限缩性的规定：“……有下列情形之一的，为假药：（一）药品所含成分与国家药品标准规定的成分不符；（二）以非药品冒充药品或者以他种药品冒充此种药品；（三）变质的药品；（四）药品所标明的适应症或者功能主治超出规定范围……”该规定将变质的药品和药品所标明的适应症或者功能主治超出规定范围这两种“按假药论处”的情形修改为假药，同时删除了“按假药论处”的规定。修订后的《药品管理法》2019年12月1日施行。

（四）未注明或者更改产品批号的药品；

（五）超过有效期的药品；

（六）擅自添加防腐剂、辅料的药品；

（七）其他不符合药品标准的药品。

禁止未取得药品批准证明文件生产、进口药品；禁止使用未按照规定审评、审批的原料药、包装材料和容器生产药品。

《危害药品解释》

第一条　生产、销售、提供假药，具有下列情形之一的，应当酌情从重处罚：

……

（二）涉案药品属于麻醉药品、精神药品、医疗用毒性药品、放射性药品、生物制品，或者以药品类易制毒化学品冒充其他药品的；

……

第二条　生产、销售、提供假药，具有下列情形之一的，应当认定为刑法第一百四十一条规定的“对人体健康造成严重危害”：

（一）造成轻伤或者重伤的；

（二）造成轻度残疾或者中度残疾的；

（三）造成器官组织损伤导致一般功能障碍或者严重功能障碍的；

（四）其他对人体健康造成严重危害的情形。

第三条　生产、销售、提供假药，具有下列情形之一的，应当认定为刑法第一百四十一条规定的“其他严重情节”：

（一）引发较大突发公共卫生事件的；

（二）生产、销售、提供假药的金额二十万元以上不满五十万元的；

（三）生产、销售、提供假药的金额十万元以上不满二十万元，并具有本解释第一条规定情形之一的；

（四）根据生产、销售、提供的时间、数量、假药种类、对人体健康危害程度等，应当认定为情节严重的。

第四条　生产、销售、提供假药，具有下列情形之一的，应当认定为刑法第一百四十一条规定的“其他特别严重情节”：

（一）致人重度残疾以上的；

（二）造成三人以上重伤、中度残疾或者器官组织损伤导致严重功能障碍的；

（三）造成五人以上轻度残疾或者器官组织损伤导致一般功能障碍的；

（四）造成十人以上轻伤的；

（五）引发重大、特别重大突发公共卫生事件的；

（六）生产、销售、提供假药的金额五十万元以上的；

（七）生产、销售、提供假药的金额二十万元以上不满五十万元，并具有本解释第一条规定情形之一的；

（八）根据生产、销售、提供的时间、数量、假药种类、对人体健康危害程度等，应当认定为情节特别严重的。

……

第七条　实施妨害药品管理的行为，具有下列情形之一的，应当认定为刑法第一百四十二条之一规定的“足以严重危害人体健康”：

……

（二）未取得药品相关批准证明文件生产药品或者明知是上述药品而销售，涉案药品属于本解释第一条第一项至第三项规定情形的；

……

（五）未取得药品相关批准证明文件进口药品或者明知是上述药品而销售，涉案药品在境外也未合法上市的；

……

（九）其他足以严重危害人体健康的情形。

对于涉案药品是否在境外合法上市，应当根据境外药品监督管理部门或者权利人的证明等证据，结合犯罪嫌疑人、被告人及其辩护人提供的证据材料综合审查，依法作出认定。

对于“足以严重危害人体健康”难以确定的，根据地市级以上药品监督管理部门出具的认定意见，结合其他证据作出认定。

第八条　实施妨害药品管理的行为，具有本解释第二条规定情形之一的，应当认定为刑法第一百四十二条之一规定的“对人体健康造成严重危害”。

实施妨害药品管理的行为，足以严重危害人体健康，并具有下列情形之一的，应当认定为刑法第一百四十二条之一规定的“有其他严重情节”：

……

（二）未取得药品相关批准证明文件生产、进口药品或者明知是上述药品而销售，生产、销售的金额五十万元以上的；

……

实施刑法第一百四十二条之一规定的行为，同时又构成生产、销售、提供假药罪、生产、销售、提供劣药罪或者其他犯罪的，依照处罚较重的规定定罪处罚。

……

第十八条　根据民间传统配方私自加工药品或者销售上述药品，数量不大，且未造成他人伤害后果或者延误诊治的，或者不以营利为目的实施带有自救、互助性质的生产、进口、销售药品的行为，不应当认定为犯罪。

第十九条第一款　刑法第一百四十一条、第一百四十二条规定的“假药”“劣药”，依照《中华人民共和国药品管理法》的规定认定。

【权威解读】

生产、销售、提供假药罪是抽象危险犯，《危害药品解释》未设置入罪门槛，对于生产、销售、提供假药的行为，原则上都应当追究刑事责任。《危害药品解释》第 2 条至第 4 条进一步明确了生产、销售、提供假药罪的升档量刑标准。《刑法修正案（十一）》对《刑法》第 141 条规定的生产、销售假药罪和第 142 条规定的生产、销售劣药罪增加了“提供”的行为方式。对于“提供”与“销售”的界分，《危害药品解释》第 6 条第 2 款以是否支付对价作为界分标准，规定：“药品使用单位及其工作人员明知是假药、劣药而有偿提供给他人使用的，应当认定为《刑法》第一百四十一条、第一百四十二条规定的‘销售’;无偿提供给他人使用的,应当认定为《刑法》第一百四十一条、第一百四十二条规定的‘提供’。”

妨害药品管理罪为具体危险犯,并非一实施有关行为就构成犯罪,而是以“足以严重危害人体健康”为入罪要件。《刑法》第142条之一对妨害药品管理罪的定罪量刑标准规定为“足以严重危害人体健康”“对人体健康造成严重危害或者有其他严重情节”。《危害药品解释》第7条、第8条对妨害药品管理罪的定罪量刑标准作了进一步明确。根据《药品管理法》的相关规定,结合司法实践经验,《危害药品解释》第7条第1款规定了认定“足以严重危害人体健康”的具体情形:(1)就生产、销售国务院药品监督管理部门禁止使用的药品行为类型而言,将“综合生产、销售的时间、数量、禁止使用原因等情节,认为具有严重危害人体健康的现实危险”作为认定标准之一(第1项)。所谓“禁止使用原因”,主要是指《药品管理法》第67条“禁止进口疗效不确切、不良反应大或者因其他原因危害人体健康的药品”的规定所涉情形。之所以要求综合“生产、销售的时间、数量等情节”,主要是考虑此类药品此前经过批准生产,与自始未经批准的药品在对人体健康的危害程度方面尚有差异。(2)就未取得药品相关批准证明文件生产、进口药品或者明知是上述药品而销售行为类型而言,鉴于境内未经批准药品和走私境外药品存在差异,作了区分处理。对于未取得药品相关批准证明文件生产药品或者明知是上述药品而销售,以特定药品使用对象(以孕产妇、儿童或者危重病人为主要使用对象)、特定类型(麻醉药品、精神药品、医疗用毒性药品、放射性药品、生物制品,或者以药品类易制毒化学品冒充其他药品的,以及注射剂药品、急救药品)作为认定“足以严重危害人体健康”的情形之一(第2项);对于未取得药品相关批准证明文件进口药品或者明知是上述药品而销售,如果有关药品系在境外合法上市的药品,不宜认为具有严重危害人体健康的危险性,反之,如在境外也未合法上市的,应作为认定“足以严重危害人体健康”情形(第5项)。此外,还设置了兜底项(第9项)。实践中,对于未经批准进口能够使人形成瘾癖的麻醉药品、精神药品或者明知是上述药品而销售,特别是面向未成年人销售,即使不构成毒品犯罪,也可以根据案件情况考虑是否属于妨害药品管理罪规定的“其他足以严重危害人体健康的情形”。

关于特定生产、进口、销售药品行为的处理规则。近些年来,随着经济社会发展,擅自销售从国外、境外携带入境的药品的情况逐渐增多。未经批准擅自进口的“洋药”,尽管违反了我国药品管理制度,但不少并不会实际危害人体健康,相反对治疗有关疾病确有效果,有的甚至是高价购买的“救命药”。对于此类案件,一律纳入刑事规制范围,不符合实事求是的精神,也难以为社会公众所理解。《药品管理法》修订之后,对“假药”采取实质认定标准,未经批准走私进境的药品不能当然认定为假药;尽管有关行为仍属于违反修订后《药品管理法》规定的妨害药品管理行为,但根据《刑法修正案(十一)》新增的《刑法》第142条之一的规定,是否构成犯罪,需以“足以严重危害人体健康”为要件。因此,《危害药品解释》第18条第1款规定:“根据民间传统配方私自加工药品或者销售上述药品,数量不大,且未造成他人伤害后果或者延误诊治的,或者不以营利为目的实施带有自救、互助性质的生产、进口、销售药品的行为,不应当认定为犯罪。”该款规定从另一面对妨害药品管理罪的准确适用作出了明确。①

---

① 参见周加海、喻海松、李静:《〈关于办理危害药品安全刑事案件适用法律若干问题的解释〉的理解与适用》,载《人民司法·应用》2022年第10期。

【类案参考】

案例3－49

高某等生产、销售假药案[①]——既构成生产、销售假药罪又构成妨害药品管理罪的从一重处

［**基本案情**］　(1)2018年以来,被告人高某为获取非法利益,在未取得《药品生产许可证》《药品经营许可证》的情况下,在广东省普宁市南亨里16栋117号其住所内,用机器将溴已新、马来酸氯苯那敏、土霉素等西药片剂打磨成粉与甘草粉等中药粉等进行混合,雇用被告人李某香为其分装药粉,并以“祖传秘方、中药配制”的口号对外销售“特效咳喘灵”,以每包25～40元的价格对外销售,共销售假药186万余元。李某香在明知高某配置的药系假药的情况下,仍然帮助高某分装假药,从中获取每斤13～18元的分装手工费,共计7000余元。(2)被告人李某香除帮助高某分装药粉外,还从高某处以每斤880元左右的价格购进假药,以每斤1000元左右的价格卖给被告人黄某鑫等人,销售额达114万余元;并帮助黄某鑫等人购买用于销售假药的透明包装袋、咳喘药宣传说明书等。(3)2018年年初至2020年9月,被告人黄某鑫以非法牟利为目的,明知其从李某香处收购的药粉系假药,仍伙同被告人黄某某将购得的药粉更换为自行网上定制的“祖传咳喘药”包装,后销售给被告人刚某某、庞某某、许某某、柯某某、谭某某、蔡某某等人。2019年以后,黄某鑫为获取更多的利益,以每斤1000元左右的价格向李某香购买假药散装药粉,指使黄某某将散装药粉按照每20斤药粉添加5斤甘草粉的规格进行二次加工和分装,以每包55～170元的价格(每包10小袋,每小袋2克),以“祖传咳喘药”为药名,通过其微信朋友圈、群聊、私聊等方式发布祖传秘方、中药配制等广告对外销售假药,销售额共计53万余元。被告人黄某某本人也销售假药34,897元。其他事实略。经市场监督管理局认定,案涉“祖传咳喘药”应认定为假药。

［**裁判结果**］　一审法院认为,被告人高某、李某香、黄某鑫、黄某某生产、销售假药,其行为均已构成生产、销售假药罪;被告人刚某某、蔡某某、庞某某、许某某、柯某某、谭某某销售假药,其行为均已构成销售假药罪。其中,高某、李某香、黄某鑫、黄某某情节特别严重,被告人柯某某情节严重。被告人高某、李某香、黄某鑫、黄某某分别共同实施故意犯罪,均是共同犯罪。其中,被告人高某在生产假药共同犯罪中起主要作用,被告人黄某鑫在生产、销售假药共同犯罪中起主要作用,均系主犯。被告人李某香在生产假药共同犯罪中起辅助作用,系从犯,对共同犯罪部分应当从轻处罚。被告人黄某某在生产、销售假药共同犯罪中起次要、辅助作用,系从犯,对共同犯罪部分应当减轻处罚。(其他被告人量刑情节略)各被告人积极退出违法所得,可以酌情从轻处罚。判决:(1)被告人高某犯生产、销售假药罪,判处有期徒刑十年九个月,并处罚金三百七十二万元;(2)被告人李某香犯生产、销售假药罪,判处有期徒刑十年三个月,并处罚金二百三十万元;(3)被告人黄某鑫犯生产、销售假药罪,判处有期徒刑十年,并处罚金一百一十万元;(4)被告人黄某某犯生产、销售假药罪,判处有期徒刑三年,缓刑四年,并处罚金七万元;禁止被告人黄某某在缓刑考验期限内从事药品生产、销售及相关活动。二审裁定驳回上诉,维持原判。

［**判理分析**］　(1)关于假药的认定。涉案咳喘药外包装上标有“祖传秘方、中药配制”等

① 参见江苏省淮安市中级人民法院刑事裁定书,(2021)苏08刑终299号。

字样，且标注主治功能及用法、用量、规格、禁忌等内容，依据《药品管理法》第2条的规定，应将其认定为药品；《药品管理法》第98条第2款第2项规定以非药品冒充药品或者以他种药品冒充此种药品的为假药，涉案药品对外宣传的原料成分为纯中药，实际却包含马来酸氯苯那敏、醋酸泼尼松等多种西药成分，属于以他种药品冒充此种药品的情形。淮安市市场监督管理局关于涉案药品定性出具过两次专业意见，首次出具的时间为2019年10月21日，依据修订前《药品管理法》第48条第3款第2项“依照本法必须批准而未经批准生产、进口，或者依照本法必须检验而未经检验即销售的”的规定以假药论处，而第二次出具的时间发生在《药品管理法》修订并于2019年12月1日生效之后，新法已删除上述以假药论处的规定，该局依据新法第98条的相关规定重新认定为假药，专业意见所依据的新旧法规定不同，实际上并不矛盾。(2)关于本案是否应构成妨害药品管理罪的问题。根据刑法规定，只要实施了生产、销售假药的行为，即构成生产、销售假药罪，并不一定要有实际的危险结果发生；本案被告人未取得相关批准证明文件生产药品，如果同时也具备“足以严重危害人体健康”的情节，同时构成妨害药品管理罪和生产、销售假药罪，根据《刑法》第142条之一第2款的规定，应依照处罚较重的规定定罪处罚。

案例3-50

吴某强、黄某荣等非法经营案①——仅有生产、销售假药的故意而生产、销售精神药品的行为同时构成非法经营罪和生产、销售假药罪

［**基本案情**］ 被告人吴某强、黄某荣以牟利为目的，在没有依法取得药品生产、销售许可的情况下，于2010年年底合伙生产盐酸曲马多及其他药品，二人约定共同出资，并由吴某强负责租用生产场地、购买生产设备和原料、联系接单及销售渠道，黄某荣负责调试生产设备、配制药品及日常生产管理。其后，吴某强租用陈某群位于潮安区庵埠镇一老屋作为加工场地，并雇佣被告人吴某源从事生产加工，雇佣被告人陈某金帮助运输原料和生产出的药品成品。吴某强还安排吴某源找个体印刷厂印刷了“天龙牌”盐酸曲马多包装盒及说明书。陈某金按照吴某强的指示，多次将加工好的盐酸曲马多药片及包装盒、说明书运送至潮州市潮安区潮汕公路等处交给汪某(另案处理)等人转卖。经查，2010年年底至2011年9月，吴某强共卖给汪某盐酸曲马多65件，汪某通过物流公司将盐酸曲马多等药品转至河北省石家庄市等地销售，公安机关在涉案的医疗器械经营部提取到部分违法销售的“天龙牌”盐酸曲马多。2011年9月15日，公安机关查处了吴某强等的加工场，现场扣押盐酸曲马多药片115.3千克、生产盐酸曲马多的原料1280.25千克及加工设备等。至查处为止，吴某强等生产和销售盐酸曲马多药片等假药，获取违法收入50,750元。检察院以被告人吴某强犯贩卖、制造毒品罪，被告人黄某荣、吴某源犯制造毒品罪，被告人陈某金犯生产假药罪，向潮州市中级人民法院提起公诉。被告人吴某强、黄某荣、吴某源均辩称不知道所生产的是毒品，不构成贩卖、制造毒品罪。

［**裁判结果**］ 潮州市中级人民法院认为，被告人吴某强、黄某荣、吴某源、陈某金违反药品管理法规，未经许可，合伙非法生产、经营国家管制的精神药品盐酸曲马多，情节严重，其行

① 参见中华人民共和国最高人民法院刑事审判第一、二、三、四、五庭主办：《刑事审判参考》(2015年第1集，总第102集)，法律出版社2016年版，第13~20页。

为均已构成非法经营罪。被告人吴某强、黄某荣共同出资生产假药,其中,被告人吴某强负责购买生产设备和联系销售,被告人黄某荣负责组织生产,在共同犯罪中均起主要作用,是主犯,依法应当按照其参与的全部犯罪处罚。被告人吴某源受吴某强和黄某荣的雇佣和指挥参与制售假药,在共同犯罪中起次要作用,系从犯,依法可从轻处罚。被告人陈某金帮助运输材料和假药,在共同犯罪中起辅助作用,系从犯,视其犯罪情节轻微,依法可免予刑事处罚。判决:(1)被告人吴某强犯非法经营罪,判处有期徒刑四年十个月,并处罚金二十万元;(2)被告人黄某荣犯非法经营罪,判处有期徒刑四年四个月,并处罚金十万元;(3)被告人吴某源犯非法经营罪,判处有期徒刑二年八个月,并处罚金五万元;(4)被告人陈某金犯非法经营罪,免予刑事处罚。

［**判理分析**］ 曲马多(tramadol)是中枢非麻醉性镇痛药,临床使用的主要是其盐酸盐,故又称盐酸曲马多。正常人如每天服用曲马多200毫克,大约半年后会产生药物依赖,而如果每天服用300~400毫克(6~8颗药)甚至更多,可在短期内上瘾。原国家食品药品监督管理局、公安部、原卫生部将盐酸曲马多收入《精神药品品种目录(2007年版)》,作为第二类精神药品进行管理,其同时具有毒品和临床药品的双重性质。

(1)对非法生产、销售国家管制的麻醉药品、精神药品的行为以制造、贩卖毒品罪定罪,必须同时符合以下条件:①被告人明知所制造、贩卖的是麻醉药品、精神药品,并且制造、贩卖的目的是将其作为毒品的替代品,而不是作为治疗所用的药品;②麻醉药品、精神药品的去向明确,即毒品市场或者吸食毒品群体;③获得了远远超出正常药品经营所能获得的利润。就本案而言,首先,吴某强、黄某荣等人均供述其合资办厂的初衷是生产假药,不仅生产盐酸曲马多药片,还同时生产“感康片”等其他药品,事实上公安机关也查获了“感康片”等其他药品,吴某强找个体印刷厂印刷盐酸曲马多包装盒及说明书的行为也佐证了其主观上系生产假药而不是毒品的故意。其次,无证据表明生产出的盐酸曲马多流入毒品市场,反而有证据表明涉案的盐酸曲马多作为药品在市场上非法流通,比如公安人员在涉案的医疗器械经营部提取到违法销售的“天龙牌”盐酸曲马多。最后,从吴某强等人的牟利情况来看,并没有赚取超出正常药品价格的高额利润,也表明其并不是针对吸毒分子或贩毒分子销售。综上,被告人吴某强等以生产药品的故意生产、销售盐酸曲马多,无证据表明生产出的盐酸曲马多流入毒品市场,故不构成贩卖、制造毒品罪。

(2)本案被告人吴某强等的行为构成生产、销售伪劣产品罪,生产、销售假药罪和非法经营罪的竞合,应以非法经营罪定罪处罚。首先,本案被告人吴某强等不具有生产精神药品的资质,没有取得药品批准文号而生产精神药品,所生产的药品应认定为假药,行为符合生产、销售假药罪的构成要件;①其次,被告人吴明强违反药品管理法规,擅自生产、销售药品,以假充真,销售金额达到5万元以上,行为符合生产、销售伪劣产品罪的构成要件;最后,盐酸曲马多作为国家管制的精神药品,属于非法经营罪中所指的“法律、行政法规规定的专营、专卖物

① 本案系发生在2016年,按照2019年修订的《药品管理法》,不能仅以“没有取得药品批准文号而生产药品”作为认定假药的依据,应当对药品进行鉴定,确定是否属于假药,进而确定是否构成生产、销售假药罪。如果不属于假药,根据2021年修订的《刑法》和《妨害药品案件司法解释》,对于未经批准生产、销售精神药品和麻醉药品的,构成妨害药品管理罪,同时又构成非法经营罪的,从一重处。

品或者其他限制买卖的物品”,被告人吴明强等的行为还构成非法经营罪。根据行为当时有效的最高人民法院、最高人民检察院《关于办理生产、销售假药、劣药刑事案件具体应用法律若干问题的解释》第6条的规定,“实施生产、销售假药、劣药犯罪,同时构成生产、销售伪劣产品、侵犯知识产权、非法经营、非法行医、非法采供血等犯罪的,依照处罚较重的规定定罪处罚”。

78. 生产、销售含有麻醉药品、精神药品成分的饮料、食品的行为如何定性

【实务观点】

行为人利用可以生成国家管制的麻醉药品、精神药品的化学品为原料,生产含有麻醉药品、精神药品成分的饮料、食品并销售,其行为应认定为毒品犯罪还是危害食品安全犯罪?应当重点考察行为人主观明知情况,根据其主观故意来认定行为性质。而根据化学品是否被列管,对行为人主观明知的判断方法和证明责任也不相同。

(1)行为人利用易制毒化学品(即被国家列管的化学品)为原料,生产、销售含有国家管制的麻醉药品、精神药品成分的食品,由于相关原料已经被国家作为易制毒化学品进行列管,一般情况下应当推定行为人明知利用该化学品生产出来的食品中含有毒品成分,对其行为原则上应当认定为贩卖、制造毒品罪。现有证据能够证明行为人明知未列为管制化学品的原料可以生成国家管制的麻醉药品、精神药品成分物质,或者明知制出的成分物质系国家管制的麻醉药品、精神药品,而利用未被国家管制的化学品为原料,生产、销售含有国家管制的麻醉药品、精神药品成分的食品,也应当认定其构成贩卖、制造毒品罪。

(2)在行为人对化学品可生成国家管制的麻醉药品、精神药品的特性不明知,对于制出的成分物质系国家管制的麻醉药品、精神药品也不明知的情形下,如果化学品属于食品原料,超限量、超范围添加足以造成严重食物中毒事故或者其他严重食源性疾病的,应当按照生产、销售不符合安全标准的食品罪定罪处罚;如果化学品系有毒、有害非食品原料,应当按照生产、销售有毒、有害食品罪定罪处罚。对于相关物质属于食品原料还是非食品原料,可以根据有关部门发布的《食品中可能违法添加的非食用物质名单》《保健食品中可能非法添加的物质名单》《食品安全国家标准食品添加剂使用标准》等规定进行认定。行为人构成贩卖、制造毒品罪,同时构成生产、销售不符合安全标准的食品罪或者生产、销售有毒、有害食品罪的,属于想象竞合犯,应当按照择一重处的原则,以处罚较重的罪名追究刑事责任。

司法实践中应当注意两点:第一,对于以国家列管的易制毒化学品为原料生产销售饮料、食品,并且在查获的饮料、食品中检验到毒品成分,考虑到相关化学品已经被国家列管,可以推定行为人主观上明知其生产的饮料、食品中含有毒品成分,主观上有制造、贩卖毒品的故意;行为人辩解其不明知的,应当提供相关证据或者证据线索予以证明。对于以国家没有列管的化学品为原料生产销售饮料、食品的,如果在查获的饮料、食品中检验到毒品成分,应当进一步查明行为人的主观认知情况,判断其有无制造、贩卖毒品的故意。行为人对于相关毒品成分主观上是否明知,不能仅凭其口供,还应当根据其对相关物质属性认识、从业经历、生产制作工艺、产品标签标注、销售场所及价格等情况综合认定。第二,新型毒品混于饮料、食品中,不同于传统毒品,往往含有大量水分或者其他物质,毒品含量很低甚至微量,因此对于

新型毒品犯罪案件,应当查明毒品含量。对于查获的毒品纯度明显低于同类毒品的正常纯度的,在量刑时可酌情从轻处罚,确保罪责刑相适应。

【法律及司法文件】

《中华人民共和国刑法》

第一百四十三条　[生产、销售不符合安全标准的食品罪]生产、销售不符合食品安全标准的食品,足以造成严重食物中毒事故或者其他严重食源性疾病的,处三年以下有期徒刑或者拘役,并处罚金;对人体健康造成严重危害或者有其他严重情节的,处三年以上七年以下有期徒刑,并处罚金;后果特别严重的,处七年以上有期徒刑或者无期徒刑,并处罚金或者没收财产。

第一百四十四条　[生产、销售有毒、有害食品罪]在生产、销售的食品中掺入有毒、有害的非食品原料的,或者销售明知掺有有毒、有害的非食品原料的食品的,处五年以下有期徒刑,并处罚金;对人体健康造成严重危害或者有其他严重情节的,处五年以上十年以下有期徒刑,并处罚金;致人死亡或者有其他特别严重情节的,依照本法第一百四十一条的规定处罚。

【类案参考】

案例 3-51

王某贩卖、制造毒品案[①]——生产、销售明知含有国家管制的麻醉药品、精神药品成分的食品构成贩卖、制造毒品罪

[**基本案情**]　2016 年,被告人王某明知国家管制的精神药品 γ-羟丁酸可以由当时尚未被国家列管的化学品 γ-丁内酯(2021 年被列管为易制毒化学品)通过特定方法生成,为谋取非法利益,多次购进 γ-丁内酯,添加香精制成混合液体,委托广东某公司(另案处理)为混合液体粘贴"果味香精 CD123"的商品标签,交由广东另一公司(另案处理)按其配方和加工方法制成"咔哇氿"饮料。王某通过四川某公司将饮料销往多地娱乐场所。至案发,共销售"咔哇氿"饮料 52,355 件(24 瓶/件,275ml/瓶),销售金额为 1158 万余元。2017 年 9 月 9 日,公安机关将王某抓获,当场查获"咔哇氿"饮料 720 余件,后追回售出的 18,505 件。经鉴定,"果味香精 CD123"和"咔哇氿"饮料中均检出 γ-羟丁酸成分,含量分别为 2000-44,000μg/ml、80.3-7358μg/ml。

[**裁判结果**]　一审法院判决,以贩卖、制造毒品罪判处王某有期徒刑十五年,并处没收个人财产人民币 427 万元;依法没收扣押的用毒资购买的两套房产及违法所得、收益、孳息人民币 643 万余元。宣判后,王某提出上诉。二审法院裁定驳回上诉,维持原判。

[**判理分析**]　本案公安机关以王某在制造饮料过程中添加有毒、有害物质,涉嫌犯生产、销售有毒、有害食品罪移送审查起诉;检察机关以王某犯贩卖、制造毒品罪依法提起公诉;辩护人则提出王某超限量滥用食品添加剂 γ-丁内酯,应构成生产、销售不符合安全标准的食品罪。生效判决对王某以贩卖、制造毒品罪定罪处罚。主要理由是:

首先,"咔哇氿"饮料中的 γ-羟丁酸不是原料自然生成,而是王某通过加工生成。经公

① 参见最高人民检察院《关于印发最高人民检察院第三十七批指导性案例的通知》,载最高人民检察院网 2022 年 6 月 21 日,https://www.spp.gov.cn/spp/jczdal/202206/t20220624_560874.shtml。

安机关对原料厂商仓库内的γ－丁内酯进行抽样鉴定，未检出γ－羟丁酸成分，而对查获的"咔哇氿"饮料进行抽样鉴定，均检出γ－羟丁酸成分，能够排除"咔哇氿"饮料中γ－羟丁酸系自然生成。王某以γ－丁内酯为原料制造混合液体"果味香精CD123"，再以"果味香精CD123"为原料通过特定方法制成"咔哇氿"饮料。本案查获的"果味香精CD123"和"咔哇氿"饮料中γ－羟丁酸含量均相对稳定，系特定条件下水解生成。

其次，现有证据足以证明王某具有制造、贩卖毒品的主观故意。一是根据王某所作供述、通讯记录、网络搜索记录等证据，结合王某长期经营酒类、饮料工作经历，能够认定王某预谋用γ－丁内酯生成国家管制的γ－羟丁酸；二是王某通过长期实验制造出"咔哇氿"饮料，其不仅独自掌握配方，且在委托加工时刻意隐瞒使用γ－丁内酯的事实，具有隐蔽性和欺骗性，证实王某明知γ－丁内酯的特性及加工方法，仍将其作为原料加工生成γ－羟丁酸；三是王某委托生产时要求包装瓶上印刷"每日饮用量小于三瓶""饮用后不宜驾驶汽车"等提示，配料表上用"γ－氨基丁酸"掩盖"γ－羟丁酸"，且将该饮料以远超"γ－氨基丁酸"类饮料价格销往娱乐场所，证实王某明知γ－羟丁酸的精神药品特性和危害性，而将含有该成分的饮料销售。

最后，王某明知γ－羟丁酸系国家管制的精神药品，在生产饮料过程中使用工业用的非食品原料γ－丁内酯生成γ－羟丁酸，以达到麻醉、致幻和成瘾的效果，其行为同时构成生产、销售不符合安全标准的食品罪和贩卖、制造毒品罪，属于想象竞合犯，应当从一重处。

79. 向抢劫、强奸犯罪分子走私、贩卖麻醉药品、精神药品的行为如何定性

【实务观点】

行为人通过网络、广告等途径向他人销售麻醉药品、精神药品，对购买者的资质和目的不做必要审查，虽不明知他人购买麻醉药品、精神药品的具体目的，其主观上对所销售的麻醉药品、精神药品可能被用作毒品吸食或者用于违法犯罪活动持一种放任的态度，应以毒品犯罪定罪。行为人明知他人系用于实施抢劫、强奸犯罪或者借助麻醉手段实施其他犯罪的，而向他人贩卖麻醉药品、精神药品的，同时构成本人毒品犯罪和他人所实施的抢劫、强奸等犯罪的帮助犯，属于典型的想象竞合，应当从一重罪处。行为人明知他人购买麻醉药品、精神药品用于实施抢劫、强奸等犯罪活动，仍对麻醉药品、精神药品的具体使用方法予以指导的，主观上具有帮助抢劫、强奸行为人完成犯罪的故意，构成共同犯罪，并应与其所实施的毒品犯罪数罪并罚。

【类案参考】

案例3－52

韩某华走私、贩卖、运输毒品、强奸、传授犯罪方法，张某淼走私毒品、强奸案①——走私精神药品并将其中部分药品用于迷奸他人，依法数罪并罚

［基本案情］ （1）2021年7月至10月，被告人韩某华明知三唑仑、溴替唑仑、咪达唑仑等为国家管制的精神药品，且他人系出于犯罪目的而购买，仍通过互联网联系境外卖家购买，

① 参见《依法严惩毒品犯罪和涉毒次生犯罪典型案例》，载最高人民法院网2023年6月25日，https://www.court.gov.cn/zixun/xiangqing/404452.html。

通过支付宝转账或网络虚拟货币等方式支付钱款，采用改换包装等手段从境外寄递入境，后贩卖给全国多地买家，其中部分系韩某华收取后又联系他人在境内邮寄贩卖。韩某华走私、贩卖、运输精神药品 20 余次，共计三唑仑 150 片、溴替唑仑 120 片、咪达唑仑针剂 92 支。(2)被告人韩某华以微信聊天、发送视频等方式，向买家传授使用上述精神药品致人昏迷的具体操作方法，以及迷奸过程中的注意事项等内容。(3)被告人张某森明知上述精神药品系从境外发货，仍向被告人韩某华购买，并提供境内收货地址，共计走私溴替唑仑 20 片、咪达唑仑针剂 15 支。(4)被告人张某森购买三唑仑等后，欲对被害人梁某实施迷奸，于 2021 年 10 月 9 日欺骗梁某喝下溶解有三唑仑的奶茶，但梁某未完全昏迷。韩某华明知张某森正在实施强奸行为，仍实时指导张某森如何使用相关精神药品，张某森根据韩某华的指导再次欺骗梁某服用三唑仑、注射咪达唑仑等，致梁某失去意识，进而对梁某实施奸淫。次日，张某森与他人经预谋，欺骗被害人于某某服下三唑仑，又对失去意识的于某某注射咪达唑仑，后张某森等二人轮流对于某某实施奸淫。

［**裁判结果**］　江苏省苏州市中级人民法院审理认为，被告人韩某华明知是毒品而从境外购买并走私入境后贩卖、运输给他人，其行为已构成走私、贩卖、运输毒品罪；通过网络向他人传授犯罪方法，其行为已构成传授犯罪方法罪；明知他人正在实施强奸犯罪，仍实时传授迷奸手段提供帮助，其行为已构成强奸罪。被告人张某森明知是走私的毒品而购买，其行为已构成走私毒品罪；采用药物迷晕方式，违背妇女意志实施奸淫，其行为已构成强奸罪，且具有轮奸情节。对韩某华、张某森所犯数罪，均应依法并罚。韩某华多次走私毒品入境并向多人贩卖，情节严重。韩某华有故意犯罪前科，酌情从重处罚。在强奸共同犯罪中，张某森起主要作用，系主犯，应按照其所参与的全部犯罪处罚；韩某华起辅助作用，系从犯，应依法减轻处罚。韩某华、张某森到案后均能如实供述所犯罪行，可依法从轻处罚；自愿认罪认罚，可依法从宽处理。据此，依法对被告人韩某华以走私、贩卖、运输毒品罪判处有期徒刑五年七个月，并处罚金人民币四万元，以强奸罪判处有期徒刑一年七个月，以传授犯罪方法罪判处有期徒刑二年五个月，决定执行有期徒刑七年，并处罚金人民币四万元；对被告人张某森以走私毒品罪判处有期徒刑十一个月，并处罚金人民币五千元，以强奸罪判处有期徒刑十一年九个月，剥夺政治权利三年，决定执行有期徒刑十二年，剥夺政治权利三年，并处罚金人民币五千元。

［**判理分析**］　三唑仑、溴替唑仑、咪达唑仑均系国家管制的精神药品，具有镇静催眠等作用，长期服用易产生身体和心理依赖，在被作为成瘾替代物滥用或者被用于实施抢劫、强奸等犯罪时，均应认定为毒品。被告人韩某华以“迷奸药”作为售卖宣传点，采用“互联网 + 物流寄递 + 电子支付”手段实施走私、贩卖、运输毒品犯罪 20 余次，贩卖对象涉及全国多个省份，情节恶劣，社会危害大；其向买家传授非法使用麻醉药品和精神药品时的具体使用方法，还实时指导他人用药实施迷奸，同时构成走私、贩卖毒品罪、传授犯罪方法罪、强奸罪的共犯。被告人张某森购买走私入境的毒品，并用于实施迷奸，其同时构成走私毒品罪和强奸罪。

第七节　非法利用信息网络罪

80. 利用信息网络实施涉毒行为的如何定性

【实务观点】

根据最高人民法院2016年《毒品案件解释》及相关会议纪要的精神，利用信息网络，设立用于实施贩卖毒品，非法买卖制毒物品，引诱、教唆、欺骗他人吸毒，或者传授制造毒品、非法生产制毒物品的方法等违法犯罪活动的网站、通讯群组，或者发布实施前述违法犯罪活动的信息，情节严重的，依照《刑法》第287条之一的规定，以非法利用信息网络罪定罪处罚。实施上述行为，同时构成毒品犯罪或者传授犯罪方法罪的，属于典型的手段行为与目的行为的牵连犯，应当依照处罚较重的规定定罪处罚。

根据上述规则，司法实践中，对于行为人为实施毒品犯罪而在自己或者他人设立的网站、通讯群组、网络论坛（版块）上面发布相关信息的，其利用信息网络的行为是其所实施毒品犯罪的手段，根据查证的毒品犯罪情况，如果毒品犯罪处罚较重的，不再评价为非法利用信息网络罪；如果其另外还有其他和其毒品犯罪没有直接关联的毒品犯罪信息或者毒品犯罪方法的发布行为，仍另外构成非法利用信息网络罪。

【法律及司法文件】

《中华人民共和国刑法》

第二百八十七条之一　［非法利用信息网络罪］①利用信息网络实施下列行为之一，情节严重的，处三年以下有期徒刑或者拘役，并处或者单处罚金：

（一）设立用于实施诈骗、传授犯罪方法、制作或者销售违禁物品、管制物品等违法犯罪活动的网站、通讯群组的；

（二）发布有关制作或者销售毒品、枪支、淫秽物品等违禁物品、管制物品或者其他违法犯罪信息的；

（三）为实施诈骗等违法犯罪活动发布信息的。

单位犯前款罪的，对单位判处罚金，并对其直接负责的主管人员和其他直接责任人员，依照第一款的规定处罚。

有前两款行为，同时构成其他犯罪的，依照处罚较重的规定定罪处罚。

第二百八十七条之二　［帮助信息网络犯罪活动罪］明知他人利用信息网络实施犯罪，为其犯罪提供互联网接入、服务器托管、网络存储、通讯传输等技术支持，或者提供广告推广、支付结算等帮助，情节严重的，处三年以下有期徒刑或者拘役，并处或者单处罚金。

单位犯前款罪的，对单位判处罚金，并对其直接负责的主管人员和其他直接责任人员，依照第一款的规定处罚。

---

① 《刑法》第287条之一、之二，均是根据2015年8月29日十二届全国人大常委会第十六次会议通过的《刑法修正案（九）》增加，2015年11月1日施行。

有前两款行为，同时构成其他犯罪的，依照处罚较重的规定定罪处罚。

2016 年《毒品案件解释》

第十四条　利用信息网络，设立用于实施传授制造毒品、非法生产制毒物品的方法，贩卖毒品，非法买卖制毒物品或者组织他人吸食、注射毒品等违法犯罪活动的网站、通讯群组，或者发布实施前述违法犯罪活动的信息，情节严重的，应当依照刑法第二百八十七条之一的规定，以非法利用信息网络罪定罪处罚。

实施刑法第二百八十七条之一、第二百八十七条之二规定的行为，同时构成贩卖毒品罪、非法买卖制毒物品罪、传授犯罪方法罪等犯罪的，依照处罚较重的规定定罪处罚。

【类案参考】

案例 3－53

卞某晨等贩卖毒品、非法利用信息网络案[①]——非法利用网络论坛发布种植大麻等信息并贩卖大麻的构成数罪

［**基本案情**］　2017 年冬天，被告人卞某晨提供大麻种子给其父被告人卞某磊，卞某磊在其工厂宿舍及家中种植。自 2018 年 1 月起，卞某晨通过微信向他人贩卖大麻，后与其父卞某磊合谋，由卞某晨联系贩卖并收款，卞某磊将成熟的大麻风干固化成大麻叶成品后通过快递寄给买家。至同年 10 月，卞某晨贩卖大麻至少 18 次共计 294 克，获利 13,530 元，其中卞某磊参与贩卖至少 11 次共计 241 克。案发后，公安人员在卞某磊处查获大麻植株 12 株、大麻叶 16 根。另查明，“园丁丁”是一个从事大麻种植经验交流、大麻种子及成品买卖、传授反侦查手段等非法活动的网络论坛。卞某晨于 2015 年 1 月 7 日注册账号“白振业”加入“园丁丁”论坛，系该论坛版主，负责管理内部教程板块，共发布有关大麻知识及种植技术的主题帖 19 个，回帖交流大麻种植技术 164 次。

［**裁判结果**］　浙江省诸暨市人民法院审理认为，被告人卞某晨、卞某磊明知大麻是毒品而种植、贩卖，其行为均已构成贩卖毒品罪。卞某晨、卞某磊多次贩卖大麻，属情节严重，且二人系共同犯罪，应当按照各自参与的全部犯罪处罚。卞某晨利用信息网络发布涉毒品违法犯罪信息，情节严重，其行为又构成非法利用信息网络罪。卞某晨、卞某磊归案后均能如实供述犯罪事实，且认罪认罚，可从轻处罚。对卞某晨所犯数罪，应依法并罚。据此，依法对被告人卞某晨以贩卖毒品罪判处有期徒刑四年，并处罚金二万五千元，以非法利用信息网络罪判处有期徒刑一年四个月，并处罚金五千元，决定执行有期徒刑四年九个月，并处罚金三万元；对被告人卞某磊以贩卖毒品罪判处有期徒刑三年九个月，并处罚金二万五千元。

［**判理分析**］　被告人卞某晨指使其父卞某磊种植大麻，二人配合进行大麻叶贩卖，构成贩卖毒品罪；卞某晨还长期管理传播种植大麻方法、贩卖成品大麻的非法论坛，同时犯非法利用信息网络罪。卞某晨通过其设立的非法论坛贩卖大麻叶，对该部分行为可认定为贩卖毒品罪的牵连犯，从一重处。其另外在论坛上发布大麻种植技术等涉毒品违法犯罪信息，与其贩卖毒品行为无牵连关系，应该数罪并罚。

① 参见《最高人民法院发布 2020 年十大毒品（涉毒）犯罪典型案例》，载《人民法院报》2020 年 6 月 24 日，第 3 版。

案例 3－54

孙某贩卖毒品案①——通过网络论坛、QQ 通讯群组等联系买家贩卖毒品

［**基本案情**］　被告人孙某系吸毒人员。2013 年 9 月至 2014 年 3 月，孙某多次从杜某伟、黄某、周某瑶（均已判刑）处购买甲基苯丙胺共计 1110 余克，以其创建的百度贴吧“三妈很强大”及 QQ 群“当岔道已成往事”“一口浓烟吐出美好明天”等为载体联系毒品买家，在网上约定交易细节后，将毒品藏在玩具兔子内通过快递寄给买家，先后贩卖给北京、辽宁、山东、江苏等 20 余个省市的吸毒人员 200 余次，获毒赃 55 万余元。2014 年 2 月中下旬，被告人孙某在明知刘某某系未成年人的情况下，仍指使刘某某为其发送装有甲基苯丙胺的快递，并指使刘某某协助其对 QQ 群“当岔道已成往事”进行管理。同年 3 月 6 日，孙某前往湖南省郴州市欲向黄某、周某瑶购买毒品时被抓获，当场查获其购毒款 3.46 万元。

［**裁判结果**］　法院认为，被告人孙某伙同他人贩卖甲基苯丙胺，其行为已构成贩卖毒品罪。孙某贩卖毒品数量大，且多次、向多人贩卖，犯罪情节恶劣，社会危害大，应依法惩处。孙某出资购买毒品，积极联系买家，直接交寄毒品，并指使他人参与贩卖毒品，在共同犯罪中起主要作用，系主犯，应当按照其所参与的全部犯罪处罚。孙某利用未成年人贩卖毒品，应依法从重处罚。据此，依法对被告人孙某判处无期徒刑，剥夺政治权利终身，并处没收个人全部财产。

［**判理分析**］　本案被告人孙某创建百度贴吧、QQ 群用于联系毒品买家，涉毒网络群组人数众多；在短短数月内，其发送涉毒快递 200 余件，贩卖对象覆盖 20 余个省市的吸毒人员，反映出网络毒品犯罪影响范围广、不受地域限制、社会危害大的现实特点。同时，孙某虽有吸毒行为，但其短期内大量购入毒品，主要是为了贩卖，人民法院按照其购买的毒品数量认定其贩卖毒品数量，仅在量刑时对其吸食毒品的情节予以酌情考虑，体现了依法从严惩处。

81. 利用网站、网络聊天室组织他人吸毒的行为如何定性

【实务观点】

根据最高人民法院相关会议纪要的精神，对行为人开设网站、利用网络聊天室等信息网络手段组织他人吸毒的行为，构成引诱、教唆、欺骗他人吸毒罪等犯罪的，依法定罪处罚。② 司法实践中，应注意以下几个方面：

（1）利用信息网络手段组织他人吸毒的行为不构成容留他人吸毒罪。容留他人吸毒罪的社会危害本质在于为吸毒违法活动提供隐蔽空间，因此房屋等物理空间才是犯罪场所的载体，而网站、网络聊天室等虚拟空间不具有现实中物理空间的属性，故不能以容留他人吸毒罪定性。

（2）利用信息网络手段组织他人吸毒的行为不构成非法利用信息网络罪。2016 年《毒品案件解释》第 14 条曾规定“利用信息网络发布组织他人吸食毒品、注射毒品的信息，情节严重的，依照刑法第 287 条之一的规定，以非法利用信息网络犯罪活动罪论处”。但根据最高人民

① 参见《毒品犯罪及吸毒诱发次生犯罪十大典型案例》，载《人民法院报》2016 年 6 月 24 日，第 2 版。

② 此观点最早源于 2015 年《武汉会议纪要》。

法院、最高人民检察院于 2019 年 10 月 21 日发布的《关于办理非法利用信息网络、帮助信息网络犯罪活动等刑事案件适用法律若干问题的解释》第 7 条的规定,《刑法》第 287 条之一规定的“违法犯罪活动”包括犯罪行为和属于刑法分则规定的行为类型但尚未构成犯罪的违法行为。而“组织他人吸食、注射毒品”的行为不是犯罪行为类型,不属于《刑法》第 287 条之一规定的“违法犯罪”,按照后法优于前法的原理,后一司法解释公布后,利用信息网络发布组织他人吸食毒品、注射毒品信息的行为,不能再以非法利用信息网络罪定罪,但如果具有引诱、教唆、欺骗原本不吸食毒品的人员吸食毒品的行为,可以认定为引诱、教唆、欺骗他人吸毒罪。

(3)利用信息网络手段组织未成年人吸毒的行为,可以考虑认定为组织未成年人进行违反治安管理活动罪。根据《刑法》第 262 条之二的规定,组织未成年人进行盗窃、诈骗、抢夺、敲诈勒索等违反治安管理活动的,处三年以下有期徒刑或者拘役,并处罚金;情节严重的,处三年以上七年以下有期徒刑,并处罚金。吸毒也是一种违反治安管理的活动,成年人能够自负其责,组织成年人吸毒并没有侵害法律保护的利益。但未成年人是法律重点保护的对象,组织未成年人吸毒侵害了被组织者的身心健康,应作为犯罪处理。

【类案参考】

案例 3-55

梁某元非法利用信息网络、非法持有毒品,汪某贩卖毒品案①——利用网络平台组织视频吸毒

［**基本案情**］　2016 年年底至 2017 年年初,被告人梁某元加入名流汇、CF 中国网络平台,在平台中以视频方式与他人共同吸食甲基苯丙胺(冰毒)。2017 年 3 月,梁某元主动联系网络技术员“OV”,重新架设名流汇视频网络平台,通过名流汇的 QQ 群及 QQ 站务群对平台进行管理,交付网络维护费、服务器租赁费等,发展平台会员,并对平台内的虚拟房间进行管理。经查,该平台在此期间以虚拟房间形式组织大量吸毒人员一起视频吸毒,居住在苏州的陆某、梁某(已另案判刑)等人通过该平台达成毒品买卖意向并在线下交易毒品。2017 年 5 月 9 日,梁某元被抓获,公安人员从其驾驶的汽车内查获甲基苯丙胺 2 包,净重 11.28 克。被告人汪某自 2016 年起在组织吸毒活动的名流汇视频平台等非法网络中进行活动,并结识吸毒人员刘某某,先后 3 次通过微信收取毒资 4500 元,向刘某某贩卖甲基苯丙胺共 24 克。

［**裁判结果**］　江苏省苏州市吴中区人民法院审理认为,被告人梁某元利用信息网络设立用于组织他人吸食毒品等违法犯罪活动的网站、通讯群组,情节严重,其行为已构成非法利用信息网络罪;其非法持有甲基苯丙胺数量较大,其行为又构成非法持有毒品罪。被告人汪某明知是毒品而贩卖,其行为已构成贩卖毒品罪。汪某系毒品再犯,应依法从重处罚。据此,依法对被告人梁某元以非法利用信息网络罪判处有期徒刑一年,并处罚金一万元,以非法持有毒品罪判处有期徒刑九个月,并处罚金二千元,决定执行有期徒刑一年六个月,并处罚金一万二千元;对被告人汪某以贩卖毒品罪判处有期徒刑九年,并处罚金二万元。

［**判理分析**］　被告人梁某元重新架设并管理、维护视频网络平台,发展平台会员人数众

---

① 参见《最高人民法院发布 2019 年十大毒品(涉毒)犯罪典型案例》,载《人民法院报》2019 年 6 月 26 日,第 3、4 版。

多(加入会员需视频吸毒验证),以虚拟房间形式组织大量吸毒人员一起视频吸毒,有巩固、扩大吸毒人群的社会危害性,并间接促成线下毒品交易的危害后果,已有部分会员因犯贩卖毒品罪被判刑,其犯罪行为属于非法利用信息网络“情节严重”。

第四章　毒品犯罪定罪中的疑难问题

82. 吸毒者实施的购买、运输、存储毒品的行为如何定性

【实务观点】

（1）对于吸食毒品人员实施的购买、存储毒品行为如何定性。根据最高人民法院相关会议纪要的精神，应当根据查获毒品的数量及有证据证明的主观目的来判断。首先，对于从吸毒人员处查获毒品数量未达到非法持有毒品罪定罪标准以上的，如果有证据证明其针对所查获毒品具有贩卖毒品等故意的，应当据实定罪处理；如果没有实施相关毒品犯罪的证据，则其关于用于本人吸食的辩解不能被排除，毒品数量亦达不到认定非法持有毒品罪的标准，应当不作为犯罪处理。其次，对于从吸食毒品人员处查获的毒品数量超过非法持有毒品罪的定罪标准的，如购买毒品后很快被抓获，或者在其身上、住处、车上或者其自己才知道的其他隐蔽地点查获毒品，又没有证据证明其有实施贩卖毒品等其他犯罪的故意，应构成非法持有毒品罪。因为“我国对吸毒行为一般不按照犯罪处理，但刑法设置非法持有毒品罪的定罪标准时（即鸦片二百克以上不满一千克、海洛因或者甲基苯丙胺十克以上不满五十克或者其他毒品数量较大的），实际考虑了吸毒者合理吸食量的因素，故可以把数量较大视为合理吸食量的界限，超过数量较大标准的应视为超出了合理吸食量”。①虽然没有证据证明吸毒者有实施贩卖毒品等其他犯罪的故意，但其非法持有超过合理吸食量的毒品，具有毒品流入社会的抽象危险，应构成非法持有毒品罪。

（2）对于吸毒者因实施运输毒品行为被查获的如何定性。如在运输毒品过程中被查获，或者虽然查获毒品时运输行为已经结束但有可靠证据证明其针对该毒品实施了运输行为，毒品数量达到非法持有毒品罪的定罪最低数量标准的，又没有证据证明其有实施贩卖毒品等其他犯罪的故意，这种情况下是否一律以运输毒品罪定罪处罚？实务中有一定争议。编者认为，从社会危害性来看，运输毒品罪的法定刑配置与走私、贩卖、制造毒品罪一样，因此对应的犯罪行为的社会危害性也应当相当，应当是指为了自己、他人贩卖而运输毒品或者为了获取一定利益而为他人运输毒品的情形。而为了自己吸食而运输毒品，实际上是行为人本人非法持有毒品的一个手段行为，其社会危害性并没有超过非法持有毒品罪的范畴，属于一种动态的持有，不应评价为运输毒品罪。因此，对此问题不能绝对化，还应当具体问题具体分析。

首先，对于吸毒者实施的运输毒品行为的定性，关键在于对其主观故意或者说行为目的

---

① 因走私、贩卖、运输、制造毒品而持有少量毒品的，即可构成犯罪；而非法持有毒品数量较大的，判处三年以下有期徒刑、拘役或者管制，并处罚金。也就是说，我国对单纯的吸毒行为不作为犯罪处理，对于吸毒者而言，持有数量较大标准以下的毒品是不受刑事处罚的，据此，毒品数量较大的标准也就可以视为合理吸食量的界限。

的认定,即是为了个人吸食而持有并运输毒品？还是纯粹的是为了自己或他人实施贩卖等严重毒品犯罪而运输？这本质上仍然属于事实认定问题,应当按照证据规则来判断。根据最高人民法院关于办理毒品犯罪案件历次会议纪要的精神,对于毒品犯罪案件同样应当坚持证据裁判规则。根据现有证据,不能认定其有实施更严重毒品犯罪的故意,同时又能排除行为人纯粹为自己吸食毒品而运输的情形,按照证据存疑有利于被告人的原则,可以推定行为人是为了一定的经济利益而运输。也即不能认定为较重的贩卖毒品罪,但能排除较轻的非法持有毒品罪,才能认定为运输毒品罪。被告人辩解查获的毒品是专门用于自己吸食,应当举证证明自己吸食毒品的日常情况以及自己购买大量毒品的资金来源,以证明查获毒品符合自己日常吸食需求且自己有购买相应毒品的能力。如果不能排除被告人的辩解及举证,也即不能排除查获毒品系用于吸食的合理怀疑,根据我国《刑事诉讼法》第55条的规定,认定为运输毒品就未达到证据确实、充分的程度。

其次,对于吸食毒品者为了个人吸食而携带毒品运输的行为一律认定为运输毒品罪,虽然降低了证明难度,有利于打击毒品犯罪,但导致了量刑不均衡的情况,即行为人为自己吸食而购买数量较大的毒品,当场被查获的,只能认定为非法持有毒品罪,判处三年有期徒刑以下刑罚,而如果在携毒返回途中被查获的,则要以运输毒品罪判处七年以上有期徒刑。前后差别极大,不符合公正原则的要求。一方面是提高打击毒品犯罪效率的需要,另一方面是精准处罚确保公正的需要,司法实践中应当注意平衡公正与效率两个价值追求,在公正与效率的追求出现矛盾时,应当公正优先。具体而言:①对于吸食毒品者携带数量较大的毒品长途运输的行为,以公正优先,一般仍应以非法持有毒品罪认定,并认定为“情节严重”的情形,处以三年以上七年以下有期徒刑,并处罚金。因为非法持有毒品罪的立法目的就是解决持有数量较大的毒品而无法证明其主观上走私、贩卖目的的情形,是一个堵截性的犯罪构成;而持有数量较大的毒品并长途交通运输的行为具有促进毒品流通的客观后果,可认定为2016年《毒品案件解释》第5条第4项规定的“其他情节严重的情形”。对于现有证据能够认定行为人为他人运输毒品或者能够排除行为人为了个人吸食而专门购买、运输毒品的情形,则以运输毒品罪认定,处以七年以上有期徒刑,并处罚金。②对于吸食毒品者携带毒品数量达到“毒品数量大”标准的情形,则考虑到其携带毒品数量大,远超过个人吸食的合理数量标准,毒品进入流通领域的危险性大,应以效率优先,除非有足够的相反证据,应推定行为人主观上具有为贩卖或者为他人运输毒品的目的,以运输毒品罪认定,处以十五年有期徒刑、无期徒刑或者死刑,并处没收财产。③对于查获毒品数量巨大的,则可以直接认定行为人并非单纯为了自己吸食而运输,即便有证据证明行为人有吸食毒品情节,亦应以运输毒品罪论处。这样处理,也符合宽严相济的刑事政策和毒品犯罪突出打击重点的刑事政策。

【类案参考】

案例 4－1

某甲运输毒品案①——吸毒人员购买数量大的毒品并运输至家门口被查获的认定为运输毒品罪

［**基本案情**］　被告人某甲系吸毒人员。2015 年 11 月某日 14 时许，某甲在黑龙江省某市购买了 150 余克冰毒。后某甲开车将冰毒运回吉林省某市，在该市某区其家门口被抓获。公安人员当场从某甲身上、挎包内查获上述冰毒。某甲供称上述毒品系用于本人吸食。

［**裁判结果**］　一审判决认为，本案被告人将毒品从黑龙江省某市（甲地）运往吉林省某市家中（乙地），但尚未到家中，在家门口即被抓获，应认定为运输毒品过程中被抓获，以运输毒品罪追究刑事责任。二审予以维持。

［**判理分析**］　被告人某甲运输毒品至家门口被抓获，应认定为“在运输毒品过程中被查获”从而以运输毒品罪论处，还是认定为“在储存毒品过程中被查获”而以非法持有毒品罪追究刑事责任？如果被告人某甲已经将毒品运至家中储存，能否以运输毒品罪定罪处罚？最高人民法院第二巡回法庭主审法官会议认为，由于已经有充分证据证实被告人某甲有从黑龙江省运输毒品至吉林省的行为，无论其在何时、何地被抓获，均不影响某甲运输毒品罪的成立。运输毒品罪是指明知是毒品而采用携带、寄递、托运、体内藏匿、使用交通工具等方法非法运送的行为。2015 年《武汉会议纪要》之所以规定“吸毒者在购买、存储毒品过程中被查获，没有证据证明其是为了实施贩卖毒品等其他犯罪，毒品数量达到刑法第三百四十八条规定的最低数量标准的，以非法持有毒品罪定罪处罚”，是针对“没有证据证实吸毒者犯有其他毒品犯罪”的情形，只能从轻认定为非法持有毒品罪。如果有证据证实其有运输毒品（其他毒品犯罪）行为的，仍然可以认定构成运输毒品罪。因此，即使吸毒人员将毒品已经藏匿于家中之后才被查获毒品，属于在“存储毒品过程中被查获”的情况，只要有证据证实其实施了运输毒品行为，且毒品数量达到较大以上的，仍然应当以运输毒品罪定罪处罚。也即，吸毒者无论是在购买、存储毒品过程中还是运输毒品过程中被查获，只要有充分的证据证实其实施了运输毒品行为，均可以认定为运输毒品罪。

案例 4－2

张某宣运输毒品案②——吸毒人员携带数量大的毒品于运输途中被查获的认定为运输毒品罪

［**基本案情**］　2013 年 12 月 3 日，被告人张某宣携带藏有冰毒的“王老吉”润喉糖外包装盒，乘坐长途大客车从广东省东莞市前往浙江省杭州市。次日 10 时许，该大客车驶入杭州市下沙高速服务区，张某宣见公安人员准备上车检查，便将藏有冰毒的“王老吉”润喉糖包装盒丢弃于座位上，下车后即被抓获。公安人员从该润喉糖包装盒内黑色塑料袋中查获两包白色可疑晶体，分别净重 180.33 克、68.86 克，均检出甲基苯丙胺成分。被告人张某宣对指控其携

---

① 参见《从吸毒人员处查获毒品后的罪名认定》，载《最高人民法院第二巡回法庭法官会议纪要》（第 1 辑），人民法院出版社 2019 年版。

② 中华人民共和国最高人民法院刑事审判第一、二、三、四、五庭主办：《刑事审判参考》（2015 年第 1 集，总第 102 集），法律出版社 2016 年版，第 73～77 页。

带毒品乘坐大客车从广东省东莞市到浙江省杭州市的事实无异议,但辩称查获的毒品系为自吸而购入,其不构成运输毒品罪,应认定为非法持有毒品罪。

[**裁判结果**] 一审法院认为,被告人张某宣明知是毒品而随身携带,乘坐长途客车将毒品从东莞市运输至杭州市,其行为已构成运输毒品罪,且运输毒品数量大。鉴于涉案毒品全部被查获等情节,酌情对其从轻处罚。据此,以运输毒品罪,判处被告人张某宣无期徒刑,剥夺政治权利终身,并处没收个人全部财产。二审法院裁定驳回上诉,维持原判。

[**判理分析**] 本案被告人是毒品吸食者,在运输毒品过程中被查获,以运输毒品罪定罪处罚的理由如下:

(1)从严厉打击毒品犯罪的刑事政策来看,运输毒品将毒品由生产领域向消费终端作出了实质性推进,具有与生产、贩卖同等社会危害性,但毒品走私、运输、贩卖的各个环节呈现分工化、链条化的发展特点,相当一部分从事运输毒品的行为人对整个毒品犯罪不甚知情,导致运送毒品行为人被抓获后很难再抓获其上下家。在这种情况下,要求证明毒品的来源、去向,即证明行为人系为了制造、走私、贩卖或者为了获取高额利益而运输的,将造成大量运毒案件无法定案。如果无法证实运输者还有贩卖毒品等其他目的只能认定为非法持有毒品罪,实质上降低了毒品运输的风险成本,与严厉打击毒品犯罪的刑事政策需要不相契合。

(2)尽管运输毒品的行为人一般都具有贪利性目的,出于贪图高额报酬而替他人运输毒品,或者其本身就是为贩卖毒品而进行运输,但刑法并没有将这种目的规定为运输毒品罪成立的必要条件,即使是出于为亲属、朋友帮忙而无偿进行运输,只要明知所运输的是毒品,就不影响运输毒品罪的成立。运输毒品的动机和目的并非运输毒品罪的主观方面的必备条件,只要行为人主观上明知是毒品,客观上实施了携带毒品利用交通工具运载、邮寄等行为的,就构成运输毒品罪。

83. 为他人代购毒品的行为如何定性

【实务观点】

司法实践中,经常遇到行为人因实施购买、存储毒品行为被查获后辩解其购买或者所持有的毒品系帮助他人购买。正常情况下,对于行为人购买或者持有一定数量毒品的行为,或者认定为贩卖毒品罪,或者认定为非法持有毒品罪。贩卖毒品罪与非法持有毒品罪的区别主要有三个方面:一是主观故意上,贩卖毒品者购买或者持有毒品的目的是贩卖,而非法持有毒品者购买或者持有毒品的目的一般是为了个人吸食;二是客观表现上,贩卖毒品者在买进卖出的过程中一般都会获得一定的经济利益,尤其是将毒品交给其下家时,总要有一定的利益交换,而非法持有毒品者一般没有从中获利的表现;三是犯罪后果上,贩卖毒品罪针对的毒品数量不限,无论数量多少都构成犯罪;而非法持有毒品罪所针对的毒品数量要达到法律规定的最低数量标准。

根据最高人民法院相关会议纪要的精神,对于行为人辩解系受委托替他人购买毒品的,首先要审查是否存在委托情形。行为人向购买毒品者收取财物并提供毒品,但购毒者无明确的托购意思表示,又没有其他证据证明存在代购行为的,应当以贩卖毒品罪定罪处罚。对于现有证据证明存在托购、代购关系的,对代购行为的性质认定,应当结合贩卖毒品罪和非法持有毒品罪的区别来进行。在司法实践中应当注意从以下三个方面进行审查：一是帮助对象的行为性质及代购者对此的认知情况；二是代购者的行为是否具有牟利性质；三是涉案毒品的数量大小。具体而言：

(1)代购者主观上明知托购者是为了实施走私、贩卖、运输等毒品犯罪，而为其代购毒品，其行为属于托购者的帮助犯，无论其是否从中牟利及毒品数量多少，均应当认定为托购者所实施毒品犯罪的共犯。这也是最高人民法院相关会议纪要的观点。现有证据虽不能认定代购者明确知道托购者的目的，但能够认定代购者明知托购者并不吸食毒品或者并不吸食代购的毒品种类，基于毒品本身的违法性，可推定代购者主观上应当认识到毒品可能用于贩卖或者是帮助其他吸食者购买，其又放任这种结果的发生，对于客观上毒品被用于贩卖具有间接故意，应以托购者对毒品的实际用途来确定代购者行为性质。如果托购者将毒品用于贩卖，对代购者可认定为贩卖毒品罪，但因代购者主观上仅具有放任的间接故意，与明知托购者是用于贩卖毒品等犯罪而提供帮助行为的直接故意相比，后者的主观恶性更大，在量刑上应予区别对待。

(2)现有证据不能证明代购者对托购者购买毒品的犯罪目的有明知，但代购者本人购买毒品后通过加价或者变相加价等手段从中牟利，再将毒品交给托购者，其行为属于典型的低买高卖，即便其本人可能兼有帮助托购者的目的，但其主要目的仍是自己从中牟利，主观上具有贩卖毒品的故意，无论数量多少，代购者本人单独构成贩卖毒品罪。对于“变相加价的认定”，可从以下两个方面来把握：一是代购者帮助托购者购买毒品，向托购者收取必要的交通、食宿等开销费用，属于其帮助行为的正常对价，不能认定为从中牟利。二是代购者在交通、食宿等必要开销之外又以“介绍费”“劳务费”等名义收取其他费用的，或者收取、私自截留部分购毒款、毒品的，应视为变相加价以从中牟利。

(3)现有证据能够证明代购者为托购者购买仅用于吸食的毒品，要根据购买毒品的数量来进一步判断。如果仅购买少量毒品，由于托购者购买少量毒品用于吸食的行为不构成犯罪，对于起帮助作用的代购者自然也不能以犯罪论处，代购者从中收取或截留少量毒品供自身吸食的，由于其主观上目的是帮助他人吸毒和自己吸毒，不能认定为从中牟利，不构成贩卖毒品罪。如果购买的毒品数量较大，则应当认定二人构成非法持有毒品罪的共同犯罪。吸毒人员为当然主犯，对于代购者则可以根据其持有时间长短、犯罪目的(是否为了控制吸毒人员)等综合认定其主从犯地位，但无论是认定为主犯还是从犯，代购者的量刑应当明显轻于托购者，尤其是代购者持有毒品时间较短的情况下，在量刑上应有明显区别。司法实践中还应当注意三点：一是行为人为他人代购用于吸食的毒品，但从中牟利的，仍应认定为贩卖毒品罪。“从中牟利”作为定罪的关键要件，应当由控方承担证明责任，而不能要求被告人自证无罪(即自证没有从中牟利)。行为人提出系代购毒品且未从中牟利的具体线索或者材料的，侦查机关应当对相关线索或者材料进行调查核实。二是为他人代购仅用于吸食的毒品并“蹭吸”的行为，根本上是为了满足托购者及代购者自身吸食毒品的需求，不宜认定为牟利行为。[①] 虽然从表面上看“蹭吸”具有从代购行为中获利的性质，但贩卖毒品的本质特征是促进

① 高贵君、马岩、方文军、李静然：《〈全国法院毒品犯罪审判工作座谈会纪要〉的理解与适用》，载《人民司法·应用》2015 年第 13 期。

毒品的流通，而“蹭吸”者是自身吸食、消耗毒品，并没有进一步造成毒品从托购者向下一环节流通，如果对以吸食为目的的托购者认定为非法持有毒品罪，在毒品数量较少时还可能不构成犯罪，对“蹭吸”的代购者认定为贩卖毒品罪，就会导致处罚失衡。三是如果有证据证明代购的毒品均已被托购者本人或者托购者、代购者共同吸食，即便一次或几次代购的数量超过了非法持有毒品罪的定罪数量标准，因为客观上已经不存在认定非法持有毒品罪所要求的“毒品扩散到流通领域的抽象危险”，不应再追究托购者和代购者的刑事责任。①

(4)现有证据既不能证明代购者明知托购者有实施毒品犯罪的目的或者明知托购者是吸毒者，也不能证明代购者从中加价或变相加价以牟利，涉案毒品数量达到非法持有毒品罪的最低数量标准的，对代购者以非法持有毒品罪定罪处罚。现有证据能够认定代购者有运输毒品行为的，一般应以运输毒品罪定罪处罚，因为其并非为了本人吸食而代购并运输毒品，不考虑构成非法持有毒品罪。在托购者和代购者的共犯关系中，根据代购行为是否具有惯性，对代购者认定为共同主犯或者从犯。

(5)代购者与贩卖者的关系不能影响代购行为的性质，但影响到对代购者的主从犯认定。一般而言，代购有两种情形：一种是托购者事先联系或指定贩毒者，代购者出面找到贩毒者购买毒品并交给托购者，代购者相当于纯粹的“跑腿”工具，一般应认定托购者为主犯，代购者为从犯(帮助犯)；另一种是托购者仅请求代购者帮忙购买毒品，并未指定专门的毒品来源，而代购者自己寻求熟识的贩毒者，从其处购买毒品后交给托购者，因为其代购行为对托购者后续所实施贩卖毒品等犯罪具有关键作用，可以认定为主犯。对于后一种情况，尽管代购者的行为对上线贩毒者在客观上有帮助效果，不能仅以此为依据认定代购者为上线贩毒者的共犯，这违反了主客观相一致原则。因为代购者主观上仍是出于帮助托购者的故意而实施行为，仍应当综合考虑其对托购者主观目的的认识程度及其本人在代购过程中有无牟利目的，来判断其行为性质。当然，如果上线贩毒者为感谢代购者而为其提供一定数量的毒品或金钱作为报酬的，应当认定代购者主观上具有帮助贩毒者的目的，认定其为贩毒者的共犯。

【类案参考】

案例4-3

刘某芳贩卖毒品案②——不以牟利为目的为他人代购用于吸食的毒品且毒品数量未达到数量较大的不构成犯罪

［**基本案情**］　(1)被告人刘某芳与杨某双共同租住在青岛市杭州路199号601号，二人均吸食毒品。2012年9月中旬和10月10日前后，刘某芳应杨某双要求，两次分别以300元和350元的价格从他人处购买0.3克、0.5克甲基苯丙胺给杨某双用于吸食。(2)2012年10月23日9时许，公安人员查获涉嫌吸毒违法嫌疑人潘某波，潘某波供述其曾在一名“大姐”(刘某芳)处吸过毒。侦查机关认为刘某芳有贩卖毒品嫌疑。潘某波主动要求配合侦查机关抓获刘某芳。同月24日10时许，潘某波与刘某芳约定在青岛市原四方区杭州路76号灯具市

---

①　类似观点参见方文军：《吸毒者实施毒品犯罪的司法认定》，载《刑事审判参考》(总第105集)，法律出版社2016年版，第232-244页。

②　参见中华人民共和国最高人民法院刑事审判第一、二、三、四、五庭主办：《刑事审判参考》(2014年第4集，总第99集)，法律出版社2015年版，第89~97页。

场进行毒品交易。二人在约定地点见面后，潘某波以400元的价格从刘某芳手中购买毒品1包，交易后二人被当场抓获。侦查机关扣押刘某芳贩卖给潘某波的甲基苯丙胺0.5克，从刘某芳租住处查获甲基苯丙胺1克。

［**裁判结果**］ 一审法院认为，被告人刘某芳多次贩卖甲基苯丙胺不满10克，其行为构成贩卖毒品罪，且属于情节严重，应予惩处。刘某芳到案后如实供述司法机关尚未掌握的同种较重罪行，应当从轻处罚。辩护人所提刘某芳第三次犯罪系特情引诱、刘某芳系初犯及认罪态度好等辩护意见，予以采纳，在量刑时予以从轻处罚考虑。判决：被告人刘某芳犯贩卖毒品罪，判处有期徒刑三年，并处罚金七千元。二审法院认为，刘某芳贩卖毒品给潘某波的行为，因存在犯意引诱，可以酌情从轻处罚。刘某芳为杨某双两次代购用以吸食的毒品的行为，因现无证据证实其从中牟利，故不应认定其构成贩卖。原审判决对该两次代购毒品行为认定为贩卖，进而认定刘某芳贩卖毒品情节严重，系适用法律错误，予以纠正。改判：刘某芳犯贩卖毒品罪，判处有期徒刑一年，罚金三千元。

［**判理分析**］ 不以牟利为目的，为他人代购用于吸食的毒品，毒品数量未达到非法持有毒品罪的定罪标准的，不应认定为犯罪。具体理由如下：

(1)为他人代购用于吸食的毒品，且没有从中牟利的，不能认定为贩卖毒品罪。2000年《南宁会议纪要》指出"有证据证明行为人不是以营利为目的，为他人代买仅用于吸食的毒品，毒品数量超过《刑法》第三百四十八条规定的数量最低标准，构成犯罪的，托购者、代购者均构成非法持有毒品罪"。2008年《大连会议纪要》除规定同样内容外，进一步指出"代购者从中牟利、变相加价贩卖毒品的，对代购者应以贩卖毒品罪定罪。明知他人实施毒品犯罪而为其居间介绍、代购代卖的，无论是否牟利，都应以相关毒品犯罪的共犯论处"。据此，对于为他人代购毒品的行为，应当具体分析、区别对待。首先，明知他人实施毒品犯罪而为其代购毒品的，行为人主观上有为他人贩卖毒品等犯罪提供帮助的共同犯罪故意，无论其是否从中获利，都应当按照贩卖毒品等犯罪的共犯处理。其次，为他人代购仅用于吸食的毒品，代购者从中牟利的，实际上相当于变相加价销售毒品，对代购者应以贩卖毒品罪论处。最后，为吸毒者代购用于吸食的毒品，代购者没有从中加价牟利的，代购者购买毒品的根本目的在于满足托购者的吸食需要，代购者购买毒品的行为虽然在客观上促成了毒品交易，但其在主观上没有贩卖毒品的共同犯罪故意，故对其不能以贩卖毒品罪的共犯论处。在这种情况下，代购者代购的毒品数量未达到非法持有毒品罪的定罪标准的，不以犯罪论处；数量达到定罪标准的，对托购者、代购者均应认定为非法持有毒品罪。不以牟利为目的，为吸毒者代购用于吸食的毒品的行为，与吸毒者自己购买用于吸食的毒品的行为在本质上相似。这种情况下，代购者只是充当了吸毒者购买毒品行为的代理人，吸毒者和代购者的目的均在于吸食和消费毒品，而不是促进毒品流通和贩卖。

本案中，首先，从刘某芳为他人代购毒品的目的看，代购者刘某芳与托购者杨某双均系吸毒人员，且二人共同租住于一套房屋内，均知道对方吸食毒品。刘某芳的供述与杨某双的证言一致证实，杨某双委托刘某芳代为购买毒品的目的是用于吸食而非贩卖，也没有证据证实杨某双有贩毒行为。从二人所证实的代购毒品数量看，两次共计约0.8克，并没有超过正常的吸食量范围，案发后公安人员还从杨某双处查获了部分其委托刘某芳代购后尚未吸食的毒品。因此，根据现有证据可以认定刘某芳系为吸毒人员代购用于吸食的毒品。其次，从刘某芳有无从中牟利看，刘某芳交代其受杨某双委托向自己的上家购买毒品后如数交给杨某双，未从中赚取差价；杨某双的证言也没有提到刘某芳存在加价贩卖的情节；因目前为刘某芳提供毒品的上家没有到案，没有其他直接证据证实刘某芳为杨某双提供的毒品系加价贩卖，从中牟利。最后，从其他间接证据分析，刘某芳为杨某双代购毒品的价格没有明显超出当地的毒品交易价格，且刘某芳第二次为杨某双代购0.5克甲基苯丙胺时收取350元，低于其向潘某波贩卖相同数量毒品的售价400元，也间接显示刘某芳无加价贩卖的情形。综上，刘某芳两次为他人代购用于吸食的毒品，没有证据证实其有加价贩卖的行为，不能认定其构成贩卖毒品犯罪，且其代购毒品的数量未达到非法持有毒品罪的定罪数量标准，故不构成犯罪。

（2）证明行为人是否具有牟利目的的举证责任应当由公诉机关承担，举证不能的，应当依法认定行为人不具有牟利目的。"以牟利为目的"是代购行为构成贩卖毒品犯罪的构成要件，属于有罪指控的内容，应当通过证据加以证明。对于为吸毒者代购毒品的行为，公诉机关若要指控行为人为他人代购毒品的行为构成贩卖毒品罪，应当举证证明行为人具有牟利目的。对待证事实的证明达不到要求的情况下，应由承担举证责任的一方承担举证不利的后果，也就是承担法院对待证事实不予认定的后果。以"无法证实刘某芳未从中牟利"反向推定刘某芳牟利，实际上是将本该由公诉机关承担的举证不能的后果，反过来由被告人承担，本质上是一种有罪推定。

（3）定罪应当坚持主客观相统一原则，不能因为代购者的行为客观上起到帮助上家贩卖毒品的作用，就认定其构成贩卖毒品罪。被告人刘某芳为杨某双寻找毒品来源并帮助其购买毒品，有意见认为刘某芳的行为具有代购与居间介绍的双重性质。这种意见不能成立，刘某芳的行为虽然在客观上促成了卖毒者的贩毒活动，但其主观上并没有帮助卖毒者贩卖毒品的故意，其目的在于帮助托购者杨某双购买毒品用于吸食，故对刘某芳不能以贩卖毒品罪的共犯论处。

案例4－4

高某贩卖毒品、宋某非法持有毒品案①——为吸食人员代购数量较大的毒品并于同城运送的行为应认定为非法持有毒品罪

［**基本案情**］ 2008年年底某日，被告人高某在一宾馆房间内，以6000元的价格向王某贩卖甲基苯丙胺11.9克。2010年1月，高某又先后2次以3000元和6500元的价格向王某贩卖甲基苯丙胺5.95克和11.9克。2010年3月初的某天，高某指使被告人宋某某携带5500元毒资到某加油站，向高某事先联系的毒贩购买甲基苯丙胺11.9克，宋某某将购买的毒品送至高某居住的小区交给高某。2010年3月底的某天，高某又指使宋某某携带5500元毒资到某酒店，向高某事先联系的毒贩购买甲基苯丙胺11.9克，宋某某将购买的毒品送到高某居住的小区，交给高某时被当场抓获。某县人民检察院以被告人高某犯贩卖、运输毒品罪，被告人宋某某犯运输毒品罪提起公诉。被告人高某及其辩护人辩称，高某的行为属于代购毒品，不构成贩卖毒品罪，同城交易也不构成运输毒品罪。被告人宋某某辩称，其行为不构成运输毒品罪。

---

① 参见中华人民共和国最高人民法院刑事审判第一、二、三、四、五庭主办：《刑事审判参考》（2013年第2集，总第91集），法律出版社2014年版，第79～85页。

［**裁判结果**］　某县人民法院认为，被告人高某明知是毒品而予以贩卖，并以贩卖为目的购买毒品，其行为构成贩卖毒品罪。高某贩卖甲基苯丙胺共计 53.55 克，数量大，应当依法惩处。高某指使宋某某为其购买毒品属于同城交易，购毒地点与送货地点间距离较短，不符合运输毒品罪的构成要件。宋某某为他人代购毒品，现有证据不能证明其从中牟利，但其明知是毒品而非法持有，数量较大，其行为构成非法持有毒品罪。鉴于宋某某认罪态度较好，可酌情从轻处罚。判决：(1)被告人高某犯贩卖毒品罪，判处有期徒刑十五年，并处没收个人财产 2.5 万元。(2)被告人宋某某犯非法持有毒品罪，判处有期徒刑一年三个月，并处罚金 5000 元。

［**判理分析**］　根据 2008 年《大连会议纪要》的规定，明知他人实施毒品犯罪而为其居间介绍、代购代卖的，无论是否牟利，都应当以相关毒品犯罪的共犯论处。因此，对代购毒品者认定为毒品犯罪的共犯，以明知托购者实施毒品犯罪为前提。对于确实不明知的，即使对托购者认定构成贩卖毒品罪等犯罪，对代购者也不应认定为共犯。代购者符合非法持有毒品罪、运输毒品罪等构成特征的，可以依法以非法持有毒品罪、运输毒品罪等定罪处罚。本案中，被告人宋某某受被告人高某指使，携带高某给付的毒资，前往指定地点向高某事先联系好的贩毒人员购买毒品，属于为他人代购毒品的行为，认定为非法持有毒品罪的主要理由在于：第一，宋某某的行为不构成贩卖毒品罪的共犯。高某既贩卖毒品又吸食毒品，但在案证据证实宋某某主观上确实不明知高某有贩毒行为，故宋某某的行为不属于明知他人贩卖毒品而为其代购毒品的情形，不具备按照贩卖毒品罪共犯论处的条件。第二，宋某某的行为不构成贩卖毒品罪。现有证据表明，宋某某为高某代购毒品并未从中牟利，不属于变相加价贩卖毒品的行为，且宋某某知道高某系吸毒人员，自认为高某购买毒品的目的是用于吸食，故其行为不构成贩卖毒品罪。第三，宋某某的行为符合非法持有毒品罪的构成要件。宋某某不以牟利为目的，在不明知高某有贩卖毒品行为的情况下，认为高某购买毒品仅用于吸食，所代购的毒品数量超过了《刑法》第 348 条规定的最低数量标准，应当以非法持有毒品罪定罪。非法持有毒品罪通常被视为一种状态犯，一般情况下，只有对被告人实际持有的毒品才能认定为非法持有毒品的数量。本案中，宋某某在 2010 年 3 月初代购的 11.9 克甲基苯丙胺去向不明，属于已经灭失的毒品，不宜计入其非法持有毒品的数量。第四，构成运输毒品罪通常要具备两个要件：主观要件必须明知是毒品，客观要件方面包括起运地和实际到达地之间有一定的空间距离。对于同城内的运送，因空间距离较短，通常不宜认定为运输毒品罪。本案中，宋某某受高某指使为其代购毒品后，携带毒品前往同城之内相距仅十分钟左右车程的地点将毒品交给高某，运送毒品的距离较短，可视为其代购毒品行为的一部分，无须将其代购毒品行为中的运送毒品环节割裂开来单独认定为运输毒品罪。

84. 有吸毒情节人员实施的贩卖、运输毒品犯罪如何认定犯罪数量

【实务观点】

对于有吸毒情节人员实施贩卖、运输毒品罪的犯罪数量认定，最高人民法院相关会议纪要的观点有一个演变的过程。2008 年《大连会议纪要》规定“对于以贩养吸的被告人，其被查获的毒品数量应认定为其犯罪的数量，但量刑时应考虑被告人吸食毒品的情节，酌情处理；被

告人购买了一定数量的毒品后,部分已被其吸食的,应当按能够证明的贩卖数量及查获的毒品数量认定其贩毒的数量,已被吸食部分不计入在内”。2015 年《武汉会议纪要》规定“对于有吸毒情节的贩毒人员,一般应当按照其购买的毒品数量认定其贩卖毒品的数量,量刑时酌情考虑其吸食毒品的情节;购买的毒品数量无法查明的,按照能够证明的贩卖数量及查获的毒品数量认定其贩毒数量;确有证据证明其购买的部分毒品并非用于贩卖的,不应计入其贩毒数量”。这一观点目前仍然有效,在司法实践中应予适用。

前后比较可以看出,2008 年《大连会议纪要》以“有证据证明的贩卖数量”及“查获的毒品数量”相加作为犯罪数量。而 2015 年《武汉会议纪要》则规定一般应当以其“购买毒品的数量”作为其犯罪数量,但有两种例外情形:一是被告人购买的毒品数量缺乏足够证据证明的,还是要按照能够证明的贩卖数量及查获的毒品数量认定其贩卖毒品的数量;二是确有证据证明被告人购买的部分毒品并非用于贩卖的,包括已被其本人吸食、不以牟利为目的为吸食者代购或者被其赠与他人等情形,不应计入其贩卖毒品的数量。需要注意的是,不计入贩毒数量的不应包括丢失、销毁等情形,因为被告人如系以贩卖为目的购买这部分毒品,无论是否卖出,均应计入其贩卖毒品的数量。[①] “确有证据证明”购买的部分毒品并非用于贩卖的,不计入其贩卖毒品的数量,实质上是推定被告人购买的毒品全部用于贩卖,具有举证责任倒置性质,要求被告人提供确切证据证明部分毒品并非用于贩卖的才不计入贩毒数量,故仅有被告人本人辩解,没有其他证据印证的,不属于“确有证据证明”。这实际上也从证明标准方面加大了对此类毒品犯罪的打击力度。

【类案参考】

案例 4-5

姚某跃等贩卖毒品案[②]——对被告人辩解部分毒品被吸食的审查判断

[**基本案情**] (1)2011 年 11 月,同案虞某经事先联系,从杨某(另案处理)处以 8000 元的价格,为被告人姚某跃购入冰毒 20 克。(2)2011 年 11 月,同案虞某又从杨某处为被告人姚某跃购入冰毒 50 克。(3)2012 年春节前,同案虞某从杨某处为被告人姚某跃购入冰毒 100 克。(4)2012 年 2 月 20 日,同案毛某鱼携带冰毒至湖州市,同案虞某遂与被告人姚某跃联系,为其购入冰毒 15 克。(5)2012 年 2 月底 3 月初,同案毛某鱼再次携带冰毒至湖州市,同案虞某为姚某跃购入冰毒 20 克。以上姚某跃共购买毒品 205 克。(6)2011 年 10 月中下旬至 2012 年 3 月 26 日,姚某跃本人或者指使马某某、罗某分多次向谈某某、鲁某等人贩卖毒品共计 20.35克。

[**裁判结果**] 一审法院认为,被告人姚某跃为贩卖而购入毒品,其行为构成贩卖毒品罪,应以其购入毒品的数量 205 克认定其贩卖毒品的数量。姚某跃的贩毒行为持续发生于其购买毒品期间,每次购买毒品后均有贩卖行为,足以证实其购买毒品具有贩卖目的,姚某跃及其辩护人提出姚某跃购买毒品并非出于贩卖目的的辩护意见不予采纳。在共同犯罪中,姚某跃

① 参见高贵君等:《〈全国法院毒品犯罪审判工作座谈会纪要〉的理解与适用》,载《人民司法·应用》2015 年第 13 期。

② 参见中华人民共和国最高人民法院刑事审判第一、二、三、四、五庭主办:《刑事审判参考》(总第 112 集),法律出版社 2018 年版,第 86~93 页。

系主犯。姚某跃到案后如实供述自己的主要犯罪事实,坦白交代了同种较重罪行,可依法从轻处罚。姚某跃具有协助抓捕其他犯罪嫌疑人的情节,应认定为立功,可依法减轻处罚。判决:被告人姚某跃犯贩卖毒品罪,判处有期徒刑十四年,剥夺政治权利四年,并处没收个人财产八万元。二审法院认为,姚某跃在由虞某代为购进毒品之前即有贩卖毒品的行为,其在短时间内通过虞某、毛某鱼处多次购进大量毒品,在购进毒品后一直持续地多次贩卖,足见其购买毒品时具有明显的贩卖意图。裁定驳回上诉,维持原判。

[**判理分析**]　吸毒不构成犯罪,如果对被告人已经吸食或者根据在案证据确定被告人将用于吸食的毒品计入贩卖毒品数量,等于变相对吸毒行为追究刑事责任。因此,无论是2008年《大连会议纪要》还是2015年《武汉会议纪要》都明确规定,已被被告人吸食的部分毒品,不应计入被告人贩卖毒品的数量,但必须"确有证据证明"该部分毒品已被被告人吸食,而不能仅仅依据被告人供述和辩解。本案中,被告人姚某跃短期内购入205克毒品,且其贩毒行为持续发生于购毒期间。但是,有证据证明姚某跃向他人贩卖毒品的数量仅为20.35克,姚某跃辩称被其吸食的毒品数量达184.65克,审理法院未予采信。理由如下:(1)被告人姚某跃辩称其仅贩卖20余克冰毒,余下的均被其吸食,与其本人在多份讯问笔录中的供述称"大部分被其卖掉、一小部分被其自己吸食""八九十克被其卖掉""买来的毒品既吸又卖",及相关吸毒人员陈某某等人所称向姚某跃购买毒品数十次的证言相矛盾,不足以采信。(2)按被告人姚某跃供述称每日1克连续吸食150天(2011年11月初至2012年3月初姚某跃通过虞某购买毒品的期间)的吸食量进行推算,距其通过虞某购入的205克尚有50余克的差距,更何况其曾供述在上述时间段内其还分3次从"嘉兴小金"处购买65克冰毒(公安机关未找到"嘉兴小金",因而未认定该笔数量)。因此,仅以其自称的吸食量进行推算,仍有数量较大的毒品剩余。(3)在案证据证实,被告人姚某跃在认识虞某之前就有贩卖毒品的行为,虞某本人也向其购买毒品,且其贩毒的行为一直持续发生在上述购毒期间,次数多、频率高,也可以据此认定其购买毒品是具有贩卖的目的和行为的。

85. 以毒品抵债或交换毒品的行为如何定性

【实务观点】

贩卖的本质是有偿转让,即行为人将一定物品交与他人并取得具有财产属性的对价。贩卖毒品即行为人以毒品向他人交换财产性利益的行为。无论是以毒品支付劳务报酬、偿还债务或者换取其他具有财产属性的物品、服务等财产性利益,本质上均属于贩卖毒品的行为。对于交换毒品的行为,因涉及双方的行为均具有非法性,应根据其目的不同区分认定。

(1)如果具有将换取毒品用于贩卖的目的,应当以贩卖毒品罪定罪处罚,并且其贩卖毒品的数量应当为"交换走的毒品加上交换来并用于贩卖的毒品",因为其将手中毒品与他人交换具有财产性质的利益,已经构成贩卖毒品罪,又将交换来的毒品用于贩卖,另外构成一次贩卖毒品犯罪行为。前后两个行为之间虽然具有手段行为与目的行为的牵连关系,但与行为人为贩卖而购买毒品后又将同一批毒品贩卖的行为不同,后者的前后两行为具有牵连关系且针对的是同一宗毒品,犯罪的社会危害性并未增加。而在交换毒品的情况下,行为人的行为导致两宗不同的毒品分别流入社会或产生流入社会的风险,将手中毒品交换给他人的行为和持有交换来的毒品待售(或者销售)行为各自产生了社会危害性,本质上等同于"将手中毒品卖给对方后又用获得的金钱向对方购买另一种毒品并用于贩卖",其社会危害性并无差异,属于同种数罪,故而应做一罪处理,但应当累计犯罪数量。明知他人有贩卖毒品目的,而将手中毒品与他人交换,无论获得的对价是金钱还是一定数量的其他种类毒品,都属于贩卖毒品行为,因为其主观上至少有帮助他人贩卖毒品的故意。将交换而来的毒品用于吸食的,其对交换来的毒品没有贩卖故意,不应计入贩卖数量。

(2)如果双方互相向对方提供毒品并均用于吸食,鉴于其主观上并没有向他人贩卖毒品的故意,客观上交易对象特定,并没有产生毒品向社会扩散的风险,不宜认定为贩卖毒品罪,但如果涉及毒品的数量达到构成非法持有毒品罪的定罪标准的,应依法定罪处罚。

【类案参考】

案例4-6

廖某贩卖毒品案①——以毒品抵扣借款而从中赚取差价属于贩卖毒品罪

[**基本案情**]　被告人廖某因欠吸毒人员郭某某五万余元的借款,便与郭某某商定用毒品抵扣借款。后被告人廖某用其身份证在深圳市福田区一酒店开房(房费由郭某某出资),用于其和郭某某吸食毒品。2009年9月26日11时许,被告人廖某在该酒店1328房向郭某某提供毒品时被民警当场抓获。民警从郭某某身上缴获毒品一包(净重0.57克,含尼美西泮成分),从房间沙发上缴获毒品三包(其中两包净重1.13克,内含甲基苯丙胺、咖啡因成分;另外一包净重0.54克,内含甲基苯丙胺、咖啡因成分),从被告人廖某身上缴获毒品一批(含甲基苯丙胺成分的毒品7.56克,含甲基苯丙胺、麻黄素、咖啡因成分的毒品0.28克,含甲基苯丙胺、咖啡因成分的毒品7.97克,含氯胺酮成分的毒品0.45克)和电子秤一台、手机二部及吸管、锡纸、小包装袋等工具一批。

[**裁判结果**]　广东省深圳市福田区人民法院经审理认为,被告人廖某无视国家法律,明知是毒品而以抵扣借款的名义予以贩卖,其行为已构成贩卖毒品罪。被告人廖某曾在2009年9月27日的讯问笔录中供称其提供毒品给郭某某吸食而从中赚取差价,廖某没有固定经济来源而购买数量较大的涉案毒品,且其随身携带电子秤和许多小包装袋,并已将部分毒品分装到多个小包装袋中,涉案毒品仅用于吸食的辩解显然不合常理。被告人归案后积极检举他人犯罪并协助公安机关抓获可能被判处无期徒刑以上刑罚的犯罪嫌疑人,系重大立功,依法可减轻处罚。判决:被告人廖某犯贩卖毒品罪,判处有期徒刑四年四个月,并处罚金三千元;涉案毒品予以没收,由公安机关依法处理;作案工具手机二部、电子秤一台、小包装袋一包予以没收。

[**判理分析**]　(1)如果行为人以毒品抵扣借款而从中赚取差价,此种行为符合贩卖毒品而从中牟利的行为构成要件,应认定属于贩卖毒品犯罪;如果有证据证明行为人不以牟利为目的而代购仅用于吸食的少量毒品以抵扣借款,则一般不宜作为刑事犯罪处理。(2)审判中的经验证明或经验法则,是指诉讼参与人凭借从生活经验中归纳获得的关于事物因果关系或属性状态的法则或知识来证明案件事实的活动。本案中,虽然吸食者郭某某证实被告人廖某

---

①　参见宋文凯:《以毒品抵扣借款是否构成贩卖毒品罪》,载《人民司法·案例》2011年第14期。

提供毒品以抵扣借款,但被告人是否从中赚取差价即证明被告人是否有贩卖毒品的故意则只有被告人的一面之词。被告人之前供述称其以低价从他人处购买毒品,然后以高价提供给郭某某吸食,以此抵扣借款,即之前的供述承认自己具有贩卖毒品的故意。被告人在没有固定经济来源的情况下购买了数量较大的涉案毒品,赚取差价为其吸食毒品提供经济来源,该赚取差价的供述符合一般人的认知范围;被告人随身携带电子秤和许多小包装袋,并已将部分毒品分装到多个小包装袋中,如果仅用于吸食则没有必要进行毒品分装,故其关于涉案毒品仅用于吸食的辩解亦不合常理。可见,运用经验法则,可以判定被告人用毒品抵扣借款而从中赚取差价的供述合乎常理,该证据具有真实性,因此被告人廖某的行为应定性为贩卖毒品罪而不是非法持有毒品罪。

案例 4－7

庄某根、刘某平、郑某非法买卖枪支、贩卖毒品案①——在非法买卖枪支过程中以毒品冲抵部分价款行为是贩卖毒品罪

［**基本案情**］　2006 年 8 月,庄某根在假日旅馆内,将 1 把自制手枪、1 发子弹以 1800 元出售给刘某平。同年 12 月上旬,刘某平在酒店和酒吧内,先后将上述手枪和子弹以 3500 元出售给郑某,其中的 1400 元由郑某以 1.7 克左右的冰毒交付。同年 12 月 19 日晚,郑某在酒店 617 房内,将上述手枪和子弹以 1 万元的价格出售给他人时,被当场抓获。经检验,缴获的枪支是以火药发射为动力,可以击发并具有杀伤力。2006 年 12 月 19 日公安机关根据郑某提供的线索抓获刘某平,并于同年 12 月 30 日将庄某根抓获。

［**裁判结果**］　法院认为,庄某根、刘某平、郑某非法买卖枪支,其行为均已构成非法买卖枪支罪;郑某明知是毒品而贩卖,其行为已构成贩卖毒品罪。刘某平交代同案犯犯罪事实,可酌情从轻处罚。郑某有立功表现,可从轻处罚;系累犯,应当从重处罚。三被告到案后认罪态度较好,均可酌情从轻处罚。判决:(1)被告人庄某根犯非法买卖枪支罪,判处有期徒刑三年;(2)被告人刘某平犯非法买卖枪支罪,判处有期徒刑三年;(3)被告人郑某犯非法买卖枪支罪,判处有期徒刑三年三个月,犯贩卖毒品罪,判处有期徒刑八个月,并处罚金一千元,决定执行有期徒刑三年六个月,并处罚金一千元;(4)枪支一支、子弹一发予以没收;被告人庄某根、刘某平违法所得应予追缴没收。

［**判理分析**］　(1)以毒品冲抵部分买卖枪支价款的行为构成贩卖毒品罪。贩卖毒品罪作为流通领域内的毒品犯罪,其危害主要表现为毒品经贩卖后流入社会实现扩散,严重妨害了国家对麻醉药品和精神药品的管制,形成对不特定多数人的身体健康造成损害的危险。贩卖的本质就是一种有偿的转让行为,即毒品的交易存在对价。这种对价的体现形式,不应仅局限于金钱,也可以是以毒品易货,或是以毒品抵债等,因为这些转让形式实质上均属于有偿转让,其社会危害与典型的换取金钱的贩卖行为在法益侵害上没有本质的区别。在本案中,刘某平将 1 把自制手枪、1 发子弹以 3500 元出售给郑某,郑某除支付 2100 元现金外,以 1.7 克左右的冰毒冲抵剩余的 1400 元。可以看出,这 1.7 克左右的冰毒是以 1400 元的价值有偿转让给刘某平的。因此,以毒品冲抵部分买卖枪支价款应属于实质意义上的贩卖行为,郑某

① 参见中华人民共和国最高人民法院刑事审判第一、二、三、四、五庭主办:《刑事审判参考》(2007 年第 6 集,总第 59 集),法律出版社 2008 年版,第 1 ~ 7 页。

应构成贩卖毒品罪。(2)贩卖毒品行为与非法买卖枪支行为之间不存在牵连关系,应予数罪并罚。郑某以毒品冲抵部分买卖枪支价款的行为已经单独成罪,构成贩卖毒品罪侵犯的是国家对毒品的管制秩序;其非法买卖枪支的行为亦构成犯罪,侵犯的是公共安全。郑某以毒品冲抵部分买卖枪支价款作为其实施非法买卖枪支犯罪的方法行为,与非法买卖枪支的目的行为侵犯的法益并不属于同一法益,这两个犯罪行为不属于一个犯罪构成,而分别符合不同的犯罪构成,因而不能构成牵连犯,而应以贩卖毒品罪与非法买卖枪支罪实行数罪并罚。①

86. 非法持有毒品罪与窝藏毒品罪及贩卖、运输毒品罪如何区分

【实务观点】

贩卖、运输毒品罪和非法持有毒品罪、窝藏毒品罪的客观表现中都有非法持有毒品的行为,区分的关键主要在于行为的人的主观目的不同。从罪刑比较并结合证据裁判原则,可为司法实践中区分三罪提供裁判思路。具体而言:

(1)对于持有数量较大标准以下的毒品(如海洛因或者甲基苯丙胺10克以下),认定为贩卖、运输毒品罪或窝藏、转移毒品罪的法定刑均为三年以下有期徒刑、拘役或者管制;如果不能认定具有贩卖、运输或帮助他人窝藏目的的,因其数量未达到定罪标准,不构成非法持有毒品罪。司法实践中,对于行为人是吸食毒品人员的,属于为了吸食而持有数量较小的毒品,不构成犯罪;如果行为人不是吸食毒品人员或者查获毒品与其惯常吸食毒品不是同一种类的,则基于毒品本身所具有的违禁品性质,持有毒品的人有义务说明其持有毒品的原因、来源和目的,司法机关经查证不能排除其陈述合理性的,不作为犯罪处理;如能证明其为帮助他人逃避司法机关查缉而窝藏的,构成窝藏毒品罪;如能进一步证明其因自己或他人走私、贩卖、运输、制造而持有的,则构成走私、贩卖、运输、制造毒品罪。

(2)对于持有数量较大的毒品(如海洛因或者甲基苯丙胺10克以上不满50克),窝藏、转移、隐瞒毒品罪和非法持有毒品罪一般情形的法定刑都是三年以下有期徒刑、拘役或者管制,而贩卖、运输毒品罪的法定刑是七年以上有期徒刑。考虑到非法持有毒品数量较大以上的才构成犯罪,且不能排除其中部分毒品用于个人吸食的可能性;而窝藏毒品罪并没有犯罪数量的起刑点,且窝藏毒品罪既妨害了国家对毒品的管制制度,也妨碍了司法机关针对毒品和毒品犯罪人的查缉活动,因此后者的社会危害性要大于前者。对于非法持有数量较大的毒品的行为人,应当要求其对持有毒品的来源和用途作出解释。司法机关经查证不能排除其所称用于个人吸食或其他不具有贩卖、运输目的的合理解释的,应认定为非法持有毒品罪。如果现有证据能够排除行为人所辩解的个人吸食或用于其他目的的解释,可推定其至少是为他人窝藏,应构成窝藏毒品罪。如果现有证据能够证明其因自己或他人走私、贩卖、运输、制造而持有的,则构成走私、贩卖、运输、制造毒品罪。

(3)对于持有数量大的毒品(如海洛因或者甲基苯丙胺50克以上),贩卖、运输毒品罪的

---

① 被告人郑某先有一个非法买卖枪支的犯罪故意,并实施了交易枪支的客观行为;在支付枪支价款的时候,又产生了一个将毒品贩卖给对方的犯罪故意,目的是冲抵部分枪支价款;二者分别出于不同的故意,一个是交易枪支的行为,另一个是交易毒品的行为,侵害了不同的犯罪客体或者法益,应当作数罪处理。

法定刑是十五年有期徒刑、无期徒刑或者死刑，非法持有毒品罪的法定刑是七年以上有期徒刑，窝藏、转移、隐瞒毒品罪的法定刑是三年以上十年以下有期徒刑。考虑到行为人持有数量大的毒品，全部用于其本人吸食的可能性较小，而具有流入社会危害他人的可能性，因此其社会危害要大于纯粹帮助毒品犯罪分子窝藏毒品的行为。现有证据能够认定行为人持有数量大的毒品，首先应由其本人解释毒品的来源及用途，在没有其他证据且行为人不能作出合理解释的，即可以认定为非法持有毒品罪。行为人辩解系帮助他人窝藏的，属于现有证据能够证明重罪（非法持有毒品）而本人辩解构成轻罪（窝藏毒品）的情形，应由行为人提供相关证据和线索供司法机关查证，经查证属实的，可以认定为窝藏毒品罪，不能查证属实的，仍应认定为非法持有毒品罪。另有证据证明行为人具有走私、贩卖、运输、制造毒品行为的，才可以认定为走私、贩卖、运输、制造毒品罪。如果行为人是在运输途中被查获，其辩解系用于本人吸食的，亦应当予以查证，如果确有证据予以证明，又没有其他可能用于走私、贩卖毒品的相关证据的，考虑到毒品数量大仍有流入社会的危险性，可认定为非法持有毒品罪；行为人辩解系用于个人吸食经查证不属实且行为人不能作出其他合理解释的，或者行为人对侦查机关调取其可能系贩卖毒品的证据无法作出合理解释的，应认定为运输毒品罪。

在持有毒品数量大的情况下，判断行为人所称毒品来源及用途是否合理，可以从持有毒品数量的价值是否超过其合理的收入水平来判断。如果行为人确系吸毒人员，其辩解所持有毒品系用于个人吸食，且持有毒品数量未超过其合理收入水平，购买毒品的资金来源明确并得到印证，比如从银行账户取款而行为人又能对账户资金的来源作出合理解释的，可以认定其持有毒品主要用于个人吸食，以非法持有毒品罪定罪。虽然行为人持有毒品的数量超过其合理收入水平的，行为人辩解用于本人吸食的可能性较小，但现有证据不能充分证明其持有毒品系走私、贩卖、制造、运输的毒品，仍应认定为非法持有毒品罪，但在量刑时应与为个人吸食而非法持有毒品的行为相区别，酌情从重。如果是在运输毒品过程中被查获的，其本人辩解的用于个人吸食得不到相关证据印证，应认定为运输毒品罪。

【类案参考】

案例 4－8

蒋某源贩卖毒品案①——明知他人贩卖毒品而代为保管毒品的构成贩卖毒品的共犯

［**基本案情**］ （1）被告人蒋某源于 2010 年 9 月，先后两次将吴某（另案处理）用于贩卖的 262 克甲基苯丙胺放在家中窝藏，后吴某将其中的 95 克贩卖给吸毒人员“阿虎”，得款 35,000 元。（2）蒋某源还于 2010 年 8 月至 9 月，先后 4 次将 2.8 克甲基苯丙胺贩卖给吸毒人员祖某娟，得款 500 元。（3）2010 年 9 月 24 日晚，蒋某源在其居住地被公安机关抓获并查获甲基苯丙胺 30 克、氯胺酮 8.01 克等。

［**裁判结果**］ 一审法院认为，被告人蒋某源明知是毒品甲基苯丙胺而予以贩卖，其行为构成贩卖毒品罪，且数量在 50 克以上，其中向“阿虎”贩卖 95 克甲基苯丙胺的行为属共同犯罪；蒋某源为他人窝藏毒品甲基苯丙胺 177 克，其行为还构成窝藏毒品罪，且属情节严重，应

① 参见中华人民共和国最高人民法院刑事审判第一、二、三、四、五庭主办：《刑事审判参考》（2012 年第 2 集，总第 85 集），法律出版社 2012 年版，第 71～75 页。

当实行数罪并罚。判决:被告人蒋某源犯贩卖毒品罪,判处有期徒刑十五年,剥夺政治权利五年,并处没收个人财产五万元;犯窝藏毒品罪,判处有期徒刑三年六个月;决定执行有期徒刑十六年六个月,剥夺政治权利五年,并处没收个人财产五万元。经二审法院审理认为,上诉人蒋某源明知他人贩卖毒品,代他人保管甲基苯丙胺50克以上,蒋某源还单独贩卖少量毒品,其行为均构成贩卖毒品罪。蒋某源在共同犯罪中起辅助作用,系从犯。原判认定蒋某源将代为保管的95克甲基苯丙胺贩卖给“阿虎”的事实,仅有蒋某源本人的供述而无其他证据印证,二审不予认定。蒋某源的行为应当以贩卖毒品罪一罪论处。鉴于蒋某源在贩卖毒品犯罪中仅起辅助作用,可以对其予以较大幅度的减轻处罚。故以上诉人蒋某源犯贩卖毒品罪,判处有期徒刑八年,剥夺政治权利二年,并处罚金二万元。

［**判理分析**］ 非法持有毒品罪,是指明知是毒品而无合法根据地持有,并且没有证据证明其具有其他毒品犯罪目的的行为。窝藏毒品罪是明知是走私、贩卖、运输、制造毒品的犯罪分子的毒品而加以窝藏的行为。贩卖毒品罪的帮助犯也可能通过窝藏毒品,帮助主犯顺利实施贩卖毒品的行为。区分窝藏毒品罪与贩卖毒品罪的关键在于行为人主观目的的认定。如果非法持有毒品的目的是帮助他人贩卖毒品,应当构成贩卖毒品罪的共犯;如果非法持有(藏匿)毒品的目的是帮助他人逃避司法机关的追查,则应构成窝藏毒品罪。实践中判断窝藏毒品的行为人与贩毒分子有无通谋,一般需要综合参考以下因素:

(1)藏匿毒品的时机。窝藏毒品罪的藏匿行为一般发生在贩毒分子主观上认为司法机关对其贩毒行为开始追查之后。如果贩毒分子未察觉司法机关已对贩毒行为开始追查,或者未将其察觉告知藏匿行为人,藏匿行为人不是为了帮助贩毒分子逃避司法机关的追查而藏匿毒品的,则应认定藏匿行为人是为了帮助贩毒分子顺利实施贩毒行为,二者构成贩卖毒品罪的共犯。如果司法机关未对贩毒行为开始追查,但贩毒分子怀疑司法机关已开始追查,且将这一怀疑告知藏匿行为人,窝藏行为人是为了帮助贩毒分子逃避司法机关追查而藏匿毒品的,则根据主客观相一致原则,藏匿行为与贩毒行为不构成共犯,仅构成窝藏毒品罪。但如果藏匿行为人后来知晓贩毒分子继续实施贩毒行为,仍帮助贩毒分子藏匿毒品的,则藏匿行为与贩毒行为形成共犯关系。本案中,蒋某源为吴某保管毒品的行为发生在吴某实施贩毒行为的过程中,当时公安机关还没有对吴某的贩毒行为进行立案侦查,吴某本人也不是因为怀疑公安机关已经发现其贩毒而让蒋某源为其藏匿毒品,而是为了顺利完成贩毒行为。蒋某源明知吴某贩卖毒品,在一周左右的时间内,先后两次应吴某请求代为保管262克甲基苯丙胺,为吴某贩卖毒品的行为提供了便利条件,与吴某构成贩卖毒品罪的共犯。

(2)窝藏毒品的主观心理状态。一是藏匿行为人的主观明知。窝藏毒品罪要求行为人明知藏匿的是毒品,贩卖毒品罪的共犯要求行为人明知其藏匿的毒品是他人贩卖的毒品。二是藏匿行为人的主观目的。贩卖毒品罪的帮助犯,藏匿毒品的目的是为贩卖毒品提供方便。窝藏毒品罪的目的是帮助贩毒分子逃避司法监管,藏匿行为人如果明知公安机关已经对贩毒分子进行追查,而为贩毒分子藏匿毒品的,从常识、常情判断,将藏匿行为人的主观目的认定为帮助毒贩分子逃避处罚更为符合客观实际。本案被告人蒋某源既明知吴某是贩毒分子,而应吴某的请求代为藏匿毒品,又明知公安机关尚未就该批毒品进行追查,主观上明显不是为了帮助吴某逃避司法机关的处罚,因此其行为不能认定为窝藏毒品罪。

87. 走私毒品又走私其他物品的如何定罪

【实务观点】

根据最高人民法院相关会议纪要的精神，同一走私行为中，走私对象既包括毒品又包括其他走私罪的犯罪对象的，应当按数罪处理。① 类似的罪数处理规则还有《刑法》第204条第2款的规定，纳税人缴纳税款后，采取欺骗方法骗取缴纳的税款的，构成逃税罪；骗取税款超过所缴纳的税款部分，依照骗取出口退税罪处罚；二者也应当数罪并罚。

【法律及司法文件】

最高人民法院、最高人民检察院《关于办理走私刑事案件适用法律若干问题的解释》（节录）（法释〔2014〕10号，2014年9月10日起施行）

第二十二条　在走私的货物、物品中藏匿刑法第一百五十一条、第一百五十二条、第三百四十七条、第三百五十条规定的货物、物品，构成犯罪的，以实际走私的货物、物品定罪处罚；构成数罪的，实行数罪并罚。

【类案参考】

案例4-9

韩某走私制毒物品、走私毒品案②——同一次走私行为中走私数种货物的构成数罪

［**基本案情**］　2016年10月，被告人韩某为抵销其欠下的部分债务，通过苹果手机FaceTime聊天工具与“呛辣”商谈从大陆走私涉毒物品到台湾的事宜，后韩某抵达台湾地区金门县与“呛辣”具体面谈走私事宜，并带回“呛辣”事先准备的专门用于与“船长”联系的一部诺基亚手机。同年11月27日下午，韩某到厦门市集美区侨英街道租赁一铁皮房用于存放涉毒物品。同月28日6时许，韩某与马某按照约定驾驶车辆到漳州市与两名男子见面，并提供一辆套牌路虎车及一辆面包车用于装载涉毒物品。后韩某将路虎车及面包车上的40箱制毒物品羟亚胺及1箱毒品可卡因运载到其租赁的铁皮房存放。同年12月3日，韩某与“船长”联系后，将其中的27箱羟亚胺分装到27个编织袋里，后驾驶套牌路虎车运载编织袋里的羟亚胺及1箱可卡因到南安市金明酒店停车场。当晚23时许，被告人韩某在该停车场欲与“船长”交接涉毒物品时被公安人员当场查获。后公安人员在韩某的带路下到其租赁的铁皮房里查获另外13箱羟亚胺，到韩某入住的石井镇某酒店550房间及厦门市思明区信和中央广场某号楼1113房间共查获“冰毒”14.95克、“K粉”0.2克。被查获的羟亚胺共计1012.37千克、可卡因共计16.69千克。后韩某向公安机关提供谢某某等人贩卖毒品的犯罪线索及联系方式，协助公安人员抓捕谢某某等6人，并查获“冰毒”139.97千克。

［**裁判结果**］　法院认为，被告人韩某走私其认为系作为制造毒品“K他命”原料的“大料”时，刻意使用FaceTime聊天工具、专用手机及号码与他人联系走私事宜，让马某等人驾驶车辆到高速出口附近隐蔽处用于接货且租赁仓库时以存放水果为由掩盖真实用途，驾驶套牌车用于运输、转移货物并交代马某注意观察途中动静，与“船长”约定深夜作为交接货物时间，

① 此观点最早源于2008年《大连会议纪要》之规定。

② 参见福建省泉州市中级人民法院刑事判决书，(2018)闽05刑初61号。

事成之后可获得30万元报酬，由此可见，被告人韩某为获取不同寻常的高额报酬铤而走险走私涉毒物品，采用高度隐蔽方式接收、存放、转移以逃避法律追究。虽然被告人韩某供述其不清楚也不关心“大料”的实际成分，但其明知系涉毒物品仍走私出境的行为，应以实际查处的涉毒物品系毒品可卡因及制毒物品羟亚胺认定其行为分别构成走私毒品罪和走私制毒物品罪。韩某一人犯数罪，应当实行数罪并罚。韩某为走私涉毒物品出境，接收涉毒物品后实施了从漳州到厦门以及泉州的一系列运送行为，该运送行为系走私犯罪的重要环节，故应认定被告人韩某犯走私毒品罪、走私制毒物品罪为既遂。被告人韩某归案后如实供述主要犯罪事实，认罪态度较好；检举他人重大犯罪行为并协助公安机关抓获其他重大犯罪嫌疑人，具有重大立功表现，予以从轻处罚。被告人韩某受指使参与走私毒品、走私制毒物犯罪，在共同犯罪中所起作用相对较小，且涉案毒品、制毒物品均未流入社会，危害性较小，予以酌情从轻处罚。被告人韩某走私毒品时主观上系持放任态度的间接故意，社会危害性较小，对其所犯该罪酌情从轻处罚。判决：被告人韩某犯走私毒品罪，判处有期徒刑十五年，并处没收个人财产十万元；犯走私制毒物品罪，判处有期徒刑八年，并处罚金八万元；犯非法持有毒品罪，判处有期徒刑九个月，并处罚金三千元，决定执行有期徒刑十九年，并处没收个人财产十万元、罚金八万三千元。扣押在案的赃款15,000元以及蓝色诺基亚手机、苹果SE手机各一部等作案工具，均予以没收，上缴国库。

［**判理分析**］ 本案被告人为获取高额报酬而为他人走私货物，其使用专门通讯工具联系对方、专门租赁仓库存放货物、使用套牌车辆运送货物、于深夜在停车场交接货物等隐蔽手段，都足以说明其应当明知可能是在走私涉毒物品等仍持续参与，其主观上是一种放任的故意，按照间接故意的定罪原理，应当以行为实际造成的后果承担责任，即以其实际走私的制毒物品和毒品两项内容，分别定罪，并数罪并罚。其接收并运送货物是其事先所预谋走私行为的一部分，从其接收货物开始，应当视为走私犯罪已经着手，而走私毒品罪和运输毒品罪都属于抽象危险犯，只要开始实施相关行为，均应当视为犯罪既遂。

88. 盗窃、抢夺、抢劫毒品行为的定性和处理

【实务观点】

根据最高人民法院相关会议纪要的精神，盗窃、抢夺或者抢劫毒品，构成盗窃罪、抢夺罪或者抢劫罪的，根据情节轻重予以量刑。盗窃、抢夺或者抢劫毒品后又实施贩卖毒品等毒品犯罪的，依法数罪并罚。① 在司法实践中，可以分为以下两种情况：

(1)行为人明知是毒品而盗窃、抢夺、抢劫，事后又用于贩卖或者个人吸食等其他用途的情形。行为人盗窃、抢夺、抢劫他人的毒品，应按盗窃罪、抢劫罪或者抢夺罪处理，如果之后又予以贩卖的，又构成贩卖毒品罪，予以数罪并罚。如此规定的主要原因在于前面的盗窃、抢夺、抢劫罪侵犯了刑法所保护的法益，构成一个独立的犯罪；而后面的贩卖毒品行为又侵犯了刑法保护的另外一个法益，构成一个新的犯罪。这与盗窃、抢夺、抢劫普通财物之后又销售赃物不同，此种情况下，盗窃罪是重罪而销售财物罪是轻罪，对盗窃行为人而言，其进一步销售

① 此观点最早源于2008年《大连会议纪要》。

财物行为所形成的社会危害并没有超出盗窃罪所破坏的法益。而对于盗窃毒品又予以贩卖而言,毒品原所有人对毒品的占有并不是值得法律保护的法益,对于盗窃毒品以盗窃罪处理,惩罚的对象是盗窃这个一般意义上的破坏社会秩序的行为;其贩卖毒品的行为破坏了一个新的法益即不特定公众的健康权益,社会危害性更甚于盗窃行为,应当另外构成一个贩卖毒品罪。

如果用于个人吸食的,是否另外构成非法持有毒品罪并数罪并罚,相关会议纪要没有明确规定,编者认为不应当数罪并罚。原因在于,通过盗窃、抢夺、抢劫的手段获取毒品,与通过贩卖、制造等手段获取毒品一样,都是一种犯罪行为,之后又为了个人吸食而非法持有毒品的行为,都依附于前一犯罪行为而存在,之后的非法持有毒品行为,本质上是前面取得毒品行为所造成的非法状态的延续,如同盗窃普通财物后又持有赃物一样,并没有产生新的法益损害。在刑法理论上,称之后不可罚的后行为,一般情况下不宜再认定一个新的赃物犯罪,而只对前一行为即取得毒品的手段进行评价,认定为一个犯罪。

(2)行为人不明知是毒品而盗窃、抢夺、抢劫,事后又用于贩卖或者个人吸食等其他用途的情形。如果行为人在实施盗窃、抢夺、抢劫他人财物时偶然获取毒品,一般应按盗窃罪或抢夺罪或抢劫罪定罪处罚;如果事后发现获取的赃物中有毒品而又用于贩卖或者非法持有的,应按盗窃罪(或抢夺罪、抢劫罪)和贩卖毒品罪(或非法持有毒品罪)数罪并罚。这和盗窃他人财物后发现其中有枪支而继续占有,另外构成非法持有枪支罪的道理是一样的。其主要原因在于行为人是基于一个新的犯意,实施一个新的犯罪。但在此种情况下,应注意到行为人本身并没有盗窃、抢夺、抢劫毒品的故意,其盗窃行为的主观恶性与明知是毒品而盗窃、抢夺、抢劫有很大差异,在量刑上应当明显区分开来。

关于盗窃、抢夺、抢劫毒品行为的量刑。最高人民法院、最高人民检察院《关于办理盗窃刑事案件适用法律若干问题的解释》(法释〔2013〕8 号)第 1 条第 4 款规定“盗窃毒品等违禁品,应当按照盗窃罪处理的,根据情节轻重量刑”,即盗窃毒品并不能单纯以毒品的市场价值为依据进行量刑,而首先应考虑的是罪责刑相适应原则。编者认为,对盗窃、抢夺、抢劫毒品行为应当从严惩处,同等数量情况下,其处刑不能轻于按非法持有毒品罪处理的量刑。理由有二:第一,同样是为了个人吸食毒品而取得毒品,通过盗窃、抢夺、抢劫等手段取得毒品,显然比通过购买手段取得毒品具有更大的社会危害性,也具有更大的主观恶性,理应承担比后者更重的刑罚。如果将通过盗窃、抢夺、抢劫取得毒品的行为和针对普通财物的盗窃、抢夺、抢劫行为同等对待,就会出现盗窃、抢夺、抢劫毒品的刑事责任可能轻于非法持有毒品罪的情形。比如,盗窃海洛因 50 克并持有,按照海洛因市场价值(约数万元)以普通盗窃罪处理应判处三年以上十年以下有期徒刑,而如果是购买 50 克海洛因并持有,以非法持有毒品罪处理应判处七年以上有期徒刑,明显重于按盗窃罪处理。因此,对于盗窃、抢夺、抢劫等非法手段获取毒品并继续持有的行为,虽然不另外认定为非法持有毒品罪,在具体量刑时应考虑到其行为的社会危害性大于购买同等数额的毒品并持有的行为,给予比后者更重的刑事责任。第二,对比同属于违禁品犯罪的盗窃枪支、弹药罪。枪支和毒品一样,对于非法持有者而言,没有任何合法用途,而天然地具有危害社会的可能性,并且都存在非法市场交易,因此刑法对这类物品的非法取得和持有行为都规定为犯罪。刑法针对盗窃、抢劫枪支、弹药行为单独设置了相对于非法持有枪支、弹药行为更重的法定刑,以体现对这类行为的从严惩处。虽然毒品的社会危害性略低于枪支,但与其他违禁品相比,仍具有更重的社会危害性,对于通过盗窃、抢夺、抢劫行为获取毒品的,理应比非法持有毒品承担更重的刑事责任。

【法律及司法文件】

最高人民法院、最高人民检察院《关于办理盗窃刑事案件适用法律若干问题的解释》(法释〔2013〕8 号,2013 年 4 月 4 日施行)

第一条第四款　盗窃毒品等违禁品,应当按照盗窃罪处理的,根据情节轻重量刑。

【类案参考】

案例 4-10

薛某军等盗窃毒品案①——盗窃毒品的定罪量刑

[**基本案情**]　刘某昌、徐某军均为吸毒人员。刘某昌得知张某(已判刑)处有毒品,即与徐某军商量将该毒品盗走。徐某军又找薛某军让其找人帮助实施盗窃,薛某军找到刘某和李某彬(在逃)。2000 年 9 月 13 日 20 时许,刘某昌、徐某军、薛某军、刘某、李某彬在北京市首都国际机场飞行员宿舍 208 室内,盗走张某存放此处的耐克牌蓝色旅行包 1 个,内有安非他明类毒品 MDA 药片 4 万余片,总计 10 余千克,密码箱一个,内有快译通掌上电脑(价值共计 1330 元)。

[**裁判结果**]　一审法院认为,刘某昌、徐某军、薛某军、刘某以非法占有为目的,采用秘密窃取的手段,盗窃安非他明类 MDA 毒品达 10 余千克,4 万余片,其行为均已构成盗窃罪,依法应予惩处。鉴于被告人刘某昌、徐某军、薛某军有一定立功表现,对上述三人所犯盗窃罪从轻判处。对刘某昌、薛某军的辩护人认为认定刘某昌、薛某军盗窃数额特别巨大缺乏法律依据,且该案犯罪情节一般,毒品未流入社会的辩护意见予以采纳。被告人薛某军的辩护人提出应认定薛某军犯窝藏罪,经查,薛某军主观上确有盗窃的故意,并且参与了盗窃犯罪的全部过程,事后亦有窝藏赃物的行为,薛某军事后窝藏赃物的行为系盗窃犯罪的继续,不应仅以部分事实来确定本案全部事实的性质。刘某还违反枪支弹药管理规定,私自非法持有枪支和弹药,其行为已构成非法持有枪支、弹药罪,亦应惩处。判决:(1)被告人刘某昌犯盗窃罪,判处有期徒刑十五年,剥夺政治权利三年,罚金一万五千元。(2)被告人刘某犯盗窃罪,判处有期徒刑十四年,剥夺政治权利三年,罚金一万四千元;犯非法持有枪支、弹药罪,判处有期徒刑二年,决定执行有期徒刑十五年,剥夺政治权利三年,罚金一万四千元。(3)被告人徐某军犯盗窃罪,判处有期徒刑十四年,剥夺政治权利三年,罚金一万四千元。(4)被告人薛某军犯盗窃罪,判处有期徒刑十三年,剥夺政治权利三年,罚金一万三千元。二审法院经审理认为,薛某军犯罪后主动与公安人员联系未果,后又委托他人与公安人员联系,准备投案,后被抓获,其行为属于在投案过程中被公安机关捕获,应当视为自动投案,且其投案后如实供述所犯罪行,应认定为自首,予以减轻处罚。判决维持一审判决对刘某昌、徐某军、刘某的定罪量刑;对薛某军以盗窃罪改判有期徒刑六年,罚金 6000 元。

[**判理分析**]　行为当时有效的最高人民法院 1998 年 3 月 17 日发布的《关于审理盗窃案

① 参见中华人民共和国最高人民法院刑事审判第一庭、第二庭编:《刑事审判参考》(2002 年第 4 辑,总第 27 辑),法律出版社 2002 年版,第 27~33 页。

件具体应用法律若干问题的解释》第5条第8项规定，“盗窃违禁品，按盗窃罪处理的，不计数额，根据情节轻重量刑”。当时有效的2000年《南宁会议纪要》规定“认定盗窃毒品犯罪数额，可以参考当地毒品非法交易的价格”。根据现行有效的最高人民法院、最高人民检察院《关于办理盗窃刑事案件适用法律若干问题的解释》第1条第4款的规定，“盗窃毒品等违禁品，应当按照盗窃罪处理的，根据情节轻重量刑”。2008年《大连会议纪要》规定，盗窃、抢夺、抢劫毒品的，应当分别以盗窃罪、抢夺罪和抢劫罪定罪，但不计犯罪数额，根据情节轻重予以定罪量刑。因此，盗窃毒品等违禁品的，并不是以数额大小，而是以情节轻重作为定罪量刑的依据，盗窃毒品的种类、数量、数额，是判断盗窃情节轻重的一个主要依据，可资参考的一个重要方面，但盗窃毒品的犯罪数额只是判断盗窃毒品行为是否构成犯罪、情节是否严重的参考，其本身并不是量刑依据。本案中，被告人盗窃安非他明类毒品MDA10余千克、4万余片，数量属于特别巨大。即使参考北京地区毒品黑市交易价格计算，其盗窃毒品的参考数额亦属特别巨大，一审、二审法院在情节特别严重的法定刑幅度内追究被告人的刑事责任是适当的。

89. 走私、贩卖、运输、制造或者非法持有假毒品的行为如何定性

【实务观点】

对走私、贩卖、运输、制造假毒品的行为，应分不同情况处理：(1)行为人故意制造假毒品出售，或者明知是假毒品而冒充真毒品贩卖的，符合诈骗罪的特征，应以诈骗罪定罪处罚；(2)行为人误以为假毒品是真毒品而加以走私、贩卖、运输的，由于行为人有走私、贩卖、运输毒品的故意，只是由于事实上的认识错误而不能完成，应以走私、贩卖、运输毒品罪的未遂论处；(3)行为人故意在真毒品中掺假，或者将精制毒品稀释后贩卖，以及贩卖因土法加工而含有较多杂质的毒品的，不论其中非毒品的成分有多少，都应定贩卖毒品罪。

如果行为人非法持有的毒品是假毒品，可以根据行为人主观上是否明知其持有的是假毒品，分两种情况处理：(1)行为人出于贩卖的目的而取得并持有毒品，但其主观上不知道持有的是假毒品，应属于贩卖毒品罪的未遂；(2)行为人持有假毒品不是出于贩卖目的，或者不能证明其出于贩卖的目的，且行为人误认为是真毒品而持有的，以非法持有毒品罪（未遂）论处。

【类案参考】

案例4－11

宋某成等贩卖、窝藏毒品案①——行为人不知是假毒品而贩卖的构成贩卖毒品罪的未遂

［基本事实］ 被告人宋某成于1996年9月的一天夜晚，在家中接受了邻居韩某兆交给他的两袋“白粉”，韩某兆称“这东西挺贵重，好好保存，等卖了之后给你点钱”。(1)1997年4月的一天，被告人李某发来到其姐夫宋某成家，宋某成便拿出一袋“白粉”让李某发回本溪找人看看是否是毒品，能否卖掉。李某发回本溪将这袋“白粉”送其妹夫林某祥家中隐藏，同时找到被告人关某元等人验证，确认此“白粉”是“毒品”后，让关联系买主。关某元找到被告人杨某景，杨某景即与广州的朋友联系，关又找到被告人谭某义，说明意图后由谭出资6000元，

① 参见祝铭山主编：《走私、贩卖、运输、制造毒品罪》（典型案例与法律适用22），中国法制出版2004年版，第170～173页。

关出资1000元交给李某发。李某发于7月23日到宋某成家，给宋某成5000元将另一袋“白粉”取走，并承诺“毒品”出手之后再给宋1.5万元。李某发回到本溪，与关、谭、杨共同商议销售该袋“毒品”。当关、谭、杨三被告人到广州后，杨的朋友苏某叔侄二人看货后称该货纯度不高，卖不出去，后三人返回本溪。关、谭找到李某发称该货是假的，要求退货返款。此时，宋也找到李追要货款。李因无钱给付便将藏匿于林某祥家中的那袋“毒品”（340克）退还给宋某发，宋立即将该袋“毒品”转放到被告人詹某华家，抵押宋欠詹的200元现金。关手中的100克及谭手中的731克毒品分别被二人留作抵押。（2）1997年12月，被告人关某元找到被告人周某让其帮助卖“白粉”，周某又找到同学被告人孟某露，让孟帮助联系卖“白粉”。孟找到被告人刘某，刘又找到其叔被告人刘某宾，刘某宾又找到朋友孙某勇，让孙与其同做“白粉”买卖，挣钱开修配厂。1998年2月23日，刘某宾与辽阳市李某商定买卖“毒品”交易后，刘某宾、孙某勇告诉刘某、孟某露回去取货。次日，刘、孟回本溪到关某元处取“白粉”100克，于次日返回灯塔市交由刘某宾、孙某勇，二人到辽阳市太子河区大桥下交易时，被公安人员当场抓获，收缴“白粉”90克。经检验从现场收缴的90克白色粉末中检出苯海拉明药物成分；从被告谭某义处收缴的731克白色粉末中检出苯海拉明药物成分，从被告人詹某华处收缴的340克白色粉末中未检出可疑药物成分。

［**裁判结果**］ 一审法院认为，被告人宋某成等人，为谋取非法利益，销售并居间介绍买卖毒品，且数额巨大，其行为均已构成贩卖毒品罪。被告人林某祥、詹某华明知是毒品而予以窝藏，其行为均已构成窝藏毒品罪。但经鉴定系假毒品，可按未遂减轻处罚。判决：（1）宋某成犯贩卖毒品罪，判处有期徒刑十年，并处罚金1万元；李某发犯贩卖毒品罪，判处有期徒刑九年，并处罚金1万元；（2）关某元犯贩卖毒品罪，判处有期徒刑八年，并处罚金8000元；（3）谭某义犯贩卖毒品罪，判处有期徒刑六年，并处罚金8000元；（4）杨某景犯贩卖毒品罪，判处有期徒刑五年，并处罚金8000元；（5）周某犯贩卖毒品罪，判处有期徒刑二年六个月，并处罚金5000元；（6）刘某、孟某露犯贩卖毒品罪，均判处有期徒刑二年，并处罚金5000元；（7）刘某宾、孙某勇犯贩卖毒品罪，均判处有期徒刑一年六个月，并处罚金5000元；（8）林某祥、詹某华均犯窝藏毒品罪，判处拘役三个月。二审法院经审理，裁定驳回上诉，维持原判。

［**判理分析**］ 本案被告人宋某成、李某发贩卖“毒品”数量达1161克，还有3名犯罪人所贩“毒品”数量也有800余克，但经过鉴定所贩卖的“毒品”系假“毒品”。其不知是假毒品而当成真毒品进行贩卖，主观上有利用毒品牟利的故意和目的，毒品是假的是其意志以外的客观原因，并不影响行为性质的认定，应以贩卖毒品（未遂）处理。

案例4－12

李某、杜某、孙某贩卖毒品案①——贩卖毒品被查获后经检验没有毒品成分的构成贩卖毒品罪的未遂

［**基本案情**］ （1）2017年5月末的一天，被告人李某通过快递将一个夹带着白色晶体的包裹寄到七台河市桃山区万宝小区诗涵副食超市，并电话联系被告人杜某取货。杜某安排被告人孙某将包裹取回送至杜某租用的桃山区九九嘉园一车库。随后杜某也来到该车库，打开包装后，二人确认收到的白色晶体是“冰毒”，现场称重为480克并进行分装。李某让杜某将

① 参见黑龙江省牡丹江农垦法院刑事判决书，（2018）黑8108刑初93号。

其中300克“冰毒”交给买毒人李某甲(另案处理)。次日,杜某安排孙某将300克“冰毒”在七台河市怡安小区“好打的公司”门口交给李某甲派来取毒的高某(另案处理)。数日后,因感觉该批“冰毒”辣嗓子,李某甲将其退回,杜某让孙某接收后存放在租赁的九九嘉园车库内。另处,杜某于2017年5月28日购买了其中的100克“冰毒”,并通过其妻子李某丙将毒资1.7万元通过微信转账给李某。(2)2017年7月25日,吸毒人员张某电话联系杜某购买冰毒,杜某打电话与李某联系,李某同意以每克160元的价格出售。当日,杜某让孙某从存放在九九嘉园租赁车库内的“冰毒”中取出30克送到七台河市七煤总医院交给张某。张某用微信支付给杜某4800元。当晚,张某再次联系杜某购买冰毒,杜某让孙某再次从该批“冰毒”中取出100克交给张某,张某过微信支付1万元、银行转账6000元给杜某,杜某将其中的9600元通过微信转账给李某。2017年8月7日,被告人李某、杜某、孙某分别被公安机关抓获。2017年8月7日,公安机关在对租赁的九九嘉园车库查获疑似冰毒的白色晶体(净重287.09克)。经鉴定,被查获的白色晶体未检出甲基苯丙胺。综上所述,被告人李某、杜某、孙某贩卖假冰毒480克,李某违法所得共计26,600元,杜某违法所得共计11,200元。

［**裁判结果**］　法院认为,被告人李某、杜某、孙某主观上有贩卖毒品的故意,客观上实施了贩卖的行为,其行为均已构成贩卖毒品罪。三名被告人已经着手实施贩毒犯罪,但贩卖的疑似冰毒的白色晶体并非毒品,属于犯罪未遂,依法可比照既遂犯从轻或减轻处罚。三名被告人系共同犯罪,李某联系毒品来源,指挥杜某、孙某出售毒品,并贩卖毒品给杜某,在共同犯罪中起主要作用,系主犯;杜某和孙某在共同犯罪中听命于李某,起次要作用,均系从犯,孙某听命于杜某,故杜某系作用较大的从犯,孙某系作用较小的从犯,对孙某从轻处罚的幅度应大于杜某。李某当庭自愿认罪,如实供述其犯罪事实,悔罪态度较好,依法认定有坦白情节,可从轻处罚。杜某和孙某到案后均能如实供述犯罪事实,均系坦白,且坦白时间早于李某,可从轻处罚且从轻处罚幅度要大于李某。判决:(1)被告人李某犯贩卖毒品罪,判处有期徒刑五年四个月,并处罚金5万元;(2)被告人杜某犯贩卖毒品罪,判处有期徒刑三年六个月,并处罚金3.5万元;(3)被告人孙某犯贩卖毒品罪,判处有期徒刑三年,并处罚金2万元;(4)被告人李某的违法所得26,600元,被告人杜某的违法所得11,200元,予以追缴(均已缴纳);(5)扣押的白色晶体287.09克、电子秤二台、铁勺二把、塑封袋若干、被告人李某的苹果手机一部、被告人孙某的三星手机一部、被告人杜某的三星手机一部,予以没收,由黑龙江省牡丹江农垦公安局依法处理。

［**判理分析**］　本案被告人李某纠集杜某、孙某等人共同贩卖“冰毒”,所贩卖“冰毒”因质量问题被下家退回,案发后经鉴定,未检出甲基苯丙胺成分。因其贩卖的是假毒品,且本人并不知情,应属于对象不能犯的犯罪未遂。

第五章　麻黄碱类复方制剂犯罪和麻黄草类犯罪

90. 走私、非法买卖麻黄碱类复方制剂等行为的定性

【实务观点】

麻黄碱类物质是制造甲基苯丙胺等苯丙胺类合成毒品的主要原料，属于《易制毒化学品管理条例》品种目录列管的第一类易制毒化学品。由于麻黄碱类物质具有减轻鼻黏膜充血、扩张支气管的作用，也被广泛、合法地应用于制药领域。麻黄碱类复方制剂是含有麻黄碱类物质和其他药物成分的复方制剂药品，是用于治疗感冒和咳嗽的常用药品，如新康泰克胶囊、麻黄碱苯海拉明片、消咳宁等。通过加工、提炼甚至手工分离的方法，就可以从麻黄碱类复方制剂中提取麻黄碱类物质。司法实践中，不能把麻黄碱类复方制剂直接视为制毒物品。对于走私、非法买卖麻黄碱类复方制剂作为制毒原料的行为，才按非法生产制毒物品罪论处。非法买卖麻黄碱类复方制剂，但没有走私、非法生产、买卖制毒物品的目的，可能构成非法经营罪。

按照海关法的规定，只有逃避海关监管，偷逃应纳税款，运输、携带、寄递麻黄碱类复方制剂进境的行为才能够认定为走私行为；而对于逃避海关监管，运输、携带、寄递麻黄碱类复方制剂出境的行为，仅作为“违反海关监管规定的行为”处理，不认定为走私行为。这就意味着：(1)如果不能证明行为人主观上具有其他涉毒犯罪的目的，对于运输、携带、寄递麻黄碱类复方制剂进境的行为，只能按照普通走私行为处理，达到一定数额才可能构成走私普通货物罪；对于运输、携带、寄递麻黄碱类复方制剂出境的行为，只能作为“违反海关监管规定的”一般行政违法行为处理。(2)如果能够证明行为具有“在境内外加工、提炼制毒物品制造毒品”的目的，运输、携带、寄递麻黄碱类复方制剂进出境的，按照制造毒品罪定罪处罚。(3)以加工、提炼制毒物品进行非法买卖为目的，运输、携带、寄递麻黄碱类复方制剂进出境的，在《刑法修正案(九)》实施之前的行为按照非法买卖制毒物品罪定罪处罚，在《刑法修正案(九)》实施之后的行为，则应按非法生产制毒物品罪处罚。(4)以加工、提炼制毒物品走私出境为目的，运输、携带、寄递麻黄碱类复方制剂进境的，在《刑法修正案(九)》实施之前的行为按照走私制毒物品罪定罪处罚，在《刑法修正案(九)》实施之后的行为，则应按非法生产、走私制毒物品罪处罚。

【法律及司法文件】

最高人民法院、最高人民检察院、公安部《关于办理走私、非法买卖麻黄碱类复方制剂等刑事案件适用法律若干问题的意见》(法发〔2012〕12号2012年6月18日施行,以下简称《麻黄碱类复方制剂犯罪意见》)

一、走私、非法买卖麻黄碱类复方制剂等行为的定性

以加工、提炼制毒物品制造毒品为目的,购买麻黄碱类复方制剂,或者运输、携带、寄递麻黄碱类复方制剂进出境的,依照刑法第三百四十七条的规定,以制造毒品罪定罪处罚。

以加工、提炼制毒物品为目的,购买麻黄碱类复方制剂,或者运输、携带、寄递麻黄碱类复方制剂进出境的,依照刑法第三百五十条第一款、第三款的规定,分别以非法买卖制毒物品罪、走私制毒物品罪定罪处罚。①

将麻黄碱类复方制剂拆除包装、改变形态后进行走私或者非法买卖,或者明知是已拆除包装、改变形态的麻黄碱类复方制剂而进行走私或者非法买卖的,依照刑法第三百五十条第一款、第三款的规定,分别以走私制毒物品罪、非法买卖制毒物品罪定罪处罚。

非法买卖麻黄碱类复方制剂或者运输、携带、寄递麻黄碱类复方制剂进出境,没有证据证明系用于制造毒品或者走私、非法买卖制毒物品,或者未达到走私制毒物品罪、非法买卖制毒物品罪的定罪数量标准,构成非法经营罪、走私普通货物、物品罪等其他犯罪的,依法定罪处罚。

实施第一款、第二款规定的行为,同时构成其他犯罪的,依照处罚较重的规定定罪处罚。

……

八、关于麻黄碱类复方制剂的范围

本意见所称麻黄碱类复方制剂是指含有《易制毒化学品管理条例》(国务院令第445号)品种目录所列的麻黄碱(麻黄素)、伪麻黄碱(伪麻黄素)、消旋麻黄碱(消旋麻黄素)、去甲麻黄碱(去甲麻黄素)、甲基麻黄碱(甲基麻黄素)及其盐类,或者麻黄浸膏、麻黄浸膏粉等麻黄碱类物质的药品复方制剂。

【权威解读】

(1)按照制造毒品罪定罪处罚的情形。根据《麻黄碱类复方制剂犯罪意见》第1条第1款的规定,行为人以其本人利用麻黄碱类复方制剂加工、提炼制毒物品制造毒品为目的,购买麻黄碱类复方制剂,或者为了在境内外加工、提炼制毒物品制造毒品,而运输、携带、寄递麻黄碱类复方制剂进出境的,均属于为制造毒品创造条件、准备制毒原料的行为,应当按照制造毒品罪定罪处罚。但是,如果不能证明行为人有制造毒品目的的,不能认定为制造毒品罪。本款中的客观行为表述为“购买麻黄碱类复方制剂,或者运输、携带、寄递麻黄碱类复方制剂进出境”,主要基于以下两点考虑:第一,麻黄碱类复方制剂属于常用药品,且销售终端主要为零售药店,实践中存在以制造毒品或者走私、非法买卖制毒物品为目的,采用合法手段购买麻黄碱类复方制剂的情形,但对此也应当追究刑事责任。如在“购买”前使用“非法”二字,则会导致无法有效打击以合法形式掩盖非法目的的此类行为。第二,目前我国对麻黄碱类复方制剂的

① 2012年《麻黄碱类复方制剂犯罪意见》的基础是1997年《刑法》第350条规定的走私、非法买卖制毒物品罪。2015年《刑法修正案(九)》对第350条作出修改,增加规定了非法生产制毒物品罪。因此对于《刑法修正案(九)》之后实施的以加工、提炼制毒物品为目的购买麻黄碱类复方制剂的行为,应认定为非法生产制毒物品罪的犯罪预备行为。

进出口管制相对宽松,麻黄碱类复方制剂不属于国家禁止或者限制进出口的药品,出口此类药品也不需要缴纳关税,只有进口环节需要缴纳进口关税和进口环节海关代征的增值税。在这种情况下,按照《海关法》的规定,只有逃避海关监管,偷逃应纳税款,运输、携带、寄递麻黄碱类复方制剂进境的行为才能够认定为走私行为。而对于逃避海关监管,运输、携带、寄递麻黄碱类复方制剂出境的行为,仅作为"违反海关监管规定的行为"处理,不认定为走私行为。因此,如将"运输、携带、寄递麻黄碱类复方制剂进出境"变换表述为"走私麻黄碱类复方制剂",会将一大批虽然非法但不构成走私或者形式合法的运输、携带、寄递麻黄碱类复方制剂出境行为排除在外,不利于有效惩治此类犯罪。相关单位将出台有关文件,对向墨西哥、新西兰、缅甸等特定国家出口麻黄碱类复方制剂实行许可证管理。今后,违反规定运输、携带、寄递麻黄碱类复方制剂至所列特定国家的,也将被认定为走私行为。

(2)按照非法买卖制毒物品罪、走私制毒物品罪定罪处罚的情形。对《麻黄碱类复方制剂犯罪意见》第1条第2款的理解和适用,应当结合第1款的规定,避免将麻黄碱类复方制剂等同于制毒物品本身。从实践情况看,行为人利用麻黄碱类复方制剂加工、提炼制毒物品的目的通常有三个:一是制造毒品;二是非法买卖制毒物品;三是走私制毒物品。对于没有证据证明行为人有该意见第1条第1款规定的制造毒品目的的,如果能够证明行为人有利用麻黄碱类复方制剂加工、提炼制毒物品的主观目的,表明行为人购买麻黄碱类复方制剂或者运输、携带、寄递麻黄碱类复方制剂进出境并非出于药用目的,而是出于实施制毒物品犯罪的目的。结合其具体目的和行为,可以分别按照以下几种情形处理:①以加工、提炼制毒物品进行非法买卖为目的,购买麻黄碱类复方制剂的,按照非法买卖制毒物品罪定罪处罚。②以加工、提炼制毒物品进行走私为目的,购买麻黄碱类复方制剂的,按照走私制毒物品罪定罪处罚。③以加工、提炼制毒物品进行非法买卖为目的,运输、携带、寄递麻黄碱类复方制剂进出境的,按照非法买卖制毒物品罪定罪处罚。对于这种情形,如果单纯根据行为认定为走私制毒物品罪,实际是将麻黄碱类复方制剂等同于制毒物品本身,是不妥当的。根据行为人的具体目的,按照其行为与制毒物品犯罪的关系定罪则更为准确。④以加工、提炼制毒物品走私出境为目的,运输、携带、寄递麻黄碱类复方制剂进境的,按照走私制毒物品罪定罪处罚。⑤对于无法进一步认定行为人加工、提炼制毒物品后的具体目的的,结合实践并从有利于行为人的角度,可以按照非法买卖制毒物品罪定罪处罚。

(3)麻黄碱类复方制剂本身属于常用药品,有其功能主治、用法用量及包装、规格、性状、成分等,拆除包装、改变形态的麻黄碱类复方制剂已丧失了药品的属性和用途。实施《麻黄碱类复方制剂犯罪意见》第1条第3款规定行为的,可以排除走私、倒卖药品等药用目的,实质上是将拆除包装、改变形态的麻黄碱类复方制剂作为掺杂了其他成分的麻黄碱类制毒物品进行走私、非法买卖,故应当直接按照走私制毒物品罪、非法买卖制毒物品罪定罪处罚。实践中包括两种情形:一是行为人既实施了将麻黄碱类复方制剂拆除包装、改变形态的行为,又实施了走私或者非法买卖行为;二是行为人明知是他人已拆除包装、改变形态的麻黄碱类复方制剂,而予以走私或者非法买卖。"拆除包装"一般是指拆除麻黄碱类复方制剂的最小外包装,如将瓶装药片倒出,将胶囊从铝箔中拆解等。"改变形态"是指将药片压碎成粉末,将胶囊中的药粉、药物颗粒倒出等。

(4)按照其他犯罪定罪处罚的情形。《麻黄碱类复方制剂犯罪意见》第1条第4款规定属于兜底性规定。麻黄碱类复方制剂既可提炼出制毒物品用于实施制造毒品或者制毒物品犯罪，又是常用药品，其生产、经营、进出口活动应当遵循药品管理法、海关法等相关法律法规的规定。①对于逃避海关监管，偷逃应缴税款，运输、携带、寄递麻黄碱类复方制剂进境偷逃税额较大的，或者一年内曾因走私麻黄碱类复方制剂进境被给予二次行政处罚后又走私进境的，根据《刑法》第153条的规定，可以按照走私普通货物、物品罪定罪处罚。②对于违反药品管理法律法规，未取得药品经营许可证，非法买卖麻黄碱类复方制剂，扰乱市场秩序，情节严重的，根据《刑法》第225条的规定，可以按照非法经营罪定罪处罚；由于出口麻黄碱类复方制剂不需要缴纳关税，运输、携带、寄递麻黄碱类复方制剂出境的行为不具备认定为走私普通货物、物品罪的条件。但上述行为通常与非法买卖麻黄碱类复方制剂行为密切相关，结合实践一般可以认定为非法经营罪。该款具体分为两种情形：第一种是欠缺认定为制造毒品或者制毒物品犯罪的主观要件的情形。第二种是未达到认定为制毒物品犯罪的定罪数量标准的情形，一是符合非法经营罪或者走私普通货物、物品罪的特殊入罪情节规定的，根据最高人民检察院、公安部《关于公安机关管辖的刑事案件立案追诉标准的规定(二)》第71条和《刑法》第153条第1款第1项的规定，两年内因同种非法经营行为受过两次以上行政处罚后又进行同种非法经营的，或者一年内因走私被给予两次行政处罚后又走私的，无论是否达到相应经营数额、违法所得或者偷逃税额标准，都可以按照非法经营罪或者走私普通货物、物品罪处罚；二是达到非法经营罪或者走私普通货物、物品罪的定罪数额标准的。非法经营罪主要以非法经营或者违法所得数额，走私普通货物、物品罪主要以偷逃税额为入罪标准，均与涉案物品价格挂钩。对于部分麻黄碱类物质含量相对较低、但价格相对较高的麻黄碱类复方制剂，虽达不到制毒物品犯罪的定罪标准，却能够满足按照非法经营罪或者走私普通货物、物品罪处罚的条件。

(5)非法买卖麻黄碱类复方制剂或者运输、携带、寄递麻黄碱类复方制剂进出境的行为构成想象竞合犯时，按照处罚较重的规定定罪处罚。《麻黄碱类复方制剂犯罪意见》第1条第1款规定的情形与非法经营罪、走私普通货物、物品罪等其他犯罪竞合的，由于刑法对制造毒品罪的法定刑设置较高，按照制造毒品罪处罚通常较重；《麻黄碱类复方制剂犯罪意见》第1条第2款规定的情形与非法经营罪、走私普通货物、物品罪等其他犯罪竞合的，根据麻黄碱类复方制剂的价格及其中麻黄碱类物质含量的不同，会出现不同的适用关系。一般情况下，麻黄碱类复方制剂的价格越低，其中麻黄碱类物质的含量越高，按照非法买卖制毒物品罪、走私制毒物品罪处罚就越重；反之，按照非法经营罪或者走私普通货物、物品罪处罚就越重。例如，麻黄碱苯海拉明片(每瓶2元、含盐酸麻黄碱2.5克)属于价格低、含量高的品种，25,000瓶中含盐酸麻黄碱62.5千克，按照非法买卖制毒物品罪可在三年以上十年以下有期徒刑幅度内处罚；但其经营数额刚刚达到非法经营罪的立案追诉标准5万元，按照非法经营罪只能在五年以下有期徒刑或者拘役幅度内在起刑点附近量刑。

(6)在《麻黄碱类复方制剂犯罪意见》第1条第1、2款规定的情形中，行为人以其本人制造毒品或者走私、非法买卖制毒物品为目的，购买麻黄碱类复方制剂，或者运输、携带、寄递麻黄碱类复方制剂进出境的，均属于为实施制造毒品或者制毒物品犯罪创造条件的预备行为，应当分别按照相应犯罪的预备行为论处。在该意见第1条第3款规定的情形中，行为人仅实施了将麻黄碱类复方制剂拆除包装、改变形态的行为，尚未着手实施走私、非法买卖行为的，应当认定为犯罪预备；行为人已经着手实施走私、非法买卖行为，但符合犯罪未遂情形的，应当依法认定。①

【类案参考】

案例 5－1

席某龙等贩卖、制造毒品案②——购买麻黄碱类复方制剂提炼制毒物品后制造毒品的以制造毒品罪定罪

［**基本案情**］ 2011 年 7、8 月，被告人席某龙通过网络聊天、打电话等方式，向被告人王某学习利用"新康泰克胶囊"提炼伪麻黄碱制造甲基苯丙胺的方法。同年 9 月，席某龙与被告人梁某冰共谋制造甲基苯丙胺贩卖牟利，由梁某冰出资购买制毒所需的"新康泰克胶囊"并联系毒品销路，席某龙出资购买其他制毒原料、设备并负责具体制造。后席某龙在内蒙古自治区呼和浩特市、赤峰市的租房内利用"新康泰克胶囊"提炼伪麻黄碱后制成甲基苯丙胺 47 克。经梁某冰联系，席某龙将其中的 15 克甲基苯丙胺贩卖给他人。

［**裁判结果**］ 内蒙古自治区赤峰市红山区人民法院审理认为，被告人席某龙、梁某冰制造毒品后进行贩卖，其行为均已构成贩卖、制造毒品罪。被告人王某向他人传授制造毒品的方法，其行为已构成传授犯罪方法罪。席某龙、梁某冰共同制造甲基苯丙胺 47 克，并将其中的 15 克甲基苯丙胺贩卖给他人，贩卖、制造毒品数量较大，均应依法惩处。席某龙归案后如实供述罪行，并协助抓捕王某，有立功表现，依法对其从轻处罚。梁某冰、王某归案后如实供述罪行，均依法从轻处罚。据此，依法对被告人席某龙、梁某冰均判处有期徒刑十三年，对被告人王某判处有期徒刑三年。

［**判理分析**］ 本案被告人先购买麻黄碱类复方制剂"新康泰克胶囊"，又用其提炼出麻黄碱，再利用提炼出来的麻黄碱制造冰毒。如果行为发生在《刑法修正案（九）》实施后，被告人只有加工、提炼麻黄碱后买卖或者走私目的，则构成非法生产、买卖制毒物品罪或者非法生产、走私制毒物品罪；被告人还有利用加工、提炼的制毒物品制造毒品目的，在购买麻黄碱复方制剂的阶段被查获的，属于制造毒品罪的预备犯，如果是在开始制造麻黄碱之后被查获的，应构成制造毒品罪的未遂，因为当其开始制造麻黄碱时，制造毒品的行为已经着手实施。

案例 5－2

解某英等非法买卖制毒物品、张某明等非法经营案③——非法买卖麻黄碱复方制剂的但没有证据证明系用于非法买卖制毒物品的构成非法经营罪

［**基本案情**］ （1）2006 年年底至 2007 年，被告人解某、梁某先后两次从没有经营资质的被告人张某明处购买新康泰克 75 箱，药品拆封后将胶囊内的康泰克粉末装入塑料袋向外出售。75 箱新康泰克胶囊中含盐酸伪麻黄碱 13，500 克。解某、梁某从中非法获利 150 余万元。2009 年 9 月至 2010 年 1 月，解某英、梁某先后从张某明处购买新康泰克共计 620 余箱，部分

① 参见最高人民法院、最高人民检察院、公安部《〈关于办理走私、非法买卖麻黄碱类复方制剂等刑事案件适用法律若干问题的意见〉的理解与适用》，载最高人民法院网 2012 年 6 月 26 日，http://www.court.gov.cn/fz/2012/06－26/3986991.shtml。

② 参见《最高人民法院公布六起毒品犯罪典型案例》，载《人民法院报》2012 年 6 月 27 日，第 3 版。

③ 参见中华人民共和国最高人民法院刑事审判第一、二、三、四、五庭主办：《刑事审判参考》（2012 年第 4 集，总第 87 集），法律出版社 2013 年版，第 94～101 页。

拆封成康泰克粉末出售给李某(在逃),其余的426箱外加50盒新康泰克被查获。被查获的新康泰克胶囊中含有盐酸伪麻黄碱76,680克,贩卖给李某的新康泰克粉末中含有盐酸伪麻黄碱36,000克。综上,被告人张某明先后向被告人解某英、梁某、解某非法销售新康泰克共计700余箱,非法经营数额共计137万余元,非法获利21万余元。解某英、梁某从中非法获利300余万元。(2)2009年2月至10月,被告人田某雨冒用医药公司销售代表的名义从北京市两家医药公司分别购买新康泰克206箱、331箱,将其中的300箱新康泰克销售给张某明。田某雨非法经营数额共计105万余元,从中非法获利5000余元。(3)2009年8月至2010年1月,被告人王某谦以哈尔滨某医药公司的名义从某医药集团业务员杨某明处购买新康泰克350箱,通过杨某明从黑龙江省某医药有限责任公司购进新康泰克500箱,将其中327箱新康泰克从黑龙江省、河北省送至北京市销售给张某明,其异地非法经营数额共计63万余元,从中非法获利2000余元。

[**裁判结果**]　北京市昌平区人民法院认为,被告人解某英、梁某、解某违反国家规定非法买卖制造毒品的原料,其行为均构成非法买卖制毒物品罪,且解某英、梁某非法买卖制造毒品原料数量大。被告人张某明、田某雨、王某谦违反国家规定非法经营药品,扰乱市场秩序,情节严重,其行为均构成非法经营罪。鉴于六被告人能够坦白犯罪事实,均可以酌情从轻处罚。判决:(1)被告人梁某犯非法买卖制毒物品罪,判处有期徒刑四年,并处罚金200万元。(2)被告人解某英犯非法买卖制毒物品罪,判处有期徒刑三年六个月,并处罚金150万元。(3)被告人解某犯非法买卖制毒物品罪,判处有期徒刑二年,并处罚金100万元。(4)被告人张某明犯非法经营罪,判处有期徒刑一年十个月,并处罚金30万元。(5)被告人田某雨犯非法经营罪,判处有期徒刑一年九个月,并处罚金1万元。(6)被告人王某谦犯非法经营罪,判处有期徒刑一年八个月,并处罚金5000元。

[**判理分析**]

(1)将麻黄碱类复方制剂拆解成粉末进行买卖的,应当认定为非法买卖制毒物品罪。国务院2005年发布的《易制毒化学品管理条例》(已被修改)所附《易制毒化学品的分类和品种目录》共列举了23种制毒物品,其中麻黄碱(亦称麻黄素)、伪麻黄碱、消旋麻黄碱、去甲麻黄碱、甲基麻黄碱、麻黄浸膏、麻黄浸膏粉等(包括盐类、原料药及其单方制剂)均系列管的制毒物品。麻黄碱类复方制剂是含有麻黄碱类物质和其他药物成分的药品复方制剂,是用于治疗感冒和咳嗽的常用药品,对于非法买卖麻黄碱类复方制剂的,不能直接将其作为非法买卖易制毒化学品的行为来处理。但通过物理提炼甚至手工分离的方法,将麻黄碱类物质从复方制剂中剥离出来,改变了麻黄碱类复方制剂的药品属性,可以作为制毒物品处理。根据《麻黄碱类复方制剂犯罪意见》第1条第3款的规定,将麻黄碱类复方制剂拆除包装、改变形态后进行走私或者非法买卖,或者明知是已拆除包装、改变形态的麻黄碱类复方制剂而进行走私或者非法买卖的,依照《刑法》第350条第1款、第3款的规定,分别以走私制毒物品罪、非法买卖制毒物品罪定罪处罚。本案中解某英、梁某、解某明知新康泰克胶囊中所含盐酸伪麻黄碱系国家列管的易制毒化学品,为获取非法利益,雇人将所购新康泰克药品拆封,并将胶囊内的粉末装入塑料袋后向外非法出售,其行为改变了新康泰克胶囊的药品属性,即所贩卖的不再是药品,而是制剂内的麻黄碱类物质。从所获高额利润分析,解某英、梁某、解某已明知其未将新康泰克作为日常用药来出售,而是作为制毒物品出售。

(2)非法买卖麻黄碱类复方制剂,没有证据证明系用于非法买卖制毒物品的,不应认定为非法买卖制毒物品罪。《麻黄碱类复方制剂犯罪意见》第1条第4款规定,非法买卖麻黄碱类复方制剂,没有证据证明系用于非法买卖制毒物品,构成非法经营罪等其他犯罪的,依法定罪处罚。本案被告人田某雨、王某谦通过熟人介绍,从国内一些大型医药公司大批购入新康泰克卖给被告人张某明,张某明再倒手卖给梁某等人。此三人均属于在没有药品经营许可证的情况下经营药品,且经营数额在5万元以上,故其行为均构成非法经营罪。主要理由如下:第一,麻黄碱类复方制剂本身不属于列管的易制毒物品,对买卖麻黄碱类复方制剂的,不能直接依据《刑法》第350条定罪处罚。田某雨、王某谦系医药公司的业务员,二人违规购买新康泰克后,将部分卖给张某明,张某明又转而卖给解某英等三人,田某雨、王某谦、张某明三人未改变新康泰克的药品属性,贩卖目的在于通过差价获取利润,故不能将其行为认定为非法买卖制毒物品罪,否则就等于将新康泰克等同于制毒物品,不符合法律规定。同时,没有具体证据证明张某明明知解某英等人将所购新康泰克胶囊拆解后作为制毒物品出售。尽管客观上张某明的行为为解某英等人贩卖制毒物品提供了帮助,但因缺乏共同犯罪的故意。故不能对张某明、田某雨、王某谦以非法买卖制毒物品罪的共犯论处。第二,田某雨、王某谦、张某明的行为符合非法经营罪的犯罪构成。国家对新康泰克实行经营管制,消费者每人每次最多购买5个最小包装。除个人合法购买外,禁止使用现金进行含麻黄碱类复方制剂交易;药品生产、经营企业不得在药品监督管理部门核准的地址以外的场所储存或者现货销售药品;药品生产、经营企业或者委派的药品销售人员,在没有签订药品销售合同的情况下,带药品现货以流动的方式在其他地区向药品经营、使用单位或者病患者、消费者销售药品的,视为异地经营,按无证经营处理。本案中,张某明、田某雨的行为属于无证经营;王某谦虽有证据表明其有经营许可证及委托函,但其携带药品现货在药品监督管理部门核准地址以外的场所向个人出售,视为异地经营,按无证经营处理。其中,张某明非法经营数额为137万余元,田某雨非法经营数额为105万余元,王某谦的异地非法经营数额为63万余元,均属于扰乱市场秩序情节严重,应当以非法经营罪论处。

(3)对于非法买卖麻黄碱类复方制剂构成非法买卖制毒物品罪的,应当以涉案麻黄碱类复方制剂中麻黄碱类物质的含量作为涉案制毒物品的数量。麻黄碱类复方制剂是由麻黄碱类物质和其他成分混合而成的药品制剂,其中的麻黄碱类物质才是制毒物品,直接按照涉案麻黄碱类复方制剂数量定罪量刑缺乏科学性,也会导致处罚过于严厉,有违罪刑相适应原则。《麻黄碱类复方制剂犯罪意见》第6条第1款规定:"实施本意见规定的行为,以走私制毒物品罪、非法买卖制毒物品罪定罪处罚的,应当以涉案麻黄碱类复方制剂中麻黄碱类物质的含量作为涉案制毒物品的数量。"对于正规厂家出产的成品药剂,可以按照其药品批准证明文件中列明的成分、含量进行计算;对于已拆除包装、改变形态的麻黄碱类复方制剂,则需要进行含量鉴定。

91. 利用麻黄碱类复方制剂加工、提炼制毒物品的行为如何定性

【实务观点】

2015年《刑法修正案(九)》对第350条作出修改,增加规定了非法生产制毒物品罪和非

法运输制毒物品罪，并规定“明知他人制造毒品而为其生产、买卖、运输前款规定的物品的，以制造毒品罪的共犯论处”。对于《刑法修正案（九）》实施之后利用麻黄碱类复方制剂加工、提炼制毒物品的行为，如果具有走私或者非法买卖目的，应以非法生产、走私制毒物品罪或非法买卖制毒物品罪定罪处罚。对于《刑法修正案（九）》实施之前的生产行为，是为非法买卖制造条件，应当以非法买卖制毒物品罪的犯罪预备处理。对于在《刑法修正案（九）》实施前后均有利用麻黄碱复方制剂加工提炼制毒物品用于走私或者贩卖的行为，依照最高人民检察院《关于对跨越修订刑法施行日期的继续犯罪、连续犯罪以及其他同种数罪应如何具体适用刑法问题的批复》的精神，应当适用修订后刑法，以非法生产、走私制毒物品罪或非法买卖制毒物品罪定罪处罚；对其在刑法修订前实施的行为，酌情从轻处罚。

【法律及司法文件】

《麻黄碱类复方制剂犯罪意见》

二、关于利用麻黄碱类复方制剂加工、提炼制毒物品行为的定性

以制造毒品为目的，利用麻黄碱类复方制剂加工、提炼制毒物品的，依照《刑法》第三百四十七条的规定，以制造毒品罪定罪处罚。

以走私或者非法买卖为目的，利用麻黄碱类复方制剂加工、提炼制毒物品的，依照《刑法》第三百五十条第一款、第三款的规定，分别以走私制毒物品罪、非法买卖制毒物品罪定罪处罚。

……

四、关于犯罪预备、未遂的认定

实施本意见规定的行为，符合犯罪预备或者未遂情形的，依照法律规定处罚。

最高人民检察院《关于对跨越修订刑法施行日期的继续犯罪、连续犯罪以及其他同种数罪应如何具体适用刑法问题的批复》（高检发释字〔1998〕6号，1998年12月2日施行）

……

对于开始于1997年9月30日以前，继续或者连续到1997年10月1日以后的行为，以及在1997年10月1日前后分别实施的同种类数罪，如果原刑法和修订刑法都认为是犯罪并且应当追诉，按照下列原则决定如何适用法律：

一、对于开始于1997年9月30日以前，继续到1997年10月1日以后终了的继续犯罪，应当适用修订刑法一并进行追诉。

二、对于开始于1997年9月30日以前，连续到1997年10月1日以后的连续犯罪，或者在1997年10月1日前后分别实施同种类数罪，其中罪名、构成要件、情节以及法定刑均没有变化的，应当适用修订刑法，一并进行追诉；罪名、构成要件、情节以及法定刑已经变化的，也应当适用修订刑法，一并进行追诉，但是修订刑法比原刑法所规定的构成要件和情节较为严格，或者法定刑较重的，在提起公诉时应当提出酌情从轻处理意见。

【权威解读】

利用麻黄碱类复方制剂加工、提炼制毒物品，是关联上下游犯罪的关键环节，实际上是一种非法制造制毒物品的行为，属于为制造毒品或者走私、非法买卖制毒物品而创造条件、生产制毒物品的行为。因此，2012年《麻黄碱类复方制剂犯罪意见》规定，根据行为人实施此类行

为的具体目的,分别按照制造毒品罪、走私制毒物品罪或者非法买卖制毒物品罪定罪处罚。需要特别说明的是,麻黄碱类物质的性质特殊,仅限于以下三种特定用途:一是制药;二是合成苯丙胺类毒品;三是作为化工生产中的一种拆分剂(此类用途少之又少)。利用麻黄碱类复方制剂加工、提炼麻黄碱类物质后,再用于制药或者工业生产不但有悖常理,而且成本过高,实践中无一个案,故利用麻黄碱类复方制剂加工、提炼麻黄碱类物质的,可以推定系出于实施毒品犯罪的非法目的。对于其中有证据证明以制造毒品或者走私、非法买卖制毒物品为目的的,分别按照制造毒品罪、走私制毒物品罪或者非法买卖制毒物品罪定罪处罚。对于没有证据证明具体目的的,结合实践并从有利于行为人的角度,可以推定其存在非法买卖制毒物品的故意,按照非法买卖制毒物品罪定罪处罚。单纯利用麻黄碱类复方制剂加工、提炼制毒物品的行为,属于制造毒品的一个先行步骤,并不是制造毒品犯罪中的一个环节,而行为人此时也尚未着手实施走私、非法买卖制毒物品犯罪,故此种情况下应当按照相应犯罪的预备行为论处。此外,对于行为人已经着手实施制造毒品或者走私、非法买卖制毒物品犯罪的,按照实行行为吸收预备行为的原则,可结合具体情形认定为犯罪未遂或者既遂。[①]

【类案参考】

案例 5-3

吴某权、王某清、向某龙、熊某才非法生产、买卖制毒物品案[②]——《刑法修正案(九)》实施前明知他人非法买卖麻黄碱类制毒物品而为其加工、提炼制毒物品的行为构成非法买卖制毒物品罪

[**基本案情**] 被告人吴某权多次雇佣被告人熊某才等人在其位于仁寿县的家中,用复方盐酸麻黄碱茶碱片提取麻黄素,再由吴某权将提取的麻黄素拿到成都市出售获款。其中:(1)2012年6月至11月,雇请被告人熊某才、王某清用40件复方盐酸麻黄碱茶碱片提取麻黄素后出售获款5万元,分给王某清和熊某才各1万元;雇请王某清用40件复方盐酸麻黄碱茶碱片提取麻黄素后出售获款5万元,分给王某清1万元;雇请王某清、向某龙、熊某才用100件复方盐酸麻黄碱茶碱片提取麻黄素75公斤,出售获款24万元,分给王某清、向某龙、熊某才各2万元;雇请王某清、向某龙用20件复方盐酸麻黄碱茶碱片提取麻黄素14公斤,出售获款3万元,分给王某清、向某龙各5000元。(2)2017年6月,被告人吴某权雇请王某清、向某龙用48件小包装复方盐酸麻黄碱茶碱片提取麻黄素14公斤,出售获款8.4万元,分给王某清2000元、分给向某龙4000元。在此次提取麻黄素的过程中产生1公斤麻黄素溶液因未结晶被吴某权存放于家中,后被公安机关查获。(3)2017年7月,被告人吴某权准备在其位于仁寿县的家中生产化学合成麻黄素,将制造麻黄素的化学原料存放于家中,于2017年8月30日被公安机关查获该批原料及生产工具。

[**裁判结果**] 一审法院认为,被告人吴某权雇请被告人王某清、向某龙、熊某才违反国家管理规定,非法生产国家管制的制毒物品麻黄素并出售牟利,情节特别严重,其行为均已构成

① 参见最高人民法院、最高人民检察院、公安部《〈关于办理走私、非法买卖麻黄碱类复方制剂等刑事案件适用法律若干问题的意见〉的理解与适用》,载最高人民法院网2012年6月26日,http://www.court.gov.cn/fz/2012/06-26/3986991.shtml。

② 参见四川省眉山市中级人民法院刑事判决书,(2019)川14刑终21号。

非法生产、买卖制毒物品罪。被告人吴某权于2017年7月前后实施的非法生产、买卖制毒物品犯罪已着手实施,由于吴某权意志以外的原因而未得逞,属犯罪未遂,对该起犯罪行为可比照既遂从轻处罚。在共同非法生产、买卖制毒物品犯罪中,被告人吴某权系主犯;被告人王某清、向某龙、熊某才系从犯,应减轻处罚。被告人熊某才系自首,可从轻处罚。被告人吴某权、王某清、向某龙到案后如实供述其罪行,可从轻处罚。判决:(1)被告人吴某权犯非法生产、买卖制毒物品罪,判处有期徒刑八年,并处罚金10万元;(2)被告人王某清犯非法生产、买卖制毒物品罪,判处有期徒刑四年,并处罚金3万元;(3)被告人向某龙犯非法生产、买卖制毒物品罪,判处有期徒刑三年六个月,并处罚金2.5万元;(4)被告人熊某才犯非法生产、买卖制毒物品罪,判处有期徒刑三年,并处罚金2万元;等等。二审法院认为,王某清、向某龙为吴某权非法生产、买卖制毒物品提供帮助的行为构成非法生产、买卖制毒物品罪。熊某才明知吴某权非法买卖麻黄碱类制毒物品,为其利用麻黄碱类复方制剂加工、提炼制毒物品的行为构成非法买卖制毒物品罪。考虑各上诉人的犯罪事实、性质、情节和社会危害程度,予以改判。判决撤销原判,改判:上诉人(原审被告人)吴某权犯非法生产、买卖制毒物品罪,判处有期徒刑七年八个月,并处罚金9万元;王某清犯非法生产、买卖制毒物品罪,判处有期徒刑三年六个月,并处罚金2.5万元;向某龙犯非法生产、买卖制毒物品罪,判处有期徒刑三年,并处罚金2万元;熊某才犯非法买卖制毒物品罪,判处有期徒刑二年四个月,并处罚金1.5万元。

[**判理分析**]　(1)2012年《麻黄碱类复方制剂犯罪意见》规定,以走私或者非法买卖为目的,利用麻黄碱类复方制剂加工、提炼制毒物品的,分别以走私制毒物品罪、非法买卖制毒物品罪定罪处罚;明知他人走私或者非法买卖麻黄碱类制毒物品,向其提供麻黄碱类复方制剂,为其利用麻黄碱类复方制剂加工、提炼制毒物品,或者为其获取、利用麻黄碱类复方制剂提供其他帮助的,分别以走私制毒物品罪、非法买卖制毒物品罪的共犯论处。具体到本案中,吴某权以非法买卖为目的,利用复方盐酸麻黄碱茶碱片作为原料,提取麻黄素予以销售牟利,王某清、向某龙、熊某才主观上明知吴某权非法买卖麻黄素,为其利用上述复方原料加工提炼麻黄素提供帮助并获利,故四上诉人对非法买卖的行为具有共同的犯意联络。(2)吴某权、王某清、向某龙的犯罪行为跨越《刑法修正案(九)》实施前后,对所有犯罪行为适用修正后的法条,均应当以非法生产、买卖制毒物品罪定罪处罚,因修正后的刑法比原刑法所规定的情节和法定刑较重,对修正刑法实施前的犯罪行为在量刑时酌情从轻考虑。(3)熊某才在《刑法修正案(九)》实施以前实施了本案的犯罪行为,依照从旧兼从轻原则,适用修正前的法条,犯罪数量大,以买卖制毒物品罪定罪处罚。

92. 关于麻黄碱类复方制剂犯罪共同犯罪的认定

【实务观点】

对于直接向他人提供麻黄碱类复方制剂的行为,或者帮助他人利用麻黄碱类复方制剂加工、提炼制毒物品的行为,或者为他人获取、利用麻黄碱类复方制剂提供其他帮助的行为,应当根据行为人对其帮助对象主观故意内容的明知情况来定罪,明知他人是为了制造毒品的,构成制造毒品罪的共犯;明知他人是为了非法生产、买卖制毒物品或走私制毒物品的,构成非法生产、买卖制毒物品罪或者走私制毒物品罪的共犯。如果现有证据不能认定或推定行为人有参与他人毒品犯罪或者制毒物品犯罪的目的，向他人提供的药品又不具备“足以严重危害人体健康”的情节，则不构成犯罪，属于药品类行政违法行为。

【法律及司法文件】

《麻黄碱类复方制剂犯罪意见》

三、关于共同犯罪的认定

明知他人利用麻黄碱类制毒物品制造毒品，向其提供麻黄碱类复方制剂，为其利用麻黄碱类复方制剂加工、提炼制毒物品，或者为其获取、利用麻黄碱类复方制剂提供其他帮助的，以制造毒品罪的共犯论处。

明知他人走私或者非法买卖麻黄碱类制毒物品，向其提供麻黄碱类复方制剂，为其利用麻黄碱类复方制剂加工、提炼制毒物品，或者为其获取、利用麻黄碱类复方制剂提供其他帮助的，分别以走私制毒物品罪、非法买卖制毒物品罪的共犯论处。

【权威解读】

行为人实施走私、非法买卖、加工提炼麻黄碱类复方制剂等行为，除用于其本人制造毒品或者走私、非法买卖制毒物品外，更多的是为他人实施制造毒品或者制毒物品犯罪提供帮助。《麻黄碱类复方制剂犯罪意见》第3条明确规定，构成制造毒品罪、走私制毒物品罪或者非法买卖制毒物品罪的共犯需要同时具备两个条件：一是主观要件，即行为人明知他人实施制造毒品或者走私、非法买卖制毒物品犯罪，具备与他人制造毒品或者走私、非法买卖制毒物品的共同犯罪故意。这里的“明知”是指“确切地知道”，“他人”是指“相对确定的某人”，不包括概括知晓不特定的某人可能利用麻黄碱类复方制剂加工、提炼制毒物品进行走私、非法买卖或者制造毒品的情形。二是客观要件，即实施了向他人提供麻黄碱类复方制剂，为他人利用麻黄碱类复方制剂加工、提炼制毒物品，或者为他人获取、利用麻黄碱类复方制剂提供其他帮助的行为。其中，“提供其他帮助”主要包括以下几种情形：(1)代他人购买麻黄碱类复方制剂；(2)为他人购买麻黄碱类复方制剂提供经营资质、居间介绍或者帮助支付货款、收发货；(3)帮助他人运输、携带、寄递麻黄碱类复方制剂进出境；(4)帮助他人将麻黄碱类复方制剂拆除包装、改变形态；(5)帮助他人运输、寄递、存储麻黄碱类复方制剂；等等。需要特别说明的是，根据宽严相济刑事政策的要求，对于提供运输、寄递、存储、拆改包装、付款、收发货等帮助人员的处理，应主要追究在具备上述明知的前提下，起组织、指挥作用或者积极参与者的刑事责任。对于较难认定明知，地位、作用相对次要，为赚取少量报酬受雇参与的，可以不按照共同犯罪处理。①

【类案参考】

案例5－4

陈某东等贩卖、制造毒品案②——明知他人利用麻黄碱类复方制剂制造毒品为其提供帮助的以制造毒品罪的共犯论处

［**基本案情**］　2010年9月至2011年2月，被告人陈某东在广东省广州市萝岗区的租住

---

①　参见最高人民法院、最高人民检察院、公安部《〈关于办理走私、非法买卖麻黄碱类复方制剂等刑事案件适用法律若干问题的意见〉的理解与适用》，载最高人民法院网2012年6月26日，http://www.court.gov.cn/fz/2012/06－26/3986991.shtml。

②　参见《最高人民法院公布六起毒品犯罪典型案例》，载《人民法院报》2012年6月27日，第3版。

房内制造甲基苯丙胺，并先后纠集被告人刘某林、周某红共同参与。陈某东出资并指使刘某林购买制毒所需的“新康泰克胶囊”及其他原料、设备，约定事成后共同分配利润，指使周某红为其拆除胶囊包装，向周某红支付报酬并承诺获利后为周某红在家乡盖房，其本人利用上述药品提炼伪麻黄碱制造甲基苯丙胺。2011 年 2 月 22 日，公安人员在上述租房内查获含甲基苯丙胺成分的药片 47.6 克、液体 5585 克，含伪麻黄碱成分的胶囊 1167 克、药片 2460 克、液体和固液混合物 3289 克及其他制毒原料、工具一批。2010 年 11 月至 2011 年 2 月，被告人陈某东先后 4 次将购买的共计 273 克甲基苯丙胺和 1100 粒“麻古”贩卖给他人。2011 年 2 月 22 日，公安人员从陈某东的轿车内查获其购买的含甲基苯丙胺成分的白色晶体 10.88 克和红色药片 1.05 克。

［**裁判结果**］　法院认为，被告人陈某东明知是毒品而贩卖，并伙同他人制造毒品，其行为已构成贩卖、制造毒品罪。被告人刘某林、周某红伙同他人制造毒品，其行为均已构成制造毒品罪。陈某东贩卖、制造毒品数量大，在制造毒品共同犯罪中起组织、指挥作用并主要进行制毒操作，系主犯，应按照其组织、指挥和参与的全部犯罪处罚。刘某林、周某红参与制造毒品数量大，明知他人制造毒品而为其提供帮助，在共同犯罪中起次要作用，系从犯，且归案后如实供述罪行，均依法减轻处罚。据此，依法对被告人陈某东判处无期徒刑，对被告人刘某林判处有期徒刑十年，对被告人周某红判处有期徒刑三年。

［**判理分析**］　本案被告人陈某东利用购买的麻黄碱复方配剂提炼麻黄碱进而制造甲基苯丙胺，虽然查获的既有甲基苯丙胺又有麻黄碱，但其提炼麻黄碱这一制毒物品是其制造毒品行为的一部分，因此总体上仍应认定为制造毒品罪，被告人刘某林和周某红虽然没有具体参与从麻黄碱复方配剂中提炼麻黄碱并制造毒品的过程，但是刘某林明知陈某东制造甲基苯丙胺而帮助其购买制毒所需的“新康泰克胶囊”及其他原料、设备，周某红明知陈某东制造甲基苯丙胺而帮助其拆除胶囊包装，其二人属于制造毒品的共犯。2008 年《大连会议纪要》规定“已经制造出粗制毒品或者半成品的，以制造毒品罪的既遂论处。开始着手制造毒品，但尚未制造出粗制毒品或者半成品的，以制造毒品罪的未遂论处”。本案中所制造的含甲基苯丙胺液体属于犯罪既遂，所制造出的麻黄碱属于制造毒品的犯罪未遂。

93. 关于涉麻黄碱类复方制剂的犯罪嫌疑人、被告人主观目的与明知的认定

【实务观点】

实践中认定犯罪嫌疑人、被告人的主观目的和明知，或者根据犯罪嫌疑人、被告人对其主观认识及目的的供述这一直接证据，或者根据证明犯罪嫌疑人、被告人的客观行为表现且相互印证的间接证据来推定。国家对制毒物品生产、买卖、运输、进出口等行为实施监管，在具体的非法生产、买卖、运输、进出口行为实施时，必然采用一定掩饰、隐匿行为，以逃避国家的监管，而黑市交易因其风险大，制毒物品交易价格及非法行为的报酬一般情况下也必然超过正常、合法的经营行为。因此，具体的生产经营行为有没有逃避国家监管、价格及报酬是否超出常规，是判断行为人主观上是否明知是制毒物品并有相关犯罪目的的重要参考。

【法律及司法文件】

《麻黄碱类复方制剂犯罪意见》

五、关于犯罪嫌疑人、被告人的主观目的与明知的认定

对于本意见规定的犯罪嫌疑人、被告人的主观目的与明知,应当根据物证、书证、证人证言以及犯罪嫌疑人、被告人供述和辩解等在案证据,结合犯罪嫌疑人、被告人的行为表现,重点考虑以下因素综合予以认定:

1. 购买、销售麻黄碱类复方制剂的价格是否明显高于市场交易价格;

2. 是否采用虚假信息、隐蔽手段运输、寄递、存储麻黄碱类复方制剂;

3. 是否采用伪报、伪装、藏匿或者绕行进出境等手段逃避海关、边防等检查;

4. 提供相关帮助行为获得的报酬是否合理;

5. 此前是否实施过同类违法犯罪行为;

6. 其他相关因素。

【权威解读】

适用《麻黄碱类复方制剂犯罪意见》第5条规定时,需要注意以下两点:第一,在认定犯罪嫌疑人、被告人的主观目的和明知时,物证、书证、证人证言及犯罪嫌疑人、被告人供述和辩解等证据往往能够起到最重要、最直接的证明作用,故应当作为认定的首要依据。第二,认定犯罪嫌疑人、被告人的主观目的和明知时,也要结合犯罪嫌疑人、被告人的客观行为表现综合判断,主要有以下几个较为典型的判断因素:(1)作为药品的麻黄碱类复方制剂有其正常的价格浮动区间,犯罪嫌疑人、被告人购买、销售麻黄碱类复方制剂的价格明显高于市场交易价格的,一般可排除经营药品目的,说明其对行为性质有一定认识;(2)犯罪嫌疑人、被告人采用虚假身份、地址等信息办理发货、提货手续,或者采用伪装、夹藏等手段运输、寄递、存储麻黄碱类复方制剂的,目的在于掩饰麻黄碱类复方制剂的性质及发货人、提货人的真实身份,说明其对行为性质有一定认识;(3)犯罪嫌疑人、被告人采用伪报、伪装、藏匿或者绕行进出境等手段逃避海关、边防等检查的,目的在于掩饰其所运输、携带物品的性质,说明其对行为性质有一定认识;(4)对于共同犯罪人,如果其实施相关帮助行为所获得的报酬明显超过正常劳务报酬的,说明其对行为性质有一定认识;(5)犯罪嫌疑人、被告人此前实施过同类违法犯罪行为的,对其行为性质一般应当存在明知。鉴于实践中还存在其他可供判断的因素,故设置了兜底项。①

【类案参考】

案例5-5

吴某、谢某冰非法买卖制毒物品案②——将麻黄碱类复方制剂拆除包装、改变形态后进行非法买卖的应认定为非法买卖制毒物品罪

[基本案情] 被告人吴某系常州市天宁区兰陵吴某药房的经营者。2012年6月底,被

① 参见最高人民法院、最高人民检察院、公安部《〈关于办理走私、非法买卖麻黄碱类复方制剂等刑事案件适用法律若干问题的意见〉的理解与适用》,载最高人民法院网2012年6月26日,http://www.court.gov.cn/fz/2012/06-26/3986991.shtml。

② 参见仇慧星、陈建军、徐白露:《吴洋、谢少冰非法大量买卖麻黄碱类复方制剂构成非法买卖制毒物品罪案》,载《江苏省高级人民法院公报》2014年第1期,法律出版社2014年版。

告人谢某冰到该药店提出由吴某大量供应含麻黄碱类复方制剂药品。2012 年 7 月至 8 月 17 日案发，被告人吴某明知违反国家药品管理的规定，仍从江苏某医药物流中心有限公司等药品批发单位购进“美扑伪麻片”等含麻药品 34,227 盒，除少量退货（182 盒）及正常销售外，多次违规向谢某冰出售。2012 年 7 月 10 日前后起，被告人谢某冰从吴某处购买含麻药品后直接在吴某药房内，自行或者在吴某的帮助下拆除药品外包装盒，再将上述药品进行称重后通过快递邮寄至广东省陆丰市。经统计，二被告人非法买卖的含麻药品中麻黄碱含量超过 9 千克。2012 年 8 月 17 日，常州市天宁区食品药品监督管理局到吴某药房检查，现场查获含麻药品空盒 2217 个、“氨酚伪麻分散片”（无外包装）390 盒、“美扑伪麻片”90 盒。

［**裁判结果**］　常州市天宁区人民法院经审理认为，被告人吴某、谢某冰违反国家药品管理规定，非法买卖国家管制的麻黄碱类复方制剂，其行为均已构成非法买卖制毒物品罪；二名被告人非法买卖麻黄碱类复方制剂所含麻黄碱类物质达 5 千克以上不满 50 千克，依法应处三年以下有期徒刑、拘役或者管制，并处罚金。2013 年 4 月 18 日作出判决：（1）被告人吴某犯非法买卖制毒物品罪，判处有期徒刑八个月，并处罚金五万元；（2）被告人谢某冰犯非法买卖制毒物品罪，判处有期徒刑八个月，并处罚金三万元；（3）继续追缴二被告人的违法所得；查获的含麻药品，予以没收并销毁。

［**判理分析**］　非法买卖麻黄碱制剂的被告人往往提出其对于涉案含麻药品是否用于加工、提炼制毒物品并不明知的辩解、辩护意见，2012 年《麻黄碱类复方制剂犯罪意见》规定，将麻黄碱类复方制剂拆除包装、改变形态后进行非法买卖，或者明知是已拆除包装、改变形态的麻黄碱类复方制剂而进行非法买卖的，应以非法买卖制毒物品罪定罪处罚。本案被告人将麻黄碱复方制剂拆除包装大量贩卖给他人，可以推定二名被告人主观上应当明知涉案的含麻药品被用于加工、提炼制毒物品。另外，根据相关规定，药品零售企业销售含麻黄碱类复方制剂时，一次零售不得超过 5 个最小包装，且应当建立客户档案核实并留存购销方资质、身份等。被告人吴某系药店经营者，其明知上述国家规定仍旧向被告人谢某冰违规大量销售含麻黄碱类复方制剂，在发现谢某冰购买药品后现场拆除药品外包装而对药品用途产生怀疑的情况下，不仅不予制止，也未按照规定报请药品监管部门、公安机关协助核实，甚至有时帮助谢某冰拆除药品外包装，构成非法买卖制毒物品罪。

94. 关于麻黄碱类复方制剂犯罪制毒物品数量的认定

【实务观点】

制毒物品的定罪量刑数量标准，主要是根据有效的制毒物品成分能够制成毒品的数量比例确定的。因此对于麻黄碱类复方制剂相关的制毒物品犯罪，应当以其中的麻黄碱类物质实际含量作为定罪量刑的依据。对于查获物品是正规厂家出产的成品药剂，可以按照其药品批准证明文件中列明的成分、含量进行计算；对于查获物品是已拆除包装、改变形态的麻黄碱类复方制剂，则需要进行含量鉴定。

【法律及司法文件】

《麻黄碱类复方制剂犯罪意见》

六、关于制毒物品数量的认定

实施本意见规定的行为，以走私制毒物品罪、非法买卖制毒物品罪定罪处罚的，应当以涉案麻黄碱类复方制剂中麻黄碱类物质的含量作为涉案制毒物品的数量。

实施本意见规定的行为，以制造毒品罪定罪处罚的，应当将涉案麻黄碱类复方制剂所含的麻黄碱类物质可以制成的毒品数量作为量刑情节考虑。

多次实施本意见规定的行为未经处理的，涉案制毒物品的数量累计计算。

【权威解读】

《刑法》第357条第2款规定，“毒品的数量以查证属实的走私、贩卖、运输、制造、非法持有毒品的数量计算，不以纯度折算”。但对于制毒物品的数量，刑法并未作出不以纯度折算的规定。制毒物品的定罪量刑数量标准，主要是根据有效的制毒物品成分制成毒品的数量比例确定的。麻黄碱类复方制剂是由麻黄碱类物质和其他成分混合而成的药品制剂，其中的麻黄碱类物质才是制毒物品，才能够制造毒品，直接按照涉案麻黄碱类复方制剂数量定罪量刑不但缺乏科学性，也会导致处罚过于严厉，有违罪刑相适应原则。因此，在对相关行为按照制毒物品犯罪处罚时，应当将涉案麻黄碱类复方制剂所含麻黄碱类物质的数量认定为制毒物品的数量。关于数量计算方法，对于正规厂家生产的成品药剂，可以按照其药品批准证明文件中列明的成分、含量进行计算；对于已拆除包装、改变形态的麻黄碱类复方制剂，则需要进行含量鉴定。根据《麻黄碱类复方制剂犯罪意见》规定认定为制造毒品罪的，量刑时也应当将涉案麻黄碱类复方制剂所含麻黄碱类物质的数量作为制毒物品的数量予以考虑。尤其是对于没有实际制成毒品的案件，可综合考虑相当数量的麻黄碱类制毒物品通常可以制成多少毒品，比照作为对被告人量刑的依据。①

【类案参考】

案例5-6

王某、刘某国、廖某制造毒品案②——使用复方麻黄碱片剂制造毒品未遂时犯罪数量的确定

［**基本案情**］ (1)2011年4月至5月的一天，钟某某（另案处理）在什邡市与被告人王某共谋请人用茶碱麻黄碱片制造麻黄素，王某表示同意。钟某某遂将20,000片白云山牌茶碱麻黄碱片交给王某。后王某要被告人廖某帮忙找会制造麻黄素的技师，廖某又找到被告人刘某国，刘某国最终找到何某某（另案处理）。之后的一天，被告人王某、廖某、刘某国与钟某某、何某某在什邡市金桥酒店一房间内，共谋用茶碱麻黄碱片提取麻黄素，再用麻黄素制造冰毒。后王某将放在其家中的20,000片白云山牌茶碱麻黄碱片交予何某某，何某某带回其成都市青白江区的住处制造冰毒。一星期后，被告人刘某国将何某某及部分制毒工具、原料等物品

① 参见最高人民法院、最高人民检察院、公安部《〈关于办理走私、非法买卖麻黄碱类复方制剂等刑事案件适用法律若干问题的意见〉的理解与适用》，载最高人民法院网，http://www.court.gov.cn/fz/2012/06-26/3986991.shtml。

② 参见四川省德阳市中级人民法院刑事裁定书，(2014)德刑二终字第12号。

一起带到其什邡市南泉镇的家中，并让何某某在其家中继续制造冰毒。2011 年 6 月，何某某在刘某国的家中制造冰毒期间，钟某某又提供了用于生活支出及购买制毒原料的费用，并再次提供 1000 余片白云山牌茶碱麻黄碱片用于制造冰毒。后被告人王某、廖某将何某某带到王某的家中，并将制毒工具、原料运至王某家中，让何某某在王某家中继续制造冰毒。2011 年 6 月 22 日，何某某因未生产出麻黄素和冰毒，给被告人廖某出具了一份赔偿 35,000 元损失的欠条。后王某将何某某提炼出的液体倒入两个塑料桶，并分开放置在家中大卫生间和小卫生间中，欲用互联网上学到的制毒方法，从小卫生间塑料桶中取出少量液体加入自己用于吸食的冰毒，继续制造冰毒，但仍未生产出冰毒，后其将混有冰毒的液体倒回小卫生间的塑料桶中。2012 年 8 月 19 日，民警从被告人王某家中查获两塑料桶不明液体，重量分别为 6000 克（未检测出麻黄素和甲基苯丙胺）和 7000 克（含有甲基苯丙胺）。2013 年 9 月 27 日，什邡市公安局禁毒大队出具了情况说明：21,000 片白云山牌茶碱麻黄碱片，每片含盐酸麻黄碱 0.024 克，可提炼出盐酸麻黄碱 504 克，盐酸麻黄碱的分子量为 201.7 克，甲基苯丙胺（冰毒）的分子量为 149.2 克。盐酸麻黄碱可能生产出冰毒 372.8 克。（2）2012 年 7 月至 8 月，被告人王某从其朋友家中拿回咖啡因、香料、麻黄碱油、红色混合粉末等原料和麻古 4 粒，在家中欲用混合、搅拌等方式制造毒品麻古，2012 年 8 月 19 日，什邡市公安局民警在王某家查获烧瓶、电热套、电炉、烧杯、真空泵等制毒工具，氢氧化钠、活性炭、草酸、盐酸等制毒原料，用于制造麻古的红色混合粉末 169.4 克和麻古 3 粒。经鉴定，查获的红色粉末 169.4 克和麻古 3 粒中均检出甲基苯丙胺。

［**裁判结果**］　什邡市人民法院认为：被告人王某、刘某国、廖某制造毒品，其行为侵犯了国家对毒品的管理制度，危害了社会，触犯了刑律，已构成制造毒品罪。三被告人已经着手制造毒品，由于意志以外的原因未得逞，属犯罪未遂，可以比照既遂犯从轻或者减轻处罚。判决：（1）被告人王某犯制造毒品罪，判处有期徒刑十一年，并处罚金七万元；（2）被告人刘某国犯制造毒品罪，判处有期徒刑八年，并处罚金五万元；（3）被告人廖某犯制造毒品罪，判处有期徒刑七年六个月，并处罚金五万元。二审法院经审理，裁定驳回上诉，维持原判。

［**判理分析**］　本案各被告人共谋使用茶碱麻黄碱片制造麻黄素再制造冰毒，由于技术原因，未能制造出冰毒，应认定为制造毒品罪的未遂。对于犯罪未遂应当比照既遂犯从轻、减轻处罚，对于制造毒品罪来说，则需要首先确定被告人意图制造毒品既遂的数量。2012 年《麻黄碱类复方制剂犯罪意见》第 6 条第 2 款规定，"制造毒品罪定罪处罚的，应当将涉案麻黄碱类复方制剂所含的麻黄碱类物质可以制成的毒品数量作为量刑情节考虑"，原判根据钟某某提供的茶碱麻黄碱片的数量及含量，通过化学分析的方法计算出可能制造出冰毒的数量，并以此作为对被告人量刑的参考，也即以被告人实际使用的麻黄碱复方片剂的可以制造毒品的数量来确定其基本刑的法定刑幅度，是适当的。

95. 关于麻黄碱类复方制剂犯罪定罪量刑的数量标准如何把握

【实务观点】

2012 年《麻黄碱类复方制剂犯罪意见》第 7 条对于涉及麻黄碱类复方制剂的走私制毒物品罪与非法买卖制毒物品罪的量刑数量标准作出规定，其中以"去甲麻黄碱、甲基麻黄碱及其盐类”十千克以上不满一百千克作为定罪数量标准的规定，与 2009 年《关于办理制毒物品犯罪案件适用法律若干问题的意见》所规定的定罪数量标准一致。2012 年《麻黄碱类复方制剂犯罪意见》还规定了“麻黄碱、伪麻黄碱、消旋麻黄碱及其盐类”和“麻黄浸膏、麻黄浸膏粉”的量刑数量标准。2016 年《毒品案件解释》针对以上三类物质，规定了更低的量刑数量标准，对于 2016 年《毒品案件解释》之后实施的以麻黄碱类复方制剂为对象的制毒物品犯罪均应当适用新标准。

【法律及司法文件】

《麻黄碱类复方制剂犯罪意见》

七、关于定罪量刑的数量标准

实施本意见规定的行为，以走私制毒物品罪、非法买卖制毒物品罪定罪处罚的，涉案麻黄碱类复方制剂所含的麻黄碱类物质应当达到以下数量标准：麻黄碱、伪麻黄碱、消旋麻黄碱及其盐类五千克以上不满五十千克；去甲麻黄碱、甲基麻黄碱及其盐类十千克以上不满一百千克；麻黄浸膏、麻黄浸膏粉一百千克以上不满一千千克。达到上述数量标准上限的，认定为刑法第三百五十条第一款规定的“数量大”。

实施本意见规定的行为，以制造毒品罪定罪处罚的，无论涉案麻黄碱类复方制剂所含的麻黄碱类物质数量多少，都应当追究刑事责任。

2016 年《毒品案件解释》

第七条第一款　违反国家规定，非法生产、买卖、运输制毒物品、走私制毒物品，达到下列数量标准的，应当认定为刑法第三百五十条第一款规定的“情节较重”（处三年以下有期徒刑、拘役或者管制，并处罚金）：

（一）麻黄碱（麻黄素）、伪麻黄碱（伪麻黄素）、消旋麻黄碱（消旋麻黄素）一千克以上不满五千克；

……

（三）3－氧－2－苯基丁腈、邻氯苯基环戊酮、去甲麻黄碱（去甲麻黄素）、甲基麻黄碱（甲基麻黄素）四千克以上不满二十千克；

……

（五）麻黄浸膏、麻黄浸膏粉、胡椒醛、黄樟素、黄樟油、异黄樟素、麦角酸、麦角胺、麦角新碱、苯乙酸二十千克以上不满一百千克；

……

【权威解读】

对于麻黄碱、伪麻黄碱、去甲麻黄碱、甲基麻黄碱及其盐类，麻黄浸膏、麻黄浸膏粉的定罪量刑数量标准，最高人民法院 2000 年制定的《毒品定罪量刑标准解释》、2009 年制定的《制毒物品意见》已作出规定，2012 年《麻黄碱类复方制剂犯罪意见》仍延续原有规定。《刑法》第 347 条第 1 款规定，“走私、贩卖、运输、制造毒品，无论数量多少，都应当追究刑事责任，予以刑事处罚”。因此，在按照制造毒品罪处罚时，涉案麻黄碱类复方制剂所含麻黄碱类物质的数量不受《麻黄碱类复方制剂犯罪意见》第 7 条第 1 款规定的最低数量标准的限制，即无论数量多少，都应当追究刑事责任。[①] 为加大对制毒物品犯罪的惩治力度，2016 年《毒品案件解释》下调了麻黄碱、羟亚胺等 25 种制毒物品的定罪数量起点。同时，为防止刑法设定的较高幅度法定刑出现虚置，2016 年《毒品案件解释》将适用三年有期徒刑以下刑罚（“情节较重”）的制毒物品数量标准上限，从以往定罪数量起点的 10 倍一律下调至 5 倍。[②]

【类案参考】

案例 5 －7

曹某桃走私制毒物品案[③]——《刑法修正案（九）》实施前的走私麻黄碱类复方制剂行为应当按照 2012 年《麻黄碱类复方制剂犯罪意见》处理

［**基本案情**］ 2012 年 5 月，被告人曹某桃雇佣曹某 2（已判刑）、曹某 1（另案处理）为其前往孟加拉国将麻黄碱类复方制剂走私回国内，并为曹某 2、曹某 1 办理了签证、往返机票等事宜。2012 年 6 月 1 日，曹某桃安排曹某 2、曹某 1 从厦门高某机场出境前往孟加拉国首都达卡。到达达卡后，“小陈”（另案处理）接机、安排二人入住当地一家宾馆，并将四件装有麻黄碱类复方制剂的行李箱、包交给曹某 2、曹某 1。同年 6 月 3 日 19 时许，曹某 2、曹某 1 乘坐 KA662 次航班到达福州长乐机场。曹某 1 携带上述四件行李从海关无申报通道过关，海关工作人员在四件行李内查获以 215 袋“榄洁”洗衣粉袋包装的药片，共计 93. 9337 千克。经鉴定，被查获的药片中所含麻黄碱类物质共计 22. 495 千克（取整）。

［**裁判结果**］ 法院认为，被告人曹某桃违反国家规定，指使他人非法携带麻黄碱类复方制剂入境，复方制剂中所含制毒物品麻黄碱类物质共计 22. 495 千克，其行为已构成走私制毒物品罪。被告人曹某桃到案后能够如实供述自己的犯罪事实，依法从轻处罚。辩护人提出本案应根据从旧兼从轻原则，适用本案当时的相关法律及司法解释的辩护意见于法有据，予以采纳。依照 1997 年修订的《刑法》第 350 条第 1 款和《刑法》第 67 条第 3 款、第 52 条之规定，判决：被告人曹某桃犯走私制毒物品罪，判处有期徒刑二年六个月，并处罚金三万元。

［**判理分析**］ 本案发生在 2012 年，但审判时间是 2017 年。按照行为时有效的 2012 年《麻黄碱类复方制剂犯罪意见》第 7 条的规定，走私麻黄碱类复方制剂所含的麻黄碱在 5 千克以上不满 50 千克，应认定为《刑法》第 350 条第 1 款规定的“数量大”，判处三年以下有期徒刑、拘役或者管制；按照审判时的有效的 2016 年《毒品案件解释》第 8 条的规定，走私麻黄碱类复方制剂所含的麻黄碱在 5 千克以上不满 25 千克的，应认定为《刑法》第 350 条第 1 款规定的“情节严重”，判处三年以上七年以下有期徒刑。根据从旧兼从轻原则，对本案应当适用行为当时有效的法律，即 2012 年《麻黄碱类复方制剂犯罪意见》。

---

① 参见最高人民法院、最高人民检察院、公安部《〈关于办理走私、非法买卖麻黄碱类复方制剂等刑事案件适用法律若干问题的意见〉的理解与适用》，载最高人民法院网，http://www. court. gov. cn/fz/2012/06 －26/3986991. shtml。

② 参见叶晓颖、马岩、方文军、李静然：《〈关于审理毒品犯罪案件适用法律若干问题的解释〉的理解与适用》，载《人民司法・应用》2016 年第 13 期。

③ 参见福建省福州市中级人民法院刑事判决书，(2017)闽 01 刑初 102 号。

96. 对非法采挖、收购、销售麻黄草的行为如何处理

【实务观点】

(1)对于以制造毒品或者提取麻黄碱类制毒物品后进行走私或者非法贩卖为目的而非法采挖、收购、销售麻黄草的行为,分别构成制造毒品罪,走私制毒物品罪,非法生产、买卖制毒物品罪的预备犯;没有以上目的的,构成非法经营罪的实行犯。

(2)2013 年《关于进一步加强麻黄草管理严厉打击非法买卖麻黄草等违法犯罪活动的通知》作出时,《刑法》没有规定非法生产制毒物品罪。根据 2015 年 11 月 1 日起实施的《刑法修正案(九)》对《刑法》第 350 条的修改,非法生产、买卖、运输制毒物品或者携带制毒物品进出境的,构成非法生产、买卖、运输制毒物品罪或者走私制毒物品罪。因此,对于《刑法修正案(九)》实施前的行为,参照前述通知执行。对于《刑法修正案(九)》实施后的行为,前述通知第 3 条所规定"以提取麻黄碱类制毒物品后进行走私或者非法贩卖为目的,采挖、收购麻黄草,涉案麻黄草所含的麻黄碱类制毒物品达到相应定罪数量标准的",应当分别以非法生产、买卖制毒物品罪或走私制毒物品罪定罪处罚;对于违反国家规定采挖、销售、收购麻黄草,没有证据证明以制造毒品、走私制毒物品或者非法生产、买卖制毒物品为目的,依照《刑法》第 225 条的规定构成犯罪的,以非法经营罪定罪处罚。

【法律及司法文件】

最高人民法院、最高人民检察院、公安部、原农业部、原食品药品监管总局《关于进一步加强麻黄草管理严厉打击非法买卖麻黄草等违法犯罪活动的通知》(公通字〔2013〕16 号,2013 年 5 月 21 日施行)

……利用麻黄草提取麻黄碱类制毒物品制造冰毒的问题日益凸显,麻黄草已成为目前国内加工制造冰毒的又一主要原料。……为进一步加强麻黄草管理,严厉打击非法买卖麻黄草等违法犯罪活动,根据《中华人民共和国刑法》、《国务院关于禁止采集和销售发菜制止滥挖甘草和麻黄草有关问题的通知》(国发〔2000〕13 号)等相关规定,现就有关要求通知如下:

一、严格落实麻黄草采集、收购许可证制度

麻黄草的采集、收购实行严格的许可证制度,未经许可,任何单位和个人不得采集、收购麻黄草,麻黄草收购单位只能将麻黄草销售给药品生产企业。农牧主管部门要从严核发麻黄草采集证,统筹确定各地麻黄草采挖量,禁止任何单位和个人无证采挖麻黄草;严格监督采挖单位和个人凭采集证销售麻黄草;严格控制麻黄草采挖量,严禁无证或超量采挖麻黄草。食品药品监管部门要督促相关药品生产企业严格按照《药品生产质量管理规范(2010 年修订)》规定,建立和完善药品质量管理体系,特别是建立麻黄草收购、产品加工和销售台账,并保存 2 年备查。

二、切实加强对麻黄草采挖、买卖和运输的监督检查

农牧主管部门要……严肃查处非法采挖麻黄草和伪造、倒卖、转让采集证行为,上述行为一经发现,一律按最高限处罚。食品药品监管部门要加强对药品生产、经营企业的监督检查,对违反《药品管理法》及相关规定生产、经营麻黄草及其制品的,要依法处理。……

三、依法查处非法采挖、买卖麻黄草等犯罪行为

各地人民法院、人民检察院、公安机关要依法查处非法采挖、买卖麻黄草等犯罪行为,区

别情形予以处罚：

（一）以制造毒品为目的，采挖、收购麻黄草的，依照《刑法》第三百四十七条的规定，以制造毒品罪定罪处罚。

（二）以提取麻黄碱类制毒物品后进行走私或者非法贩卖为目的，采挖、收购麻黄草，涉案麻黄草所含的麻黄碱类制毒物品达到相应定罪数量标准的，依照《刑法》第三百五十条第一款、第三款的规定，分别以走私制毒物品罪、非法买卖制毒物品罪定罪处罚。

（三）明知他人制造毒品或者走私、非法买卖制毒物品，向其提供麻黄草或者提供运输、储存麻黄草等帮助的，分别以制造毒品罪、走私制毒物品罪、非法买卖制毒物品罪的共犯论处。

（四）违反国家规定采挖、销售、收购麻黄草，没有证据证明以制造毒品或者走私、非法买卖制毒物品为目的，依照《刑法》第二百二十五条的规定构成犯罪的，以非法经营罪定罪处罚。

（五）实施以上行为，以制造毒品罪、走私制毒物品罪、非法买卖制毒物品罪定罪处罚的，涉案制毒物品的数量按照三百千克麻黄草折合一千克麻黄碱计算；以制造毒品罪定罪处罚的，无论涉案麻黄草数量多少，均应追究刑事责任。

【类案参考】

案例5－8

陈某昌等非法生产制毒物品案[①]——对收购麻黄草的行为应根据其主观目的定罪

［**基本案情**］　被告人苏某春于2012年9月18日因犯制造毒品罪被四川省雅安市宝兴县人民法院判处有期徒刑一年二个月。被告人陈某昌与被告人徐某树系同学关系，徐某（另案处理）系徐某树哥哥。2018年夏，徐某与余某、徐某树三人来到新民市找到陈某昌，商议收购麻黄草一事，陈某昌联系到被告人赵某春。后赵某春通过被告人吉某图收购麻黄草一车，运至彰武县张某家存放。2018年11月16日，陈某昌带着徐某、余某和被告人苏某春三人到彰武县同赵某春汇合，几人吃饭时预谋了收购麻黄草提炼麻黄碱一事，苏某春拿出10万元交给赵某春用于收购麻黄草。后来几人又到彰武县张某家查看了赵某春存放的麻黄草。后赵某春继续联系吉某图收购麻黄草，共计收购麻黄草18吨。2018年12月，徐某树、余某等人再次来到彰武县查看麻黄草的收购情况并让陈某昌等人寻找厂房准备提炼麻黄碱。2019年2月，赵某春、徐某树、陈某昌、余某等人到彰武县西六家子镇新屯子村，决定租用一四合院及大棚作为加工麻黄草提炼麻黄碱的地点，余某交给赵某春5万元，由赵某春承租四合院及大棚的使用权。案发后查获麻黄草811袋，总重12,837.35千克。

［**裁判结果**］　一审法院判决：(1)被告人苏某春犯非法生产制毒物品罪，判处有期徒刑八年六个月，并处罚金十万元；(2)被告人陈某昌犯非法生产制毒物品罪，判处有期徒刑八年，并处罚金八万元；(3)被告人赵某春犯非法生产制毒物品罪，判处有期徒刑八年，并处罚金八万元；(4)被告人徐某树犯非法生产制毒物品罪，判处有期徒刑七年，并处罚金六万元；(5)被告人吉某图犯非法经营罪，判处有期徒刑一年六个月，并处罚金二万元；(6)对扣押的麻黄草12,837.35千克予以没收处理；对被告人吉某图违法所得七千元予以没收。二审法院裁定驳回上诉，维持原判。

---

①　参见辽宁省阜新市中级人民法院刑事裁定书，(2021)辽09刑终176号。

［**判理分析**］　本案被告人苏某春、陈某昌、徐某树、赵某春违反国家规定，非法买卖用于制造毒品的麻黄草准备提炼麻黄碱，情节特别严重，其行为已构成非法生产制毒物品罪。现有证据不能证明被告人吉某图明知向其收购麻黄草的赵某春的目的是非法生产制毒物品，与赵某春不构成非法生产制毒物品的共同犯罪。但吉某图违反国家规定，未经许可经营法律、行政法规规定限制买卖的物品麻黄草，情节严重，其行为构成非法经营罪。苏某春、陈某昌、赵某春、徐某树购买麻黄草并租赁厂房着手实行犯罪，由于意志以外的原因而未得逞，系犯罪未遂。本案中，查获被告人收购的麻黄草共计 12,837.35 千克，按每 300 千克麻黄草折合 1 千克麻黄碱计算，约合 42.79 千克麻黄碱。根据 2016 年《毒品案件解释》第 8 条第 2 款的规定，非法生产麻黄碱 25 千克以上的，属于“情节特别严重”，应当判处七年以上有期徒刑，考虑到其属于犯罪未遂，可以从轻处罚。

第六章　毒品犯罪中的总则问题

97. 毒品共同犯罪案件中的量刑如何把握

【实务观点】

对于毒品犯罪应当予以严惩，并不意味着对于毒品共同犯罪的各被告人不加区别一律判处重刑。在毒品共同犯罪中，仍应当对各被告人的地位、作用进行准确区分，在量刑时对于主犯、从犯区别对待。对于有多名主犯或者从犯的，也应当进一步区分各自的作用大小，在量刑时区别对待。只有精准量刑、均衡量刑，才能真正发挥刑罚的威慑作用，实现预防效果。不均衡、不公平的量刑，不但起不到刑罚的惩罚效果，反而会促使犯罪人对法律的漠视，更加积极地共同逃避打击。

【法律及司法文件】

最高人民法院《关于贯彻宽严相济刑事政策的若干意见》（法发〔2019〕9号，2010年2月8日发布施行）

31. 对于一般共同犯罪案件，应当充分考虑各被告人在共同犯罪中的地位和作用，以及在主观恶性和人身危险性方面的不同，根据事实和证据能分清主从犯的，都应当认定主从犯。有多名主犯的，应在主犯中进一步区分出罪行最为严重者……

【权威解读】

对于多被告人犯罪特别是共同犯罪案件，根据宽严相济的具体要求，要注重正确区分主从犯并根据被告人罪责的大小确定刑罚。具体到毒品共同犯罪案件，首先，对能分清主从犯的，不能因为涉案毒品数量巨大就不分主从犯而将被告人均认定为主犯或者实际上都按主犯处罚，一律判处重刑甚至死刑。要根据最高人民法院《关于贯彻宽严相济刑事政策的若干意见》第30条的规定，依法从严惩处毒品犯罪组织或集团中的为首组织、指挥、策划者和骨干分子，该判处重刑或死刑的要坚决判处；但对受欺骗、胁迫参加犯罪组织、犯罪集团或只是一般参加者，在犯罪中起次要、辅助作用的从犯，应依法从轻或减轻处罚。其次，对于共同犯罪中有多个主犯的，处罚上也应做到区别对待，要全面考察各主犯在共同犯罪中实际发挥作用的差别，主观恶性和人身危险性方面的差异，对罪责更重的主犯判处更重的刑罚。①

---

① 最高人民法院刑五庭：《在毒品案件审判工作中切实贯彻宽严相济刑事政策》，载《人民法院报》2010年4月28日，第6版。

【类案参考】

案例6-1

肖某中等贩卖、运输、制造毒品案[①]——制造毒品共同犯罪根据各自作用判处不同刑罚

[**基本案情**]　被告人肖某中1989年12月7日因犯贪污罪、挪用公款罪被判处有期徒刑八年。被告人肖某中为制造毒品,租用四川省安岳县李某强家的地下室作为制毒场所。2011年春节前后,肖某中指使李某到四川省成都市购买了大量制毒原料。同年4月4日晚,肖某中伙同李某强、李某、康某在该地下室制出大量甲基苯丙胺液体,后指使康某将上述液体带到肖某中在成都市的一处租住房存放。4月中旬,肖某中、李某又将上述液体带到肖某中在成都市的另一处租住房进行提炼结晶。同月22日晚,李某强、李某协助肖某中在地下室再次制出甲基苯丙胺液体。同月25日凌晨,李某按肖某中指示驾车将一瓶甲基苯丙胺液体(重632克)带往四川省乐至县,途中被公安人员截获。当日,公安人员在安岳县将肖某中、李某强抓获,并在李某强家查获甲基苯丙胺固液体17,670.5克。同年5月6日,公安人员在肖某中的租住房内查获甲基苯丙胺固液体3686克。经鉴定,上述毒品固液体中甲基苯丙胺含量在24%~65.4%的达8000余克。另外,2010年9月,被告人肖某中在成都市向他人贩卖甲基苯丙胺(冰毒)194.463克。

[**裁判结果**]　四川省资阳市中级人民法院认为,被告人肖某中伙同他人制造、运输甲基苯丙胺,并向他人贩卖甲基苯丙胺,其行为已构成贩卖、运输、制造毒品罪。在共同犯罪中,肖某中租用制毒场地,指使他人购买制毒原料,掌握制毒技术并直接参与制毒,还指使他人运输毒品,系罪行最为严重的主犯,应当按照其所参与和指挥的全部犯罪处罚。李某强、李某、康某在肖某中的纠集下参与制造毒品,在共同犯罪中作用小于肖某中。肖某中伙同他人制造、运输毒品数量巨大,并向他人贩卖毒品,社会危害性极大,罪行极其严重,应依法惩处。据此,依法对被告人肖某中判处死刑,对同案被告人李某强、李某、康某分别判处无期徒刑、有期徒刑十五年、有期徒刑十四年。

[**判理分析**]　本案各被告人共同制造毒品21,000多克,涉案毒品数量巨大,但并不能不分主从犯而将各被告人一律判处重刑。判决贯彻最高人民法院《关于贯彻宽严相济刑事政策的若干意见》第31条的规定,对该制毒团伙的组织者肖某中判处死刑,对于犯罪团伙的一般参加者即同案被告人李某强、李某、康某,根据各自在共同制造毒品过程中的具体作用不同,分别判处无期徒刑、有期徒刑十五年、有期徒刑十四年,较好地贯彻了宽严相济的刑事政策。

98. 毒品共同犯罪中如何区分主从犯

【实务观点】

在毒品共同犯罪中准确区分主从犯,是贯彻宽严相济刑事政策的必然要求,也是确保依法严惩毒品犯罪政策真正落到实处的必然要求。共同犯罪是毒品犯罪的打击重点,而共同犯罪中的主犯,又是毒品犯罪严惩的重点。对于共同犯罪处罚时不区分主从,一概从严从重处罚,既是对宽严相济刑事政策的违背,也会导致毒品共同犯罪人"一致对外",共同逃避、对抗

---

① 参见《毒品犯罪及吸毒诱发的严重犯罪典型案例》,载《人民法院报》2014年6月26日,第3版。

追诉活动,不利于严惩毒品犯罪政策取得真正效果。毒品共同犯罪既有一人为主,邀请、招募多人参加;也有多人共谋后分工合作,共同完成毒品犯罪活动。无论哪一种情况,都应当进行主从犯的区分,对于多名主犯或多名从犯的,也应当进一步区分各自作用大小,在量刑上区别对待。

根据最高人民法院相关会议纪要的精神,区分毒品共同犯罪中的主犯和从犯,一般应当从犯意提起、具体行为分工、出资或者占有毒品的比例、约定或者实际分得毒赃的多少以及共犯之间的相互关系等方面,认定各个共同犯罪人的地位和作用。其中:(1)为主出资者、毒品所有者或者起意、策划、纠集、组织、指使或雇用他人参与犯罪,属于起主要作用,应认定为主犯。(2)受指使、雇用实施毒品犯罪的,应根据其在犯罪中具体发挥的作用准确认定为主犯或者从犯。(3)对于在共同犯罪中起次要、辅助作用的被告人,不能因其具有累犯、毒品再犯等从重处罚情节,而升格认定为主犯。(4)部分共同犯罪人未到案,根据现有证据能够认定在案被告人与他人属于共同犯罪,或者能够认定为主犯,应当认定。对于确有证据能够证明在案被告人在共同犯罪中起次要或者辅助作用的,不能因为其他共同犯罪人未到案而不认定为从犯,甚至将其认定为主犯或者按主犯处罚。①

根据上述观点,在共同犯罪中,直接从事毒品交易、运输的并不一定是主犯,组织、指挥他人实施毒品犯罪活动,掌握毒品货源及销路,在犯罪过程中实际控制、分配毒品或者毒资毒赃的人,一定是主犯。在生产、交易、运输过程中仅起探路、望风、送货、收款或者帮助运输行为的,应当评价为从犯;对于受他人指挥直接实施生产、交易或者运输行为,但与雇主收益相比仅获取少量报酬的,也可以评价为从犯。以不合常理的高额报酬诱使他人参与实施毒品犯罪,属于教唆他人犯罪,应评价为主犯。

【类案参考】

案例 6-2

凌某春、刘某普贩卖、制造毒品案②——从共同出资情况、犯罪中具体行为、财产状况、犯罪经验等方面综合判断毒品犯罪中的共犯地位

［**基本案情**］　2008 年 2 月至 2009 年 1 月,被告人刘某普、凌某春共谋从广东省深圳市购买毒品运到惠州市贩卖牟利,并雇用同案犯邓某良、周某财(已判刑)将从深圳市刘某多、江某林(均另案处理)、“顶哥”(在逃)等处购买的冰毒、麻古、摇头丸、K 粉、Y 仔(硝甲西泮)等毒品运到惠州市出售给同案犯张某春、张某江(已判刑)等人。2008 年 12 月,刘某普、凌某春与“阿发”(在逃)共谋加工“咖啡”贩卖牟利,由“阿发”提供配方,刘某普、凌某春提供加工“咖啡”的毒品原料和加工场所。刘某普、凌某春先后租用深圳市百合星城二期 5 号楼 5D 房间、惠州市华洪大厦 16 楼 B 室、东方巴比伦 605 房间、海燕宾馆 1306 房间和 1401 房间存放毒品和加工“咖啡”。刘某普指使同案犯周某财在华洪大厦 16 楼 B 室,按配方将摇头丸、Y 仔碾成粉末并与 K 粉混合后送到东方巴比伦 605 房间,由“阿发”雇用的同案犯马某航、马某、黄某达(均另案处理,已判刑)加入袋装“雀巢”咖啡内,并用封口机封口,以每包 80 元的价格贩卖给

---

① 以上观点最早源于 2008 年《大连会议纪要》。

② 参见中华人民共和国最高人民法院刑事审判第一、二、三、四、五庭主办:《刑事审判参考》(2012 年第 4 集,总第 87 集),法律出版社 2013 年版,第 74 ~79 页。

附近的娱乐场所和吸毒人员。2008年12月30日至2009年1月20日,公安机关先后在湖北省蕲春县张某春家中,同案犯马某航、马某、黄某达所住的惠州市东方巴比伦605房间,周某财租住的深圳市百合星城二期5号楼5D房间,刘某普、凌某春所住海燕宾馆1306、1401房间以及张某江租住的广东省东莞市石碣镇康乐街21栋4楼,共查获刘某普、凌某春共同贩卖的冰毒459.0238克,麻古866.6369克,摇头丸6306.8713克,K粉2914.9859克,Y仔1390.2204克,亚甲二氧基甲基苯丙胺、氯胺酮、硝甲西泮混合物311.1667克,咖啡因173.8892克,麻黄素0.2472克,含有氯胺酮成分的"咖啡"8909.7646克,含有氯胺酮和咖啡因混合成分的"咖啡"1058.5856克及含有亚甲二氧基甲基苯丙胺、咖啡因、氯胺酮混合成分的"咖啡"40.5098克。(非法买卖枪支、弹药,非法持有枪支、弹药事实略)

[**裁判结果**] 江西省南昌铁路运输中级人民法院认为,被告人凌某春、刘某普明知是毒品,而伙同他人贩卖,并制造毒品"咖啡",其行为构成贩卖、制造毒品罪。凌某春、刘某普是所涉毒品的出资者、所有者,系毒品犯罪的主犯。判决:(1)被告人凌某春犯贩卖、制造毒品罪,判处死刑,剥夺政治权利终身,并处没收个人全部财产;犯非法持有枪支、弹药罪,判处有期徒刑一年;数罪并罚,决定执行死刑,剥夺政治权利终身,并处没收个人全部财产。(2)被告人刘某普犯贩卖、制造毒品罪,判处死刑,剥夺政治权利终身,并处没收个人全部财产;以非法买卖枪支、弹药罪,判处有期徒刑六年,以非法持有枪支、弹药罪,判处有期徒刑一年;数罪并罚,决定执行死刑,剥夺政治权利终身,并处没收个人全部财产。云南省高级人民法院经审理裁定驳回上诉,维持原判,并依法报请最高人民法院核准。最高人民法院经复核认为,被告人刘某普、凌某春在共同犯罪中起组织、指挥作用,均系主犯,且贩卖毒品种类多、数量大,社会危害大,依法应予严惩。刘某普系累犯和毒品再犯,主观恶性深,依法应当从重处罚。鉴于凌某春在贩卖毒品共同犯罪中的地位、作用次于刘某普,对凌某春判处死刑,可不立即执行。裁定核准被告人刘某普的死刑,对被告人凌某春判处死刑,缓期二年执行,剥夺政治权利终身,并处没收个人全部财产。

[**判理分析**] 对毒品共犯的处理也要严格贯彻宽严相济刑事政策,在存在多名主犯的犯罪案件中,要准确认定共犯的地位和作用,确定罪责轻重。本案中,刘某普系出资人,并有下线供认的资金往来及银行查询情况相印证,并且刘某普积极联系毒品上、下线,通过"马仔"贩卖毒品,是共同犯罪中地位、作用最为突出的主犯;且刘某普曾因犯贩卖毒品罪被判刑,属毒品再犯和累犯,适用死刑是适当的。被告人凌某春与刘某普共同策划、组织、实施贩卖毒品,在共同犯罪中均系主犯,但凌某春始终辩解其在贩毒过程中没有出资行为,归案后一直拒不认罪,导致对其地位、作用层次的认定存在一定困难,但通过下线、"马仔"的供述,结合刘某普的供述及案件事实的分析,凌某春在贩卖毒品共同犯罪中的地位、作用应当次于刘某普。具体理由分析如下:(1)从共同出资情况分析,关于共同出资只有刘某普的供述,凌某春始终辩解没有出资,而刘某普也称一直没有获取分配收益,认定凌某春出资的证据不够充分。(2)从共同犯罪中的具体行为看,毒品下线及"马仔"的供述等证实,凌某春与刘某普是同学、老乡关系,在刘某普前罪刑满释放后参与了刘某普的贩毒活动,一开始跟着刘某普贩毒并亲自运送毒品,在与刘某普一起雇用周某财、邓某良作为"马仔"之后,在共同犯罪中的地位不断提升,逐渐不再亲自运送毒品,不再在自己住处大量藏匿毒品。(3)从财产情况对比分析,刘某普有车辆、会开车,另有住房,且住房中摆放大量毒品;而凌某春既没有车,又要租房住。(4)刘某

普系毒品再犯及累犯，实施毒品犯罪的经验比凌某春更丰富。

案例 6－3

章某贩卖毒品、容留他人吸毒案①——明知债务人系贩毒分子而唆使其贩卖毒品以偿还债务是贩卖毒品罪的教唆犯

［**基本案情**］　被告人章某曾因犯盗窃罪、故意伤害罪被判处有期徒刑十五年，剥夺政治权利二年，2010 年 1 月 1 日刑满释放。2012 年 3 月邵某（另案处理）因租用车辆发生车祸，欠下被告人章某修车费没有偿还。2014 年 1 月 3 日晚，章某指使他人将邵某带至襄阳市襄城区时尚宾馆由章某登记入住的 8806 房间，向邵某索要欠款未果，章某又喊来潘某、李某某（另案处理）帮助控制邵某，后与邵某达成合意：由邵某通过贩卖毒品偿还债务。11 月 4 日至 5 日，邵某在 8806 房间内打电话联系多名吸毒人员贩卖毒品，章某均派潘某、李某某跟随邵某前去交易，共贩卖甲基苯丙胺 10 余克，收取毒资 1000 余元。其间，章某多次在 8806 房间容留邵某、潘某、李某某吸食毒品。11 月 5 日 18 时许，公安机关在艾泽万和时尚宾馆门口将邵某及李某某抓获，从邵某身上查获甲基苯丙胺片剂 6 粒共计 0.6 克，随后在 8806 房间抓获章某、潘某，在房间内当场查获甲基苯丙胺 3 袋共计 38.6 克、含海洛因成分的黄色粉末 1 袋共计 1 克、含咖啡因成分的红色药丸 127 粒共计 13.3 克。

［**裁判结果**］　襄阳市襄城区人民法院一审判决：被告人章某犯容留他人吸毒罪，判处有期徒刑一年三个月，并处罚金 8000 元。襄城区人民检察院抗诉认为章某明知邵某系贩毒人员而唆使其贩卖毒品偿还债务，二人构成贩卖毒品罪的共犯。襄阳市中级人民法院认为，章某与他人合谋并实施贩卖毒品的活动，其行为已构成贩卖毒品罪。章某容留他人吸食毒品，其行为又构成容留他人吸毒罪。章某犯数罪，依法应予并罚。章某系累犯，依法应从重处罚。判决：章某犯贩卖毒品罪，判处有期徒刑七年，并处罚金 1 万元；犯容留他人吸毒罪，判处有期徒刑一年三个月，并处罚金 8000 元；决定执行有期徒刑八年，并处罚金 1.8 万元。

［**判理分析**］　明知债务人系贩毒分子而唆使其贩卖毒品以偿还债务，应当以贩卖毒品罪的教唆犯定罪处罚。构成教唆犯，需要具备两个条件：一是主观方面必须有教唆他人犯罪的故意。教唆的故意，也包括认识因素与意志因素两个方面，即认识到自己的教唆行为会使被教唆人产生犯罪意图进而实施犯罪，以及被教唆人的犯罪行为会发生危害社会的结果，希望或者放任被教唆人实施犯罪行为及其危害结果的发生。二是客观方面必须有教唆他人犯罪的行为。教唆行为必须引起他人实施犯罪行为的意思，进而使之实行犯罪。教唆行为的方式没有限制，既可以是口头的，也可以是书面的，还可以是暗示性的眼色、手势等动作。教唆的方法如劝告、请求、指示、怂恿、命令、胁迫等。本案中对被告人章某以贩卖毒品罪的教唆犯论处，理由是：第一，被告人章某怂恿、控制他人贩卖毒品，收取毒资以抵销债务，具有唆使他人贩卖毒品的客观行为和主观故意。被告人章某指使李某某、潘某将邵某带到宾馆索要债务，并限制其人身自由。章某索债未果，便怂恿邵某贩卖毒品"赚"钱还债，并安排李某某、潘某跟随控制邵某多次实施贩卖毒品的活动，收取毒赃归其所有。主观上，章某以怂恿、胁迫的方式唆使邵某实施贩卖毒品活动，其应当认识到自己的教唆行为会使他人产生贩卖毒品的犯罪意

---

①　参见中华人民共和国最高人民法院刑事审判第一、二、三、四、五庭主办：《刑事审判参考》（总第 110 集），法律出版社 2018 年版，第 29～33 页。

图进而实施犯罪;客观上章某的行为使他人产生了实施毒品犯罪的故意,并实施了毒品犯罪行为,造成了相应的社会危害。第二,索要合法债务的犯罪动机,不影响对被告人章某贩卖毒品罪的认定。被告人章某的犯罪动机虽然是向邵某索要个人合法债务,虽然没有一般毒品犯罪牟取非法利益的目的,但仍然具有通过实施毒品犯罪获取非法利益来实现其债权的目的,与被告人本人为了偿还债务而贩卖毒品行为没有本质上的区别。

案例6-4

何某、曾某洪、金某等贩卖、运输毒品案①——毒品犯罪的上下家不构成共同犯罪

［**基本案情**］ (1)2018年3月27日上午,被告人何某与被告人曾某洪约定,何某以每克116元的价格向曾某洪购买500克甲基苯丙胺,曾某洪以每颗20元的价格向何某购买300颗甲基苯丙胺片剂。曾某洪随即向李某刚(另案处理)联系购买500克甲基苯丙胺,并让其女友被告人黄某然电话联系李某刚的好友被告人代某亮,希望其从中斡旋,压低购买毒品的价格。2018年3月27日19时许,被告人金某受何某安排,携带何某提供的300颗甲基苯丙胺片剂,搭乘由何某安排他人驾驶的凯翼牌小型普通客车从重庆市主城区来到大足区与曾某洪见面。曾某洪收到金某转交的300颗甲基苯丙胺片剂,带金某来到大足区金银山庄附近与受李某刚安排的代某亮会面,由曾某洪先行支付了部分毒资款26,000元后,从代某亮处取得甲基苯丙胺一包。曾某洪、金某将购得的甲基苯丙胺拿回曾某洪的租赁房内称量,重量不足500克。曾某洪与何某通过电话商定,何某本次购买350克,其余毒品由曾某洪留用。曾某洪在收到何某支付的34,600元毒资款后,安排黄某然将其应支付给李某刚的毒资尾款28,300元转款给了代某亮。当日21时许,金某携带购得的毒品乘坐凯翼牌小型普通客车准备返回重庆市主城区,当车行驶至渝蓉高速公路大足东收费站时被公安机关抓获,从车上查获甲基苯丙胺347.6克。次日1时许曾某洪被抓获,从其驾驶的摩托车上查获甲基苯丙胺5.39克、甲基苯丙胺片剂0.91克,在曾某洪的租赁房内查获甲基苯丙胺2.97克、甲基苯丙胺片剂27.72克。(2)2018年3月27日22时许,被告人代某亮在重庆市大足区和平村附近公路处以250元的价格向张某鸿贩卖海洛因1小包。同月28日15时许,代某亮在大足区和平村4组核桃屋基公路岔路口处,以250元的价格向张某鸿贩卖海洛因1小包。交易完成后,代某亮被公安机关抓获,从张某鸿处查获海洛因0.51克,从代某亮驾驶的摩托车内查获甲基苯丙胺21.41克、甲基苯丙胺片剂7.72克、海洛因4.11克,在代某亮家中查获甲基苯丙胺11.5克。

［**裁判结果**］ 重庆市第一中级人民法院认为,被告人何某伙同他人贩卖、运输毒品甲基苯丙胺347.6克和甲基苯丙胺片剂300颗,被告人金某受安排参与贩卖、运输毒品甲基苯丙胺347.6克和甲基苯丙胺片剂300颗,其行为均构成贩卖、运输毒品罪。何某系累犯,应从重处罚。金某系累犯、毒品再犯,依法应当从重处罚。金某归案后坦白认罪,可予从轻处罚。被告人曾某洪贩卖甲基苯丙胺355.96克、甲基苯丙胺片剂28.63克,被告人黄某然受曾某洪指使帮助曾某洪贩卖甲基苯丙胺类毒品且贩卖毒品数量大,被告人代某亮贩卖甲基苯丙胺类毒品和海洛因且贩卖毒品数量大,其行为均构成贩卖毒品罪。在共同犯罪中,曾某洪系主犯,应依法惩处;黄某然系从犯,根据其犯罪情节依法减轻处罚。代某亮系毒品再犯,应依法从重处罚,鉴于其在帮助他人贩卖甲基苯丙胺的共同犯罪中系从犯,可依法从轻处罚。判决:(1)被

① 参见重庆市高级人民法院刑事裁定书,(2019)渝刑终111号。

告人何某犯贩卖、运输毒品罪,判处无期徒刑,剥夺政治权利终身,并处没收个人全部财产;(2)被告人曾某洪犯贩卖毒品罪,判处有期徒刑十五年,剥夺政治权利五年,并处没收个人财产五万元;(3)被告人金某犯贩卖、运输毒品罪,判处有期徒刑十五年,剥夺政治权利五年,并处没收个人财产五万元;(4)被告人代某亮犯贩卖毒品罪,判处有期徒刑十五年,剥夺政治权利五年,并处没收个人财产五万元;(5)被告人黄某然犯贩卖毒品罪,判处有期徒刑八年,并处罚金二万元;(6)对查获的毒品甲基苯丙胺388.87克、甲基苯丙胺片剂36.35克、海洛因4.62克,毒资款28,680元,犯罪工具电子秤二台、何某的手机三部、曾某洪的手机二部、金某的手机二部、代某亮的手机三部予以没收,对代某亮收取的毒资款26,120元予以追缴。二审法院认为,(1)上诉人金某受何某指使,单独交付毒品并购买、运输毒品,在共同犯罪中行为积极主动,并非起次要作用的从犯。原判鉴于金某归案后坦白认罪,对金某予以从轻处罚。一审判决宣判后,金某没有新的从轻处罚情节,二审对金某不再从轻处罚。(2)上诉人代某亮受人指使贩卖甲基苯丙胺类毒品和两次单独贩卖海洛因,其行为构成贩卖毒品罪,贩卖毒品数量大。在共同贩卖毒品犯罪中,代某亮起次要作用,系从犯。代某亮虽然在帮助他人贩卖毒品的共同犯罪中系从犯,但其单独向张某鸿贩卖两次毒品,且从代某亮处查获其为贩卖而持有的毒品甲基苯丙胺、甲基苯丙胺片剂和海洛因40余克。综合代某亮的犯罪事实及量刑情节,对代某亮从轻处罚,不予减轻处罚。裁定:驳回上诉,维持原判。

［**判理分析**］ (1)本案中上诉人曾某洪提出其与同案的何某共同购买毒品,在共同犯罪中起次要作用,系从犯,请求对其从轻或减轻处罚。根据现有在案证据,何某向曾某洪求购500克甲基苯丙胺,二人事先约定每克毒品116元;之后曾某洪向李某刚购买毒品,并让其女友黄某然电话联系李某刚的好友代某亮,希望其从中斡旋压低购买毒品的价格;曾某洪从李某刚安排的代某亮处取得500克毒品后,将其中350克销售给何某,按二人约定的每克116元应付款为40,600元,曾某洪实际从何某处取得34,600元现金及价值6000元的甲基苯丙胺片剂;而曾某洪分两次付给李某刚毒品货款26,000元和28,300元,共计54,300元,购买毒品500克,每克约108.6元。因此,曾某洪实际上是从上家李某刚处购买毒品后加价贩卖给下家何某,其与何某系毒品犯罪上下家关系,并非共同犯罪关系。(2)上诉人金某及其辩护人提出金某受人指使运输毒品,没有共同买卖毒品的犯罪故意。从其在犯罪过程中的客观行为表现看,金某受何某指使到大足区将何某销售给曾某洪的300颗甲基苯丙胺片剂交付给曾某洪,并受何某指使从曾某洪处取何某购买的甲基苯丙胺,金某在查看曾某洪从他人处取得的毒品后,电话告诉何某,毒品质量还行但有点潮湿,何某同意购买后,金某才从曾某洪处取得甲基苯丙胺,上述过程足以说明金某在何某与曾某洪的毒品交易过程中,不仅参与交接毒品,而且负责对毒品质量进行检验,并向何某报告,实质上对毒品交易是否继续进行有重要意义,并非单纯的交接毒品后予以运输,因此,其具有参与何某贩卖毒品犯罪的共同故意。

99. 毒品共同犯罪中主犯和从犯如何量刑

【实务观点】

量刑应当综合考虑被告人所参与实施的毒品共同犯罪的社会危害性及其在具体犯罪过程中的地位、作用,准确认定其应当承担的刑事责任。根据最高人民法院相关会议纪要的精神，应从以下两个方面把握：

（1）对于毒品共同犯罪的主犯。《刑法》第26条第4款规定，“应当根据其所参与或者组织、指挥的全部犯罪处罚”。对于毒品犯罪集团的首要分子，应当按照集团毒品犯罪的总数量处罚；对一般共同犯罪的主犯，应按其所参与的或者组织、指挥的毒品犯罪数量处罚。在具体量刑时，应当综合考虑所实施毒品犯罪的性质、涉及的毒品数量及犯罪的具体情节，评价其行为的社会危害性，并考虑到行为人的主观恶性和人身危险性，予以量刑。尤其应注意两点：一是不能因为涉案毒品数量巨大，就不加区分而一律将被告人认定为主犯，或者实际都按主犯处罚。二是对于共同犯罪中有多个主犯或者共同犯罪人的，处罚上也应做到区别对待，应当全面考察各主犯在共同犯罪中实际发挥作用的差别，主观恶性和人身危险性方面的差异，对罪责或者人身危险性更大的主犯或者共同犯罪人依法判处更重的刑罚。①

（2）对于从犯。《刑法》第27条规定“对于从犯，应当从轻、减轻处罚或者免除处罚”，这里的从轻是在法定刑幅度内相对于主犯行为的社会危害性所对应的刑罚，进一步从轻处罚；这里的减轻，是指在主犯行为所对应的法定刑幅度的下一个法定刑幅度内，考虑到行为人在共同犯罪中的实际贡献，确定刑罚。因此，对于从犯的处罚，不同的毒品案件不能简单类比。一个案件的从犯所参与犯罪的毒品数量可能比另一个案件的主犯所参与犯罪的毒品数量大，但并不代表其行为的不法内涵和罪责内涵就一定大于另一案件的主犯，对本案从犯的处罚并非必然重于他案主犯。要结合从犯在共同犯罪中的地位、作用也即其对犯罪的实际贡献，确定适当的刑罚。本案从犯的涉案毒品数量可能比他案主犯的涉案毒品数量大，但认定为从犯的，无论主犯是否到案，均应当依照刑法规定从轻、减轻或者免除处罚。

【类案参考】

案例6－5

卢某新、卢某吼贩卖毒品案②——毒品犯罪数量特别巨大的从犯也可以减轻处罚

［**基本案情**］　2017年9月，陈某壮（已判刑）联系余某峰（已判刑）购买毒品甲基苯丙胺（冰毒），余某峰则联系卢某柱（已判刑）寻找毒品货源，卢某柱联系卢某1（另案处理）找到毒品货源后两人约定每千克4.1万元，后卢某柱以每千克4.2万元的价格卖给余某峰，余某峰以每千克4.55万元的价格卖给陈某壮，交易毒品数量约定为15千克。同年11月8日，卢某1指使被告人卢某新驾驶装载毒品的摩托车，卢某柱指使被告人卢某吼驾驶摩托车搭载他，余某峰驾驶摩托车搭载陈某壮带着钱先后来到约定地点惠来县岐石镇华清村村郊某田园处，余某峰和卢某新验货完成交易后各自带着钱和毒品离开，卢某吼驾驶摩托车搭载卢某柱为余某峰、陈某壮探路开道至惠来县葵潭镇附近后返回，后陈某壮将交易毒品临时存放在余某峰处。11月13日9时许，陈某壮联系余某峰准备取回毒品，余某峰到陆丰市甲子镇某酒店停车场，准备驾驶藏有毒品的摩托车去和陈某壮接头时，被公安机关抓获，当场在其驾驶的摩托车车厢内查获疑似毒品15袋，净重14.99千克，经鉴定甲基苯丙胺量68.4%至74.9%不等。2018年3月15日，卢某新、卢某吼被公安机关抓获归案。

---

① 以上观点最早源于2008年《大连会议纪要》。

② 参见广东省高级人民法院刑事判决书，（2019）粤刑终1187号。

［**裁判结果**］　一审判决认为，被告人卢某新、卢某吼违反国家对毒品的管制，贩卖毒品甲基苯丙胺，数量大，其行为均已构成贩卖毒品罪。在贩卖毒品的共同犯罪中，卢某吼起辅助作用，是从犯，依法应当减轻处罚，其归案后能如实供述主要犯罪事实，依法可以从轻处罚。判决：(1)被告人卢某新犯贩卖毒品罪，判处有期徒刑十五年，并处没收个人财产五万元；(2)被告人卢某吼犯贩卖毒品罪，判处有期徒刑八年，并处罚金二万元。二审法院经审理认为：关于上诉人卢某新在共同犯罪中的地位，经查：本案查获毒品源于同案人卢某1，毒品下家卢某柱供述购买毒品联系的人是卢某1，无论是毒品交易数量、价格，还是交易毒品的时间、地点都是直接和卢某1商议决定，卢某新供述对毒品交易数量、价格等均不知情，案发时受卢某1指使参与贩毒，两人供述内容相互印证并有卢某柱和卢某1的通话清单相佐证，故在整个毒品交易过程中，起关键作用的是卢某柱和卢某1，卢某新受卢某1指使参与贩毒，在贩卖毒品过程中的作用、地位明显次于卢某1，应认定是从犯，二审予以纠正。在贩卖毒品共同犯罪中，卢某新、卢某吼分别听从他人指使，起次要作用，均是从犯，根据二人具体犯罪情节，可对卢某新、卢某吼减轻处罚。原审判决认定卢某新是主犯有误，对卢某吼的刑期起算有误，二审予以纠正。判决：(1)上诉人卢某新犯贩卖毒品罪，判处有期徒刑十三年，并处罚金五万元；(2)上诉人卢某吼的刑期自2018年3月15日起至2026年3月14日止。

［**判理分析**］　本案贩卖毒品甲基苯丙胺数量接近15千克，数量巨大，依法应适用"十五年有期徒刑、无期徒刑或者死刑"的法定刑幅度，并且已经达到了司法实践中判处死刑的数量标准，对于指使上诉人卢某新的主犯卢某1和指使上诉人卢某吼的主犯卢某柱，均有可能适用死刑。卢某新虽然携带毒品到现场进行交易，直接实施了毒品交易行为，但其未参与毒品交易细节的事先协商，对毒品交易数量、价格等均不知情，对交易的时间、地点均没有参与确定的权力，其行为均系受卢某1指使，实际上是处于被雇用、被指使的角色，应认定为从犯；卢某吼受卢某柱指使驾驶摩托车载运其到交易现场，交易完成后又驾车在前面探路，对毒品交易的协商和完成更是仅起到辅助作用，亦为从犯。本案虽然毒品数量巨大，但法院判决按照二人在共同犯罪中的从犯地位及实际作用，予以减轻处罚；同时考虑到二人虽均为从犯，但在共同犯罪中参与毒品交易的程度不同，卢某新属于次要实行犯，对其予以较小幅度的减轻处罚，判处有期徒刑十三年；卢某吼属于帮助犯，对其予以较大幅度的减轻处罚，判处有期徒刑八年，体现了区别对待的处罚原则。

案例6－6

赵某健、李某奔贩卖、制造毒品案①——涉案毒品数量特别巨大的共同犯罪仍然应当区分主从犯

［**基本案情**］　2014年6月至8月，被告人赵某健、李某奔伙同他人多次从河北省邯郸市上线手中购进制毒原料盐酸羟亚胺，运至广西壮族自治区博白县交与"阿某"制造毒品氯胺酮。2014年8月，被告人林某辉加入该团伙，出钱入股，欲从中获利。(1)2014年6月11日，赵某健、李某奔等人租车前往河北省邯郸市从上线手中购进制毒原料盐酸羟亚胺三袋共75千克，回到广西壮族自治区博白县交与"阿某"制造氯胺酮。(2)2014年6月30日，赵某健、李某奔等又按同样模式购买盐酸羟亚胺10袋共250千克，交与"阿某"制造氯胺酮。(3)2014

① 参见湖南省岳阳市中级人民法院刑事判决书，(2017)湘06刑初30号。

年8月,赵某健与上线联系商量购买盐酸羟亚胺30袋共750千克,再运回广西壮族自治区交与“阿某”制造氯胺酮。2014年8月18日赵某健伙同李某奔、林某辉、蓝某携带228.6万元购毒款,由赵某健、蓝某驾驶一辆丰田越野车,李某奔、林某辉驾驶一辆丰田小轿车前往河北省邯郸市。同年8月19日2时许,在京港澳高速公路羊楼司收费站被公安民警抓获,从李某奔裤子口袋内查获毒品疑似物两包,从丰田越野车上查获毒品疑似物一包,分别净重0.2439克、0.1353克和0.6342克,经鉴定均检测出氯胺酮成分,同时在丰田小轿车尾厢内查获购毒款2,286,070元。

［**裁判结果**］ 一审判决认为,被告人赵某健、李某奔、林某辉明知他人制造毒品,而非法购买制造毒品原料并为之提供,其行为均已构成制造毒品罪。在共同犯罪中,赵某健联系上线、协调价格、筹措资金、租赁车辆、安排路线、参与交易,起了主要作用,属主犯;李某奔受他人指使与赵某健同行、携带资金,起了次要作用,属从犯;林某辉所起作用较小,亦属从犯,李某奔、林某辉均可减轻处罚。林某辉是累犯,应当从重处罚。2014年8月18日赵某健、李某奔、林某辉等人携带巨款前往河北省邯郸市购买制毒原料,因途中被抓获未能得逞,属犯罪预备。涉案车辆白色丰田牌RAV4汽车系林某辉所购买,登记在其妻子张某媚的名下,应认定为供林某辉犯罪所用的本人财物,依法予以没收。公诉机关关于李某奔将制造出来的氯胺酮转卖给他人的指控,因仅有李某奔一人的供述,而毒品的制造地点、数量,交易的方式、价格,毒资的支付及毒品下线的身份均未查实,且无其他旁证予以佐证,证据不能达到确实、充分的程度,不予认定。判决:(1)被告人赵某健犯制造毒品罪,判处无期徒刑,剥夺政治权利终身,并处没收个人财产十万元;(2)被告人李某奔犯制造毒品罪,判处有期徒刑十四年,剥夺政治权利三年,并处罚金五万元;(3)被告人林某辉犯制造毒品罪,判处有期徒刑七年,并处罚金三万元;(4)对林某辉所有的白色粤B×××××丰田RAV4型车辆一台以及公安民警现场查获的购毒资金2,286,070元予以没收,上缴国库。

［**判理分析**］ 本案被告人赵某健、李某奔、林某辉明知他人制造毒品,而非法购买制造毒品原料盐酸羟亚胺并提供给制造毒品犯罪分子,其行为均已构成制造毒品罪。从查明犯罪事实看,赵某健、李某奔已经向制造毒品犯罪分子提供盐酸羟亚胺325千克,也即其参与制造的氯胺酮数量特别巨大,本次又携带228.6万元,意欲购买750千克盐酸羟亚胺,意欲参与制造的氯胺酮数量亦特别巨大,但不能因此将三名参与者全部认定为主犯。在本案三名被告人中,赵某健联系上线、协调价格、筹措资金、租赁车辆、安排路线、参与交易,在共同犯罪中起组织、指挥、主导作用,属主犯,应对全部1075千克盐酸羟亚胺的事实负责;李某奔受他人指使与赵某健同行、携带资金,起次要作用,属从犯,亦应按全部1075千克盐酸羟亚胺的事实量刑;林某辉中途参与,出资入股,仅参与最后一次购买750千克盐酸羟亚胺的事实,在购买、运输盐酸羟亚胺的过程中所起作用最小,亦属从犯,且其所参与最后一起又系犯罪预备,其应负的刑事责任又小于李某奔,判决对三人区别对待,较好地体现了罪责相适应原则。

案例6-7

黄某军等贩卖、制造毒品案①——毒品数量特别巨大的共同犯罪中多名主犯亦应当进一步区分作用大小

［**基本案情**］ (1)2016年2月24日,被告人黄某军以4800元的价格将200颗甲基苯丙

① 参见四川省成都市中级人民法院刑事判决书,(2017)川01刑初12号。

胺片剂(俗称“麻古”)出售给陈某1(另案处理);同年3月1日黄某军再次向陈某1等人以35,900元的价格出售80克海洛因,次日14时许,民警在安徽省明光市广大物流城顺丰快递处将取毒品的陈某1抓获,查获海洛因79.72克。2016年3月8日19时许,民警在成都市首创爱他城小区一号楼将黄某军抓获,现场查获甲基苯丙胺11.85克。同年4月4日,黄某军因患严重疾病被取保候审。(2)在取保候审期间,被告人黄某军继续进行毒品贩卖活动,与陈某武商议共同制造毒品甲基苯丙胺。被告人赵某英受黄某军的安排使用陈某武提供的资金租赁四川省新津县邓双镇某小区6栋1单元404号房(以下简称404房)作为制毒场所,并伙同张某、陈某武搬运404房存放的毒品及制毒工具;被告人张某受黄某军安排驾车运输制毒工具,参与制毒,伙同陈某武、赵某英搬运404房存放的毒品及制毒工具;黄某军安排张某、赵某英参与制毒,在制毒时帮陈某武打下手;被告人陈某武保管制毒资金,掌握制毒技术,负责采购制毒工具及制毒原料,组织生产制造;其间黄某军向胡某威(另案处理)多次贩卖毒品。2016年7月28日,民警在四川省蒲江县鹤山镇成雅高速出口朝阳加油站外将正准备向胡某威贩卖毒品的黄某军抓获,当场从黄某军驾驶的轿车上查获甲基苯丙胺75.07克及甲基苯丙胺片剂4.04克。2016年8月2日,民警抓获被告人赵某英,在赵某英的配合下将张某抓获,在张某的配合下将陈某武抓获。在陈某武驾驶的本田轿车上查获大量制毒器皿、制毒原材料;在张某驾驶的面包车上查获甲基苯丙胺43.35克和含甲基苯丙胺成分的液体、固液混合物共37,970克(含量分别为4.4%、12.0%、32.2%、38.1%和39.8%);从404房内查获甲基苯丙胺片剂638.9克和含甲基苯丙胺成分的液体及固液混合物共770.22克(含量分别为16.5%、67.2%、18.5%和62.5%)。

［**裁判结果**］　法院认为,被告人黄某军、陈某武、张某、赵某英违反国家对毒品的管理制度,采用化学合成的方法,共同制造毒品甲基苯丙胺,查获甲基苯丙胺118.42克和含甲基苯丙胺成分的液体及固液混合物38,740克;被告人黄某军违反国家对毒品的管理制度,贩卖毒品甲基苯丙胺11.85克、甲基苯丙胺片剂642.94克、海洛因79.72克,被告人黄某军的上述行为已构成贩卖、制造毒品罪,被告人陈某武、张某、赵某英的行为均已构成制造毒品罪。在共同犯罪中,被告人陈某武掌握制毒技术、保管制毒资金、购买制毒工具和原料、负责生产制造,起主要作用,系主犯;被告人黄某军与陈某武共谋制毒,不仅亲自参与制造,还组织安排张某、赵某英参与,起主要作用,系主犯;虽同为主犯,但被告人陈某武的作用大于黄某军。被告人黄某军是累犯,依法应当从重处罚。被告人张某受黄某军安排帮助运输制毒工具和原料,起次要作用,系从犯;被告人赵某英受黄某军安排帮助租赁制毒场所和搬运制毒物品,起次要作用,系从犯。被告人赵某英归案后协助公安机关抓获同案犯张某和重大犯罪嫌疑人陈某武,有重大立功表现;被告人张某伙同赵某英协助公安机关抓获重大犯罪嫌疑人陈某武,有重大立功表现。被告人赵某英、张某归案后均能如实供述自己的罪行,且系从犯,有重大立功表现,当庭亦自愿认罪,综合本案的具体情况,决定对其二人予以减轻处罚。判决:(1)被告人黄某军犯贩卖、制造毒品罪,判处无期徒刑,剥夺政治权利终身,并处没收个人全部财产;(2)被告人陈某武犯制造毒品罪,判处无期徒刑,剥夺政治权利终身,并处没收个人全部财产;(3)被告人张某犯制造毒品罪,判处有期徒刑七年,并处罚金五万元;(4)被告人赵某英犯制造毒品罪,判处有期徒刑七年,并处罚金五万元。

［**判理分析**］　本案被告人制造毒品时间长达数个月,仅被抓获当时就查获甲基苯丙胺及

含甲基苯丙胺成分的液体及固液混合物3.8万余克，数量特别巨大，制造毒品活动的发起者被告人黄某军和陈某武二人均为主犯。其中被告人陈某武保管制毒资金，掌握制毒技术，负责采购制毒工具及制毒原料，组织生产制造；被告人黄某军纠集张某、赵某英参与制毒，并负责对外贩卖毒品。相比而言，被告人陈某武的作用大于黄某军，应当承担比黄某军更重的刑事责任，但被告人黄某军是累犯，依法应当从重处罚，判决对二人均判处无期徒刑是适当的。

100. 毒品犯罪中形迹可疑的自首和“如实供述”如何审查认定

【实务观点】

基于毒品属于违禁物这一前提，持有毒品本身就是一种非法状态。对于毒品犯罪“形迹可疑型”自首的认定，应当按以下原则处理：如果在公安机关盘查前主动承认犯罪事实，或者公安机关盘查未发现可疑物品而被告人主动承认犯罪事实的，属于自动投案；如果公安机关在盘查中已经发现其持有可疑物品，相当于已经发现其部分违法犯罪事实，在传唤讯问时如实供述非法持有毒品的事实，不属于自动投案。

在公安机关已经查获毒品的情况下，非法持有毒品罪中“如实供述自己罪行”的判断，应根据毒品的数量不同而区别对待。如果所携带毒品数量尚未明显超出自吸合理范围，只要行为人如实供述其非法持有毒品状态的事实，即可认定其交代了主要犯罪事实，行为人辩解用于自己吸食，即其“承认为自己吸食而持有”有一定的可信性，不影响对“如实供述”的认定；如果所携带的毒品数量明显超出自吸范围（如毒品数量大），行为人应当说明毒品的来源和去向，其拒不说明实际上是认罪态度不好的表现，虽然承认自己非法持有毒品的事实，但系因为没有其他证据证明行为人具有贩卖或者运输目的才认定为非法持有毒品罪，一般不应认定被告人具有“如实供述自己罪行”情节。

【法律及司法文件】

最高人民法院《关于处理自首和立功具体应用法律若干问题的解释》（法释〔1998〕8号，1998年5月9日施行，以下简称《自首立功解释》）

第1条 ……罪行未被司法机关发觉，仅因形迹可疑被有关组织或者司法机关盘问、教育后，主动交代自己的罪行的；……应当视为自动投案。

【类案参考】

案例6-8

杨某博非法持有毒品案①——因形迹可疑被盘查时发现行为人持有毒品不成立自首

［**基本案情**］ 2014年5月8日17时许，鹤壁市公安局红旗分局在鹤壁市山城区东岭转盘处设卡盘查，在对杨某博驾驶的车辆进行检查时，发现其随身携带的挎包内藏有4包可疑白色晶体，遂将其带至红旗分局接受调查。杨某博随即交代了其携带的可疑物品系冰毒，是其从网上购买供自己吸食用的。经鉴定，该4包白色晶体净重62.58克，均检出甲基苯丙胺

① 参见中华人民共和国最高人民法院刑事审判第一、二、三、四、五庭主办：《刑事审判参考》（2014年第5集，总第100集），法律出版社2015年版，第111～115页。

成分。

［**裁判结果**］ 鹤壁市山城区人民法院认为,被告人杨某博非法持有甲基苯丙胺62.58克,其行为构成非法持有毒品罪。杨某博在公安机关已发现其随身携带的挎包内藏有可疑物品后,才交代非法持有毒品的事实,不能认定为自首。杨某博认罪态度好,到案后能如实供述自己的犯罪事实,系坦白,依法可以从轻处罚。据此,以被告人杨某博犯非法持有毒品罪,判处有期徒刑七年,并处罚金二万元。

［**判理分析**］ 公安人员在盘问杨某博的同时,对其驾驶的车辆进行搜查,发现其随身携带与犯罪有关的物品,此后杨某博交代了非法持有毒品的事实,其行为不属于自动投案;而且杨某博如实供述的事实系司法机关已掌握的犯罪事实,其行为不成立自首。《自首立功解释》第1条规定,"罪行未被司法机关发觉,仅因形迹可疑被有关组织或者司法机关盘问、教育后,主动交代自己的罪行的;……应当视为自动投案"。"形迹可疑"是指对方的举动和神色让人起疑心,这种疑心是司法工作人员基于经验、常理对怀疑对象所作的一种主观判断。此时侦查人员还没有掌握任何可疑物品,即尚未掌握任何被怀疑者犯罪的证据或者线索,因而只能对被怀疑者进行盘问、教育,而无权对其采取进一步的侦查措施。这个时候,如果被怀疑对象主动交代了自己尚未被司法机关发觉的罪行,应当视为自动投案。但是,如果被怀疑者的罪证已经被侦查人员所掌握,或者侦查人员凭借一定的事实、证据以及工作经验或者他人提供的线索,对特定对象产生了某种具体的、有针对性的怀疑,从而可以将嫌疑人与某种具体犯罪行为相联系,则该嫌疑对象已经成为刑事侦查程序意义上的犯罪嫌疑人。此时犯罪嫌疑人交代犯罪事实的,不属于《自首立功解释》规定的"罪行尚未被司法机关发觉",不能认定为自动投案。最高人民法院《关于处理自首和立功若干具体问题的意见》明确规定,"有关部门、司法机关在其身上、随身携带的物品、驾乘的交通工具等处发现与犯罪有关的物品的,不能认定为自动投案"。本案中,侦查人员在对被告人杨某博进行盘查而尚未发现其随身携带的挎包内藏有可疑物品时,杨某博只是个"形迹可疑"的人;但是当侦查人员对杨某博的车辆检查发现其挎包内有4包白色可疑晶体,并决定将其带至公安机关调查时,侦查人员已经掌握了其实施犯罪的证据或者线索,根据自己的工作经验,可以判断存在贩卖、运输毒品或者非法持有毒品的事实。杨某博不再是《自首立功解释》所称的"仅因形迹可疑"而被盘问、教育的人,而是一个犯罪嫌疑人。在侦查阶段,不能以侦查人员掌握的证据达到"确实、充分"标准来认定发觉了犯罪嫌疑人实施的罪行。在毒品犯罪案件中,作为物证的毒品是指控犯罪的最有力、最直接的证据。只要毒品被查获,就应当认定行为人的罪行已经被司法机关发觉。

案例6-9

杨某保等走私毒品案①——因形迹可疑被公安机关盘问后即如实交代体内藏毒事实的应认定为自首

［**基本案情**］ 1998年12月30日,被告人杨某保、陈某助在缅甸勐古被毒贩雇用运送海洛因到中国境内。同月31日清晨,杨某保、陈某助分别将毒贩给的海洛因吞匿于体内,然后进入中国境内,与毒贩安排带路的李某明等一起从云南省畹町乘车至芒市机场,欲乘飞机前

① 参见中华人民共和国最高人民法院刑事审判第一庭、第二庭编:《刑事审判参考》(2001年第1辑,总第12辑),法律出版社2001年版,第12~16页。

往内地。在机场安检时,杨某保、陈某助被公安人员盘查,随即其交代体内藏毒的事实。后公安人员分别从杨某保体内查获海洛因486克,从陈某助体内查获海洛因441克。

［**裁判结果**］　德宏傣族景颇族自治州中级人民法院认为:被告人杨某保、陈某助、李某明为牟取非法利益,走私毒品海洛因,其行为构成走私毒品罪,应依法惩处。于1999年9月7日判决:(1)被告人杨某保犯走私毒品罪判处死刑;(2)被告人陈某助犯走私毒品罪,判处死刑,剥夺政治权利终身;(3)被告人李某明犯走私毒品罪,判处死刑,缓期二年执行,并处没收财产二万元;(4)查获的毒品海洛因依法予以没收。云南省高级人民法院裁定驳回上诉,维持原判。最高人民法院经复核认为,被告人杨某保、陈某助因形迹可疑被公安人员盘查后,即如实供述自己走私毒品的犯罪事实,应认定为自首,对杨某保、陈某助判处死刑,可不立即执行。一、二审法院没有依法对杨某保、陈某助并处没收财产不当,应予纠正。于2000年7月14日判决:撤销原一审、二审判决,对被告人杨某保、陈某助以走私毒品罪改判死刑,缓期二年执行,剥夺政治权利终身,并处没收个人全部财产。

［**判理分析**］　本案被告人携带毒品走私入境,欲从云南省乘飞机前往内地。在机场接受公安人员例行安全检查时,仅因形迹可疑被公安人员盘查,即如实交代了走私毒品的犯罪事实,此时公安机关并未掌握其体内藏有毒品的事实,这种情形符合司法解释规定的"罪行尚未被司法机关发觉,仅因形迹可疑,被有关组织或者司法机关盘问、教育后,主动交代自己的罪行的"情形,应当视为自动投案。杨某保、陈某助二人交代体内藏毒品的事实后经查证属实,属如实供述,因而其行为构成自首。

案例6-10

刘某非法持有毒品案①——因与毒品犯罪嫌疑人交往频繁而被纳入侦查视线的属于形迹可疑人员而非犯罪嫌疑人

［**基本案情**］　2014年7月31日晚,侦查人员在被告人刘某在南昌市象湖新城幸福时光二期的租住地5栋2单元302室缴获刘某藏匿的甲基苯丙胺2527.14克。经鉴定,在上述地点缴获的结晶状物中均检出甲基苯丙胺成分,含量为60.55%至65.68%不等。

［**裁判结果**］　原审法院认为,被告人刘某违反国家毒品管理规定,非法持有甲基苯丙胺2527.14克,其行为已构成非法持有毒品罪。抓获经过及情况说明证实公安人员经前期侦查工作,已掌握刘某在该小区还租用了5栋2单元317室和302室,在现场突审过程中,刘某最终交代了上述二住处也系自己租用,进而在302室搜查到大量毒品,系坦白,但刘某非法持有2500余克甲基苯丙胺,数量巨大,不足以对其从轻处罚。判决:被告人刘某犯非法持有毒品罪,判处无期徒刑,剥夺政治权利终身,并处没收个人全部财产;已扣押的甲基苯丙胺2527.14克,由扣押机关依照国家有关规定处理。二审判决认为:刘某在罪行尚未被司法机关发觉,仅因形迹可疑被侦查人员盘问后,主动交代藏匿毒品地点及事实,并配合侦查人员缴获毒品,构成自首,依法可以从轻处罚;刘某系初犯,可酌情予以从轻处罚。原审判决认定刘某具有坦白情节、未认定有自首情节不当;原审判决对刘某所犯非法持有毒品罪判处没收个人全部财产不当,依法应予改判。判决撤销一审判决第1项对刘某的量刑部分,对上诉人刘某以非法持有毒品罪改判有期徒刑十五年,并处罚金十万元。

---

①　参见江西省高级人民法院刑事判决书,(2017)赣刑终240号。

［判理分析］　本案中公安机关在抓获刘某之前已经知道其出入过幸福时光二期的租住地5栋2单元302室，刘某归案后主动交代在302室藏匿毒品，虽对毒品来源有不同辩解，仍应认定其构成自首。主要理由如下：（1）侦查人员因刘某与毒品犯罪嫌疑人高某交往频繁，而将刘某纳入侦查犯罪，并未掌握刘某的确切犯罪证据或线索，此时刘某属于形迹可疑人员而非犯罪嫌疑人。侦查人员进入刘某租住的28栋2单元501室后未获得有价值犯罪线索，经盘查教育，刘某交代了其另两处租住房屋，并配合侦查人员搜查该两处房屋，在侦查人员搜查到毒品前主动交代了藏匿毒品的事实。刘某在受到盘查后主动交代了藏毒地5栋2单元302室，该藏毒地与被抓获地28栋2单元501室尚有一段距离，不属于与其人身紧密相关的场所；侦查人员虽在前期侦查中发现刘某曾出入5栋2单元302室，但并不确定该地点为刘某租住地或藏毒地，刘某交代上述藏毒地和藏毒事实对侦查人员查获毒品仍具有实质意义。根据《自首立功解释》第1条的规定，罪行尚未被司法机关发觉，仅因形迹可疑，被司法机关盘问、教育后，主动交代自己的罪行的，视为自动投案。（2）非法持有毒品罪是指明知是毒品而非法持有且数量较大的行为。只要事实上在一定时间内形成了对毒品的占有、藏有或支配，就构成非法持有毒品罪；只要行为人不合法持有毒品，不管毒品的来源究系购买、捡拾还是非法获取，均不影响该罪的成立。本案被告人刘某归案后，主动交代公安机关并不掌握的非法持有毒品事实，其对毒品来源虽有不同辩解，但如实供述了非法持有毒品的事实，对于非法持有毒品罪而言，仍构成自首。

101. 犯罪嫌疑人归案后因意外因素脱离公安机关控制，后又自觉回到公安机关的行为是否构成自动投案

【实务观点】

根据《刑法》的规定，自首的成立必须具备犯罪人自动投案和如实供述两个方面的条件。自动投案是追诉得以实质开始的前提，其本质意义在于犯罪分子主动将自己置于司法机关的控制之下，自愿接受司法机关的处理，体现了其认罪、悔罪的心理态度，因此只要犯罪嫌疑人在尚不处于司法机关控制的状态时，将自己置于司法机关的控制之下，即应视为自动投案。犯罪以后主动、直接向公安机关、人民检察院或者人民法院投案的属于自动投案，明知他人报案而在现场等待同样可以视为自动投案，从犯罪现场逃跑以后又向公安机关投案的属于自动投案，从羁押场所或临时羁押地逃跑后又向公安机关投案的属于自动投案，在配合公安机关办案过程中因意外因素而脱离控制后又主动返回公安机关的同样属于自动投案。

毒品犯罪是一种上下线交易的犯罪，且往往是多人共同犯罪。在毒品犯罪侦查中，侦查人员抓获犯罪嫌疑人后经常利用该人再引诱其上家、下家或同案犯上钩，从而得以抓获更多的犯罪嫌疑人，或破获更多犯罪。在这个过程中，难免会发生已经归案的犯罪嫌疑人脱离侦查人员控制的情况。如果因为侦查人员意志以外的因素导致已经归案的毒品犯罪嫌疑人脱离公安机关控制，该犯罪分子又自觉回到公安机关控制下，应当认定为自动投案。

【类案参考】

案例 6 - 11

梁某雄、周某杰等贩卖毒品案①——已经实际脱离公安机关控制后又自觉回到公安机关的行为均应视为自动投案

［**基本案情**］ 2002 年 11 月 7 日上午，被告人梁某雄和其女友被告人曹某凤一起来到深圳市春风路春风茶餐厅，准备交给周某杰 2 块海洛因时，被公安人员人赃俱获。曹某凤趁乱逃脱后，立即联系梁某雄的好友被告人刘某明，密谋后由刘某明找到买家黄某柱，商定将梁某雄放在住处的其余 5 块海洛因出卖。黄某柱因担心梁某雄的住处被监视，而叫来被告人赵某祥，让赵某祥为其到梁某雄的住处向西村西区 85 号楼 603 室取一只黑色背包，并答应事成后给赵某祥 1.2 万元，并交代如房子被查封就不要入内。赵某祥进入 603 室后在梳妆台旁找到一只装有 6 包咖啡因（净重 4900 克）的黑色背包，遂将这只背包拿下来交给刘某明和黄某柱后即离去。刘某明、曹某凤、黄某柱又到向西村西区 85 号楼下，由刘某明在下面望风，曹某凤与黄某柱进入 603 室，拿到装有 5 块海洛因的背包后离开。同年 11 月 8 日晚，公安人员将曹某凤抓获归案。曹某凤归案后协助公安人员将刘某明抓获。刘某明归案后，带领公安人员将赵某祥抓获归案。刘某明为配合公安人员抓获黄某柱及缴回毒品，用手提电话与黄某柱取得联系，假称其朋友要买 1 块海洛因，约黄某柱在深圳市黄贝岭牌坊见面。公安人员遂带刘某明到约定地点进行布控。当黄某柱驾车来到约定地点后，即让刘某明上车并立即驶离，脱离了公安人员的控制。刘某明与黄某柱见面后，黄某柱将 1 块海洛因交还给刘某明，刘某明即带海洛因到深圳市刑警支队投案。交回的海洛因经鉴定，净重 540 克，含量为 100%。公安机关根据刘某明提供的黄某柱的手机号和活动情况调查，于 2002 年 11 月 11 日中午查明了黄某柱的住处，经对其住处进行搜查，查获海洛因 4 块，共 2710 克。

［**裁判结果**］ 深圳市中级人民法院认为，被告人梁某雄、周某杰为牟利为贩毒分子交接毒品，被告人刘某明、曹某凤直接将毒品卖给其他贩毒分子，其行为均已构成贩卖毒品罪。梁某雄、周某杰、刘某明、曹某凤均系主犯，但曹某凤具有协助公安机关抓获同案人刘某明的重大立功表现，可以从轻处罚。刘某明归案后，在协助公安机关抓获了同案人赵某祥，且在公安人员对其失去控制的情况下，带着 540 克海洛因主动到公安机关投案；并提供了同案人的住处及活动情况，使得公安人员从同案人的住处查缴海洛因 2710 克，具有自首和重大立功情节，依法应减轻处罚。判决：被告人梁某雄犯贩卖毒品罪，判处死刑，剥夺政治权利终身，并处没收个人全部财产；被告人周某杰犯贩卖毒品罪，判处死刑，剥夺政治权利终身，并处没收个人全部财产；被告人曹某凤犯贩卖毒品罪，判处无期徒刑，剥夺政治权利终身，并处没收个人全部财产；被告人刘某明犯贩卖毒品罪，判处有期徒刑十年，剥夺政治权利三年，并处罚金五万元。广东省高级人民法院经审理，裁定驳回上诉，维持原判。

［**判理分析**］ 本案被告人刘某明归案后，在协助公安人员抓捕在逃的毒品买主黄某柱的过程中，公安人员对其失去控制，在此情况下，其带着从黄某柱处取回的一块重达 540 克的海洛因回到公安机关的行为，构成自首。已经被通缉的犯罪嫌疑人可以实施投案行为，已经被

---

① 参见中华人民共和国最高人民法院刑事审判第一庭、第二庭编：《刑事审判参考》（2005 年第 6 集，总第 47 集），法律出版社 2006 年版，第 34～46 页。

抓获的犯罪嫌疑人脱逃后也可实施投案行为，举重以明轻，在协助侦查人员抓获其他犯罪嫌疑人的过程中，因意外因素脱离公安机关的控制，之后又主动到公安机关投案的，当然也应认定其具有投案行为，如果能够如实供述所犯罪行，就应认定其具有自首情节。而且这种自首与已归案犯罪嫌疑人脱逃后又投案的情况相比，更显示出被告人主动接受司法机关处理的悔罪态度，应当给予相对较大的从宽幅度。

102. 犯罪嫌疑人确已准备投案，本人及代为投案人由于客观原因未能与司法机关联系上，后被抓获的，能否视为自动投案

【实务观点】

刑法设置自首从宽制度的主要依据在于自首反映了被告人主观上愿意接受司法机关处理的认罪悔罪态度，人身危险性减轻，而客观上又起到了犯罪及时得到追诉、被害人的报复愿望及时得到抚慰、受犯罪侵害的法律秩序及早得到修复的效果，犯罪的社会危害性在一定程度上得到救济，因此对于被告人而言，其刑事责任相应也有一定程度的减轻。最高人民法院《自首立功解释》第1条中规定，“经查实确已准备去投案，或者正在投案途中，被公安机关捕获的，应当视为自动投案”。“确已准备去投案”是指“准备投案”不能停留在犯罪人个人主观思想中，而必须有准备投案的具体言行表现，并有充分证据予以证明，即使投案未能成功而被抓获的，也可视为自动投案。在自首的判定中，被告人主观上投案意愿的认定十分重要，而投案意愿作为一种主观心态，要得到法律的承认，不能仅以本人的供述和辩解为依据，而必须有一定的客观行为表现予以佐证，才能证明其存在。对于主观上有投案意愿而实际上是被司法机关抓获的被告人，必须有足够的证据证明其曾经通过一定具体行为表达出投案的意愿，并且在被抓获前这种意愿没有消失，才能认定其仍处于投案的过程中。特别是不能有显示其有潜逃想法的相关行为表现，如果有反面证据反映被告人有逃避归案的意思，则应排除其主观上投案意愿的认定。

【类案参考】

案例6－12

薛某军等盗窃毒品案[①]——委托他人与公安人员联系准备去投案后被抓获的可认定为自动投案

［**基本案情**］　2000年9月13日20时许，刘某昌、徐某军、薛某军、刘某、李某彬在北京市首都国际机场飞行员宿舍208室内，盗走张某存放此处的耐克牌蓝色旅行包1个，内有安非他明类毒品MDA药片4万余片，总计10余千克，及内有快译通掌上电脑1个的密码箱（价值共计1330元）。被告人刘某昌、徐某军、刘某作案后被抓获归案，薛某军在投案过程中被公安机关抓获。

［**裁判结果**］　北京市第二中级人民法院认为，刘某昌、徐某军、薛某军、刘某以非法占有为目的，采用秘密窃取的手段，盗窃安非他明类毒品MDA达10余千克，4万余片，其行为均

---

① 参见中华人民共和国最高人民法院刑事审判第一庭、第二庭编：《刑事审判参考》（2002年第4辑，总第27辑），法律出版社2002年版，第27～33页。

已构成盗窃罪。鉴于被告人刘某昌、徐某军、薛某军有一定立功表现,依法从轻判处。判决:被告人薛某军犯盗窃罪,判处有期徒刑十三年,剥夺政治权利三年,罚金1.3万元。(其他被告人略)北京市高级人民法院经审理认为,薛某军犯罪后主动与公安人员联系未果,后又委托他人与公安人员联系,准备投案,后被抓获,其行为属于在投案过程中被公安机关捕获,应当视为自动投案,且其投案后如实供述所犯罪行,应认定为自首,予以减轻处罚。二审判决:对薛某军以盗窃罪改判有期徒刑六年,罚金6000元。

[**判理分析**] 所谓自动投案,是指犯罪事实和犯罪嫌疑人未被司法机关发觉或者犯罪事实虽被发觉但犯罪嫌疑人尚未受到讯问、传唤或尚未被采取强制措施时,主动、直接向司法机关和有关单位、组织和人员投案。投案的方式并非要求犯罪嫌疑人的投案行为必须将自己直接置于司法机关控制之下,只要有证据证明投案人具有投案的意思表示,并有投案的具体行为,均应认定为自动投案。《自首立功解释》第1条中规定,"经查实确已准备去投案,或者正在投案途中,被公安机关捕获的,应当视为自动投案"。因此,犯罪嫌疑人准备投案,但由于客观原因,本人及代为投案人未能与司法机关联系上,后被抓获的也可视为自动投案。本案中薛某军犯罪后主动与公安人员联系未果,后又委托他人与公安人员联系准备去投案,在此期间被抓获,其行为属于在投案过程中被公安机关捕获,应当视为自动投案,且其投案后如实供述所犯罪行,应认定为自首。

103. 毒品犯罪分子被抓获后如实供述司法机关未掌握的其他毒品罪行是否属于"同种罪行"

【实务观点】

《自首立功解释》第2条中规定,"被采取强制措施的犯罪嫌疑人、被告人或已宣判的罪犯,如实供述司法尚未掌握的罪行,与司法机关已掌握的或者判决确定的罪行属不同种罪行的,以自首论"。也即,如果已经在案的毒品犯罪分子如实供述司法机关尚未掌握的同种罪行的,不能以自首论。最高人民法院《关于处理自首和立功若干具体问题的意见》第3条"关于'司法机关还未掌握的本人其他罪行'和'不同种罪行'的具体认定"第2款规定,"犯罪嫌疑人、被告人在被采取强制措施期间如实供述本人其他罪行,该罪行与司法机关已掌握的罪行属同种罪行还是不同种罪行,一般应以罪名区分。虽然如实供述的其他罪行的罪名与司法机关已掌握犯罪的罪名不同,但如实供述的其他犯罪与司法机关已掌握的犯罪属选择性罪名或者在法律、事实上密切关联,如因受贿被采取强制措施后,又交代因受贿为他人谋取利益行为,构成滥用职权罪的,应认定为同种罪行"。《刑法》第347条规定的走私、贩卖、运输、制造毒品罪是选择性罪名,因此实施走私、贩卖、运输、制造毒品的一种或几种行为的毒品犯罪分子,如实供述与公安机关已掌握毒品犯罪事实不属于同一宗毒品的其他毒品犯罪行为,仍然属于同种罪行,不构成自首。

【类案参考】

案例 6－13

彭某升贩卖、运输毒品案[①]——归案后如实供述的罪名与司法机关已经掌握的罪行属于选择性罪名的不构成自首

［**基本案情**］　(1)2007 年 6 月 15 日,被告人彭某升接受杜某龙(“龙哥”)、王某生(均在逃)的雇请,同意从广东省广州市运送冰毒和底粉(咖啡因)至河南省制作“麻古”,并收取了报酬 16,000 元。之后,彭某升租来一辆轿车,将 6 包冰毒和 13 袋底粉藏入车尾厢内,并雇其朋友黄某某帮忙开车。6 月 20 日 10 时,当彭某升等人驾车驶至京珠高速公路湖南省境内羊楼司收费站时,被公安民警拦截检查,当场从车尾厢内查获 6 包甲基苯丙胺,净重 6000 克;咖啡因 13 包,净重 37,000 克。经鉴定,甲基苯丙胺的含量分别为 52.86% 至 64.23% 不等。(2)2007年 4 月 7 日及 6 月中旬,被告人彭某升先后两次在广东省广州市从谢某荣(“阿水”,另案处理)处购买毒品 K 粉(氯胺酮)共计 2800 克,分别卖给湖南省长沙市的“阿勇”(在逃)等人,获利 7000 元。

［**裁判结果**］　岳阳市中级人民法院认为,被告人彭某升违反国家毒品管理法规,为获取非法利益,贩卖氯胺酮 2800 克,运输甲基苯丙胺 6000 克、咖啡因 37,000 克,其行为构成贩卖、运输毒品罪。其贩卖、运输毒品数量巨大,应依法惩处。彭某升在杜某龙支付报酬后,自行租车、邀约他人帮忙开车运输毒品,从其犯意的形成到行为的实施,均由其独立完成,不受杜某龙的支配、控制,故不属从犯。彭某升在被采取强制措施后,虽如实供述了司法机关尚未掌握的其贩卖毒品的事实,但与司法机关已掌握的其运输毒品的事实属同种罪行,不属于自首。判决:被告人彭某升犯贩卖、运输毒品罪,判处死刑,剥夺政治权利终身,并处没收个人全部财产。湖南省高级人民法院经审理,裁定驳回上诉,维持原判,报请最高人民法院核准。最高人民法院经复核认为,被告人彭某升多次贩卖、运输毒品,其中运输甲基苯丙胺 6000 克,数量巨大,社会危害极大,情节极为严重,属罪行极其严重,应依法惩处。彭某升运输毒品不属从犯;其因运输毒品被抓获后,主动供述贩卖毒品的行为,不构成自首;其供述向其贩卖毒品的人的基本情况,不构成立功。裁定核准。

［**判理分析**］　本案被告人彭某升已经被公安机关掌握的运输毒品的犯罪事实和其归案后如实供述的贩卖毒品事实属于同种罪行,故不构成自首。对刑法某一条款中的数个罪行是否属于同种罪行,应以刑法规定是否按一罪判处为标准,按一罪判处的就是同种罪行,按数罪判处的就是不同种罪行。我国《刑法》第 347 条将走私、贩卖、运输、制造毒品罪规定在同一法条中,并规定对多次走私、贩卖、运输、制造毒品的数量累计计算。最高人民法院于 2008 年发布的《大连会议纪要》进一步明确“对不同宗毒品分别实施了不同种犯罪行为的,应对不同行为并列确定罪名,累计毒品数量,不实行数罪并罚”。因此,走私、贩卖、运输、制造毒品罪是选择性罪名,对行为人实施贩卖、运输毒品两种以上行为的,不论是否同一宗毒品,只定一个罪名,在量刑上只适用一个法定刑,不实行数罪并罚。选择性罪名和并列性罪名(如《刑法》第 114 条规定的“放火罪、决水罪、爆炸罪、投放危险物质罪、以危险方法危害公共安全罪”)不

---

① 参见中华人民共和国最高人民法院刑事审判第一、二、三、四、五庭主办:《刑事审判参考》(2009 年第 6 集,总第 71 集),法律出版社 2010 年版,第 48 ~ 53 页。

同。选择性罪名的数个罪名既可分解单独定罪，也可以合并组合为一罪（复合性罪名），事实上是两个以上的罪行根据刑法规定按一罪判处，而不是数罪并罚。对于被告人如实供述司法机关尚未掌握的选择性罪名中的某一罪行不以自首论，但在刑事法律和司法实践中仍应依法适当从宽处罚。《自首立功解释》第 4 条中规定，“如实供述司法机关尚未掌握的罪行，与司法机关已掌握的或者判决确定的罪行属同种罪行的，可以酌情从轻处罚”。本案中被告人彭某升虽具有这一酌情从轻处罚的情节，但其运输甲基苯丙胺 6000 克、咖啡因 37,000 克，贩卖氯胺酮 2800 克，毒品犯罪数额特别巨大，社会危害极大，属于罪行极其严重，其如实供述贩卖氯胺酮 2800 克的情节不足以对其从轻处罚。

案例 6－14

赛某华、王某龙贩卖毒品，赛某华非法持有毒品案①——毒品犯罪嫌疑人如实供述通过“以物易物”方式获取的毒品属于在“法律、事实上存在关联”的同种罪行

［**基本案情**］　2017 年 9 月 6 日 15 时 30 分许，被告人王某龙至本区永乐路、塘后路西侧 200 米路边处，用一瓶 413.69 克含有美沙酮成分的液体及 200 元与被告人赛某华交易两袋共计 1.93 克的甲基苯丙胺（冰毒），被民警当场查获，从王某龙处查获上述甲基苯丙胺，后从赛某华处查获毒资 200 元及上述含有美沙酮成分的液体。被告人赛某华及其辩护人认为赛某华主动交代持有美沙酮，在非法持有毒品犯罪中有自首情节。

［**裁判结果**］　上海市宝山区人民法院认为，被告人王某龙贩卖毒品美沙酮 413.69 克，被告人赛某华贩卖甲基苯丙胺 1.93 克，其行为均已构成贩卖毒品罪；被告人赛某华又非法持有美沙酮 413.69 克，其行为已构成非法持有毒品罪。赛某华犯两罪，应予以数罪并罚。赛某华在被羁押后如实供述其持有毒品美沙酮的犯罪事实，与公安机关已掌握的其贩卖甲基苯丙胺的犯罪事实在法律和事实上具有密切关联，不应认定其在非法持有毒品犯罪中具有自首情节。王某龙、赛某华系毒品再犯，依法应当从重处罚。王某龙、赛某华到案后如实供述自己的罪行，可依法从轻处罚。判决：（1）被告人王某龙犯贩卖毒品罪，判处有期徒刑八年，并处罚金八千元；（2）被告人赛某华犯贩卖毒品罪，判处有期徒刑十个月，并处罚金二千元；犯非法持有毒品罪，判处有期徒刑一年四个月，并处罚金二千元；决定执行有期徒刑二年，并处罚金四千元。上海市第二中级人民法院认为，公安机关掌握赛某华、王某龙二人贩卖毒品的犯罪事实后进行抓捕，虽然赛某华在到案后的第二天主动供述非法持有美沙酮的行为，公安机关也是在其供述之后扣押了美沙酮，其如实供述的罪行的罪名与公安机关已掌握的贩卖毒品的罪名不同，但两者在法律上、事实上密切关联，赛某华所持有的美沙酮是其向王某龙贩卖甲基苯丙胺的对价的一部分，应认定为同种罪行，故赛某华不构成自首。裁定驳回上诉，维持原判。

［**判理分析**］　本案中，公安机关事先掌握了被告人赛某华、王某龙要交易毒品，继而在双方约定的交易地点将两人抓获，现场实施抓捕的公安人员与事先掌握信息的公安人员并非一人，故在现场的公安人员并没有注意赛某华电动自行车储物箱内装在矿泉水瓶中的橘红色美沙酮液体，没有予以单独扣押、鉴定。赛某华到案后在否认自己贩卖甲基苯丙胺的前提下，向公安人员供认以 200 元的价格向王某龙购买了美沙酮液体，公安人员据此在赛某华电动自行

---

①　参见中华人民共和国最高人民法院刑事审判第一、二、三、四、五庭主办：《刑事审判参考》（总第 122 集），法律出版社 2020 年版，第 100～106 页。

车储物箱内查获美沙酮液体。而王某龙到案后只承认其用200元现金向赛某华购买了2克左右甲基苯丙胺,并未提及美沙酮的事情,在公安人员查获美沙酮一段时间后才承认其用美沙酮液体加上200元现金向赛某华购买了甲基苯丙胺。裁判认为,被告人赛某华主动供述向被告人王某龙购买美沙酮液体,系其贩卖毒品的同种罪行,不构成自首。具体理由如下:

(1)《刑法》第67条第2款规定了“特殊自首”,即被采取强制措施的犯罪嫌疑人、被告人和正在服刑的罪犯,如实供述司法机关还未掌握的本人其他罪行的,以自首论。《自首立功解释》中明确规定,被告人如实供述司法机关尚未掌握的罪行,与司法机关已掌握的罪行属不同种罪行的,以自首论。2010年最高人民法院《关于处理自首和立功若干具体问题的意见》对于不同种罪行作出进一步规定,嫌疑人、被告人在被采取强制措施期间如实供述本人其他罪行,该罪行与司法机关已掌握的罪行属同种罪行还是不同种罪行,一般应以罪名区分。虽然如实供述的其他罪行的罪名与司法机关已掌握犯罪的罪名不同,但如实供述的其他犯罪与司法机关已掌握的犯罪属选择性罪名或者在法律上、事实上密切关联,如因受贿被采取强制措施后,又交代因受贿为他人谋取利益行为,构成滥用职权罪的,应认定为同种罪行。可见,《关于处理自首和立功若干具体问题的意见》将选择性罪名或者在法律上、事实上密切关联的其他犯罪认定为同种罪行,扩充了同种罪行的外延,对自首成立范围进行了限制性解释。根据上述司法文件,对于如实供述自己不被司法机关掌握的罪行,排除自首认定的“同种罪行”主要包括以下三种:相同罪名的罪行,选择性罪名的罪行,法律上、事实上存在密切关联的罪行。除此之外的才能被认定为不同种罪行。

(2)判断是否在法律上密切关联的犯罪,一般应从犯罪构成要件考察数种罪行在犯罪主体、客体、客观方面的行为、结果对象要素上是否具有相近性或包容性;判断是否在事实上密切关联的犯罪,一般依托司法实践,结合日常经验,考察数种行为在发生概率、逻辑以及关系上是否具有关联性。如某人持枪杀人,其因故意杀人被抓获后,主动供述了购买枪支的行为,其购买枪支的行为构成非法买卖枪支罪,与司法机关此前掌握的故意杀人罪虽不是同一罪名,但因其在供述故意杀人犯罪事实时,必须如实供述作为犯罪工具的枪支的来源,因而,其所触犯的两个罪名在法律上、事实上均有密切关联,其主动供述购买枪支的行为不能认定为自首。本案中,被告人赛某华在公安机关未掌握其持有美沙酮的前提下,主动交代了持有美沙酮的行为,而且持有美沙酮的行为也被法院认定为非法持有毒品罪,与其构成的贩卖毒品罪是不同种罪名。然而,赛某华所持有的美沙酮系其贩卖甲基苯丙胺对价的一部分,在法律上和事实上与贩卖毒品罪有密切关联,故其主动交代的非法持有毒品罪与公安机关掌握的贩卖毒品罪属于同种罪行,其非法持有毒品罪不应认定为自首。

104. 非法持有毒品者主动向公安机关上交毒品是犯罪中止还是自首

【实务观点】

持有型犯罪在行为人实施持有行为后,犯罪进入实行阶段,持有状态即形成,持有犯罪便已达成既遂形态,不可能再向另一种犯罪停止形态即犯罪中止形态逆向发展。非法持有毒品罪作为持有型犯罪,只要在一定时间内支配毒品,持有状态即形成,犯罪即告既遂,不可能再向犯罪中止形态转化。故非法持有毒品者主动上交毒品的行为只能认定为自首,不属于非法持有毒品罪的犯罪中止。

【类案参考】

案例 6 - 15

周某非法持有毒品案[①]——非法持有毒品者主动向公安机关上交毒品的构成自首

［**基本案情**］　被告人周某 2000 年 4 月因犯贩卖毒品罪被判处拘役四个月；2002 年 1 月因犯贩卖毒品罪被判处有期徒刑十个月；2009 年 10 月因犯贩卖毒品罪被判处有期徒刑六个月，2010 年 1 月 29 日刑满释放。2013 年 9 月 9 日，被告人周某主动到公安机关投案，将其藏匿于上海市浦东新区家中的 3 包白色甲基苯丙胺晶体上交，共重 113.63 克。

［**裁判结果**］　浦东新区人民法院认为，被告人周某明知甲基苯丙胺是毒品而非法持有，数量达 113.63 克，其行为已构成非法持有毒品罪。周某曾数次因犯贩卖毒品罪被判刑，系累犯和毒品再犯，依法应从重处罚。鉴于周某在公安机关没有掌握其犯罪事实的情况下，主动投案自首并上交毒品，当庭又自愿认罪，可见其确有悔改的意愿和实际表现，综合考量上述情节，依法对周某予以减轻处罚。据此，以非法持有毒品罪，判处被告人周某有期徒刑六年，剥夺政治权利一年，并处罚金 1.2 万元。上海市第一中级人民法院经审理认为，评价毒品犯罪的轻重时，除考虑犯罪数量外，还应当根据犯罪的社会危害性和犯罪人的人身危险性进行综合考量。周某主动将非法持有的毒品上交公安机关，其行为已将非法持有毒品的社会危害性极大降低，且其系出于与毒品决裂、尽心赡养老母的动机上交毒品，虽系毒品再犯，但其行为说明其确有悔改诚意，其人身危险性与一般毒品再犯明显不同。对周某最大限度地予以从宽处罚，也有利于准确贯彻宽严相济刑事政策，分化瓦解毒品犯罪分子，鼓励毒品犯罪分子主动与毒品决裂。综合本案情况，可以认定周某的行为属于"犯罪较轻"并有自首情节，对其可免除处罚。据此，判决被告人周某犯非法持有毒品罪，免予刑事处罚。

［**判理分析**］　(1)非法持有毒品者主动向公安机关上交毒品的，构成自首。非法持有毒品者主动上交毒品的行为只能认定为自首，不属于非法持有毒品罪的犯罪中止。因为行为人持有毒品已经成为事实，其行为已构成犯罪既遂，不具备成立犯罪中止的条件。其上交毒品的行为，依法可认定为自首。持有型犯罪在犯罪形态方面的特点是一经持有即达成既遂，即行为人实施持有行为、犯罪进入实行阶段后，持有状态即形成，持有犯罪便已达成既遂形态，不可能再向另一种停止形态即犯罪中止形态逆向转化，其持有行为是否发生实际的危害结果，不影响持有犯罪既遂的成立。持有型犯罪在预备阶段可能因行为人自动停止，不再着手实施犯罪，从而构成预备阶段的犯罪中止，如行为人为了实施非法持有毒品犯罪购买保险柜、包装袋、电子秤等物品后，在接取毒品前主动放弃犯罪，不再着手实施持有毒品行为。本案中，周某主动上交所藏毒品时，其非法持有毒品已有一定的时间，非法持有毒品犯罪已构成既遂，不宜认定构成犯罪中止，应当以自首论处。

(2)被告人虽系毒品再犯，但结合具体案情可认定其真诚悔罪，犯罪行为无实质危害，属于自首条款中的"犯罪较轻"，对其可免除处罚。在常见的毒品案件中对非法持有甲基苯丙胺

---

① 参见中华人民共和国最高人民法院刑事审判第一、二、三、四、五庭主办：《刑事审判参考》(总第 103 集)，法律出版社 2016 年版，第 71 ~ 74 页。

(冰毒)100多克的犯罪确实无法作出“犯罪较轻”的认定,但本案的具体情节确实较为特殊,需与一般案件区别对待。第一,从客观上看,其上交毒品的行为使其非法持有毒品行为的社会危害性明显低于一般的同类犯罪,其犯罪行为对社会也没有造成任何实质危害,并且极大节约了司法资源,对其行为多方面的积极意义应在量刑时予以充分考虑。第二,从主观上看,周某投案的动机是与毒品决裂,痛改前非,尽心赡养老母。在公安机关未掌握其犯罪线索的情况下,其完全可以采取私下销毁毒品等方式,既实现自己的目的,又逃避法律制裁,但为表示真诚悔改的态度,其将毒品上交公安机关,愿意接受刑事处罚,说明其悔罪态度真诚、坚决,再次实施毒品犯罪的可能性很小。第三,对周某给予最大限度的从宽处罚,对教育、感化毒品犯罪分子,鼓励涉毒人员主动远离毒品具有良好的示范效应。综合上述三方面因素分析,对周某的非法持有毒品行为认定为“犯罪较轻”,进而对其免除处罚,符合罪刑相适应原则。

105. 被告人揭发的其他违法行为人又供述被告人罪行的能否认定自首或立功

【实务观点】

构成自首要求被告人必须有如实交代本人的犯罪事实的行为,构成立功要求被告人必须有揭发他人的与本人无关的犯罪事实的行为。被告人归案后揭发他人的违法事实,被其揭发的人员又揭发被告人本人的犯罪行为,这种情况下被告人被揭发的罪行既不是其本人主动交代出来的,不构成自首;同时其揭发的他人行为事实也不是犯罪事实,不构成立功。

【类案参考】

案例6-16

康某清贩卖毒品案①——被告人揭发的吸毒违法行为人又供述被告人的贩卖毒品行为的不构成自首或立功

[**基本案情**]　2012年年初至6月,康某清在龙海市紫泥镇某村港白53号其家二楼房间内,三次将原本用于自己吸食的毒品氯胺酮贩卖给吸毒人员周某淇,共得款300元。2012年6月中旬,康某清在其父陪同下,到龙海市公安局禁毒大队主动交代吸食毒品氯胺酮的违法行为,并自愿强制戒毒。同日,康某清向龙海市公安局禁毒大队举报“智辉”、康聪鑫、“永国”、“细尾”等人有吸食毒品的违法行为,称其曾经到“智辉”家吸食毒品,并带领公安人员到“智辉”家附近踩点。同日,公安人员到“智辉”家中抓获吸毒人员陈某辉、周某淇、吴某彬。其中,吸毒人员周某淇到案后又供述其曾经向康某清购买毒品。龙海市公安局根据周某淇提供的线索,以康某清涉嫌犯贩卖毒品罪立案侦查。康某清提出其举报他人违法行为,属于立功表现。

[**裁判结果**]　一审法院认为,康某清违反毒品管制法规,三次贩卖毒品氯胺酮,情节严重,其行为构成贩卖毒品罪。康某清于2012年6月中旬到龙海市公安局禁毒大队并非交代其贩卖毒品的犯罪事实,不具有投案的主动性和自愿性,其行为不符合自首的构成特征。康某清向龙海市公安局禁毒大队举报他人违法行为,侦查机关根据其举报线索进而查获其自己

---

①　参见中华人民共和国最高人民法院刑事审判第一、二、三、四、五庭主办:《刑事审判参考》(2013年第6集,总第95集),法律出版社2014年版,第107~112页。

犯罪事实的行为，亦不构成立功。据此，以被告人康某清犯贩卖毒品罪，判处有期徒刑三年，并处罚金三千元，同时，对康某清的违法所得三百元予以追缴。二审法院经审理，裁定驳回上诉，维持原判。

［**判理分析**］　因吸毒投案且自愿隔离戒毒，但未主动如实供述自己贩卖毒品行为的，不能构成自首。最高人民法院《关于处理自首和立功若干具体问题的意见》规定，因特定的违法行为被采取劳动教养、行政拘留、司法拘留、强制隔离戒毒等行政、司法强制措施期间，主动向执行机关交代尚未被司法机关掌握的犯罪行为的，应当视为自动投案。本案中，康某清到公安机关接受强制隔离戒毒并揭发他人违法事实，进而导致公安机关查获到其本人贩卖毒品事实。康某清归案后仅交代其吸毒的一般违法事实，而未交代其贩卖毒品的犯罪事实，其贩卖毒品的事实是公安机关经过他人检举、揭发而掌握的。可见，康某清对其本人的贩卖毒品事实进行了隐瞒，属于故意不如实交代罪行，有保全自己、逃避惩罚的意图，没有将自己主动交付法律制裁的自愿性。因此，不属于刑法意义上的如实供述，不能构成自首。

106. 毒品犯罪被告人在抓获其他犯罪嫌疑人过程中起协助作用时认定立功的把握

【实务观点】

毒品犯罪案件的侦破和抓捕工作有其特殊性。根据最高人民法院相关会议纪要的精神，对于毒品犯罪嫌疑人、被告人按照公安机关安排指认、辨认同案犯或其他犯罪嫌疑人从而将其抓获的，或者将同案犯、上下线约至指定地点从而将其抓获的，或者通过电话、信息与同案犯、上下线联系，帮助稳控并对抓获起到实质作用的，均属于《自首立功解释》第5条中规定的“协助司法机关抓捕其他犯罪嫌疑人（包括同案犯）”，应当认定为有立功表现。① 在供述中如实反映共同犯罪人、上下家的姓名、住址、体貌特征等基本情况，或者犯罪前、犯罪中掌握、使用的上述人员联络方式、藏匿地址，司法机关据此抓获同案犯的，客观上对案件侦破确实起到了作用，虽然不构成立功，但可以作为《刑法》第67条第3款规定的“如实供述自己罪行”，予以从轻处罚。司法实践中，还存在毒品犯罪嫌疑人、被告人归案后规劝其他犯罪嫌疑人投案，或者提供线索并对公安机关查获大量毒品起到实质作用等情形，可以认定为《自首立功解释》第5条规定的“其他有利于国家和社会的突出表现”。

司法实践中，法院应当对证明被告人立功的证据材料进行形式审查和实质审查。最高人民法院《关于适用〈中华人民共和国刑事诉讼法〉的解释》第144条规定，“证明被告人自首、坦白、立功的证据材料，没有加盖接受被告人投案、坦白、检举揭发等的单位的印章，或者接受人员没有签名的，不得作为定案的根据。对被告人及其辩护人提出有自首、坦白、立功的事实和理由，有关机关未予认定，或者有关机关提出被告人有自首、坦白、立功表现，但证据材料不全的，人民法院应当要求有关机关提供证明材料，或者要求有关人员作证，并结合其他证据作出认定”。这表明法院既可以根据被告人一方提出的请求和意见，对有关机关未予认定的立功情节进行审查；也可以根据职权对有关机关建议认定被告人立功的结论进行实质审查。

---

① 以上观点最早源于2008年《大连会议纪要》。

【类案参考】

案例6-17

陈某嵘等贩卖、运输毒品案[①]——协助司法机关稳住被监控犯罪嫌疑人的应结合公安机关监控措施力度确定是否构成立功

［**基本案情**］　被告人陈某嵘于1993年10月因犯盗窃罪被判处有期徒刑五年六个月，同年12月保外就医；1996年4月因犯持有、使用伪造的货币罪被判处有期徒刑三年，决定执行有期徒刑五年；2002年8月因犯贩卖毒品罪被判处有期徒刑一年六个月，2003年12月刑满释放。被告人赵某文于2001年11月因犯贩卖毒品罪被判处有期徒刑二年，2003年6月刑满释放。(1)2004年4月底，被告人陈某嵘在广东省广州市火车站附近一酒店以每克235元的价格向马某(另案处理)购买海洛因200克，后运输到江苏省南京市，以每克300元至380元不等的价格，单独或伙同被告人卜某芳出售给吴某、张某生、戴某顺各20克，其中，卜某芳参与贩卖海洛因30克。(2)2004年5月27日晚，被告人陈某嵘在广州市安迅宾馆712房间以16.1万元向赵某文购买海洛因两块。次日，陈某嵘携带购得的海洛因乘出租车返回南京市时被抓获，公安机关当场从陈某嵘携带的包内查获海洛因709克。案发后，公安机关在陈某嵘、卜某芳的租住房内查获海洛因98.718克，在卜某芳的提包内查获海洛因20.046克。(3)2004年6月2日，被告人赵某文在广州华宁酒店601室，向秦某俊贩卖海洛因3克，获赃款700元。当晚，公安机关在白云区广园西路通通酒店附近将赵某文抓获，当场从其身上缴获海洛因41.651克。另查明，2004年5月，公安机关接到陈某嵘贩卖毒品的举报后，即对陈某嵘进行监控。2004年5月27日晚，陈某嵘与赵某文在广州市安迅宾馆所进行的毒品交易，完全处于公安机关的监控之中。此后，公安机关对赵某文一直进行电话监控。2004年5月29日，陈某嵘在南京市被抓获后，公安机关为了防止赵某文发觉陈某嵘被抓获而逃匿，让陈某嵘先后两次给在广州市的赵某文打电话“报平安”，提出再向其购买1000克海洛因，以此稳住赵某文，进而顺利抓获了赵某文。

［**裁判结果**］　南京市中级人民法院认为，被告人陈某嵘将海洛因909克从广州市运输至南京市进行贩卖，其行为已构成贩卖、运输毒品罪。被告人赵某文贩卖海洛因共计753.651克，被告人卜某芳参与贩卖海洛因30克，其行为均已构成贩卖毒品罪。判决：被告人陈某嵘犯贩卖、运输毒品罪，判处死刑，剥夺政治权利终身，并处没收个人全部财产；被告人赵某文犯贩卖毒品罪，判处死刑，剥夺政治权利终身，并处没收个人全部财产；被告人卜某芳犯贩卖毒品罪，判处有期徒刑八年，并处罚金一万元。被告人陈某嵘上诉称，其协助公安机关抓获了“上家”赵某文及“下家”龚某国，并检举了他人犯罪，有重大立功表现。江苏省高级人民法院裁定驳回上诉，维持原判，并依法报请最高人民法院核准。最高人民法院经复核认为，陈某嵘、赵某文进行毒品犯罪的数量大，且系毒品犯罪再犯，应从重处罚。鉴于陈某嵘协助公安机关抓获了同案犯赵某文，有重大立功表现，对其判处死刑，可不立即执行。据此，核准被告人赵某文的死刑，对被告人陈某嵘以贩卖、运输毒品罪，改判死刑，缓期二年执行，剥夺政治权利终身，并处没收个人全部财产。

---

① 参见中华人民共和国最高人民法院刑事审判第一、二、三、四、五庭主办：《刑事审判参考》(2007年第2集，总第55集)，法律出版社2007年版，第50~56页。

［**判理分析**］ 已归案的犯罪分子协助司法机关稳住其他犯罪嫌疑人，其行为对司法机关顺利抓捕被监控的犯罪嫌疑人起到了实质协助作用，应当认定为立功。《自首立功解释》第5条中规定，犯罪分子到案后，协助司法机关抓捕其他犯罪嫌疑人(包括同案犯)的，应当认定为有立功表现。对于已归案的犯罪分子协助公安机关抓捕其他犯罪嫌疑人，构成立功的条件有两个：一是客观上有协助公安机关抓捕其他犯罪嫌疑人的行为；二是协助行为对抓捕其他犯罪嫌疑人起到了作用。已归案的犯罪分子协助司法机关稳住其他犯罪嫌疑人，从而使该犯罪嫌疑人被公安机关顺利抓获的情形，完全符合立功制度的立法意旨，应当认定为立功。本案中，被告人赵某文归案前，公安机关虽然对其采取了电话监控措施，但这种监控措施力度有限，不足以防止赵某文脱离监控而逃匿。一旦赵某文察觉或怀疑陈某嵘被公安机关抓获，其完全可能逃匿，从而脱离监控，增加抓捕难度。正是出于这种考虑，公安机关才在陈某嵘归案后，让其给赵某文打电话"报平安"和向其提出再购买毒品。陈某嵘的行为对于稳住赵某文，防止其逃匿以及对公安机关顺利实施抓捕均起到了一定的积极作用，实质上是一种协助抓捕行为，而且该协助行为对于抓捕赵某文客观上起到了一定积极作用，符合协助抓捕型立功的条件，应当认定为立功。赵某文因所犯罪行被判处死刑，属于"重大犯罪嫌疑人"，故应认定陈某嵘的协助行为构成重大立功。在刑罚适用上，虽然陈某嵘贩卖、运输的毒品数量大，且系毒品再犯，论罪应当判处死刑立即执行，但考虑到陈某嵘有重大立功的法定从轻处罚情节，对其判处死刑，可不立即执行。

案例6－18

梁某兵等贩卖、运输毒品案①——提供同案犯可能藏匿地点且不属于双方约定的贩毒场所据此抓获同案犯的构成立功

［**基本案情**］ 1999年10月以来，被告人梁某兵、陈某虎、张某奎、李某武、李某琼、张某平交叉结伙，从云南省昭通市携带海洛因到浙江省绍兴市、平湖市等地进行贩卖，数量累计达95克。2001年7月底，梁某兵与被告人陈某虎、张某奎共谋贩毒，由梁某兵联系上家，陈某虎、张某奎提供购毒资金，后三人一起到云南省昭通市以每克90元的价格购得海洛因200克，运至绍兴县柯桥镇(现绍兴市柯桥区)卖给他人。2001年8月中旬，梁某兵、陈某虎、张某奎共谋再次贩毒，后由梁某兵、陈某虎携款去云南省昭通市，以每克90元的价格购得海洛因195.10克。在返回途中，陈某虎因有事中途下车。梁某兵携带该批海洛因至嘉兴市，同月26日到桐乡钱家门旅馆与张某奎、李某武会合。次日上午，李某武、梁某兵、张某奎一起将该批海洛因携带至浙江省平湖市钟埭镇张某平家，欲对该批海洛因进行包装时，被公安人员抓获并当场查获海洛因195.10克。案发后，公安机关根据被告人梁某兵提供的线索，在浙江省绍兴县柯桥镇陈某虎的姐姐陈某容的租住房内将陈某虎抓获。

［**裁判结果**］ 嘉兴市中级人民法院认为：被告人梁某兵参与贩卖、运输海洛因490.10克，被告人陈某虎、张某奎参与贩卖、运输海洛因395.10克，被告人李某武参与贩卖、运输海洛因225.10克，被告人李某琼参与贩卖、运输海洛因85克，被告人张某平参与贩卖、运输海洛因65克，其行为均已构成贩卖、运输毒品罪。在共同犯罪中，被告人梁某兵、陈某虎、张某

① 参见中华人民共和国最高人民法院刑事审判第一庭、第二庭编：《刑事审判参考》(2003年第3辑，总第32辑)，法律出版社2003年版，第66～73页。

奎、李某琼事先进行预谋，又分别实施了提供购毒资金、一起去云南省昭通市购买海洛因并携带至贩卖地后进行销售等行为，上述四被告人的地位、作用基本相等，不应区分主从犯。被告人李某武、张某平在所参与的共同犯罪中，既非起意者，也非出资人，实施贩毒行为主要受被告人梁某兵等人的委托指派，起次要作用，系从犯，依法应当从轻处罚。被告人李某武案发后有向公安机关提供重要线索抓获同案犯的立功表现，依法可以从轻处罚。被告人张某平系累犯，依法应当从重处罚。关于被告人梁某兵的辩护人提出的其有立功表现的问题。经查，梁某兵当庭供称，其与陈某虎在四川省筠连县分手时曾约定数日后在绍兴柯桥弥陀碰面，并由陈某虎负责联系毒品买主，故被告人梁某兵在供述中提及的陈某虎可能在绍兴柯桥弥陀的这一情节，属于其共同犯罪过程的必然交代，此行为不属于独立于其本人犯罪行为以外的检举揭发，不能认定为立功表现。判决：对被告人梁某兵以贩卖、运输毒品罪，判处死刑，剥夺政治权利终身，并处没收个人全部财产；对被告人陈某虎、张某奎以贩卖、运输毒品罪，判处死刑，缓期二年执行，剥夺政治权利终身，并处没收个人全部财产；对被告人李某武以贩卖、运输毒品罪，判处无期徒刑，剥夺政治权利终身，并处没收个人全部财产；对被告人李某琼、张某平以贩卖、运输毒品罪，判处有期徒刑十五年，剥夺政治权利五年，并处没收个人财产五万元。浙江省高级人民法院经审理认为：梁某兵未提供同案犯确切的藏身地址，也未带领公安人员前去抓捕，故其称有配合公安机关抓捕同案犯的立功表现的理由不能成立，也不予采信。裁定：驳回上诉，维持原判。最高人民法院认为：被告人梁某兵贩卖、运输毒品数量大，且系主犯，应依法惩处。鉴于被告人梁某兵归案后能够协助公安机关抓获同案犯，有重大立功表现，应从轻处罚。判决：撤销原一审、二审裁判，对被告人梁某兵以贩卖、运输毒品罪判处死刑，缓期二年执行，剥夺政治权利终身，并处没收个人全部财产。

［**判理分析**］　最高人民法院在2008年《大连会议纪要》中对如何认定毒品犯罪的被告人协助公安机关抓获同案犯构成立功的问题作出回答，其基本精神就是，如果没有被告人的协助，公安机关难以抓获同案犯；正是由于有了被告人的协助，才使公安机关得以抓获同案犯，应当认定立功。认定本案被告人梁某兵协助公安机关抓获同案犯构成重大立功主要基于以下几点理由：第一，梁某兵向公安机关提供了同案犯陈某虎可能藏匿地点为其姐姐的租住房，这一地点并非双方约定的贩毒场所，而是陈某虎的下落。梁某兵所提供的这一情况并非其与同案犯陈某虎共同贩卖毒品的犯罪事实，对此节内容，梁某兵虽然应当向公安机关提供，但无论是否提供都不影响其对犯罪事实的交代。也就是说，即使梁某兵不向公安机关提供这一情况，也不能认为其是不如实供述犯罪事实。第二，该藏匿地点事先不为公安机关所掌握，如梁某兵不供述公安机关也无从掌握。第三，被告人梁某兵主动交代了同案犯陈某虎可能在绍兴市柯桥弥陀其姐姐陈某容的租住房，并描述了该房的大体位置，可以看出梁某兵向公安机关提供的陈某虎可能藏匿地点并不是漫无边际，而是具体的、真实的、较详细的地点，公安机关正是根据梁某兵提供的线索抓获了同案犯陈某虎。第四，陈某虎被依法判处死刑，缓期二年执行，为罪行重大犯罪分子。第五，问题的关键是根据该"线索"能否抓到同案犯，是否真正起到"协助"作用，而不是带领不带领。梁某兵归案后被采取强制措施，其人身自由受到限制，能否带领公安人员前去抓捕同案犯，不是由其自己决定，而是由公安机关决定。公安机关通常只有在犯罪嫌疑人或被告人带领下才能抓获同案犯的情况下，或者便于押解的情况下，才会决定由犯罪嫌疑人或被告人带领公安人员抓获同案犯。如果公安机关认为犯罪嫌疑人

或被告人提供的线索已足够清晰，即使没有其带领亦不影响抓捕工作，或者在不便于押解的情况下，就没有必要让犯罪嫌疑人或被告人带领前去抓捕。

107. 毒品犯罪被告人亲属帮助公安机关抓获犯罪嫌疑人的能否构成立功

【实务观点】

被告人向公安机关提供其他犯罪嫌疑人的藏身线索，公安机关据此抓获其他犯罪嫌疑人的，被告人构成立功。这种情况下是否认定立功的关键有二：一是被告人提供的线索是否被公安机关掌握；二是被告人提供的线索对于公安机关抓获其他犯罪嫌疑人是否起到实质协助作用。被告人亲属向公安机关提供线索，或者将犯罪嫌疑人抓获并扭送公安机关，都不属于被告人向公安机关提供线索的行为，不构成立功。被告人将线索告知其亲属，由其亲属向公安机关提供线索后，将其他犯罪嫌疑人抓获的，认定立功应当特别慎重，主要基于以下两点原因：一是被告人掌握的其他犯罪嫌疑人藏身线索，自己不向公安机关提供，却违反监规告知亲属，本身就不正常；二是被告人亲属向公安机关提供的线索来源是否源于被告人的告知，难以审查认定。也就是说，对于被告人是否告知其亲属一定线索或者其告知亲属的线索是否就是对公安机关抓获其他嫌疑人起到实质帮助作用的线索，无法进行有效审查，因此不能认定被告人构成立功。但从最大限度打击毒品犯罪政策上权衡，根据案件的具体情节，可以考虑在量刑时对被告人酌情从轻处罚。

【法律及司法文件】

最高人民法院《关于处理自首和立功若干具体问题的意见》（**法发**〔2010〕60 **号**，2010 **年** 12 **月** 22 **日印发**）

四、关于立功线索来源的具体规定

……

犯罪分子亲友为使犯罪分子“立功”，向司法机关提供他人犯罪线索、协助抓捕犯罪嫌疑人的，不能认定为犯罪分子有立功表现。

【类案参考】

案例 6-19

马某波、魏某芝贩卖毒品案[①]——被告人亲属提供线索帮助公安机关抓获其他犯罪嫌疑人的不构成立功

［**基本案情**］ 被告人魏某芝于 2006 年 2 月初打电话给被告人马某波联系购买海洛因，并于当月 7 日通过他人的银行卡将 28.5 万元汇到马某波的账户上。同年 3 月 5 日，魏某芝到昭通市鲁甸县大水塘经与马某波联系取到所购毒品，在返回时被抓获，当场从魏某芝的口袋内查获海洛因 1032.3 克。同年 3 月 6 日下午，民警将马某波抓获。

［**裁判结果**］ 昭通市中级人民法院认为，被告人马某波、魏某芝贩卖毒品数量大，罪行极

① 参见中华人民共和国最高人民法院刑事审判第一、二、三、四、五庭主办：《刑事审判参考》（2009 年第 2 集，总第 67 集），法律出版社 2009 年版，第 71～75 页。

其严重,应依法严惩。判决:(1)被告人马某波犯贩卖毒品罪,判处死刑,剥夺政治权利终身,并处没收个人全部财产;(2)被告人魏某芝犯贩卖毒品罪,判处死刑,剥夺政治权利终身,并处没收个人全部财产。云南省高级人民法院经审理,维持一审判决对马某波的定罪量刑部分,对被告人魏某芝以贩卖毒品罪改判死刑,缓期二年执行,剥夺政治权利终身,并处没收个人全部财产。最高人民法院经复核认为,马某波贩卖毒品数量大,应依法惩处。马某波在复核期间提供了其他案件在逃犯罪嫌疑人的一个藏匿地点,公安机关最终在马某波亲属的协助下在其他地点抓获了该犯罪嫌疑人。此外,马某波还交代了向其贩卖海洛因的"上家",并提供了他人涉嫌故意杀人的线索,尚需继续查证,故对马某波不予核准死刑,发回云南省高级人民法院重新审判。

［**判理分析**］ 刑法意义上的立功主体有明确范围,即只能是犯罪嫌疑人、被告人及正在服刑的罪犯。同时,法律和司法解释对检举揭发、提供侦破线索、协助抓捕等立功行为还要求具有实效性,即客观上必须是使案件得以侦破或实际将犯罪嫌疑人抓捕到案才能构成立功。也就是说,即使犯罪嫌疑人、被告人主观上有立功的愿望,客观上也有提供线索或协助抓捕的行为,但如果没有产生实际效果的,也不能认定为立功。本案中,被告人马某波提供的犯罪嫌疑人(该人涉嫌多起抢劫、盗窃)的藏匿地点与该犯罪嫌疑人最终被抓获的藏匿地点相差较远,也即依马某波提供的线索并没有直接将犯罪嫌疑人抓获,所以马某波的行为没有产生抓获犯罪嫌疑人的实效性,不能认定为立功。公安人员在马某波亲属的协助下在其他地点抓获了在逃的犯罪嫌疑人,而马某波亲属不是立功的主体,不能由此认定马某波的行为构成立功。但是,被告人亲属是出于减轻被告人罪责、使被告人获得从轻处罚的目的,并冒着一定的风险而协助公安机关抓获其他犯罪嫌疑人的,这种"代为立功"的行为对维护社会治安、有效打击犯罪客观上有一定积极作用,应当鼓励。因此,虽不认定被告人构成立功,但从政策上权衡,根据案件的具体情节,可以考虑在量刑时对被告人酌予从轻处罚。故最高人民法院作出不核准死刑的裁定。需要指出的是,由于亲属代为立功不是对被告人从轻处罚的法定情节,且此种做法在实践中也可能产生一些弊端,故在处理具体案件时,是否因被告人亲属"代为立功"而对被告人从宽处罚,要具体情况具体分析,不能一概而论。

108. 被告人通过非法手段、途径获取犯罪信息并揭发的能否认定为立功

【实务观点】

任何人不能从其违法行为中获利。犯罪嫌疑人、被告人、罪犯通过非法手段或者非法途径获取他人的犯罪信息,进而揭发的,不能认定为立功。这里的非法手段或者非法途径是指获取相关线索的过程违反了相关法律规定,本身就应当予以惩罚,追究其相关法律责任,当然不能再予以褒奖。如果认定为立功,就自相矛盾,违反了法律追求公平正义的基本价值。司法实践中,对以下情形不能认定为立功:

(1)犯罪嫌疑人、被告人、罪犯通过贿买、暴力、胁迫等非法手段获得的他人犯罪线索。

(2)律师在会见已被羁押的犯罪嫌疑人、被告人、罪犯时,将从其他渠道获得的犯罪线索传递给在押人员。

(3)负有查办犯罪职责的国家工作人员获得他人犯罪线索后不依法查处或者转交有权查

处部门予以查处,而是在本人犯罪后为取得立功表现而检举揭发,或者提供给其他犯罪人用于检举揭发的。

(4)犯罪嫌疑人、被告人、罪犯通过其他违法、犯罪手段获得的他人犯罪线索。

(5)犯罪嫌疑人、被告人、罪犯的亲属获取他人犯罪信息后通过一定手段传递给犯罪嫌疑人、被告人、罪犯,也属于犯罪嫌疑人、被告人、罪犯通过违反监规的非法途径获取他人犯罪信息。

(6)犯罪嫌疑人、被告人、罪犯引诱、教唆、欺骗他人实施犯罪,再向司法机关揭发他人犯罪线索的。

司法实践中应注意两点:一是立功线索来源非法的证明责任在司法机关,如没有证据证明立功线索来源非法的,就应当认定为立功。二是看守所、公安机关、检察机关或者纪检监察机关提供书面材料证明被告人有检举、揭发他人犯罪等表现的,必须同时提供被检举者犯罪的具体情况。对于只出具被告人有立功表现的书面证明,不提供或者不补充具体材料,致使法院无法作出准确判断的,依法不能认定立功。①

【法律及司法文件】

最高人民法院《关于处理自首和立功若干具体问题的意见》(法发〔2010〕60号,2010年12月22日印发)

四、关于立功线索来源的具体规定

犯罪分子通过贿买、暴力、胁迫等非法手段,或者被羁押后与律师、亲友会见过程中违反监管规定,获取他人犯罪线索并"检举揭发"的,不能认定为有立功表现。

犯罪分子将本人以往查办犯罪职务活动中掌握的,或者从负有查办犯罪、监管职责的国家工作人员处获取的他人犯罪线索予以检举揭发的,不能认定为有立功表现。

【类案参考】

案例6-20

秦某祥容留他人吸毒案②——引诱他人实施犯罪后又举报他人犯罪的不构成立功

[**基本案情**] (1)2019年12月3日下午,秦某祥在其登记住宿的石柱县四叶草宾馆209房间容留刘某、马某、吴某吸食毒品甲基苯丙胺。2020年1月5日下午,秦某祥在其登记住宿的石柱县腾领宾馆208房间容留马某、吴某吸食毒品甲基苯丙胺。秦某祥等人吸食的甲基苯丙胺均系秦某祥提供。经检测,三人尿液中甲基苯丙胺类物质均呈阳性。2020年1月6日,秦某祥在石柱县腾领宾馆被民警抓获。(2)秦某祥因涉嫌犯容留他人吸毒罪于2020年1月17日被取保候审。2020年5月19日7时许,秦某祥向石柱县公安局实名举报称邹某在石柱县南宾街道人民街梦美宾馆房间容留他人吸食毒品。接警后,民警在石柱县南宾街道梦美宾馆8403房间内将吸毒人员邹某、田某、孙某、吴某抓获。2020年5月19日,石柱县公安局对邹某涉嫌容留他人吸毒案立案侦查。据此,石柱县公安局认定秦某祥具有立功情节。之后,

① 高贵君、王勇、吴光侠:《〈全国部分法院审理毒品犯罪案件工作座谈会纪要〉的理解与适用》,载《人民司法·应用》2009年第3期。

② 参见重庆市石柱土家族自治县人民法院刑事判决书,(2020)渝0240刑再1号。

石柱县公安局在侦查邹某涉嫌容留他人吸毒案过程中发现,2020 年 5 月 19 日凌晨,秦某祥为达立功目的,主动联系邹某留房并教唆田某等人到房间内吸毒,其行为涉嫌犯容留他人吸毒罪。

［**裁判结果**］　原一审判决认为秦某祥揭发他人犯罪行为,经查证属实,系立功,可以从轻处罚,故以容留他人吸毒罪于 2020 年 5 月 27 日对秦某祥判处拘役三个月,并处罚金二千元。该判决发生法律效力后,石柱县人民检察院提出再审检察建议书,认为原判决认定秦某祥的立功情节已被公安机关撤销,建议判处秦某祥拘役四个月,并处罚金二千元。再审判决认为,秦某祥违反社会管理秩序,容留他人吸食毒品,其行为已构成容留他人吸毒罪。秦某祥到案后如实供述自己的罪行,系坦白,可以从轻处罚。原判决认定的秦某祥的立功情节系其通过非法手段获取,依法不成立立功,原判决认定"秦某祥系立功,可以从轻处罚"错误,应当依法予以纠正。判决:撤销原一审刑事判决;原审被告人秦某祥犯容留他人吸毒罪,判处拘役四个月,并处罚金三千元。

［**判理分析**］　秦某祥主动联系邹某到其登记的宾馆房间并教唆田某等人到房间内吸毒,之后实名向公安机关举报,以取得立功表现。所谓邹某容留他人吸毒的犯罪行为,实际上是秦某祥自己制造出来的,这种犯罪线索的取得,本质上仍然是通过非法手段获得,其主观恶性甚至大于贿买、暴力或者胁迫手段,举轻以明重,当然不能认定立功。

109. 被告人供述自己的违法、犯罪行为中涉及他人犯罪行为的是否构成立功

【实务观点】

被告人在实施违法、犯罪行为过程中为避免被发现或者为顺利实施,有时候会借助国家工作人员或者其他犯罪人的包庇、帮助,双方形成一定的对合关系,比如行贿人与帮助其获得不正当利益的受贿人、吸毒人员与容留其吸毒的他人。此种情形下行贿人在供述自己违法、犯罪行为过程中,不可避免地要同时供述国家机关工作人员违反职责实施的一定行为,吸毒人员在供述自己吸毒行为事实中,不可避免要供述他人容留自己吸毒的行为,其所交代的他人犯罪行为事实与自己的违法、犯罪行为在事实上有一定的关联性,也属于必须供述的内容,因而不构成立功。但对于行为人如实供述自己违法、犯罪行为的表现,应当根据具体情况分别认定为自首或者如实供述,予以从宽处理。

【类案参考】

案例 6－21

刘某山、富某成、黄某涛等贩卖毒品、非法种植毒品原植物案①——毒品犯罪人员揭发国家机关工作人员包庇其毒品犯罪行为的不构成立功

［**基本案情**］　(1)2015 年 4 月,被告人刘某山、富某成、黄某涛为牟取非法利益,商议共同出资在西克尔农场刘某山承包的 10 余亩玉米地中套种大麻并予出售。随后,三人共同出资在该 10 余亩玉米地中套种大麻,并雇用张某甲等人进行管理;同时,被告人刘某山自己在

① 参见新疆维吾尔自治区喀什地区中级人民法院刑事判决书,(2016)新 31 刑初 160 号。

伽师县8乡27大队5组承包的48亩玉米地中也套种了大麻，雇用张某丙等人进行管理。2015年9月，被告人刘某山自己在8乡27大队5组套种的大麻被伽师县公安局禁毒大队发现，为了使大麻不被强行铲除，刘某山通过被告人富某成、黄某涛与伽师县公安局禁毒大队原教导员依某某依、副大队长黄某勇谋划，通过不正当手段使大麻未被查处砍除，伽师县公安局禁毒大队也未继续查处西克尔农场的大麻。(2)2015年10月2日，被告人刘某山让被告人麦某某某某·阿卜杜热依木驾车将伽师县8乡27大队5组收割的大麻运输至西克尔老铜矿废弃厂房进行晾晒、剪枝，2015年10月4日，被告人刘某山将其中200株大麻支付给被告人麦某某某某·阿卜杜热依木，作为运费。(3)2015年10月13日，被告人富某成驾驶货车将伽师县西克尔农场种植的大麻运输至西克尔老铜矿山沟里进行晾晒。此后，两处晾晒地点被公安机关发现，并将晾晒的大麻枝等物品全部予以查获。经鉴定，在所送2019株(西克尔小农场发现的)可疑植物内均检出四氢大麻酚成分，为大麻原植物，在所送检的墨绿色可疑物内均检出大麻烟及大麻叶成分，净重2650千克；所送检的3250株可疑植物均为大麻原植物，在所送检的墨绿色可疑物内均检出大麻烟及大麻叶成分，净重3400千克；两处共计6050千克。(4)为牟取非法利益，被告人麦某某某某·阿卜杜热依木通过被告人吐某某·阿吾提的介绍将10千克大麻以每千克3200元价格向阿某某某·塞来贩卖；2015年10月10日又将10千克大麻以每千克3000元价格向阿某某·艾散贩卖，获得赃款62,000元。经鉴定，在阿某某某·塞来和阿某某·艾散家中查获的墨绿色可疑物均检测出大麻烟、大麻叶成分，分别净重9691克和5688克。(5)被告人刘某山归案后供述2015年9月12日，伽师县公安局禁毒大队到了8乡种植大麻的地里，要求铲除大麻，其电话联系富某成，让黄某涛出面协调不要查处。富某成说要给公安人员3万元还要分走2000株大麻，后来其把自己筹到的2万元和富某成、黄某涛凑的1万元给了富某成。伽师县公安局禁毒大队原教导员依某某依承认刘某山、富某成、黄某涛答应麻烟熟了后分其与黄某勇1/3，所以就没有处理。被告人富某成亦承认刘某山说黄某勇带人到他的大麻地要铲除他的大麻，让其通过黄某涛也就是伽师县禁毒大队副大队长黄某勇的哥哥说一下情，愿意拿出2000株大麻送给禁毒大队，作为禁毒大队不强行铲除他大麻的代价，黄某涛转告了禁毒大队的黄某勇，黄某勇同意了。伽师县公安局禁毒大队原教导员依某某依、副大队长黄某勇因涉嫌徇私枉法罪，已被移送起诉。

［**裁判结果**］　法院认为，被告人刘某山、富某成、黄某涛为牟取非法利益，非法种植大麻5359株，其行为已构成非法种植毒品原植物罪；被告人麦某某某某·阿卜杜热依木、吐某某·阿吾提以非法牟利为目的，向阿某某·艾散、阿某某某·塞来贩卖20千克大麻，构成贩卖毒品罪。被告人富某成、麦某某某某·阿卜杜热依木在大麻收割后，运输他地进行晾晒，是种植大麻收获环节的行为，是种植大麻过程中的不可分割的行为，不应以运输毒品罪定罪处罚。被告人刘某山作为运费支付给麦某某某某·阿卜杜热依木的200株大麻，不能计算出刑法规定的贩卖毒品数量，同时称量的6050千克墨绿色可疑物虽为大麻，但缺少查封、扣押等证据，且本案中现有证据不足以证明被告人刘某山、富某成、黄某涛有贩卖毒品的事实，因此，公诉机关指控被告人刘某山、富某成、黄某涛贩卖毒品罪的证据不足，对该指控，不予支持。被告人富某成、黄某涛明知被告人刘某山在伽师县8乡27大队5组非法种植大麻，在该大麻要被公安机关强令铲除时，也为了保住三人共同在西克尔农场种植的大麻不被查处，积极主动与禁毒大队原教导员依某某依、副大队长黄某勇谋划，以非法手段，使两地大麻得以保留，继续

生长，被告人富某成、黄某涛该行为极大地帮助了被告人刘某山在伽师县8乡27大队5组非法种植大麻，此时三被告人已形成在伽师县8乡27大队5组非法种植大麻的共同故意，被告人刘某山、富某成、黄某涛在两地非法种植大麻原植物5359株，应予惩处。被告人刘某山等采取非法手段，使其非法种植的大麻不被公安机关查处，其在供述中牵连出他人犯罪行为，该行为是如实陈述犯罪事实，是认罪、悔罪表现，但不应认定为立功。在本案中，被告人刘某山、富某成、黄某涛在两地非法种植大麻原植物，被告人刘某山起主要作用，被告人富某成、黄某涛起次要作用；被告人麦某某某某·阿卜杜热依木、吐某某·阿吾提共同向他人贩卖毒品，被告人吐某某·阿吾提居间介绍，对被告人麦某某某某·阿卜杜热依木贩卖毒品起到帮助作用，在共同犯罪中，被告人麦某某某某·阿卜杜热依木系主犯，被告人吐某某·阿吾提系从犯，量刑时可以从轻处罚；被告人麦某某某某·阿卜杜热依木认罪，有悔罪表现，在量刑时予以考虑。判决：(1)被告人刘某山犯非法种植毒品原植物罪，判处有期徒刑四年六个月，并处罚金二万元；(2)被告人富某成犯非法种植毒品原植物罪，判处有期徒刑四年，并处罚金一万元；(3)被告人黄某涛犯非法种植毒品原植物罪，判处有期徒刑四年，并处罚金一万元；(4)被告人麦某某某某·阿卜杜热依木犯贩卖毒品罪，判处有期徒刑二年六个月，并处罚金一万元；(5)被告人吐某某·阿吾提犯贩卖毒品罪，判处有期徒刑二年，并处罚金五千元；(6)查封、扣押的大麻，刘某山手机一部，黄某涛手机一部，富某成手机一部，麦某某某某·阿卜杜热依木的非法所得50,500元予以没收。

［**判理分析**］　本案被告人刘某山归案后供述其与禁毒民警约定待大麻成熟后送给禁毒民警2000株，以此作为其所种植大麻不被铲除的代价。该事实经查证属实，相关民警已被移送审查起诉。刘某山对上述情况的交代，不能认定为揭发他人犯罪行为并进而构成立功。理由有二：一是对于刘某山来说，其在种植大麻过程中，被禁毒民警发现，其通过请托说情、行贿的方式使得禁毒民警没有铲除其所种植的大麻，从而使得其所种植大麻得以继续生长、成熟，因此上述行为实质上是其犯罪事实的一部分，其归案后对上述事实予以供述，是其如实供述本人犯罪事实的表现。二是刘某山向禁毒民警请托、行贿的行为同样属于违法行为，从公正的价值追求出发，本身就应当予以惩处或者作为其所实施本罪的酌情从重情节；其将本人在实施违法行为过程中直接掌握的信息向公安机关揭发，如果从功利的价值追求出发认定为立功，再予以从轻，就会出现对同一事实过程中同时适用从重情节和从轻情节的矛盾，在刑事司法的价值取向上是矛盾的，当司法机关面临公正和功利两种价值追求的矛盾时，公正的价值追求是司法的本质和首要追求目标，自然应当优先考虑。

案例6－22

孙某玲容留他人吸毒案①——被告人检举他人容留自己吸毒的不构成立功

［**基本案情**］　2016年6月，被告人孙某玲先后5次在其租住的无锡市滨湖区马鞍苑二期55号501室，容留费某吸食毒品甲基苯丙胺。被告人孙某玲因吸毒成瘾被强制隔离戒毒期间，主动向戒毒所民警交代了司法机关尚未掌握的上述事实，同时在被行政拘留期间检举他人有容留其吸毒的犯罪行为，经查证属实。

［**裁判结果**］　一审法院认为，被告人孙某玲多次为他人吸食毒品提供场所，其行为已构

① 参见江苏省无锡市中级人民法院刑事判决书，(2017)苏02刑终425号。

成容留他人吸毒罪。被告人孙某玲被行政拘留、强制隔离戒毒期间如实供述司法机关尚未掌握的本人罪行,并检举他人犯罪经查证属实,具有自首和立功情节,予以从轻处罚。故以容留他人吸毒罪判处被告人孙某玲拘役四个月,并处罚金一千元。无锡市滨湖区人民检察院抗诉认为:原审判决认定被告人孙某玲构成立功适用法律不当,导致量刑不当。二审法院认为原审判决认定孙某玲构成立功及量刑不当,应予纠正。据此,对原审被告人孙某玲以容留他人吸毒罪改判拘役五个月。

[**判理分析**] 被告人在被行政拘留、强制隔离戒毒期间检举他人容留自己吸毒,不构成立功。具体理由如下:(1)根据《刑法》第68条的规定,犯罪分子有揭发他人犯罪行为,查证属实的,构成立功。《自首立功解释》第5条规定,犯罪分子到案后有检举、揭发他人犯罪行为等,构成立功。犯罪分子到案并不等同于公安机关立案。《刑法》及有关司法解释并未将立案后作为构成立功的必要条件。本案中,孙某玲的检举行为虽发生在2017年9月7日公安机关立案前,但其当时已实际处于公安机关控制之下,其检举行为符合立功时间条件的要求。(2)犯罪分子检举、揭发的内容应为“他人犯罪行为”或者“其他案件的重要线索”。对于吸毒这一行政违法事实,应当交代吸毒的时间、地点、人员、毒源等基本内容。本案中,孙某玲因吸毒被公安机关抓获并被行政拘留、强制隔离戒毒,其供述的他人容留其吸毒的事实,属于其应当如实供述自己吸毒的行政违法行为的内容,而不是“他人犯罪行为”或“其他案件的重要线索”。2010年最高人民法院《关于处理自首和立功若干具体问题的意见》第4条关于立功线索来源有具体规定,犯罪分子通过贿买、暴力、胁迫等非法手段,或者被羁押后与律师、亲友会见过程中违反监管规定,获取他人犯罪线索并“检举揭发”的,不能认定为有立功表现。因此,立功线索来源应具有合法性,任何人不得从其自身违法行为中获利。孙某玲检举曹某明容留其吸毒的事实,系其通过吸毒这一违法手段获取的。故孙某玲检举的线索来源具有不正当性,其行为不构成立功。

110. 被告人揭发的他人犯罪事实与自己未被追诉的共同犯罪事实有关联能否认定为立功

【实务观点】

立功要求被告人揭发的犯罪线索必须是他人的犯罪事实,而且与被告人无实质关系。基于毒品犯罪往往是共同犯罪和“上下家”犯罪交叉存在,司法实践中应当注意把握以下两个方面:一是毒品共同犯罪中,构成立功要求揭发的犯罪线索必须是同案犯在共同犯罪以及关联犯罪之外的其他犯罪线索,否则不能构成立功。二是毒品犯罪上下家所实施的罪行客观上相互关联,具有对合关系,即共同促进毒品犯罪行为的完成,互为必要条件,缺少其中一方的犯罪行为,其他方的犯罪行为就无法实施或者完成。因此对任何一个环节的行为人而言,其所实施或者完成的罪行必然涉及上下家的犯罪行为,检举上下家的犯罪行为,并不超出其如实供述的犯罪事实范围,不构成立功情节。只有被告人协助司法机关抓获上下家时,才能依法认定为立功。如果被告人揭发的上家或下家的犯罪事实与被告人所犯之罪并无关联,则属于检举他人犯罪行为的立功表现。

如果被告人揭发的同案犯犯罪事实与自己参与的共同犯罪事实有关联,或者揭发的上家或下家的犯罪事实与自己参与的犯罪事实有关联，实质上仍是对本人所参与犯罪事实的供述，即便本人的犯罪事实部分未能查证并追诉，亦不能认定为立功。这是由立功的本质所决定的。

【类案参考】

案例6－23

胡某波走私、贩卖、运输毒品，走私武器、弹药案①——揭发他人将未被指控的共同走私的毒品、枪支盗窃走的事实不构成立功

［**基本案情**］　被告人胡某波于1991年6月17日因犯故意伤害罪、盗窃罪被判处无期徒刑，2000年7月7日因患病被暂予监外执行。2009年2月底，被告人胡某波纠集、指挥同案被告人杨某、陈某、刘某、付某、李某华（均已判刑）到缅甸购买毒品走私入境贩卖。同月27日，六人分别乘飞机或驾车到达云南省景洪市，先后偷渡至缅甸小勐拉会合，接取毒品甲基苯丙胺、海洛因以及枪支、弹药并进行重新包装，携带入境后，藏入刘某开来的马自达牌轿车车门的夹层内。3月13日零时许，胡某波与付某、李某华驾驶现代牌越野车在前探路，杨某、陈某、刘某驾驶藏有毒品、枪支的马自达牌轿车跟随其后，往云南省澜沧县方向行驶。途中被公安人员抓获，查获甲基苯丙胺24，205克、海洛因350克、手枪2支、子弹24发。3月22日，胡某波协助公安机关在湖北省武汉市抓获前来提取毒品的同案被告人胡某香（已判刑）。另查明，2009年1月24日胡某波、杨某、刘某在浙江省宁波市世纪盛业酒店，将从缅甸走私入境的1支手枪送给王某海（另案处理）。次日16时许，王某海因与王某维、葛某龙发生纠纷，持该枪在世纪盛业酒店将王某维、葛某龙打伤，经鉴定，王某维构成重伤。

［**裁判结果**］　普洱市中级人民法院认为，被告人胡某波的行为构成走私、贩卖、运输毒品罪和走私枪支、弹药罪。在共同犯罪中，胡某波起主要作用，是主犯。胡某波配合侦查机关到武汉抓获毒贩胡某香，有立功表现，但鉴于胡某波罪行极其严重，对其不予从轻处罚。判决：被告人胡某波犯走私、贩卖、运输毒品罪，判处死刑，剥夺政治权利终身，并处没收个人全部财产；犯走私武器、弹药罪，判处死刑，缓期二年执行，剥夺政治权利终身，并处没收个人全部财产；决定执行死刑，剥夺政治权利终身，并处没收个人全部财产。一审宣判后，被告人胡某波提出上诉，提出其向重庆市警方提供唐某、唐某堃非法持有手枪1支的线索构成立功，请求从轻处罚。云南省高级人民法院经公开审理查明：2008年1月，胡某波指使唐某、唐某堃将20余万颗毒品和1支手枪从缅甸运输到成都，后胡某波将四五万颗毒品和手枪交由唐某堃保管。此后，唐某、唐某堃二人将毒品和手枪偷走，胡某波多次到重庆市查找二人下落未果。重庆市警方根据胡某波提供的线索，将唐某、唐某堃抓获，并在唐某家中将该枪支查获。胡某波上述提供线索的行为构成立功。胡某波在被抓获后，前往武汉市协助公安机关抓获胡某香的行为构成立功。上诉人胡某波虽然具有两次立功表现，但其罪行极其严重，功不足以抵罪，不予从轻处罚。裁定：驳回上诉，维持原判，并依法报请最高人民法院核准。最高人民法院经复核认为，被告人胡某波走私、贩卖、运输毒品数量大，社会危害大，且系主犯，主观恶性大，人身

① 参见中华人民共和国最高人民法院刑事审判第一、二、三、四、五庭主办：《刑事审判参考》（2012年第4集，总第87集），法律出版社2013年版，第80～86页。

危险性大,依法应当严惩。胡某波归案后虽有协助抓捕胡某香的立功表现,但其罪行极其严重,不足以从轻处罚。裁定:核准云南省高级人民法院维持第一审对被告人胡某波以走私、贩卖、运输毒品罪判处死刑,剥夺政治权利终身,并处没收个人全部财产;以走私武器、弹药罪判处死刑,缓期二年执行,剥夺政治权利终身,并处没收个人全部财产的刑事裁定;与前罪没有执行的刑罚并罚,决定执行死刑,剥夺政治权利终身,并处没收个人全部财产。

［**判理分析**］　(1)公安机关根据被告人供述抓获共同犯罪同案犯的,不应认定被告人有立功表现。被告人胡某波在二审期间检举称,别人帮其"带来"4万多颗毒品和一支9毫米口径手枪、12发子弹,唐某堃偷走手枪和子弹,带至重庆市,可能和重庆市"3·19案"(2009年3月19日重庆某部队一名哨兵被枪杀、抢走自动步枪的恶性案件)有关。警方查明2008年胡某波带马仔唐某、唐某堃从缅甸贩卖20万颗"麻古"和一支9毫米口径手枪到成都市,"二唐"偷走4万颗"麻古"和该枪,抓获"二唐"后,未发现"二唐"涉"3·19案",故以涉嫌非法持有枪支罪将"二唐"移送起诉。本案二审法院认为胡某波的行为构成立功,但最高人民法院经审查认为,胡某波检举唐某、唐某堃非法持有枪支的行为不构成立功。理由是:第一,胡某波供述"二唐""偷走"自己的枪支,前提是承认自己"带来"毒品和枪支,该枪系胡某波伙同"二唐"走私入境的。根据最高人民法院《关于处理自首和立功若干具体问题的意见》第3条第2款的规定,被告人如实供述本人其他罪行是否与司法机关已掌握的罪行属同种罪行,一般应当以罪名区分。如实供述的其他犯罪与司法机关已掌握的犯罪属选择性罪名或者在法律、事实上密切关联,应当认定为同种罪行。很明显胡某波如实供述的罪行与司法机关已掌握的其先后实施的一系列走私、贩卖、运输毒品犯罪,走私武器、弹药犯罪在法律、事实上密切关联,应当认定为同种罪行。胡某波检举揭发"二唐"与重庆市"3·19案"有关,经查不属实。虽然胡某波贩卖"麻古"这一罪行暂未被查清和指控,但胡某波并未揭发同案犯在共同犯罪以及关联犯罪之外的其他犯罪线索,故其揭发行为不构成立功。第二,刑法设立立功制度的本意是要求被告人检举时具有真诚悔罪、弃恶从善的积极心态,而非利用非法手段获取线索后和司法机关讨价还价,换取从宽处罚。从本案看,"二唐"所持有的枪支源于胡某波和"二唐"的共同运输枪支犯罪行为,与胡某波所犯之罪紧密关联。胡某波在一审被判处死刑之后才交代"二唐"的犯罪线索,体现出其具有避重就轻的主观心态,且无真诚悔罪、弃恶从善的积极表现,认定其立功与立法本意不符。

(2)被告人如实供述并协助抓获上下家,应当认定被告人有立功表现。被告人胡某波到案后,供述其欲将毒品运往湖北省武汉市贩卖。公安人员押解胡某波前往武汉市,由胡某波打电话联系下家约定交易,在武汉市临江饭店抓获前来接取毒品的胡某香。被告人协助延伸侦查的行为,有助于司法机关打击毒品犯罪产业窝点、链条,反映出被告人具有真诚悔罪的心态,这种行为应当构成立功。

(3)对被告人的立功行为是否从宽处罚,应当根据"功是否足以抵罪"的情况而定。对于毒品犯罪,犯罪行为人的立功行为是否足以从宽处罚,2008年《大连会议纪要》规定了"功是否足以抵罪"的标准。毒品犯罪案件中,由于被告人处于毒品犯罪产业网络链条之中,和其他类型的犯罪分子相比,具备掌握其他涉案人员情况和罪行的天然优势,即可能通过举报一些从犯、马仔的犯罪事实获取立功机会,争取从宽处理的结果。这种举报行为并未体现出行为人真诚悔罪,也不意味行为人的人身危险性、主观恶性有所减少。根据2008年《大连会议纪要》的规定，如果行为人的罪行极其严重，但只有一般立功表现的，可不予从轻处罚；如果行为人检举、揭发的是其他犯罪案件中罪行同样严重的犯罪分子，或者协助抓获的是同案中的其他首要分子、主犯，原则上可以从轻或者减轻处罚；如果协助抓获的只是同案中的从犯或者马仔，功不足以抵罪，或者从轻处罚后全案处刑明显失衡的，不予从轻处罚；对于从犯、马仔立功，特别是协助抓获毒枭、首要分子、主犯的，应当从轻处罚。本案被告人胡某波属于“功不足以抵罪”情形的理由有二：一是胡某波在被判处重刑暂予监外执行（保外就医）期间从事毒品犯罪，是共同犯罪的主犯和毒品惯犯；归案后长期拒不如实供述自己的罪行，除拨打电话联系下家派遣胡某香接取毒品外，拒不如实供述毒品的来源和下家主犯；其不但走私、贩卖、运输毒品2万余克，而且走私枪支、弹药，罪行极其严重，协助抓获的只是下家的马仔，功不足以抵罪，如从轻处罚，将会造成全案处刑明显失衡。二是从侦查经过分析，胡某波归案后在最初三次被讯问时均拒不供认罪行，认罪后亦不供述武汉市下家主犯的真实情况，通过打电话联系下家派人接取毒品抓获胡某香后又翻供，拒不认罪，称毒品是公安人员逼着让指认和承认的，胡某香是公安让帮忙抓的。胡某波在一审被判处死刑之后才交代“二唐”实施犯罪的线索，且在供述时避重就轻，体现出其借检举、揭发逃避罪责的主观心态。

111. 被告人协助抓获的犯罪嫌疑人未被公安机关作犯罪处理能否认定立功

【实务观点】

对协助抓获型立功的审查，应当查证被告人有无具体协助行为、协助行为对抓获其他犯罪嫌疑人是否起到实质作用、被抓获的犯罪嫌疑人有无实施犯罪行为。被抓获的犯罪嫌疑人所实施行为是否构成犯罪，不能以公安机关是否移送起诉为准。法院应当对公安机关提供的材料能否证明上述事实进行实质审查，只要当时公安机关将协助抓获的对象作为犯罪嫌疑人对待，且经法院审查认为其行为构成犯罪，即便公安机关没有移送起诉，仍应认定在抓获过程上起到实质协助作用的被告人构成立功。

【类案参考】

案例6－24

朱某菲贩卖毒品案[①]——被告人协助公安机关抓获的同案犯未被作为犯罪处理的不影响立功的认定

［**基本案情**］　2013年2月至3月12日，上诉人朱某菲在无锡市南长区永乐路87号永乐名典等地，先后3次将共计0.74克甲基苯丙胺贩卖给邱某、费某、陈某英，得款共计800元。同年3月12日14时许，公安机关在无锡市南长区日航大酒店附近将朱某菲抓获，当场从朱某菲身上查获其为了贩卖而委托涉案人员张某超（另案处理）购买的甲基苯丙胺3克，同日又在朱某菲租住地查获甲基苯丙胺1.83克。朱某菲归案后主动供述了司法机关尚未掌握的其向邱某、陈某英贩卖毒品的事实，并协助公安机关抓获张某超、邱某、陈某英。

［**裁判结果**］　一审法院认为，朱某菲明知甲基苯丙胺是毒品而多次贩卖给他人共计

① 参见中华人民共和国最高人民法院刑事审判第一、二、三、四、五庭主办：《刑事审判参考》（2014年第5集，总第100集），法律出版社2015年版，第103～110页。

0.74克,其既有吸毒行为,又有贩毒行为,查获的甲基苯丙胺4.83克,应当计入其贩卖毒品数额,即认定其贩卖甲基苯丙胺5.57克,行为构成贩卖毒品罪,且属情节严重。朱某菲归案后如实供述自己的罪行,依法可以从轻处罚。朱某菲多次因吸毒被行政处罚,仍不思悔改,酌情从重处罚。朱某菲归案后协助公安机关抓捕其他犯罪嫌疑人员,该人员的犯罪嫌疑虽未查证属实,但有立功意愿,酌情从轻处罚。鉴于本案部分毒品被查获尚未流入社会以及朱某菲本人吸食毒品的情况,在量刑时可以酌情从轻。判决:被告人朱某菲犯贩卖毒品罪,判处有期徒刑三年八个月,并处罚金四千元。二审法院认为,上诉人朱某菲归案后协助公安机关抓获涉案人员张某超,该行为依法构成立功,且有主动供述公安机关尚未掌握的同种罪行以及如实供述全部罪行的情节。改判:上诉人朱某菲犯贩卖毒品罪,判处有期徒刑二年,并处罚金二千元。

［**判理分析**］ 本案中一审法院认为朱某菲检举的张某超的犯罪行为未能查证属实,故不应认定朱某菲的行为构成立功;二审法院则认为审判机关应当根据法律规定认定张某超明知他人实施毒品犯罪仍为其代购毒品的行为构成犯罪,虽然公安机关未对张某超作出处理,但朱某菲确有协助公安机关抓获张某超的表现,应当认定朱某菲的行为构成立功。主要有以下几点理由:(1)朱某菲在被公安机关抓获后,主动交代其被查获的3克甲基苯丙胺系张某超明知其贩卖毒品而为其代购,提供了张某超的联系方式,按照公安机关的安排打电话将张某超约至指定地点,并当场指认了张某超,公安机关在朱某菲的指认下抓获张某超。朱某菲的行为既符合《关于处理自首和立功若干具体问题的意见》第5条第1款第1项规定的“按照司法机关的安排,以打电话、发信息等方式将其他犯罪嫌疑人(包括同案犯)约至指定地点”的情形,也符合该款第2项规定的“按照司法机关的安排,当场指认、辨认其他犯罪嫌疑人(包括同案犯)”的情形。(2)张某超明知朱某菲贩卖毒品而为其代购3克甲基苯丙胺的事实,有张某超、朱某菲的一致供述及从朱某菲处查获的3克甲基苯丙胺予以证实,足以认定张某超实施犯罪的事实。对于张某超的行为是否构成犯罪,公安机关认为因为朱某菲欲向他人贩卖3克甲基苯丙胺的犯罪事实公安机关已事先掌握,故帮助朱某菲购买毒品的张某超不构成犯罪,从而朱某菲检举并协助抓获张某超的行为不构成立功。二审法院则认为公安机关是否事先掌握朱某菲欲向他人贩卖3克甲基苯丙胺的犯罪事实,与明知朱某菲贩卖毒品而帮助其购毒的张某超是否构成犯罪没有必然联系。首先,本案中,公安机关根据涉毒人员费某的检举掌握了朱某菲贩卖毒品的犯罪线索,且利用费某向朱某菲再次购买毒品而将正欲进行毒品交易的朱某菲抓获,属于利用特情引诱破案。因朱某菲此前已有多次贩毒行为,向费某贩卖毒品也不是第一次,故本案不属于犯意引诱,不排除此次贩卖毒品有数量引诱因素,但并不影响朱某菲贩卖毒品犯罪的成立,更不影响对张某超为朱某菲代购毒品的行为性质的认定。其次,2008年《大连会议纪要》明确指出,“明知他人实施毒品犯罪而为其居间介绍、代购代卖的,无论是否牟利,都应以相关毒品犯罪的共犯论处”。故张某超明知朱某菲欲实施贩卖毒品犯罪而为其代购毒品,为朱某菲贩卖毒品提供实际帮助,与朱某菲构成共同犯罪,应当按照贩卖毒品罪的共犯论处。(3)被协助抓获者的犯罪行为是否“查证属实”应当由法院依据事实和法律作出认定。关于“查证属实”的认定主体,侦查机关有查证被协助抓获者有无相应犯罪事实的职责,法院有审查认定被协助抓获者的犯罪行为是否被“查证属实”的职责。朱某菲协助抓获同案犯的,侦查机关既应查明朱某菲是否具有协助抓获同案犯的客观行为,也应查明朱某

菲协助抓获的张某超是否存在相应的犯罪事实，并将证明上述情节的证据材料全面、客观地提供给法院。法院对公安机关出具的证实张某超不构成犯罪的《情况说明》，不应简单进行形式审查后直接采纳，而应根据案情和其他相关证据进行综合评判。《关于处理自首和立功若干具体问题的意见》第6条第4款规定，“根据被告人检举揭发破获的他人犯罪案件，如果已有审判结果，应当依据判决确认的事实认定是否查证属实；如果被检举揭发的他人犯罪案件尚未进入审判程序，可以依据侦查机关提供的书面查证情况认定是否查证属实”。因此，对于被检举者的犯罪行为是否“查证属实”的认定，不宜一概要求依据相应的刑事判决，可以由法院根据现有证据认定被检举人是否构成犯罪以及可能判处的刑罚，并据此认定检举人是否构成立功。立功制度兼具体现犯罪人的悔罪表现以及促进打击犯罪的双重功能，本案中朱某菲协助抓获的张某超确实涉嫌贩卖毒品犯罪，朱某菲的协助抓获行为体现了其认罪、悔罪的良好态度，并有利于司法机关及时发现和有效惩治相关犯罪行为，因而具有立功价值。

112. 协助公安机关查获数量大的毒品能否认定立功

【实务观点】

犯罪嫌疑人、被告人向公安机关提供毒品犯罪人的具体住址和活动情况，从而使得公安机关得以查获数量大的毒品，阻止了毒品实际控制人以该批毒品为对象继续实施犯罪的可能性，有效防止了该批数量大的毒品流入社会、危害人民群众，无论毒品犯罪人是否被抓获，均属于“其他有利于国家和社会的突出表现”的表现，依照《自首立功解释》第5条的规定，应当认定为立功。协助公安机关查获的毒品数量涉及的犯罪可能被判处无期徒刑以上刑罚的，应当认定为重大立功。

【类案参考】

案例6－25

梁某雄、周某杰等贩卖毒品案①——帮助公安机关从下家住处查缴数额巨大毒品的应认定为重大立功

［**基本案情**］　2002年11月7日，被告人梁某雄与周某杰在深圳市春风路春风茶餐厅交接2块海洛因毒品时，被公安人员人赃俱获。其同行的女友被告人曹某风趁乱逃脱，后联系刘某明寻找买家以将梁某雄放在住处的其余5块海洛因出卖。刘某明通过他人与黄某柱（在逃）取得联系后，到向西村西区85号楼下，由刘某明在下面望风，曹某风与黄某柱进入603室，拿到装有5块海洛因的背包后立即逃离。黄某柱将5块海洛因及6包咖啡因全部拿走。同年11月8日晚，公安人员将曹某风抓获归案。曹某风归案后协助公安人员将刘某明抓获。刘某明归案后，于次日凌晨带领公安人员将赵某祥抓获归案。次日凌晨3时许，刘某明为配合公安人员抓获黄某柱及缴回毒品，经公安人员安排，用手提电话与黄某柱取得联系，假称其朋友要买1块海洛因约黄某柱在深圳市黄贝岭牌坊见面。公安人员遂带刘某明到约定地点进行布控。当黄某柱驾车来到约定地点后即让刘某明上车并立即驶离，脱离了公安人员的控

① 参见中华人民共和国最高人民法院刑事审判第一庭、第二庭编：《刑事审判参考》（2005年第6集，总第47集），法律出版社2006年版，第34～46页。

制。刘某明与黄某柱见面后，黄某柱将1块海洛因交给刘某明，刘某明即带海洛因到深圳市刑警支队投案。公安机关根据刘某明提供的黄某柱的手机号和黄某柱的活动情况调查，于同月11日中午，查明了黄某柱的住处，查获海洛因4块（净重2710克）含量为100%，咖啡因6包，净重4900克。刘某明交回的海洛因（净重540克）含量为100%。

［**裁判结果**］ 深圳市中级人民法院认为，被告人刘某明、曹某凤直接将毒品卖给其他贩毒分子，其行为均已构成贩卖毒品罪。被告人刘某明具有自首和重大立功表现，依法应减轻处罚。判决：被告人刘某明犯贩卖毒品罪，判处有期徒刑十年，剥夺政治权利三年，并处罚金五万元。广东省高级人民法院经审理，认为被告人刘某明归案后，协助公安机关抓获了同案人赵某祥且在公安人员对其失去控制的情况下，带着540克海洛因主动到公安机关投案，并提供了同案人的住处及活动情况，使得公安人员从同案人的住处查缴海洛因2710克，具有自首和重大立功情节，依法应减轻处罚。裁定驳回上诉，维持原判。

［**判理分析**］ 本案被告人刘某明虽协助司法机关去抓捕毒品买主黄某柱，但因黄某柱的狡猾而摆脱了公安人员的控制，未能将黄某柱抓获归案，因此，不能认定刘某明具有协助司法机关抓捕其他犯罪嫌疑人的立功表现，同时，因黄某柱与其是同案犯，也不属于提供侦破其他案件重要线索的立功。但是，刘某明及时提供黄某柱的住址和活动情况，使得公安人员从黄某柱的住处查获已被黄某柱控制的2710克海洛因和4900克咖啡因，使已经卖出的毒品全部被追回，防止了这部分毒品流入社会后危害人类，刘某明的行为符合《自首立功解释》第7条关于"犯罪分子……对国家和社会有其他重大贡献等表现的，应当认定为有重大立功表现"的规定。

案例6-26

魏某强等走私、运输毒品案①——提供线索并协助查获大量案外毒品的应认定为立功

［**基本案情**］ 2009年7月初，同案被告人王某兰（已判刑）到缅甸与吴某志（另案处理）商定购买毒品后，吴某志找到被告人魏某强、同案被告人吴某财（已判刑）运送毒品。同年8月1日，魏某强、吴某财携毒品到达云南省施甸县旧城勐菠萝河时被民警例行盘查，二人主动承认携带的黑色拎包内装有毒品。民警当场从该包内查获毒品甲基苯丙胺14包，重2712克。同月2日，在保山市隆阳区河图镇田心王村村口，魏某强协助民警将准备接应毒品的王某兰抓获。同年12月4日，魏某强提供线索并协助民警在云南省镇康县南伞镇中缅边境我国一侧××号界桩附近的石滑坪山腰一山洞内查获甲基苯丙胺一包，重9643克。

［**裁判结果**］ 保山市中级人民法院认为，被告人魏某强明知是毒品甲基苯丙胺还从缅甸携带进入我国云南边境，其行为构成走私、运输毒品罪。魏某强专为运输毒品事先探路，运输过程中又负责向境外毒贩吴某志电话汇报走私、运输毒品的情况，魏某强与吴某财构成共同犯罪。在共同犯罪中魏某强起主要作用，系主犯。魏某强被公安机关例行盘问时能如实交代自己的罪行，构成自首；被抓获后又能协助公安机关抓获同案犯王某兰，并向公安机关提供线索协助查获甲基苯丙胺9643克，构成重大立功。判决：被告人魏某强犯走私、运输毒品罪，判处有期徒刑十年，并处罚金十万元。

---

① 参见中华人民共和国最高人民法院刑事审判第一、二、三、四、五庭主办：《刑事审判参考》（2012年第1集，总第84集），法律出版社2012年版，第54~58页。

[判理分析]　魏某强提供线索并协助公安机关查获案外9643克毒品，根据魏某强交代，该批毒品的藏匿地点是一杨姓男子告诉他并带他前往的，准备安排他运到保山，但他并未表示愿意运输该批毒品，在案的其他证据也无法证实魏某强准备运输该批毒品。魏某强提供线索协助公安机关缴获数量巨大的毒品，虽未能查获该批毒品的持有人，但毕竟使数量巨大的毒品及时被缴获，没有流入社会，因此魏某强的行为属于"有利于国家和社会的突出表现"，构成重大立功。理由是：《自首立功解释》第5条规定，"根据刑法第六十八条第一款的规定，犯罪分子到案后有检举、揭发他人犯罪行为，包括共同犯罪案件中的犯罪分子揭发同案犯共同犯罪以外的其他犯罪，经查证属实；提供侦破其他案件的重要线索，经查证属实；阻止他人犯罪活动；协助司法机关抓捕其他犯罪嫌疑人（包括同案犯）；具有其他有利于国家和社会的突出表现的，应当认定为有立功表现"。就本案而言，被告人魏某强实施了走私、运输毒品犯罪行为，在犯罪后提供线索并协助公安机关查获了9643克毒品。现有证据无法证实该批毒品的实际控制主体，也无法证实魏某强对该批毒品是否具有犯意，魏某强提供该批毒品线索的行为显然不属于供述自己的罪行。魏某强的这一行为应该认定为有益于国家和社会的突出行为，体现在两个方面：一是有效防止了该批数量巨大的毒品流入社会、危害社会；二是从源头上阻止了该批毒品的实际控制人继续实施以该批毒品为对象的犯罪的可能性，因此应当构成立功。魏某强协助查获的毒品达9643克，贩卖、运输如此巨大数量的毒品完全可能被判处无期徒刑以上的刑罚，因此应当认定构成重大立功。

113. 毒品犯罪案件中立功从宽处罚的把握

【实务观点】

对于毒品犯罪案件中具有立功情节的被告人，是否从宽处罚以及从宽处罚的幅度，应根据其犯罪性质、情节、危害后果、毒品数量及主观恶性、人身危险性，结合立功价值的大小因素综合考虑，以功是否足以抵罪为标准。根据最高人民法院相关会议纪要的精神，对于部分被告人具有立功情节的案件，量刑时要充分注意毒品共同犯罪人以及上下家之间的量刑平衡。[①]具体而言：

（1）犯罪集团的首要分子、罪责相对较大的主犯等毒品犯罪分子，检举揭发其他罪行相对较轻的犯罪分子，或者协助抓获同案的从犯、罪责相对较小的犯罪分子，即使认定立功，是否从宽处罚以及从宽处罚的幅度应当从严掌握；如果其罪行极其严重，只有一般立功表现，功不足以抵罪的，可不予从宽处罚。首要分子或者主犯往往位居贩毒网络的顶端，本身就罪行极其严重，由于其掌握着同案犯、从犯、马仔的犯罪情况和个人信息，立功比较容易，其揭发同案犯、从犯、马仔的行为，并没有体现出很好的认罪、悔罪态度，因此对其是否从宽处理应当从严掌握。

（2）犯罪集团的首要分子、罪责相对较大的主犯等毒品犯罪分子，如果检举揭发的是其他案件中罪行同样严重的犯罪分子，或者协助抓获的是其他首要分子、罪行相对较重的主犯，功足以抵罪的，可以从轻或者减轻处罚。

① 此观点最早源于2008年《大连会议纪要》。

(3)从犯、罪行相对较轻的主犯协助抓获首要分子、罪行相对较重的主犯的,应当充分体现政策,依法从轻、减轻或者免除处罚。①

(4)对于主观恶性和人身危险性较大的被告人,对其立功表现是否从宽处罚,应当从严掌握。比如有的犯罪分子,属于毒品再犯、累犯或者在取保候审、监外执行期间再犯毒品重罪,对其立功表现是否从宽处罚,应当从严掌握;有的犯罪分子,归案后长期拒不如实供述自己的罪行,认罪态度极差,被判处死刑或者重刑后,才揭发他人犯罪事实,企图借此逃避罪责,在从宽处理时也应当从严掌握。

【法律及司法文件】

最高人民法院《关于贯彻宽严相济刑事政策的若干意见》(法发〔2010〕9号,2010年2月8日印发)

第33条 在共同犯罪案件中,对于主犯或首要分子检举、揭发同案地位、作用较次犯罪分子构成立功的,从轻或者减轻处罚应当从严掌握,如果从轻处罚可能导致全案量刑失衡的,一般不予从轻处罚;如果检举、揭发的是其他犯罪案件中罪行同样严重的犯罪分子,或者协助抓获的是同案中的其他主犯、首要分子的,原则上应予依法从轻或者减轻处罚……

【类案参考】

案例6-27

吴某亲贩卖毒品案②——罪行极其严重的,虽有重大立功但不从轻处理

[**基本案情**] (1)2003年2月初,被告人吴某亲经事先联系,在广东省东莞市虎门镇向同案被告人刘某全、鲁某东贩卖海洛因400克。同年2月至3月,鲁某东先后两次携带毒资到东莞市虎门镇向吴某亲购买海洛因800克、500克,并运回泉州市,转手卖给同案被告人代某义等人。(2)2003年8月底,吴某亲在东莞市虎门镇向代某义、鲁某东贩卖海洛因2000克及掺杂所用的“底粉”10,000克。代某义、鲁某东二人又将海洛因加工后卖给同案被告人邓某。(3)2003年10月25日,刘某全在重庆市区被公安机关抓获后,主动要求协助抓获吴某亲。同年11月7日中午,刘某全等来到广东省东莞市虎门镇黄河酒店727房间,吴某亲与其子同案被告人吴某城一同前往该酒店,在交易时被守候的公安人员抓获,并当场缴获海洛因3080克。另外,刘某全、代某义、鲁某东还向其他毒贩购买了大量海洛因卖给同案被告人邓某等人。

[**裁判结果**] 泉州市中级人民法院认为,被告人吴某亲明知是毒品海洛因而故意非法买卖,其行为已构成贩卖毒品罪。吴某亲贩卖毒品数量大,在共同犯罪中系主犯,社会危害性特别严重,依法应予严惩。判决:被告人吴某亲犯贩卖毒品罪,判处死刑,剥夺政治权利终身,并处没收个人全部财产;同案被告人代某义、邓某犯贩卖毒品罪,同案被告人鲁某东犯贩卖、运输毒品罪,均判处死刑,剥夺政治权利终身,并处没收个人全部财产;被告人刘某全犯贩卖、运输毒品罪,但因协助抓获被告人吴某亲,有重大立功表现,判处死刑,缓期二年执行,剥夺政治

① 以上观点最早源于2008年《大连会议纪要》。

② 参见中华人民共和国最高人民法院刑事审判第一、二、三、四、五庭主办:《刑事审判参考》(2009年第2集,总第67集),法律出版社2009年版,第82~86页。

权利终身，并处没收个人全部财产。福建省高级人民法院经审理认为，被告人吴某亲在二审期间检举泉州市胡某顺绑架案和广州市韦某群贩毒案，经查属实，构成立功，但被告人吴某亲罪行极其严重，不足以从轻处罚，依法裁定驳回被告人吴某亲等上诉，维持原判。最高人民法院复核期间，被告人吴某亲又检举了泉州市代某波持刀抢劫伤人案，经查属实。最高人民法院经复核认为，吴某亲贩卖毒品的事实清楚，证据确实、充分。吴某亲作为毒品犯罪网络的上线大毒枭，罪行极其严重，虽有立功但功不足以抵罪，依法裁定核准吴某亲的死刑。

［**判理分析**］　(1)被告人吴某亲贩卖毒品犯罪情节极其严重。本案中，被告人吴某亲贩卖海洛因累计6780克，贩卖毒品数量大。吴某亲翻供称未参与2003年2月至3月三次分别贩卖海洛因400克、800克、500克（共计1700克）的事实，该三次贩卖的海洛因已经贩卖未能查缴到毒品实物，认定该三次贩毒主要依据刘某全、吴某亲、鲁某东的供述，其中吴某亲与鲁某东的供述可以相互印证，且一审、二审庭审时刘某全、鲁某东对此均无异议，对此应予认定。被告人吴某亲还翻供否认2003年8月底代某义、鲁某东向其购买海洛因2000克及掺杂所用的“底粉”10,000克的事实，该节事实不仅有吴某亲在公安侦查阶段的供述，代某义、鲁某东亦供述在案，庭审中二人均予供认。结合吴某亲在侦查阶段供述与鲁某东、刘某全、代某义供述在时间、地点、交易方式、价格、数量等诸多细节上的一致性，并通过对吴某亲及同案被告人供述的分析，可以排除侦查机关诱供的可能，吴某亲上述贩卖毒品的事实可以认定。加之吴某亲最后被抓获时查获的海洛因3080克，其共计贩卖毒品海洛因6780克。从案情可以看出，被告人吴某亲是位居贩毒网络上线的毒枭，贩卖毒品数量大、含量高，刘某全、鲁某东等同案被告人均是从吴某亲处批发大量高纯度海洛因后，又掺入从吴某亲等人处购进的底粉，向外再次批发或零售给更低层次的毒贩；在被告人吴某亲、吴某城等的共同犯罪中，吴某亲是毒品所有者并积极销售，招集同案多名被告人参与，起主要作用，是主犯。通观全案，吴某亲贩毒的数量大，超过当地实际掌握的死刑数量标准，又系共同犯罪中作用最为重要的主犯，罪行极其严重，论罪应当判处死刑。

(2)对于毒枭等严重毒品犯罪分子立功的，从轻或者减轻处罚应当从严掌握，以立功是否抵罪为标准，结合被告人罪行的严重程度、立功大小综合考虑。被告人吴某亲在二审法院和最高人民法院死刑复核期间，检举揭发他人三起犯罪，其中两起系检举其他犯罪案件的犯罪分子，属于一般立功；另一起则是为侦破其他毒品犯罪案件提供重要线索，致使两名毒贩被当场抓获，被其直接检举的韦某某被判处有期徒刑12年，亦构成立功。但被告人吴某亲罪行极其严重，虽有立功但功不足以抵罪，对其不从轻处罚。主要理由如下：首先，综观全案，吴某亲是位居贩毒网络上线的毒枭，本案中的海洛因大部分出自吴某亲，是本案毒品的主要源头，且其贩卖毒品数量大、纯度高，社会危害极大，罪行极其严重；其次，由于其在贩卖毒品环节中居于顶端，掌握着同案犯、从犯、马仔的犯罪情况和个人信息，被抓获后容易协助抓捕其他较小的毒犯，容易获得立功甚至重大立功，本案中其检举毒犯韦某某就属于这种情况；再次，本案中鲁某东等人的上线刘某全，因为协助抓获吴某亲构成重大立功而被判处死缓，处于贩毒下线的鲁某东、代某义、邓某等人亦因贩卖毒品数量大、情节严重被判处死刑，倘若再对本案中最上线的毒枭吴某亲因构成一般立功而不判处死刑，则量刑明显失衡；最后，吴某亲系对福建不熟悉的广东人，却能在福建省泉州市看守所屡次获知泉州当地的抢劫、绑架等非毒品犯罪线索，其线索来源渠道是否正当也值得怀疑。综合上述情况，最高人民法院核准了被告人吴某亲的死刑判决。

案例 6－28

张某林等走私、贩卖、运输毒品案[①]——罪行极其严重的被告人有重大立功表现也可不从轻处罚

［**基本案情**］（1）2005 年 8 月，被告人张某林指派同案魏某华到云南昆明联系毒品。经魏某华联系，张某林与毒贩李某强通过电话达成贩毒事宜。10 月初，张某林指使同案许某斌给魏某华汇毒资 31 万元。10 月 20 日前后，李某强将海洛因 1280 克交给魏某华，魏某华乘车将海洛因从云南昆明运至四川泸州，交给受张某林指使前去接货的许某斌。（2）2005 年 10 月底，魏某华指使喻某从云南昆明一旅馆取得海洛因 667 克，并于当日运至泸州交给张某林。在张某林的授意下，许某斌等人往海洛因中渗入精神药品氨酚待因后出售。（3）2005 年 10 月至 11 月，魏某华收到张某林所汇购毒款 27.45 万元后交给李某强。12 月 12 日，喻某从李某强处取得海洛因 1500 克，乘车准备运回泸州。次日在昭通市被查获，当场缴获海洛因 1246.4 克。（4）2005 年 11 月初，张某林与被告人杨某富密谋后，决定由杨某富负责开辟与云南省耿马县马氏兄弟进行毒品交易的通道。经杨某富联系后，张某林让人给马某 1 汇去定金 3 万元和路费 6600 元。马某 1 收款后即与其弟马某 2 商议贩毒事宜。马某 1 与张某林达成贩毒协议后，张某林让杨某富、马某 1 给马某 2 汇去毒资 28 万元。马某 2 找到被告人喻某见要求帮忙购买海洛因。喻某见积极组织毒品，使用马某 2 支付的 19 万元毒资，自己又垫付 10 万元，购得海洛因 5 公斤。马某 2 又联系他人将 10 块海洛因藏匿于整车香蕉中运输，车行至四川泸州渠坝收费站时被查获，搜出海洛因 5015 克、甲基苯丙胺 270 克。（5）张某林得知后要求马某 1、杨某富再联系一批毒品。2005 年 12 月初，张某林指使他人给马某 2 汇去毒资 30 万元。喻某见在马某 2 的要求下再次从缅甸购得海洛因 5 公斤，并藏匿于整车香蕉中运输。12 月 24 日凌晨，当车行至云南待补收费站时被查获，当场搜出海洛因 5012 克。（6）2005 年 9 月，张某林给被告人杨某汉汇去毒资 70 万元。杨某汉从缅甸购得冰毒 11 万粒。同年 12 月 27 日，张某林被公安人员抓获后，交代了其已向杨某汉汇去毒资，杨某汉正与其联系交易 11 万粒冰毒的事实，表示愿意协助公安机关抓获杨某汉。此后，张某林与杨某汉一直保持电话联系。12 月底，王某卫受杨某汉指使从缅甸取得 11 万粒冰毒，于 2006 年 1 月 12 日将毒品带入中国境内，乘坐出租车行至云南省腾冲县境内时被查获，当场从其行李中搜出甲基苯丙胺 11 万粒，净重 10,835 克。随后，公安人员将杨某汉抓获。

［**裁判结果**］　四川省泸州市中级人民法院认为，被告人张某林、杨某富的行为构成贩卖毒品罪，被告人喻某见的行为构成贩卖、运输毒品罪，被告人杨某汉的行为构成走私、贩卖毒品罪。杨某富系累犯，应从重处罚。张某林协助公安机关抓获杨某汉、王某卫，具有重大立功表现。张某林起意贩毒，并提供毒资，指使他人从事毒品交易活动，是本案中作用较大的主犯；杨某汉、杨某富、喻某见贩卖毒品数量巨大，亦起主要作用，均系主犯。判决：（1）被告人张某林犯贩卖毒品罪，判处死刑，剥夺政治权利终身，并处没收个人全部财产；（2）被告人杨某汉犯走私、贩卖毒品罪，判处死刑，剥夺政治权利终身，并处没收个人全部财产；（3）被告人杨某

① 参见中华人民共和国最高人民法院刑事审判第一、二、三、四、五庭主办：《刑事审判参考》（2009 年第 2 集，总第 67 集），法律出版社 2009 年版，第 76～81 页。

富犯贩卖毒品罪，判处死刑，剥夺政治权利终身，并处没收个人全部财产；(4)被告人喻某见犯贩卖、运输毒品罪，判处死刑，剥夺政治权利终身，并处没收个人全部财产。四川省高级人民法院经二审审理认为，在本案中，张某林起意贩毒，提供毒资，指使他人从事毒品交易活动，贩卖毒品数量巨大，是本案中作用最大的主犯。虽然张某林具有重大立功表现和一般立功表现，但鉴于其在本案中的地位、作用以及贩卖毒品的数量，不足以对其从轻处罚。据此，依法判决维持原判对被告人张某林、杨某汉、杨某富、喻某见的定罪量刑部分，并依法将本案报请最高人民法院核准。最高人民法院经复核裁定核准。

［**判理分析**］　2008年《大连会议纪要》指出，关于立功从宽处罚的把握，应以功是否足以抵罪为标准。在毒品共同犯罪案件中，毒枭、毒品犯罪集团首要分子、共同犯罪的主犯、职业毒犯、毒品惯犯等，由于掌握同案犯、从犯、马仔的犯罪情况和个人信息，被抓获后往往能协助抓捕同案犯，获得立功或者重大立功。对其是否从宽处罚以及从宽幅度的大小，主要应当看功是否足以抵罪，即应结合被告人罪行的严重程度、立功大小综合考虑。要充分注意毒品共同犯罪人以及上下家之间的量刑平衡。本案中，被告人张某林提出犯意、提供毒资，多次安排、指使他人实施贩毒，共计贩卖海洛因13,220.4克、冰毒11,105克。其贩毒数量特别巨大，罪行极其严重。且其在共同犯罪中地位最高，作用最大，系共同犯罪的组织者、指挥者，属于毒品犯罪中应依法严惩的对象。虽然张某林归案后，能积极配合、协助公安机关抓获同案犯罪嫌疑人，有重大立功表现，也能检举他人犯罪线索，经查证属实，有立功表现，但鉴于其贩卖毒品的罪行极其严重，情节特别恶劣，社会危害性和人身危险性极大，功不足以抵罪，不宜对其从轻处罚*，故最高人民法院依法核准其死刑。

案例6－29

金某万、李某石贩卖毒品案①——1997年《刑法》实施前揭发同案犯共同犯罪事实的，可以认定为立功表现

［**基本案情**］　1993年10月末一天晚9时许，被告人金某万以贩卖鸦片为目的，与全某子(已判刑)等人到崔某旭(另案处理)家中取走70,505克鸦片，到图们市藏在全某子家，1994年7月又转移到金某万在图们市石砚镇水南村的别墅围墙角下。1996年5月，金某万、李某石共谋贩卖鸦片。5月24日下午1时许，李某石到金某万家取走鸦片8300克，在汪清县大川街吉汕旅店贩卖时，被公安人员当场抓获。当日下午金某万被抓获，根据其交代，公安机关查获其埋藏在别墅里的61,295克鸦片。经鉴定，在吉汕旅店和金某万别墅里收缴鸦片的吗啡含量分别为18.6%和16.3%。

［**裁判结果**］　延边朝鲜族自治州中级人民法院认为，被告人金某万、李某石非法销售鸦片，其行为已构成贩卖毒品罪，且贩卖毒品的数量特别巨大，依法应予严惩，金某万主动交代了公安机关尚未掌握的埋藏在其别墅的鸦片，属于主动坦白；金某万揭发全某子窝藏毒品，李

---

* 另外，被告人张某林协助公安机关抓获的上线杨某汉走私、贩卖甲基苯丙胺片剂10,835克，亦应判处死刑；张某林贩卖毒品海洛因13,220.4克、甲基苯丙胺270克及片剂10,835克，仅其贩卖毒品海洛因的数量是杨某汉的2倍还多，且主要是纯度较高的海洛因，如果以重大立功为由对其从轻处罚，判处死刑，将导致明显的同案上下线犯罪人量刑不均衡。故不能对其从轻处罚。——编者注

①　参见中华人民共和国最高人民法院刑事审判第一庭编：《刑事审判参考》(1999年第4辑，总第4辑)，法律出版社1999年版，第20～23页。

某石揭发金某万贩卖毒品的犯罪行为，属于立功表现，对二被告人可从轻处罚。1996年7月29日作出判决：(1)被告人金某万犯贩卖毒品罪，判处死刑，缓期二年执行，剥夺政治权利终身，并处没收财产一万元；(2)被告人李某石犯贩卖毒品罪，判处死刑，缓期二年执行，剥夺政治权利终身，并处没收财产二千元。吉林省高级人民法院裁定核准。

［**判理分析**］ 本案发生于1997年《刑法》实施前，当时有效的全国人大常委会《关于禁毒的决定》(1990年12月28日施行，以下简称《决定》)第14条规定，犯本决定规定之罪，有检举、揭发其他毒品犯罪立功表现的，可以从轻、减轻处罚或者免除处罚。1994年12月20日，最高人民法院《关于执行〈全国人民代表大会常务委员会关于禁毒的决定〉的若干问题的解释》(已失效)对此条的适用作出明确解释："《决定》第十四条的规定，是指毒品犯罪分子在犯《决定》规定之罪后被司法机关发现并予以审查时(包括侦查、起诉、审判阶段)，检举、揭发其他毒品犯罪活动或者其他毒品犯罪分子(含同案犯)罪行得到证实的，或者提供重要线索、证据，从而得以侦破其他毒品犯罪案件的，或者协助司法机关缉捕其他毒品犯罪分子(含同案犯)的，属于有立功表现，可以从轻、减轻处罚或者免除处罚。"这一解释把揭发毒品犯罪同案犯的毒品犯罪行为也规定为立功。1998年最高人民法院《关于处理自首和立功具体应用法律若干问题的解释》对立功作出了严格而明确的规定："……犯罪分子到案后有检举、揭发他人犯罪行为，包括共同犯罪案件中的犯罪分子揭发同案犯共同犯罪以外的其他犯罪，经查证属实……应当认定为有立功表现。"同时，该解释第6条规定，共同犯罪案件的犯罪分子到案后，揭发同案犯共同犯罪事实的，可以酌情予以从轻处罚。因此，按照该解释揭发同案犯共同犯罪事实的表现已不构成立功，只是酌情从轻处罚的情节。刑事立法对"立功"的标准前后规定是不一样的，本案发生在1996年，二审期间1997年《刑法》已生效，对于揭发同案犯共同犯罪事实的情况《决定》规定为立功表现，根据1997年《刑法》第12条第1款的规定，本案应适用《决定》，故判决认定金某万揭发金某子窝藏毒品、李某石揭发金某万贩卖毒品的行为构成立功。

114. 二审期间因一审判决的刑期届满而取保候审，被告人又再犯新罪的，能否认定累犯

【实务观点】

累犯的构成前提是因犯罪被判处有期徒刑并且刑满释放，这里指的是被告人被作出生效判决并且被判处的有期徒刑已经执行完毕。被办案机关采取逮捕强制措施的被告人被一审法院判处刑罚后，如果在二审期间被告人被羁押的时间已经达到一审判决的刑期，依照最高人民法院《关于适用〈中华人民共和国刑事诉讼法〉的解释》第170条的规定，应当依法变更强制措施。在此期间，被告人又犯罪的，不应认定为累犯。从法理上讲，虽然被告人因一审判决的刑期已经被释放，但针对其所犯罪行，并没有作出生效判决，人民法院针对其原来犯罪的案件，经过二审审理，可能作出发回重审或者支持检察机关增加刑期抗诉意见的改判判决，被告人亦有可能被重新收监执行剩余的刑罚。也就是说，并没有前罪已经作出生效判决并且服刑完毕的前提存在，在此情况下，被告人在二审期间再犯新罪的，自然不符合累犯的构成要件。但对于前罪和再犯新罪均系毒品犯罪的，则可以认定为毒品再犯。因为根据《刑法》第356条的规定，毒品再犯的前提是"因走私、贩卖、运输、制造、非法持有毒品罪被判过刑"，这

里的“被判过刑”，既没有“已经作出生效判决”的要求，也没有“已经刑满释放”的要求。

在审理程序上，对于二审期间再犯新罪的，可以区别处理：一是二审期间再犯新罪并且在原罪二审未作出裁判前已经起诉的，依照最高人民法院《关于适用〈中华人民共和国刑事诉讼法〉的解释》第25条的规定，可以发回一审法院重新审理，将原罪与新罪并案处理，对于原罪与新罪属于同种罪行的情形，一般应当并案审理。二是如果再犯新罪的侦查、审查起诉仍需要较长时间，并案审理可能造成原罪的审判过分迟延的，人民法院应当先行对原罪作出生效裁判；或者二审期间再犯新罪但二审法院并不知情，已经作出生效裁判的，所犯新罪另行判决时，如果已经生效的判决已经没有剩余刑期，则直接对新罪作出判决即可；如果原罪判处刑罚尚未执行完毕，按刑罚执行期间发现漏罪予以数罪并罚。

【法律及司法文件】

《中华人民共和国刑法》

第六十五条　［一般累犯］被判处有期徒刑以上刑罚的犯罪分子，刑罚执行完毕或者赦免以后，在五年以内再犯应当判处有期徒刑以上刑罚之罪的，是累犯，应当从重处罚，但是过失犯罪和不满十八周岁的人犯罪的除外。

前款规定的期限，对于被假释的犯罪分子，从假释期满之日起计算。

第三百五十六条　［毒品犯罪的再犯］因走私、贩卖、运输、制造、非法持有毒品罪被判过刑，又犯本节规定之罪的，从重处罚。

最高人民法院《关于适用〈中华人民共和国刑事诉讼法〉的解释》（**法释**〔2021〕1**号**，2021**年**3**月**1**日施行**）

第二十四条　人民法院发现被告人还有其他犯罪被起诉的，可以并案审理；涉及同种犯罪的，一般应当并案审理。

人民法院发现被告人还有其他犯罪被审查起诉、立案侦查、立案调查的，可以参照前款规定协商人民检察院、公安机关、监察机关并案处理，但可能造成审判过分迟延的除外。

根据前两款规定并案处理的案件，由最初受理地的人民法院审判。必要时，可以由主要犯罪地的人民法院审判。

第二十五条　第二审人民法院在审理过程中，发现被告人还有其他犯罪没有判决的，参照前条规定处理。第二审人民法院决定并案审理的，应当发回第一审人民法院，由第一审人民法院作出处理。

【类案参考】

案例6－30

周某敏贩卖毒品案①——被告人因一审判决的刑期届满被取保候审后，二审期间内又犯新罪的不构成累犯

［**基本案情**］　被告人周某敏曾因犯贩卖毒品罪于2012年9月26日被江苏省镇江市中级人民法院判处有期徒刑一年六个月（刑期自2011年6月3日至2012年12月2日），并处罚

① 参见中华人民共和国最高人民法院刑事审判第一、二、三、四、五庭主办：《刑事审判参考》（2015年第1集，总第102集），法律出版社2016年版，第82～85页。

金二千元。宣判后,同案被告人提出上诉,法院于一审判决刑期届满后依法对周某敏决定取保候审。2013 年 8 月 21 日至 9 月 13 日,被告人周某敏先后五次向雷某("佳佳")、景某贩卖毒品甲基苯丙胺共计 1.1 克,得款 1500 元。2013 年 9 月 25 日,公安机关在周某敏的暂住地将其查获,当场缴获甲基苯丙胺 0.83 克。但该情况并未通报法院,江苏省高级人民法院于 2013 年 11 月 29 日作出刑事裁定,驳回上诉,维持原判。

[**裁判结果**] 丹阳市人民法院认为,被告人周某敏明知是毒品甲基苯丙胺而进行贩卖,其行为构成贩卖毒品罪,对其已卖出的和在其住处查获的全部毒品应一并认定为贩卖毒品的数量。周某敏曾因贩卖毒品罪被判过刑,又犯本罪,依法从重处罚;其归案后如实供述自己的罪行,可从轻处罚。据此,以被告人周某敏犯贩卖毒品罪判处有期徒刑一年六个月,并处罚金三千元。

[**判理分析**] 本案被告人周某敏曾因犯贩卖毒品罪一审被判处有期徒刑,同案被告人提出上诉后该案进入第二审程序,一审判决书对周某敏确定的刑期在二审期间已届满,对被告人周某敏在该期限届满后至二审裁判文书生效前又实施新的毒品犯罪的情形,不应认定构成累犯,应认定为毒品再犯。其理由是:(1)构成一般累犯,要求前罪判处的刑罚已经执行完毕或者被赦免。刑罚执行的前提条件是裁判发生法律效力,刑罚执行的起点是裁判发生法律效力之时。刑罚执行完毕,既包括有期徒刑实际执行完毕,也包括假释考验期满;被判处缓刑的犯人,在缓刑考验期满后再犯罪的,不构成累犯,系因缓刑考验期满意味着所判处的主刑不再执行,本质上区别于刑罚执行完毕。(2)要准确区分刑罚执行完毕与羁押期限届满。刑罚是以限制或剥夺犯罪人权益为内容的法律制裁方法,羁押是司法机关对犯罪嫌疑人在判决生效前为保证诉讼正常进行而采取的强制措施,两者在性质、内容、适用主体与对象等方面各成体系。两者的关联主要体现在"刑期折抵",被逮捕羁押的被告人所羁押的时间已届满第一审人民法院对其判处的刑期期限,因案件进入二审程序或复核程序,一审判决尚未生效的,则人民法院应当对其变更强制措施或者予以释放,但这并不属于刑罚执行完毕。本案被告人周某敏在取保候审期间又实施贩卖毒品犯罪,系在原判决生效前所为,亦即在刑罚执行前犯新罪,故不符合累犯必须是"前罪刑罚执行完毕后"的时间条件。

115. 在缓刑、假释或者暂予监外执行期间又犯罪的能否认定毒品再犯

【实务观点】

《刑法》第 356 条规定毒品再犯的前提条件"被判过刑",应理解为曾经因毒品犯罪被作出过有罪判决,包括判决尚未生效、尚未开始执行、已开始执行但尚未执行完毕、刑罚已执行完毕或赦免等所有阶段。司法实践中,有以下两种情形容易引起争议:

(1)犯罪分子在缓刑、假释或暂予监外执行期间又犯毒品犯罪的。根据最高人民法院相关会议纪要的精神,因走私、贩卖、运输、制造、非法持有毒品罪被判过刑,不论是在刑罚执行完毕或者赦免后,还是在缓刑、假释或者暂予监外执行期间或者缓刑考验期满后,又犯《刑法》分则第六章第七节规定的毒品犯罪的,都是毒品再犯,应当从重处罚。因走私、贩卖、运输、制造、非法持有毒品罪被判刑的犯罪分子,在缓刑、假释或者暂予监外执行期间又犯《刑法》分则第六章第七节规定的犯罪的,应当在对其新犯的毒品犯罪适用《刑法》第 356 条规定从重处罚

确定刑罚后，再依照《刑法》第71条规定，将前罪尚未执行完毕的刑罚与新罪的刑罚数罪并罚。[①] 对于缓刑、假释、暂予监外执行期间又实施毒品犯罪的，认定为毒品再犯从重处罚，评价的是被告人再犯毒品罪所体现出来的人身危险性大，并未涵盖前次毒品犯罪的不法内涵和罪责内涵；将本次犯罪判处的刑罚和前次犯罪未执行完毕的刑罚予以并罚，并未对本次犯罪的刑罚产生影响，因此，并不存在重复评价的问题。

(2)被告人因犯走私、贩卖、运输、制造、非法持有毒品罪被作出有罪判决尚未生效时，又实施毒品犯罪的。比如处于取保候审或监视居住状态的被告人，在一审作出有罪判决后，仍指挥、直接实施或者参与毒品犯罪的，也应当认定为毒品再犯。

【法律及司法文件】

《中华人民共和国刑法》

第三百五十六条　［毒品犯罪的再犯］因走私、贩卖、运输、制造、非法持有毒品罪被判过刑，又犯本节规定之罪的，从重处罚。

【类案参考】

案例6－31

贺某军贩卖、运输毒品案[②]——保外就医期间再犯毒品犯罪的应当认定为毒品再犯予以从重处罚

［**基本案情**］　被告人贺某军1996年5月13日因犯运输毒品罪被判处死刑，缓期二年执行，2005年3月17日因病保外就医。被告人贺某军、张某友（已判刑）于2007年1月至3月，多次商议贩卖毒品，并商定由贺某军负责出资购买和贩卖毒品，张某友负责联系购买毒品。同年3月7日和12日，贺某军通过银行分三次向张某友汇款共计11万元，用于购买毒品。同月15日，张某友携带其中的10.5万元到云南省瑞丽市向杨某文（在逃）购买毒品。同月21日中午，张某友在云南省大理市客运站从杨某文处接过藏匿于药酒罐内的毒品后，与女友施某勤一起乘坐长途汽车到达昆明市，并通知了贺某军。贺某军从南宁市驾驶面包车于同月23日下午到达昆明市与张某友会合，尔后与张某友及其女友一同开车返回。次日20时30分许，贺某军、张某友在南宁市坛洛高速公路收费站被公安人员抓获，并当场查获海洛因604.3克。

［**裁判结果**］　南宁市中级人民法院审理认为，被告人贺某军明知是毒品海洛因而贩卖、运输，其行为已构成贩卖、运输毒品罪。在贩卖、运输毒品共同犯罪中，贺某军提供资金，并与张某友共同将毒品海洛因从云南运输到南宁，起主要作用，是主犯。被告人贺某军因毒品犯罪被判过刑，又犯贩卖、运输毒品罪，根据《刑法》第356条之规定，应从重处罚。被告人贺某军在服刑期间因病获保外就医暂予监外执行期间又犯罪，应数罪并罚。判决：被告人贺某军犯贩卖、运输毒品罪，判处死刑，剥夺政治权利终身，并处没收个人全部财产；与前罪余刑十五年一个月二十五日数罪并罚，决定执行死刑，剥夺政治权利终身，并处没收个人全部财产。广

---

① 此观点最早源于2008年《大连会议纪要》。

② 参见中华人民共和国最高人民法院刑事审判第一、二、三、四、五庭主办：《刑事审判参考》（2009年第2集，总第67集），法律出版社2009年版，第87～94页。

西壮族自治区高级人民法院经审理裁定同意原审对被告人贺某军的判决,依法报送最高人民法院核准。最高人民法院裁定核准。

［**判理分析**］ (1)被告人贺某军构成毒品再犯。《刑法》第356条规定的毒品再犯不是一般累犯的特殊形式,其内涵与外延均与累犯有所不同。对于犯罪分子在缓刑、假释或暂予监外执行期间又犯毒品犯罪的,应适用毒品再犯的规定从重处罚。理由如下:首先,《刑法》将一般累犯和危害国家安全罪等特别累犯的构成条件和处罚原则放在刑法总则部分予以规定,而将毒品再犯的构成条件和处罚原则放在刑法分则有关毒品犯罪的章节部分加以规定。这种在刑法不同体系内予以规定的区分,体现了一般累犯、危害国家安全罪累犯与毒品再犯具有不同的地位,表明立法上并未将毒品再犯视为类似于危害国家安全罪累犯的特殊累犯的一种。其次,从文义解释来看,《刑法》对于一般累犯和危害国家安全罪累犯均规定"在刑罚执行完毕或者赦免以后"的构成条件,对于毒品再犯规定的构成条件则是"被判过刑",这两种表述的内涵和外延是不同的,表明了立法者严格区分累犯与毒品再犯的本意。"被判过刑"既包含"刑罚执行完毕或者赦免以后五年内"这一与一般累犯相同的情形,也包括"刑罚宣判后尚未开始执行、已经开始执行但尚未执行完毕以及执行完毕或赦免五年以后"等不同于一般累犯构成条件的情形。最后,从立法意图来看,将毒品再犯的构成条件规定为"被判过刑",既不要求前罪的刑罚已经执行完毕或者赦免,也不要求本次犯罪与前次犯罪之间有固定的时间间隔,使毒品再犯的限制条件比总则规定的一般累犯和特殊累犯都要少,反映出立法者对于毒品犯罪这种严重犯罪从严打击的意图。本案中,被告人贺某军系在保外就医期间再次贩卖、运输毒品,保外就医系暂予监外执行的一种,其行为符合毒品再犯的构成条件。

(2)在缓刑、假释考验期或者暂予监外执行期间再犯毒品犯罪,除先要对后罪认定为毒品再犯予以从重处罚外,还要依照《刑法》第71条规定的"先减后并"的方法与前罪尚未执行或执行完毕的刑罚实行数罪并罚,但并不存在重复评价的问题。所谓禁止重复评价原则,本质上是禁止将反映同一罪责内容的同一情节重复考量,导致实体上对被告人不利的结果。毒品再犯着眼于犯罪分子再次实施毒品犯罪所反映出的主观恶性和人身危险性而设立,是对于犯罪分子再次所犯毒品犯罪量刑时应把握的从重处罚情节,即毒品再犯是针对再犯的个罪进行量刑时适用的情节;而数罪并罚是针对一人所犯数罪,依据法定的并罚原则及刑期计算方法进行裁量,决定最终的执行刑,此时已不再考量犯罪分子是否系毒品再犯这一情节,因此并不存在重复评价的因素。

116. 未成年人曾实施毒品犯罪的轻罪又实施毒品犯罪的能否认定为毒品再犯

【实务观点】

未成年人实施毒品犯罪被判处五年有期徒刑以下刑罚,又再次实施毒品犯罪的,能否认定为毒品再犯?在司法实践中有两种观点:《刑事审判参考》案例的观点是不满18周岁的人因毒品犯罪被判处五年有期徒刑以下刑罚,犯罪记录依法被封存,不应被重复利用和评价,不得作为毒品犯罪再犯认定的依据。而《人民法院报》案例的观点是未成年人毒品犯罪记录应作为毒品再犯的依据。编者倾向于后一种观点,即对于未成年人再犯毒品犯罪的,应当认定为《刑法》第356条规定的毒品再犯,但从重处罚时可根据前次犯罪的严重程度区别对待。对于前次毒品犯罪较轻的，虽认定为毒品再犯，但给予较小幅度的从重处罚；对于前次毒品犯罪较重的，则要给予较大幅度的从重处罚。具体分析如下：

(1)从刑罚原理的角度看，再犯情节从重处罚的法理依据在于犯罪人的人身危险性大，予以特别预防的必要性大；未成年人从宽对待的法理依据在于其性格处于可塑造阶段，人身危险性相对较小，因此特别预防的必要性小。二者考量的均是犯罪人的人身危险性。而基于被评价对象同一特征存在效果相矛盾的两种量刑情节时，只能选择其中一个情节适用，这是一种刑事政策上的选择。从《刑法》条文上看，立法机关在累犯制度中明确作出未成年人不构成累犯的例外规定，而在毒品再犯制度中未规定未成年人不构成毒品再犯，这本身就是立法机关面临两种价值冲突时对其选择结果的宣示。因此，对于未成年人有毒品再犯情形的，一般情况下仍应当予以认定。

(2)从刑事责任原理的角度看，对未成年人犯罪从宽对待的法理依据在于未成年人的性格尚处于可塑造性阶段，人身危险性相对较小，因此特别预防的必要性小；对毒品再犯从重处罚的法理依据在于再犯罪显示出其反社会人格具有一定的顽固性，人身危险性大，予以特别预防的必要性大。两种情节考量的出发点均是犯罪人的人身危险性，但效果相矛盾，只能选择其中一个情节适用。未成年人的人格具有可塑性是一般规律，但并不具有绝对性，部分未成年人在实施第一次毒品犯罪被判刑后又再次实施毒品犯罪，说明其已形成较为顽固的犯罪人格，具有特殊性。对于特殊情况特殊对待，符合刑罚个别化原则。与其他犯罪相比，因毒品的成瘾性强及犯罪的非法利润高，毒品犯罪具有再犯率高的特性。立法机关在累犯制度中明确作出未成年人不构成累犯的例外规定，而在毒品再犯制度中未规定未成年人不构成毒品再犯，这本身就是立法机关面临两难时对其选择结果的宣示。对于未成年人曾实施毒品犯罪的轻罪又实施毒品犯罪的，应当认定为毒品再犯。

【类案参考】

案例 6 - 32

姚某贩卖毒品案①——未成年人因毒品犯罪被判处有期徒刑六个月又再次实施毒品犯罪的不认定毒品再犯

［**基本案情**］　姚某，男，1993 年 9 月 4 日出生。2011 年 7 月 22 日因犯贩卖毒品罪被判处有期徒刑六个月。2013 年 1 月 16 日 22 时许，姚某在垫江县桂溪镇名流网吧附近一巷子内以 200 元的价格贩卖甲基苯丙胺 0.19 克给吸毒人员欧阳某飞。二人交易完毕后被民警当场抓获。

［**裁判结果**］　垫江县人民法院认为，姚某违反国家对毒品的管理法规，将毒品贩卖给他人，其行为构成贩卖毒品罪。公诉机关指控姚某系毒品再犯，经查，姚某曾因毒品犯罪被判刑，但犯罪时未满 18 周岁，该指控不符合法律有关规定。姚某到案后，如实供述自己的罪行，可以从轻处罚。判决：被告人姚某犯贩卖毒品罪，判处有期徒刑六个月，并处罚金一千元。重庆市人民检察院第三分院提出抗诉，认为原审被告人姚某曾因犯贩卖毒品罪被判过刑，又犯贩卖毒品罪，系毒品再犯，应当从重处罚。虽然《刑法修正案（八）》增加了有关未成年人犯罪

---

①　参见中华人民共和国最高人民法院刑事审判第一、二、三、四、五庭主办：《刑事审判参考》(2014 年第 5 集，总第 100 集)，法律出版社 2015 年版，第 91 ~ 96 页。

不构成累犯的规定,但并未对毒品再犯作出特殊规定,2012年修改后的《刑事诉讼法》增加的未成年人犯罪记录封存制度,亦明确将司法机关办案需要设置为例外情形。重庆市第三中级人民法院经审理,裁定驳回抗诉,维持原判。

[**判理分析**] 重庆市第三中级人民法院认为,对不满18周岁的人因毒品犯罪被判处五年有期徒刑以下刑罚又再次实施毒品犯罪的,不能认定为毒品再犯而予以从重处罚。理由如下:(1)符合立法精神和本意。2011年《刑法修正案(八)》在《刑法》第100条中增加一款作为第2款"犯罪的时候不满十八周岁被判处五年有期徒刑以下刑罚的人,免除前款规定的报告义务"。2012年修改后的《刑事诉讼法》第275条规定:"犯罪的时候不满十八周岁,被判处五年有期徒刑以下刑罚的,应当对相关犯罪记录予以封存。犯罪记录被封存的,不得向任何单位和个人提供,但司法机关为办案需要或者有关单位根据国家规定进行查询的除外。依法进行查询的单位,应当对被封存的犯罪记录的情况予以保密。"2012年5月10日,最高人民法院、最高人民检察院、公安部、国家安全部、司法部发布的《关于建立犯罪人员犯罪记录制度的意见》也有类似规定。以上法律规定被视为未成年人犯罪记录封存制度在我国程序法与实体法上正式确立的标志。未成年人轻罪犯罪记录的消灭是为了在实质上禁止对未成年人轻罪犯罪记录的重复使用,从而避免其以罪犯身份出现在公众面前,帮助未成年人尽快回归社会,健康成长。(2)符合未成年人轻罪犯罪记录封存制度的本质特征和设立目的。犯罪记录封存不仅具有程序法上的意义,更具有实体法上的意义。被封存的犯罪记录应当保密,这一前提决定了该犯罪记录所反映的犯罪行为应当免于被重复利用和评价,否则保密便无从谈起。如果被封存的犯罪记录能够被重复利用和评价,封存制度实际上就被虚化,制度设立的目的也难以实现。被封存的犯罪记录所反映的犯罪行为不能作为累犯或者再犯的认定依据,不然就是对被封存犯罪记录的重复利用和评价,与犯罪记录封存制度背道而驰。(3)符合国际司法规则的相关要求。《联合国少年司法最低限度标准规则(北京规则)》第21条规定,"对少年罪犯的档案应严格保密,不得让第三方利用。应仅限于与处置手头案件直接相关的人员或其他经正式授权的人员才可以接触这些档案。少年罪犯的档案不得在其后的成人诉案中加以利用",明确了未成年人犯罪档案不得在以后其作为成年人犯罪的诉讼案中加以使用的原则,避免未成年人在心智不成熟时的犯罪成为以后犯罪的加重或者从重处罚情节。我国作为加入国,有义务履行条约要求。(4)符合我国宽严相济刑事政策中对未成年人犯罪历来坚持教育、感化、挽救的方针及"教育为主、惩罚为辅"的原则。从价值衡量上看,对未成年时期所实施较轻犯罪行为进行犯罪记录封存,不予重复利用和评价,更有利于未成年人的成长与发展。

案例6-33

陈某贩卖毒品案[①]——未成年人毒品犯罪记录应作为毒品再犯的依据

[**基本案情**] 被告人陈某,男,1992年3月出生,2008年1月陈某(系未成年人)因贩卖毒品罪被重庆市某区人民法院判处有期徒刑七个月,同年5月刑满释放。2015年5月10日15时40分许,陈某在重庆市某小区车库内以250元的价格将一小包毒品冰毒(净重0.85克)贩卖给廖某,双方交易完成后,陈某被便衣民警当场抓获。

---

① 参见高蕴嶙、周玉玲:《未成年人毒品犯罪记录应作为毒品再犯的依据》,载《人民法院报》2016年2月24日,第6版。

［**判理分析**］ 陈某构成毒品再犯。具体理由如下:第一,免除犯罪前科报告义务和犯罪前科封存并不等于犯罪前科消灭。我国《刑事诉讼法》规定,犯罪的时候不满18周岁,被判处五年有期徒刑以下刑罚的,应当对相关犯罪记录予以封存;犯罪记录被封存的,不得向任何单位和个人提供,但司法机关为办案需要或者有关单位根据国家规定进行查询的除外。可见,未成年人犯罪记录封存的目的仅仅是消除犯罪"标签"对未成年人升学、就业等方面的影响,以便其更好地回归社会,立法者设立未成年人免除犯罪前科报告义务和犯罪前科封存制度并不等于未成年人的犯罪前科消灭,其立法初衷更不包含"未成年人毒品犯罪记录不可以作为毒品再犯的依据"的内容。第二,《刑法修正案(八)》将未成年人犯罪排除在累犯之外,主要是基于未成年人身心发育尚不成熟,这是立法者对未成年人保护和宽宥的刑事政策在立法上的体现。然而已满14周岁未满16周岁的未成年人就需要对贩卖毒品罪负刑事责任,可见,毒品犯罪是立法者打击的重点,《刑法》分则将毒品再犯作为从重处罚的特别规定,也是立法者从严惩治毒品犯罪的刑事政策在立法上的体现。累犯和毒品再犯都体现出了更深的主观恶性和人身危险性,累犯和毒品再犯都是针对行为人进行的评价而不是针对行为进行的评价,《刑法修正案(八)》仅将未成年人犯罪排除在一般累犯之外,而未在毒品再犯以及特殊累犯条款中予以排除,这并不是立法的疏忽,而是进一步表明立法者严厉打击毒品犯罪的一贯立场。

117. 毒品犯罪再犯、累犯的从重处罚如何把握

【实务观点】

累犯、毒品再犯是法定从重处罚情节。根据最高人民法院《关于贯彻宽严相济刑事政策的若干意见》第11条的规定,"凡是依法构成累犯和毒品再犯的,即使犯罪情节较轻,也要体现从严惩处的精神。尤其是对于前罪为暴力犯罪或者被判处重刑的累犯,更要依法从严惩处"。对于毒品犯罪的再犯和累犯,应当根据前罪的严重程度、再犯与前罪判决的间隔时间长短、被告人再犯罪时所处的刑罚执行阶段及前科数量、再犯罪数量等因素,确定从重的幅度。根据最高人民法院、最高人民检察院《关于常见犯罪的量刑指导意见》,对于累犯应当增加基准刑的10% ~40%,对于毒品再犯应增加基准刑的10% ~30%。根据最高人民法院相关会议纪要的精神,对于曾因实施严重暴力犯罪被判刑的累犯、刑满释放后短期内又实施毒品犯罪的再犯,以及在缓刑、假释、暂予监外执行期间又实施毒品犯罪的再犯,应当坚决体现从重处罚。①

对于同时构成累犯和毒品再犯的,应当同时引用两个法律条款。② 这样要求的原因在于,刑法对于累犯有不得适用缓刑、假释的规定,但对于毒品再犯并没有相应的禁止性规定,对于因同一前科事实同时构成毒品再犯和累犯的情形,如果只认定为毒品再犯,不认定为累犯,就会产生能否适用缓刑的争议,而且会在刑罚执行过程中产生能否予以假释的争议。同时引用两个法律条款能够"体现从严惩治毒品犯罪的立法精神和刑事政策,而且有利于羁押部门掌

① 此观点最早源于2015年《武汉会议纪要》。
② 此观点最早源于2008年《大连会议纪要》。

握罪犯的情况,从而避免对同时构成累犯和毒品再犯的罪犯适用缓刑、假释的情况发生”。①

司法实践中分以下几种情形区别对待:

(1)因同一次毒品犯罪前科同时构成累犯和毒品再犯的,量刑时不得重复从重处罚。原因是对于因同一次毒品犯罪前科同时构成累犯和毒品再犯的,累犯和毒品再犯情节评价的对象同一,都是行为人曾经因毒品犯罪被判处有期徒刑并且在刑罚执行完毕后五年内再犯罪的法律事实,这一事实所体现出来的行为人主观恶性和人身危险性也是同一的,因此只能给予一次从重处罚,否则就违反了禁止重复评价的原则。

(2)如果被告人因不同犯罪前科(有两次以上毒品犯罪前科)和同一现行犯罪事实分别构成累犯和毒品再犯,从重处罚幅度一般应当大于上述第(1)项“因同一次毒品犯罪前科同时构成累犯和毒品再犯”的情形。② 因为这两个量刑情节所体现出来的罪责内涵并不完全重叠,体现出被告人的人身危险性更大。具体操作中,可以根据构成累犯或毒品再犯的具体情形,分别确定增加基准刑的幅度后,选择其中较高的一个增加幅度再增加10%以上,如以累犯增加30%,再考虑同时构成毒品再犯,增加幅度提高为40%。之所以规定为“从重幅度一般应大于上述情形”,是考虑到实践中存在一些例外情况。例如,对于分别因罪行较轻的盗窃罪和非法持有毒品罪而同时构成累犯和毒品再犯的被告人,对其从重处罚幅度未必大于因单一的严重贩卖毒品罪而同时构成累犯和毒品再犯的被告人。③ 根本决定因素应当是对被告人主观恶性和人身危险性的具体、准确评估,而不能机械执法。

(3)如果被告人因同一罪名的不同现行犯罪事实,分别构成累犯和毒品再犯的,考虑到其新犯罪的不同事实均应当依法从重处罚,在量刑时从重处罚的幅度与第(2)项情形相比,应当更大一些。

(4)如果被告人因不同罪名的现行犯罪事实,分别构成累犯和毒品再犯的,依法应当对其所犯不同犯罪分别予以从重处罚,再予并罚。需要注意的是,其中构成累犯的现行犯罪事实,可能同时也构成毒品再犯,参照前述精神,不得重复从重处罚。

【法律及司法文件】

《中华人民共和国刑法》

第三百五十六条 [毒品犯罪的再犯]因走私、贩卖、运输、制造、非法持有毒品罪被判过刑,又犯本节规定之罪的,从重处罚。

【类案参考】

案例6-34

俞某、孙某贩卖、运输毒品案④——毒品再犯、累犯依法严惩

[基本案情] 被告人俞某,1988年因犯流氓罪、故意伤害罪被判处有期徒刑五年,2009

---

① 高贵君、王勇、吴光侠:《〈全国部分法院审理毒品犯罪案件工作座谈会纪要〉的理解与适用》,载《人民司法·应用》2009年第3期。

② 以上观点最早源于2015年《武汉会议纪要》。

③ 高贵君、马岩、方文军、李静然:《毒品犯罪武汉会议纪要的理解与适用》,载《人民司法·应用》2016年第13期。

④ 参见《最高法院公布五起毒品犯罪及吸毒诱发的严重犯罪典型案例》,载《人民法院报》2013年6月27日,第3版。另参见《最高人民法院公报》2014年第3期(总第209期)。

年10月26日因犯贩卖毒品罪被判处有期徒刑一年,缓刑一年。被告人孙某,1986年、1991年和1996年三次因犯盗窃罪或抢劫罪被判处有期徒刑;2004年10月因犯非法持有毒品罪被判处有期徒刑一年三个月;2007年6月8日因犯非法持有毒品罪被判处有期徒刑四年六个月。2011年7月中旬,被告人俞某、孙某商议共同出资前往湖北省武汉市购买毒品运回浙江省杭州市贩卖。同月21日,孙某租车,俞某乘飞机,分别从杭州市前往武汉市。俞某与他人联系购得毒品后,孙某携带所购毒品返回杭州市。同月23日16时许,孙某在携带所购毒品前往俞某住处的途中被抓获,公安人员当场查获麻古(含甲基苯丙胺成分)195.85克、海洛因99.86克、咖啡因20.36克,另从俞某的住处查获甲基苯丙胺1.22克、美沙酮99.78克等。此外,2011年六七月,被告人孙某在杭州市向他人贩卖甲基苯丙胺3次,共计5克。

[**裁判结果**]　法院认为,被告人俞某、孙某以贩卖为目的购买、运输毒品,孙某还贩卖毒品,二人的行为均已构成贩卖、运输毒品罪。俞某、孙某贩卖、运输毒品数量大,社会危害大,且二人均曾因毒品犯罪被判刑,又犯贩卖、运输毒品罪,均系毒品再犯,孙某还系累犯,二人主观恶性深,人身危险性大,均应依法从重处罚。据此,依法对被告人俞某、孙某均判处死刑,缓期二年执行。

[**判理分析**]　本案被告人贩卖、运输毒品共计300克左右,仅从毒品数量上看,尚达不到当时司法实践中实际掌握的死刑适用标准。在共同犯罪中,从二人的分工看,俞某参与共同出资,直接出面购买毒品,孙某则负责具体运输毒品,相比而言,俞某在共同犯罪中的作用要重于孙某,这一点从孙某租车前往武汉市而俞某乘坐飞机也可以反映出来。俞某系毒品再犯,依法应从重处罚。孙某虽然在共同犯罪中作用轻于俞某,但孙某曾因毒品犯罪两次被判处有期徒刑,其既系毒品再犯又系累犯。根据2015年《武汉会议纪要》的精神,对于因不同犯罪前科同时构成累犯和毒品再犯的被告人,量刑时的从重处罚幅度一般应大于因同一毒品犯罪前科同时构成累犯和毒品再犯的被告人。因此依法应给予孙某更大的从重幅度,法院对二人均判处死刑,缓期二年执行,体现了毒品再犯的从重处罚。

118. 毒品犯罪案件如何把握缓刑的适用

【实务观点】

缓刑的适用一方面要考虑被告人所实施犯罪的情节是否较轻,另一方面更要考虑被告人的主观恶性和人身危险性。对于主观恶性和人身危险性大的犯罪人,即便犯罪的情节较轻,也不宜适用缓刑。毒品犯罪具有再犯率比较高的特征,因此更应当从严掌握缓刑的适用。司法实践中对于毒品犯罪被告人主观恶性及人身危险性的判断,不能仅凭其本人语言表示,更主要是对其犯罪手段、供述态度、犯罪情节进行分析,从而客观准确地做出判断。

根据最高人民法院相关会议纪要的精神,对于毒品犯罪存在以下情形的,应当严格限制缓刑的适用:(1)毒品再犯;(2)不能排除多次贩毒嫌疑的零包贩毒被告人;(3)因认定构成贩卖毒品等犯罪的证据不足而认定为非法持有毒品罪的被告人;(4)实施引诱、教唆、欺骗、强迫他人吸毒犯罪的被告人。①

---

① 此观点最早源于2015年《武汉会议纪要》。

【法律及司法文件】

《中华人民共和国刑法》

第七十二条　[缓刑适用条件]对于被判处拘役、三年以下有期徒刑的犯罪分子,同时符合下列条件的,可以宣告缓刑,对其中不满十八周岁的人、怀孕的妇女和已满七十五周岁的人,应当宣告缓刑:

(一)犯罪情节较轻;

(二)有悔罪表现;

(三)没有再犯罪的危险;

(四)宣告缓刑对所居住社区没有重大不良影响。

宣告缓刑,可以根据犯罪情况,同时禁止犯罪分子在缓刑考验期限内从事特定活动,进入特定区域、场所,接触特定的人。

被宣告缓刑的犯罪分子,如果被判处附加刑,附加刑仍须执行。

第七十四条　[不适用缓刑的对象]对于累犯和犯罪集团的首要分子,不适用缓刑。

【类案参考】

案例6－35

吕某辉走私、贩卖、运输、制造毒品案①——毒品再犯即便犯罪数量较小也不宜适用缓刑

[**基本案情**]　被告人吕某辉曾因犯贩卖毒品罪于2006年6月2日被北海市海城区人民法院判处有期徒刑三年,并处罚金二千元。2017年11月25日21时许,购毒人罗某电话联系被告人吕某辉要求购买交易价为100元的冰毒。当日23时许,罗某通过微信转了100元毒资给吕某辉。之后,罗某来到吕某辉在电话中指明的毒品存放处即位于北海市海城区一厕所窗口,取走吕某辉事先放置的一小包冰毒(净重0.23克)。购得毒品后,罗某被抓获,民警在罗某的手上搜出其向吕某辉购买的上述冰毒。吕某辉后被抓获归案,因患病而被公安机关取保候审。

[**裁判结果**]　北海市海城区人民法院认定被告人吕某辉违反国家对毒品的管理规定,贩卖毒品甲基苯丙胺0.23克,其行为已构成贩卖毒品罪。被告人吕某辉曾因犯贩卖毒品罪被判过刑,现又犯贩卖毒品罪,是毒品再犯,应当从重处罚。被告人吕某辉虽不具有自首情节,但是如实供述自己罪行,可以从轻处罚。判决:被告人吕某辉犯贩卖毒品罪,判处有期徒刑一年一个月,并处罚金三千元。针对上诉人吕某辉提出其身患癌症要求改判缓刑的意见,北海市中级人民法院认为吕某辉系毒品再犯,一般不得适用缓刑;在本案生效交付执行前,原审法院可依据法定程序委托相关部门对吕某辉进行诊断,如果符合《刑事诉讼法》第265条规定情形的,可以暂予监外执行。故裁定:驳回上诉,维持原判。

[**判理分析**]　本案中认定被告人贩卖毒品的数额很小,只有0.23克,如果属于偶尔为之,犯罪情节比较轻微,一般可以适用缓刑。但本案的特殊之处在于被告人曾经因贩卖毒品罪被判处有期徒刑三年,属于毒品再犯,根据2015年《武汉会议纪要》的精神,一般不得适用缓刑;而且从本案被告人的犯罪手法看,属于毒品交易中常见的"埋雷"方法的贩卖(买卖双

---

①　参见广西壮族自治区北海市中级人民法院刑事裁定书,(2019)桂05刑终140号。

方不见面，买方通过一定方式将货款支付给卖方后，卖方将毒品放置于一定地点，再通知买方去取货），这种交易方式主要是为了保证卖方的安全，说明被告人贩卖毒品的经验丰富，反侦查能力很强，不能排除有多次贩毒的嫌疑，这同样属于2015年《武汉会议纪要》认为应当严格限制缓刑适用的情形。

119. 毒品罪犯的减刑、假释如何把握

【实务观点】

毒品犯罪属于再犯率比较高的犯罪，减刑、假释应从严掌握。根据最高人民法院相关会议纪要的精神，对于具有毒品犯罪集团首要分子、累犯、毒品再犯等情节的毒品罪犯，应当从严掌握减刑条件，适当延长减刑起始时间、间隔时间，严格控制减刑幅度。对于刑法未禁止假释的前述毒品罪犯，应当严格控制假释适用。①

对毒品罪犯，往往要判决没收其违法所得。对于确有履行能力而不履行或者不全部履行生效裁判中财产性判项的毒品罪犯，不能认定为有悔改表现并减刑，也应当严格控制假释适用。比如有充分证据证明罪犯所实施的毒品犯罪有大量违法所得而未能被司法机关查获，在服刑期间又不履行生效裁判确定的财产性判项义务的，反映出其拒不悔罪，主观恶性大，再次实施毒品犯罪的人身危险性也大，应当严格控制减刑和假释。

① 此观点最早源于2015年《武汉会议纪要》。

第七章　毒品犯罪案件的证据审查

120. 毒品犯罪案件中同样要坚持证据裁判原则

【实务观点】

毒品犯罪隐蔽性强、侦查难度大，司法实践中普遍存在毒品犯罪案件证据体系薄弱的问题，有些案件主要靠言词证据定案，有些案件的物证、书证取证仓促，没有完全按照程序规则进行，但在审理案件时仍要坚持严格贯彻证据裁判原则。

对于被告人供述、吸毒人员供述应注重从取证过程的合法性、供述的稳定性、供述与其他证据的相互印证性、供述内容与生活常识的一致性等方面进行审查，对于经审查取证过程合法、供述内容与其他言词证据或间接证据相互印证、供述内容不违背生活常识和正常逻辑的，应当采信作为定案的证据。

对于毒品犯罪期间的通话记录、短信记录、微信等聊天记录、银行（支付宝、微信）等转账记录、银行存取款记录、交通记录、住宿记录、监控视频等相关物证、书证、电子证据取证过程中存在的问题，应注意区分是瑕疵性问题还是本质性问题，注重运用在场人证言、被告人供述、办案机关的补充说明等相关证据对取证过程或证据的真实性进行甄别、补强，对于能够做出合理解释并排除证据造假的，也应当采信作为定案的证据。

【类案参考】

案例 7－1

贾某胜非法持有毒品案[①]——指控制造毒品的证据不足的以非法持有毒品罪定罪

［**基本案情**］　2012 年 9 月 19 日 16 时许，公安民警在本市江岸区二七路东立国际小区进行出租屋流动人口信息采集工作时，在被告人贾某胜租住的该小区某栋 1 单元 1801 房内，查获毒品甲基苯丙胺 2708.44 克、国家管制的二类精神药品咖啡因 1681.70 克及疑似制毒的工具、原料，并将贾某胜抓获。公诉机关指控被告人贾某胜的行为构成制造毒品罪；被告人贾某胜辩称其并未制毒，不应当以制造毒品罪追究其刑事责任。

［**裁判结果**］　武汉市中级人民法院一审判决认为，现有证据不能确实、充分证明贾某胜制造毒品的犯罪事实，不能完全排除其辩称将毒品存放于租住地的可能性。按照证据裁判原则，应根据现有证据相互印证所能够证明的事实予以认定，以非法持有毒品罪定罪处罚。判决：被告人贾某胜犯非法持有毒品罪，判处无期徒刑，剥夺政治权利终身，并处罚金五千元。

---

① 参见湖北省武汉市中级人民法院刑事判决书，（2013）鄂武汉中刑初字第 00102 号。

［判理分析］

本案公诉机关提供的证据有：(1)破案经过、抓获经过、搜查笔录、扣押物品清单等证明：2012年9月19日16时许，公安民警对贾某胜租住房间进行出租屋流动人口信息采集工作时，查获大量“麻古”疑似物和疑似制毒工具、原料，将租住在该房的被告人贾某胜抓获。(2)毒品检验鉴定书证明：现场搜查到的红色、绿色甲基苯丙胺片剂共2687.81克；红色甲基苯丙胺粉末20.63克；咖啡因粉末共1681.70克；片剂中的甲基苯丙胺的平均含量为12.76%、12.68%。(3)房屋租赁合同及证人吴某甲证言、辨认笔录证明：被告人贾某胜租住查获毒品房间的情况。(4)被告人贾某胜对非法持有毒品的事实予以供述。

根据上述证据，尚不足以认定被告人有制造毒品的行为。主要理由如下：(1)贾某胜到案后对制造毒品作过有罪供述，但不稳定，后又供称未制造毒品，而是将毒品存放于租住地。(2)对于被告人制造毒品供述中交代的用于吹“麻古”的吹风机，公安机关在搜查笔录、扣押清单中均未做记载，也无拍摄固定的物证照片附卷。虽然在审理期间公安机关补充了吹风机的物证照片，但经质证，贾某胜称该物不是他的，也不知是何物，以前没见过。因此，该吹风机的来源无有效证据予以证明，且与本案是否具有关联性无法确定，不能作为定案的证据使用。(3)对于搜集到案的改装台灯等物，贾某胜亦未供述过是烘烤“麻古”的工具，故对贾某胜曾经承认制造毒品的供述，也不能起到印证作用。综上，根据现有证据仅能认定在被告人租住处搜查到大量毒品“麻古”及部分可用于制造毒品“麻古”的毒品原料，但基于“麻古”是由多种毒品原料配比而成的特征，并不能基于现场搜查到的毒品原料，就认定现场的“麻古”是由现场搜查到的毒品原料制成；在现场搜查到的疑似制毒工具，并无具体品种和功能的描述，不能证明是制造毒品所用；被告人供述及证人证言均不能证明被告人有制造毒品行为。因此，根据现有证据，不能认定被告人有制造毒品行为，根据证据裁判原则，只能认定被告人非法持有毒品的行为。

案例7－2

张某权、谭某甲贩卖毒品案①——不是在被告人住处查获的毒品证据充分的亦可计入其犯罪数量

［**基本案情**］　2015年2月2日，被告人谭某甲在答应为谭某某购买毒品后电话联系此前曾要求自己为其销售毒品的被告人张某权，张某权、谭某甲约定在重庆市巫溪县宁河街道漫滩路会面和交易毒品，谭某甲随后在谭某某处收取现金2600元。同日16时许，张某权在漫滩路公交车站入口处将包好的甲基苯丙胺(冰毒)7.58克、甲基苯丙胺片剂(麻古)0.21克以2000元的价格卖给谭某甲。谭某甲随后将上述包好的毒品交给位于距离交易地点不远处的谭某某，并留下现金600元作为赚取的差价。毒品交易完成后不久，谭某甲被公安人员抓获归案，其身上的毒资600元亦被查获；谭某某及其购买的上述甲基苯丙胺、甲基苯丙胺片剂7.79克在其居所内亦被公安机关查获。谭某甲到案后如实供述了自己与张某权、谭某某交易毒品的主要犯罪事实，并于同日积极协助公安机关将张某权抓捕归案，公安机关从张某权身上查获毒资2000元。同日，公安机关在巫溪县宁河街道南门湾××号彭某房间内另查获甲基苯丙胺18.31克、甲基苯丙胺片剂0.11克以及吸毒工具。

---

① 参见重庆市第二中级人民法院刑事判决书，(2016)渝02刑终64号。

［**裁判结果**］　巫溪县人民法院一审认为，被告人张某权违反国家毒品管理规定，明知是毒品而贩卖甲基苯丙胺7.79克，情节严重，其行为已构成贩卖毒品罪；被告人谭某甲明知是毒品而贩卖甲基苯丙胺7.79克，情节严重，其行为已构成贩卖毒品罪。谭某甲系累犯、毒品再犯，应从重处罚。谭某甲到案后积极协助公安机关将张某权抓捕归案，经查证属实，具有立功表现；犯罪后能如实供述自己的罪行，当庭自愿认罪，依法对谭某甲予以从轻处罚。关于2015年2月2日公安机关在巫溪县宁河街道南门湾××号彭某房间内查获的甲基苯丙胺、甲基苯丙胺片剂18.42克是否计入张某权贩卖毒品总量的问题，因巫溪县人民检察院当庭举示的张某权第三次、第四次、第五次庭前供述及辨认笔录、谭某甲到案情况说明、证人彭某的证言、张某权现场辨认笔录及照片、对彭某房间搜查笔录及称量笔录等证据中的相关材料，没有提供同步录音录像证明相关证据收集的合法性，另查获毒品的权属、数量等均不明确，不能排除合理怀疑，且公诉机关未作补正、合理解释，因此公诉机关指控18.42克毒品计入张某权贩卖毒品总量的事实不清、证据不足，不予采纳。判决：(1)被告人张某权犯贩卖毒品罪，判处有期徒刑四年，并处罚金18,000元；(2)被告人谭某甲犯贩卖毒品罪，判处有期徒刑三年，并处罚金12,000元；(3)对公安机关依法扣押的赃物及违禁品甲基苯丙胺25.89克、甲基苯丙胺片剂0.32克、吸毒工具予以没收，对扣押的犯罪所得赃款2600元予以追缴。

巫溪县人民检察院抗诉提出：本案有大量证据能够证实公安机关查获的18.42克甲基苯丙胺系张某权所有，新收集的证据亦进一步证明该事实成立，故应将18.42克甲基苯丙胺计入张某权贩卖毒品的总量。

二审判决认为，一审宣判前，巫溪县人民检察院针对其指控当庭举示了巫溪县公安局对张某权的第三、四、五次庭前供述、辨认笔录、谭某甲到案情况说明、证人彭某的证言、张某权现场辨认笔录及照片、对彭某房间搜查笔录及称量笔录等证据，但未提供以上讯问、搜查、称量等笔录中列明的同步录音录像，对证据的合法性、真实性也不作补正、合理解释。巫溪县人民法院根据证据裁判原则、疑罪从无原则，未将公安机关在南门湾××号查获的18.42克疑似毒品计入张某权贩卖毒品总量，对张某权适用《刑法》第347条第4款裁量刑罚并无错误。在二审审理期间，重庆市人民检察院第二分院举示了新证据，结合一审判决中确认的证据，能够认定张某权贩卖甲基苯丙胺26.21克的事实，故对抗诉意见予以支持。判决维持对被告人谭某甲的定罪量刑，对原审被告人张某权以贩卖毒品罪判处有期徒刑七年六个月，并处罚金3万元。

［**判理分析**］　本案中，针对公安机关关于案发后在彭某房间内查获的甲基苯丙胺、甲基苯丙胺片剂18.42克是否计入张某权贩卖毒品总量的问题，一审判决认为检察机关没有提供同步录音录像证明相关证据收集的合法性，查获毒品的权属、数量等均不明确，不能排除合理怀疑，且公诉机关未作补正、合理解释，因此公诉机关指控18.42克毒品应计入张某权贩卖毒品总量的事实不清、证据不足。二审期间，检察人员当庭出示了以下证据：(1)巫溪县公安局对张某权第四次讯问的同步录音录像载明，张某权供述他从成都购买约28克甲基苯丙胺和4颗麻古，2015年1月31日他与彭某到南门湾××号吸食毒品，2015年2月1日早上，他把剩下的那一大包毒品分装后放在卧室席梦思床头的床垫里面；录像还显示张某权坐在用铁栏杆隔开的看守所审讯室内，回答问题时精神状态良好，有自辩能力，公安人员在该次讯问过程中无违法行为。(2)巫溪县看守所关于张某权的入所体检表证实张某权在2015年2月3日入

所体检时,身体状况良好,体表无伤痕。(3)巫溪县人民检察院对张某权和谭某甲的讯问笔录证明当检察人员问及张某权的提讯同步录音录像时,张某权供述其当时有点冷,上了几天网,睡眠不足,张某权还供述在讯问过程中公安机关和检察机关没有违法行为。(4)巫溪县公安局对南门湾××号的搜查视频、毒品封存、称量视频载明,2015 年 2 月 2 日 21 时许,巫溪县公安局侦查人员在南门湾××号卧室的席梦思床垫内查获 6 袋疑似甲基苯丙胺和 1 颗疑似甲基苯丙胺片剂,公安机关依法对查获的毒品进行封存。经称量,该 6 袋疑似甲基苯丙胺净重 18.31 克,1 颗疑似甲基苯丙胺片剂净重 0.11 克。其间无其他毒品混入。(5)证人陈某的证言证实,他是巫溪县宁河街道居民,不认识公安人员提供的张某权、谭某甲、谭某某、彭某这些人。在 2015 年 2 月初的样子,公安机关侦查案件时,他当时在现场,见证了毒品的搜查、称重等整个过程,然后在法律文书上签字,他不了解具体案情。根据上述证据,能够证实 2015 年 1 月 31 日,被告人张某权与彭某来到巫溪县宁河街道南门湾××号,张某权拿出毒品供二人吸食后,将剩余毒品藏至该房间卧室席梦思床垫内,后被公安机关搜查并提取。二审判决认为,现有新证据能够证明在巫溪县宁河街道南门湾××号住房内查获的 18.42 克毒品系张某权所有,且新证据能够证明本案取证程序合法,故将该 18.42 克毒品计入张某权的贩卖毒品数量,认定张某权贩卖毒品总量为 26.21 克。本案的处理,较好地体现了证据裁判原则。

案例 7-3

刘某某走私、贩卖、运输、制造毒品案[①]——指控贩卖毒品事实仅有下家被告人供述的不能认定

[**基本案情**]　兰州市人民检察院指控:2016 年 6 月初,在兰州市居住的被告人李某某通过电话向在武汉市居住的被告人黄某某联系购买 500 克冰毒。同年 6 月 10 日、15 日李某某先后向黄某某支付毒资 30,000 元。后黄某某从在武汉市居住的被告人刘某某处购得毒品,并通过韵达快递将毒品向李某某进行邮寄。6 月 20 日 16 时许,李某某在兰州市七里河区火星街"曦华源"小区门口收取该快递后被公安人员抓获,当场查获毒品十包,合计净重 491.93 克,甲基苯丙胺含量 78.84%。2016 年 6 月 24 日左右,李某某向黄某某提出再购买 500 克冰毒,黄某某遂联系刘某某准备毒品。同月 29 日,公安人员在武汉市江汉区红旗渠路华苑里某号 404 室将黄某某抓获。同月 30 日,在武汉市江岸区民权路某号 1007 室将刘某某抓获,当场查获毒品四包,合计净重 75.63 克,甲基苯丙胺含量 17.37%;在刘某某住处楼道内查获毒品五包,合计净重 497.21 克,甲基苯丙胺含量 77.81%。

[**裁判结果**]　一审判决认为,公诉机关指控被告人刘某某第一起向被告人黄某某贩卖 500 克冰毒的事实不清,证据不足;指控刘某某第二起向黄某某贩卖 500 克冰毒的事实成立。被告人刘某某曾因毒品犯罪两次被判刑处理,刑满释放后,继续实施毒品犯罪,属毒品再犯、累犯,依法应从重处罚。被告人黄某某与李某某通过电话、短信、微信等方式联系商定后,从他人处购买毒品后通过快递向他人邮寄,其行为构成贩卖毒品罪,依法应予惩处。其在被抓获后,积极协助公安机关抓获被告人刘某某,属立功,依法可从轻处罚。被告人李某某明知是毒品而非法持有,且数量大,其行为构成非法持有毒品罪,依法应予惩处。其被抓获后,积极协助公安机关抓获被告人黄某某,属立功,依法可从轻处罚。庭审中被告人李某某自愿认罪,

① 参见甘肃省兰州市中级人民法院刑事判决书,(2017)甘 01 刑初 102 号。

依法可从轻处罚。本案毒品未流入社会是公安机关及时破获案件,并非被告人的主观意愿所致,且毒品犯罪一经实施,即脱离国家对毒品的实际管控,在社会上处于非法流转的状态,其社会危害性已经形成,故各辩护人的该辩护意见不予采纳。判决:(1)被告人刘某某犯贩卖毒品罪,判处无期徒刑,剥夺政治权利终身,并处没收个人财产五万元;(2)被告人黄某某犯贩卖毒品罪,判处有期徒刑十五年,并处没收个人财产三万元;(3)被告人李某某犯非法持有毒品罪,判处有期徒刑十年,并处罚金一万元。

[**判理分析**] 本案审理中,被告人刘某某辩称,从自己家中及楼道中查获的毒品均是自己吸食的,其未向黄某某贩卖过毒品。其辩护人的意见是:仅凭被告人黄某某的供述笔录来认定被告人刘某某构成贩卖毒品罪,违反罪刑法定原则及疑罪从无原则,且黄某某供述笔录存在严重瑕疵,相互矛盾,合理怀疑无法排除,无证据认定被告人刘某某实施了贩卖毒品的行为。

公诉机关提供的证据有:(1)案件线索来源、抓获经过、破案经过,证实2016年4月8日,公安机关通过关联信息研判发现已抓获人员通讯录里150××××4616李某某有重大贩卖毒品嫌疑,6月20日16时许发现李某某在住地小区大门口收一包裹,神色慌张,遂对其盘查,在包裹内查获十包冰毒可疑物,重约500克,后将其传唤至办案机关讯问,交代了毒品系湖北武汉黄某某邮寄。(2)扣押决定书、扣押清单、提取笔录、物证照片,证实扣押刘某某苹果手机177××××4550、白色三星手机181××××5431各一部及白色透明晶体状冰毒可疑物五包,麻古四包共800粒;扣押黄某某持有建设银行卡一张6217×××××××××××7846,白色苹果手机189××××2602、白色华为手机153××××1829各一部;扣押李某某OPPO直板手机156××××4546、苹果直板手机150××××4616各一部,冰毒十包500克,韵达速递邮件收取凭证一张,工商银行卡一张6212×××××××××××3067。(3)邮包照片显示寄件人电话157××××7724,收件人电话156××××4546。(4)扣押毒品的鉴定意见。(5)黄某某与刘某某、黄某某与李某某的相互辨认笔录。(6)手机短信照片,显示黄某某发给李某某的信息"6217×××××××××××7846——建行";李某某给黄某某的转账信息"2016年6月10日10:13,工行(3067)转账10,000元,到建设银行(7846)黄某某""2016年6月15日19:35,工行(3067)转账10,000元,到花姐(黄某某)137×××××4486""2016年6月15日19:35,工行(3067)转账10000元,到花姐(黄某某)137×××××4486"。(7)黄某某建设银行账户6217×××××××××××7846开户及交易信息,2016年6月10日李某某支付宝转账10,000元;2016年6月15日黄某某支付宝转账20,000元。(8)李某某手机中聊天视频截图,证实李某某与黄某某关于毒品交易的相关信息。(9)三被告人在案发时间段的通话记录。(10)刘某某供述,从我的卧室内的衣服架子上搜查出来的毒品"麻古",从我房间外面过道右侧的角落一个用黑色塑料袋包裹的圆柱形竹篮里搜出了一个伊利奶粉包装袋,里面装有五包毒品冰毒,这些毒品是从一个叫老二的外地男子手中购买的。2016年6月26日晚8时许黄某某到了我租住的房间里,告诉我说兰州有人要这东西,问我把那500克毒品可以给她吗?我说可以。6月29日我给黄某某打完电话,让她来取那500克冰毒,发短信的目的是催促她。她说她要这些冰毒,我说我18,000元取的,黄某某说给我21,000元,让我挣3000元。6月29日白天黄某某给我打电话、发短信,我们相互联系好,黄某某晚上到我住的房间来取那包伊利奶粉袋包裹的400多克冰毒,黄某某还没有来,我就被公安人员抓获了。(11)黄某某供述，向兰州李某某邮递的冰毒一共有十包，每包约50克。快递给李某某的冰毒是从一个叫地主婆的胖女人那里买来的。联系人我标记的是地主婆，一个号码是177××××4550，还有一个号码是181××××5431。今年4月底，美妞(李某某)从兰州给我打电话，让我帮忙从武汉这边买冰毒，然后我通过朋友介绍认识了地主婆，她跟我说的价格是"十节水"22,500元，我打电话给美妞(李某某)说联系好了，并且把价格告诉她，美妞(李某某)将30,000元通过支付宝打给我，我拿20,000元到地主婆家里交给她，2016年6月17日22时许我到刘某某租住处购买到毒品后，到第二天中午，按照李某某提供的地址通过快递寄给美妞(李某某)。2016年6月27日李某某又要500克冰毒，我联系了刘某某，她说6月30日晚到她住的地方取，2016年6月28日11时许我在家中被公安人员抓获，之后我带着公安人员直接到地主婆的居住地对其进行抓捕。(12)李某某供述：2016年6月初，我和武汉的黄某某聊天时，她说她有冰毒，我以40,000元的价格从黄某某处购买500克冰毒。2016年我用支付宝给黄某某的银行卡汇了10,000元的订金，6月15日又给她的支付宝汇了20,000元，剩下的10,000元准备卖了冰毒后再给她，黄某某也同意了。6月18日，黄某某给我打电话说，货发出去了。6月20日16时许，我拿上快递走到我的住处曦华源小区5号楼2单元门口，被公安人员抓获，快递中有十包冰毒，大约500克。我配合公安人员将她抓获，我用我的手机给她报了平安，我回她微信，提出再向她购买毒品冰毒，要300克她还不答应，说最少要500克才给，前提是我把4万元毒资先打给她。到了6月27日凌晨，她就微信催着我给她打钱，一直到晚上还用微信催我给她打钱，说是给我取毒品去，6月28号一大早，她又用微信及电话催我尽快给她打钱。

公诉机关指控刘某某向黄某某第一次贩卖毒品500克的事实，证据只有黄某某的供述，刘某某一直拒供，通话记录只能显示刘某某与黄某某在案发时间段有通话，并不能证明通话内容是毒品交易，也没有二人之前的短信记录、聊天记录、转账记录或者银行转账、存取款记录等其他证据能够印证。侦查机关出具办案说明称查获的从武汉通过快递邮寄到兰州的十袋冰毒，由于已有多人对其触摸、挪动，毒品外包装上遗留的犯罪嫌疑人DNA及指纹已被破坏，故没有条件对DNA及指纹与被告人刘某某进行比对；快递单上信息是由快递公司员工填写，黄某某未在快递单上书写任何字迹，故不能对快递单上的字迹进行对比鉴定；证实黄某某于2016年6月17日前往刘某某处购买毒品的沿途视频监控录像资料，因案发时间久远已无法保留，未能收集到证实该毒品系黄某某向刘某某购买的相关证据；虽在案发时段黄某某与刘某某有较多通话联系，但侦查机关出具证明称未发现从李某某手中查缴的冰毒系黄某某从刘某某处购买的通话信息，同时黄某某的供述在关键情节给付刘某某购毒款的数额上前后也不一致，故公诉机关指控刘某某构成该起犯罪的证据不足，根据证据裁判原则，对该起犯罪事实不予认定。

案例7-4

尚某被控贩卖、运输毒品宣告无罪案①——现有证据无法得出被告人是毒品包裹发运人及与下线联系电话所有人的唯一结论故宣告无罪

[基本案情]　一审判决认定：被告人尚某于2012年10月21日，通过圆通速递公司从广

①　参见辽宁省高级人民法院刑事判决书，(2016)辽刑终28号。

东省陆丰市甲子镇经广东省汕尾市，向辽宁省海城市邮寄夹带甲基苯丙胺（冰毒）的邮包给杨某菊（另案处理），并通过杨某菊向王某（另案处理）贩卖。同年10月27日9时许，杨某菊来到海城市天天渔港酒店附近领取尚某寄来的邮包时被公安人员抓获，从邮包内查获含量为67.2%的甲基苯丙胺297.74克。

［**裁判结果**］ 鞍山市中级人民法院于2015年9月17日作出（2015）鞍刑一初字第00014号刑事判决：被告人尚某犯贩卖、运输毒品罪，判处有期徒刑十五年，并处没收个人财产十五万元。宣判后，被告人尚某不服，提出上诉。上诉人尚某的上诉理由是：毒品不是我邮寄的，我没有罪。其辩护人的辩护意见是：认定尚某向杨某菊、王某贩卖、运输毒品的事实不清、证据不足，应宣告尚某无罪。二审判决认为，除杨某菊供述涉案毒品是尚某邮寄的外，以QQ聊天记录、手机短信记录、通话记录清单为中心的间接证据链条不能完全闭合，无其他直接的客观证据足以锁定涉案毒品系尚某邮寄或指挥他人邮寄，原审判决认定尚某贩卖、运输毒品犯罪的事实不清、证据不足，现有证据无法认定尚某实施了贩卖、运输毒品犯罪。故撤销原判，改判上诉人尚某无罪。

［**判理分析**］ 本案一审开庭审理中经质证确认了下列证据：

（1）检验报告证明：杨某菊收到的邮包查获的白色晶体净重297.74克，甲基苯丙胺含量为67.2%。

（2）圆通速递详情单证明：该速递详情单号为709××××979，收件人为“李某”，收件地址为“辽宁海城二马路天天渔港门口”，联系手机为“150××××1987（杨某菊的号码）、135××××8666”。

（3）邮包快递信息证明：公安人员根据快递号709××××979调取的邮包快递信息显示：2012年10月21日23时29分，广东省汕尾市公司已收件；2012年10月27日8时25分，辽宁省鞍山市海城市公司的派件员派件中。

（4）证人蔡某某证实：我在广东省陆丰市甲子镇经营圆通速递，公安人员向我出示的写有“李某”字样的快递详单是从我的快递公司发出的，是谁邮的我记不清了，邮寄包裹的人没有向我出示身份证件；因陆丰的快递公司当时未开通网上流转项目，收到快递时不在网上登记收件，只有将快递送到汕尾公司时，才由汕尾圆通公司开始网上流转。

（5）同案人杨某菊供述及辨认笔录证明：我上网认识了尚某，他手机号码是159××××1999，他还有两个厦门的号码，我记不住是多少号了，尚某现在在厦门卖玉。2012年9月，尚某去辽宁省岫岩满族自治县路过海城市时来看我，我把王某介绍给尚某认识。同年10月20日左右，尚某打电话说有一个给王某的邮包寄给我了，让我帮助收一下，邮包的收件人叫“李某”，留的是我的手机号码150××××1987，但我不知道里面有什么东西。同月27日9时许，我到海城市天天渔港酒店附近取这个邮包时被公安机关传唤了，公安人员当着我的面将邮包打开，里面有冰毒。我手机信息里收件箱和发件箱收发的信息都是我收发的，我的手机号码和王某的133××××8568手机号码互发的短信也是我发的。我的QQ号为75××××80，网名叫“骄傲依旧”，尚某的QQ网名叫“一代娱乐”，王某的网名叫“我容易吗？我”。公安人员从我电脑中打印的QQ聊天记录就是我和尚某的聊天记录。我还用152××××6000手机号码同尚某联系，我不知道邮单上的135××××8666手机号码是谁的。我被抓后，有人用厦门的手机号码拨打我的152××××6000手机号码，公安人员让我回拨，对方接听后，我发现是尚某给我打来的，他问我干什么呢，我说待着呢，电话就挂断了。

（6）同案人王某供述：2012年10月17日左右，杨某菊问我冰毒价格，我说每克400元，她说她南方有个朋友拿回来的货每克不到400元，质量还好，并说四五天货就能到，我就让她帮我弄点，杨某菊还把她南方朋友的电话号码给了我，让我联系，我说货到了再和她结算。但那个南方人给我打电话了，要卖我冰毒，因为我信不着他，就没同意和他交易，他说把冰毒邮到杨某菊手里，然后再联系我。同月24日，我打电话问杨某菊货怎么还没到，她说货从广东发出来了，没到海城呢，我说她办事不利索，我俩在电话里吵了几句。当日13时许，那个南方人给我打电话，说："货我已经给你发出来了，我把货号给你，你自己上网查，不是杨某菊没给你办事，是货没到呢。"我说："昨天说今天到，今天说明天到，到底怎么回事就实事求是。"他说："货真有，也真发出去了，你给杨某菊道个歉，她生气了。"我说："行。"同月27日8时许，杨某菊打电话告诉我货到了，我拿3万元到她家取货时被警察抓获了。我的网名叫"我容易吗？我"，杨某菊的网名叫"骄傲依旧"，我在网上叫她"二姐"。我的手机号码是133××××8568、133××××4458、150××××8999，杨某菊手机号码是150××××1987。她告诉她的上线的手机号码尾号是999，我没见过杨某菊说的那个南方人，但听他口音是鞍山当地口音。同月20日左右，我和杨某菊去鞍山见一个人，我只看到这个人背影了，杨某菊说这个人就是厦门卖毒品的朋友。（王某没有正面与尚某接触过，不能辨认尚某；王某所称尚某与其打电话，但记不住号码，而尚某的尾号为1999的号码和不知名的尾号为7429的号码均和王某有通话，不能做出尾号为7429的号码就是尚某号码的认定）

（7）扣押物品清单及照片证明：公安人员从尚某处扣押号码为159××××1999的手机1部；从杨某菊处扣押白色晶体1袋、号码为150××××1987、152××××6000的手机各1部、人民币5100元、锡纸1卷、水壶1个、吸管若干；从王某处扣押号码为133××××8568的手机1部、人民币3万元。

（8）QQ聊天、手机短信记录证明：①杨某菊和尚某QQ聊天记录内容为：第一，2012年10月20日0时40～43分：尚："查询没到哪里啦？"杨："往盘锦走呢。"尚："明天能收到。"杨："不知道，就等电话呗，他昨天就给我送了三万来。"尚："收到就打电话说一声。"第二，2012年10月25日18时22～29分：尚："他给你打电话没有？"杨："没打，我把单号给他了，自己查去吧。"尚："一会你兄弟去你家给你道歉。"杨："谁告诉你的？"尚："他打电话说，一定要见面道歉。"第三，2012年10月27日20时12分：尚："马上给我打电话，有急事。"第四，2012年10月28日1时3分：尚："马上给我打电话，有急事。"②杨某菊和王某QQ聊天记录内容为：2012年9月28日0时6～14分，杨："你出门干啥去了？"王："弄东西去了。"杨："他们在南方弄300元，人也不用去，我认识的在厦门，我想其实也应该200多元，但他肯定也加钱了，我也不愿意接触这些东西，就没细问，他这东西好像是不错吧，我看他拿的都是像大冰糖似的。"③杨某菊和王某手机短信记录内容为：2012年10月25日12时5～49分，杨："就是快递压件了，现在只能等，没别的办法。"王："那行啦，我不能这么傻等这么拖啊，我去别人那倒吧。"杨："那个告诉他不要了呗。"王："随便你，合计就是那么回事，东西根本就没发呢，今个明个的，我怎么还能死啊？"杨："小超，你真会说话，这是圆通的货号709××××979，你自己去查，我就这几天来朋友办点事，我宁可让人家合计我都没耽误你这事，一天给你查八百遍，你能和我说这话，我真和你学知识了。"（能够证明二人在QQ聊天中联系的交易内容就是圆通邮包中的

冰毒）

（9）情况说明、手机内容照片证明：2012年10月27日，杨某菊被抓获后，131××××7429手机号码四次拨打她的152××××6000手机号码，公安人员当时未让杨某菊接听，后让杨某菊回拨此号码，杨某菊与对方闲聊几句后挂断电话，并告知公安人员来电人为尚某。

（10）通话记录证明：①131××××7429手机号码与归属地为广东省东莞市的135××××8666手机号码（邮包上的联系电话之一）于2012年10月24日通话1次，同月25日通话7次；与杨某菊的152××××6000手机号码于2012年10月23日、27日通话各1次；与王某的133××××8568手机号码于2012年10月25日通话2次，同月26日、27日通话各1次；与归属地为福建省厦门市的139××××1148手机号码于2012年10月23日通话2次，同月24日通话5次，同月25日通话5次，同月26日通话4次，同月27日通话1次；与归属地为鞍山市的139××××1188手机号码于2012年10月24日通话1次，同月25日通话2次，同月27日通话1次，同月28日通话2次；与归属地为鞍山市的60×××88号码于2012年10月25日通话1次。②尚某的159××××1999手机号码与归属地为广东省东莞市的135××××8666手机号码（邮包上的联系电话之一）于2012年10月17日联系7次，同月24日通话4次，同月25日通话5次，同月26日通话1次；与归属地为福建省厦门市的139××××1148手机号码于2012年10月15日通话3次，同月17日通话11次，同月24日通话2次，同月25日通话6次，同月26日通话3次；与归属地为鞍山市的139××××1188手机号码于2012年10月17日、26日各通话1次；与归属地为鞍山市的60×××88号码于2012年10月15日、16日通话各2次，同月25日通话4次，同月27日通话2次；与杨某菊的152××××6000手机号码于2012年10月15日通话8次，同月16日通话7次，同月24日通话3次，同月25日通话6次，同月27日通话2次。③王某的133××××8568手机号码与杨某菊的150××××1987手机号码于2012年10月18日通话5次、发送短信2次，同月19日通话10次、发送短信4次，同月20日通话2次，同月21日通话7次，同月22日通话4次，同月23日通话5次、发送短信8次，同月24日发送短信2次，同月25日发送短信12次，同月27日通话1次；与131××××7429手机号码于2012年10月25日通话2次，同月26日通话1次。

（11）被告人尚某供述：我从2005年年末开始在厦门思明区做玉石生意，我的手机号码是159××××1999，没有使用过其他号码。我的网名叫“一代娱乐”，通过网上认识了杨某菊，她的网名叫“骄傲依旧”，但我没给她邮寄过毒品。公安人员给我出示的聊天记录是我和杨某菊的聊天记录。聊天记录中我说“查询没到哪里啦？”等内容我不知道是什么意思。我的159××××1999号码通话记录中的135××××8666（邮单发货人号码）是广州那边批发玉石的手机号码，我无法解释公安机关扣押的邮单上为什么也有这个号码，我记不住我的159××××1999号码通话记录中的139××××1188、60×××88、139××××1148号码是谁的，也不知道131××××7429号码通话记录中为什么还有这三个号码。

（12）证人刘某证实：我和丈夫尚某在厦门市做玉石生意，他只有159××××1999这一个手机号码，他被抓前几个月，都在安溪他朋友那。

原审法院认为，关于被告人尚某所提否认起诉指控事实的辩解及其辩护人所提指控尚某犯罪证据不足、应宣告其无罪的辩护意见，经审：①杨某菊供述尚某有贩卖、运输毒品的行为；王某归案即供述杨某菊的毒品上线是一个操着鞍山口音的南方人，此人在他与杨某菊发生不快时还进行过劝解，并让他向杨某菊道歉；户籍材料、刘某证言证明户籍在鞍山的尚某居住在厦门；QQ 聊天、短信记录显示杨某菊向王某提过她厦门的朋友贩卖冰毒，杨某菊因与王某发生不快而将邮件单号告知对方，后将此情况向尚某讲述，尚某表示王某会向她当面道歉，而公安机关当时还未提取杨某菊与尚某的 QQ 聊天记录；公安机关最后也确实在杨某菊告知王某的单号所属邮件中查获冰毒。②王某供述拨打过尚某的电话，但号码记不住了；杨某菊供述其被抓获接到的电话是尚某拨打的，而通话记录显示王某的手机号码确实与该号码有过通话，且该号码和尚某承认的自己手机号码的数个通话对象一致，尤其是均与藏有冰毒邮件货单上记载的电话号码有过联系，故可以确定该号码是尚某所用。③尚某归案后对 QQ 聊天记录、通话记录内容供述不符合常理。据上述定案的证据已经查证属实，主要证据相互印证，不存在无法排除的矛盾和无法解释的疑问，全案证据已经形成完整的证明体系，结论具有唯一性，运用证据进行的推理符合逻辑和经验，尽管尚某否认犯罪，仍应认定其有罪并处以刑罚。

二审判决则认为，现有证据说明尚某与本案有关联，但不具有排他性，并不能得出涉案邮包是尚某直接或指挥他人邮寄给杨某菊和王某的唯一结论，故对尚某宣告无罪。本案中，公安机关在杨某菊收取圆通邮包现场将其抓获，并从邮包中发现 297.74 克冰毒，杨某菊供述该邮包是被告人尚某向其邮寄，让其帮忙转给王某，辩解不知道邮包中的内容；王某供述杨某菊介绍一南方朋友通过电话与其联系，向其贩卖冰毒，但其没有见过尚某。综合二审判决的理由，编者进一步分析如下：

第一，原审认定尚某给杨某菊邮寄毒品实际上只有杨某菊的供述和辨认。杨某菊在收取邮包时被抓，其供述并辨认系尚某发给王某，由其代收；王某认可杨某菊的南方朋友向其贩卖冰毒，并通过杨某菊代收，但王某供述没有正面见过杨某菊向其介绍的南方朋友，不能确认就是尚某。关于尚某与王某是否见过面的问题，杨某菊和王某供述相矛盾，杨某菊供述尚某与王某见过两次面，一次是案发前一个半月，在其租房处二人见面，另一次是一个月前，王某送其去鞍山市找尚某取茶叶，三人在酒吧见面；但王某供述仅和杨某菊的南方朋友有电话联系，2012 年 10 月 20 日左右送杨某菊去鞍山市见过一个背影，后来杨某菊告诉其此人是她的南方上线。二人供述不能完全印证。

第二，原审认定尚某从广东省通过圆通速递给杨某菊、王某邮寄毒品，但圆通速递接收邮包的人员蔡某某和邮包均不能证实该包裹是尚某邮寄。且有以下尚未排除的矛盾：①尚某的经常居住地在厦门，没有证据证实尚某到过广东省，也没有其手机漫游到广东省的记录；②广东省陆丰市的快递员蔡某某证实因车辆等原因，陆丰接收后，需几个小时到两天时间邮件才能送达汕尾市公司登记，即接收邮包时间为 10 月 19 日至 21 日。而王某供述 10 月 20 日左右杨某菊介绍的南方朋友还在辽宁省鞍山市，如果是尚某指挥他人邮寄毒品，那么尚某是如何组织货源的、资金如何流动的、具体由谁邮寄毒品等均不清楚。

第三，本案所涉圆通速递详情单上的电话号码一共 3 个，除了杨某菊的 150××××1987，另有 135××××8666（归属地广东省东莞市）、180××××0266（归属地广东省汕尾市）。存在如下问题：①后两个号码的机主信息与通话记录清单，公安机关没有查询到，不能确认该两部手机机主与被告人尚某的关系。②尚某虽然与圆通速递详情单上的 135××××8666 手机号码联系多次，但该号码是何人所有、与尚某是何种关系不清楚，尚某和该手机机主在本案中的地位、作用不清楚。

第四,关于王某与尚某的联系情况。王某到案后的第一份笔录称“杨某菊告知我她的上线号码是134××××7773”,半年后又供述称“134××××7773可能是说错了,杨某菊告诉我一个尾号999的电话,但是否与此号码通话记不住了”。此节一是不符合记忆规律,二是王某本人就有一个尾号999的号码,如果杨某菊跟他说过他应该记忆深刻,所以王某改变供述缺乏可信度。且王某供述南方人至少给其打过两次电话,但王某两部手机的通话记录清单显示和尚某159××××1999电话并无通话记录,却与厦门的134××××7773、131××××7429电话号码共通话12次。134××××7773号码的机主信息及通话记录清单公安机关均未查询到。

第五,关于杨某菊与尚某的联系。杨某菊到案后即供述了尚某的手机号码是159××××1999,半年后又供述尚某除尾号999号码外,还有两个厦门市的号码,但具体号码记不住了。杨某菊在同一份供述中,先明确回答公安机关“131××××7429号码是谁的不知道”,后供述被抓获后,其尾号6000手机有未接来电,回拨后发现是尚某打来的,与尚某闲聊几句后挂断电话。公安机关关于此节出具的情况说明落款时间也是杨某菊到案半年以后,当时杨某菊是按公安机关要求回拨电话,却没有监听记录和电话录音,无法通过声纹鉴定确认对方身份,证明力已明显减弱。此外,杨某菊同一部手机于当日10时52分还(主叫)尚某的159××××1999手机并通话63秒,但其供述始终未体现这一情节。杨某菊被抓获后,到底与尚某通话几次,如果按杨某菊供述体现的仅一次通话,是和尚某的159××××1999通话,还是和131××××7429通话,现杨某菊已因病死亡,无法查清。且两次通话时间均超过一分钟,与杨某菊供述的和尚某闲聊几句便挂断电话在通话时长方面存在矛盾。

第六,本案关键电话131××××7429是谁所使用的不清楚。此号码与杨某菊、王某及圆通速递详情单上的135××××8666均有多次通话。如果是尚某使用的号码,就能与王某和杨某菊供述吻合,但此机主信息公安机关未能查询到。尚某否认131××××7429号码是其所用,尚某妻子也证实尚某只有159××××1999一个电话号码。另外,通话记录清单显示,2012年10月25日、27日,尚某的159××××1999手机通话期间,131××××7429手机也在通话,重叠时间分别为51秒、21秒、44秒。如果这两部手机号码都是尚某所使用,一个人多次同时接听或拨打两部电话不符合常理。

第七,本案涉案毒品近300克,市场价值约十万元,但缺少尚某和杨某菊或王某资金往来的证据。

综上,现有证据无法得出131××××7429手机号码也是尚某使用的唯一结论,也无法得出涉案邮包是尚某从广东省直接或指挥他人邮寄给杨某菊、王某的唯一结论。

121. 被告人主观上是否明知行为对象是毒品的判断

【实务观点】

司法实践中,被告人经常辩解其携带、运输、寄递、接收、持有的物品是受他人委托,并不知道行为对象是毒品。认定被告人主观上是否明知所携带、运输、寄递、接收、持有的物品是毒品,是认定其具有毒品犯罪主观故意的前提。一般可以通过以下两种方式来认定:

(1)运用在案证据综合分析认定。可以用来认定被告人主观明知的证据包括被告人供述、相关证人证言，从涉毒场所、物品上提取的痕迹、生物检材，从被告人体内或者贴身隐秘处查获的毒品，从被告人体表、随身物品上提取的毒品残留物，调取的物流寄递单据、资金交易记录、通信记录、通行轨迹信息等。

（2）运用推定认定被告人明知是毒品。守法是公民的义务，任何人受他人委托实施一定行为，都有责任根据自己的生活经验、知识等审查行为的内容、对象是否违法，“不知道行为违法”一般不能成为抗辩的理由。被告人到案后否认明知是毒品，又缺乏其他证据证明其明知的，可以根据其实施毒品犯罪的方式、过程、毒品被查获时的情形，结合其年龄、文化程度、生活状况、职业背景、是否有毒品违法犯罪经历以及与共同犯罪人之间的关系等情况，综合分析判断。

根据最高人民法院相关会议纪要的精神，具有下列情形之一，被告人不能做出合理解释的，可以认定其明知走私、贩卖、运输、非法持有的是毒品，但有证据证明其确实不知情或者确系被蒙骗的除外：①执法人员在口岸、机场、车站、港口、邮局、快递站点等场所检查时，要求行为人申报为他人运送、携带、寄递的物品和其他毒品疑似物，并告知其法律责任，而行为人未如实申报，在其运送、携带、寄递的物品中查获毒品的；②以伪报、藏匿、伪装等蒙蔽手段逃避海关、边防等检查，或者行程路线故意绕开检查站点，在其运输、携带、邮寄的物品中查获毒品的；③在执法人员检查时有逃跑、藏匿、丢弃、试图销毁其携带的物品、弃车逃离或者其他逃避、抗拒检查行为，在其携带的物品或者遗弃的车辆中查获毒品的；④采用高度隐蔽的方式运送、携带、交接物品，明显违背合法物品的惯常运送、携带、交接方式，从中查获毒品的；⑤以虚假的身份、地址或者物品名称办理托运、寄递手续，从托运、寄递的物品中查获毒品的；⑥采用隐匿真实身份、支付不等值报酬等不合理方式，指使、雇用他人运输、携带、寄递物品或者代为接收物流寄递的物品，从中查获毒品的；⑦为获取不同寻常的高额、不等值报酬为他人运输、携带、寄递或者接收物流寄递的物品，从中查获毒品的；⑧其他可以认定被告人明知的情形。[①]

运用推定规则认定被告人主观上明知行为对象是毒品，应当注意以下两点：一是作为推定前提的基础事实必须有确凿的证据证明。证明基础事实的相关证据均应当经过审查，确认与案件事实关联并且真实可信，才能作为推定的基础事实。二是根据推定规则认定的事实，允许被告人提出反证加以推翻。由于推定明知并不是以确凿证据证明的，而是根据基础事实与待证事实的常态联系，运用情理判断和逻辑推理得出的，有可能出现例外情况。因此，运用推定方式认定被告人明知的，应当认真审查被告人的辩解是否有一定事实依据、对异常行为的解释是否合理、是否存在被蒙骗的可能等，决定判处死刑应当特别慎重。如果行为人能做出合理解释，有证据证明确实受蒙骗，其辩解有事实依据或者合乎情理，就不能认定其明知是毒品。

【法律及司法文件】

《毒品案件意见》

二、关于毒品犯罪嫌疑人、被告人主观明知的认定问题

走私、贩卖、运输、非法持有毒品主观故意中的“明知”，是指行为人知道或者应当知道所实施的行为是走私、贩卖、运输、非法持有毒品行为。具有下列情形之一，并且犯罪嫌疑人、被

① 以上观点最早源于2008年《大连会议纪要》。

告人不能做出合理解释的,可以认定其“应当知道”,但有证据证明确属被蒙骗的除外:

(一)执法人员在口岸、机场、车站、港口和其他检查站检查时,要求行为人申报为他人携带的物品和其他疑似毒品物,并告知其法律责任,而行为人未如实申报,在其所携带的物品内查获毒品的;

(二)以伪报、藏匿、伪装等蒙蔽手段逃避海关、边防等检查,在其携带、运输、邮寄的物品中查获毒品的;

(三)执法人员检查时,有逃跑、丢弃携带物品或逃避、抗拒检查等行为,在其携带或丢弃的物品中查获毒品的;

(四)体内藏匿毒品的;

(五)为获取不同寻常的高额或不等值的报酬而携带、运输毒品的;

(六)采用高度隐蔽的方式携带、运输毒品的;

(七)采用高度隐蔽的方式交接毒品,明显违背合法物品惯常交接方式的;

(八)其他有证据足以证明行为人应当知道的。

【类案参考】

案例7-5

宋某军运输毒品案①——在公安机关例行检查时丢弃所携带的包并逃跑的可以推定其明知包内隐藏有毒品

［**基本案情**］ 被告人宋某军与同案被告人叶某军(已被判处死刑,缓期二年执行)、杨某(在逃)事先预谋运送毒品到福建省。2005年1月20日,宋某军随身携带一内藏有4包海洛因的深蓝色长方形行李包,三人共同乘坐客车从四川省出发,1月23日22时许,抵达福建省石狮市。宋某军与叶某军、杨某转乘杨某某驾驶的闽CT1569号出租车欲将毒品运往福州市,途经泉州市城东出城登记站接受例行检查时,宋某军和叶某军被公安人员抓获,当场查获海洛因998克,杨某逃脱。被告人宋某军辩称是在自己不知情的情况下,同案杨某、叶某军将毒品放入包内的。

［**裁判结果**］ 泉州市中级人民法院认为,被告人宋某军违反国家法律,非法运输毒品海洛因998克,其行为已构成运输毒品罪。福建省高级人民法院经审理后认为,宋某军、叶某军在公安机关侦查阶段均供述宋某军行李包内藏有海洛因,公安人员例行检查时宋某军、叶某军及杨某即弃包逃离,故其诉辩对于行李包内藏有海洛因不明知的理由不能成立,不予采纳。

［**判理分析**］ 明知属于主观上的内容。被告人自己的供述是认定其是否明知的一个重要依据,但是如果完全依据被告人的供述,则可能导致放纵犯罪的结果。本案被告人对其行李包内是否藏有毒品,在侦查阶段作过“明知”的供述,但到了审判阶段,则作了“不明知”的辩解。通过对现有证据分析,可以得出被告人宋某军明知其所携带的行李包内藏有毒品海洛因的结论,理由是:(1)证人杨某某(出租车司机)证言、公安机关的抓获经过、同案被告人叶

① 参见中华人民共和国最高人民法院刑事审判第一、二、三、四、五庭主办:《刑事审判参考》(2006年第4集,总第51集),法律出版社2006年版,第33~37页。

某军供述均证实在公安机关例行检查中,当检查到宋某军所携带的包时,被告人宋某军弃包逃跑而被抓获的事实,可以反映出被告人宋某军在接受公安机关例行检查时的心态,包内若没有毒品为何要逃跑?对此,被告人宋某军没有合理的解释。(2)在抓获现场查获了毒品海洛因。此事实可以与被告人宋某军逃跑的事实相互印证。(3)同案被告人叶某军关于运输毒品经过的供述称,宋某军在路上很小心谨慎,包不离身,另外杨某也让他盯好宋某军。叶某军供述虽然没有直接证明被告人宋某军对包内藏有毒品是明知的,却可以间接印证宋某军明知包内藏有毒品的事实。(4)被告人宋某军自己的供述。被告人宋某军在公安机关侦查阶段共有4次讯问记录,除第一次供述即被抓获的当天为无罪供述外,其余的均为有罪供述,和被告人叶某军的供述及缴获的毒品等证据以及宋某军在抓获现场弃包逃跑的事实相互印证。故被告人宋某军关于其不知行李包内藏有毒品海洛因的翻供不能成立。

案例7-6

龙某明运输毒品案①——采用隐蔽方式交付毒品的可以认定主观上明知

[**基本案情**]　2006年5月15日,被告人龙某明(女)将甲基苯丙胺和海洛因运至云南省昆明市,住宿于昆明市小坝湘昆招待所。当晚,王某忠(已判处死刑)到该招待所,从龙某明处接取了甲基苯丙胺,离开招待所时,公安人员将其抓获并查获甲基苯丙胺4145.3克。同时,公安人员在招待所307房间将龙某明抓获,当场从房间内查获海洛因687.7克。龙某明辩解称不知道其所带物品是毒品,认定其犯运输毒品罪事实不清、证据不足。

[**裁判结果**]　昆明市中级人民法院认为,被告人龙某明运输甲基苯丙胺和海洛因,其行为构成运输毒品罪。龙某明运输毒品数量巨大,罪行极其严重,社会危害性极大,应依法惩处。判决:被告人龙某明犯运输毒品罪,判处死刑,剥夺政治权利终身,并处没收个人全部财产。云南省高级人民法院经审理认为,龙某明从云南边境将海洛因687.7克和甲基苯丙胺4145.3克运至昆明市,在王某忠所携带毒品包装物内层检见龙某明的指纹,公安机关出具的侦破情况以及王某忠的供述均证实龙某明主观上明知是毒品,龙某明及其辩护人所提龙某明主观上不明知毒品的上诉理由和辩护意见不能成立。裁定驳回上诉,维持原判,并依法报请最高人民法院核准。最高人民法院经复核裁定核准。

[**判理分析**]　运输毒品罪属于直接故意犯罪,要求行为人主观上必须明知是毒品而运输,否则不构成本罪。判断被告人是否明知系毒品而运输,不能仅凭其事后辩解,而应当对案件的事实、证据进行全面分析,根据被告人实施毒品犯罪行为的过程、方式、毒品被查获时的情形等证据,结合被告人的年龄、阅历、智力等情况,综合分析判断,才能得出客观结论。本案中,被告人龙某明归案后一再辩解不明知其运输的是毒品,但综合全案证据能够证明该辩解不能成立。主要理由是:(1)从王某忠接取的8包甲基苯丙胺的其中1包的第5层包装袋上提取到了龙某明的指纹,这一事实证明龙某明接触过毒品的内包装,可直接否定龙某明称"没动过毒品"的辩解。(2)龙某明同时将数量巨大的海洛因和甲基苯丙胺两种毒品运至昆明市,并将海洛因称为"白的",却又辩解不知道带的是毒品,有违常理。(3)本案毒品交接时间是凌晨,地点是地处偏僻的私人招待所,且同案犯王某忠的供述证实,接取毒品时龙某明让他

---

①　参见中华人民共和国最高人民法院刑事审判第一、二、三、四、五庭主办:《刑事审判参考》(2009年第2集,总第67集),法律出版社2009年版,第122~125页。

另开房间,第一次到他房间没有交给他毒品,第二次到他房间才将毒品交给他。此情节表明,龙某明在交接货物时采用隐蔽方式且十分谨慎,完全不合常理,可以间接印证其主观上明知毒品的事实。(4)云南省系我国毒品的输出地,龙某明长期在边境地区活动,根据本案"货物"的包装、外形等特征,其作为具有正常辨认能力的成年人,辩称不知道是毒品,难以令人信服。(5)龙某明归案后未如实供述,在侦查阶段的五次供述中,只有两次供述的内容与本案查明的部分事实有关,其余三次供述对所有犯罪事实均予以否认,且供述内容有多处矛盾。例如,关于毒品,有时称"不晓得是什么",有时称"是衣服",有时又称"是两块方的东西,叫'白的'";关于同案被告人王某忠,有时称"不认识,没有和他通过电话",有时又称"他打电话和我联系,我让他来湘昆(招待所)拿东西";关于其本人是否接触过毒品,有时称"没动过,没打开看过",有时又称"佤族男人拿给我一包东西,用塑料袋装着,我又装到一个编织袋里"等。从这一系列矛盾多变的供述看,龙某明接受讯问时在不断进行思想斗争,但这反而印证其具有避重就轻、逃避罪责的故意。

案例 7-7

周某花运输毒品案①——以虚假身份或者地址办理托运手续的应当认定主观上明知是毒品

［**基本案情**］　2007 年 4 月 16 日,被告人周某花在瑞丽市建锋物资转运站以"邵某梅"的名字办理托运手续,将藏有毒品的四箱皮鞋运往昆明。同月 19 日 23 时 15 分许,木康公安边防检查站执勤人员在对运输该批货物的货车进行检查时,当场从周某花托运的四箱 96 双"金美丽"牌女式皮鞋中查获海洛因 16,095 克。随后,4 月 21 日周某花在昆明市建锋物资转运站以"邹某平"的名义前来提取这四个纸箱,被公安机关当场抓获,并将与周某花同来提取纸箱的帕某某·克依木(已判刑)和等待接货的买某某·阿吾提(已判刑)抓获。被告人周某花辩称,不知道鞋子内有海洛因。

［**裁判结果**］　德宏傣族景颇族自治州中级人民法院认为,被告人周某花等人为牟取非法利益,明知是毒品而为他人运输,其行为构成运输毒品罪,且运输毒品数量特别巨大,应依法严惩。周某花在瑞丽市以"邵某梅"的名义托运毒品后,到昆明市又以"邹某平"的名义接收毒品,作用较为明显。判决:被告人周某花犯运输毒品罪,判处死刑,剥夺政治权利终身,并处没收个人全部财产。云南省高级人民法院经审理认为,在共同犯罪中,周某花办理托运手续将毒品从瑞丽市运往昆明市,并专程从瑞丽市到昆明市提取毒品,起主要作用。裁定驳回上诉,维持原判,并依法将本案报请最高人民法院核准。最高人民法院经复核认为,被告人周某花明知是毒品而伙同他人采用托运方式予以运输,其行为已构成运输毒品罪。周某花将藏有毒品的物品交付托运,从瑞丽市运往昆明市,并到昆明市提取、交接毒品,在共同犯罪中起主要作用,系主犯,应按照其所参与的全部犯罪处罚。周某花运输毒品数量特别巨大,拒不如实供认犯罪,社会危害性极大,犯罪后果和罪行极其严重,应依法惩处。裁定核准。

［**判理分析**］　本案属于 2008 年《大连会议纪要》所列举的九种可推定被告人主观上系明知的情形的第九种即行为人"以虚假身份或者地址办理托运手续,在其托运的物品中查获

---

① 参见中华人民共和国最高人民法院刑事审判第一、二、三、四、五庭主办:《刑事审判参考》(2009 年第 2 集,总第 67 集),法律出版社 2009 年版,第 126～130 页。

毒品的”。被告人周某花以虚假身份办理托运手续,在其托运的物品中查获毒品,虽然其归案后始终否认其明知所托运的鞋内藏有毒品,但依据其运输毒品的过程、方式、毒品被查获时的情形等证据,结合其年龄、阅历、智力等情况,可以认定其明知是毒品而运输。具体体现在:(1)周某花在到昆明市前与“艾买江”等人有频繁电话联系,又使用假名字办理托运,到昆明市后根据“艾买江”的指示频繁更换住宿宾馆、确定交接地点,行为十分异常。并且,同案被告人帕某某·克依木供述在福昆宾馆登记两个房间就是为了方便存放毒品;买某某·阿吾提亦供称周某花是负责提取毒品的,且周某花和帕某某·克依木在案发当天曾多次在建锋物资转运站附近查看。这些证据情况可表明周某花主观上知道其所运的是毒品。(2)同案被告人帕某某·克依木供述2007年4月20日前其曾与周某花、买某某·阿吾提等人到过昆明市,泓浚烨招待所住宿登记也证实买某某·阿吾提确曾于4月6日在该处开了两个房间,而证人梁某元证实周某花在案发前半个月左右曾到建锋物资转运站提取过从瑞丽市发过来的鞋子。这表明周某花极可能曾以相同方式运输过毒品,本次犯罪并非初犯,故不可能不明知所运输的是毒品。(3)周某花长期在边境地区活动,瑞丽市又属毒品犯罪高发地区,特别是其前夫彭某生2006年在昆明机场准备乘飞机为他人运输海洛因1209克前往上海市时被查获,并被判处无期徒刑,在一定程度上证实周某花应当了解运输毒品犯罪的情况,应比一般人更为理解有关运输毒品犯罪的常识。(4)周某花归案后所作供述避重就轻,否认系运输毒品,但不能对从其托运、提取的纸箱中查获毒品作出合理解释。而同案被告人在归案后即供述运输的是毒品,并详细供述了运输毒品的方式、包装等细节。(5)关于涉案的“艾买江”“凡兰香”的身份,同案被告人均供述周某花曾说“艾买江”是她姐夫,同到昆明市的汉族女子“凡兰香”是“艾买江”的妻子,但周某花多次否认这种关系,并称自己不认识该汉族女子,直到第四次供述才承认有此二人存在,并到二审庭审时才供认与“凡兰香”是同乡,认识时间不长。这与同案被告人的供述有明显出入,且在许多细节问题上的供述也多次反复,足见其有反侦查心理和准备,并未如实供述。

案例7-8

李某顺运输毒品案[①]——以高度隐蔽的方式运输毒品未能作出合理解释可以认定明知是毒品

[**基本案情**]　2007年3月30日9时15分,被告人李某顺携带毒品乘车途经木康检查站时被抓获,边防人员当场从其携带的木箱夹层内查获海洛因1388克。被告人李某顺辩称不知道木箱内藏有毒品。其辩护人提出,李某顺被人利用,没有运输毒品的故意。

[**裁判结果**]　德宏傣族景颇族自治州中级人民法院认为,被告人李某顺为牟取非法利益,将海洛因藏匿于木箱内进行运输,其行为已构成运输毒品罪,且运输毒品数量大,应依法惩处。判决:被告人李某顺犯运输毒品罪,判处死刑,剥夺政治权利终身,并处没收个人全部财产。云南省高级人民法院经二审审理认为,李某顺提出其不明知所携带的木箱内藏有毒品的上诉理由,与其将木箱从芒市带到保山即可获得高额报酬的事实不符,不予采信。裁定驳回上诉,维持原判,并依法将本案报请最高人民法院核准。最高人民法院经复核裁定核准。

---

① 参见中华人民共和国最高人民法院刑事审判第一、二、三、四、五庭主办:《刑事审判参考》(2009年第2集,总第67集),法律出版社2009年版,第118~121页。

［**判理分析**］　判断被告人主观上是否明知是毒品不能仅凭被告人辩解，而应当依据被告人实施毒品犯罪行为的过程、方式、毒品被查获时的情形等证据，结合被告人的年龄、阅历、智力等情况，进行综合分析判断。在符合推定的条件时，也可以根据案件具体情形推定被告人主观上系明知。本案被告人李某顺辩称不知道自己所携带的木箱中藏有毒品，也没有同案犯、证人、书证等证据证明其主观明知所运输的物品是毒品，但根据本案的具体事实，可以推定其主观上系明知。理由是：(1)李某顺携带的毒品藏匿于木箱的夹层之内，属于采用高度隐蔽的方式携带、运输毒品，符合2008年《大连会议纪要》中"采用高度隐蔽的方式携带、运输物品，从中查获毒品的"情形，可以进行推定。(2)李某顺携带的木箱内并无贵重物品，根据其本人供述，交付木箱的人约定给其4000元报酬，且另付500元路费，运送物品与其所获报酬并不匹配，符合2008年《大连会议纪要》中"为获取不同寻常的高额、不等值报酬为他人携带、运输物品，从中查获毒品的"情形。(3)在边防检查站的常规检查中，李某顺并没有主动向执法人员申报，这些情形都表明李某顺明知木箱内藏有毒品。同时，李某顺对上述情形未能作出合理解释，也不能提供自己被蒙骗的证据。因此，根据本案毒品藏匿方式、查获时的状况、李某顺的年龄、阅历等情况，可以认定其主观上明知自己携带的木箱中有毒品，其行为构成运输毒品罪。

案例7－9

巴某姆·马利克·阿吉达利、木某某扎·拉克走私毒品案[①]——采用高度隐蔽的方式携带、运输毒品且不能作出合理解释的可以认定明知是毒品

［**基本案情**］　2008年1月18日22时许，被告人巴某姆、木某某扎未向海关申报任何物品，采取在公文箱夹层内隐藏毒品的方式，分别携带甲基苯丙胺740克（含量65%）、746克（含量61%），拟乘坐EK307航班由北京首都国际机场飞往阿拉伯联合酋长国迪拜。巴某姆在出境时被海关关员查获，后海关关员又将等候登机的木某某扎查获，上述毒品全部被起获并收缴。北京市检察二分院以巴某姆、木某某扎犯走私毒品罪，向法院提起公诉。二被告人均否认明知自己携带的公文箱夹层内藏有毒品。

［**裁判结果**］　法院认为，被告人巴某姆、木某某扎违反我国对毒品的管理制度和海关法规，非法携带毒品甲基苯丙胺出境，其行为均构成走私毒品罪，依法应当惩处。关于二被告人所提不知携带的公文箱内藏有毒品的辩解，经查，执法人员在机场口岸对巴某姆、木某某扎进行检查时，已告知二人须申报本人或者为他人携带的违禁品，二人均未如实申报。在二人所携带的公文箱夹层内查获的毒品，系采用高度隐蔽的方式携带，且二被告人对其所携带的毒品均不能作出合理解释，故二被告人的辩解及其辩护人的前述辩护意见不能成立。判决：被告人巴某姆犯走私毒品罪，判处有期徒刑十五年，并处没收个人全部财产，附加驱逐出境；被告人木某某扎犯走私毒品罪，判处有期徒刑十五年，并处没收个人全部财产，附加驱逐出境。

［**判理分析**］　本案中，机场海关人员在被告人巴某姆和木某某扎携带的手提公文箱夹层中起获了大量冰毒，但二被告人从侦查阶段到庭审中，都坚称不知所携带的手提公文箱中有夹层，更不知内中藏有毒品。根据现有证据，可以认定二被告人明知所携带的手提公文箱中

---

① 参见中华人民共和国最高人民法院刑事审判第一、二、三、四、五庭主办：《刑事审判参考》(2014年第1集，总第96集)，法律出版社2014年版，第105～110页。

藏有毒品,依法构成走私毒品罪。具体分析如下:

(1)在手提公文箱的夹层中藏匿毒品属于高度隐蔽的方式。证人刘某的证言证实,经对被告人巴某姆所携行李物品进行X光机检查后,发现有夹藏嫌疑,经进一步查验确认在巴某姆携带的手提公文箱中有夹层,找到木某某扎后,对两个手提公文箱开拆查验,在箱体衬板后查获白色晶体状固体各一包。这说明,二被告人所提公文箱的夹层很隐蔽,必须经过专业检测扫描仪器,在有经验的查验人员的检查下才能查出,一般开箱检查或者清晰度不高的黑白扫描检测仪器难以发现。而根据现场照片,对涉案手提公文箱中的夹层必须使用工具、采取破坏性手段才能打开。二被告人能顺利地将藏有毒品的公文箱从深圳运至北京首都机场,也印证了携带毒品采取的是高度隐蔽的方式。

(2)二被告人虽然否认明知手提公文箱中藏有毒品,但均未对其行为作出"合理解释",且存在多处矛盾。具体体现在:①关于手提公文箱的来源。被告人巴某姆辩称公文箱是他的朋友哈某在广州去往深圳的火车上交给他并委托他带回伊朗的,公文箱从未拿进过住宿的酒店;被告人木某某扎辩称公文箱是巴某姆在广州的市场购买后送给他的,购买后一直放在旅馆,从未有人动过。②关于涉案关键人物黑衣男子的情况。巴某姆供称除2008年1月17日晚他的朋友哈某和一友人之外,再没有人到过他们住宿的房间;木某某扎则称从广州下飞机到离开,从没有和第三人接触过,在酒店期间也没有任何人到过其房间。而汉风酒店监控录像显示:1月16日巴某姆和木某某扎在黑衣男子陪同下入住酒店;1月18日凌晨,黑衣男子和白衣男子将涉案的两个公文箱拿到住宿房间,木某某扎为二人开门;1月18日中午,巴某姆和木某某扎在黑衣男子陪同下携涉案公文箱离开酒店。可见,对该案的核心物证手提公文箱和涉案关键人物黑衣男子,二被告人均在编造谎言,未作如实供述。③关于来中国的目的。巴某姆供称来中国前并不认识木某某扎,自己到中国来是为了办理假护照,与木某某扎同行只是巧合;木某某扎则称与巴某姆认识四五年之久,本次是跟随巴某姆到中国考察市场和旅游。从二人的连程机票、火车票等书证来看,二人同时订票、行程完全相同,可以确定为结伴而行;从住宿期间活动情况(大部分时间都待在旅馆)、连程机票内容(没有为北京预留时间)和其随身携带货币(100美元和少量人民币)等证据看,木某某扎供述的二人此行目的也不能成立。④关于来中国的费用。巴某姆供述是其朋友全额支付,木某某扎则称是巴某姆无偿支付,即二人来中国的费用均非自己支付。以该二人分别系伊朗国内地毯市场帮工、卖瓜子小商贩的职业身份和他们随身携带的极少量货币来看,他们也无力支付此次行程的高额费用,更不可能来中国做建材贸易和旅游。⑤二人供述和辩解中的其他矛盾之处也很明显。如,巴某姆称在首都国际机场候机时曾有两人跟其攀谈,其去洗手间时曾委托二人帮其照看行李,进而推测是该二人将手提箱调包。但木某某扎则供述在首都国际机场他和巴某姆从没分开过,巴某姆去洗手间时,是由他照看行李。又如,巴某姆对与木某某扎关系的交代、木某某扎对电话卡等细节问题的交代均是反复不定、自相矛盾。综上可见,二被告人对在其携带的手提公文箱夹层中查获大量毒品的事实,不但没有作出合理解释,反而是避重就轻、编造谎言;而且二被告人当庭除坚持侦查阶段的辩解外,不能提供任何证据反驳控方的指控,以证实其非明知。故可以认定二被告人具备犯罪的主观故意。

案例 7－10

许某义贩卖、运输毒品案[1]——以高度隐蔽的方式运输毒品且不能作出合理解释的应推定其明知所运输的物品是毒品

［**基本案情**］ 被告人许某义于2004年2月24日因犯贩卖毒品罪被广东省潮州市湘桥区人民法院判处有期徒刑三年,2006年3月30日刑满释放。2008年6月上旬许某义先后两次于晚上7时或8时许在潮州市湘桥区昌黎路文化公园后围墙中段厕所旁,将8克毒品海洛因贩卖给吸毒人员刘某平(已判刑)、邱某荣,各获得赃款2400元;2008年9月25日上午9时许,潮州市公安局湘桥区分局在潮州市安黄公路黄金塘附近路段截获许某义,并当场在许某义驾驶的粤U4S758摩托车护架内缴获红双喜牌香烟盒一条,内藏毒品海洛因共509.8克。被告人许某义辩解称:(1)其没有贩卖毒品海洛因给刘某平、邱某荣;(2)被查扣的红双喜牌香烟盒一条是其在潮安县铁铺镇捡到的,当时其不知里面装的是毒品海洛因,其没有运输毒品海洛因。

［**裁判结果**］ 潮州市中级人民法院认为,被告人许某义贩卖、运输毒品海洛因数量大,其行为已构成贩卖、运输毒品罪。许某义系累犯,应当从重处罚。关于许某义及其辩护人提出许某义不知道香烟盒内藏有毒品海洛因,因此不能认定许某义的行为构成运输毒品罪的意见,经查,许某义采用高度隐蔽的方式运输物品,并从中查获毒品,许某义对此不能作出合理解释,应认定其明知香烟盒内藏有毒品,其行为已构成运输毒品罪。判决:(1)被告人许某义犯贩卖、运输毒品罪,判处死刑,缓期二年执行,剥夺政治权利终身,并处没收个人全部财产;(2)随案移送的黑色CEOT手机1部、人民币50元、红色东毅摩托车1辆予以没收,上缴国库。广东省高级人民法院经二审审理裁定驳回上诉,维持原判。

［**判理分析**］ 本案是一宗"零口供"案件,被告人许某义归案后一直否认其有贩卖毒品海洛因的行为,否认其明知被查获的香烟里装有毒品;也缺乏目击证人、同案犯等其他证据来认定许某义明知所运输的物品是毒品。由于在案证据显示许某义是以高度隐蔽的方式运输毒品,且其对此不能作出合理的解释,因此应推定其明知所运输的物品是毒品,理由如下:

(1)从归案和查获毒品经过看,案发前公安机关通过侦查已获悉被告人许某义将于案发当天上午进行毒品交易,遂对其活动进行布控,考虑到抓捕现场系省道,车流量大、车速快,同时联系交通部门以查货车为由设置路障,在将许某义抓获后,当场从其所驾驶的摩托车护架内缴获内藏毒品的红双喜牌香烟盒一条。许某义在第一份笔录中辩称其没事去澄海玩,在返回潮州的路上捡到该条香烟的,但其后又辩称其是载一客人到澄海后在返回的路上捡到该条香烟的,但这均缺乏其他证据印证。

(2)从毒品包装看,涉案的509.8克毒品海洛因均被分装在51个透明小袋中,然后被装入10个香烟盒中,再装入整条香烟盒中。该香烟盒也并非一条外包装完好无缺的香烟,而是一条一端薄膜外包装已被拆封的旧烟盒,即使如许某义所言真的是捡到的,基于常理也应当大概看一下盒内物品情况,也很容易发现盒内的51个透明小袋,从而知晓盒内物品系毒品。且从放置位置看,该条装有毒品的香烟盒是以黑色塑料袋包裹后放置于摩托车护架铁筒中,

---

① 参见中华人民共和国最高人民法院刑事审判第一、二、三、四、五庭主办:《刑事审判参考》(2009年第6集,总第71集),法律出版社2010年版,第42～47页。

然后再以雨衣覆盖之,从毒品的分装、包装方式以及放置位置分析,可以认定系采用高度隐蔽的方式运输毒品。另外,一条香烟(10包)的正常重量是270克或275克,而被缴获烟盒内藏有毒品海洛因509.8克,相当于1市斤多,这个重量显然不是一条正常的香烟的重量。对于作为自称曾开过10年烟酒铺的许某义而言,按生活常理他也应当知道该烟盒内所装的物品绝非是香烟。

(3)被告人许某义经常更换手机号码,对此其多次供述的解释并不一致。原在侦查阶段供述称其之所以换号码,是因为其与人吵架,不想让人找到他。但对与谁吵架,许某义又不能回答;至庭审阶段,许某义又供述称其之所以经常更换手机号码,是因为其职业是开摩托车载客,平时有些"烂仔"常叫他载但又不还钱,所以其只好经常更换手机号码以让对方找不到他。但这一辩解显然不合常理,因为作为一个靠开摩托车载客为生的人来说,出于载熟客及扩大、巩固客源的考虑,他一般应以保持固定的手机号码为常态,以经常更换手机号码为例外,更不用说无缘无故经常更换手机号码了。许某义对其经常更换手机号码一事无法给出合理的解释,其经常更换手机号码的行为更符合毒贩的特征。

(4)被告人的家庭经济状况与其家庭收入明显不成正比。被告人许某义家拥有价值近10万元的小汽车一辆、摩托车两辆,还有等离子电视、空调、冰箱等高档电器,案发前不久刚刚购置了新房子并装修入住。而据许某义供述,其刑满释放后以开摩托车载客为生,其妻子也证实许某义平时在开摩托车载客,其本人有空就在家做点手工,每月有二三百元收入;女儿许某在私人电器厂打工,每月600多元。许某义家庭所拥有的财产与其以开摩托车载客为业、其妻女月收入仅有几百元的家庭收入情况是不相符的。

案例7-11

傅某光走私毒品案[①]——行为人拒不承认其主观上明知走私的物品是毒品的可以根据常识、常理和逻辑来分析判断

[**基本案情**]　2007年12月3日下午5时30分左右,被告人傅某光在香港旺角一间茶餐厅,受香港朋友"阿东"(具体情况不详)的指使,由"阿东"将一装有美沙酮药片的咖啡色皮挎包交给傅某光,让傅某光将该挎包带往深圳其住处,过关后由"阿东"打电话与傅某光联系接货,傅某光可得酬劳港元300元。当日晚上7时35分,傅某光持港澳居民来往内地通行证,从皇岗海关旅检大厅走无申报通道入境。经海关关员查验,在傅某光随身携带的挎包内查获美沙酮药片2400片、在其上衣左边口袋里发现美沙酮药片140片,总共2540片,共重383.5克。上述药品均为药片密封包装方式,外包装成橙色,包装背部印有"Methadone BP Tablets 5mg"字样,10片药片为一排,共254排,约14排为一小塑料药袋包装。被告人傅某光辩称其当时不知道携带的是毒品。傅某光的辩护人提出傅某光认为美沙酮不是毒品,存在认识错误,没有走私毒品的故意。

[**裁判结果**]　深圳市中级人民法院认为,被告人傅某光违反国家法律法规,逃避海关监管,携带美沙酮383.5克入境,其行为构成走私毒品罪,应当依法惩处。判决:(1)被告人傅某光犯走私毒品罪,判处有期徒刑七年,并处罚金五千元。(2)扣押在案的美沙酮383.5克、咖

① 参见中华人民共和国最高人民法院刑事审判第一、二、三、四、五庭主办:《刑事审判参考》(2010年第4集,总第75集),法律出版社2011年版,第58~64页。

啡色皮挎包1个予以没收。

［**判理分析**］ 行为人拒不承认其主观上明知走私的物品是毒品时，应当综合案件的客观实际，根据常识、常理和逻辑来分析判断其主观上是否明知。具体而言，应当综合考虑案件中的各种客观实际情况，依据实施毒品犯罪行为的过程、行为方式、毒品被查获时的情形和环境等证据，结合被告人的年龄、阅历、智力及掌握相关知识情况，进行综合分析判断，只要能够推定行为人应当知道其携带、运输、走私的物品可能是毒品，即可认定行为人主观上明知。认定本案被告人傅某光主观上明知其携带的药品是毒品的理由如下：(1)傅某光是一个心智正常、阅历较为丰富的中年人，应当具有正常的辨认能力。(2)傅某光供称“阿东”告诉其要带的物品是戒毒药，而且“阿东”将挎包交给他时，其看到了包内是一排排的药丸。(3)“阿东”叫傅某光帮他带一些戒毒药入境，并承诺酬劳为港元300元。但“阿东”并非自己不到深圳，而是让傅某光帮其把戒毒药带到深圳后“阿东”再打电话取货，意即“阿东”自己也由香港到深圳，但是这批物品他自己不带，却花钱“雇用”傅某光来携带。傅某光应当意识到“阿东”是在利用其持港澳居民来往内地通行证，从皇岗海关旅检大厅走无申报通道入境的便利条件，“阿东”托其带此药片的目的就是逃避海关检查，该药片必定是违禁品。(4)海关检查傅某光时，不仅从其挎包内查获了美沙酮药片，而且还在其上衣口袋发现藏有美沙酮药片。综上，根据一般的常识、常理和逻辑及本案的诸多细节进行分析判断，可以认定傅某光明知走私的物品美沙酮药片系毒品。

案例7－12

骆某林运输毒品案[①]——不能仅凭现场查获毒品就客观归罪

［**基本案情**］ 2008年5月16日，被告人骆某林驾驶一辆黑色长安轿车从云南省孟连县经景洪市前往四川省成都市。当日23时50分，途经普洱市思茅区刀官寨时，被公开查缉的公安民警抓获，当场从其驾驶的车辆后排两扇门夹层中查获毒品甲基苯丙胺11块，净重5589克。云南省普洱市人民检察院以被告人骆某林犯运输毒品罪提起公诉。被告人骆某林提出是一个叫“二哥”的人从四川省租他的车到云南省，在孟连县城“二哥”用过车子，返回途中从他车上查获的毒品不知从何而来。

［**裁判结果**］ 普洱市中级人民法院判决：骆某林犯运输毒品罪，判处死刑，剥夺政治权利终身，并处没收个人全部财产。云南省高级人民法院经审理认为，上诉人骆某林始终辩解不知道所驾驶的轿车车门夹层内藏有毒品，本案又无证据能够印证骆某林明知毒品而进行运输，一审判决认定被告人骆某林运输毒品甲基苯丙胺5589克的犯罪事实不清，证据不足，遂裁定撤销一审判决，发回重审。同时，指出在证据上需要补充以下问题：(1)骆某林在公安机关审讯及后来会见辩护人时称：他是受“二哥”的雇用，为“二哥”等三人开车到孟连县并住了三四天。其住在榕孟旅馆306号房间，未用身份证登记，其间有个叫“阿信”的服务员帮骆某林买过水果。请公安机关调查该地有无该旅馆和叫“阿信”的服务员，并出示混合照片让该旅馆服务员辨认。(2)请公安机关查证骆某林的手机通话清单，以证实其是否与供述的“二哥”的手机有过通话联系。(3)二审辩护人提供了2008年5月11日，骆某林所驾驶机动车在昭

---

① 参见中华人民共和国最高人民法院刑事审判第一、二、三、四、五庭主办：《刑事审判参考》(2014年第4集，总第99集)，法律出版社2015年版，第98～102页。

待公路因超速被交警处罚的通知书及照片，大致可看出是四人乘坐该车，以印证骆某林的供述。请与该交警核实此事。（4）骆某林在二审辩护人会见时称，“二哥”住在成都市资子金中路的一农行对面的小区，该小区附近有一广场。“二哥”的妻子叫“娟娟”，请当地公安机关协助查找“二哥”。普洱市中级人民法院重审期间，普洱市人民检察院作出不起诉决定，并于当天将骆某林释放。

［**判理分析**］　运输毒品罪要求被告人客观上有运输毒品的行为，主观上有明知是毒品并运输的故意。对当场查获毒品的案件，要重点审查被告人的主观明知，包括对是否是毒品的明知和运输对象的明知两个方面，不能仅凭现场查获毒品就客观归罪，当然地认定被告人具有运输毒品的故意。其实质就是要确定犯罪人与毒品之间的一种主客观统一的对应关系，达到真正的“人毒俱获”。本案在案证据无法证实被告人骆某林对运输毒品具有主观上的明知，无法排除其他人作案的合理怀疑，不能得出骆某林运输毒品的唯一结论。具体分析如下：

（1）根据在案证据，无法确立人与毒品的主客观对应关系。“人毒俱获”并不是简单地在现场抓获犯罪嫌疑人并从其处查获毒品，必须要有充分证据证实犯罪人明知是毒品，明知自己实施的是毒品犯罪行为，而且客观上毒品确实是行为人实施的本次犯罪行为所获得的或者与之相关的物品。本案中，虽然公安机关在被告人骆某林的轿车内发现了毒品，但骆某林始终否认自己明知车上装有毒品。而从骆某林行为的过程、方式以及毒品被查获时的情形分析，毒品是在其车门夹层内查获的，其又是车辆的驾驶者，车内没有其他人，其是一个人从云南省孟连县返回四川省成都市，但是这些证据无法直接推定其主观上对车上藏有毒品是明知的，要准确认定骆某林主观上明知，还必须有其他具有排他性的客观性证据，比如被查获的毒品上的被告人指纹，被告人运输毒品的原因、来源、去向等，以确定被告人与毒品的关系，本案缺乏这些证据，定罪的主观要件缺失。

（2）在案证据无法得出唯一结论。根据证据推断案件事实的过程必须符合逻辑和经验规则，由证据得出的结论必须是唯一的，不能出现其他合理的可能性。根据本案被告人骆某林的供述，一个叫“二哥”的人在四川省租其车来云南省，“二哥”租其车并拉了另外两个人，车内一共四人，“二哥”因担心家里的地震情况于是先回四川省。该供述有交警大队处罚骆某林超速行驶的照片予以印证。骆某林称自己不知车上有毒品，而租车期间“二哥”又曾独立驾该车离开，故无法排除在“二哥”驾驶期间，其他人往车上藏匿毒品的可能。公安机关根据骆某林提供的线索又未能抓获“二哥”等人，也未调取骆某林与“二哥”的通话记录。另外，骆某林供述了他们所住的旅馆房间，住宿期间有一个叫“阿信”的服务员还帮他买过水果，公安机关亦未查证上述线索。由于公安机关未能将其他犯罪嫌疑人抓获，亦未查明骆某林与其他三人的联系情况，故不能完全排除“二哥”等人在车内藏匿毒品进行运输的可能。即根据本案现有证据，存在骆某林独立作案、与其他人共同参与作案、其他人独立作案三种可能，而第三种可能直接影响到骆某林是否构成犯罪的问题。

122. 毒品犯罪案件被告人拒不供认犯罪的，如何进行证据审查

【实务观点】

对于毒品犯罪案件，被告人拒不供述有犯罪行为，可以从以下几个方面进行证据审查：

(1)如果在贩卖毒品过程中承担不同角色的多名被告人所供述涉毒行为的时间、地点、毒品来源及去向、涉毒行为的路线和方式等关键情节相互印证,其他被告人均指认"幕后老板",并有"老板"与其他被告人的通话记录或者和双方相关的他人证言印证,可以认定"幕后老板"的组织、指挥地位。

(2)如果从被告人处查获大量存款、现金或昂贵财产,并且银行卡有多笔大额现金存取、转款、收款记录,其本人对上述财产的来源或银行卡交易的辩解得不到其他证据印证的,或者与在案其他证据相互矛盾的,可以认定被告人的相关财产来源于贩卖毒品所得。

(3)如果有证据证明被告人运输毒品,本人否认系毒品的所有人或者具有贩卖目的,但另有证人证明曾向被告人购买毒品或者曾"旁证"被告人的贩卖毒品行为的,且被告人的涉毒行为具体表现能反映其是毒品的实际所有人、控制人的,可以认定其具有贩卖毒品的主观目的。

【法律及司法文件】

最高人民法院《关于适用〈中华人民共和国刑事诉讼法〉的解释》(法释〔2021〕1号,2021年3月1日施行)

第一百四十条　没有直接证据,但间接证据同时符合下列条件的,可以认定被告人有罪:

(一)证据已经查证属实;

(二)证据之间相互印证,不存在无法排除的矛盾和无法解释的疑问;

(三)全案证据形成完整的证据链;

(四)根据证据认定案件事实足以排除合理怀疑,结论具有唯一性;

(五)运用证据进行的推理符合逻辑和经验。

【类案参考】

案例7-13

夏某军制造毒品、非法持有枪支案①——被告人不认罪的情况下如何认定制造毒品犯罪的"幕后老板"

［**基本案情**］　被告人夏某军因犯抢劫罪被判处有期徒刑四年,并处罚金一千元,2004年1月15日刑满释放。2007年年初,夏某军到成都市鑫新科化工仪器有限公司(以下简称鑫新科公司)购买化学设备和配剂时与公司业务主管王某(已判刑)相识。(1)2006年三四月,夏某军与何某全预谋制造氯胺酮,并带何某全到鑫新科公司找王某购买制造氯胺酮所需的化学仪器设备和化工原料,同时向王某提出以后由何某全直接找其购买。2006年4月底,何某全找王某购得制造氯胺酮所需的化学仪器设备和化工原料,并邀请徐某平、何某明、陈某(均已判刑)到其家中,利用夏某军提供的羟亚胺,按照夏某军传授的工艺流程制造氯胺酮约20千克。事后何某全向徐某平等人支付了报酬,并取走氯胺酮。(2)2007年5月上旬,何某全邀约徐某平等人再次制造氯胺酮,并驾车将制毒工具由自己家中运至杨某彬(已判刑)家中,伙同徐某平、杨某彬、何某明、陈某制造氯胺酮约20千克,并向徐某平等人支付了报酬,后夏某

① 参见中华人民共和国最高人民法院刑事审判第一、二、三、四、五庭主办:《刑事审判参考》(2011年第6集,总第83集),法律出版社2012年版,第63~72页。另参见罗书臻:《最高人民法院公布四起毒品犯罪典型案件——严惩源头性犯罪》,载《人民法院报》2010年6月25日,第4版。

军驾车到杨某彬家与何某全将氯胺酮取走。本次及下次制造氯胺酮所需的化工原料和羟亚胺的来源均同上次。(3)2007 年 5 月中旬,何某全邀请徐某平、何某明、陈某、杨某彬及夏某军介绍来的游某(已判刑)、张某(已判刑)到其家中,制造氯胺酮 37.138 千克,并向徐某平等人支付了报酬。后夏某军到何某全家与何某全驾车将氯胺酮运至何某全的暂住地藏匿。2007 年 4、5 月下旬,何某全与徐某平为制造氯胺酮而合伙租赁一厂房。何某全从王某处购得制造氯胺酮所需化学仪器设备和化工原料并运至该厂房,次日又将夏某军提供的 13 袋羟亚胺运至该厂房,由徐某平组织杨某彬、何某明、陈某、游某等人在该厂房内制造氯胺酮。何某全与徐某平电话联系指导制毒,监督制毒进度。2007 年 6 月 2 日 20 时许,公安人员将到制毒现场查看供电情况的何某全及正在制毒的徐某平、何某明、陈某、杨某彬、游某一同抓获,当场查获氯胺酮 246.2 千克、含氯胺酮成分的褐色液体 1018 千克和制造氯胺酮所用的各种化学仪器设备、化工原料。2007 年 12 月 4 日,公安人员在夏某军的暂住地将其抓获,并当场查获白色粉末 78.64 克(经鉴定含氯胺酮)及仿"六四"式手枪 1 支、子弹 3 发。综上,夏某军伙同他人先后 4 次制造氯胺酮共计 320 余千克,非法持有枪支 1 支、子弹 3 发。

[**裁判结果**]　成都市中级人民法院经审理,判决:被告人夏某军犯制造毒品罪,判处死刑,缓期二年执行,剥夺政治权利终身,并处没收个人全部财产;犯非法持有枪支罪,判处有期徒刑一年;决定执行死刑,缓期二年执行,剥夺政治权利终身,并处没收个人全部财产。四川省高级人民法院经二审审理认为,检察机关所提夏某军制造毒品数量特别巨大,犯罪情节恶劣,应依法严惩的抗诉意见成立。判决:上诉人(原审被告人)夏某军犯制造毒品罪,判处死刑,剥夺政治权利终身,并处没收个人全部财产;犯非法持有枪支罪,判处有期徒刑一年;决定执行死刑,剥夺政治权利终身,并处没收个人全部财产。最高人民法院经复核认为,在制造毒品共同犯罪中,夏某军通过何某全组织、指挥整个制毒活动,传授制毒技术,介绍何某全到王某处购买制毒仪器设备和化工原料,介绍游某和张某参与制毒,提供制造氯胺酮的主要原料羟亚胺,系主犯,应按照其所组织、指挥的全部犯罪处罚。夏某军组织制造氯胺酮 320 余千克,毒品数量特别巨大,且有部分毒品已流入社会,社会危害极大,罪行极其严重。夏某军曾因犯抢劫罪被判处刑罚,在刑罚执行完毕后五年内又犯罪,系累犯,且认罪态度恶劣,主观恶性深,人身危险性大,应依法从重处罚。裁定核准对被告人夏某军的死刑判决。

[**判理分析**]　制造毒品涉及招募制毒人员、购买制毒原料和设备、租赁制毒场所、加工配制毒品等诸多环节,人员组成常常较为复杂,居于制毒链条终端的"幕后老板"很少亲自实施制毒行为,往往只是选定制毒组织者,提供制毒资金、原料和设备,传授制毒方法,通过"代理人"来掌控整个制毒活动,很多环节又系单线联系,具体制毒者常常不知道在为谁制造毒品,故具有极强的隐蔽性。对于"幕后老板"拒不认罪或者翻供的,要结合案件的具体情况,从各证据与待证事实的关联程度、各证据之间的联系等方面进行综合审查判断,做到不枉不纵。证据间的印证并不是少数几个证据间的相互印证,而是把所有证据都放到整个案件事实的大环境下去系统、综合地分析,以判断证据的关联性、真实性和证明力,衡量证据链的完整性和闭合性。

本案公安机关在工作中获悉夏某军、何某全、徐某平等人制毒、贩毒的犯罪线索并立案侦查,后在制毒现场抓获何某全、徐某平、何某明、杨某彬、陈某、游某等人,当场查获所制造的氯胺酮成品、半成品和制毒所用的仪器设备、化工原料及部分制造氯胺酮的主要原料羟亚胺,又从何某全的暂住处查获第三次制造的 37.138 千克氯胺酮。后公安人员根据何某全等人所供制毒仪器设备和化工原料，寻找夏某军为制毒团伙主犯的线索，先后将王某和夏某军抓获归案。何某全、徐某平、何某明、杨某彬、陈某、游某等人均供认在何某全邀约和具体组织、指挥下先后4次制造氯胺酮320余千克的犯罪事实，口供之间相吻合，并与在案的其他证据相印证。本案中，夏某军在一审、二审庭审中否认与王某相识及共同制毒，否认亲自或介绍何某全从王某处购买化学设备和配剂，否认组织何某全制毒、提供制毒资金和传授制毒技术及到过制毒现场。一审庭审中，同案被告人均不指认夏某军，也不供述夏某军参与制毒。二审庭审中，何某全、徐某平、何某明、陈某、杨某彬等人又一致指认夏某军，并供称因夏某军在一审开庭前曾要求他们不要在法庭上指认其而在一审庭审中翻供。对于夏某军是否为“幕后老板”，同案被告人的供述有反复，夏某军本人也否认，应仔细甄别全案证据，通过证据间的相互印证来准确认定夏某军在制毒活动中的地位和作用。具体分析如下：

（1）关于夏某军是否通过同案被告人何某全组织、指挥整个制毒活动。①何某全供述，夏某军是其社会上的“大哥”，向其提议制毒，提供制毒工艺流程和制毒主要原料羟亚胺，带其结识王某并向王某交代以后由其直接找王某购买制毒设备和化工原料，狱友张某和游某系夏某军介绍参与制毒，负责销售所制毒品，其听从夏某军的安排。该供述内容得到同案被告人及其他同案犯供述的印证。②同案被告人徐某平供述，夏某军是何某全社会上的“哥”、“师父”及“老板”，4次制毒都是夏某军让何某全做的，何某全听夏某军的安排。③同案被告人何某明供述，何某全不是制毒老板，真正的老板是夏某军，制毒是夏某军在幕后通过何某全来完成的，何某全分配制毒报酬时说是夏某军给发的工资。④同案被告人游某和同案犯张某均供述，夏某军介绍他们与何某全和徐某平相识，并让他们以后跟着何某全制毒，此情节与徐某平、何某明、陈某、杨某彬的供述相吻合。张某还供述，夏某军是总老板，组织生产“K粉”，指使其去四川省某县帮乐某军（另一制毒团伙的主犯，在逃）制毒，何某全和乐某军都是夏某军的手下，负责开工厂制毒。⑤同案被告人陈某供述，夏某军是何某全的“老大”，何某全找其给夏某军生产化工原料并介绍认识夏某军，何某全分配制毒报酬时说是夏某军让转交的工资。⑥同案被告人王某供述，夏某军曾提议、出资制毒并提供羟亚胺，二人在其家中共同制造约20千克氯胺酮被夏某军拿走，夏某军多次到公司找其购买制毒设备和化工原料，还带何某全和乐某军到公司找其购买，并提出以后由何某全、乐某军来购买，其后几次都是何某全、乐某军找其购买的。尽管夏某军对上述称其是“幕后老板”的说法予以否认，但其在侦查阶段曾多次供认伙同王某制毒，并曾卖给何某全30桶羟亚胺，称何某全可能用来制造氯胺酮。因此，结合同案被告人上述指向一致的供述，可以认定夏某军通过何某全组织实施制毒行为。

（2）关于制毒技术是否系被告人夏某军传授。①同案被告人何某全、何某明、杨某彬、陈某供称，制毒前何某全约何某明、杨某彬、陈某到一家茶房与夏某军见面，夏某军与何某全谈论制造氯胺酮的事，并将工艺流程写在纸上交给了何某全，其后4次制造氯胺酮均是按夏某军提供的工艺流程进行。②何某明、杨某彬供称只看见夏某军给了何某全一张单子，虽然不知具体内容，但可印证何某全与陈某关于夏某军将制毒工艺流程写在一张纸上交给何某全的供述。③同案被告人徐某平也供认听何某全说制毒技术是夏某军传授的。夏某军、王某均供述二人于2007年4月初在王某家制造过氯胺酮，虽然公诉机关因证据欠缺未指控该项事实，但这表明夏某军已掌握了制毒技术。虽然夏某军否认传授了制毒技术，但仍可以认定。

（3）关于被告人夏某军是否出资制毒并贩卖获利。①同案被告人何某全供述，夏某军提供制毒资金并获得出售毒品的大部分利润，前两次制造的40千克氯胺酮主要由夏某军贩卖。部分同案被告人供述，听何某全说租赁厂房和开工资都是夏某军出的钱。②尽管夏某军对此予以否认，但其辩解难以令人信服。理由在于：第一，公安人员抓获夏某军时从其挎包搜出现金4.64万元，并从其暂住处保险柜中搜出现金51万余元，夏某军曾供认这些现金是其贩卖羟亚胺所得，后又称其中的51万余元是同居女友张某的，复核提讯时又供称不知道51万余元是怎么回事。夏某军的供述反复，并与张某所称51万余元是她的财产，其中仅有10万元系夏某军所给的证言不符。第二，夏某军的银行卡上有存款97万余元，其曾供称其中70余万元是一个叫“三哥”的朋友借给他的，但提供不出该人的姓名、住址和联系方式，而复核提讯时又供称其中50万元是借的，另40多万元是打牌赢的和个人存款。这种自相矛盾的供述明显缺乏可信性。第三，从夏某军银行卡交易记录看，自2006年5月至2007年5月有多笔数万元甚至50万元的现金交易，而其被抓获前并无正当职业，资金数额及其流动异常情况表明其出资制造氯胺酮并贩卖获利的可能性较大。第四，夏某军称其与张某共同居住的豪宅和家中的克莱斯勒300C汽车、奔驰汽车是张某出资近300万元购买的，而张某也称其2006年3月结识夏某军时自有五六百万元资金，这些资金包括自己做生意获利200余万元及所结识的台湾籍男友“林生”赠给200余万元，但这种说法无法印证，不排除其有意隐瞒、企图掩盖夏某军制贩毒品的犯罪事实。综上，夏某军关于其拥有的巨额资金来源的辩解不成立，根据在案证据可以认定系其出资制毒并贩卖获利。

通过上述分析可见，被告人夏某军出资制毒并贩卖获利，传授制毒方法，通过何某全掌控制毒活动，可以认定其系制毒团伙的组织、指挥者，即“幕后老板”，是共同犯罪中地位、作用最大的主犯。

案例7-14

李某、王某亚等贩卖、运输毒品案①——被告人到案后不认罪的，如何审查判断其他证据并形成证据体系

［**基本案情**］　2004年10月，被告人李某邀约被告人王某亚及蒋某生（已判刑）等人共同策划贩卖、运输海洛因。同年11月，李某邀约龙某泉（在逃）运输海洛因。此后，李某前往云南省将王某亚介绍给境外毒贩“小杨”（在逃），并与“小杨”商定购买海洛因的价格，形成了以李某为首，王某亚、蒋某生、段某梅（已判刑）、龙某泉等人参加的毒品犯罪集团。（1）2004年12月，在李某的安排下（以下同），王某亚以3.5万元的价格从“小杨”处购得海洛因2块约700克，在瑞丽市交给龙某泉运回重庆市，段某梅、刘某（已判刑）各自携带一块至龙某泉、刘某家中。李某当晚将海洛因取走。（2）2005年1月下旬，王某亚以14.8万元的价格从“小杨”处购得海洛因8块约2800克，在瑞丽市交给龙某泉运至昆明市，再由王某亚携带至宜宾市。蒋某生、段某梅驾车将王某亚及该8块海洛因从宜宾市接回重庆市。（3）2005年2月，王某亚以74万元的价格从“小杨”处购得海洛因40块约14,000克，在瑞丽市交给龙某泉运至昆明市，再由王某亚携带至盐津县交给蒋某生带至宜宾市，由段某梅驾车接回重庆市。（4）2005年3月，王某亚邀约其弟王某国（已判刑）接替龙某泉运输毒品。2005年5月初，王

---

①　参见中华人民共和国最高人民法院刑事审判第一、二、三、四、五庭主办：《刑事审判参考》（2009年第2集，总第67集），法律出版社2009年版，第144～150页。

某亚以7.4万元的价格从“小杨”处购得海洛因4块约1400克和仿制式手枪3支、子弹12发，在瑞丽市交给王某国运至昆明市，再由王某亚携带至盐津县交给蒋某生带回重庆市。蒋某生将该4块海洛因出售后，得款21万元，自己分得2.5万元，并将3支手枪、12发子弹交给李某。(5)2005年5月中旬，蒋某生将收取的毒资中的4万元分给王某亚，将余下的毒资14.5万元及从李某母亲蒋某英处取得的15.1万元共计29.6万元交给王某亚。王某亚用该款从“小杨”处购得海洛因16块共5700克后，在瑞丽市交给王某国运至昆明市。5月20日下午，王某亚携带该16块海洛因在昆明市新南站准备乘车前往盐津县与蒋某生汇合时，被公安人员抓获，海洛因被当场查获。经鉴定，该5700克海洛因的含量为70.2%。被告人王某亚被抓获后，主动供述了按照李某的安排，从“小杨”处购得仿制式手枪3支、子弹12发并带至盐津县交给蒋某生运回重庆市的事实。同年5月25日，公安机关查获了上述手枪和子弹。被告人李某对公诉机关指控的犯罪事实全部予以否认。

［**裁判结果**］　重庆市第一中级人民法院认为，被告人李某组织、领导毒品犯罪集团贩卖、运输海洛因5次共约24,600克，构成贩卖、运输毒品罪；指使他人非法运输仿制式手枪3支、子弹12发，又构成非法运输枪支、弹药罪。李某系首要分子，又系累犯，应依法从重处罚，并数罪并罚。被告人王某亚参加有组织地贩卖、运输毒品海洛因5次约24,600克，构成贩卖、运输毒品罪；非法运输仿制式手枪3支、子弹12发，又构成非法运输枪支、弹药罪，应数罪并罚。王某亚系主犯，对所犯非法运输枪支、弹药罪有自首情节。判决：(1)被告人李某犯贩卖、运输毒品罪，判处死刑，剥夺政治权利终身，并处没收个人财产250万元；犯非法运输枪支、弹药罪，判处有期徒刑五年，数罪并罚，决定执行死刑，剥夺政治权利终身，并处没收个人财产250万元。(2)被告人王某亚犯贩卖、运输毒品罪，判处死刑，剥夺政治权利终身，并处没收个人财产200万元；犯非法运输枪支、弹药罪，判处有期徒刑三年，数罪并罚，决定执行死刑，剥夺政治权利终身，并处没收个人财产200万元。重庆市高级人民法院经审理，对一审判决认定李某、王某亚犯非法运输枪支、弹药罪改判为非法买卖、运输枪支、弹药罪，对二人数罪并罚，仍决定执行死刑。最高人民法院裁定核准。

［**判理分析**］　幕后起组织、指挥作用的毒品犯罪被告人到案后拒不认罪的，在没有被告人口供的情况下，通过严格审查判断其他证据，形成证据体系，也可以对被告人定罪处刑。

(1)认定李某组织、指挥第五起贩卖、运输毒品事实的证据较为扎实。主要体现在：①查获了王某亚携带的5700克海洛因，这是关键的客观性证据；②同案被告人王某亚、蒋某生(系李某的舅舅)均供述毒资系李某提供，李某的母亲蒋某英也证实李某叫她拿钱给蒋某生，这足以证明毒资系李某提供；③同案被告人王某亚、蒋某生供述李某安排王某亚用专门的手机号与毒犯“小杨”联系购买海洛因，后蒋某生按照李某的安排去接应王某亚，而公安机关调取的通话清单证实“小杨”使用的手机号在2005年5月5日至23日与王某亚通话4次，与李某通话18次，此外无其他通话记录，这间接印证了李某在购买毒品中起了指挥作用。

(2)本案前四起贩毒事实因时过境迁，未能查获毒品，但根据同案其他被告人的供述和有关证人证言等证据，也可以认定。主要根据如下：①王某亚、蒋某生、段某梅、刘某、王某国等同案被告人供述，证实他们在贩毒过程中按照李某的安排担任不同角色，王某亚负责购买毒品，先后四次从毒犯“小杨”处购买毒品，由龙某泉、王某国、王某亚、蒋某生等人分段运输到重庆市。各被告人所供购毒时间及地点、毒品来源及数量、运毒路线、运毒方式等内容均相互吻合，清晰地证实了四起由李某组织、指挥的贩毒事实。②公安机关调取的通话清单，证实在该四次贩毒期间李某与王某亚、蒋某生等人进行了通话。③证人赵某证实2003年1、2月李某在云南省瑞丽市联系上了毒贩"小杨"，商谈了购买毒品之事，并与"小杨"互留了手机号。这可印证王某亚所供经李某介绍从"小杨"处购买毒品的事实。④第五起被查获毒品的事实，对于印证前四起贩毒事实也有一定作用。

案例7－15

傅某、朱某勇贩卖、运输毒品，石某德运输毒品案①——对接应毒品的行为如何认定毒品运输方和接应方的犯罪事实

［**基本案情**］　被告人傅某，1999年6月因犯销售赃物罪被判处有期徒刑八个月；2001年11月因犯贩卖毒品罪被判处有期徒刑三年；2008年1月29日因犯贩卖毒品罪被判处有期徒刑六年十个月，2012年8月20日刑满释放。2013年2月20日，被告人朱某勇携带毒品，雇人驾车从广东省东莞市前往浙江省杭州市余杭区。当日21时许，因车辆在行驶途中出现故障，朱某勇给被告人傅某打电话求助。傅某明知朱某勇携带毒品，仍指使被告人石某德、郭某富（另案处理）驾车接应朱某勇。次日1时许，石某德、郭某富在浙江省杭新景高速公路杭州南出口附近与朱某勇会合，朱某勇将藏有996.8克甲基苯丙胺的红牛饮料箱交给石某德、郭某富二人后，自行驾车前往杭州市余杭区。石某德、郭某富驾车行至杭州市上城区钱江一桥附近，遇到交警检查酒驾，石某德下车逃跑，并将藏有毒品的红牛饮料箱扔在杭州武警支队三中队营地内。石某德随即被交警抓获，郭某富因无酒驾嫌疑被释放。武警官兵在营地内发现毒品后送交公安机关。其间，石某德将毒品被其丢弃的情况电话告知傅某。傅某与朱某勇见面后商定，由郭某富指路，傅某指使严某驾驶朱某勇的汽车回到石某德丢弃毒品的地点寻找毒品。当日4时许，傅某等人下车寻找毒品时，被武警官兵及交警抓获。随后，公安机关又从傅某的租住处和暂住处查获甲基苯丙胺733.8克、海洛因22.88克，扣押电子秤1台、天平秤1台及砝码、吸毒工具等物。同年3月8日，公安机关在东莞市虎门镇新世界大酒店908房间抓获朱某勇，从朱某勇的租住处查获甲基苯丙胺36.94克等物。综上，被告人傅某贩卖甲基苯丙胺733.8克、海洛因22.88克，运输甲基苯丙胺999.6克；被告人朱某勇贩卖、运输甲基苯丙胺999.6克，贩卖甲基苯丙胺36.94克；被告人石某德运输甲基苯丙胺999.6克。傅某辩称，其不明知朱某勇携带毒品来杭州市，其从未实施贩毒行为，司法机关所查扣的毒品系其用于自吸。朱某勇辩称案发期间其不在杭州市，不认识傅某等人，没有实施指控的贩卖、运输毒品行为，且司法机关在其租住处查扣的毒品并非其所有。

［**裁判结果**］　杭州市中级人民法院认为，被告人傅某、朱某勇明知是毒品而贩卖、运输，其行为均构成贩卖、运输毒品罪；被告人石某德明知是毒品而接驳转运，其行为构成运输毒品罪。傅某、石某德系累犯，且傅某又系毒品再犯，依法均应从重处罚。在运输毒品共同犯罪中，石某德受指使接驳转运毒品，与朱某勇、傅某相比作用略小，对其可酌情从轻处罚。判决：（1）被告人傅某犯贩卖、运输毒品罪，判处死刑，剥夺政治权利终身，并处没收个人全部财产；（2）被告人朱某勇犯贩卖、运输毒品罪，判处死刑，缓期二年执行，剥夺政治权利终身，并处没

---

① 参见中华人民共和国最高人民法院刑事审判第一、二、三、四、五庭主办：《刑事审判参考》（2014年第6集，总第101集），法律出版社2015年版，第127～133页。

收个人全部财产;(3)被告人石某德犯运输毒品罪,判处无期徒刑,剥夺政治权利终身,并处没收个人全部财产。浙江省高级人民法院经审理,裁定驳回上诉,维持原判。最高人民法院经复核裁定核准。

［**判理分析**］ 毒品犯罪分子往往辩解主观上对涉案毒品不明知或者与案件没有关联等,司法机关要依据行为人实施毒品犯罪行为的过程、方式,毒品被查获时的情形等证据,结合行为人的年龄、阅历、智力等情况,进行综合分析判断。本案是交警例行设卡抽查酒驾"意外"破获的毒品案件,涉及毒品的运输方和接应方,三名被告人归案后均作无罪辩解,认定被告人朱某勇构成贩卖、运输毒品罪,认定被告人傅某、石某德构成运输毒品罪。具体分析如下:

(1)对于毒品运输方被告人朱某勇将毒品交给接应方被告人傅某、石某德后否认涉案的情形,应当结合在案证据认定其所涉的犯罪事实并准确定性。在案证据能够认定朱某勇与该起毒品犯罪事实的关联。具体分析如下:第一,傅某供称,案发当晚其接到朱某勇电话称,朱某勇带货从广东省来到杭州市,车在服务区抛锚,让傅某找人开车接应,傅某随即指使石某德、郭某富前往接应,并将朱某勇的手机号码告诉石某德、郭某富二人。二人接应毒品返回途中,路遇交警查酒驾,石某德将毒品扔在路边围墙内,后被警方抓获,其间石某德电话告知傅某丢弃毒品的位置等情况,傅某和严某、郭某富等人返回现场查找毒品过程中被抓获归案。傅某的供述能够直接建立朱某勇与该起毒品犯罪事实的关联。傅某归案后经辨认确认朱某勇的身份。第二,石某德供述的内容与傅某的供述相符,石某德归案后辨认出朱某勇,并辨认出与朱某勇会合的地点和丢弃涉案毒品的具体位置。第三,证人杨某证实,其之前为朱某勇开过一次车,案发当日杨某驾车与朱某勇从东莞市前往杭州市。当晚到达杭州市,因车子跑不快,朱某勇打电话让朋友帮忙,朱某勇随后将一箱红牛饮料交给对方,当晚杨某和朱某勇入住临平宾馆,用杨某的身份证登记入住。杨某经辨认确认朱某勇的身份。第四,证人沈某丹证实,案发当晚其接到朱某勇电话在临平宾馆见面,其到达宾馆房间后见到朱某勇,看见茶几上有冰毒和吸毒工具便吸食。沈某丹经辨认确认朱某勇的身份。第五,武警官兵和办案警察证实,案发当晚,石某德将装有大包白色晶体的红牛纸箱扔进武警三中队营房南门,武警官兵发现内有可疑白色晶体,交警随即将石某德抓获。武警官兵在现场守候,抓获前来寻找毒品的傅某等人。第六,涉案毒品经鉴定重999.6克,检出甲基苯丙胺成分。第七,旅客住宿登记表证实,2013年2月21日2时7分,杨某登记入住杭州市临平宾馆,2月22日22时56分离开。第八,车辆运行轨迹及照片证实,涉案车辆在案发当日的行驶路线,与被告人傅某、石某德和证人杨某证实的情况吻合。第九,手机通话清单证实,朱某勇案发当日与傅某等人的手机联络情况。上述证据能够证实,朱某勇案发当日与杨某驾车来到杭州市,与傅某联络接应后,将涉案毒品交给前来接应的石某德等人。尽管朱某勇始终不认罪,但在案证据足以认定朱某勇携带毒品来到杭州市的犯罪事实。

(2)结合案情和在案证据能够认定朱某勇主观上具有贩卖毒品的目的。由于朱某勇否认犯罪,不承认卖毒,负责接应的傅某仅供称朱某勇告知其携带毒品来杭州市,不知晓涉案毒品的来源和去向。因此,没有直接证据证实朱某勇对该宗毒品有贩卖的主观目的,但结合案情和在案证据,能够认定朱某勇主观上具有贩卖毒品的目的,进而认定其构成贩卖、运输毒品罪。第一,本案中有多人指证朱某勇系毒贩。傅某供称,其曾向朱某勇购买大量毒品,公安机关在其暂住处查获的冰毒、海洛因及麻古即是从朱某勇处购买。傅某还供述其从朱某勇处购买上述毒品的细节，因没有证据佐证傅某的供述，故未认定上述毒品犯罪事实。但傅某对朱某勇毒贩身份的指认具有相当的可信度。同时，与朱某勇熟识的广东籍吸毒人员均指证朱某勇系毒贩。朱某勇在广东省东莞市的宾馆房间内被公安机关抓获时，同时被抓获的伍某林、钱某生、杨某均与朱某勇较为熟悉、来往频密。上述人员均证实，朱某勇日常提供毒品供几人吸食；另外证人伍某林提到一个重要细节，即其曾听见朱某勇在接听、拨打电话时谈到贩卖毒品事宜，伍某林与朱某勇无利害关系，无诬告陷害之嫌，其证言的可信度较高。第二，根据朱某勇的客观行为能够推断认定朱某勇具有贩卖毒品的主观目的。本案中，朱某勇携带毒品从广东省前往杭州市，从其运输毒品的方式，联系傅某接应毒品的过程等方面，显然不是单纯运输毒品。该宗毒品数量大，达999.6克，明显超出个人在合理时段内的正常吸食量。朱某勇因运输毒品的车辆发生故障，随即联系傅某接应毒品，并将毒品交给傅某指派前来接应的石某德等人。如朱某勇仅是负责运输毒品，在毒品交接完成后，通常会立即返回广东省，但朱某勇继续驱车前往余杭市临平区，并邀集沈某丹等人在宾馆房间吸毒，反映出朱某勇并非首次踏足临平区，在当地已有熟悉的涉毒人员圈，继续前往临平区的行为也能说明其仍准备实施进一步的涉毒行为。傅某一直供称其是接到朱某勇电话才去接应毒品，现无证据证实傅某是该宗毒品的下家，也无证据显示另有他人是该宗毒品的上家。朱某勇仅因运输毒品的车辆发生故障，就联系傅某等人接应，并直接让傅某派来接应的人将毒品运走，此举显然并非单纯的运输毒品者所能为之，其处理方式类似于毒品所有人。此外，石某德受傅某指使接应毒品后返回途中被交警拦截，石某德随即向傅某报告该情况，傅某随即与朱某勇通话联络，傅某甚至以身犯险从临平区赶至现场寻找毒品，这反映出朱某勇与该宗毒品关系密切，并始终控制傅某等人接应毒品的行为。第三，公安机关从朱某勇住处查获毒品甲基苯丙胺36.94克，进一步印证傅某等人指证朱某勇系毒贩的情况。结合案情和在案证据，可以认定朱某勇不是单纯的运输毒品者，主观上具有贩卖该宗毒品的目的，对朱某勇的行为应当认定为贩卖、运输毒品罪。

（3）对于毒品接应方，在没有证据证实其是毒品下家或者贩卖毒品共犯的情况下，其行为宜以运输毒品罪论处。本案中，被告人傅某、石某德接应运输毒品的犯罪事实，如能认定傅某是涉案毒品的下家，或者与朱某勇具有共同贩卖毒品的故意，则其行为构成贩卖、运输毒品罪。虽然分析傅某有可能是朱某勇所运毒品的下家，或者是与朱某勇共同贩毒的同伙，但朱某勇拒不认罪（缺乏指证傅某购买该宗毒品的直接证据），傅某、石某德等人始终供称是因朱某勇的车辆发生故障而接应毒品，没有证据证实傅某是该宗毒品的下家或者傅某与朱某勇共同贩卖该宗毒品，且从朱某勇在当地的活动情况看，朱某勇在当地并非仅认识傅某一人。因此，仅凭傅某的接应毒品行为，不能认定其构成贩卖毒品罪。

案例7－16

常某、吴某运输毒品案[①]——被告人拒不供认犯罪但其他证据确实、充分的可以定案

［**基本案情**］　被告人常某组织多人从中缅边境接取毒品并在境内运输，通过电话等方式对整个运输过程进行指挥。2014年4月19日夜间，常某安排被告人吴某带领同案被告人吴某1、王某（均已判刑）到云南省临沧市南伞镇接取毒品。之后，根据常某的安排，同案被告人

---

① 参见中华人民共和国最高人民法院刑事审判第一、二、三、四、五庭主办：《刑事审判参考》（总第120集），法律出版社2020年版，第69～75页。

王某坤(已判刑)指挥同案被告人赵某领、赵某(均已判刑)驾驶一辆大众牌迈腾轿车前往接应,并将毒品放置在该迈腾轿车内。后王某坤驾驶无牌照大众牌桑塔纳轿车、吴某驾驶一辆长城牌哈弗 H3 越野车依次在前探路,赵某领、赵某、王某驾驶迈腾轿车在后运输毒品,前往云南省昭通市。同月 20 日上午,行至云南省保山市昌宁县城外时,王某、赵某领将迈腾轿车上的毒品转移至王某坤驾驶的桑塔纳轿车的后备厢内,王某坤将该桑塔纳轿车停放在昌宁县人民医院后各自住店休息。当日晚,公安人员将上述人员抓获,同时查获该桑塔纳轿车,从车内起获海洛因 42.52 千克、甲基苯丙胺片剂(俗称"麻古")5.965 千克。被告人常某辩称无罪。被告人吴某当庭否认参与运输毒品犯罪。

［**裁判结果**］ 大理白族自治州中级人民法院认为,被告人常某、吴某伙同他人,为牟取非法利益运输毒品海洛因 42.52 千克、甲基苯丙胺 5.965 千克,其行为均已构成运输毒品罪。在共同犯罪中,常某组织、指挥毒品犯罪,起主要作用,系主犯;吴某将吴某 1、王某带至中缅边境接取毒品,亦起主要作用,属主犯,应依法惩处。对被告人常某、吴某分别以运输毒品罪判处死刑,剥夺政治权利终身,并处没收个人全部财产。最高人民法院已核准。

［**判理分析**］ 对于被告人拒不供认犯罪的案件,应当结合全案证据进行综合分析,审查被告人的无罪辩解是否成立,若其他证据确实、充分,能够证明被告人有罪的,可以依法对被告人定罪处刑。本案被告人常某未直接参与运输犯罪、未直接接触毒品,到案后始终拒不供认犯罪,认定常某是否参与犯罪及其在共同犯罪中的地位和作用成为本案的关键。综合现有证据,可认定常某组织、指挥他人运输毒品的犯罪事实,具体分析如下:

(1)公安人员从常某住处及车内查获手机、笔记本、存款业务凭条等证据,这是确认常某与本案有关联的基础。①从常某住处查获 9 部手机,在案发时间段分别与在案其余各被告人有数十次密集通话,其中有些通话长达一两小时。②从常某住处及包内查获 3 个笔记本,其中绿色笔记本上所记载的多个手机号码分别在到案的各被告人处提取;黑色笔记本和几何作业本上记载了部分被告人的代号、运输毒品途中需经过的主要地点、距离、运输中的分工、代号和暗语。③从常某车内及手包内提取到吴某、赵某领账户的存款业务凭条等书证,吴某供述账户被常某用以支付毒资、赵某领供述按照常某的安排通过银行卡向吴某的账户转账。

(2)有多名被告人指认常某参与犯罪,多次供述之间相互印证,高度可信。吴某始终稳定供认系受常某指使,其余被告人均系常某组织和指挥;王某曾供称系由常某组织和指挥;赵某领供称系受常某纠集和指挥;赵某在侦查阶段曾供述经王某坤介绍后帮常某运输毒品。

(3)常某之弟常某宏、常某女友之弟吴某均证明常某于案发时间段安排其驾车查看有无警察以探路,佐证常某参与犯罪。

(4)常某的无罪辩解与现有证据不符。①常某辩称提取在案的笔记本与其本人无关,其辩解与笔迹鉴定意见所证笔记本上的字迹系由常某所留相矛盾;②常某辩称在其住处查获的手机系捡得,其辩解与上述手机在案发时间段与其余 6 名被告人持有的号码均保持密集通话相矛盾;③常某辩称不知道存款凭条等系由何人留在其车内,其辩解与其手机内存有上述存款凭证所记载账号的短信及同案被告人吴某、赵某领的供述相矛盾。

综上,被告人常某的无罪辩解与在案证据明显不符,不予采信;根据在常某住处及车内查获的手机、笔记本、存款凭条以及吴某等同案被告人的有罪供述,足以认定常某组织、指挥他人运输毒品的犯罪事实。

案例 7－17

胡某忠运输毒品案[①]——人“货”分离且被告人拒不认罪的，如何运用间接证据定案

［**基本案情**］　2005年9月9日零时许，被告人胡某忠持当日至衡阳的列车票欲进入罗平火车站二楼候车室，执勤人员对他进行检查，先查看了他的身份证。当执勤人员肖某某拿起胡某忠黑色挎包里掉出的一个蓝白色塑料盒欲打开时，胡某忠谎称他自己打开并拿过该塑料盒，又谎称他要到一楼拿东西，即只拿着该塑料盒逃离。民警马某某喊“站住”并随即追去，当胡某忠逃至罗平火车站办公室外面时，边跑边丢弃带走的塑料盒，其他执勤人员也相继追赶了60余米未能追上。民警马某某和执勤人员田某顺着胡某忠逃跑的路线往回寻找到胡某忠丢弃塑料盒处，在地上找到了胡某忠丢弃的一个蓝白色塑料盒和旁边散落的红色甲基苯丙胺片剂12小袋，共计净重222克；接着，又沿着胡某忠逃跑的路线往前走到约100米处的路边，找到胡某忠逃跑时身穿的棕色皮衣、白衬衣各一件。当日凌晨4时许，民警马某某等人在罗平火车站附近的腾龙加油站旁的公路绿化带中将光着上身的胡某忠抓获归案。被告人胡某忠辩称，毒品不是其丢弃的，不能因为在其逃跑路线上找到毒品就认定是其丢弃的，其是因为在其他地方有违法行为才在公安人员对其检查时逃跑的。

［**裁判结果**］　昆明铁路运输中级人民法院认为，被告人胡某忠明知是毒品仍藏带甲基苯丙胺222克进入罗平火车站，欲将毒品从罗平运往衡阳，其行为已构成运输毒品罪。判决：被告人胡某忠犯运输毒品罪，判处有期徒刑十五年，并处没收个人财产二万元。一审宣判后，被告人胡某忠上诉提出：（1）其因担心在家乡参与的一起斗殴致人死亡事件暴露才逃跑，并非因随身携带毒品而逃跑；（2）公安机关第一次出具的提取笔录所记载的胡某忠拿走的绿色塑料袋包装物，与联防队员肖某某证实胡某忠拿走的长方形有点红的磨砂天蓝色塑料盒，及一审法院第一次开庭出示的从现场提取的有明显英文字母的蓝白色塑料盒，三者不一致，不能认定公安人员提取的塑料盒就是胡某忠拿走的盒子；（3）本案中证明基本事实的主要证据存在矛盾，事实不清、证据不足，应宣告其无罪。云南省高级人民法院经审理，裁定驳回上诉，维持原判。

［**判理分析**］　抓获毒品犯罪被告人时，人“货”分离且被告人拒不认罪的，定案的关键就在于如何审查、认定在案间接证据的证据能力、证明力及相关的逻辑联系，判断在案证据能否形成证据锁链，达到排除合理怀疑的证明标准。本案中，被告人胡某忠并不否认其在罗平火车站候车室被检查且逃跑的事实，但拒绝承认与装有毒品的蓝白色塑料盒之间的联系，因此，定案的关键在于能否认定公安人员从现场提取的装有毒品的蓝白色塑料盒，就是胡某忠逃跑时丢弃的，排除盒子是其他人的合理怀疑。具体分析如下：

（1）民警马某某的证言证实，2005年9月9日零时5分，其在候车室中间巡逻时听到有人喊“站住”，并发现一被检查的男子（被告人胡某忠）向候车室门外快速走去，其觉得此人举动可疑，遂第一个追过去并叫“站住”，此人反而加速逃跑。当他追到车站办公室西侧门外的公路上距胡某忠约6米时，看到胡某忠边跑边扔东西，并听到“唰唰”和“啪”的响声。其继续追

---

① 参见中华人民共和国最高人民法院刑事审判第一、二、三、四、五庭主办：《刑事审判参考》（2009年第2集，总第67集），法律出版社2009年版，第137～143页。

出约20米时,肖某某和民警王某某追上来,其让他俩继续追,其与执勤队员田某往回走到刚才胡某忠丢东西处,发现路上有蓝白色的塑料盒与彩虹色纸盒各一个,两个盒子的盖都开着,在距1.2米的路上发现6小袋塑料袋装着的药片,在约2米处的路上有一红色塑料袋,内装有同样的6小袋药片,且纸盒和药片香味一致。其提取了现场的所有物品后接着追去约100米处,在路边捡到一件棕色皮衣和一件白衬衣。该证言的重要性体现在:①只有其一个人见到胡某忠有丢东西的动作,且听到"唰唰"和"啪"的声音。"唰唰"是跑动状态下药片在塑料盒中发出的声音,"啪"是塑料盒被扔在路上的声音。②马某某与执勤队员田某返回后发现毒品、塑料盒等物品,此内容得到田某证言的印证。③马某某在发现路边物品后,闻了气味,证实纸盒和药片的香味相同,这与公安机关出具的"实验笔录"证明能将彩虹色纸盒完全放进蓝白色塑料盒里的情节相互印证。④马某某证实有人在他后面追上来,他让其他民警继续追,自己返回,此内容得到民警徐某、王某某、肖某某等人证言印证。

不过,马某某的证言也存在需要澄清的疑点,即:①当时是夜里零时许,以现场的光线强度,其能否看清距他6米远的胡某忠丢东西的动作?②其停止追击并返回到胡某忠丢东西处有多远,用了多长时间,其间有没有其他人往路上扔毒品的可能?针对这两个问题,经事后在零时许去现场进行了勘查,发现旁边的办公室没有灯光,但对面几十米处的几幢楼房的灯光和几个十几米高的大烟囱喷着的火光照过来,仍能够看清前面6米处行人的动作。该办公室是车站的机房,晚上一般不开灯,只有月底加班时才开灯。从马某某停止追击处用正常速度走回到发现毒品处用3分钟,马某某刚开始跑着追到停止处可能用时约1分钟,其间有5个人先后追去,没有时间空隙,所以需要排除的是,马某某折返到起获毒品处的约3分钟时间内有没有他人扔毒品的可能。从当时毒品的分布情况看,毒品是被人用一定力气扔在地上的。当时旁边只有小卖部的妇女和3个拉三轮车的人(此三人公安未找到)在看热闹,即使他们带有毒品,在公安人员没有对他们进行检查征兆的情况下,他们也不可能轻易把毒品扔掉,故可以排除是在场的这四人扔毒品的可能性。马某某证实其看到胡某忠有扔东西的动作,且听到"啪"的响声,这便建立起胡某忠与被查获毒品的紧密联系,已经在相当高的程度上证实公安人员起获的毒品就是被告人胡某忠在逃跑途中抛弃的。

(2)证人肖某某的证言对证实胡某忠随身携带毒品也有十分重要的作用。其证言证实,2005年9月9日零时许,其与民警徐某在罗平火车站候车室内执勤,一穿棕色皮衣、挎着黑包、手提塑料袋的男子,持一张罗平至衡阳的车票欲进候车室。对该男子检查时,先查看了他的身份证,姓名为胡某忠。当民警徐某对胡某忠手提的塑料袋内的物品进行检查时,肖某某看见胡某忠放在地上的黑包内掉出一个长方形磨砂天蓝色塑料盒,盒子上有点红,胡某忠正欲用脚将该盒子推进桌子下边,其即捡起欲打开检查,胡某忠马上从其手中拿过此盒说他自己打开,但胡某忠并未打开,而是称要到一楼拿东西,便只拿着这个塑料盒快速离开候车室。民警徐某喊"站住",胡某忠仍向外走去,民警马某某见状追出去,他们也跟着追去。该证言的重要作用在于,肖某某最先看见塑料盒从胡某忠携带的包里掉出来,胡某忠从其手中拿过该盒子逃走,肖某某对盒子的形状、颜色等特征作了描述,并作了辨认,其从8个不同形状的包装盒中,辨认出从胡某忠逃跑路线上提取的3号盒即胡某忠在候车室从其手中拿走并携带逃跑的盒子。与其证言能够相互印证的,有小卖部店主何某丽的证言,证实其在小卖部听到有人喊"站住",随即看到一个穿棕色皮衣的男人从候车室的楼梯上跑下来,手里拿着一样东西。

虽然何某丽没有对该男子手中拿着的东西的特征作描述，但能够与肖某某对胡某忠是穿棕色皮衣、拿着盒子逃跑的证言相印证。不过，肖某某的证言中存在以下两个矛盾：肖某某证实胡某忠拿走的是一个长方形磨砂天蓝色塑料盒，盒子上有点红，而从本案现场提取的却是蓝白色塑料盒，该盒上有很明显的英文字母，没有红色，与肖某某所证的盒子上有点红的证言相矛盾；同时，公安机关出具的第一次原始提取笔录中记载，胡某忠是拿着一个绿色塑料袋逃走的，而现场没有提取到这个塑料袋的情况。针对第二个明显矛盾，公安机关在一审庭审期间补充了一份情况说明，称提取笔录属于笔误。针对第一个矛盾，二审法院在审理期间要求开远铁路公安处禁毒大队做了"实验笔录"，证实从现场提取的两个盒子经实际检验，彩虹色纸盒完全能放进蓝白色塑料盒里，且放进去后塑料盒确实映出红色。据此，有效排除了上述两处矛盾，肖某某的证言可以采信。

综上，虽然本案没有直接证据据以定案，但根据对这两份主要证人证言的审查、判断，并结合其他相关证据进行比较分析，各证据在细节上能够形成一致，且自然、合理，可以排除其他人作案的合理怀疑，形成完整的证据链，认定被告人胡某忠犯有运输毒品罪。

123. 认定毒品交易上家犯罪事实的证据如何把握

【实务观点】

对于毒品交易上下家的定罪，均需要以认定毒品交易事实的存在为前提。如果毒品交易上下家的供证一致，并且排除非法取证情况的存在，当然可以认定。如果仅有毒品交易的其中一方供述，另一方不予承认，则对于有罪被告人的供述，需要辅之以联络记录（电话、短信、微信等）、付款或转账记录（银行、微信、支付宝、现金支取或存储）、毒品实物及相关 DNA 和手印证据、双方行踪记录（交通、住宿等）等能够印证供述内容的证据，才能确认其关于毒品来源或去向供述的真实性，进而认定相关毒品交易事实。有些毒品案件的上下家因到案时间有先后，并不在同一案件中审理。如果先审理的案件进入二审阶段，而后到案的上家或者下家刚进入一审阶段，对两个案件审理时都要注意了解关联案件的处理情况，以便全面、准确认定犯罪事实，避免出现两案判决结果在事实认定上的矛盾。

【类案参考】

案例 7 – 18

刘某善等贩卖毒品案①——仅能证明双方见过面的不能认定有交易毒品事实

［**基本案情**］ 被告人刘某善与厚某花于 2011 年在福建省福州市因吸毒相识，刘某善得知厚某花在天津市有毒品的销售渠道，提议共同到该市贩卖毒品牟利。二人商定由刘某善购买甲基苯丙胺，厚某花负责打开销路。厚某花随即告知在天津市的张某燕（另案处理）等人其有甲基苯丙胺出售。2012 年 11 月下旬，厚某花、刘某善先后到达天津市并入住滨海新区塘沽宾岛商务酒店 518 室。其间，刘某善的女友颜某琴亦来到天津市并租住在塘沽时代大厦 2823 室。据刘某善供称，施某更与喻某于 2012 年 12 月 7 日到塘沽后，两次共卖给其甲基苯丙胺

---

① 参见中华人民共和国最高人民法院刑事审判第一、二、三、四、五庭主办：《刑事审判参考》（2014 年第 6 集，总第 101 集），法律出版社 2015 年版，第 115 ~ 120 页。

2900 克。同年 12 月 8 日 1 时许，厚某花向吸毒人员郭某琦出售甲基苯丙胺 50 克，获毒资 15,000 元。同日，刘某善、厚某花向张某燕出售甲基苯丙胺 30 克，获毒资 9000 元。当晚，刘某善又向张某燕出售甲基苯丙胺 50 克，张某燕于次日支付毒资 14,000 元。2012 年 12 月 11 日零时许，刘某善在时代大厦附近再次向张某燕出售甲基苯丙胺 100 克，后在塘沽浩发快捷酒店门口等待收取毒资时被抓获。同日，公安机关在宾岛商务酒店 518 室将厚某花抓获，当场查获甲基苯丙胺晶体、片剂、液体共 12.03 克；在时代大厦 2823 室查获刘某善藏匿的甲基苯丙胺晶体、片剂共 2512.06 克。2013 年 1 月 15 日，施某更与雷某全（另案处理）在福州市鼓楼区铭豪酒店 722 室吸食毒品后离开，被公安机关抓获，从施某更随身携带的手提包及所驾驶的汽车内查获甲基苯丙胺 113.90 克、麻黄碱 4.31 克。

［**裁判结果**］ 天津市第二中级人民法院认为，被告人刘某善、厚某花为牟取非法利益而贩卖毒品，其行为均构成贩卖毒品罪。被告人施某更违反国家有关毒品的管理规定，非法持有毒品，其行为构成非法持有毒品罪。公诉机关对施某更犯贩卖毒品罪的指控，虽然有刘某善的供述证明施某更和喻某暗示其贩卖毒品并向其提供毒品，事后又催要毒资，但该事实仅有刘某善的供述，无其他证据佐证，故公诉机关指控施某更犯贩卖毒品罪证据不足，不予支持。判决：（1）被告人刘某善犯贩卖毒品罪，判处死刑，剥夺政治权利终身，并没收个人全部财产；（2）被告人厚某花犯贩卖毒品罪，判处有期徒刑十五年，并处罚金四万元；（3）被告人施某更犯非法持有毒品罪，判处有期徒刑十五年，并处罚金四万元。天津市高级人民法院二审裁定驳回上诉，维持原判，并将被告人刘某善的死刑裁定依法报请最高人民法院核准。最高人民法院经复核裁定核准。

［**判理分析**］ 对于认定毒品交易上家犯罪事实的证据要求。本案检察机关指控刘某善从被告人施某更处购买毒品并向下的贩卖，在案有一定的证据显示刘某善贩卖的毒品来自同案被告人施某更和另案处理的喻某。其一，刘某善始终稳定供述其毒品来源于施某更和喻某。刘某善供述包括以下几个方面：（1）其与老乡喻某因吸食冰毒结识，喻某 2007 年左右开始贩毒，2012 年其经喻某介绍认识了施某更。（2）2012 年其与厚某花商定到天津市贩毒，喻某和施某更即答应提供毒品，同年 11 月其到天津市后，施某更赠送其几十克冰毒，厚某花将该毒品送人。（3）2012 年 12 月 7 日，喻某、施某更和另一男子驾驶一辆奥迪车从福建省将冰毒送到天津市，先后入住万丽泰达酒店、喜来登酒店，于 12 月 7 日给其 900 克冰毒，8 日再给其 2000 克冰毒，12 月 9 日离开。该情节与刘某善于 8 日 1 时开始向外出售冰毒的时间点吻合。刘某善称其接收毒品后先付款 17.9 万元，其中部分是现金，部分是按照施某更、喻某二人提供的银行卡汇款，但银行卡并非施某更、喻某二人的名字，余款准备在售出冰毒后再付；侦查机关没有及时收集银行卡的汇款记录等证据。（4）喻某、施某更在天津市期间，因欲监督其出售毒品的情况，曾提出要看看剩余的冰毒，刘某善为此在 12 月 9 日让女友颜某琴在所租住的时代大厦 6 楼又租了一个房间，并让颜某琴将装有冰毒的纸盒拿到该房间，10 日又让颜某琴把 6 楼房间退了，其不清楚喻某、施某更是否到该房间查看。公安机关也曾出具说明称曾查看时代大厦各楼层录像，但对于喻某、施某更等人是否曾到 602 房间一节没有作出说明。其二，被告人厚某花证实，她之前即认识喻某、施某更。二人是 2012 年 12 月 8 日从福州市开车到天津市，其买了零食和水送到酒店，后其在与刘某善所住的酒店看到刘某善的黑色挎包里有两大袋冰毒。其三，证人颜某琴（刘某善的女友）证实，12 月 9 日刘某善让其把东西挪到

其租的602房间，10日刘某善说他朋友不来了，她又把东西拿回来，印证了刘某善的相关供述。其四，施某更、喻某到案后，均承认曾到过天津市与刘某善、厚某花见面。

但是，施某更、喻某到案后均否认曾向刘某善出售毒品。施某更对指控其犯有非法持有毒品罪无异议，但否认其犯有贩卖毒品罪，辩称对刘某善和喻某交易什么不清楚，也未收到刘某善支付的毒资。喻某于2013年11月21日在福州市被抓获，辩称不知道自己为何被上网追逃，其与施某更是朋友，与刘某善是老乡，也认识厚某花。2012年11月其和施某更去天津市塘沽区旅游，见到了刘某善，但没有向刘某善贩卖毒品。可见，本案现有证据可以认定施某更、喻某到过天津市并与刘某善见面，且结合刘某善的供述等证据，刘某善的毒品来源于施某更、喻某的可能性较大，但双方交易毒品的事实仅有刘某善的供述证实，刘某善关于其与施某更、喻某交易毒品过程的核心供述得不到其他证据印证，比如双方的通话记录与交易时间、地点的印证，银行转款与相关账户实际控制人、使用人的印证，交易过程中其他在场人的印证等；厚某花亦供称不知道刘某善毒品的确切来源，故认定施某更、喻某向刘某善贩卖毒品的证据没有达到“事实清楚，证据确实、充分”的有罪判决标准，依法不能认定。对于因证据不足不能认定毒品上家的，在认定案件事实时一般可以模糊表述被告人所贩卖毒品的来源，确有必要写明的，可以采取“据被告人供述……”的方式。

124. 吸毒人员之间相互提供小量毒品时如何认定被告人的贩卖目的

【实务观点】

现实生活中吸毒人员相互提供或者交易小量零包毒品的行为十分常见，对于毒品提供一方主观上是否有贩卖毒品故意的判断，应当从给予毒品的原因、金钱交付的原因、毒资与正常毒品交易价格的比较、毒资的去向等证据，并结合被告人对其行为性质的辩解，综合判断。

【类案参考】

案例7－19

欧阳某松非法持有毒品案[①]——吸毒人员住处查获数量较大的毒品但认定其曾贩卖毒品的证据不足的，不能认定贩卖毒品罪

［**基本案情**］　2014年5月20日下午，欧阳某云请求被告人欧阳某松代购甲基苯丙胺用于吸食，欧阳某松代其联系贩毒人员“一万”（在逃）未果。当日23时许，应欧阳某云的要求，欧阳某松在其位于佛山市顺德区的住宅内，从其持有的毒品中拿出净重0.51克的一小包甲基苯丙胺交给欧阳某云，欧阳某云支付现金200元。后公安人员抓获欧阳某松，并当场在该住宅大厅内查获涉毒物品57份、带吸管的塑料瓶2个等。经鉴定，上述58份涉毒物品中，有30份检出甲基苯丙胺成分，共净重25.81克；有11份检出四氢大麻酚和大麻酚成分，共净重30.7克；有3份检出氯胺酮和3,4－亚甲基二氧基甲基安非他命成分，共净重1.1克；有5份检出氯胺酮成分，共净重2.8克；有3份检出尼美西泮成分，共净重0.78克；有1份检出麻黄素成分，净重0.58克；另有5份未检出毒品成分。被告人欧阳某松辩称没有贩卖毒品，公安

① 参见中华人民共和国最高人民法院刑事审判第一、二、三、四、五庭主办：《刑事审判参考》（总第102集），法律出版社2016年版，第92～96页。

人员从其住处查获的毒品是其自己吸食的。

［**裁判结果**］　佛山市顺德区人民法院认为，被告人欧阳某松有贩卖毒品行为，被查获的毒品均应计入贩卖毒品的数量。判决：被告人欧阳某松犯贩卖毒品罪，判处有期徒刑八年，并处罚金八万元。佛山市中级人民法院认为上诉人欧阳某松的行为构成贩卖毒品罪的证据不足，欧阳某松非法持有25.81克甲基苯丙胺等毒品，数量较大，其行为构成非法持有毒品罪。改判：被告人欧阳某松犯非法持有毒品罪，判处有期徒刑二年，并处罚金二万元。

［**判理分析**］　行为人持有毒品的主观目的，是区分贩卖毒品罪与非法持有毒品罪的重要标准。如果行为人持有毒品是为了贩卖，其行为构成贩卖毒品罪；如果是为了自己吸食或者不能证实其有实施贩卖、运输、走私等其他犯罪的故意，毒品数量达到较大以上的，其行为构成非法持有毒品罪。司法实践中持有毒品的行为人往往辩解是出于吸食毒品的目的而持有毒品或者是帮他人保管毒品，需要分析行为人的客观行为表现，以认定其主观目的。2015年《武汉会议纪要》指出，"贩毒人员被抓获后，对于从其住所、车辆等处查获的毒品，一般均应认定为其贩卖的毒品。确有证据证明查获的毒品并非贩毒人员用于贩卖，其行为另构成非法持有毒品罪、窝藏毒品罪等其他犯罪的，依法定罪处罚"。适用时要注意两点：一是要准确查明据以推定的基础事实。如果认定被告人曾经贩卖毒品或者正在贩卖毒品的基础事实存在诸多疑点，证据没有达到确实、充分的程度，且现有证据不能排除被告人提出的被查获的毒品是其准备用于自己吸食的辩解的真实性和合理性的，就不能推定被告人对其被查获的毒品存在贩卖的故意。二是允许被告人提出反证。因为基础事实与推定事实之间只是常态联系，而不是必然联系，如果被告人的辩解成立，则推定不成立，故应当细致审查被告人的辩解和理由。本案不认定欧阳某松有贩卖毒品故意，理由包括以下三点：

（1）被告人欧阳某松从其持有的毒品中拿出0.51克甲基苯丙胺给证人欧阳某云，完全是欧阳某云的引诱行为所导致。案发当日下午，欧阳某云请求欧阳某松代购7克毒品用于吸食，欧阳某松在欧阳某云的频繁电话催促下最终答应帮她向贩毒人员"一万"询问有否毒品出售，但"一万"一直没有回复欧阳某松。后欧阳某云仍然不断打电话给欧阳某松催促购买毒品事宜，到了当日23时许，欧阳某云还是不停地打电话给欧阳某松，并最后要求欧阳某松从其自己吸食的毒品中让出1克毒品给她吸食，欧阳某松不堪纠缠，只好答应从其自己持有的毒品中拿出0.51克甲基苯丙胺给欧阳某云吸食，欧阳某云便在报警后来到欧阳某松的住处收取该0.51克甲基苯丙胺，欧阳某松刚将0.51克甲基苯丙胺交给欧阳某云，便被预伏的公安人员抓获。从上述事实可以看出，欧阳某松只有帮欧阳某云联系其他贩毒人员代购毒品用于吸食的故意，但其自己没有直接贩卖毒品给欧阳某云的故意，而现有证据不能证实欧阳某松帮欧阳某云代购毒品是出于牟利目的，故对其代购行为不能认定为贩卖毒品罪。欧阳某松之所以会在案发当日23时许从其自己持有的毒品中拿出0.51克甲基苯丙胺给证人欧阳某云吸食，完全是欧阳某云为了协助公安人员抓捕欧阳某松而不断使用电话骚扰欧阳某松的引诱行为所致，不能据此认定欧阳某松具有贩卖毒品的故意。

（2）认定涉案200元现金是证人欧阳某云向被告人欧阳某松购买0.51克甲基苯丙胺的交易对价款，证据不足。欧阳某云称其于案发当日23时许交给欧阳某松的200元现金是她向欧阳某松购买0.51克甲基苯丙胺的毒资，但欧阳某松称该200元现金是欧阳某云归还给其的欠款，而欧阳某松与欧阳某云相识且交往多年，欧阳某云的证言和欧阳某松的供述均证实欧阳某松在案发之前的确借过钱给欧阳某云及其丈夫，且尚未归还。另外，公安人员并没有在欧阳某松处查获该200元现金，欧阳某松如果是为了逃避侦查，他完全可以称案发当日23时许并没有收取过证人欧阳某云给付的200元现金，而欧阳某松却一直没有否认收取该200元现金的事实。从这些情况分析，不能排除欧阳某松关于案发当晚他收取欧阳某云给付的200元现金是欧阳某云归还欠款的辩解意见的真实性，认定该200元现金属于本案毒资的证据不足。

（3）认定被告人欧阳某松具有贩毒故意，与其客观行为表现不合常理。如果被告人欧阳某松具有贩毒的故意，其完全没有必要为贩卖0.51克甲基苯丙胺而与证人欧阳某云在案发当日通话20多次，欧阳某松完全可以一口答应交付毒品给欧阳某云，从而免于承受欧阳某云频繁的电话骚扰。而且，欧阳某松既然持有25.81克甲基苯丙胺等涉案毒品，其也完全没有必要在欧阳某云要求购买7克毒品的情况下最后才答应贩卖0.51克毒品给欧阳某云，欧阳某松完全可以满足欧阳某云购买7克毒品的愿望，从而赚取更多的毒资。可见，如果认定欧阳某松具有贩卖毒品的故意，便无法合理地解释欧阳某松在本案中的上述种种表现，故认定欧阳某松具有贩卖毒品的故意无法排除合理怀疑。二审法院的依法改判符合证据裁判原则，特别是"事实存疑时作有利于被告人的处理"原则。

125. 毒品称量、提取方法不当是否影响毒品犯罪数量的认定

【实务观点】

在查获毒品疑似物为多个包装的情况下，不能排除其中部分包装内不是毒品的合理怀疑，因此必须分别称重、取样、送检。根据最高人民法院、最高人民检察院、公安部《办理毒品犯罪案件毒品提取、扣押、称量、取样和送检若干问题的规定》，对于查获的两个以上包装的毒品，应当进行分组，按其独立最小包装逐一编号或者命名；对于两个以上包装的毒品，应当分别称量；对于同一组内多个包装的毒品，称量时不同包装内毒品不得混合，同组内毒品少于十个包装的，鉴定取样应当选取所有的包装。

【类案参考】

案例7－20

张某东、刘某清贩卖毒品案①——毒品称量方式、提取方法存在瑕疵情况下的毒品数量的认定与量刑

［**基本案情**］　2012年3月21日，被告人刘某清向被告人张某东报告韦某海欲购买毒品"神仙水"的信息，张某东同意向韦某海提供毒品，并通过刘某清告知韦某海毒品价格；次日22时许，张某东、刘某清在南宁市西乡塘区秀厢大道某综合市场见面后，刘某清电话通知韦某海到该市场交易，韦某海随后来到该市场，并依先前约定每支"神仙水"300元的价格将2100元毒资交给张某东，张某东收钱后随即搭乘出租车离开，不久后带回7支"神仙水"交给韦某海；交易完成后，三人离开现场时被公安人员抓获。公安人员将缴获的7支形状各异的可疑

① 秦晓：《如何确定本案被告人贩卖毒品罪的量刑标准》，载广西法院网2021年5月31日，http://gxfy.chinacourt.gov.cn/article/detail/2013/05/id/2462897.shtml。

毒品“神仙水”全部倒进一个用于称量毒品的容器内，称量净重为84.68克，并从中提取一份样品送检，检出甲基苯丙胺、可待因、尼美西泮。公诉机关指控被告人张某东、刘某清贩卖毒品甲基苯丙胺84.68克，其行为已构成贩卖毒品罪。被告人张某东的辩护人提出张某东的行为属于代购毒品，应认定为非法持有毒品罪。

［**裁判结果**］　法院经审理认为，被告人张某东、刘某清贩卖毒品甲基苯丙胺，其行为已构成贩卖毒品罪，是共同犯罪。对于毒品数量的认定，由于侦查机关将7支外观不完全相同的可疑毒品“神仙水”倒在同一容器进行称量，该称量方式不甚合理，故不应将本案毒品数量认定为84.68克。《刑法》规定，贩卖毒品，无论数量多少，都应当追究刑事责任，予以刑事处罚。在共同犯罪中，张某东具体实施贩卖毒品之实行行为，是主犯，应当按照其所参与的全部犯罪处罚；刘某清负责居间介绍，是从犯，应当从轻处罚。张某东、刘某清归案后如实供述自己的罪行，且当庭自愿认罪，可以从轻处罚。在案证据足以证实张某东通过刘某清的居间介绍，在约定的交易地点将毒品贩卖给韦某海，而非单纯的代购行为，张某东与韦某海互不认识，却在深夜独自搭乘出租车到别处为对方“代购”毒品，自己不但未获好处，反而为此支出费用，“代购”之说辞，亦不足以采信。判决：(1)被告人张某东犯贩卖毒品罪，判处有期徒刑二年，并处罚金三千元。(2)被告人刘某清犯贩卖毒品罪，判处有期徒刑一年六个月，并处罚金二千元。

［**判理分析**］　毒品数量是毒品犯罪案件量刑的重要情节，是决定被告人刑罚轻重的重要因素之一。合理的称量方式是准确认定毒品数量的前提，不科学、不合理的称量方式将导致不能准确认定毒品数量，甚至导致无法认定毒品数量。“神仙水”是一种液态状毒品，是将一种或多种毒品溶解于非毒品物质的液体中而成，其毒品含量一般很低，且成分具有不确定性：某些“神仙水”含有多种毒品成分；某些“神仙水”只含有一种毒品成分，有的是含有海洛因、甲基苯丙胺等毒性大的毒品，有的只是含有氯胺酮、尼美西泮等毒性较小的毒品，甚至有些被告人为了追求最大利益在贩卖时，将一支或数支根本不含毒品成分的假“神仙水”混在其中。在涉及“神仙水”的毒品犯罪案件中，毒品的称量方式及提取样品的方法，对毒品数量的认定尤为重要。

在本案中，涉案7支可疑毒品“神仙水”，瓶子形状各异，且颜色也有差别，侦查人员将这7支“神仙水”全倒进一个容器内进行称量，得出其净重量为84.68克，并从中提取一份样品送检。这种称量方式及提取样品的方法明显不合理，因为在涉案可疑毒品“神仙水”的瓶子外观不完全相同的情况下，不能排除某一支或几支可疑毒品只含有尼美西泮和(或)可待因，而不含甲基苯丙胺，甚至不含毒品成分，即使在外观完全相同的情况下，也不能完全排除以上合理怀疑。由于毒品称量方式及样品提取方法存在瑕疵，本案毒品数量不能认定为84.68克；涉案“神仙水”虽然平均净重量超过10克，但刑事诉讼证明标准是一种严格的证明标准，涉案“神仙水”的瓶子大小不一，也不能排除某支“神仙水”的净重量小于10克，因此，本案不能以“平均值”10克作为量刑依据。但从涉案可疑毒品中检出甲基苯丙胺等毒品成分，是不争之事实，刑法明文规定贩卖毒品无论数量多少都应当追究刑事责任，故仍应以贩卖毒品罪对二被告人定罪量刑。在不能重新分别进行称量、分别进行检验的情况下，根据刑事诉讼证明标准的要求及有利于被告人原则，只能在最低一档法定刑内对被告人量刑。

另外，2008年《大连会议纪要》指出，“有证据证明行为人不以牟利为目的，为他人代购仅用于吸食的毒品,毒品数量超过刑法第三百四十八条规定的最低数量标准的,对托购者、代购者应以非法持有毒品罪定罪”。张某东收取韦某海毒资后,到别处带回毒品交给韦某海,其行为看似符合为他人代购毒品的特征,但认定行为人是为他人代购毒品还是贩卖毒品,不能片面地从行为人一系列行为的某个环节进行判断,而应综合全案证据进行判断。就本案而言,张某东、刘某清的供述及韦某海的证言能相互印证,形成完整证据链,证实毒品贩卖者张某东在刘某清的居间介绍下,将毒品“神仙水”贩卖给购买者韦某海;张某东的行为完全符合贩卖毒品罪的构成要件,而非单纯的代购行为,其收取毒资后搭乘出租车到别处带回毒品交给对方,这实际上是一个到“货源地”拿货转手贩卖的过程。其辩解为韦某海向他人代购,对其上家不能提供具体线索供查证,对其帮助无任何特别关系的韦某海购买毒品,也不能作出合理解释。

126. 未查获毒品实物时如何运用间接证据对毒品种类作出认定

【实务观点】

毒品犯罪案件中经常有抓获被告人时毒品已经被转卖或者吸食,没有查获毒品实物的情形。在这种情形下,对于以一般毒品为对象的犯罪,可以综合考虑各被告人关于毒品种类的稳定一致的供述、上下线多次交易形成的相互信赖(如从未出现毒品质量争议)、毒品使用者的尿检结论等相互印证的证据,据以认定毒品的种类。对于正常情况下可以作为药品流通的麻醉药品和精神药品,可以根据商品的特性,采取同类商品辨认的方法,综合被告人供述、证人证言及可印证毒品成分的尿检结果、食用人的成瘾性等,确定贩卖的对象。

【类案参考】

案例 7－21

庄某强、谢某涛贩卖毒品案①——对于以正常包装商品流通的止咳水可以采取同类商品辨认的方法确定贩卖的对象

［**基本案情**］ 被告人庄某强于 2016 年 8 月曾贩卖止咳水给林某某、刘某某、陈某某,被告人谢某涛于同年 7 月至 8 月亦分别贩卖止咳水给上述三人。2016 年 9 月 28 日,被告人谢某涛、林某某等三人被抓获,尿检结果为吗啡呈阳性。被告人庄某强辩解涉案止咳水没有查获并鉴定,无法认定是否含有可待因,事实存疑应作有利于被告人认定,不能认定其贩卖毒品。

［**裁判结果**］ 广东省深圳市福田区人民法院经审理认为,被告人庄某强、谢某涛向多人多次贩卖毒品,情节严重,其行为均已构成贩卖毒品罪。被告人庄某强有毒品再犯、坦白情节。被告人谢某涛有立功、坦白情节。两名被告人分别被判处有期徒刑三年二个月、二年。广东省深圳市中级人民法院认为,虽然本案没有查获任何止咳水,无法根据鉴定结果认定止咳水是否含有可待因成分,但全案的证据能够相互印证,证据收集合法,排除刑讯逼供或非法取证的情形,达到证据确实、充分的要求,依然可认定被告人贩卖的止咳水含有可待因。裁定驳回上诉,维持原判。

---

① 参见温锦资、刘舒婷:《未查获毒品情形下对毒品的认定》,载《人民法院报》2018 年 6 月 28 日,第 7 版。

[**判理分析**] 刑法对种类、数量不同的毒品设置了不同的量刑档次，毒品纯度极低时或者处于半成品形态时对量刑有重大影响。司法实践中，对于没有查获毒品的案件，由于无法对毒品进行称量、鉴定，也就没有直接证据证明毒品的种类、数量、纯度及形态，但间接证据符合相关条件的，仍可以认定被告人有罪。我国于2015年将含可待因复方口服液体制剂列入第二类精神药品管理，该类止咳水在我国香港、台湾地区并非受管制的毒品，违法犯罪分子主要就是从我国台湾地区或者香港地区大量购入止咳水走私入境进而贩卖。由于含可待因止咳水在境外属自由流通的商品，包装上往往标明了容量、成分及成分含量。止咳水的商品属性意味着它属于种类物，在包装完好的情况下，可以推定所有相同止咳水的数量、成分相同。在没有查获任何止咳水的情况下，止咳水的成分、纯度可以根据止咳水的商品属性结合间接证据予以认定，从而完成对毒品事实的证明。就本案而言，首先，被告人及证人均证实被告人贩卖的是止咳水，且关于止咳水的特征、包装、食用后效果的叙述基本一致，并能相互印证，足以认定被告人向多人多次贩卖止咳水。其次，本案实际交易的止咳水未能查获，但被告人的供述及证人证词均明确指认本案所贩卖的止咳水为同一种类，侦查机关提供相同种类的止咳水用于辨认具有合理性和可行性。经辨认，被告人及证人均明确指认本案所贩卖的止咳水与辨认的对象相同，而用于辨认的止咳水包装上明确标记其含可待因成分。再次，食用含可待因成分的止咳水后尿检结果会呈吗啡阳性，被告人及证人的尿检结果均为吗啡阳性，虽然不能排除相关人员喝了其他止咳水或者物品造成尿检呈吗啡阳性的可能性，但无论是被告人还是证人均稳定供述其仅喝了与辨认止咳水相同的止咳水，各人对尿检结果均无异议，亦未提出尿检结果呈吗啡阳性的其他理由。最后，被告人供述及各证人证言均表明，被告人及各证人均为持续食用止咳水，呈现一定成瘾性，该症状与长期食用含可待因成分的止咳水的特征相一致。

127. 毒品犯罪案件审理程序中非法证据的审查和排除如何进行

【实务观点】

《刑事诉讼法》第58条第2款规定，“当事人及其辩护人、诉讼代理人有权申请人民法院对以非法方法收集的证据依法予以排除。申请排除以非法方法收集的证据的，应当提供相关线索或者材料”。实践中当事人申请排除非法证据所需提供的“材料”是指被告人出示的血衣、伤痕、伤痕照片、医疗证明、健康检查证明、伤残证明、同监人证言等能够证明存在刑讯逼供等非法取证事实的证据材料；所谓“线索”是指可以显示刑讯逼供等非法取证事实确实存在的比较具体的事实，如关于刑讯逼供的时间、地点、方式、人员等信息。

《刑事诉讼法》第60条规定对于“不能排除以非法方法收集证据”的情形应予排除，表明法律对证据的合法性设定了较高的证明标准，增强了人民检察院对证据合法性的证明责任。人民检察院提供证明证据收集的合法性的证据，应达到确实、充分的标准。实践中，人民检察院一般通过出示讯问笔录、讯问同步录音录像、办案单位和讯问人员出具的说明材料、被告人被送入看守所的入所健康检查表、被告人本人对自身伤情成因的说明等证据来证明证据合法性。在具体审理中应当注意：

(1)对于讯问笔录的审查，一般可以从取证人员身份(是否本案侦查人员或聘用人员)、取证时间(包括长短与具体时间点)、地点(是否法定羁押场所)、方式(有无提示性、诱导性发问)、内容(供述细节与其他证据是否具有不寻常的高度吻合,或者在侦查人员的提示下由不吻合到吻合)等方面进行判断。

(2)对讯问的同步录音录像的审查,一般从录音录像时长与讯问过程是否一致,录音录像中讯问及回答内容与讯问笔录有无重大差异,录音录像中被告人回答问题时的表情、动作是否自然正常及有无疑似看稿动作等方面进行审查。对于重大犯罪案件,有罪供述讯问未按照法律规定在看守所内进行,侦查机关又未能提供全程同步录音录像,且没有其他证据能够证明讯问合法性的,应认定为"不能排除以非法方法收集证据情形"。

(3)对办案单位和办案人员的说明材料的审查,必须与其他证据结合进行。根据最高人民法院《关于适用〈中华人民共和国刑事诉讼法〉的解释》第135条第3款的规定,办案单位和办案人员的说明材料不能单独作为证明取证过程合法的根据。

(4)对被告人就其身上伤情的形成原因供述,如果有过前后矛盾的解释,则关于其身上伤情"并非刑讯形成"的解释,不能作为侦查机关、公诉机关取证过程合法性的辅证材料。同时,因为被告人不具有取证合法性的证明义务,也不能因其对伤势形成原因解释不清就作出对其不利的判断。

(5)对于入所健康检查表与被告人同监室人员证言关于伤情的表述差异较大的,应当要求检察机关提供被告人在监所医务室的治疗、用药记录、家属送药记录等,并进一步核实相关人员的证言。

被告人在侦查、审查批捕、审查起诉各阶段所作的多次有罪供述,如果前一阶段的有罪供述被作为非法证据排除后,判断后一阶段的有罪供述是否具有可采性,应当以刑讯逼供等非法方法对被告人所造成的心理影响是否得到一定程度的消除为标准。对公诉机关不能提供证据证明前一阶段的刑讯逼供对被告人造成的心理影响在后一阶段讯问中已经消除的,后一阶段的有罪供述亦应当依法排除。司法实践中,可以通过排除非法证据申请权利、排除非法证据程序启动和排除非法证据结果的告知等来分析判断。

【法律及司法文件】

《中华人民共和国刑事诉讼法》

第五十六条　采用刑讯逼供等非法方法收集的犯罪嫌疑人、被告人供述和采用暴力、威胁等非法方法收集的证人证言、被害人陈述,应当予以排除。收集物证、书证不符合法定程序,可能严重影响司法公正的,应当予以补正或者作出合理解释;不能补正或者作出合理解释的,对该证据应当予以排除。

在侦查、审查起诉、审判时发现有应当排除的证据的,应当依法予以排除,不得作为起诉意见、起诉决定和判决的依据。

第五十八条　法庭审理过程中,审判人员认为可能存在本法第五十六条规定的以非法方法收集证据情形的,应当对证据收集的合法性进行法庭调查。

当事人及其辩护人、诉讼代理人有权申请人民法院对以非法方法收集的证据依法予以排除。申请排除以非法方法收集的证据的,应当提供相关线索或者材料。

第五十九条　在对证据收集的合法性进行法庭调查的过程中,人民检察院应当对证据收集的合法性加以证明。

现有证据材料不能证明证据收集的合法性的，人民检察院可以提请人民法院通知有关侦查人员或者其他人员出庭说明情况；人民法院可以通知有关侦查人员或者其他人员出庭说明情况。有关侦查人员或者其他人员也可以要求出庭说明情况。经人民法院通知，有关人员应当出庭。

第六十条　对于经过法庭审理，确认或者不能排除存在本法第五十六条规定的以非法方法收集证据情形的，对有关证据应当予以排除。

【类案参考】

案例 7－22

文某非法持有毒品案①——刑讯逼供等非法方法收集证据的审查判断以及审查起诉阶段有罪供述的审查判断

［**基本案情**］　2013 年 2 月 19 日晚，文某在某小区某号楼门前被公安机关抓获，其随身携带的 2 小包毒品及身边雪地上的 2 大包毒品被查获。经鉴定，4 包毒品均含有甲基苯丙胺成分，经称重，4 包毒品分别为 0.29 克、0.14 克、25.06 克、25.05 克，合计 50.54 克。检察机关指控文某犯运输毒品罪。

关于审判前供述取得合法性的审查。被告人文某在公安机关共作有四份有罪供述，分别是 2013 年 2 月 20 日、21 日在某派出所两份，2 月 26 日、4 月 10 日在某看守所两份。文某及其辩护人提出相关供述系侦查人员刑讯逼供所致，并提供如下材料、线索：(1) 提交的照片显示文某进看守所时脸有浮肿、眼睛青紫；(2) 看守所出具的健康检查笔录，载明文某入所时“双眼青紫，左头部痛，自述系在派出所被‘吊飞机’和被摁在地上刑讯所致”；(3) 文某曾于 2013 年 2 月 22 日、26 日两次到当地某医院就诊，其中 2 月 22 日的病历载明患者“头部外伤后头痛 3 天，约 3 天前头部撞伤”。

经庭审先行调查，公诉人当庭宣读和出示了下列证据：(1) 某医院的两份病历，证明 2013 年 2 月 22 日、26 日文某确有至某医院就诊的事实，其中 2 月 22 日的病历载明文某头部外伤后头痛 3 天，约 3 天前头部撞伤。(2) 某戒毒所出具的健康检查表载明，文某于 2013 年 2 月 21 日入所时“双眼有青紫，有情况说明”；文某自书情况说明一份，载明“本人文某眼睛伤系正常的碰撞，自己撞到的，脚有痛风”；某派出所出具的谈话笔录证明，文某在戒毒所期间未受到打骂、体罚等。(3) 公安机关出具的情况说明：2013 年 2 月 19 日晚，民警抓获文某，因天色已晚在现场未发现文某眼部有伤。后将文某带至某派出所审查，发现其眼部有伤。文某当时自称是同月 18 日自己撞到眼部所致。2 月 21 日文某因吸毒被送至戒毒所执行行政拘留。入所检查时，戒毒所民警发现文某眼部有伤，遂询问其伤情原因。文某依然称是自己撞到眼部所致，并亲笔写下情况说明。(4) 公安机关出具的另一份情况说明：侦查人员就本案审讯过程制作过全程同步录音录像，但因主办人员于 2013 年 4 月调离且其电脑已报废，故录音录像资料灭失。(5) 公诉机关分别于 2013 年 3 月 4 日、3 月 6 日和 5 月 7 日对文某所做的三份讯问笔录。其中 3 月 6 日的笔录内容证明文某向公诉机关反映被刑讯逼供的情形，其余两份内容为

① 参见中华人民共和国最高人民法院刑事审判第一、二、三、四、五庭主办：《刑事审判参考》(2014 年第 6 集，总第 101 集)，法律出版社 2015 年版，第 1～10 页。

有罪供述。在对上述证据当庭质证过程中，被告人文某及其辩护人提出，文某的亲笔说明系因被逼迫所写，且根据上述证据不能排除文某被刑讯逼供的可能。公诉机关认为，根据文某本人所写情况说明，结合其他证据，可以证明文某的外伤与刑讯逼供无关；按照法律规定，文某所犯罪行尚未达到必须要进行全程录音录像的条件，且目前该录像已灭失；文某在审查起诉阶段的有罪供述能够证明其运输毒品的犯罪事实。

［**裁判结果**］ 某区人民法院认为：(1)关于审判前供述取得合法性的审查。首先，关于文某在侦查机关所作的有罪供述。文某自2013年2月19日被抓获至同月26日进入看守所，多份证据证明其有眼睛青紫、面部肿胀的外伤。文某在入所体检及公诉机关提审时均进行了反映，而公诉机关为论证侦查机关证据收集的合法性仅提供了文某自书的情况说明、侦查机关出具的情况说明，未能提供同步录音录像等更有力的客观证据。根据现有的证据及线索，不能排除文某的伤情系侦查人员刑讯逼供所致的可能，故对文某在侦查机关所作的供述笔录应当依法予以排除。其次，关于文某在公诉机关三份有罪供述笔录。文某在侦查、审查起诉阶段的有罪供述具有连贯性，既然侦查阶段的有罪供述应当依法予以排除，那么公诉机关在审查起诉阶段的取证亦应依法予以排除。更何况文某在审查起诉阶段亦未形成多次稳定的供述，且文某当庭供述的犯罪事实与审查起诉阶段的供述存有反复，其关于在审查起诉阶段所作有罪供述笔录系在害怕打击报复且未细看的情况下完成的辩解，具有一定合理性，故其在审判前的所有供述都应依法予以排除。(2)关于文某的定罪。公诉机关指控文某犯运输毒品罪，在排除了文某庭前供述后，剩余证据尚无法形成证据链证明文某运输毒品的犯罪事实，故指控文某犯运输毒品罪的证据不足，不予采纳。文某作为吸毒人员被公安机关抓获时现场查获毒品甲基苯丙胺50克以上，有文某当庭的供述及公安机关的扣押物品、文件清单、称量记录、物证检验报告、毒品照片等证据相互印证。现有证据尚无法证明涉案的50.54克冰毒是用于贩卖或者自己吸食，故对文某的行为应当以非法持有毒品罪论处。据此，以被告人文某犯非法持有毒品罪，判处有期徒刑七年，并处罚金一万元。判决已生效。

［**判理分析**］ (1)不能排除以非法方法收集的证据应当依法排除。

①根据辩方提供的涉嫌非法取证的线索或者材料，审判人员认为可能存在以非法方法收集证据情形的，应当对证据收集的合法性进行法庭调查。《刑事诉讼法》第58条第2款规定，“当事人及其辩护人、诉讼代理人有权申请人民法院对以非法方法收集的证据依法予以排除。申请排除以非法方法收集的证据的，应当提供相关线索或者材料”。最高人民法院《关于适用〈中华人民共和国刑事诉讼法〉的解释》第127条规定，“当事人及其辩护人、诉讼代理人申请人民法院排除以非法方法收集的证据的，应当提供涉嫌非法取证的人员、时间、地点、方式、内容等相关线索或者材料”。本案中，辩方即提供了伤痕照片、医疗证明及入所健康检查笔录等线索材料，用以证明其在公安机关侦查阶段受到打、踢、反剪双手等方式逼取供述；法院在辩方提供上述线索后，即产生了对证据收集合法性的怀疑，并开庭专门就该事项进行了法庭调查。

②经法庭调查不能排除存在以刑讯逼供等非法方法收集证据情形的，应当将该证据依法予以排除。《刑事诉讼法》第59条第1款规定，“在对证据收集的合法性进行法庭调查的过程中，人民检察院应当对证据收集的合法性加以证明”。第60条规定，“对于经过法庭审理，确认或者不能排除存在本法第五十六条规定的以非法方法收集证据情形的，对有关证据应当予

以排除”。本案被告人文某于2012年2月19日被抓获,20日因涉嫌运输毒品犯罪被立案,21日因吸毒被送至戒毒所行政拘留,26日被送至看守所执行刑事拘留。在此期间,对证据收集合法性问题的反向证据有:A.伤痕照片。案卷材料中,拍摄的当时作为犯罪嫌疑人的文某三面免冠照片,能看到其脸部、眼角等处有明显淤青痕迹。B.医院急诊病历。2012年2月22日上午10时30分,文某被送医院就诊,病历载明:“头部外伤后头痛3天,伤者约3天前头部撞伤。”而3天前即抓捕当天2月19日。医院的体征查体为“双眼睑肿胀青紫”,诊治项目为“螺旋CT平扫(头颅)”,后配药氯霉素滴眼液。2月26日下午3时许,文某因高血压被送医院进行常规心电图检查。C.健康检查表。2月21日某戒毒所出具的健康检查表载明文某“双眼青紫”,2月26日某看守所出具的健康检查表载明文某“双眼青紫,左头部痛,自述系在派出所被‘吊飞机’和被摁在地上刑讯所致”。D.文某的辩解。在审查起诉阶段,其于3月6日向公诉机关反映,其被抓获当晚及次日,被公安人员打耳光、吊飞机、按在地上打,并描述了两位侦查人员的体貌特征。在庭审中,文某再次反映了挨耳光、蜡烛油滴脚背脚跟等受刑讯逼供的情形,并反映“自书说明”是在侦查人员的恐吓下所写,在审查起诉阶段其仍害怕公安人员报复,以及2月26日其系因看守所不收押才去医院就诊的。2010年“两高三部”联合制定的《关于办理刑事案件排除非法证据若干问题的规定》第11条规定,“对被告人审判前供述的合法性,公诉人不提供证据加以证明,或者已提供的证据不够确实、充分的,该供述不能作为定案的根据”。对照该规定,公诉机关证明取证合法性的证明标准,必须达到“确实、充分”。而本案公诉机关提供的证明取证合法性的正向证据,无法达到“确实、充分”的标准:A.文某进入某戒毒所时的自书情况说明。该说明载明“本人文某眼睛伤系正常的碰撞,自己撞到的,脚有痛风”。该情况说明系在某戒毒所体检发现文某双眼青紫后所作。从形式看,系在同一张纸上先由侦查人员书写“文某眼睛红肿,其本人称是于2013年2月18日自己不小心撞到的,眼睛无大碍”,再由文某另起一行书写;从内容看,文字明显不通顺,不排除外部因素干扰;从理由看,将自己撞伤尤其是双眼撞伤不尽合理;从主体看,与取证合法性关系较为疏远的戒毒所尚且因被拘留人员有外伤痕迹而要求有书面说明,而与本案关系更为密切的侦查机关却从未有该方面的要求。B.侦查机关关于伤势原因的情况说明。该情况说明载明2月19日晚将文某抓获带至某派出所时才发现其有伤,文某自称是18日自己撞到眼部所致。将其送至戒毒所执行行政拘留,其在回答伤势原因时也称是自己所撞。然而,关于文某自称眼部受伤系自身所致的内容,并未在任何一次讯问笔录中得到体现。C.侦查机关关于录音录像资料的情况说明。该情况说明仅载明侦查人员就本案审讯过程制作过全程同步录音录像,但因主办人员于2013年4月调离且其电脑已报废,故该录音录像资料已灭失。由于案发地公安机关有对所有刑事案件全程同步录音录像的惯例,只是区分是否属于大案要案而决定是否另行刻录光盘。该情况说明以主办人员调离、电脑报废作为录音录像资料灭失的理由难以令人信服。D.戒毒所出所谈话笔录。该笔录只能证明文某于2月21日至26日在某戒毒所期间未受到戒毒所民警的打骂、体罚,并不能排除侦查期间受过侦查人员的刑讯逼供。综上,本案被告人文某能够提供确切伤情的证据,且提出其有罪供述系侦查人员刑讯逼供所致,而公诉机关未能提供确实、充分的证据证明侦查机关取证的合法性,不能排除侦查机关系以刑讯逼供的方法获取被告人有罪供述的合理怀疑,故该有罪供述应当依法予以排除。

③公诉机关、侦查机关为了证明取证的合法性而提供的被告人自己所作有罪供述过程的

说明材料，如被告人自己书写的有关伤势形成的解释性说明，需要根据庭审具体情况，依法审查被告人自书的解释性说明在内容上是否符合常理，形成的时间、环境以及内容是否一贯、稳定。本案中，文某较早时间段自书的伤势情况说明与其在脱离办案单位即将进入监管场所时所作的说明并不一致，根据后一份自书伤势情况说明，文某在监管场所这一办案民警、监管民警多人在场的复杂环境体检时，其自述伤势系遭刑讯逼供所致。显然，文某就伤势形成原因前后矛盾的解释，不能作为侦查机关、公诉机关取证过程合法性的辅证材料。同时，因为文某不具有取证合法性的证明义务，故不能基于其对伤势形成原因解释不清就作出对其不利的判断。

（2）审查起诉阶段未审查排除侦查阶段刑讯逼供取得的有罪供述，继续获取的不稳定有罪供述亦应依法予以排除。

判断后一阶段的有罪供述是否具有可采性，应当以刑讯逼供等非法方法对被告人所造成的心理影响是否得到一定程度的消除为标准。如果辩方提出被告人在后一阶段的有罪供述系因侦查机关在前一阶段实施刑讯逼供而导致其害怕后一阶段被继续刑讯逼供的，公诉机关应当提供前一阶段的刑讯逼供对被告人造成的心理影响在后一阶段各次讯问中已经消除的证据。对公诉机关不能提供证据证明前一阶段的刑讯逼供对被告人造成的心理影响在后一阶段各次讯问中已经消除的，后一阶段的有罪供述亦应当依法排除。具体理由如下：①从法律评价分析，对同一主观心理支配下的行为内容应当作相同评价。这种情形类似于基于同一主观故意支配下实施相同行为，在刑法上作同一评价。被告人基于同一肉体或者精神折磨等原因作出的重复性有罪供述，亦应作相同的性质评价。侦查阶段有罪供述被判定为非法证据，性质相同的重复有罪供述也应判定为非法证据。②从行为人的心理分析，不消除恐惧心理影响继续取证实质上是侵犯基本人权的延续。尤其是行为人在向检察机关反映其被刑讯逼供的痛苦遭遇后，非但未获得检察机关的积极回应，反而继续让其作有罪供述，一定程度上让行为人感觉公诉机关与侦查机关是同一条战线的，其心理包袱不是减轻了而是加重了。③根据《刑事诉讼法》第54条第2款、第55条关于检察机关审查起诉或者接到控告举报时应当调查核实的规定，无论是基于诉讼职能，还是基于法律监督职能，检察机关都有义务进行非法证据的核查。在被告人提出前一阶段存在刑讯逼供的情况下，后一阶段的司法主体不但有义务审查相关证据，而且在继续实施讯问之前有义务审查被告人是否消除恐惧心理。本案中，被告人文某在审查起诉阶段即向公诉机关反映被刑讯逼供的情形，公诉机关对此未予依法审查，而是继续对被告人进行了三次讯问，且之后三次供述不稳定，在审查起诉阶段形成的两份有罪供述笔录与庭审供述存在矛盾。人民法院综合审查判断相关取证过程证据，认为不能排除文某在侦查、审查起诉阶段的认罪供述系以非法方法收集，故依法予以排除。

案例7－23

李某周运输毒品案①——人民检察院对证据收集合法性事实应当达到证据确实、充分的证明标准

［**基本案情**］　2012年7月9日晚，易某涛（同案被告人，已判刑）向“老三”（在逃）联系

① 参见中华人民共和国最高人民法院刑事审判第一、二、三、四、五庭主办：《刑事审判参考》（2014年第6集，总第101集），法律出版社2015年版，第11～15页。

购买毒品,并将其之前所欠的6000元购毒款通过被告人李某周汇给“老三”。同日23时许,易某涛、李某周驾驶车牌号为赣JW6969的黑色别克轿车从江西省萍乡市前往湖南省郴州市。7月10日,二人在郴州市“老三”处购得毒品后驾车返回萍乡市。当日20时许,二人驾车行至萍乡市达金大酒店时被公安人员抓获。公安人员当场从二人驾驶的车辆中查获白色塑料封口袋包装的白色结晶颗粒2包,净重196.86克,经鉴定检出甲基苯丙胺成分;红色片剂988片,净重88.9克,绿色片剂10片,净重0.9克,经鉴定检出甲基苯丙胺和咖啡因成分。被告人李某周辩称,其没有参与指控的犯罪事实,对同案被告人易某涛运输毒品的事实不知情,其在派出所接受讯问期间遭到刑讯逼供,并提供相关线索:“在派出所接受讯问时有一名年龄较大、约40岁模样的侦查人员脱下黑色皮鞋,用鞋跟殴打其头部,致其头部出血,一名年龄只有十多岁的人帮其用卫生纸按住头部止血,但止不住。”“《看守所入所人员身体检查表》显示李某周入所时曾接受体检,头顶见血迹,衣服大片血迹,头部肿痛”,申请排除其所作供述。

［**裁判结果**］ 萍乡市中级人民法院经审理认为,《看守所入所人员身体检查表》证实李某周入所前头部有明显伤痕,该体检表的“体表检查”一栏记载“有伤。自述在楼梯上碰伤”;“备注”一栏又记载“自述昨天下午抓捕时头部撞在铁栏杆上”。该两处记载对李某周在何处受伤的描述自相矛盾,不能证明李某周是在抓捕时被撞伤。现有证据不能排除被告人供述是公安人员采用刑讯逼供方法收集的,对有关供述应当予以排除。但关于指控被告人李某周的运输毒品事实,仍有同案被告人的供述、相关证人证言以及当场从李某周身上查获的毒品等证据予以证实,起诉书指控的犯罪事实清楚,其他证据确实、充分。被告人李某周违反国家毒品管理规定,非法运输毒品甲基苯丙胺196.86克、甲基苯丙胺片剂89.8克,其行为已构成运输毒品罪。李某周在运输毒品共同犯罪中起次要作用,系从犯,应当减轻处罚。判决:被告人李某周犯运输毒品罪,判处有期徒刑十年,并处罚金五万元。江西省高级人民法院二审维持原判。

［**判理分析**］ (1)人民检察院对证据收集合法性事实的证明,应当达到证据确实、充分的证明标准。《刑事诉讼法》第59条第1款规定,“在对证据收集的合法性进行法庭调查的过程中,人民检察院应当对证据收集的合法性加以证明”。第60条规定,“对于经过法庭审理,确认或者不能排除存在本法第五十六条规定的以非法方法收集证据情形的,对有关证据应当予以排除”。根据上述规定,人民检察院对证据收集合法性事实的证明,应当达到证据确实、充分的证明标准,即排除存在《刑事诉讼法》第54条规定的以非法方法收集证据的情形。本案中,为证明证据收集的合法性,公诉人当庭出示了江西省莲花县看守所出具的《说明》,萍乡市公安局安源分局出具的情况说明、关于李某周等人被抓获的情况和审讯情况的补充说明,安源分局后埠派出所出具的情况说明、办案说明,安源分局缉毒大队出具的易某涛贩毒案抓获情况及审讯情况说明、办案说明,又对参与审讯的陈某、陶某华、许某等13名侦查人员逐一进行了询问,提取了证人证言,13名侦查人员也均出具了情况说明,声明在审讯中无刑讯逼供行为。上述证据材料数量虽多,但本质上都是办案单位和办案人员的说明材料,根据最高人民法院《关于适用〈中华人民共和国刑事诉讼法〉的解释》第135条第3款的规定,此类说明材料不能单独作为证明取证过程合法的根据。对于能够证明证据收集合法性的关键证据,如讯问过程的同步录音录像、被告人李某周出入派出所的监控视频等,公诉机关未能提供。

一审法院经审查认为,对于被告人李某周供述收集的合法性,公诉机关未能提供确实、充分的证据予以证实,本案不能排除存在《刑事诉讼法》第54条规定的以非法方法收集供述的情形,对李某周的供述,依法应当排除。主要理由如下:①现有证据能够证实李某周头部伤情是在抓获当时至进入看守所前的时间段内形成的。一是《看守所入所人员身体检查表》记载李某周入所前头部有明显伤痕;二是第一次讯问笔录中没有记载李某周受伤的情况,《抓获情况及审讯情况说明》中也没有李某周受伤的反映。李某周入所前后表现异常,在入所前均在讯问笔录上签字捺印,入所后在涉及其可能承担刑事责任的讯问笔录上均未签字捺印。②办案单位所作的李某周头部伤情系抓捕时反抗所致的解释缺乏证据支持。一是一同在现场被抓捕的易某涛、廖某证明三人均无逃跑、反抗的行为;二是办案民警均称抓捕当时没有看见李某周受伤。③公诉机关提供的证明取证合法的证据材料,均是办案单位和办案人员出具的说明材料,不能单独作为证明取证过程合法的根据。④对于能够证明取证合法的关键证据,如李某周出入后埠派出所的监控视频、讯问李某周的同步录音录像等公诉机关未能提供。

(2)排除了非法证据,并不意味着案件一定要宣告无罪,还应综合审查其他在案证据,依法认定案件事实。本案中,虽然被告人李某周的有罪供述被法院认定为非法证据,并依法予以排除,但其他在案证据如搜查笔录及扣押物品清单、照片证实办案民警系从坐在汽车后座的李某周手中持有的黑色布袋中搜出涉案毒品;证人廖某的证言、同案被告人易某涛的供述均证实李某周对此次去湖南省联系毒品事宜是明知的,且实施了运输毒品的行为;等等。现有证据足以认定被告人李某周有运输毒品的主观目的,并在易某涛安排下参与实施了运输毒品行为。

案例7-24

刘某鹏、罗某全贩卖毒品案①——被告人有罪供述是否存在异常的审查办法

[**基本案情**] 2012年9月中旬,被告人刘某鹏、罗某全电话联系他人购买麻古,拟出售给熊某全等人牟利。9月20日上午,刘某鹏、罗某全先后驾驶宝马轿车、马自达轿车赶到重庆市梁平县城北乡高都村气矿增压站附近,交付毒资89,800元后收到5000粒麻古。罗某全携带麻古离开时被公安人员抓获,刘某鹏等人见状逃离。公安人员在罗某全驾驶的马自达轿车内查获麻古5000粒(净重464.84克)及三部手机,又在现场查获一包麻古净重1114.46克(约12,000粒)、现金89,800元以及刘某鹏遗弃的iPhone手机一部、深棕色男式单肩挎包一个(从该挎包内查获麻古4.51克、冰毒0.37克、现金3400元、宝马轿车的车辆证件等物品)。10月25日,公安人员将刘某鹏抓获归案。被告人刘某鹏当庭辩解,本案系罗某全出资购买毒品,其受罗某全委托代为联系、验货、运送毒资279,000元;其挎包内的毒品是用于自己吸食,并非用于贩卖。刘某鹏在庭审中还提出,其归案后被公安人员连续讯问五天五夜,直至昏睡,公安人员将其拍醒后在讯问笔录上签字,其在侦查阶段的有罪供述内容不真实。

[**裁判结果**] 重庆市第二中级人民法院认为,被告人刘某鹏贩卖甲基苯丙胺469.72克,被告人罗某全贩卖甲基苯丙胺464.84克,其行为均构成贩卖毒品罪,且系共同犯罪。公诉机关出示的刘某鹏在侦查阶段的有罪供述及录音录像资料不能作为定案根据。刘某鹏、罗某全为出售而购买麻古5000粒计464.84克,并支付毒资89,800元,应当以犯罪既遂论处。刘某

---

① 参见中华人民共和国最高人民法院刑事审判第一、二、三、四、五庭主办:《刑事审判参考》(2013年第3集,总第92集),法律出版社2014年版,第87~93页。

鹏、罗某全二人在共同犯罪中的地位及作用相当,不宜划分主、从犯。刘某鹏伙同罗某全购买麻古5000粒欲出售给熊某全等人,其挎包内查获的毒品应当计入犯罪数量。查获的5000粒麻古甲基苯丙胺含量为9.6%,量刑时可以酌情从轻处罚。被告人罗某全归案后能够如实供述自己的罪行,依法可以从轻处罚。判决:(1)被告人刘某鹏犯贩卖毒品罪,判处无期徒刑,剥夺政治权利终身,并处没收个人全部财产;(2)被告人罗某全犯贩卖毒品罪,判处有期徒刑十五年,剥夺政治权利五年,并处没收个人财产六万元;(3)查获的麻古1583.81克、冰毒0.37克及扣押在案的宝马轿车、马自达轿车、现金93,200元、手机四部予以没收。

［**判理分析**］ (1)"不能排除存在以非法方法收集证据情形"的认定。《刑事诉讼法》第60条规定,"对于经过法庭审理,确认或者不能排除存在本法第五十六条规定的以非法方法收集证据情形的,对有关证据应当予以排除"。"不能排除存在以非法方法收集证据的情形",表明法律对证据的合法性设定了较高的证明标准,增强了人民检察院对证据合法性的证明责任。实践中,对于"不能排除存在以非法方法收集证据情形"的具体认定,一般可以从取证人员、时间、地点、方式、内容等方面进行判断。对于取证人员,如被告人是因为被网上追逃而被异地公安机关抓获的,异地公安机关在不负责侦办案件的情况下第一次讯问被告人的,通常可以排除采取了非法方法;对于讯问时间异常,如讯问持续时间长而笔录内容简短、讯问时间在深夜等情形,应当予以注意;对于讯问地点在法定羁押场所之外的,如有罪供述发生在刑侦大队的、在提出看守所期间的,应当予以注意;对于讯问内容异常,如笔录中供述细节与其他证据具有不寻常的高度吻合,或者细节在侦查人员的提示下由不吻合到吻合等情形,应当予以注意,对于被告人翻供比较突兀,前后供述无理由出现截然不同的,应当予以注意。对于以上情形,应当结合被告人提出被刑讯逼供的具体线索,审查被告人翻供的时间和前后供述的变化内容,进行综合认定。对重大案件,应当结合同步录音录像进行判断。如果录音录像存在剪辑问题并导致关键问题处不清晰、遗漏或者与讯问笔录存在出入的地方应当予以注意;特别是讯问笔录记载与录音录像显示的时间长短、内容繁简等明显不符的,应当结合其他证据进行认真审查。如果人民检察院无法提供确实、充分的证据证明取证的合法性,如对于重大犯罪案件,侦查机关未进行全程同步录音录像,讯问又未按照法律规定在看守所内进行,且没有其他证据能够证明讯问的合法性,此种情况就属于"不能排除存在以非法方法收集证据情形"。

(2)庭审中证据收集合法性的调查程序的开展。《刑事诉讼法》第58条第2款规定:"当事人及其辩护人、诉讼代理人有权申请人民法院对以非法方法收集的证据依法予以排除。申请排除以非法方法收集的证据的,应当提供相关线索和材料。"本案中,被告人刘某鹏当庭提出归案后被公安人员连续讯问五天五夜直至昏睡,其有罪供述内容不真实。法庭据此启动证据合法性的调查程序。

①审查了刘某鹏在侦查阶段的全部供述。经查,刘某鹏归案后在侦查阶段共有六次供述,第一、二次未供认贩卖毒品的行为,第三次供述最详细。在第三次供述中,刘某鹏供认与上家秦某华联系购买24,000粒麻古,自己先行前往与秦某华交易,中途安排妻子李某筹集毒资交给罗某全,指使罗某全送来毒资89,800元并拿走5000粒麻古出售给下家熊某全,见罗某全被抓捕即逃离现场。刘某鹏在第四、五、六次供述时推翻原有供述,辩称未参与贩卖毒品。开庭审理中,刘某鹏供认参与本案毒品交易,辩解系罗某全出资购买毒品出售,自己代为

介绍、验货,受罗某全指使交给上家毒资279,000元。

②重点审查了刘某鹏第三次供述的背景情况。该份供述时间起于2012年10月28日21时7分,止于同日23时26分;讯问地点在重庆市梁平县看守所三楼。经实地察看,该讯问地点并非正式讯问室,中间没有隔离设施。同时,刘某鹏的提讯证记载,刘某鹏于2012年10月26日17时被押解出看守所,于同年10月29日3时还押,持续时间为两天三夜58小时(中途没有送回看守所关押监室),而刘某鹏第三份供述正是形成于这段时间。

③审查了刘某鹏第三份供述的同步录音录像。经查,该份供述中注明了对该次讯问进行同步录音录像,但笔录记载讯问时长2小时19分,而同步录音录像资料仅持续12分10秒。法庭播放了该录音录像,发现录音录像的内容仅为侦查人员向刘某鹏宣读讯问笔录,不能反映讯问过程。并且,录像中反映刘某鹏有一定疲倦表情。该录音录像并不能印证刘某鹏有罪供述收集的合法性。

④审查了检察机关提交的证明取证合法性的材料。侦查机关作出书面说明,称讯问期间给刘某鹏留有足够休息时间,没有刑讯逼供等非法行为。因录音录像设备只能录制十多分钟,因此未能全程录音录像。除此之外,公诉机关未再提请法庭通知相关侦查人员出庭作证,也未提交其他证明材料。而根据最高人民法院《关于适用〈中华人民共和国刑事诉讼法〉的解释》第135条第3款的规定,公诉人提交的取证过程合法的说明材料不能单独作为证明取证过程合法的根据。

经过全面、综合审查,认为本案中证明刘某鹏在侦查阶段有罪供述系合法收集的证据并未达到"确实、充分"的证明标准,依法将之认定为"不能排除存在以非法方法收集证据情形",从而将刘某鹏在侦查阶段的第三份供述认定为非法证据,并依法予以排除,不作为本案的定案根据。根据庭审质证确认的其他在案证据,包括查获的毒品,毒资,毒品上下家的供述,刘某鹏之妻李某的证言,同案被告人罗某全的供述以及刘某鹏在庭审中的供述,认定刘某鹏贩卖毒品的事实清楚,证据确实、充分,且刘某鹏在共同犯罪中系主犯。

128.非法证据排除与真实性存疑证据、瑕疵证据的排除如何分别进行

【实务观点】

证据排除规则是一个系统体系,包括三类:非法证据排除规则;真实性存疑证据排除规则;瑕疵证据排除规则。

(1)非法证据排除规则,主要关注的是取证过程的合法性问题,是基于遏制刑讯逼供、保障犯罪嫌疑人及被告人人权的政策性考虑,与证据内容是否真实无关,如果特定证据材料的取得过程严重侵犯人权,被认定为非法证据,即使其真实性毋庸置疑,也应当将其排除,不得将之作为诉讼证据使用。非法证据排除要启动专门的程序。

(2)真实性存疑证据排除规则,主要关注的是证据的真实性问题,针对的证据因取证过程严重违反法定程序,进而导致该证据具有极大的虚假可能性,据此在规范层面上否定了其作为证据的资格,法官应当予以排除,并不存在裁量的空间。比如物证、书证缺乏调取、固定过程的相关程序性证据,或者讯问笔录的形成时间、被告人签名摁指印缺失或者明显经过事后涂改,因其来源存疑而无法确定其真实性,应当予以排除。只要经审查认定特定证据材料属

于该类排除规则适用的对象,就可以直接作出排除的决定,并不需要专门调查程序。

(3)瑕疵证据排除规则,主要关注的是取证是否规范问题。针对的证据在取证方面并未严重违反法定程序,但证据形式上存在瑕疵,反映出取证工作未能完全按照规范的要求进行。如果上述瑕疵没有在实质上影响到证据的真实性,可以经由办案人员进行补正或者作出合理的解释,确保该证据的合法性,作为定案依据;如果不能补正或者作出合理解释,因此不能确保其真实性的,则应当排除有关证据。比如搜查笔录、扣押或提取笔录、鉴定意见对毒品可疑物的外包装、外形特征、称重结果等表述有差异,公安机关能够作出合理解释的,仍不影响相关证据的效力。

在毒品犯罪中,经常出现一次搜查中发现多包毒品或者同一个案件中扣押多份毒品的情形,公安机关依照规定编号提取、扣押、称重、取样、送检等,可能使用同一份搜查笔录、扣押笔录或提取笔录、鉴定意见完成上述工作。如果出现其中一份毒品的称重、取样等存在问题,而公安机关又无法作出合理解释的,只要其他几份毒品的称重、取样、送检等没有问题,不影响称重笔录、取样笔录及鉴定意见中涉及其他几份毒品的内容的证据效力。

【类案参考】

案例 7-25

王某高贩卖毒品案①——被告人供述的合法性与真实性的审查方法

[**基本案情**] 被告人王某高 2013 年 1 月因犯贩卖毒品罪被判处有期徒刑十个月,同年 3 月 12 日因涉嫌犯贩卖毒品罪被提押出监狱接受调查。公诉机关指控被告人王某高于 2012 年 9 月至 10 月在重庆市忠县忠州镇中博广场邮局前公交车站台附近、六合花园附近、红星广场附近等处,分三次向熊某飞贩卖冰毒,每次 0.3 克,价格 300 元,共计 0.9 克,获利 900 元。其中王某高自己实施第一次,指使邓某实施后两次。被告人王某高辩解:2013 年 3 月 13 日的供述系被办案人员殴打后作出,2013 年 3 月 14 日的供述系根据办案人员的提示作出,2013 年 3 月 28 日的供述系办案人员伪造,请求排除上述供述。

[**裁判结果**] 重庆市忠县人民法院认为,关于公诉机关指控的第二、三起贩卖毒品事实,因王某高于 2013 年 3 月 12 日、3 月 14 日和 3 月 28 日所作的有罪供述在取证程序上存在多处疑点,均不予采信,除上述供述外,指控王某高实施该两次贩卖毒品行为的证据仅有证人熊某飞的证言,未能达到证据确实、充分的证明标准,故对指控的第二、三起贩卖毒品事实依法不予认定。公诉机关指控的第一起贩卖毒品事实及罪名成立,判决:被告人王某高犯贩卖毒品罪,判处有期徒刑八个月,并处罚金三千元,与原判刑罚有期徒刑十个月,并处罚金三千元合并后,决定执行有期徒刑一年五个月,并处罚金六千元。

[**判理分析**] 本案中,被告人王某高针对其供述提出的辩解理由涉及三个问题,分别是办案人员刑讯逼供、指供和伪造讯问笔录。上述三个问题分别涉及证据收集的合法性和证据的真实性问题,处理程序并不相同,需要分别适用非法证据排除规则与真实性存疑证据排除规则。

---

① 参见戴长林、罗国良、刘静坤:《中国非法证据排除制度:原理·案例·适用》(修订版),法律出版社 2017 年版,第 259~267 页。

(1)证据排除规则的类型划分。①真实性存疑证据排除规则与非法证据排除规则的区别。有些证据材料由于自身的特点(如传闻证据)或者严重违反法定取证程序或者严重影响司法公正,[①]如询问证人没有个别进行而取得的证言,导致其具有极大的虚假可能性,一旦采纳极易导致事实认定出错,因此,在规范层面釜底抽薪地否定其作为证据的资格。此类真实性存疑证据排除规则,实际上是将证明力问题转化为证据资格问题,主要关注的是证据不真实的内在风险。非法证据排除规则,则更多的是基于遏制刑讯逼供、保障犯罪嫌疑人及被告人人权的政策性考虑,与证据内容是否真实无关,如果特定证据材料被认定为非法证据,即使其真实性毋庸置疑,也应当将其排除,不得将之作为诉讼证据使用。

真实性存疑证据排除规则,属于证据资格的范畴,需有明确的规范依据,即只有当法律或者规范性文件明确规定,某些真实性存疑的证据应当予以排除时,才能排除有关证据。例如,《关于办理死刑案件审查判断证据若干问题的规定》第9条第1款规定,经勘验、检查、搜查提取、扣押的物证、书证,未附有勘验、检查笔录、搜查笔录、提取笔录、扣押清单等程序性证据,不能证明物证、书证来源的,不能作为定案的根据。该规定所谓的“不能作为定案的根据”,实际上指的是“不具有证据资格,不能作为诉讼证据使用”,法官基于该规定,可以否定此类真实性存疑的物证、书证的证据资格。对于具有证据资格的证据材料,法官也要审查判断该证据材料的真实性,但这属于证明力的范畴。法官对证明力的审查判断,无须明确的规范依据。

②真实性存疑证据排除规则与瑕疵证据排除规则的区别。

真实性存疑证据排除规则针对的证据因取证严重违反法定程序,进而导致该证据具有极大的虚假可能性,据此在规范层面上否定了其作为证据的资格,法官应当予以排除,并不存在裁量的空间。瑕疵证据排除规则针对的证据在取证方面并未严重违反法定程序,但证据形式上存在瑕疵,反映出取证工作未能完全按照规范的要求进行。如果上述瑕疵没有在实质上影响到证据的真实性,可以实行裁量排除,即经由办案人员进行补正或者作出合理的解释,确保该证据的合法性;但如果不能补正或者作出合理解释,因此不能确保其真实性的,则应当排除有关证据。《关于办理死刑案件审查判断证据若干问题的规定》第9条第2款规定的就是瑕疵证据的排除规则,即物证、书证的收集程序、方式存在下列瑕疵,通过有关办案人员的补正或者作出合理解释的,可以采用:A. 收集调取的物证、书证,在勘验、检查笔录,搜查笔录,提取笔录,扣押清单上没有侦查人员、物品持有人、见证人签名或者物品特征、数量、质量、名称等注明不详的;B. 收集调取物证照片、录像或者复制品,书证的副本、复制件未注明与原件核对无异,无复制时间、无被收集、调取人(单位)签名(盖章)的;C. 物证照片、录像或者复制品,书证的副本、复制件没有制作人关于制作过程及原物、原件存放于何处的说明或者说明中无签名的;D. 物证、书证的收集程序、方式存在其他瑕疵的。

(2)对采用刑讯逼供方法取得的被告人供述,应当适用非法证据排除规则,启动专门调查程序。

---

① 这里所谓的严重违反法定取证程序,主要是指违反刑事诉讼法规定的取证程序规范,但并未严重侵犯取证对象的人权;如果同时严重侵犯取证对象的人权或者严重影响司法公正,就属于非法证据排除规则所指的非法证据。因此,虽然非法证据排除规则与真实性存疑证据排除规则所针对的证据材料,都存在严重违反法定取证程序的情形,但仍有内在区别。

本案中,被告人王某高辩称,公安机关 2013 年 3 月 12 日 15 时许将其从三峡监狱提押到忠县公安局讯问,持续到 23 时许,其没有供述,一直到 3 月 13 日 10 时许,才让其在一份笔录上签字,笔录内容只是个人基本情况;3 月 13 日 12 时许,办案人员将其带到永丰派出所殴打逼取口供(王某高对永丰派出所讯问室的环境进行了详细描述),其按照办案人员提示供述三次贩卖毒品的情况;办案人员直至 3 月 13 日晚上八九点钟才将其带到忠县中医院体检,并于当日 23 时将其送交看守所。据此,王某高申请法庭排除办案人员通过殴打获取的该次供述。法庭经审查,对该次供述收集的合法性有疑问,随即启动证据收集合法性的调查程序。公诉人未能提供 3 月 12 日对王某高讯问过程的录音录像,也没有提供其他证据材料证明该次讯问的合法性,仅提交了一份有关取证过程的情况说明。法庭经审理认为,公安机关在没有合理事由的情况下,将王某高羁押长达 30 多个小时,未依法及时将王某高送交看守所;同时,公安机关对该时间段内对王某高的讯问过程未进行录音录像,也没有提供证据材料证明讯问的合法性,有关取证过程合法的情况说明与在案证据存在矛盾且与常理不符,不能排除 3 月 12 日以非法方法获取王某高供述的可能性。据此,法庭对王某高 2013 年 3 月 12 日所作的有罪供述予以排除。

(3)对涉嫌伪造的讯问笔录,应当适用真实性存疑证据排除规则。

根据《公安机关办理刑事案件程序规定》的相关规定,侦查人员应当将问话和犯罪嫌疑人的供述或者辩解如实地记录清楚,讯问笔录应当交犯罪嫌疑人核对或者向他宣读。如果记录有遗漏或者差错,应当允许犯罪嫌疑人补充或者更正,并捺指印,笔录经犯罪嫌疑人核对无误后,应当由其在笔录上逐页签名、捺指印。只有按照上述规范的要求制作讯问笔录,才能确保供述的合法性和真实性。根据最高人民法院《关于适用〈中华人民共和国刑事诉讼法〉的解释》第 95 条的规定,讯问笔录没有经被告人核对确认并签名(盖章)、捺指印的,不能补正或者作出合理解释的,不得作为定案的根据。对于未经被告人核对确认并签名、捺指印,涉嫌伪造的讯问笔录(指的是伪造笔录内容),因真实性缺乏保障,不具有证据资格,应当予以排除。如果能够认定有关讯问笔录是伪造的,更应当直接否定其证据资格,予以排除,无须启动专门调查程序。

本案中,被告人王某高辩称,2013 年 3 月 28 日的讯问笔录,是公安机关 3 月 17 日将其从看守所带出指认现场并安排会见家人后,将其带到公安机关办公室形成,当时办案人员并没有对其讯问,而是将讯问笔录直接打印出来让其签字、摁手印,其签署的日期是 2013 年 3 月 17 日;公安机关 3 月 28 日到看守所对其提讯时,由于其拒绝作有罪供述,办案人员没有制作讯问笔录便离开看守所。法庭经审理查明,2013 年 3 月 28 日讯问笔录尾部王某高签署的日期"2013 年 3 月 28 日"字样有涂改痕迹,且有用笔重新描过的印迹,其中"28"字样涂改痕迹最为明显,且在红色指印之上,同时,该讯问笔录首部的时间不是打印(其他内容为打印),而是由讯问人员用手填写。公诉人也没有就涂改痕迹问题作出说明。法庭认为,尽管 2013 年 3 月 28 日有看守所的提讯记录,但仅此不能证明讯问笔录就是当日制作。因该讯问笔录尾部王某高签署的日期有明显涂改痕迹,且是先摁印后涂改,王某高又否认对此知情,加上讯问笔录首部日期为手写,结合王某高提出该讯问笔录系伪造的辩解理由,因该讯问笔录未经被告人核对确认并签名、摁手印,应当予以排除。

(4)对采用指供方法取得的被告人供述,要结合具体情况决定适用。

指供是指办案人员通过提示犯罪细节等方式,使被告人按照办案人员的指示违背意愿作出供述。对于与刑讯逼供等非法方法一起使用的指供,因指供与刑讯逼供等非法方法紧密相关,由此获得的供述,应当适用非法证据排除规则予以排除。有的案件,办案人员并未采用刑讯逼供、威胁等非法方法讯问,只是通过提示犯罪细节等方式指供,促使被告人作出相应的供述。对此种供述,因不涉及刑事诉讼法所规定的非法方法,故不适用非法证据排除规则,但由于此类供述的真实性缺乏保障,如不能查证属实,可从证明力评估的角度决定不予采信。

本案中,被告人王某高辩称,2013 年 3 月 14 日所作供述虽有同步录音录像,但系根据办案人员提示作出,不具有真实性。① 法庭经审理查明,2013 年 3 月 14 日办案人员讯问王某高的录像显示,王某高供述的语调、姿态及用语等都不自然。同时,王某高于 2013 年 3 月 22 日、4 月 3 日分别向忠县公安局和忠县人民检察院提出书面申请,称 3 月 14 日所作供述是在办案人员提示下作出,要求调取忠县看守所讯问室 3 月 14 日对其讯问的监控录像。但办案机关没有及时调取,直至 2013 年 7 月 8 日才作出书面说明,称 2013 年 3 月 14 日的监控录像已超出 15 天的视频保存期限,无法调取。据此,法庭认为,结合王某高的辩解理由,王某高 2013 年 3 月 14 日所作供述存在指供嫌疑,该供述的真实性存疑,不能采信作为定案的根据。

案例 7 - 26

凌某伟运输毒品案②——如何甄别有问题的瑕疵证据与非法证据

［**基本案情**］ 2016 年 5 月 17 日 14 时许,被告人凌某伟搭乘一辆长途大巴车从广西天等县前往广州市,途经大新县福隆乡平良村路段时遇民警检查,民警当场从其携带的黑色挎包内查获可疑毒品 6 块,从所送 1、2、4、5、6 号检材中均检出海洛因,含量分别为 47.7%、50.4%、51.2%、56.7%、52.0%,5 块毒品的净重共 1760.44 克。另外 3 号疑似毒品净重 355.06 克。辩护人辩称:本案涉案可疑毒品取样重量与委托鉴定样品的重量不一致,3 号可疑毒品取样重量为 1.48 克,鉴定的样品重量为 1.49 克,故鉴定报告不应作为定案依据,且指控的毒品重量不准确。

［**裁判结果**］ 广西壮族自治区崇左市中级人民法院认为,公安机关对编号 3 号可疑毒品提取送检样品的重量为 1.48 克,而实际送检样品的重量为 1.49 克,不能确定送检的样品就是原来提取的样品,因此 3 号可疑毒品的鉴定意见不能作为定案的依据,公诉机关指控凌某伟所运输的 3 号可疑毒品为毒品海洛因的证据不足,不予采纳;其他涉案毒品的称重、送检程序合法,予以认定。判决:被告人凌某伟犯运输毒品罪,判处无期徒刑,剥夺政治权利终身,并处没收个人全部财产。凌某伟上诉提出:本案公安机关抽样提取的毒品与送检鉴定的毒品数量不一致,不能排除送检毒品不是抽检毒品的可能性,相应的鉴定意见不能作为定案依据,请求依法改判。广西壮族自治区高级人民法院认为,本案侦查人员对从凌某伟处扣押的毒品以及对提取用于鉴定的毒品样本进行称重时,均有凌某伟、侦查人员、见证人在场,扣押、提取毒品的数量均有称量时的照片证实,凌某伟对称重过程进行了指认,称量照片客观反映了凌某

① 本案中,被告人王某高 2013 年 3 月 14 日所作供述还涉及重复性供述的排除问题。因被告人王某高 2013 年 3 月 13 日所作供述不能排除是办案人员通过刑讯逼供取得的证据,法院已予依法排除,原则上,之后收集的重复性供述应当予以排除。但由于此处旨在重点论述办案人员通过指供获取供述的排除规则,故未再专门论述重复性供述的排除规则。

② 植勇建:《如何甄别有问题的瑕疵证据与非法证据——凌某伟运输毒品罪案评析》,载为你辩护毒品网 2020 年 5 月 11 日,https://www.scdplaw.com/dupinbianhu/dpfzzj/3045.html。

伟运输毒品的数量以及提取毒品检材的数量，称量照片与侦查人员送毒品鉴定时，鉴定委托书与鉴定机构出具的鉴定事项确认书、检验报告记载鉴定的毒品检材数量相一致。虽然侦查人员制作的可疑毒品送检笔录、毒品称量笔录以及物证封存袋照片反映侦查人员记载毒品数量以及提取毒品检材数量与称重时照片反映查获每块毒品的数量有零点零几克的差异，侦查机关解释侦查人员记录时省略了零点零几克毒品的记录，解释合理。除鉴定3号毒品检材与本案提取3号毒品的检材数量不一致，不能确认系本案查获的3号毒品外，侦查机关委托鉴定以及鉴定机构所鉴定的本案其余几块毒品的检材均是本案查获的1、2、4、5、6号毒品提取的检材，本案毒品鉴定报告对1、2、4、5、6号毒品检材的鉴定意见系具有相应资质的鉴定机构以及人员依法作出，合法有效。裁定：驳回上诉，维持原判。

［**判理分析**］ 认定证据材料是否属于非法证据，关键看该证据材料的取得是否侵犯了公民的基本权利、是否对公正审判可能产生不良影响。非法证据往往是故意违反法律程序所致，被排除于程序之外且不得再次使用；而瑕疵证据则更多是取证主体的疏忽所致，将得到补正的机会而被允许继续使用。本案被告人凌某伟及其辩护人提出本案公安机关抽样提取的毒品与送检鉴定的毒品数量不一致，不能排除送检毒品不是抽检毒品的可能性，相应的鉴定意见不能作为定案依据，实质上是考究扣押、提取的毒品与送检的毒品是否同一的问题。首先，本案案件来源清楚，有公安机关出具的"抓获经过"证实，2016年5月17日，公安机关在省道S316线大新县福隆乡平良村平良桥头路段开展公开查缉毒品行动，当日13时40分许，民警对一辆从天等县开往广州市的桂F61200大巴车进行检查时，发现凌某伟神色慌张，遂对凌某伟查问，凌某伟答非所问且前后矛盾，经检查，当场从凌某伟随身携带的物品中查获可疑毒品6块。公安机关当日立案侦查，凌某伟对其运输毒品的事实一直供认，这就排除了公安机关使用特情引诱，故意栽赃凌某伟的可能。公安机关制作的可疑毒品送检笔录、毒品称量笔录以及物证封存袋照片反映侦查人员记载每块毒品数量以及提取每块毒品检材数量，与称重时照片反映本案查获每块毒品的数量只是在净重量数的小数点后面第二位有差异，每块毒品净重量的其余数字相同，这样每块毒品净重量有零点零几克的差距，侦查机关的解释是侦查人员记录时省略了对零点零几克毒品的记录，从生活工作经验看，侦查机关作出了合理的解释。其次，公安机关送检验的3号毒品检材与本案提取3号毒品的检材数量不一致，但本案公安机关查获的1、2、4、5、6号毒品称量照片与侦查人员送毒品鉴定时，鉴定委托书与鉴定机构出具的鉴定事项确认书、检验报告记载鉴定的毒品检材数量相一致。本案查获的毒品形态是块状物，每块毒品具有相对独立性，不易与其他块毒品混同。综上分析，除不能确认3号毒品的定量定性外，本案鉴定报告中对其余5块查获的毒品的鉴定意见系具有相应资质的鉴定机构以及鉴定人员依法作出，对1、2、4、5、6号5块毒品的鉴定在形式、程序、内容上均合法有效，证据之间能形成完整的证据链，依法可确认此鉴定意见具有相应的法律效力。

129. 一审对非法证据的排除存在实质错误的二审如何处理

【实务观点】

被告人在上诉中提出排除非法证据申请，二审法院应当区分情形对案件作出相应的处理：(1)被告方在一审程序中对关键定案证据提出排除非法证据申请，但一审法院未予审查，径行驳回被告方的申请，属于一审存在违反法律规定的诉讼程序并可能影响案件公正审判的情形，二审法院可以裁定撤销原判，发回重审。（2）一审法院对证据收集合法性进行调查，最终认定取证合法，驳回被告方的申请，但经二审法院审查，认为一审法院有关证据收集合法性的认定意见并不正确，有关证据作为非法证据应予以排除的，则需要进一步区分案件情况作出处理：①排除有关证据后其他证据仍然能够证明被告人有罪的，二审法院可以在认定被告人有罪的基础上维持原判；②排除有关证据后，案件事实不清的，二审法院可以裁定撤销原判，发回重审；③排除有关证据后，案件其余证据中缺乏证明被告人有罪的证据，且已无再补查有罪证据的实际可能的，应当宣告无罪。

【法律及司法文件】

最高人民法院、最高人民检察院、公安部、国家安全部、司法部《关于办理刑事案件严格排除非法证据若干问题的规定》（法发〔2017〕15 号，2017 年 6 月 20 日施行）

第三十八条第一款　人民检察院、被告人及其法定代理人提出抗诉、上诉，对第一审人民法院有关证据收集合法性的审查、调查结论提出异议的，第二审人民法院应当审查。

第四十条　第一审人民法院对被告人及其辩护人排除非法证据的申请未予审查，并以有关证据作为定案根据，可能影响公正审判的，第二审人民法院可以裁定撤销原判，发回原审人民法院重新审判。

第一审人民法院对依法应当排除的非法证据未予排除的，第二审人民法院可以依法排除非法证据。排除非法证据后，原判决认定事实和适用法律正确、量刑适当的，应当裁定驳回上诉或者抗诉，维持原判；原判决认定事实没有错误，但适用法律有错误，或者量刑不当的，应当改判；原判决事实不清楚或者证据不足的，可以裁定撤销原判，发回原审人民法院重新审判。

【类案参考】

案例 7－27

黄某坚等贩卖、运输毒品案①——二审排除非法证据后仍可根据剩余证据情况作出裁判

［**基本案情**］　2011 年 5、6 月，被告人黄某某、卢某某开始合伙贩毒，同年 7 月中旬租用江西省南昌市上沙窝 97 号某栋 1 单元 102 室储藏间作为贩毒窝点，后黄某某指使被告人陈某到南昌市参与贩毒，多次从江西省抚州地区购买毒品运输至南昌市，由卢某某和陈某在南昌市贩卖，其中卢某某负责联系毒品买家，陈某负责送货。2011 年 8 月 17 日左右，被告人卢某某、陈某在南昌市省委加油站附近以 29 元一粒的价格将 100 粒麻古卖给付某号（另案处理）。2011 年 8 月 19 日上午，被告人黄某某独自驾车至江西省新干县，从“新干人”（另案处理）处购买 42,000 粒麻古，后驾车返回其在江西省崇仁县的住处。当日 13 时许，黄某某携带上述毒品驾车前往南昌市。当日 15 时许，黄某某在被告人陈某租住的南昌市某小区附近与陈某联系，指使陈某将上述毒品取走，到上沙窝 97 号的储藏间存放毒品。同时，黄某某驾车前往被告人卢某某租住的南昌市东湖区某小区 2 栋 205 房间和卢某某会面。随后，公安机关在南昌市上沙窝路 97 号附近将已存放好毒品准备离开的陈某抓获，并从储藏间内查获白色结晶

① 参见中华人民共和国最高人民法院刑事审判第一、二、三、四、五庭主办：《刑事审判参考》（总第 108 集），法律出版社 2017 年版，第 18～25 页。

状物3029.5973克以及圆形片剂状物6658.6127克；在卢某某租住处将黄某某和卢某某抓获，查获可疑圆形片剂状物103.3507克和白色结晶状物总计2.6044克；均检出甲基苯丙胺成分。一审中，三被告人及其辩护人均提出在侦查机关所作的有罪供述系刑讯逼供所得，起诉书指控贩卖、运输毒品的证据不足。

［**裁判结果**］　南昌市中级人民法院认为，公诉机关提供的讯问录音录像并非讯问时制作，不能证明取证过程的合法性，但办案单位情况说明和入所健康检查登记表证明对被告人卢某某、陈某的讯问合法；被告人黄某某入所时虽然身体有伤，但办案单位情况说明及刘某某的证言等证明对黄某某的讯问合法，最终采信了三名被告人的有罪供述，进而结合其他证据认定三名被告人有罪。判决：被告人黄某某犯贩卖、运输毒品罪，判处死刑，剥夺政治权利终身，并处没收个人全部财产；被告人卢某某犯贩卖毒品罪，判处死刑，缓期二年执行，剥夺政治权利终身，并处没收个人全部财产；被告人陈某犯贩卖毒品罪，判处有期徒刑十年，并处罚金五万元。一审宣判后，被告人黄某某、卢某某、陈某均不服，提出上诉。江西省高级人民法院经审理认为，原判认定事实的证据不足，裁定撤销原判，发回重审。

［**判理分析**］　(1)二审法院发现本案取证程序中存在以下问题：

一是关于讯问录音录像的制作问题。办案单位先后出具了多份说明材料，但办案单位有关讯问录音录像的制作说明与讯问笔录的记载内容以及光盘制作时间不一致，不具有真实可靠性。被告人黄某某在二审庭审中辩称，讯问录音录像系作假，讯问过程没有同步录音录像。经查，黄某某的讯问录音录像时长为10分43秒，黄某某的12次讯问笔录中只有第二次是认罪供述，但第二次讯问笔录记载的讯问时长为1小时22分，与讯问录音录像的时长不一致，且录音录像内容与第二次讯问笔录差异极大。被告人卢某某在二审庭审中辩称，办案单位对其讯问过程没有做过录像，录像是其被送交看守所收押前按侦查人员的要求做的，录像时没有做笔录。经查，卢某某的讯问录音录像时长为21分8秒，而其当日讯问笔录记载的讯问时长为2小时4分，与讯问录音录像的时长不一致，且该次讯问笔录记载的内容与讯问录音录像完全不符。被告人陈某在二审庭审中辩称，对其讯问过程的同步录音录像系作假，录像时侦查人员让其按照做好的笔录照着念。经查，陈某的讯问录音录像时长为21分43秒，而讯问笔录记载的讯问时长为1小时，与讯问录音录像的时长不一致，且讯问录音录像的内容与各次讯问笔录差异极大；讯问录音录像中可明显看到陈某手中持有一叠材料，回答问题非常书面化，陈述作案过程或内容较多时有低头动作，头部、眼睛反复从左至右来回移动，陈述完即抬头看着讯问人员，大段内容一气呵成，顺畅、完整，回答简单问题时始终抬头看着讯问人员，回答时常不顺畅、不连续。综上，办案单位提交的三名被告人讯问过程录音录像并非对实际讯问过程的录音录像，不排除系事后补录，不能作为证明讯问程序合法的证据。

二是关于被告人黄某某身体损伤的成因问题。在押人员入所健康检查登记表及伤情照片显示，黄某某入所时头、脸、手、脚有擦伤，左、右上臂外侧有多条长条形伤痕，头额、下唇、右前肩胛区有多处伤痕。黄某某入监时的亲笔字条写明："有些是打的头部、手、脚，有些是摔的左脚膝盖、右脚膝盖"，押送民警熊某、朱某某在该字条上签字并附警号。二审庭审中，黄某某辩称损伤是在刑侦队审讯室讯问过程中被讯问人员殴打造成的，摔伤是其在被告人卢某某租住处被抓时摔倒造成的。对此，办案单位出具情况说明称黄某某的身体损伤系其脱逃被抓捕时扭打造成的。经查，看守所医生刘某某的证言证明黄某某的伤是擦伤，"是很轻微的体表伤”,但刘某某并未出庭作证;而黄某某同监室的胡某、李某的证言则证明,“看到黄某某手、脚都肿了”;看守所协防员汪某、李某的证言证明黄某某在讯问中脱逃,在被抓捕过程中受伤,但办案单位并未提供该时段的监控录像,因此,证明黄某某的身体损伤系脱逃被抓捕时扭打所形成的相关证据关联性、真实性均存疑。

综上,对于三名被告人提出的排除非法证据申请,检察机关并未提供有效的证据证明取证合法性,现有证据材料不能排除刑讯逼供的可能性,对三人在侦查阶段的供述应当依法予以排除。

(2)被告人在上诉中提出排除非法证据申请,二审法院经审查认为原判据以定案的证据系非法证据,依法应当予以排除的,应当区分情形对案件作出相应的处理。一是被告人在一审程序中提出排除非法证据申请,但一审法院未予审查,径行驳回被告方的申请。如果被告人申请排除的证据系关键定案证据,属于一审判决的审理程序存在违法情形并可能影响案件公正审判,二审法院可以将其作为违反法律规定的诉讼程序的情形,裁定撤销原判,发回重审。二是被告人在一审程序中提出排除非法证据申请,一审法院经过审查后对证据收集合法性进行调查,最终认定取证合法,进而驳回被告人的申请。如果二审法院经审查认为,一审法院有关证据收集合法性的处理结果并不准确,有关证据应当作为非法证据予以排除的,则需要进一步区分案件情况作出处理:排除有关证据后其他证据仍然能够证明被告人有罪的,二审法院可以依法排除有关证据,并在认定被告人有罪的基础上维持原判;排除有关证据后,案件事实不清,证据不足的,二审法院可以裁定撤销原判,发回重审。

130. 一审认罪被告人在二审时提出遭受刑讯逼供的如何审查判断

【实务观点】

《刑事诉讼法》第58条第1款规定:“法庭审理过程中,审判人员认为可能存在本法第五十六条规定的以非法方法收集证据情形的,应当对证据收集的合法性进行法庭调查”。即无论被告人是否申请排除非法证据,人民法院均应依职权对证据的合法性进行审查,对判决采信证据的合法性承担责任。

刑事诉讼法设置认罪认罚的本质目的在于被告人认罪认罚体现了其悔罪态度,反映其主观恶性减小,客观上减少了控方的证明难度,从而简略了部分诉讼程序,节约了司法资源,因此国家给予一定的刑罚减让。最高人民法院《关于适用〈中华人民共和国刑事诉讼法〉的解释》第347条第1款规定:“刑事诉讼法第十五条规定的‘认罪’,是指犯罪嫌疑人、被告人自愿如实供述自己的罪行,对指控的犯罪事实没有异议。”因此,法院审理认罪认罚案件时,无论是适用普通程序还是简易程序、速裁程序中的哪一种,均不能简单地问被告人是否认罪,还应当庭讯问被告人对之前在侦查阶段有罪供述的真实性有无异议,对指控的犯罪事实的基本过程及主要量刑事实有无异议;对于被告人在侦查和审查起诉环节不供述主要犯罪事实或者对犯罪事实关键情节缺乏供述,开庭前或者当庭又表示认罪认罚的,应当同时对主要犯罪事实或者犯罪事实的关键情节作出明确、具体的供述,才属于实质意义上的认罪,才符合认罪认罚制度的本意。

被告人在庭前受到刑讯逼供,如果当庭告知诉讼权利及认罪的法律后果后,仍然作出重复性供述的，其当庭供述不受之前刑讯逼供的影响，两者之间的联系被阻断，属于独立于庭前供述的自愿供述。只要被告人自愿确认侦查期间的供述，即使属于庭前供述的重复性供述，所转化形成的当庭供述也不存在合法性问题。因此，在认罪认罚案件的裁判文书中，也应当明确表述被告人的当庭认罪情况，尤其是对指控犯罪事实的认可情况。

【类案参考】

案例 7-28

李某轩等贩卖运输毒品案①——当庭告知诉讼权利及认罪的法律后果后仍然作出有罪供述的可以采信

［**基本案情**］ 被告人李某轩、彭某虎与吕某（另案处理）系狱友。2016 年 11 月某日，吕某与李某轩电话约定由其向李某轩提供海洛因 700 克用于贩卖，每克价格 330 元。同年 11 月 26 日，吕某联系彭某虎，让其帮助运输毒品至安徽省临泉县交给李某轩，彭某虎表示同意，吕某向彭某虎的银行卡转账 1000 元。次日，吕某购买了机票并安排被告人杨某忠乘坐飞机，将装有毒品的行李箱从昆明市带到合肥市新桥机场，交给彭某虎。当日 12 时许，彭某虎乘车将毒品送至临泉县县城，与李某轩见面后，二人在前往李某轩家时，被民警当场抓获，民警从彭某虎携带的行李箱中查获海洛因 703.4 克。一审庭审过程中，审判人员明确告知了李某轩有申请排除非法证据的权利，李某轩及其辩护人没有申请排除非法证据；对公诉人一审当庭所举其侦查期间的五次供述，均确认没有客观性及合法性异议；二审期间虽然提出受到刑讯逼供，但对原判采信的其本人供述的真实性予以确认，也没有申请非法证据排除。

［**裁判结果**］ 阜阳市中级人民法院认为，被告人李某轩违反国家毒品管理规定，为贩卖而购买海洛因 703.4 克，构成贩卖毒品罪。被告人彭某虎、杨某忠违反国家毒品管理规定，运输海洛因 703.4 克，构成运输毒品罪。李某轩系累犯、毒品再犯；彭某虎系累犯；彭某虎、杨某忠属运输毒品罪的从犯；杨某忠有自首情节；李某轩、彭某虎有坦白情节。判决：被告人李某轩犯贩卖毒品罪，判处死刑，缓期二年执行，剥夺政治权利终身，并处没收个人全部财产；被告人彭某虎犯运输毒品罪，判处无期徒刑，剥夺政治权利终身，并处没收个人财产二十万元；被告人杨某忠犯运输毒品罪，判处有期徒刑十年，并处罚金十万元。被告人李某轩上诉提出被抓获后遭到侦查人员刑讯逼供，其为吕某代卖毒品，系共同犯罪中的从犯，原判量刑过重。安徽省高级人民法院认为，二审期间，证据合法性审查的对象应当是原审作为定案根据的证据。无论李某轩侦查阶段是否受到刑讯逼供，其在一审庭审时应当享有的诉讼权利被明确告知并得到充分保障，其本人对自己行为的法律后果也能够正确认识。相应地，其所作的供述已属于任意性供述，对侦查阶段供述真实性的确认亦属于自愿确认，由此所形成的有罪供述，虽然属于侦查阶段供述的重复性供述，但显然已不受先前获取有罪供述的侦查行为影响，不再是侦查阶段的有罪供述，而是由其转化而来的独立的当庭有罪供述。因此，原判采信的被告人李某轩有罪供述不再是侦查阶段获取的供述。李某轩无论是否为他人代买毒品，其准备加价出售从中牟利，属于独立的贩卖毒品行为。裁定驳回上诉，维持原判。

---

① 参见中华人民共和国最高人民法院刑事审判第一、二、三、四、五庭主办：《刑事审判参考》（总第 113 集），法律出版社 2019 年版，第 89～95 页。

［判理分析］（1）证据合法性审查的范围与方式。首先，证据合法性审查的范围，即必须是用于定案的证据才需要进行合法性审查。在一审中审查的对象是控辩双方向法庭所举以用于证明案件事实的证据，在二审中审查的对象应当是一审作为定案根据的证据和拟作为二审定案根据的证据。其次，证据的合法性审查并非仅为依申请进行的司法行为，也是人民法院的职权或者职责行为。《刑事诉讼法》第58条除了规定“当事人及其辩护人、诉讼代理人有权申请人民法院对以非法方法收集的证据依法予以排除”外，还规定了“法庭审理过程中，审判人员认为可能存在本法第五十六条规定的以非法方法收集证据情形的，应当对证据收集的合法性进行法庭调查”。即无论被告人是否申请排除非法证据，人民法院均应依职权对证据的合法性进行审查，对判决采信证据的合法性承担责任。本案中，虽然李某轩及其辩护人在一审、二审期间均没有申请排除非法证据，但其提出的刑讯逼供问题与证据的合法性审查有关，即原判采信的李某轩供述如系侦查期间获取，则二审仍应当依职权对相关侦查取证行为进行合法性审查。

（2）被告人庭前供述转化为当庭供述的条件及合法性审查的标准。被告人当庭供述包括两种情况：一是被告人当庭对案件事实进行完整供述，尽管供述的内容与庭前供述具有实质的一致性，但该供述的来源与庭前供述没有联系，属于独立完整的当庭供述；二是被告人当庭对庭前供述予以确认而转化成当庭供述，在实践中主要表现为被告人表示认罪，对起诉书指控的事实无异议，法庭为诉讼效率考虑，采用简易程序或者简化审程序，在法庭陈述阶段不再对被告人详细讯问或者发问，在法庭质证阶段对其庭前供述的主要内容进行宣读，被告人对供述内容的真实性予以确认。此种情形下，被告人当庭不再就指控的犯罪事实进行详细供述，而以其在侦查阶段的供述内容代替。因此，被告人当庭供述的内容不完整，需要结合庭前供述笔录的内容才能形成完整的供述。庭前供述转化为当庭供述需要具备两个方面的条件，即当庭认罪与对庭前供述内容的确认。只要具备上述两个条件，庭前供述即可转化为当庭供述。本案中，被告人李某轩当庭认罪，对公诉人所举其侦查期间的五次供述，均没有提出客观性及合法性异议，确认了供述内容的真实性，则其庭前供述已经转化为当庭供述。

（3）对于庭前供述转化的当庭供述，其合法性审查标准应当是当庭供述的自愿性。因被告人的供述内容具有承继性，因此应重点考虑是否切断了庭前侦查行为的影响。2017年《关于办理刑事案件严格排除非法证据若干问题的规定》第5条第2项规定，审查逮捕、审查起诉和审判期间，检察人员、审判人员讯问时告知诉讼权利和认罪的法律后果，犯罪嫌疑人、被告人自愿供述的，不受之前刑讯逼供的影响。该条规定并非判断供述合法性的新标准，而是对于供述的自愿性的判断进行提示，即前一诉讼阶段受到刑讯逼供，如果下一诉讼阶段告知诉讼权利及认罪的法律后果后，仍然作出重复性供述的，其后供述独立于前供述，属于自愿供述。在此种情况下，刑讯逼供与有罪供述者之间的联系被阻断，即使属于庭前供述的重复性供述，所转化形成的当庭供述也不存在合法性问题。本案中，被告人李某轩在一审庭审过程中被告知了申请排除非法证据的权利和其他诉讼权利，也获得了律师帮助，其认罪及确认侦查阶段有罪供述真实性出于自愿，不受先前的侦查行为的影响，由此形成的当庭供述应具有合法性。

131. 收集程序存在瑕疵的物证、书证如何审查判断

【实务观点】

毒品犯罪案件经常使用查获的毒品、制毒工具等物证及车船票、短信、聊天工具记录、转账记录等书证定案,对于此类物证、书证,要重点审查证明其来源合法的相关提取过程的证据、证明其内容真实的相关固定书证内容的证据。对于搜查笔录、提取笔录、扣押清单或物证照片、书证照片等复制件等证据形式上存在问题的,应当要求侦查机关作出情况说明,能够作出合理解释的,予以采信;不能作出合理解释的,应当通过其他形式予以补正。

【法律及司法文件】

最高人民法院《关于适用〈中华人民共和国刑事诉讼法〉的解释》(法释〔2021〕1号,2021年3月1日施行)

第八十六条　在勘验、检查、搜查过程中提取、扣押的物证、书证,未附笔录或者清单,不能证明物证、书证来源的,不得作为定案的根据。

物证、书证的收集程序、方式有下列瑕疵,经补正或者作出合理解释的,可以采用:

(一)勘验、检查、搜查、提取笔录或者扣押清单上没有调查人员或者侦查人员、物品持有人、见证人签名,或者对物品的名称、特征、数量、质量等注明不详的;

(二)物证的照片、录像、复制品,书证的副本、复制件未注明与原件核对无异,无复制时间,或者无被收集、调取人签名的;

(三)物证的照片、录像、复制品,书证的副本、复制件没有制作人关于制作过程和原物、原件存放地点的说明,或者说明中无签名的;

(四)有其他瑕疵的。

物证、书证的来源、收集程序有疑问,不能作出合理解释的,不得作为定案的根据。

第一百二十六条　收集物证、书证不符合法定程序,可能严重影响司法公正的,应当予以补正或者作出合理解释;不能补正或者作出合理解释的,对该证据应当予以排除。

认定"可能严重影响司法公正",应当综合考虑收集证据违反法定程序以及所造成后果的严重程度等情况。

【类案参考】

案例7-29

李某贩卖毒品案①——对取证瑕疵能够作出合理解释的可以依法采纳相关证据

[**基本案情**]　被告人李某于2013年1月16日因犯寻衅滋事罪被判处有期徒刑一年,同年5月13日刑满释放。2017年4月5日、7日,被告人李某通过微信等方式与吸毒人员林某某商谈毒品交易事宜后,在福建省霞浦县一小区先后两次向林某某出售甲基苯丙胺(冰毒)各1包,收取毒资250元。同月8日12时许,李某在霞浦县松港街道欲再次向林某某出售甲基苯丙胺时被当场抓获。公安人员从李某身上查获2小包甲基苯丙胺,重1.59克,后从其住处卧室床头柜内查获10小包甲基苯丙胺,约重28.07克。

---

① 参见《最高人民法院发布2019年十大毒品(涉毒)犯罪典型案例》,载《人民法院报》2019年6月26日,第3、4版。

［**裁判结果**］ 福建省霞浦县人民法院认为,被告人李某明知是毒品而贩卖,其行为已构成贩卖毒品罪。李某多次贩卖甲基苯丙胺共计约30克,且其系累犯,应依法从重处罚。据此,对被告人李某判处有期徒刑十一年九个月,并处罚金五千元。

［**判理分析**］ 毒品犯罪隐蔽性较强,证据收集工作有一定特殊性,对于不属于非法取证情形的证据瑕疵,通过补查补正或者作出合理解释,可以依法采纳相关证据。本案侦查人员在搜查时未出示搜查证,现场勘查笔录与扣押清单中对毒品包数和查获毒品位置的记载不完全一致,但通过侦查机关出具说明、调取搜查时在场证人的证言、侦查人员出庭作证等方式,使得证据瑕疵得到合理解释,能够确认相关证据的真实性。

132. 毒品犯罪案件被告人翻供的如何审查判断

【实务观点】

对于被告人的翻供,既不能因为当庭翻供而一概否认被告人之前供述的可采性和证明力,也不能因为当庭翻供而直接以翻供的内容作为其供述内容,而应当结合全案其他证据对被告人的翻供内容进行甄别,确定其真伪。被告人翻供的,其应当对改变供述的原因作出解释,对这种解释的合理性应当进行审查。对于被告人的之前供述和翻供供述,均应从取证的过程、供述的场合、供述内容与其他证据形成的时间先后及相互印证性等进行审查,从正反两个方面进行论证判断。

【类案参考】

案例7－30

谢某清等贩卖、运输毒品案①——没有证据证明之前的有罪供述违背其意愿且翻供内容经审查不合常理的,对翻供不予采信

［**基本案情**］ 被告人谢某清与他人共谋到云南省购买海洛因回重庆市贩卖后,于2008年2月10日在家中与其堂弟被告人谢某、其表弟被告人田某商定,由二人以正常货运为掩护从云南省瑞丽市运输毒品回重庆市,谢某清向二人支付报酬。同月20日16时许,谢某、田某与其雇用的驾驶员周某明驾驶一辆货车到达云南省瑞丽市。谢某清通知他人将一个装有海洛因的机油壶交给田某,田某、谢某将该机油壶藏匿于货车车厢与驾驶室之间的排方架上。同月24日21时许,田某、谢某驾驶该车途经云南省昆明市西收费站时被截获,公安人员从该机油壶内查获海洛因3724.2克。当日23时许,公安人员在重庆市谢某清租住处将其抓获,从该租住处查获海洛因336克及仿制式手枪2支、制式手枪弹9发。

［**裁判结果**］ 重庆市第一中级人民法院判决:(1)被告人谢某清犯贩卖、运输毒品罪,判处死刑,剥夺政治权利终身,并处没收个人全部财产;犯非法持有枪支、弹药罪,判处有期徒刑三年六个月,决定执行死刑,剥夺政治权利终身,并处没收个人全部财产。(2)被告人田某犯运输毒品罪,判处死刑,缓期二年执行,剥夺政治权利终身,并处没收个人全部财产。(3)被告人谢某犯运输毒品罪,判处无期徒刑,剥夺政治权利终身,并处没收个人全部财产。重庆市高

① 参见中华人民共和国最高人民法院刑事审判第一、二、三、四、五庭主办:《刑事审判参考》(2010年第1集,总第72集),法律出版社2010年版,第59～66页。

级人民法院经审理,裁定驳回上诉,维持原判。最高人民法院经复核认为,被告人谢某清以贩卖为目的,雇用他人运输海洛因3724.2克,并从其租住处查获海洛因336克,其行为已构成贩卖、运输毒品罪。谢某清在共同犯罪中起组织、指挥作用,系主犯,应当按照其组织、指挥的全部犯罪处罚。其贩卖、运输海洛因数量巨大,又系跨省长途贩运毒品,社会危害性大,罪行极其严重,且认罪态度差,主观恶性深,人身危险性大,应依法惩处。谢某清非法持有以火药为动力发射枪弹的仿制式手枪及制式手枪弹,其行为又构成非法持有枪支、弹药罪,且情节严重,鉴于其主动交出其中一支仿制式手枪,对其所犯非法持有枪支、弹药罪可酌情从轻处罚。裁定予以核准。

［**判理分析**］　本案被告人田某到案后一直不认罪,称公安人员查获的装有海洛因的机油壶并非其车上的;被告人谢某清从侦查阶段后期开始翻供,仅承认公安人员从其暂住处查获336克海洛因及手枪、子弹等事实,不承认此前所供雇佣田某、谢某从云南省运输毒品回重庆市的事实;被告人谢某在侦查期间虽供认与田某一起为谢某清运输海洛因,但也自一审庭审开始翻供。因此,对三被告人翻供的审查和判定,成为认定本案犯罪事实的关键。具体分析如下:

(1)公安人员从田某、谢某驾驶的货车上当场查获了用机油壶装着的海洛因3724.2克,这是本案最重要的客观性证据。但田某、谢某在一审、二审期间均提出被抓获时未查出毒品,系人、车分离后的次日上午才查获毒品的,以此否认毒品来自他们车上。对此,同车驾驶员周某明证实,当天中午他在修理水管时曾看到排方架上有个绿色机油壶;装有毒品的机油壶就藏在驾驶室与车厢之间的排方架上,在此处放置物品须先将车头翘起,有一定隐蔽性,天黑时更不容易发现;公安机关出具书面说明称,公安人员在昆明市拦截田某、谢某驾驶的货车并抓获二人时,天色已晚,不利于收集证据,故未对该货车作详细检查,次日上午公安人员当着谢某、田某的面对该货车展开详细检查,从车上查获了装有海洛因的机油壶。公安机关的这种说明具有合理性,因为抓获田某、谢某二人时是2月份的晚上9时许,天色确实较黑。这证明装有毒品的机油壶在货车被公安人员截获之前已经藏在车上。因此,田某、谢某的辩解虽表明本案的"人赃俱获"有一定特殊性,但不能由此否认所查获的毒品并非来自二人所驾驶的货车。

(2)谢某清和谢某在侦查期间均供认系谢某清雇用田某、谢某以正常货运为掩护从云南省运输毒品到重庆市,二人所供内容详细、自然,能相互印证,并与其他证据吻合,高度可信。首先,谢某的供述披露了一些重要细节,如在重庆市联系货源时摔伤了,谢某清改让田某联系去云南省的货源;从云南省动身返回重庆市时他与田某均给谢某清打电话,但谢某清关机,遂打电话给谢某清的堂弟张某,由张某转告。其次,谢某清供述的有些内容系在谢某供述之后,但也供述了田某、谢某未供述的一些情况。如田某到云南省后买了一张云南手机卡,并用该号码拨打谢某清"158"开头的手机号码,此情节与通话清单显示的2008年2月20日傍晚该两个手机号码之间有3次通话记录的情况相符;特别是谢某清在进入戒毒所被强制戒毒后,仍作了有罪供述,并主动带领公安人员到源丰宾馆搜出其藏匿的另一支手枪,表明其当时有认罪态度,这也可在一定程度上印证其以往有罪供述的自愿性和真实性。最后,被告人田某虽不认罪,但其所供述的部分内容,如到云南省瑞丽市后的活动情况、用谢某和自己的手机给谢某清打电话、让谢某清汇款等,与谢某清、谢某的供述一致。按照谢某清、谢某的有罪供述,加上田某供述的部分内容及周某明的证言、通话清单、汇款记录等证据所形成的犯罪事实,完整、自然,可以确认。

(3)谢某清、谢某的翻供内容及田某的辩解均有明显矛盾之处，且在一些关键问题上不能作出合理解释，不足以推翻前供。首先，三被告人不能合理解释田某、谢某到云南省之后与谢某清之间有频繁电话联系的问题。通话清单证实，谢某的手机与谢某清的手机在2008年2月20日(到达云南省之日)有5次通话，22日有5次通话，23日有4次通话，24日有3次通话；田某的手机与谢某清的手机之间，在2008年2月24日4时和9时共有2次通话记录。对此，田某辩称谢某的手机是包月的，故常用谢某的手机打电话。谢某在二审庭审中称，因红牛饮料"没有货，所以打了几次电话"。谢某清在二审期间称"过年通话十分正常"，复核提讯时称打电话是让田某、谢某从云南省带红牛饮料、给他们汇钱，实际上是根据谢某在二审庭审中的辩解内容进一步修正自己的辩解以力求一致。但这种辩解并不能合理解释在田某、谢某已经远在云南省的情况下还有如此频繁的电话联系，特别是24日4时许谢某清的手机与田某、谢某的手机之间各有一次通话记录，极为反常，不合常理。其次，三被告人不能合理解释谢某清所汇6000元的性质。汇款单据证实田某、谢某到达云南省之后的2月22日，谢某清往谢某的农业银行卡中存入6000元。对此，田某称是借款，谢某清与谢某翻供后亦称是借款。本来，谢某清与田某熟识，偶尔借款给田某作运费亦合理。但证人周某明证实，其此前同田某、谢某前往云南省跑货运时，谢某清也曾汇钱给田某、谢某。该证言增加了"借款"辩解的可疑性。田某、谢某系长期从事长途货运之人，不应多次出现所备运费不足而需向谢某清借款的现象。谢某清、谢某作有罪供述时称该款系谢某清汇给田某、谢某二人作为运输毒品费用的说法更为合理。因此，谢某清汇款6000元，可以起到印证其雇用田某、谢某二人为其运输毒品的作用。再次，谢某清对从其住处查获的336克海洛因来源的说明前后矛盾。谢某清在到案后的第一次供述中称是以前从一个朋友手中买的，在第四次供述中称是2007年9月伙同"梁某庆"购买并由田某、谢某运回重庆市的1400克海洛因中未卖出的剩余部分，第十次供述中称是赌博时捡的，一审、二审庭审和复核提讯时则均称是开茶馆时捡的。这表明，谢某清的此节供述极不稳定，且前后矛盾，"捡到"一说难以令人信服，而所供系以往贩卖剩下的，既与其他证据相印证，也较合理，与谢某被抓获次日关于之前曾三次伙同田某为谢某清从云南省运输毒品回重庆市的供述能部分印证(该三次贩运毒品因证据不足未指控)。最后，谢某清与其妻子均无业，没有稳定收入来源，却有一辆小轿车，还要负担妻子、孩子和张某的生活费用，收入来源可疑。谢某清在第二次预审供述时供称靠赌博赢钱来维持生活，显然不合常理，翻供后又称靠做小生意、开茶馆来赚钱，表明其没有如实供述。综上，没有证据证实谢某清、谢某二人以前所作有罪供述违背其自愿性，其翻供内容的合理性不足，不足以推翻有罪前供。

133.技术侦查证据的审查

【实务观点】

技术侦查证据对认定被告人有罪或者无罪，此罪或者彼罪，以及死刑适用有重要影响，且系关键定案根据的，侦查机关应当移送相关技术侦查证据。技术侦查证据作为证据使用的，人民法院同样应当坚持证据合法性、关联性、真实性的全面审查标准。技术侦查证据作为定案根据的，应当经当庭出示、质证等法庭调查程序查证属实。侦查机关仅提供采取技术侦查手段获取的监听录音的文字摘录，而不提供监听录音的原始件，致使监听录音原始件不能经当庭播放、质证或庭外核实的，不能作为定罪量刑的证据。

【法律及司法文件】

《中华人民共和国刑事诉讼法》

第一百五十四条　依照本节规定采取侦查措施收集的材料在刑事诉讼中可以作为证据使用。如果使用该证据可能危及有关人员的人身安全，或者可能产生其他严重后果的，应当采取不暴露有关人员身份、技术方法等保护措施，必要的时候，可以由审判人员在庭外对证据进行核实。

第一百七十五条　人民检察院审查案件，可以要求公安机关提供法庭审判所必需的证据材料……

第一百九十六条第一款　法庭审理过程中，合议庭对证据有疑问的，可以宣布休庭，对证据进行调查核实。

最高人民法院《关于适用〈中华人民共和国刑事诉讼法〉的解释》（法释〔2021〕1号，2021年3月1日施行）

第一百一十六条　依法采取技术调查、侦查措施收集的材料在刑事诉讼中可以作为证据使用。

采取技术调查、侦查措施收集的材料，作为证据使用的，应当随案移送。

第一百二十条　采取技术调查、侦查措施收集的证据材料，应当经过当庭出示、辨认、质证等法庭调查程序查证。

当庭调查技术调查、侦查证据材料可能危及有关人员的人身安全，或者可能产生其他严重后果的，法庭应当采取不暴露有关人员身份和技术调查、侦查措施使用的技术设备、技术方法等保护措施。必要时，审判人员可以在庭外对证据进行核实。

最高人民法院、最高人民检察院、公安部、国家安全部、司法部《关于推进以审判为中心的刑事诉讼制度改革的意见》（法发〔2016〕18号，2016年7月20日施行）

十一、规范法庭调查程序，确保诉讼证据出示在法庭、案件事实查明在法庭。证明被告人有罪或者无罪、罪轻或者罪重的证据，都应当在法庭上出示，依法保障控辩双方的质证权利。对定罪量刑的证据，控辩双方存在争议的，应当单独质证；对庭前会议中控辩双方没有异议的证据，可以简化举证、质证。

【类案参考】

案例7－31

黎某昌等贩卖、运输毒品案①——重大毒品犯罪案件中技术侦查证据的审查判断

［基本案情］　2015年4月至5月，被告人黎某昌购进甲基苯丙胺8400余克，存放在欧阳某民的住处。其间，黎某昌经电话联系向张某刚贩卖甲基苯丙胺4920克，并安排欧阳某民、陈某将毒品从江西省崇仁县运送到安徽省青阳县，交付张某刚。张某刚将购毒款分多次转账至黎某昌指定的银行卡账户。欧阳某民因患严重肺结核，在审理期间死亡。被告人黎某昌始终“零口供”，辩称涉案毒品系欧阳某民所有和为主贩卖，否认向张某刚贩卖毒品事实。同案

① 白春子撰写，本案例获评2021年度全国法院系统优秀案例分析评选二等奖。

陈某供认应黎某昌、欧阳某民要求，其从江西省崇仁县送货到安徽省青阳县，但否认明知是毒品而帮助黎某昌运送。下线张某刚在侦查阶段供认向黎某昌购买毒品用于贩卖，当得知欧阳某民在审理期间死亡后，翻供称毒品是向欧阳某民购买。

［**裁判结果**］　一审过程中，安徽省池州市中级人民法院通知人民检察院移送公安机关采取技术侦查措施收集的被告人黎某昌、张某刚等人的通话语音资料和短信记录，经当庭质证确认：技术侦查证据能够证明张某刚与黎某昌联系购买毒品、黎某昌告知张某刚汇款的银行卡账户以及黎某昌向张某刚催收购毒款等事实，所证与在案黎某昌等人的银行卡交易明细、手机通话记录、张某刚的供述等证据能够相互印证，足以认定黎某昌贩卖、运输甲基苯丙胺8400余克的犯罪事实。判决：以贩卖、运输毒品罪判处黎某昌死刑、剥夺政治权利终身，并处没收个人全部财产的刑事裁定。其他被告人刑罚情况（略）。安徽省高级人民法院经审理裁定：驳回上诉，维持原判。最高人民法院裁定核准。

［**判理分析**］

（1）对技术侦查证据的运用，应当坚持证据裁判与实事求是并重，根据案件实际情况制宜。技术侦查证据对定罪量刑具有关键重要影响的，人民法院应当通知人民检察院移送。未移送的，相关技术侦查证据材料不得作为对被告人定罪量刑的依据。本案中，被告人黎某昌贩卖、运输毒品甲基苯丙胺8400余克，毒品数量巨大，有可能被判处死刑，应当坚持死刑案件严格的证据标准。黎某昌归案后“零口供”，同案欧阳某民在案件审理期间因病死亡，下线张某刚翻供，根据现有证据，认定黎某昌为本案罪行最为严重的被告人并适用死刑，尚未达到死刑案件证据确实、充分并排除合理怀疑的证明标准。故补充移送公安机关采取技术侦查措施收集的证据材料，是准确认定黎某昌毒品犯罪事实、共同犯罪地位以及是否适用死刑的关键证据。

（2）技术侦查证据“三性”的审查要点：一是合法性审查，采取技术侦查措施是否按照法律、有关规定履行批准手续，侦查措施的种类、适用对象和期限是否按照批准决定载明的内容执行；二是真实性审查，对采取技术侦查措施收集的物证、书证、视听资料、电子数据等证据材料的内容是否作出说明，复制件的内容与原件是否一致，与案件事实有关的证据是否全面移送；三是关联性审查，采取技术侦查措施收集的证据与待证事实的关联程度，与其他证据之间是否具有共同指向的内在联系，与其他证据存在矛盾的能否得到合理解释等。本案中，关于证据的合法性，侦查机关对被告人黎某昌、张某刚等人贩卖毒品一案立案侦查后，经过严格的批准手续，对黎某昌等人采取技术侦查措施。所采取的通信监控、场所监控等技术侦查措施，也是严格按照批准的措施种类、适用对象和期限执行。关于证据的真实性，审理期间，人民法院会同人民检察院的办案人员专门赴公安机关技术侦查部门，对补充移送的张某刚、黎某昌等人通话监控的语音材料、抄清文字进行核实，确保抄清文字系原文完整记录被监控对象的原话，没有断章取义。关于证据的关联性，黎某昌与张某刚之间的通话语音、短信记录的内容，包含了二人之间的犯意联络、交易协商、交付方式以及毒资支付的银行卡账号等内容，其内容可以直观判断出技术侦查证据材料与本案毒品犯罪事实的关联性，且与在案的手机通话记录、银行卡交易明细等证据材料能够相互印证，对于证明黎某昌犯罪事实以及在共同犯罪中的地位具有重要的证明作用。

（3）关于技术侦查证据的查证模式，根据《刑事诉讼法》第154条的规定，刑事诉讼法对技术侦查证据按照顺位依次规定了三种查证模式，一是常规的法庭调查，二是采取保护措施的法庭调查，三是“必要的时候”进行庭外核实。法庭是审查、采信证据的唯一场所，技术侦查证据应当移送法庭接受审查，庭外核实是在证据已经移送法庭基础上对存疑证据的核实，而不是审判人员单方赴收集证据部门对未移送的证据进行核实认定。《刑事诉讼法》第196条第1款规定，法庭审理过程中，合议庭对证据有疑问的，可以宣布休庭，对证据进行调查核实。对技术侦查证据庭外核实的，还应当满足《刑事诉讼法》第198条对证据应当经过质证的法律规定要求，即保障辩护人对庭外核实证据的质证权，不能仅由审判人员单方在庭外核实认定。本案中，人民法院在开庭审理中当庭出示公安机关采取技术侦查措施所收集被告人黎某昌、张某刚等人之间的音频资料、抄清文字记录以及相关批准技术侦查措施的法律文书和说明材料，接受被告人及其辩护人的质证。黎某昌虽否认监控的内容，但是当庭对被监控的手机号码系其使用予以认可；张某刚当庭对其被监控手机的通话、短信内容没有异议。

案例7－32

詹某泳等贩卖、运输毒品案①——仅提供监听录音的文字摘录而不提供监听录音原始件的不能作为定罪量刑的证据

［**基本案情**］　公诉机关指控：(1)2014年12月下旬，被告人周某林、罗某云经商议，决定由周某林筹集资金，罗某云前往广东省向被告人詹某泳购买毒品冰毒4000克用于贩卖。之后，罗某云前往广东省惠来县，将其本人银行卡及密码交予詹某泳。12月底左右，周某林向多方筹集毒资，并指使他人将毒资汇至交由詹某泳保管的银行卡账号上，詹某泳遂将毒品交予罗某云。2015年1月上旬，罗某云将购买的毒品运至浙江省象山县。同月8日，周某林在象山县丹西街道将上述毒品中的300余克甲基苯丙胺贩卖给洪某。(2)2015年1月中旬，罗某云再次前往广东省惠来县，将其母亲的银行卡及密码交予詹某泳。后周某林又将筹集的毒资存入该银行卡，之后罗某云将购买的毒品冰毒3000克运至浙江省象山县。(3)2015年1月23日，公安机关从洪某的租住房内查获甲基苯丙胺6包共计296.5277克；从周某林的租住房内查获甲基苯丙胺5包共计347.5327克，海洛因1包9.3498克；从罗某云的租住房内查获甲基苯丙胺4包共计116.3149克，海洛因1包2.6202克。被告人詹某泳、周某林、罗某云对起诉指控的事实和罪名均予以否认。

［**裁判结果**］　浙江省宁波市中级人民法院认为，本案的关键证据技侦材料(监听录音)原始件未能在庭审中当庭播放，被告人及其辩护人不能辨认和质证，公诉机关指控被告人詹某泳贩卖甲基苯丙胺7000克，被告人周某林、罗某云贩卖、运输甲基苯丙胺7000克的证据不足，不予认定。被告人詹某泳贩卖甲基苯丙胺共计763余克；被告人周某林贩卖、运输甲基苯丙胺共计763余克、海洛因共计11.97克；被告人罗某云贩卖、运输甲基苯丙胺共计763余克、海洛因共计11.97克。判决：(1)被告人周某林犯贩卖、运输毒品罪，判处死刑，缓期二年执行，剥夺政治权利终身，并处没收个人全部财产；(2)被告人詹某泳犯贩卖毒品罪，判处无期徒刑，剥夺政治权利终身，并处没收个人全部财产；(3)被告人罗某云犯贩卖、运输毒品罪，判处无期徒刑，剥夺政治权利终身，并处没收个人全部财产；(4)查处的毒品和犯罪工具，均予以

① 参见袁玮玮：《监听录音的文字摘录件不能替代录音原始件作为定罪量刑的证据》，载《人民法院案例选》2017年第1辑(总第107辑)，人民法院出版社2017年版。

没收。

［**判理分析**］　公诉机关指控被告人周某林、罗某云共同在2014年12月下旬以及2015年1月中旬，分别向詹某泳购买毒品冰毒4000克、3000克的犯罪事实，因詹某泳、周某林、罗某云均予以否认，公诉机关在提供了相关通话记录清单、银行交易记录、证人证言等证据后，依然无法证实该两笔毒品犯罪的确切犯罪数量。侦查机关仅提供采取技术侦查手段获取的监听录音的文字摘录，而不提供监听录音的原始件，致使监听录音原始件未经当庭播放、质证，该文字摘录件不能作为定罪量刑的证据，综合本案其他证据无法认定三被告人7000克冰毒贩卖、运输事实，只能就低认定三被告人贩卖毒品冰毒700余克的事实。具体理由如下：

(1)监听侦查行为应受《刑事诉讼法》的规制，监听录音文字转化件的证据效力须经庭审审查。《刑事诉讼法》在"侦查"一章中单独设立"技术侦查措施"一节，监听录音原始件及其文字摘录件的证据效力审查必须首先建立在监听行为的合法性审查基础上。庭审中公诉机关出具了侦查机关严格履行审批手续、严格依法实施监听的相关证据，经庭审审查监听侦查行为的合法性得到确认。但是，公安机关不提供监听录音的原始件，仅仅提交了监听录音的文字转化件，使得法庭无从审查监听录音的原始件与监听录音的文字转化件之间的客观联系性。在公诉机关庭审宣读监听录音的文字转化件时，被告人当庭提出了异议，认为其没有说过文字转化件反映的内容，并要求播放监听录音进行当庭质证，监听录音的文字转化件的客观性、关联性、合法性都受到了被告人一方的质疑，需要提交监听录音的原始件才能进行进一步审查认定。在本案公安机关坚持不提交监听录音原始件的情况下，监听录音文字转化件的三种特性无法得到进一步的庭审审查，因而不能认定该文字转化件的证据效力。

(2)采取技术侦查措施收集的监听录音原始件，经庭审质证、查证属实，方可作为定案的根据。监听录音是本案的关键证据。本案两件重要犯罪事实的毒品交易人、毒资汇入人、毒品数量、交易方式等事实的明确，几乎全部来源和依靠监听录音予以证实。根据最高人民法院《关于适用〈中华人民共和国刑事诉讼法〉的解释》第120条第1款的规定："采取技术调查、侦查措施收集的证据材料，应当经过当庭出示、辨认、质证等法庭调查程序查证。"最高人民法院、最高人民检察院、公安部、国家安全部、司法部《关于办理死刑案件审查判断证据若干问题的规定》第4条规定，"经过当庭出示、辨认、质证等法庭调查程序查证属实的证据，才能作为定罪量刑的根据"。本案由于监听录音原始件未能当庭播放，被告人及其辩护人客观上不能进行辨认和质证，而对被告人及其辩护人提出的未曾说过文字转化件的辩解意见，法院也无法审查，监听录音的客观性、关联性、合法性都存疑，不能转化为庭审证据，不能作为定案的根据。

(3)庭审对监听录音原始件进行质证，暴露的是侦查结果，而不是侦查技术。监听作为一种侦查技术，是一种秘密侦查手段。最高人民法院、最高人民检察院、公安部、国家安全部、司法部《关于办理死刑案件审查判断证据若干问题的规定》第35条第2款规定，"法庭依法不公开特殊侦查措施的过程及方法"。但是监听本身作为技侦手段早已被《刑事诉讼法》公开，并非秘密，犯罪分子经常采用频繁更换手机号或使用"黑话"的方法来逃避侦查监听。当庭播放监听录音原始件，既没有公开监听技术措施的具体实施过程，也没有公开监听技术的实施方法，更不会公布监听侦查人员的具体信息，因此并不会暴露侦查技术，暴露的只是技术侦查的结果，庭审中被告人及其辩护人只是对被告人的作案通话实录进行质证，不会泄露侦查技术本身的技术秘密性。

134. 对于诱惑侦查手段的合法性审查

【实务观点】

对诱惑侦查的合法性进行审查时，应结合主客观两方面的因素，通过行为人在被诱惑之前是否具有犯意，诱惑侦查的主体、程序是否合法，诱惑程度是否在合理的范围之内，诱惑行为与犯罪行为之间是否存在因果关系等综合加以认定。

【类案参考】

案例 7－33

刘某香贩卖、运输毒品案①——诱惑侦查手段的合法性如何审查判断

［**基本案情**］ 2016 年 1 月 11 日，被告人刘某香为贩卖毒品，携带毒品乘坐韩某杰所有、由范某飞（均另行处理）驾驶的大货车，从安徽省临泉县出发，经大广高速前往北京市。同年 1 月 12 日 21 时许，在北京市大兴区榆垡检查站被北京市公安局丰台分局民警查获，民警当场从刘某香身上查获塑料袋包装的毒品一包。经鉴定，上述毒品净重 797.8 克，检出甲基苯丙胺，含量为 78.5%。涉案毒品已被全部收缴。被告人刘某香对指控的犯罪事实不持异议，但辩称其系犯罪未遂。

［**裁判结果**］ 北京市第二中级人民法院经审理认为：被告人刘某香违反国家对毒品的管制规定，为贩卖毒品，将毒品甲基苯丙胺从安徽省临泉县运输至北京市，其行为已构成贩卖、运输毒品罪，且贩卖、运输的毒品数量大，依法应予惩处。鉴于被告人刘某香到案后如实供述自己的主要犯罪事实等情节，法院对其从轻处罚。判决：被告人刘某香犯贩卖、运输毒品罪，判处无期徒刑，剥夺政治权利终身，并处没收个人全部财产。

［**判理分析**］ 诱惑侦查是指侦查人员或特情人员诱发行为人产生犯意或者特意设计某种诱发犯罪的情景，为行为人实施犯罪提供条件或机会，诱使其实施犯罪，并进而侦破案件、拘捕行为人的侦查措施。侦查机关采用的诱惑侦查措施是否合法，直接关系以此措施收集的证据能否被采纳。诱惑侦查措施合法性的认定，应结合主客观两方面的因素进行审查，既要通过行为人的一贯表现和是否具有犯罪前科等因素对行为人在被诱惑前是否具有犯意加以考虑，还要根据诱惑程度是否在合理的范围之内，诱惑侦查的主体、程序是否合法，以及诱惑行为与犯罪行为之间是否存在必然的因果关系等进行综合认定。以此为标准，符合诱惑侦查的合法性需要满足以下条件：

（1）行为人在被诱惑前具有犯意。行为人在侦查人员或特情人员对其诱惑之前是否具有犯意，是区分诱惑侦查措施合法性的主观基础。通过对行为人客观行为的考察可以判断行为人的主观意图，进而判定诱惑侦查措施的合法性。如行为人具有交易毒品的意图，并通过具体的实施行为表现出来，或者虽未行为化，但已经通过言语表达出来或者有迹象表明行为

① 参见石魏：《诱惑侦查合法性的判定》，载《人民司法·案例》2018 年第 5 期。

人将要实施犯罪，之后的涉毒客观行为是其主观意图和自由意志的具体表现。如果行为人本无犯意，也无毒资、毒品、交通工具的情况下，侦查人员积极为其提供毒资、毒品、交通工具等实施犯罪的资源，则该诱惑侦查即属于引诱行为人犯罪的犯意诱发型诱惑侦查，不符合诱惑侦查合法性的主观条件。行为人的客观行为可以参考以下几个方面：行为人案发前是否实施过同类犯罪；行为人是否已经开始实施犯罪预备行为；行为人持有毒品的数量及时间长短等。

（2）诱惑程度在合理的范围之内。人本性中都有恶的一面，有贪欲、有欲望，因此侦查人员在对行为人进行诱惑时，要把握合理的限度，不能远远超出一般人的承受度。诱惑程度应以社会上具备刑事责任能力的普通人的认知能力作为标准，并兼顾行为人的身体、心理、经历等因素，超过其承受程度的诱惑为非法引诱，收集的证据不能作为量刑的依据。比如一般人可以承受毒品价格的一倍上下浮动，如果侦查人员实施的诱惑程度是交易价格的数倍、数十倍，明显高于一般交易价格或者以明显低于市场价格的价格与其交易，均不符合诱惑程度要求。

（3）诱惑侦查的主体、程序符合立法的规定。诱惑侦查的适用必须经过公安机关负责人的审批。审批内容包括：是否具有适用诱惑侦查的必要性，诱惑侦查的对象是否为毒品等交易，诱惑侦查的主体是否适格，诱惑侦查适用范围是否得当以及诱惑侦查介入的时间、期限是否合适等。

本案中，被告人刘某香在特情人员与其接触之前即有交易毒品赚钱的意图，并多次与何某联系，就毒品的价格、交易时间、地点等进行协商。侦查人员在掌握刘某香具有交易毒品的犯意后，为毒品交易的进行提供了条件和机会，如对毒品交易的价格、地点等作了进一步沟通，但这种提供机会的诱惑程度并没有超出一般人的承受程度，完全是按照正常的毒品交易进行沟通、协商，并得以具体的行为化，同时侦查措施严格遵照了《刑事诉讼法》的相关规定，报请了公安机关负责人同意。因此，被告人刘某香本身即具有毒品交易的犯意，毒品交易的行为与特情人员的诱惑行为并不存在必然的因果关系，侦查程序合法。

135. 制造毒品犯罪“零口供”被告人的证据体系如何构建

【实务观点】

相对于简单、无序地罗列证据，缜密、科学地排列、架构证据对增强证据的证明力会起到事半功倍的效果。对于“零口供”刑事案件，更有必要在裁判文书中对证据进行科学地“排兵布阵”，根据证据的种类特性及证明逻辑方式恰当地运用刑事证据规则，通过多层次的证据架构，形成严密完整的证明体系，完成刑事证明过程，以最大限度地提升裁判文书论理性，增强审判公信力。

制造毒品案件的被告人“零口供”时，对被告人在犯罪中的具体地位和作用，应从制造毒品的出资、场所租赁、制毒工具及原材料购买、制造技术提供或培训、纠集或者雇用工人、生产活动的组织管理、毒品的保管及销售、获利的分配等方面分别组织相关证据，形成证据体系；对被告人的辩解亦应有相关证据予以排除或者支持，以确认其辩解是否成立。

【类案参考】

案例7-34

刘某良制造毒品，周某春制造毒品、非法持有枪支案[①]——“零口供”案件中如何构建证据体系认定犯罪事实

［**基本案情**］ 2012年春节前，被告人周某春请被告人刘某良帮忙研制甲基苯丙胺(冰毒)的配方工艺，刘某良应允。后由周某春提供资金，刘某良单独或者伙同周某春购买了烧杯、加热套、乙醚、乙腈、甲胺水溶液、氯化苄等仪器设备与化学品，用于制造冰毒。同年6月，刘某良试制毒品成功。二人为购买制毒原料和运送毒品方便，由周某春出资11,500元购买了一辆微型面包车。后经刘某良妻子于某华联系，周某春出资1万元，租用马某勇位于东港市黑沟镇王岭村西山组第四果园的住房，用作制毒地点。后二人又雇用于某帮助制造毒品。刘某良制造出的毒品均交由周某春保管。同年9月21日晚，周某春报警称其与他人有经济纠纷，公安机关介入后，周某春又提出刘某良吸毒并制造毒品。在周某春的带领下，公安机关于9月22日0时许在周某春的母亲赵某荣家中搜出周某春藏匿的白色粉末9袋共计102.24克(甲基苯丙胺含量为67%)；同日2时许，在果园租住房搜出烧杯装白色粉末202.45克(甲基苯丙胺含量为35.7%)及制毒过程中产生的废液若干。同日，公安机关将刘某良抓获，刘某良供述了伙同周某春制造毒品的事实，周某春亦被抓获。(周某春非法持有枪支的事实略)周某春辩解其是借钱给刘某良而不是出资制造毒品，其报案检举刘某良制造毒品并协助抓捕刘某良是立功情节；其辩护人提出，指控周某春非法制造毒品的证据不足，应当认定周某春犯非法持有毒品罪。

［**裁判结果**］ 丹东市中级人民法院认为，被告人刘某良、周某春合谋制造毒品，周某春负责出资，刘某良负责制造，所制毒品数量大，其行为均构成制造毒品罪，且系共同犯罪。周某春还构成非法持有枪支罪，应予数罪并罚。刘某良揭发周某春犯非法持有枪支罪，构成立功，且能如实供述制造毒品的罪行，依法对其可以从轻处罚。判决：(1)被告人刘某良犯制造毒品罪，判处无期徒刑，剥夺政治权利终身，并处没收个人全部财产；(2)被告人周某春犯制造毒品罪，判处无期徒刑，剥夺政治权利终身，并处没收个人全部财产；犯非法持有枪支罪，判处有期徒刑一年；决定执行无期徒刑，剥夺政治权利终身，并处没收个人全部财产。辽宁省高级人民法院经审理认为，(1)关于周某春及其辩护人所提其未参与制造毒品的辩解及辩护意见，经查，刘某良多次稳定供述其与周某春共谋制造毒品以及周某春出资、其出技术并制造毒品的合作模式，其所制造的甲基苯丙胺亦交由周某春保管；刘某良的供述与相关证人证言、物证等吻合，特别是刘某良的供述与证人宋某敏的证言均证实刘某良在购买制毒原材料过程中有提成5000元的情节，能够佐证系周某春出资。在案其他证据能够充分证实周某春提供资金租用制毒场所、购买原材料和面包车、雇用工人、保管毒品等行为。(2)关于周某春辩解二人之间系借贷关系一节，经查，周某春自身经济能力困窘，与刘某良仅系普通朋友，却在极短时间内出借20万左右给刘某良，且对借款的准确数额不能确定，亦不能提供证据证明，明显有悖常理。(3)关于周某春及其辩护人提出周某春有立功情节的上诉理由及辩护意见，经查，周某春与刘某良系共同制造毒品，其供述刘某良相关犯罪并配合公安机关查获制毒地点及毒品的

---

① 参见中华人民共和国最高人民法院刑事审判第一、二、三、四、五庭主办：《刑事审判参考》(2014年第6集，总第101集)，法律出版社2015年版，第121～126页。

行为均属供述共同犯罪行为，不属立功。裁定驳回上诉，维持原判。

［**判理分析**］　本案的刑事证明难点主要在于：(1)周某春参与制毒共同犯罪的方式较为隐蔽，主要表现为出资行为；(2)案发系周某春本人对刘某良的制毒行为向公安机关进行举报，并带领公安机关到制毒现场查获毒品，从常理上说一个人不会举报自己参与的共同犯罪；(3)被告人周某春在侦查、起诉、审判三个刑事诉讼阶段均系"零口供"，始终对参与制毒犯罪行为予以否认。二审主要通过"两个面、双向度"的证据架构模式对此进行论证。"两个面"是指两个层面：第一层面是总体布局，将本案五个关键事实进行分解论证，包括证实周某春出资租用制毒场所、出资购买运输车辆、出资购买制毒原材料、雇用工人、保管制成毒品的相关证据；第二层面是对每个事实点通过证据组的形式进行论证，在每一组证据中，均将相关证据组合在一起，合力形成对待证事实的论证。刘某良作为同案犯，其供述是周某春犯罪的最直接证据，可以贯穿论证始终。但因供述系言词证据，根据证据补强规则，每个事实点的证明均有刘某良供述，同时以在案其他证人证言、书证、物证等予以补强，形成每个事实点的完整证据链条。同时，"双向度"的论证思路需始终贯穿于"两个面"的证据布局之中，既要从正面证实周某春有犯罪行为，同时又要对其无罪辩解进行有层次地研判和驳斥。"零口供"不代表被告人没有任何供述内容和辩解，故在单个事实点的证据组中同时对周某春的相关辩解予以说明，与其他物证、书证、证人证言等所证内容进行对比分析，通过正反两面论证得出唯一有罪结论，更具说服性。具体分析如下：

其一，关于租用制毒场所的证据组中，被告人刘某良供述通过其妻子于某华联系租用马某勇的房子，并由周某春出资1万元作为房租；被告人周某春供认租房时在场，但辩解租金系刘某良所出；证人于某华证实帮助联系租住马某勇的房屋；证人马某勇证实，经于某华介绍，刘某良和周某春共同租住其房屋称合伙生产药物，且由周某春支付1万元房租，案发后马某勇对周某春进行了辨认。刘某良的供述与两份证言吻合；周某春也承认租房时在场，与其他证据所证一致，但辩解租金系刘某良所出明显与房主证言相悖。综上，能够证实周某春出资租房的事实。

其二，关于购买车辆用于制毒的证据组中，刘某良供述买车是其与周某春一起商量在制毒过程中使用，由周某春联系购买事宜，包括给车主打电话、与车主签订协议并出资；车主方某林证实其将一辆长安微型面包车以11,500元的价格卖给周某春，并对周某春进行了辨认；车辆转让协议书所载与方某林证言吻合。周某春亦供认以其名义买车的事实，但辩解因刘某良说没带身份证，才用其名字，且出资系借款，其辩解与车辆使用其名字登记相矛盾。故能够认定系周某春出资购买车辆用于制毒。

其三，关于购买制毒原材料的证据组中，刘某良供述由周某春出资，且陪同其一起购买过；售货人宋某敏证实多次将乙醚等易制毒化学品卖给刘某良，周某春曾支付1万元，且刘某良曾用周姓银行卡付账并提成5000元；购货明细清单及宋某敏开具的1万元收条可证实上述情况。周某春供述与刘某良一同去购买化工原料三四次，其中一次以矿山老板儿子名义支付1万元货款。故能够认定系周某春出资购买制毒原材料。

其四，关于雇用工人参与制毒的证据组中，刘某良供述与受雇人于某证言一致，均证实刘某良和周某春称合伙生产药物，周某春让于某来干活并许诺给予工资；周某春供述知道于某受雇干活的事实，但否认系其雇用。故能够认定周某春、刘某良二人共同雇用工人制毒的事实。

其五，关于保管制成毒品的证据组中，刘某良供述生产出的毒品均交给周某春；公安机关从刘某良包中扣押的香烟包装纸片上有刘某良记载给周某春送毒品的次数、数量及周某春给刘某良提供费用的部分花销情况，所载毒品数量与公安机关在周某春处所扣押毒品数量基本一致；提取笔录及扣押物品、文件清单证实公安机关在周某春母亲赵某荣家提取、扣押毒品情况：证人赵某荣证实2012年八九月，刘某良多次到家里，称与周某春一起研究买卖，后公安机关在其家搜缴9袋冰毒的事实；周某春对持有毒品一节事实予以供认。综上，能够认定周某春保管制成毒品的事实。

136.贩卖毒品犯罪的“零口供”案件如何运用证据规则

【实务观点】

贩卖毒品案件中，虽然没有被告人的有罪供述，但综合全案其他证据可以得出唯一的排他性结论，而且不存在特情引诱或者特情介入的情况，应当认定相关犯罪事实。主要依靠间接证据认定案件事实时，裁判者要在对每一个间接证据查证属实、确认其真实性的基础上，挖掘、评判每一个间接证据与案件事实存在的关联性，借助逻辑推理，整合、构建出案件主要事实。

运用推定方法认定行为人主观故意需要严格遵守无罪推定原则。在证明犯罪客观要素和主观要素之外，还应当对行为人的辩解给予足够重视，即能够排除行为人的无罪辩解。行为人“不能作出合理解释，不能举出反证”在证明力上仅仅起到增强审判者内心确信、排除行为人遭受蒙骗被他人利用实施毒品犯罪这一合理怀疑的作用，并没有单独的证据价值。真正能够证明行为人实施毒品犯罪的证据在于行为人自己实施的一系列客观行为，真正推定行为人主观故意的基础事实是行为人实施的客观行为，而非不合理的解释或者没有举出反证。

【法律及司法文件】

《中华人民共和国刑事诉讼法》

第五十五条　对一切案件的判处都要重证据，重调查研究，不轻信口供。只有被告人供述，没有其他证据的，不能认定被告人有罪和处以刑罚；没有被告人供述，证据确实、充分的，可以认定被告人有罪和处以刑罚。

证据确实、充分，应当符合以下条件：

（一）定罪量刑的事实都有证据证明；

（二）据以定案的证据均经法定程序查证属实；

（三）综合全案证据，对所认定事实已排除合理怀疑。

【类案参考】

案例7－35

张某国贩卖毒品案①——没有被告人供述但其他证据达到确实、充分程度的也可认定案件事实并判处死刑

［**基本案情**］　被告人张某国自1973年8月至1984年6月多次因犯罪被判处刑罚，2001

① 参见中华人民共和国最高人民法院刑事审判第一、二、三、四、五庭主办：《刑事审判参考》(2007年第4集，总第57集)，法律出版社2007年版，第48～55页。

年6月19日刑满释放。(1)2005年2月26日,被告人张某国通过蒋某栋以15,000元的价格贩卖给刘某100克海洛因。认定上述事实的证据有:①刘某、蒋某栋证言证实,2005年2月25日左右,刘某打电话给张某国要100克海洛因。次日,张某国让其付15,000元。刘某将15,000元打到张某国指定的农业银行账户上。27日下午,张某国让蒋某栋将100克海洛因送到南京交给刘某。刘某并安排蒋某栋在"老战友"饭店住了一晚。②南京市公安局扣押物品、文件清单证实,2005年3月9日扣押张某国农业银行信用卡1张(尾号1315)。③中国农业银行无锡分行营业部账单证实,2005年2月26日,张某国尾号1315的银行卡收入15,000元。④南京"老战友"旅馆服务有限公司住宿登记单证实,2005年2月27日20时蒋某栋入住该旅馆,于2005年2月28日12时02分结账。⑤书证手机通话记录显示2005年2月25日、26日张某国、刘某、蒋某栋间曾分别通话。

(2)2005年3月6日,刘某、梁某强与被告人张某国经事先商议,分别向张某国购买海洛因150克和200克,并经刘某联系,三人伙同蒋某栋一起租车从江苏省南京市前往广东省广州市购毒。3月7日,张某国在广州市向他人购入海洛因355克后转手贩卖给梁某强、刘某,得赃款58,500元。3月8日,梁某强携该355克海洛因以及另外向穆某江(在逃)购买的102.5克海洛因,蒋某栋携412.5克海洛因驾车先行从广州市返回南京市。3月9日3时许,梁某强、蒋某栋驾车至宁合高速公路南京段一加油站附近时被公安机关抓获,公安机关在杰海加油站附近的高速公路路基下缴获蒋某栋扔掉的毒品2包。经鉴定,蒋某栋携带的长方形块状物8块净重412.5克、梁某强和刘某的圆形块状物7块净重355克、梁某强的圆柱形块状物2块及1包白粉净重102.5克,均系海洛因,含量15%。2005年3月9日,张某国、刘某乘坐广州至南京的长途汽车到达南京中央门长途汽车站时,被公安机关抓获。认定上述事实的证据有:①蒋某栋、梁某强、刘某关于上述事实的供述;②证人吕某强证言及辨认笔录证实,2005年3月6日、7日,梁某强、刘某、张某国、蒋某栋同乘其开的车辆并同住一宾馆;③抓获现场及物证照片,提取笔录;④物证鉴定书证实梁某强等人携带海洛因的重量及含量;⑤中国农业银行无锡分行账单证实,2005年3月7日张某国银行卡支出40,100元。

[**裁判结果**]　南京市中级人民法院认为,2005年2月26日张某国贩卖给刘某100克海洛因,是蒋某栋送到南京交给刘某的,此节有刘某、蒋某栋的供述证明,还有刘某打入张某国农业银行卡15,000元以及蒋某栋在南京的住宿登记可以印证。2005年3月7日张某国贩卖给梁某强、刘某的350克海洛因,有蒋某栋、梁某强、刘某的供述证明,且各被告人供述之间能相互印证,另外还有张某国在广州农业银行卡上提款40,100元的记录、被查获的355克海洛因予以佐证。故被告人张某国辩解未参与贩毒的意见不予采纳。被告人张某国明知是毒品而进行贩卖,且数量大,其行为构成贩卖毒品罪。系累犯,应从重处罚。2005年9月15日判决:被告人张某国犯贩卖毒品罪,判处死刑,剥夺政治权利终身,并处没收个人全部财产。江苏省高级人民法院裁定驳回上诉,维持原判,报请最高人民法院核准。最高人民法院经复核后认为,被告人张某国贩卖海洛因455克,其行为已构成贩卖毒品罪,且贩卖毒品数量大。张某国曾4次被判刑,其中3次系服刑期间重新犯罪,其间还因抗拒改造被加刑,仍不思悔改,系累犯,犯罪主观恶性极大,依法应从重处罚。裁定核准死刑。

[**判理分析**]　《刑事诉讼法》第55条规定,"对一切案件的判处都要重证据,重调查研究,不轻信口供。只有被告人供述,没有其他证据的,不能认定被告人有罪和处以刑罚;没有

被告人供述,证据确实、充分的,可以认定被告人有罪和处以刑罚"。这条规定不是一般的宣言式规定,而是如何对待被告人供述这一言词证据的重要证据规则。本案被告人张某国始终不承认其贩毒事实,但其他证据都无一例外地指向张某国的贩毒犯罪,并且各证据之间形成了互相印证的完整、缜密的证明体系,达到了确实、充分的定案程度,足以认定其两笔贩毒事实。具体分析如下:

(1)关于2005年2月26日,张某国以15,000元的价格贩卖给刘某100克海洛因的事实。经查,该事实是梁某强归案后检举,经公安人员讯问刘某、蒋某栋得以查证属实的。刘某、蒋某栋的供述可以相互印证此次毒品交易的过程,包括送毒的时间、交货地点和毒品数量等,都是一致的。刘某、蒋某栋供述的交易过程还得到以下间接证据的印证:①书证手机通话记录显示2005年2月25日、26日张某国、刘某、蒋某栋间曾分别通话,可以印证张某国、刘某供述的真实性。②公安机关于2005年3月9日抓获张某国时扣押其持有的中国农业银行信用卡1张,该卡交易记录显示2005年2月26日收入15,000元。这与刘某关于汇款给张某国的供述相吻合。二审期间,江苏高院并向农业银行南京市盐仓桥分理处调取了2005年2月26日刘某向张某国银行卡汇入15,000元的原始单据,进一步印证了张某国收受毒资的事实。张某国称此款系刘某归还的欠款,但无法解释是什么欠款,而刘某在庭审中的供述证实不存在欠款问题。③南京"老战友"旅馆服务有限公司住宿登记单证实,2005年2月27日20时蒋某栋以其名字和身份证入住该旅馆,于2005年2月28日12时02分结账,这与刘某、蒋某栋供述相印证。该起事实中,通话记录、住宿登记等书证的证明力应该说是无可辩驳的,再结合同案被告人刘某、蒋某栋的供述,形成了一个互相印证,完整、缜密的证据体系。

(2)关于2005年3月7日,张某国在广州市贩卖给刘某、梁某强海洛因355克的犯罪事实。有蒋某栋、刘某、梁某强的供述予以一致证实。张某国向上线购毒、让刘某验货以及完成交易的过程均有蒋某栋在场,其供述真实可信;刘某、梁某强对购买海洛因的事实也供认不讳,均可互相印证。三人的供述并有以下间接证据印证:①张某国银行卡交易记录证实2005年3月7日异地取款40,100元,与蒋某栋供称张某国到广州后先到银行取款的事实印证;②缴获的355克海洛因与刘某、梁某强供认的毒品特征和购毒数量以及购毒价格印证;③司机吕某强证言证实蒋某栋将(装有海洛因的)皮包放到汽车后座平台的事实与蒋某栋、刘某、梁某强的供述印证;④张某国被抓获时扣押现金14,300元,其在广州提取40,100元,加上刘某付给他购毒款22,500元,梁某强付给他购毒款36,000元,合计为98,600元,其在广州应该实际用去84,300元。扣除部分吃住费用,余款去向与实际购毒的数量可以印证。

案例7-36

圣德·阿美·强走私毒品案①——"零口供"的情况下如何运用间接证据认定被告人的主观故意

[**基本案情**] 被告人圣德·阿美·强(以下简称圣德)与他人合谋,由他人以联系业务为名与江苏省张家港友城科技机电有限公司(以下简称友诚科技公司)员工张某取得联系,并以邮寄样品为名,将毒品藏在菜谱中走私入境。2013年1月16日,藏有可卡因的样品包裹从

① 参见中华人民共和国最高人民法院刑事审判第一、二、三、四、五庭主办:《刑事审判参考》(总第110集),法律出版社2018年版,第1~9页。

巴西联邦共和国被邮寄给张某。同年2月7日,该包裹被苏州海关驻邮局办事处查获,从中查获可卡因318克。后圣德与张某联系,让张某将该菜谱寄往广东省广州市越秀区麓景西路××号。张某根据民警指示将毒品替代物邮寄至上述地址。2月22日,圣德在该地签收邮件后,被民警当场抓获。另外,2013年1月6日至2月22日,上诉人圣德收取"收件地址广东省广州市越秀区麓景西路××号、收件人Micheal、联系电话158××××2419"的快件共计7次。圣德辩解称其没有参与走私毒品犯罪,其辩护人提出圣德主观上不明知包裹内藏有毒品且现有证据不能证明圣德就是包裹的所有人或接收人。

[**裁判结果**] 苏州市中级人民法院认为,被告人圣德在中华人民共和国领域内伙同他人违反毒品管制法规,将可卡因318克以邮寄方式走私入境,其行为已构成走私毒品罪,应依照《刑法》追究其刑事责任。圣德伙同他人走私毒品,在共同犯罪中起主要作用,系主犯。判决:被告人圣德犯走私毒品罪,判处无期徒刑,并处没收个人全部财产;随案扣押的手机等物品予以没收,上缴国库。江苏省高级人民法院经审理,裁定驳回上诉,维持原判。

[**判理分析**] 本案缺少能够直接认定被告人圣德伙同James走私毒品的直接证据,被告人归案后"零口供",始终作无罪辩解,其辩护人亦提出无罪辩护意见。从巴西发货的上家包括James在内均未归案,圣德归案后始终辩解系受朋友AKIM之托代为收取包裹,主观上不知道是毒品,证人张某在案发之前对James以邮寄样品为名走私毒品的事实也不知情,两名快递员证实圣德以本案的同一收件地址、收件人、联系电话收取了若干个包裹,但两名证人对包裹的内容不知情。法院依据查证属实的间接证据,最终认定了被告人主观上明知是毒品而伙同他人将毒品走私进入我国境内的事实。具体分析如下:

(1)依靠间接证据认定案件事实时,裁判者要在对每一个间接证据查证属实、确认其真实性的基础上,挖掘、评判每一个间接证据与案件事实存在的关联性,借助逻辑推理,整合、构建出案件主要事实,达到证明案件主要事实成立的诉讼目的。本案中,以案发时间为序,存在如下间接事实:

①在圣德住处搜查到的硬面笔记本内有圣德自己写了友诚科技公司和张某的联系地址及电话。圣德的号码为158××××0740的手机内留存有2013年1月2日向vitoqg gvolvo(136××××6124)发送的内容为"友诚科技公司的地址、电话、联系人张某"的短信,2013年1月17日向Sunday 95 two(137××××9486)发送的内容为"cp 298700481 br ems"的短信。说明圣德在本案邮包从巴西寄出之前(1月2日,该邮包于1月16日在巴西交邮),已经掌握国内收件单位友诚科技公司的地址和联系人张某的电话;本案邮包从巴西寄出之次日(1月17日)圣德即掌握了邮包的跟单号码"cp 298700481 br ems"。

②证人张某的证言及手机通话记录、手机短信、顺丰快递邮寄单、汇款凭证等证据证实,2013年2月17日,James通过网络告知张某,Micheal会与张某联系,Micheal的手机号码为158××××2419。30分钟后,张某收到号码为158××××2419的来电,来电者自称Micheal,并让张某尽快转寄James的包裹(包裹内的一本菜谱中藏有可卡因318克),在张某提出需要邮费200元后圣德立即汇款,并马上给张某发送了"收件地址广东省广州市越秀区麓景西路××号、收件人Micheal、联系电话158××××2419"的短信。圣德在给张某汇出邮费200元后,马上将银行汇款凭证通过网络发给了James,James又通过网络转发给了张某。

③证人,即快递员郭某某证实其2013年1月6日至2月22日向Micheal即圣德派送邮件

7 次,每次都事先与号码为 158 × × × ×2419 的手机联系,都是圣德接电话并接收包裹。

④在圣德住处搜查到的笔记本电脑内查获“查询本案快递单号”的上网记录,圣德持续跟踪查询本案快递的流程信息,2 月 21 日查询单号为 2040 × × × ×5245 邮件的记录有 10 次,2 月 22 日有 3 次,2 月 17 日至 18 日查询过单号为 CP298 × × ×481 BR 邮件的记录各 1 次。

⑤2013 年 2 月 22 日,圣德收取特定的包裹,并被当场抓获。

上述事实能够证明圣德与 James 存在合谋,系共同犯罪的事实。被告人圣德在本案藏匿毒品的邮包尚未从巴西邮寄之前即已掌握国内收件人张某的相关信息,在该包裹从巴西邮寄后的第二天即掌握邮单号码,在该邮包进入我国后的第一时间即与张某联系,并要求张某尽快转寄像书一样的物品菜谱(其中藏有可卡因 318 克),多次催促张某将邮包中像书一样的物品转寄到广州市其提供的地址,在张某提出要求其支付远高出正常邮费的汇款要求后当即应允,圣德在转寄后第二天即进行多次跟踪查询。根据这些基础事实,圣德要求张某转寄从巴西邮寄来的一本普通菜谱,该菜谱既非急需用品,又非值得支付高额邮费通过他人费时周折转寄的贵重物品,更非有纪念价值的特定物品(圣德始终没有作此供述),而圣德在获悉张某将邮包寄出后非常关注该邮包进程,并急于收取该邮包,在案发后却极力开脱与该邮包的关系。依据经验法则和逻辑法则来看圣德实施的以上行为,圣德主观上对单号为 CP298 × × ×481 BR 的邮件中藏匿毒品系明知,具有走私毒品的犯罪故意。这是本案以客观行为推定行为人主观故意的过程。

(2)运用推定方法认定行为人主观故意需要严格遵守无罪推定原则。在证明犯罪客观要素和主观要素之外,对行为人的辩解须给予足够重视,即还应当能够排除行为人的无辜辩解。行为人“不能作出合理解释,不能举出反证”在证明力上仅仅起到增强审判者内心确信、排除行为人遭受蒙骗被他人利用实施毒品犯罪这一合理怀疑的作用。真正能够证明行为人实施毒品犯罪的证据在于行为人自己实施的一系列客观行为,真正推定行为人主观故意的基础事实是行为人实施的客观行为,而非不合理的解释或者没有举出反证。对行为人辩解审查的主要目的在于排除行为人没有实施犯罪事实的可能性,验证各项间接证据之间、间接证据与案件事实之间是否存在矛盾,以及矛盾是否得到了合理排除,最终认定全案证据指向同一案件事实。

本案中,①被告人圣德提出系其朋友 AKIM 让其收取包裹且只有一次,是 AKIM 等人让其汇款 200 元。经审理查明,2013 年 2 月 20 日,证人张某系应 Micheal 的要求从张家港市寄出邮包,不是应 AKIM 的要求,邮包载明的收件人 Micheal 即为圣德;依据其辩解,AKIM 于 2 月 21 日晚上才要其代收邮包,故圣德在此日之前无法了解邮包的存在以及邮包的邮单号,更无法查询该邮件的进程,但事实上是圣德在邮包寄出后通过网络查询邮件进程 10 余次,首次查询时间为 2 月 21 日 5 时 59 分,早于其供述的 AKIM 于 2 月 21 日晚上要其代收该邮包的时间。2013 年 2 月 18 日 12 时 25 分,圣德向张某账户存款 200 元,该 200 元在张某提出要求后即汇出,而依据圣德在侦查阶段的稳定供述,AKIM 等人当日均不在广州市,也没有证据证明在圣德答应汇款要求后,圣德与 AKIM 联系协商汇款事宜。况且,侦查机关根据圣德提供的线索也没有查找到 AKIM 等相关人员。故行为人圣德提出系 AKIM 让其代收包裹、AKIM 等人让其汇款 200 元的辩解无证据支持。

②被告人圣德还提出其对笔记本电脑中查询快递信息的事情不知情,系其朋友或邻居查

询的；号码为158××××2419的手机系AKIM于2013年2月21日晚上所给，其此前没有使用过该手机。经审理查明，圣德使用的笔记本电脑内关于快递单号2040××××5245的查询记录在2013年2月21日有10次，首次查询时间为5时59分，22日有3次，其中一次查询时间为0时31分。根据生活常识，通过网络查询快递流程需依据快递单号才能进行，而本案无证据证明圣德的朋友或邻居知悉该快递单号；且其朋友或邻居在凌晨到其住处查询快递跟单信息有违常理。快递员郭某某的证言证明，郭某某每次向Micheal即圣德派送邮件时都事先与号码为158××××2419的手机联系。郭某某的手机号码与号码为158××××2419手机的通话记录显示，2013年1月6日至2月22日，两部手机通话14次。证人张某的证言、短信记录、通话记录等证据证明，2013年2月18日至20日，Micheal一直使用号码为158××××2419的手机与张某进行联系。故圣德即为收件人Micheal，圣德提出的号码为158××××2419的手机系AKIM于2013年2月21日晚上给其，在此之前没有使用该手机的辩解与事实不符，不能成立。证人即快递员郭某某证实其2013年1月6日至2月22日向Micheal即圣德派送邮件7次，每次都事先与号码为158××××2419的手机联系，都是圣德接电话并接收包裹。

案例7－37

张某勇贩卖毒品案①——从被告人处提取到和购毒者联系的手机及接收毒赃的账户且本人不能作出合理解释的可以定案

［**基本案情**］　2014年8月，被告人张某勇在浙江江山市通过其持有的江山移动短号为758729的手机贩卖甲基苯丙胺。购毒人员电话联系该短号求购毒品后，张某勇将其控制的他人名下尾号为7476的农业银行账号发送给对方，要求对方按照400元每克的价格汇入购毒款。张某勇将自己的号码为159××××3913的手机与该账户进行绑定，其收到毒资入账的短信通知后，通过上述短号发送短信通知对方到藏毒地点取走毒品。至案发时，尾号为7476的农业银行账户共转入4.9万元，除其中一笔400元由福建省一银行柜台存入外，其余款项均系在江山市通过ATM机存入现金或转账。该账户内共有4.405万元通过网银转至张某勇名下的另一农业银行账户内。综上，张某勇共收到毒资4.86万元，折合贩卖甲基苯丙胺121.5克。被告人张某勇辩称其未实施指控的犯罪行为。辩护人提出，公诉机关提交证据不能证实贩卖毒品行为由张某勇实施，本案事实不清、证据不足。

［**裁判结果**］　江山市人民法院经审理认为，被告人张某勇犯贩卖毒品罪，判处有期徒刑十五年，并处没收财产五万元。浙江省衢州市中级人民法院经二审审理认为，多名购毒者的证言证明，购买毒品需首先拨打短号为758729的手机，与一名外地人联系，然后将购毒款打入农业银行尾号为7476的账户，并根据对方发回的短信至藏毒地点取走毒品。相关通信客户详单、机主信息及通话、短信记录等书证、鉴定意见与上述证人证言相印证，足以认定短号为758729的手机、农业银行尾号为7476的账户供贩毒使用。同时，根据上述手机系从张某勇身上扣押、上述账户由张某勇参与申请开户并与其另一部手机绑定、上述账户中有4万余元通过网银转至张某勇名下的另一账户等事实，足以认定张某勇实施了贩卖毒品行为。其所作无罪辩解前后矛盾，且明显不符合常理。裁定驳回上诉，维持原判。

---

①　参见中华人民共和国最高人民法院刑事审判第一、二、三、四、五庭主办：《刑事审判参考》（总第110集），法律出版社2018年版，第18～22页。

［**判理分析**］　毒品犯罪非接触式交易，即贩毒分子利用移动通信终端与购毒者商定交易细节、确认付款、通知对方取货，交易双方在时空上有一定的距离，互相不知道身份、体貌特征的情况下即可完成毒品交易，俗称“打卡埋雷”。对此类案件，侦查中很难获取同时指向交易双方的证据，购毒者也无法直接指证出售毒品人，如果本人亦否认实施贩毒行为，就必须有较好的间接证据证实相关交易环节，且间接证据能形成完整的证据锁链，才能认定被告人实施了贩毒行为。具体分析如下：

（1）根据多名购毒人员的证言及相关书证，可以认定短号为758729的手机和尾号为7476的农业银行账户被用于毒品犯罪。周某某、徐某等大量购毒者的证言均证实，购毒人员首先拨打短号为758729的手机，与一名外地人联系（张某勇系湖南省临武县人），商定交易内容后将购毒款打入该人提供的尾号为7476的农业银行账户，再根据对方发回的短信到藏毒地点取毒品，价格是每克400元。相关通信客户详单、机主信息及通话、短信记录等证实的短号为758729的手机通话情况，与上述证人证言相印证。同时，银行账户交易明细证实，尾号为7476的农业银行账户开户后三个月内共入账191笔，总金额4.9万元，每笔金额均为200元至800元的整数，其中188笔均在江山市区通过ATM机现金存入，2笔系转账（来自购毒人员胡某某）。该账户每笔入账的金额与购毒人员证实的毒品价格相对应，除在福建省存入的400元外，汇款来源皆有据可查。绝大部分入账资金系通过ATM机现金存入的情节，也符合毒品交易中购毒人员欲隐瞒身份来避免留下交易痕迹的特点。综合上述证据，足以认定短号为758729的手机和尾号为7476的农业银行账户被用于贩卖毒品，该手机及账户的实际控制人应系贩毒行为人。

（2）在案证据足以认定被告人张某勇系短号为758729的手机和尾号为7476的农业银行账户的实际控制人，该账户所涉毒品交易均由张某勇实施。公安人员抓获被告人张某勇时从其身上扣押两部手机，一部号码为短号758729，提取到若干求购毒品的短信；另一部号码为159××××3913，提取到尾号为7476、5414的两个农业银行账户余额变动提示短信。相关银行资料显示，尾号为7476的账户开户人系刘某某，绑定的手机号为张某勇使用的159××××3913。张某勇亦认可其与刘某某一起到银行，用刘某某的身份证办卡的事实，并供称由其填写申请开户单，刘某某作为申请人签字。同时该账户中几乎全部款项分19笔转入张某勇名下的尾号为5414的农业银行账户，ATM机监控视频证实张某勇多次从尾号为5414的农业银行账户中取款。结合从张某勇处扣押的两部手机中存储的相关短信内容分析，可以认定短号为758729的手机和尾号为7476的农业银行账户均由张某勇实际控制，且被其用于毒品交易。

（3）被告人张某勇的辩解经查不能成立。张某勇辩称短号为758729的手机和尾号为7476、5414的农业银行账户均与其无关。首先，对短号为758729的手机的来源，张某勇先后有“不知道是谁的，我没有这个手机”“来江山时，身上就有三部手机（包括短号758729手机）”“路边捡来的”等多种辩解，辩解内容前后不一，而且其在被抓获时还刻意隐藏该手机，说明张某勇对该手机可能会成为对其不利的证据有明确认识，其关于手机来源的辩解不足采信。其次，张某勇辩称“阿华”（身份不详）委托其办理尾号为7476的农业银行账户，该账户与其无关，且从未在江山市的农业银行ATM机上取过款，但不能对“阿华”委托其办理银行账户、该账户绑定张某勇的手机号、该账户中的几乎全部资金均转入张某勇的账户的原因作出合理解释。其辩解不能形成合理疑点，也与相关视频监控资料证实的情节不符，不影响事实认定。

137. 侦查人员出庭作证的范围和程序

【实务观点】

需要侦查人员出庭说明的情况一般包括以下三个方面的内容:(1)侦查人员在对犯罪嫌疑人进行抓捕的过程中经历和了解的案件情况,比如毒品犯罪案件中查获毒品与被告人之间关系的事实、被告人归案的具体经过等;(2)侦查人员在实施搜查、扣押、辨认、讯问、询问等侦查活动中了解的案件情况,以及侦查活动本身合法性的相关事实;(3)侦查人员在接受犯罪嫌疑人投案或者对犯罪嫌疑人提供的立功线索进行查证等活动中了解的案件情况。

对于侦查人员出庭作证的,应当明确需要其证明的侦查活动某一事实,由该侦查人员直接就需要说明的情况进行陈述,再由控方和辩方分别进行询问,审判人员认为必要时,也可以进行询问,但不能就该侦查活动以外的事实进行询问,也不能对案件事实的认定发表意见。对于侦查人员接到通知后拒不出庭的,不能采取拘传及其他强制其出庭的措施,但应当通报其所在部门,因其拒不出庭导致案件关键事实不清或者侦查活动合法性无法得到证明的,对相关事实依法不予认定,对相关证据依法不予采信。

【类案参考】

案例 7 - 38

王某勇、陈某运输毒品案①——侦查人员出庭作证的范围和程序

[**基本案情**]　2007 年 12 月 18 日,被告人王某勇指使被告人陈某从上海市乘飞机前往四川省成都市天合酒店与其会面,王某勇将装有毒品的纸袋交给陈某。次日,陈某按王某勇的要求携带毒品乘坐 K292 次列车回沪。12 月 21 日 6 时许,二人在上海市中亚饭店 2420 房间交接毒品时被侦查人员抓获,当场查获装在纸袋内的大量白色晶体。此后,侦查人员又在王某勇驾驶的汽车内查获大量灰色及红色药片,从王某勇入住的中亚饭店 1317 房间内查获少量淡黄色晶体、白色晶体。经鉴定,纸袋中的白色晶体净重 4496.8 克,甲基苯丙胺含量为 78.39%;汽车内查获的灰色药片净重 300.18 克,二亚甲基双氧安非他明(MDMA)含量为 27.90%,红色药片净重 176.17 克,甲基苯丙胺含量为 11.07%;1317 房间内查获的淡黄色晶体净重 5.63 克、白色晶体净重 2.23 克,均检出甲基苯丙胺成分。

[**裁判结果**]　上海市第一中级人民法院认为:被告人王某勇指使被告人陈某运输毒品甲基苯丙胺 4496.8 克,两人的行为均构成运输毒品罪。被告人王某勇还非法持有毒品甲基苯丙胺 184.03 克、二亚甲基双氧安非他明(MDMA)300.18 克,其行为还构成非法持有毒品罪。公诉机关提供的证据尚不能证明王某勇有贩卖毒品甲基苯丙胺 4680.83 克、二亚甲基双氧安非他明(MDMA)300.18 克的行为。王某勇雇用他人运输毒品数量特别巨大,依法应予严惩。陈某系受他人雇用运输毒品,且到案后认罪态度较好,有悔罪表现,依法可酌情从轻处罚。判决:被告人王某勇犯运输毒品罪,判处死刑,剥夺政治权利终身,并处没收个人全部财产;犯非

---

①　参见中华人民共和国最高人民法院刑事审判第一、二、三、四、五庭主办:《刑事审判参考》(2011 年第 4 集,总第 81 集),法律出版社 2012 年版,第 41 ~ 48 页。

法持有毒品罪,判处有期徒刑十二年,剥夺政治权利三年,并处罚金二万四千元;决定执行死刑,剥夺政治权利终身,并处没收个人全部财产。被告人陈某犯运输毒品罪,判处无期徒刑,剥夺政治权利终身,并处没收个人财产五万元;查获的毒品、毒资等予以没收。上海市高级人民法院裁定驳回上诉人王某勇的上诉,维持原判,并依法报请最高人民法院核准。最高人民法院裁定核准。

［**判理分析**］　本案被告人王某勇到案后始终否认实施毒品犯罪行为,辩护人亦作无罪辩护。一审法院依法通知负责抓捕王某勇的侦查人员出庭作证,并为保护侦查人员的安全,采用视频屏蔽方式作证。

(1)侦查人员出庭作证的法律依据。侦查人员出庭作证符合刑事诉讼法的规定和立法精神,具有充分的法律依据:①《刑事诉讼法》规定,凡是知道案件情况的人,都有作证的义务。"知道案件情况的人",无论从文义解释还是从立法精神来理解,均应当包括案发过程中和案发之后了解案件情况的人。侦查人员在执行职务过程中,无论是在案发时抓捕嫌犯,还是案发后进行勘查、检验、讯问等侦查活动,均属于"知道案件情况的人",必要时均可以出庭作证。②《刑事诉讼法》关于担任过本案证人的侦查人员应当回避的规定,针对的是非因侦查人员身份而接触到案情,需要作为案件证人的人,不应再继续担任该案的侦查人员。该条规定同样适用于检察人员和审判人员,但对于因侦查工作而接触案情的侦查人员,其出庭作证则不能适用该条回避规定,否则即会排除所有侦查人员出庭作证的情形。

(2)侦查人员出庭作证范围的界定。限定我国侦查人员出庭作证的范围应当考虑两方面的因素:首先,被告人对公诉机关的指控有实质性异议的案件。其次,出庭作证的侦查人员所陈述的情况应当对证明案件事实具有重要作用。侦查人员出庭作证,是就其在执行职务过程中感知和了解的案件情况进行说明。具体来说,需要侦查人员出庭说明的情况一般包括以下三个方面的内容:一是侦查人员在对犯罪嫌疑人进行抓捕的过程中经历和了解的案件事实情况;二是侦查人员在实施搜查、扣押、辨认、讯问、询问等侦查活动中了解的案件事实情况和与实施侦查活动本身的合法性相关的情况;三是侦查人员在接受犯罪嫌疑人投案或者对犯罪嫌疑人提供的立功线索进行查证等活动中了解的案件事实情况。侦查人员在其执行职务过程中感知和了解的案件情况,通常以勘验、检查等笔录和破案经过、抓获经过等文字形式呈现。如果对上述文字记载的内容或相关侦查活动的合法性有争议,侦查人员应当出庭作证。

本案在第一次庭审中,被告人王某勇坚称没有实施毒品犯罪行为,其辩护人提出本案起诉指控王某勇犯罪的事实不清、证据不足,其理由主要是认为本案指控王某勇指使陈某运输在中亚饭店2420房间查获的4496.8克甲基苯丙胺的证据,只有同案犯陈某的供述,对于侦查机关出具的《案发经过》称"侦查人员在抓捕王某勇时,王某勇正手提一个黑红相间的纸袋从2420房间开门出来;侦查人员在抓获王某勇后,当场在该纸袋内发现涉案毒品",辩护人提出该《案发经过》作为关键证据,在形式和内容上均存在瑕疵,无法确认该证据的真实性,且陈某当庭也称并没有看见王某勇手提纸袋出门。在此情况下,当时负责抓捕王某勇的侦查人员在实施抓捕行为时所目睹的情况,对于本案指控事实的认定,无疑具有至关重要的作用。因此,本案一审依公诉方申请通知该侦查人员出庭作证,并在经过控辩双方充分质证的基础上,依法采纳了该侦查人员当庭陈述的证言作为定案依据,确保了案件事实认定的准确性和程序的公开性。

138. 终审判决书或裁定书送达当事人之前发现新证据的如何处理

【实务观点】

根据最高人民法院《关于刑事案件终审判决和裁定何时发生法律效力问题的批复》的规定，终审的判决、裁定自宣告之日起发生法律效力。这里的宣告应当是指当庭宣判之日，未当庭宣判的是送达之日。在此之前，终审判决、裁定均处于未生效的状态，人民法院收到当事人及辩护人、代理人提交的证据材料的，均应当进行审查，确认是否影响案件事实认定及被告人的刑事责任，如果对案件事实及责任认定有实质影响的，应当通过开庭质证辩论或者提出书面质证、辩论意见，重新合议等，将新证据纳入终审判决、裁定。

【类案参考】

案例 7 - 39

刘某华运输毒品案[①]——宣判前收到立功证据材料的应当予以审查

［**基本案情**］　衡阳市中级人民法院原第一审判决认定：2012 年 11 月 9 日，原审被告人刘某华驾驶一辆奥德赛商务车，从祁东县城运输毒品前往湖北省宜昌市，行至汉宜高速公路枝江服务区加油时，被公安人员抓获。随后，公安人员从刘某华驾驶的商务车上查获片剂状毒品疑似物 5788.52 克，从刘某华身上查获片剂状毒品疑似物 3.68 克，均检出甲基苯丙胺、咖啡因毒品成分，其中甲基苯丙胺含量为 13.6%。另外，刘某华被抓获后提供他人贩卖毒品的线索，一审法院认为案件还在侦查之中，被检举之人未被抓获，不能认定刘某华有立功表现并对其减轻处罚。二审裁定认为，二审期间刘某华提供一条他人贩卖毒品的线索，经司法机关查证属实，构成立功，但刘某华运输毒品数量大，虽有立功表现，也不足以再对其从轻处罚。再审期间，原审被告人刘某华及其辩护人提出：刘某华在侦查期间提供他人贩卖毒品线索，被检举人被抓获后被判处无期徒刑，经查证属实，具有重大立功表现；原第二审人民法院对公安机关移送的证据材料不予审查，未认定刘某华有重大立功表现，致使原判量刑畸重；原第二审裁定已经认定刘某华具有立功表现，加上该重大立功表现，应当对其减轻处罚。

再审查明：原审被告人刘某华因本案被抓获后不久，即向公安机关提供了他人贩卖毒品的重要线索。公安机关据此决定立案侦查。经过长期侦查，公安机关在本案原第二审期间，一举抓获包括被检举人在内的五名犯罪嫌疑人，并当场缴获大量毒品。公安机关认为刘某华的行为构成立功，于 2014 年 6 月 27 日将出具的立功证明以及相关证据材料移送湖南省高级人民法院。由于原第二审裁定已于 2014 年 4 月 22 日作出，湖南省高级人民法院在接到公安机关出具的立功证明及相关证据材料后，没有依法进行审查。2014 年 7 月 3 日，本案原第二审裁定送达刘某华。之后，被检举人因犯贩卖毒品罪被法院判处无期徒刑，剥夺政治权利终身，并处没收个人全部财产，其四名同案被告人被分别判处死缓、无期徒刑和十年以上有期徒刑等刑罚。此外，刘某华归案后曾带领公安人员前往湖北省协助抓捕其所运输毒品的下线，但因其他原因而未果。

［**裁判结果**］　衡阳市中级人民法院原第一审判决认为刘某华违反国家毒品管理法规，运

---

① 参见最高人民法院刑事判决书，(2017) 最高法刑再 1 号。

输毒品甲基苯丙胺，其行为已构成运输毒品罪。刘某华运输毒品数量大，应予严惩，鉴于其所运输的毒品全部被缴获，未流入社会造成实际危害，且刘某华能如实供述自己的罪行，具有坦白情节，可对其从轻处罚。2013 年 9 月 11 日作出(2013)衡中法刑一初字第 39 号刑事判决：刘某华犯运输毒品罪，判处无期徒刑，剥夺政治权利终身，并处没收个人全部财产；缴获的毒品甲基苯丙胺片剂(俗称“麻古”)5792.2 克予以没收、销毁，赃款 48,300 元予以没收，上缴国库。湖南省高级人民法院裁定驳回上诉，维持原判。最高人民法院于 2017 年 10 月 30 日作出(2017)最高法刑申 329 号再审决定，认为原第二审人民法院没有依法审查刘某华是否具有重大立功表现，属于有新的证据证明原裁判认定的事实确有错误，可能影响定罪量刑的情形，决定提审本案。

最高人民法院再审认为，原审被告人刘某华违反国家毒品管理法规，明知是毒品甲基苯丙胺而予以运输，其行为已构成运输毒品罪。本案中，原审被告人刘某华提供他人贩卖毒品的重要线索，经查证属实，被检举人已被抓获并被判处无期徒刑，根据《自首立功解释》第 7 条的规定，应当认定刘某华具有重大立功表现。原审被告人刘某华运输毒品数量大，应依法惩处，但毒品全部被缴获未流入社会，刘某华归案后认罪悔罪，又积极提供他人犯罪重要线索经查证属实，具有重大立功表现和立功表现，并有积极协助抓捕毒品下线的行为，具有多个法定从轻、减轻处罚和酌定从轻处罚情节，依法可以对其减轻处罚。根据最高人民法院《关于办理减刑、假释案件具体应用法律的规定》第 32 条第 2 款的规定，再审裁判改变原判决、裁定的，原减刑裁定自动失效，执行机关应当及时报请有管辖权的人民法院重新作出是否减刑的裁定。因此，刘某华在之前服刑期间的减刑情况，应当由相关机关综合考虑各方面的因素依法处理。判决：维持原一审、二审裁判对原审被告人刘某华的定罪部分以及没收甲基苯丙胺片剂 5792.2 克、人民币 48,300 元部分，撤销对原审被告人刘某华的量刑部分；以原审被告人刘某华犯运输毒品罪，判处有期徒刑十三年，剥夺政治权利三年，并处罚金五万元。

［**判理分析**］ 根据最高人民法院《关于刑事案件终审判决和裁定何时发生法律效力问题的批复》的规定，终审的判决和裁定自宣告之日起发生法律效力。本案中，虽然湖南省高级人民法院的宣判笔录上没有记载向原审被告人刘某华宣判的时间，但送达回证证明原第二审裁定是 2014 年 7 月 3 日送达刘某华的，因此在 2014 年 7 月 3 日以前本案原第二审裁定尚未发生法律效力。在原第二审裁定生效之前，刘某华提供的他人犯罪线索经查证属实，公安机关不仅出具立功证明，还向湖南省高级人民法院移送了相关证据材料。湖南省高级人民法院依法应当对刘某华是否具有重大立功表现进行审查而未予以审查，确有错误，应予纠正。

附录　毒品犯罪主要法律文件索引

一、刑法条文

《中华人民共和国刑法》分则第六章第七节　走私、贩卖、运输、制造毒品罪

第三百四十七条　【走私、贩卖、运输、制造毒品罪】走私、贩卖、运输、制造毒品，无论数量多少，都应当追究刑事责任，予以刑事处罚。

走私、贩卖、运输、制造毒品，有下列情形之一的，处十五年有期徒刑、无期徒刑或者死刑，并处没收财产：

（一）走私、贩卖、运输、制造鸦片一千克以上、海洛因或者甲基苯丙胺五十克以上或者其他毒品数量大的；

（二）走私、贩卖、运输、制造毒品集团的首要分子；

（三）武装掩护走私、贩卖、运输、制造毒品的；

（四）以暴力抗拒检查、拘留、逮捕，情节严重的；

（五）参与有组织的国际贩毒活动的。

走私、贩卖、运输、制造鸦片二百克以上不满一千克、海洛因或者甲基苯丙胺十克以上不满五十克或者其他毒品数量较大的，处七年以上有期徒刑，并处罚金。

走私、贩卖、运输、制造鸦片不满二百克、海洛因或者甲基苯丙胺不满十克或者其他少量毒品的，处三年以下有期徒刑、拘役或者管制，并处罚金；情节严重的，处三年以上七年以下有期徒刑，并处罚金。

单位犯第二款、第三款、第四款罪的，对单位判处罚金，并对其直接负责的主管人员和其他直接责任人员，依照各该款的规定处罚。

利用、教唆未成年人走私、贩卖、运输、制造毒品，或者向未成年人出售毒品的，从重处罚。

对多次走私、贩卖、运输、制造毒品，未经处理的，毒品数量累计计算。

第三百四十八条　【非法持有毒品罪】非法持有鸦片一千克以上、海洛因或者甲基苯丙胺五十克以上或者其他毒品数量大的，处七年以上有期徒刑或者无期徒刑，并处罚金；非法持有鸦片二百克以上不满一千克、海洛因或者甲基苯丙胺十克以上不满五十克或者其他毒品数量较大的，处三年以下有期徒刑、拘役或者管制，并处罚金；情节严重的，处三年以上七年以下有期徒刑，并处罚金。

第三百四十九条　【包庇毒品犯罪分子罪】【窝藏、转移、隐瞒毒品、毒赃罪】包庇走私、贩卖、运输、制造毒品的犯罪分子的，为犯罪分子窝藏、转移、隐瞒毒品或者犯罪所得的财物的，处三年以下有期徒刑、拘役或者管制；情节严重的，处三年以上十年以下有期徒刑。

缉毒人员或者其他国家机关工作人员掩护、包庇走私、贩卖、运输、制造毒品的犯罪分子的,依照前款的规定从重处罚。

犯前两款罪,事先通谋的,以走私、贩卖、运输、制造毒品罪的共犯论处。

第三百五十条 【非法生产、买卖、运输制毒物品、走私制毒物品罪】违反国家规定,非法生产、买卖、运输醋酸酐、乙醚、三氯甲烷或者其他用于制造毒品的原料、配剂,或者携带上述物品进出境,情节较重的,处三年以下有期徒刑、拘役或者管制,并处罚金;情节严重的,处三年以上七年以下有期徒刑,并处罚金;情节特别严重的,处七年以上有期徒刑,并处罚金或者没收财产。①

明知他人制造毒品而为其生产、买卖、运输前款规定的物品的,以制造毒品罪的共犯论处。

单位犯前两款罪的,对单位判处罚金,并对其直接负责的主管人员和其他直接责任人员,依照前两款的规定处罚。

第三百五十一条 【非法种植毒品原植物罪】非法种植罂粟、大麻等毒品原植物的,一律强制铲除。有下列情形之一的,处五年以下有期徒刑、拘役或者管制,并处罚金:

(一)种植罂粟五百株以上不满三千株或者其他毒品原植物数量较大的;

(二)经公安机关处理后又种植的;

(三)抗拒铲除的。

非法种植罂粟三千株以上或者其他毒品原植物数量大的,处五年以上有期徒刑,并处罚金或者没收财产。

非法种植罂粟或者其他毒品原植物,在收获前自动铲除的,可以免除处罚。

第三百五十二条 【非法买卖、运输、携带、持有毒品原植物种子、幼苗罪】非法买卖、运输、携带、持有未经灭活的罂粟等毒品原植物种子或者幼苗,数量较大的,处三年以下有期徒刑、拘役或者管制,并处或者单处罚金。

第三百五十三条 【引诱、教唆、欺骗他人吸毒罪】引诱、教唆、欺骗他人吸食、注射毒品的,处三年以下有期徒刑、拘役或者管制,并处罚金;情节严重的,处三年以上七年以下有期徒刑,并处罚金。

【强迫他人吸毒罪】强迫他人吸食、注射毒品的,处三年以上十年以下有期徒刑,并处罚金。

引诱、教唆、欺骗或者强迫未成年人吸食、注射毒品的,从重处罚。

第三百五十四条 【容留他人吸毒罪】容留他人吸食、注射毒品的,处三年以下有期徒刑、拘役或者管制,并处罚金。

第三百五十五条 【非法提供麻醉药品、精神药品罪】依法从事生产、运输、管理、使用国家管制的麻醉药品、精神药品的人员,违反国家规定,向吸食、注射毒品的人提供国家规定管制的能够使人形成瘾癖的麻醉药品、精神药品的,处三年以下有期徒刑或者拘役,并处罚金;情节严重的,处三年以上七年以下有期徒刑,并处罚金。

【贩卖毒品罪】向走私、贩卖毒品的犯罪分子或者以牟利为目的,向吸食、注射毒品的人提

---

① 本条经过2015年11月1日实施的《刑法修正案(九)》修改。

供国家规定管制的能够使人形成瘾癖的麻醉药品、精神药品的,依照本法第三百四十七条的规定定罪处罚。

单位犯前款罪的,对单位判处罚金,并对其直接负责的主管人员和其他直接责任人员,依照前款的规定处罚。

第三百五十五条之一[①] **【妨害兴奋剂管理罪】**引诱、教唆、欺骗运动员使用兴奋剂参加国内、国际重大体育竞赛,或者明知运动员参加上述竞赛而向其提供兴奋剂,情节严重的,处三年以下有期徒刑或者拘役,并处罚金。

组织、强迫运动员使用兴奋剂参加国内、国际重大体育竞赛的,依照前款的规定从重处罚。

第三百五十六条　【毒品犯罪的再犯】因走私、贩卖、运输、制造、非法持有毒品罪被判过刑,又犯本节规定之罪的,从重处罚。

第三百五十七条　【毒品的范围及毒品数量的计算原则】本法所称的毒品,是指鸦片、海洛因、甲基苯丙胺(冰毒)、吗啡、大麻、可卡因以及国家规定管制的其他能够使人形成瘾癖的麻醉药品和精神药品。

毒品的数量以查证属实的走私、贩卖、运输、制造、非法持有毒品的数量计算,不以纯度折算。

二、司法解释

1. 最高人民法院《关于审理毒品犯罪案件适用法律若干问题的解释》(法释〔2016〕8号,2016年4月11日施行)

2. 最高人民法院、最高人民检察院《关于常见犯罪的量刑指导意见(试行)》(法发〔2021〕21号,2021年7月1日施行)

3. 最高人民检察院、公安部《关于公安机关管辖的刑事案件立案追诉标准的规定(三)》(公通字〔2012〕26号,2012年5月16日施行)

4. 最高人民法院、最高人民检察院《关于办理走私刑事案件适用法律若干问题的解释》(法释〔2014〕10号,2014年9月10日施行)

5. 最高人民法院、最高人民检察院、公安部《办理毒品犯罪案件适用法律若干问题的意见》(公通字〔2007〕84号,2007年12月18日施行)

6. 最高人民法院、最高人民检察院、公安部《关于办理制毒物品犯罪案件适用法律若干问题的意见》(公通字〔2009〕33号,2009年6月26日施行)

7. 最高人民法院、最高人民检察院、公安部《关于办理走私、非法买卖麻黄碱类复方制剂等刑事案件适用法律若干问题的意见》(法发〔2012〕12号,2012年6月18日施行)

8. 最高人民法院、最高人民检察院、公安部、原农业部、原食品药品监管总局《关于进一步加强麻黄草管理严厉打击非法买卖麻黄草等违法犯罪活动的通知》(公通字〔2013〕16号,2013年5月21日施行)

---

① 本条系根据2021年3月1日起实施的《刑法修正案(十一)》增加。

9. 最高人民法院、最高人民检察院、公安部《关于规范毒品名称表述若干问题的意见》(法〔2014〕224 号,2014 年 8 月 20 日施行)

10. 最高人民法院、最高人民检察院、公安部《办理毒品犯罪案件毒品提取、扣押、称量、取样和送检程序若干问题的规定》(公禁毒〔2016〕511 号,2016 年 7 月 1 日施行)

11. 最高人民法院、最高人民检察院《关于办理危害药品安全刑事案件适用法律若干问题的解释》(高检发释字〔2022〕1 号,2022 年 3 月 6 日施行)

三、行政法规

1. 国务院《麻醉药品和精神药品管理条例》(略)

2. 公安部、国家卫生计生委、国家食品药品监督管理总局、国家禁毒办公室《非药用类麻醉药品和精神药品列管办法》(略)

3. 国家禁毒委员会办公室《关于防范非药用类麻醉药品和精神药品及制毒物品违法犯罪的通告》(略)

4. 国务院《易制毒化学品管理条例》(略)